Nomos Universitätsschriften

Geschichte

Band 4

Frank Nägler

Von der Idee des Friedens zur Apologie des Krieges

Eine Untersuchung geistiger Strömungen im Umkreis des Rotteck-Welckerschen Staatslexikons

 Nomos Verlagsgesellschaft
Baden-Baden

CIP-Titelaufnahme der Deutschen Bibliothek

Nägler, Frank:
Von der Idee des Friedens zur Apologie des Krieges: eine Untersuchung
geistiger Strömungen im Umkreis des Rotteck-Welckerschen Staatslexikons /
Frank Nägler. – 1. Aufl. – Baden-Baden: Nomos Verl.-Ges., 1990
  (Nomos Universitätsschriften: Geschichte; Bd. 4)
  Zugl.: Bonn, Univ., Diss., 1990
  ISBN 3-7890-2213-6
NE: Nomos Universitätsschriften / Geschichte

1. Auflage 1990

Meinen Eltern

gewidmet

Vorwort

Die vorliegende Untersuchung ist die geringfügig überarbeitete Fassung der Dissertation, die im Wintersemester 1989/90 von der Philosophischen Fakultät der Rheinischen Friedrich-Wilhelms-Universität in Bonn angenommen wurde. Die Veröffentlichung bietet die Gelegenheit, denjenigen zu danken, die geholfen haben.

In überaus entgegenkommender Weise haben mir die Damen und Herren der Universitätsbibliotheken in Bonn, Köln und Kiel den Zugang zu den Quellen erleichtert. Sodann ist die Reinschrift von Frau Gerlinde Pape und Herrn Ernst Kühnel besorgt worden. Beide haben die Unart des Verfassers, am Ende doch noch einmal anders zu formulieren, mit freundlicher Gelassenheit hingenommen. Der Mühe des Korrekturlesens haben sich gute Bekannte unterzogen, allen voran Frau Sabine Gummersbach, Herr Rüdiger Michael M.A. und Herr Dipl.-Päd. Hans Gipperich. Herr Professor Dr. Ernst Opgenoorth hat sich bereit erklärt, das Korreferat in seinem Forschungsfreisemester zu erstellen. Und schließlich hat der Bundesminister der Verteidigung die Veröffentlichung mit einem Druckkostenzuschuß gefördert. Ihnen allen möchte ich an dieser Stelle herzlich danken.

Mein ganz besonderer Dank gilt freilich Herrn Professor Dr. Ernst Portner. Auf seine kritischen Anregungen und seinen ermutigenden Zuspruch durfte ich stets rechnen. Er hat mit einer nicht enden wollenden Geduld meine scheinbar ebensowenig enden wollende Arbeit an der Dissertation begleitet.

7

Inhalt

9

1. Einführung

I.

Diese Arbeit handelt nicht in erster Linie von tatsächlich geführten Kriegen. Ebensowenig zielt sie in der Hauptsache auf die diplomatische Praxis der Friedenswahrung. Ihren Gegenstand findet sie vielmehr in den Vorstellungen und Haltungen zu Krieg und Frieden, eingegrenzt auf die im deutschen Denken zwischen Restauration und Revolution nachweisbaren Strömungen. Diese Unterscheidung meint freilich keineswegs eine Entgegensetzung. Ganz ohne Zweifel hat zu allen Zeiten das konkrete Erlebnis, sei es des Friedens oder sei es des Krieges, die einschlägigen Vorstellungen nachhaltig geprägt. Daneben schienen aber auch ältere, zum Teil sogar weit zurückliegende Erfahrungen fortzuwirken. So konnte man im Jahre 1822 einem eben veröffentlichten Lexikon entnehmen, " K r i e g ... (sei) im Allgemeinen der Zustand der Gewaltthätigkeit unter unabhängigen Menschen"[1]. Unverkennbar erinnerte diese enzyklopädische Notiz an jenen Zusammenhang zwischen Krieg, Frieden und Staat, dessen nachgerade klassisches Muster — jedenfalls was das politische Denken der Neuzeit anlangte — damals schon seit nahezu zweihundert Jahren mit der politischen Theorie von Thomas Hobbes vorlag. In dieser Theorie war das 'bellum' zunächst als das innere Problem einer im Umbruch befindlichen Gesellschaft erschienen: Unter dem Eindruck der innergesellschaftlichen Krise hatte der englische Staatsdenker den 'Krieg' als den zwischenmenschlichen Zustand der Herrschaftslosigkeit vorgestellt, in welchem das natürliche Selbsterhaltungsinteresse und der Egoismus eines jeden unausgesetzt Unsicherheit hervorriefen.[2] Dementsprechend war umgekehrt

---

1 Allgemeine deutsche Real-Encyclopädie für die gebildeten Stände. (Conversations-Lexicon.), Bd. 5, Leipzig: F. A. Brockhaus, ⁵1822, S. 508 (Artikel 'Krieg').

2 HOBBES, Leviathan, S. 111—113. Obwohl demnach das 'bellum' bei Hobbes nicht erst den aktuellen Ausbruch der Gewalt voraussetzte, auf den die Definition des oben angeführten Lexikons anspielte, blieb mit dem dortigen Hinweis auf die Herrschaftsfreiheit die Verbin-

die das bürgerliche Verlangen nach Sicherheit und Berechenbarkeit widerspiegelnde Maxime des Friedens in ihrer Reichweite auf die Errichtung des 'Leviathan' begrenzt: Unerachtet mancher darüber hinausgehender friedensutopischer Bemühungen[3] kennzeichnete es den Stand des von der lexikalischen Notiz zitierten frühneuzeitlichen Denkens, daß das mit dem 'sterblichen Gott' errichtete regionale Gewaltmonopol zwar den inneren Krieg beenden sollte,[4] dies aber letztlich nur um den Preis des äußeren. Denn im Augenblick des Bürgerkrieges verhielt sich die von Hobbes theoretisch geleistete Ermöglichung des bürgerlichen Friedens, in deren Konstruktionsprinzip das auf den künftigen Rechtsstaatsgedanken vorausdeutende Element der Regelförmigkeit bereits verankert war,[5] gegenüber der Hegung des äußeren Krieges allenfalls nur gleichgültig.[6] Schließlich mußte dieser als das schlechthin notwendige Seitenstück eines im Wege des 'Leviathan' erzwungenen inneren Friedens hingenommen werden. Dies ergab sich allein schon aus der dem Hobbesschen Denken eigenen 'Mechanik': Da Friede verstanden wurde als die in der garantierten Übermacht der einen konkurrenzlosen Gewalt begründete Ordnung, augenscheinlich keine damals denkbare europäische Herrschaft aber einen solchen Anspruch einzulösen vermochte, folgte aus der sonach immer nur innerhalb mehrerer Staaten möglichen Friedenswahrung das Dasein eines äußeren (zwischenstaatlichen) Natur-, mithin Kriegszustandes. Wie also der Krieg zunächst ein innergesellschaftlicher war, so zielten die theoretischen Bemühungen allererst auch auf dessen Überwindung durch den Staat, und dieser angestrebte

---

dung zu den Vorstellungen des englischen Staatsdenkers immer noch hinreichend deutlich gewahrt.

3   Zu denken wäre hier etwa an die Entwürfe von William Penn, Émeric Crucé und dem Herzog von Sully, vorgestellt und kommentiert bei RAUMER, Friede, S. 61—116 und HINSLEY, Power, S. 20—29, S. 33—45.

4   HOBBES, Leviathan, S. 158.

5   Vgl. dazu KOSELLECK, Kritik, S. 17—32.

6   Gemessen an der bei HOBBES, Leviathan, S. 113 gegebenen Darstellung des schlichtweg perhorreszierten inneren Krieges erschien der äußere Krieg ebd., S. 115 in einem geradezu günstigen Licht. Vgl. auch die bei JANSSEN, Friede, S. 564 zitierten Zeugnisse, nach denen der staatlich garantierte innere Friede des äußeren Krieges nachgerade bedurfte.

"Friedenszustand innerhalb des Staates wurde ... als Friede katexochen begriffen".[7]

War nun aber mit solcher Beziehung zwischen innerstaatlichem Frieden und zwischenstaatlichem Krieg der Schwerpunkt des Denkens von 1822 bereits treffend erfaßt, oder spiegelte sich in der angeführten Textstelle nicht doch am Ende nur ein Anachronismus? Immerhin hätte die bis zum beginnenden 19. Jahrhundert gesammelte historische Erfahrung die Herausgeber des erwähnten Lexikons dazu veranlassen können, bei ihrer grundlegenden Definition des Krieges dessen zwischenstaatlicher Seite ein dem innerstaatlichen Moment wenigstens gleiches Gewicht einzuräumen. Denn bereits im Verlaufe des 18. Jahrhunderts war augenfällig geworden, daß der mit dem Vollzug ihrer Befriedung an den Rand der bürgerlichen Gesellschaft gedrängte Krieg auf diese in der doppelten Gestalt von innerer Unterdrückung und äußerem Staatenkrieg wieder zurückfiel. Wurde doch in dem Maße, wie die Voraussetzung des 'Leviathan', das 'bellum omnium in omnes', in Vergessenheit geriet, dieser selbst als die Ursache allen Übels von der nach Befreiung strebenden Aufklärung kritisiert.[8] Dieser Wechsel mochte im deutschen Raum zwar nicht mit solcher Radikalität erfolgt sein. Aber auch hier unternahm kein Geringerer als Immanuel Kant den Versuch, im Anschluß an das Hobbessche 'bellum omnium in omnes' die bürgerliche Emanzipation in den Grenzen des nach wie vor befriedenden Obrigkeitsstaates gleichzeitig mit der endlichen Überwindung des drückenden äußeren Krieges als denkbar vorzustellen.[9] Gerade seine 1795 vorgelegte Schrift 'Zum ewigen Frieden' umriß in aller

---

7   JANSSEN, Friede, S. 557 (Zitat). Ebd. wird auch die Schlüsselrolle bei der Neuformulierung des Friedensverständnisses Hobbes zugewiesen. Zu dessen Friedensbegriff vgl. ferner ebd., S. 556—561 und JANSSEN, Krieg, S. 577—579.

8   Vgl. dazu KOSELLECK, Kritik, S. 18—39, passim; JANSSEN, Friede, S. 562, S. 564 und JANSSEN, Krieg, S. 585—587. Allerdings hat das Lexikon den zwischenstaatlichen Charakter des Krieges keineswegs unterschlagen. Vgl. etwa die grundlegende Definition des Friedens bei Allgemeine deutsche Real-Encyclopädie für die gebildeten Stände. (Conversations-Lexicon.), Bd. 3, Leipzig: F. A. Brockhaus, ⁵1822, S. 940 (Artikel 'Friede') sowie die weiteren Ausführungen in dem Artikel 'Krieg', ebd., Bd. 5, S. 508.

9   Zu der Problematik dieses Versuches im Hinblick auf die Vermittlung von Emanzipation und Obrigkeitsstaat vgl. KRIEGER, German Idea, S. 119—125.

Schärfe jene Problematik, nach der die bürgerliche Gesellschaft zur Vermeidung des eben erst in der Französischen Revolution erneut aufgebrochenen inneren Krieges auf denselben Staat angewiesen zu sein schien, den es nicht zuletzt mit Blick auf den zu errichtenden äußeren Frieden zu verändern galt.

Kants Essay stieß auf großes öffentliches Interesse. Sein Verfasser konnte dessen zwölfte Auflage noch erleben[10], und unter dem im ganzen zustimmenden Publikum waren Johann Gottlieb Fichte, Joseph Görres und Friedrich Schlegel.[11] Unmißverständlich bezeugte die überwiegend positive Aufnahme eine Anziehungskraft des Friedensdenkens, vor der damalige apologetische Behandlungen des Krieges, wie sie bei Valentin Embser[12] oder − ein wenig überraschend für den Betrachter − in der eudämonistischen 'Popularphilosophie' des Kantvertrauten Christian Garve[13] nachgelesen werden konnten, auf den Rang bloßer Einzelerscheinungen zurückfielen.[14] Neben und nach der Überwindung der inneren Seite des Krieges war auch die Aufhebung von dessen zwischenstaatlicher Erscheinungsform als Aufgabe weithin anerkannt.

Dies alles war bereits Geschichte, als das oben angeführte Lexikon erschien. Etwas anderes als das, was sich als Verlängerung der eben skizzierten Entwicklungslinie hätte denken lassen, sollte indessen noch Geschichte werden. Denn statt

---

10 Nach einer Angabe bei RAUMER, Friede, S. 162.

11 Beiträge und Besprechungen abgedruckt bei BATSCHA/SAAGE, Friedensutopien, S. 83−176. Vgl. zu der weitgehend beifälligen Resonanz, welche die Kantsche Friedensschrift in der zeitgenössischen Publizistik gefunden hatte, auch HOKKANEN, Krieg, S. 92 f., passim. Allerdings will Hokkanen diesen Befund nur für den näheren Umkreis des Baseler Friedens bis 1797/98 gelten lassen; siehe unten S. 25 f.

12 Joh. Valentin Embser, Die Abgötterey unseres philosophischen Jahrhunderts; erster Abgott: ewiger Friede, Mannheim 1779. Vgl. dazu HOKKANEN, Krieg, S. 30; JANSSEN, Krieg, S. 593 f.; DANN, Vernunftfrieden, S. 176, S. 199 f.

13 Vgl. zu Christian Garve, Kants Auseinandersetzung mit ihm sowie zu der freundschaftlichen Beziehung zwischen Kant und Garve SANER, Kants Weg, S. 184−187, S. 206−208 und STOLLEIS, Staatsraison, S. 57−62, S. 94−102. Stolleis nimmt ebd., S. 57 f. Garve vor sich selbst in Schutz, indem er dessen Apologie des Krieges seiner "Tendenz" zuschreibt, "an allen Erscheinungen des sozialen Lebens, also auch am Krieg, gute Seiten zu finden und nichts entschieden zu verurteilen".

14 Vgl. HOKKANEN, Krieg, S. 30 und DANN, Vernunftfrieden, S. 170−183, S. 218.

in der Kontinuität der beschriebenen Tradition an der Maxime eines umfassenden Friedens festzuhalten, vollzog sich in der Folgezeit im deutschen politischen Denken eine überraschende Wendung: Etwa hundert Jahre nach dem durchschlagenden Erfolg der Friedensschrift spendete das deutsche Bürgertum dem Historiker Heinrich von Treitschke, der nur im äußeren Krieg ein Volk zu sich selbst kommen sah[15], mehr Beifall als Kant und dessen Friedensutopie.[16] Das bürgerliche Interesse an dem den inneren und äußeren Frieden wahrenden Staat hatte sich offenbar zu dem ebenfalls bürgerlichen Interesse an dem nach außen kriegerisch auftretenden Staat gewandelt – als habe bei allen veränderten Umständen und unter gewiß anderen Formen des Ausdrucks eine Rückwendung stattgefunden zu dem zwischenstaatlichen Krieg als dem Seitenstück eines vielleicht nur noch prekären innerstaatlichen Friedens; als stünde hinter dem einführenden Zitat mehr als nur ein bloßer Anachronismus.

Die soeben nur sehr knapp skizzierte Bewegung gibt zu zwei Bemerkungen Anlaß: Zum einen läßt sich das Nach- und Nebeneinander von Friedensutopie und Kriegsverherrlichung in dem Jahrhundert zwischen Kant und Treitschke wenigstens auf den ersten Blick nicht als die einfache Fortsetzung der vorangegangenen Entwicklung begreifen. Die von diesem Phänomen ausgehende nachfolgende Studie darf in ihrem Anspruch nun durchaus bescheiden sein: Sie will lediglich Aspekte der hier angedeuteten Veränderung nachzeichnen, da die Forschung zu diesem Thema schon Beträchtliches geleistet hat. An dieser Stelle läßt sich allerdings zum zweiten daran erinnern, daß für den in Rede stehenden Prozeß der innere Krieg bedeutsam gewesen sein, daß dessen Erwähnung an prominenter Stelle 1822 mehr gemeint haben mochte als die Reverenz gegenüber einer großen, letztlich aber überlebten Theorie. Zumal der älteren Literatur ist nun jene Problematik der inneren Krise und des Bürgerkrieges, die sich in der eingangs zitierten lexikalischen Auskunft ankündigte, eher nur am Rande in den

---

15 TREITSCHKE, Politik, I, S. 60.

16 Zum überragenden Einfluß Treitschkes auf die zeitgenössische bürgerliche Öffentlichkeit vgl. IGGERS, Treitschke, S. 66, S. 77 f.

Blick gekommen, was wiederum auch Auswirkungen selbst für die jüngere Forschung zeitigen sollte.

II.

Unter dem Eindruck des Zusammenbruches von 1918 wie auch angesichts der 1945 offenkundig gewordenen Katastrophe des 'Dritten Reiches' setzte das Fragen nach den Ursachen für den Übergang von der regulativen Idee des 'ewigen Friedens' zu der Apologie des Krieges verstärkt ein. Jedoch war dieses Bemühen einer Geschichtswissenschaft, die ihre eigene Tradition mit der Geschichte des deutschen Reiches zum Teil aufs engste verbunden glaubte, durch den mit der Fähigkeit zur Selbstkritik vorgegebenen Rahmen begrenzt. Und dies gleich in einem zweifachen Sinne: Einmal wurden – soweit das Interesse der besonderen deutschen Entwicklung galt – Strömungen außerhalb des historistischen Umfeldes kaum zur Kenntnis genommen. Überspitzt formuliert, spiegelte sich in solcher Schwerpunktbildung gleichsam ein der eigenen 'Schule' zugebilligter Alleinvertretungsanspruch für das deutsche politische Denken. Wie der knappe Literaturüberblick noch zeigen wird, sollte ebendiese Beschränkung selbst dort zu einer Verengung des Gesichtsfeldes führen, wo die Geschichtsschreibung bereits zu einer den methodischen Voraussetzungen und politischen Implikationen des deutschen Historismus gegenüber kritischen Position gefunden hatte. Zweitens blieb zumindest bis 1933 der werdende Nationalstaat die bestimmende historiographische Folie.[17] Auch diese perspektivische Verkürzung wirkte noch fort, als nach dem Zweiten Weltkrieg das Nachdenken schon unter dem Vorzeichen von Schuld und Entlastung stand.

---

17 Zur Dominanz der auf den Nationalstaat bezogenen Blickrichtung in der Geschichtsschreibung der Weimarer Zeit vgl. FAULENBACH, Ideologie, S. 53–60 und S. 293–298.

Beide Begrenzungen lassen sich am Werk jener zwei Historiker verdeutlichen, die im Rahmen dieses Berichtes sicherlich an erster Stelle zu nennen sind – nämlich an den Arbeiten von Friedrich Meinecke nach dem Ersten und von Gerhard Ritter nach dem Zweiten Weltkrieg. In dem spürbaren Bestreben, die (preußisch-) deutsche Geschichte und mit ihr den Historismus von der Verantwortung für den vom 'Dritten Reich' heraufgeführten Krieg zu befreien,[18] vernachlässigte letzterer zwar auf dem deutschen Historikertag 1953 den spezifisch deutschen Traditionsstrang zugunsten eines gesamteuropäischen Entwicklungsmodells: Die von ihm beobachtete tiefgreifende Militarisierung sei keineswegs ein auf Deutschland beschränktes, sondern ein im ganzen Abendland verbreitetes Phänomen gewesen, dessen Auftreten überdies "ausschließlich" der von dem "revolutionäre(n) Frankreich" hervorgebrachten Demokratisierung des äußeren Krieges angelastet werden müsse.[19] Gleichzeitig aber verwies er dann doch wieder auf eine deutsche Besonderheit, insofern nach seinen Ausführungen eine vom "deutsche(n) Idealismus und Historismus" in und nach dem Erleben der Befreiungskriege vorgenommene "Verklärung des Krieges" dazu beigetragen habe, daß in Deutschland die "Neigung zum militanten Denken" stärker als anderswo durchgedrungen sei.[20] Schärfer noch arbeitete Gerhard Ritter diese deutsche Abgrenzung gegen westeuropäische Naturrechtsvorstellungen in seinem Alterswerk heraus, indem er dort die Entstehung "der neuen kriegerisch-politischen Ethik" einordnete in den "Idealismus der deutschen Erhebung", der seinerseits am Anfang der mit "unabsehbaren Folgen" belasteten 'tiefen Entfremdung' von der "westeuropäischen Bildungswelt" gestanden habe.[21]

Mit einem solchen Urteil konnte sich Ritter auf Friedrich Meinecke berufen, der nach dem Ersten Weltkrieg sogar noch weitaus vorbehaltloser die Schlüsselrolle

---

18 Vgl. RITTER, Problem, S. 196–199, passim.

19 RITTER, Problem, S. 200–202.

20 RITTER, Problem, S. 201 f.

21 Vgl. RITTER, Staatskunst, I, S. 73 f.

"des deutsch-historischen Denkens ... für die Entstehung einer grob naturalistischen und biologischen Gewaltethik" betont hatte.[22] Denn was Ritter später mit seinem Hinweis auf gemeineuropäische Strömungen abzuschwächen versuchte, stand bei Meineckes durchaus selbstkritisch angelegter Betrachtung[23] nahezu uneingeschränkt im Vordergrund. Gewiß wies die 'Idee der Staatsräson' ebenfalls auf Faktoren hin, die überall in Europa dem "Unheil" den Weg geebnet hätten. Genannt wurden der mit der allgemeinen Wehrpflicht entstandene "Militarismus", der "Nationalismus" und schließlich der "Kapitalismus".[24] In den Mittelpunkt rückte Meinecke jedoch die deutsche Besonderheit[25], nämlich jene angeblich Hegel zuzuschreibende sittliche Sanktionierung des geschichtlichen, konkreten Staates, welche im Verein mit dem Historismus der ethischen Rechtfertigung roher "Machtpolitik" durch "die beschönigende Idealisierung" allererst "Raum gegeben" habe.[26]

Wenn also Meinecke wie Ritter hinter der von ihnen eingeräumten besonderen deutschen Entwicklung vornehmlich oder doch wenigstens nicht zuletzt politische Ideen als Triebkräfte wirken sahen, dann bestimmten in ihren hierauf eingehenden Darstellungen der deutsche Historismus und der weitgehend mit Hegels Philosophie identifizierte Idealismus das Bild. Für diesen Blickwinkel ist es bezeichnend, daß das hier schlechthin grundlegende Werk Meineckes über die 'Idee der Staatsräson' die in der Zeit des deutschen Vormärz keineswegs unbedeuten-

---

22 MEINECKE, Staatsräson, S. 502.

23 Trotz seiner Kritik konnte sich Meinecke offensichtlich noch zu jener Tradition "historisierender Erkenntnis" bekennen, die dem Staat ein von individualethischen Maßstäben nicht erreichbares naturgegebenes Eigenleben zuschrieb (vgl. MEINECKE, Staatsräson, S. 500, dort auch das letzte Zitat) und die neben der unseligen auch eine segensreiche Wirkung in "Krieg und Machtpolitik" zu erkennen glaubte (vgl. ebd., S. 508 f.). Zu Meineckes Ansicht vor dem Ersten Weltkrieg, für welche die historistische Rechtfertigung von Machtpolitik noch gänzlich unproblematisch war, vgl. MEINECKE, Weltbürgertum, S. 83, S. 164.

24 MEINECKE, Staatsräson, S. 495.

25 Vgl. MEINECKE, Staatsräson. S. 411, S. 461.

26 Vgl. MEINECKE, Staatsräson, S. 409–411, S. 421–424, S. 432 f., S. 502 (Zitat). Demgegenüber gibt es in der neueren Forschung indessen Stimmen, die Hegel attestieren, für ihn habe weder "der konkrete Krieg ... noch irgendein anderer Krieg philosophisch gerechtfertigt werden" können. Vgl. AVINERI, Problem, S. 464–482, Zitat S. 478.

den Herausgeber des Staatslexikons, Karl von Rotteck und Karl Theodor Welcker, gänzlich unerwähnt ließ. Nur sein Vorkriegsband, 'Weltbürgertum und Nationalstaat', verzeichnete jenen in einer Fußnote.[27]

Als ereignisgeschichtliche Rahmenbedingung für das demnach richtungbestimmende Aufkommen der deutschen Lehre vom Machtstaat, die — so Meineckes Deutung — dessen kriegerische Selbstbehauptung mit dem Wirken Gottes oder der Vernunft in der Geschichte rechtfertigte, erschien bei Meinecke sowohl als bei Ritter die im Zuge der französischen Expansion erfolgte Zerstörung des alten Reiches zusammen mit dem darauf folgenden Kampf gegen die napoleonische Vorherrschaft.[28] In solcher Verknüpfung von politischer Geschichte und Ideengeschichte wird ein historiographischer Grundriß erkennbar, der zu der zweiten oben genannten Begrenzung geschichtlicher Rechenschaftslegung führt: Ein deutsch-französischer Staatenkrieg und nicht etwa die spätestens seit 1792 für die bürgerliche Emanzipation problematisch gewordene Revolution galt beiden Historikern als Wegbereiter der deutschen Sonderentwicklung. Ganz im Sinne dieser an der nationalstaatlichen Kategorie orientierten Interpretation vollzog sich für Gerhard Ritter die nachhaltige Militarisierung des deutschen Bürgertums denn auch erst unter dem Eindruck jener drei Kriege, mit denen Bismarck zwischen 1864 und 1871 die kleindeutsche Einheit durchgesetzt hatte.[29] Demgegenüber sah Meinecke diese Entwicklung zwar schon im Gefolge der deutschen Revolution dem Höhepunkt entgegenstreben: Bereits das Scheitern des Versuches von 1848/49 habe dem im Augenblick des Zusammenbruches vor dem französischen Gegner formulierten machtpolitischen Denken zu seinem weiten und schließlich bestimmenden Einfluß in Deutschland verholfen. Aber auch dieser Historiker ging damit keineswegs über die Grenzen jenes Modells hinaus, mit dem er die Ausbildung der deutschen Lehre vom Machtstaat zu erfassen versucht hatte. Denn er

---

27 MEINECKE, Weltbürgertum, S. 200.

28 MEINECKE, Staatsräson, S. 409—412; RITTER, Staatskunst, I, S. 71, S. 73.

29 RITTER, Problem, S. 202; vgl. vor allem auch RITTER, Staatskunst, II, S. 117—131, besonders S. 122 f.

stellte die Revolution in die Tradition der Befreiungskriege und deutete sie vorwiegend als Werk der auf die außenpolitische Machtlosigkeit antwortenden Einigungsbewegung.[30]

Entstehung und Verbreitung der Idealisierung von Machtpolitik und Krieg schilderte gerade Meinecke mit einem von ihm ebenso als zeitgenössisch unterstellten wie auch nach wie vor für gültig befundenen Verständnis, das die staatliche Macht wesentlich auf die zwischenstaatliche Dimension bezog.[31] Soweit der innere Krieg im Rahmen der Erörterung der Hegel und dem Historismus zugeschriebenen Entwicklung überhaupt in den Blick genommen wurde, wirkten in den Überlegungen Meineckes sowohl als Ritters revolutionäre Strömung und historistische Rechtfertigung der Machtpolitik eher als Gefährten auf einem gemeinsamen Weg und nicht umgekehrt diese als eine versuchte Abwehr von jener. Indem die Revolution vorzüglich unter dem Blickwinkel ihrer nationalen Zielsetzung gesehen wurde, entstand für den Betrachter kein Gegensatz zwischen ihr und der Überhöhung nationalstaatlicher Macht.[32] Nur ganz gelegentlich spielte Ritter auch auf eine bürgerliche Gegnerschaft zur Revolution an.[33] Und Meinecke hatte zwar in seiner vor dem Ersten Weltkrieg angestellten Untersuchung, die ebenfalls den

---

30 MEINECKE, Staatsräson, S. 421 f., S. 460 f., S. 464 f.; vgl. auch MEINECKE, Weltbürgertum, S. 178—181, S. 276—302.

31 Vgl. MEINECKE, Staatsräson, S. 16—19, S. 415. Zur Vorherrschaft des dahinterstehenden 'Primates der Außenpolitik' in der deutschen Geschichtsschreibung nach 1918 vgl. FAULENBACH, Ideologie, S. 181—188.

32 Vgl. MEINECKE, Staatsräson, S. 481—502. RITTER, Staatskunst, I, S. 60—76, passim und RITTER, Problem, S. 200 f. ordnet den 'Volkskrieg' dem revolutionären Geist zu, der vor allem als unerhörte Mobilisierung aller Kräfte zugunsten der Steigerung der sich gegen den äußeren Feind durchsetzenden nationalen Macht begriffen wird. Im Rahmen einer Betrachtung der Ursprünge des Bellizismus wird damit der innere Krieg als ein eigenständiger Faktor weitgehend ausgeblendet. Bei RITTER, Staatskunst, I, S. 148—158 wird zwar die herausragende Bedeutung der deutschen Revolution für die weitere militärpolitische Entwicklung in Deutschland hervorgehoben. Beleuchtet werden dabei aber lediglich die antirevolutionären Motive des damaligen Prinzen Wilhelm von Preußen und der preußischen Armee: Gleichermaßen am Systemerhalt interessiert, hätten beide die revolutionären Erschütterungen im Sinne einer über die bloße Restauration noch weit hinausgreifenden militärpolitischen Reaktion erfolgreich nutzen können. Abgesehen von der ebd., I, S. 109 f. formulierten beiläufigen Andeutung bleibt die bürgerliche Haltung zur Revolution im Dunkeln.

33 Vgl. RITTER, Staatskunst, I, S. 109 f.

Übergang vom aufgeklärten Kosmopolitismus zur historistischen Würdigung eines "runden, nackten Egoismus der Nationen"[34] behandelte, am Beispiel Adam Müllers durchaus auf das konservative, aus der Frontstellung gegen die Revolution heraus geborene Motiv hingewiesen, das hier einer geschichtlichen Rechtfertigung der im Zeichen staatlicher Selbstbehauptung geführten Kriege vorausgelegen hatte.[35] Auf eine Vertiefung dieses Ansatzes hatte Meinecke aber verzichtet.[36] Und dies war auch nur folgerichtig. Denn die Frage nach dem innergesellschaftlichen Grund des Staates und somit auch nach dem inneren Krieg konnte in dem Maße nur noch von mittelbarer Bedeutung sein, wie Meinecke die Politik als 'Staatsräson' begriff, für deren eigentlichen Wirkungsbereich er eben das Feld der internationalen Beziehungen hielt[37]. So führte nicht zuletzt der von Meinecke und Ritter beobachtete kategoriale Rahmen zu einer nahezu ausschließlichen Betonung der Außenpolitik, die ihrerseits bei der Behandlung bellizistischer Strömungen im gebildeten Bürgertum des 19. Jahrhunderts den Zugang zu dem Problem der Revolution weitgehend versperrte. Indessen hatten Erich Rothacker und Karl Mannheim — der eine von philosophischer Warte aus, mit dem Blickwinkel der Sozialwissenschaften der andere — schon als Zeitgenossen Meineckes das antirevolutionäre Moment zum Wesenskern des Historismus gerechnet. Spätere Kritiker des Historismus, wie Georg G. Iggers, konnten an diese Forschung anknüpfen, als sie das Revolutionsproblem in ein helleres Licht rückten.[38]

---

34 MEINECKE, Weltbürgertum, S. 276.

35 MEINECKE, Weltbürgertum, S. 113, S. 118—121, S. 132 f.

36 Der zusammenfassende Überblick in MEINECKE, Weltbürgertum, S. 142 stellt den Einzug nationaler Leitvorstellungen in das deutsche Denken zu Beginn des 19. Jahrhunderts wieder ausschließlich in den Zusammenhang der außenpolitischen Gegnerschaft gegen das napoleonische Frankreich, und nur vereinzelt noch — so im Abschnitt über Ranke — erwähnt Meinecke die 'Ideen von 1789' nicht nur als eine äußere, sondern auch als eine innere Bedrohung für das nationale Machtdenken; vgl. MEINECKE, Weltbürgertum, S. 257.

37 Vgl. MEINECKE, Staatsräson, S. 481—499; ferner ebd., S. 16—19, S. 415.

38 Zu der engen Beziehung zwischen dem Historismus und dem gegenrevolutionären Konservatismus vgl. ROTHACKER, Savigny, Grimm, Ranke, S. 42—44 und vor allem MANNHEIM, Konservatismus, S. 156, wo zum "deutschen Historismus" bemerkt wird: "Der Historismus ist ... in seinem wesentlichen Punkte ... k o n s e r v a t i v e n Ursprungs. Er entstand überall als politisches Argument gegen den revolutionären Bruch mit der Vergangenheit".

Noch in Übereinstimmung mit der bisher skizzierten historischen Forschung betonte Georg G. Iggers 1968 die Schlüsselstellung des Historismus und der Philosophie Hegels für die Geschichte des politischen Denkens in Deutschland von 1830 bis 1871.[39] Über die in der älteren Literatur nur angedeutete Beziehung nunmehr aber hinausgehend, unterstrich Iggers auch den Beitrag des inneren Krieges für die mit der Ethisierung der staatlichen Macht einhergehende Apologie des äußeren Krieges, wobei er als Belege für diesen Vorgang neben den Zeugnissen Hegels vor allem die das historistische Denken gleichsam kennzeichnenden Aussagen der in der Rolle von Traditionsstiftern gesehenen Gelehrten Wilhelm

Überdies sei − wie es ebd., S. 52 heißt − "das 'geschichtliche Denken' ... nicht nur eindeutig von den konservativen sozialen Faktoren gegen das 'generalisierende', 'naturrechtliche', 'revolutionäre' Denken (ursprünglich) ausgespielt (worden), sondern diese Rollenverteilung (habe) ... ungefähr bis in die 40er Jahre des 19. Jahrhunderts" bestanden. Vgl. auch ebd., S. 54, passim.
Daß Mannheim wie Iggers hierbei dasselbe Phänomen vor Augen haben, erhellt aus der weitgehenden Gleichheit, die zwischen den von MANNHEIM, Konservatismus, S. 132−135 herausgearbeiteten "Merkmale(n) des konservativen Denkstils" einerseits und den bei IGGERS, German Conception, S. 7−11 für den deutschen Historismus als konstitutiv erachteten Grundzügen andererseits besteht.
So entsprechen die von IGGERS, German Conception, S. 7 f. beobachtete historistische Loslösung des Staates von den Zwecken der Individuen und dessen Erhebung zu einem 'Selbstzweck' dem bei MANNHEIM, Konservatismus, S. 134 hervorgehobenen konservativen Ausgang vom " O r g a n i s m u s ... (,) v o n d e r T o t a l i t ä t ", der einer "Konstruktion der Kollektivgebilde von den Individuen her" entgegengestellt worden sei. Gleichermaßen kommt es zu einer Korrespondenz, wenn einerseits IGGERS, German Conception, S. 8−11 darauf hinweist, der deutsche Historismus habe zeitlos gültige Normen als Richtlinie und Beurteilungsmaßstab für menschliches, vor allem staatliches Handeln verneint zugunsten einer dem geschichtlichen Dasein bereits innewohnenden, je eigenen Rechtfertigung, zudem das abstrakte Denken, welches nach den Annahmen des Historismus recht fruchtlos auf die für unwirklich gehaltene 'allgemeine Menschennatur' gerichtet sei, verworfen zugunsten des 'Verstehens', das demgegenüber dem in der geschichtlichen Wirklichkeit wesentlichen 'Lebendigen', je 'Einmaligen' und 'Irrationalen' einzig angemessen Rechnung trage, − wenn andererseits MANNHEIM, Konservatismus, S. 133 f. den konservativen Verweis auf den " S e i n s p r i m a t ", auf "die vielseitige I r r a - t i o n a l i t ä t der Wirklichkeit", auf die " I n d i v i d u a l i t ä t " und eben auf die " G e s c h i c h t e " unterstreicht, der gegen die " V e r n u n f t " und die 'generelle Geltung' gewendet gewesen sei.

39 IGGERS, German Conception, S. 91 in Verbindung mit ebd., S. 11 behauptet die Dominanz der historistischen Schule in der deutschen Geschichtsschreibung; zu Verpflichtung und Abgrenzung des historistischen Denkens gegen Hegel vgl. unter anderem ebd., S. 11, S. 39 f., S. 95.

von Humboldt und Leopold von Ranke anführte[40]. So richtete er sein Augenmerk nicht nur auf die französische Fremdherrschaft, auf die im Wege der preußischen Reformen vollzogene 'Revolution von oben' und auf die freilich für die spätere Gestalt des nationalen Selbstbewußtseins als schlechthin prägend beurteilten Befreiungskriege. Er rechnete darüber hinaus auch die jakobinische Schreckensherrschaft zu jenem Bündel von Faktoren, das dem mit seinen Wurzeln bis in das 18. Jahrhundert zurückreichenden Historismus sowohl grundsätzlich zu größerer Breitenwirksamkeit verholfen als auch diese Lehre von einer ursprünglich kosmopolitischen in eine nationale, an etatistischen, machtstaatlichen Kategorien orientierte Weltsicht verwandelt habe.[41] Ganz auf der Linie dieser Interpretation wird auch die Auswirkung der Revolution von 1848/49 auf das bürgerliche Selbstverständnis nicht allein hinsichtlich des Scheiterns der nationalen Einigung gewürdigt, sondern ebenso unter der Perspektive der bürgerlichen Revolutionsfurcht bewertet.[42]

Infolge dieser stärkeren Berücksichtigung des inneren Krieges bei der Untersuchung der Idealisierung des äußeren verfestigen sich zunächst also die bereits in Meineckes Darstellung hervorgetretenen ereignisgeschichtlichen Zäsuren in einem veränderten Licht. Die von der Forschung mit Blick auf die bürgerliche Eigeninitiative und den Grad politischer Mobilisierung zuweilen recht zurückhaltend beurteilten Befreiungskriege[43] bilden zwar immer noch als historisches Muster den

---

40 Vgl. zur Idealisierung von Machtstaat und Krieg allgemein IGGERS, German Conception, S. 7—9, S. 40—43. Zu Ranke und Hegel vgl. daneben ebd., S. 80—83 und zu Humboldt vgl. ebd., S. 47, S. 53 f.

41 IGGERS, German Conception, S. 40—43; vgl. dazu auch ebd., S. 11 in Verbindung mit ebd., S. 20 f. Ähnlich betont SIEBURG, Deutschland, I, S. 107 die Kontinuität zwischen der "Revolutionsproblematik" und dem "elementaren Willen nationaler Selbstbehauptung" in der Zeit der Befreiungskriege.

42 Vgl. IGGERS, German Conception, S. 11, S. 22 f.

43 Vgl. SCHNABEL, Geschichte, I, S. 492 f., daneben besonders RITTER, Problem, S. 201 und RITTER, Staatskunst, I, S. 103, der den Befreiungskriegen den Charakter einer 'Volkserhebung' gegen Napoleon abspricht. Ebenso hebt IBBEKEN, Preußen, S. 402 f. und S. 436 die obrigkeitliche Leitung und Organisation des militärischen Widerstandes hervor und schreibt dem Kriegserlebnis eher eine im späteren vormärzlichen Protest zutage tretende Langzeitwirkung zu. Auch KRIEGER, German Idea, S. 174 f. legt den Akzent auf die obrigkeitliche Einbindung des Befreiungskampfes: In dem von der tradierten Herrschaft initiierten und

Ausgangspunkt für die Aufwertung des äußeren Krieges,[44] diese erhält aber ihr eigentliches Gewicht erst vor dem Hintergrund der durch den 'großen Schrecken' in Verruf geratenen Revolution. Mit einer solchen zeitlichen Grenzziehung stimmt auch die Beobachtung von Kari Hokkanen noch zusammen, nach der es in der deutschen politischen Publizistik schon zwischen dem Rastatter Kongreß und dem Frieden von Lunéville zu einem eben nur vorübergehenden, weil von den Erfolgen der Koalitionsarmeen abhängigen, Anschwellen kriegsverherrlichender Strömungen gekommen sei. Denn die öffentliche Diskussion mündete nach Hokkanen

---

kontrollierten Krieg habe sich ein der gesellschaftlichen Entwicklung vorauseilender 'unausgereifter' Nationalismus gebildet, der so zunächst zu einer Befestigung der hergebrachten politischen Autorität geführt habe. NIPPERDEY, Geschichte, S. 83–85 will dagegen – allerdings nur mit Blick auf Preußen – "immerhin Züge einer Volkserhebung" (S. 84) erkannt haben. Vollends eine andere Position bezieht TORABI, Das Jahr 1813, S. 16 f., der die Initiative im Kampf gegen Napoleon ganz bei der "deutsche(n) Bourgeoisie" – der "revolutionäre(n), aufsteigende(n) Klasse" – sieht, der es gelungen sei, "die Volksmassen so weit zu führen, daß sie den Beginn des Krieges von den Landesherren erzwangen". Die in einer "Einheitsfront" vereinigten "bürgerlichen Patrioten und ... Volksmassen" seien "die Initiatoren und die treibende Kraft dieses Befreiungskampfes" gewesen. (Ebd., S. 340). Es erhebt sich bei diesem Befund allerdings die Frage, ob sich der iranische Schahgegner Torabi bei seiner im wesentlichen auf zwei Berliner Zeitschriften gestützten Untersuchung nicht zu sehr den Blick hat verstellen lassen durch sein unzweideutig bekundetes gegenwartspolitisches Anliegen: Generalthema ist "die Befreiung von imperialistischer und kolonialistischer Ausbeutung" (ebd., S. 7), und der Einstimmung in dieses Leitmotiv folgt sogleich die Erkenntnis, es weise "der Befreiungskrieg des deutschen Volkes von 1813 viele Parallelen zum Kampf des iranischen Volkes um nationale Unabhängigkeit auf" (ebd., S. 8). Der Verdacht der Überzeichnung liegt um so näher, als Torabi ausweislich seines Literaturverzeichnisses die Gegenpositionen Ibbekens gar nicht zur Kenntnis genommen hat. (Vgl. ebd., S. 347).
Eine Übersicht über Stand und Grundtendenzen der Forschung gibt BERDING, Freiheitskriege, S. 201–215.

44 Vgl. zu der jüngeren Forschung FABER, Strukturprobleme, S. 208, der in den Befreiungskriegen den Beginn der Abkehr von dem ursprünglich kosmopolitischen Liberalismuskonzept sieht. Und wenngleich KUNISCH, Bellona, S. 61 f. die oben schon erwähnten frühen, bereits im 18. Jahrhundert nachweisbaren Anfänge des Bellizismus hervorhebt, so ordnet doch auch er ebd., S. 57–60 jenen Umbruch, in dessen Verlauf es zu der den Krieg aufwertenden "Neueinschätzung" gekommen sei, dem "Zeitalter der Befreiungskriege" zu. Ebenso unterstreicht der von DANN, Vernunftfrieden, S. 170–219 gegebene umfassende Überblick das Ausmaß der sich zwischen 1792 und 1813 vollziehenden, indes noch nicht dauerhaften ersten Umwertung, das später, unter umgekehrtem Vorzeichen freilich, nur noch von dem mit der 1945 kulminierenden Katastrophe einhergehenden Wandel erreicht worden sei. Die grundlegende Studie von Otto Dann kann als Ergänzung herangezogen werden zu der nachfolgend zitierten Arbeit von Kari Hokkanen.

bereits 1801 wieder in eine verbreitete Argumentation für den Frieden[45], so daß die gegenläufige Bewegung mithin eine bloße Episode blieb, die dem späteren Einschnitt von 1813 nichts von seiner Tiefe nehmen konnte. Obendrein untermauert auch diese Spezialstudie die Annahme einer innenpolitisch gegründeten Entstehung des Bellizismus, indem sie hinter dessen zeitweiligem Aufleuchten im Kern einen antirationalistischen, gegenrevolutionären Konservativismus entdeckt, in welchem wiederum christliche, romantisch-nationalistische, patriotische und schließlich militaristische Elemente vereinigt worden seien.[46]

Am Ende des mit jener doppelten Erfahrung von Revolution und Befreiungskrieg anhebenden Umwertungsprozesses steht die Revolution von 1848/49. Über der ihr und ihrem Scheitern zugeschriebenen sowie von der Literatur je nach Standort teils als Niederschlag gewachsener politischer Einsicht begrüßten[47], teils gleichsam als ängstlicher Kompromiß der Bourgeoisie diffamierten[48] 'Wende zur Realpolitik' gerät sie auch bezüglich der Wertschätzung des äußeren Krieges zu der entscheidenden Wegmarke <u>vor</u> den zwischen 1864 und 1871 geführten Kriegen. Tatsächlich kann Wilhelm Janssen, wenn er in seinem jüngst erschienenen begriffsge-

---

45 Zu Verlauf und Rahmenbedingungen der Diskussion vgl. die Zusammenfassung bei HOKKANEN, Krieg, S. 246 f.

46 HOKKANEN, Krieg, S. 251–257. Manche Schlußfolgerung, die Hokkanen zieht, erscheint allerdings als ein wenig überzeichnet. So etwa, wenn er ebd., S. 233–237, S. 257 Gentzens im Jahre 1800 formulierte Gedanken zum Problem des 'ewigen Friedens' als signifikantes Zeugnis für eine dem Kantschen Optimismus (?) von 1795 entgegengesetzte konservative Skepsis bemüht, die unter dem Eindruck des Zeitgeschehens nach 1797/98 immer mehr an Boden gewonnen habe. Nicht nur vernachlässigt Hokkanen dabei zu sehr das von ihm durchaus gesehene Bekenntnis Gentzens zu dem fortwährenden Friedensgebot der Vernunft (vgl. GENTZ, Frieden, S. 461–463), er übersieht vielmehr auch, daß die beiden zentralen Einreden Gentzens gegen die Kantsche politische Theorie — das nur durch ein funktionsfähiges Vollzugsorgan zu befriedigende Sicherheitskriterium (vgl. GENTZ, Frieden, S. 478 f.) und die Rückführung der wahren Politik und also auch dieses Vollzugsorgans auf eine Erfahrungswissenschaft (GENTZ, Frieden, S. 481 f.) — von Gentz im Grunde schon 1793 gegen Kant vorgebracht worden waren. (Vgl. GENTZ, Nachtrag, S. 102 f.; dazu HENRICH, Über den Sinn, S. 20 f.). Von einer Wandlung angesichts der Zeitläufte kann daher kaum die Rede sein.

47 Vgl. MEINECKE, Staatsräson, S. 464 f.

48 Vgl. GRAB, Ein Mann, S. 10, S. 330 f. Zur Bewertungsgeschichte der gescheiterten deutschen Revolution sowie zum Forschungsstand allgemein vgl. LANGEWIESCHE, Einleitung, S. 1–17 und ausführlicher LANGEWIESCHE, Die deutsche Revolution, S. 458–498.

26

schichtlichen Überblick zu 'Krieg' und 'Frieden' unter Verweis auf das Moment bürgerlicher Revolutionsängste die volle Entfaltung des Bellizismus um die Mitte des 19. Jahrhunderts beginnen läßt, für seine Aussage einschlägige Zitate aus der Feder von Heinrich Leo (1853) anführen.[49] In die gleiche Richtung weisen zudem die schon älteren Thesen von Lewis Namier, an die unlängst wieder Günter Wollstein und Dieter Langewiesche erinnert haben[50]. Mit dem ebenso scharfblickenden wie — zumindest was die gezeichnete Verbindungslinie zwischen den 'revolutionären Intellektuellen' und Adolf Hitler angeht — überpointierten Urteil des Kriegsgegners von 1944 hatte der britische Historiker den Beginn des säkularen 'Großen Krieges' der mitteleuropäischen Nationen gegeneinander in das Jahr 1848 datiert.[51] Hierbei sei die auf deutscher Seite von den 'Liberalen' der Paulskirche betriebene Hinwendung zu einer aggressiven, kriegerischen Außenpolitik[52] ganz wesentlich — wie es das repräsentative Zeugnis der Gebrüder Gagern gezeigt habe[53] — mit von der Furcht vor der eben nur durch den Krieg kanalisierbaren revolutionären Anarchie bestimmt gewesen[54]. In ihrer Stellung als geschichtlicher

---

49 Vgl. im Zusammenhang JANSSEN, Friede, S. 576, S. 587—589 und JANSSEN, Krieg, S. 600, S. 604, S. 607. Das bei JANSSEN, Krieg, S. 604 herangezogene Zitat von Jacob Burckhardt kann hierfür jedoch nicht bemüht werden, zumal dessen frühe Datierung — um 1850 — unwahrscheinlich ist. Die Urfassung der 'Weltgeschichtlichen Betrachtungen' von 1851 enthält noch nicht die Rede von den sozialschädlichen "Notexistenzen", welche — hervorgebracht durch einen langen Frieden — erst im Kriege beseitigt würden. Vgl. den Text bei 'Jacob Burckhardt, Über das Studium der Geschichte. Der Text der 'Weltgeschichtlichen Betrachtungen' aufgrund der Vorarbeiten von Ernst Ziegler nach den Handschriften herausgegeben von Peter Ganz, München 1982, S. 81—103'; zur Datierung der "erste(n) Fassung" vgl. den Vorbericht des Herausgebers ebd., S. 24. Erst in den um 1870 gefertigten Entwürfen finden sich die angeführten Wendungen; vgl. ebd., S. 344 f. zur zeitlichen Einordnung vgl. den Vorbericht ebd., S. 41 f. Gleichwohl wird der Bezug zur Revolution aufgrund des Textes selbst hinreichend deutlich. Allerdings ist seine Interpretation strittig. Vgl. den editorischen Vorbericht ebd., S. 64—69. Zu dem Zusammenhang von Revolutionsvermeidung und Bellizismus bei Heinrich Leo vgl. MALTZAHN, Leo, S. 203—215.

50 WOLLSTEIN, Das 'Großdeutschland', S. 12 f.; LANGEWIESCHE, Einleitung, S. 4 f.

51 NAMIER, Revolution, S. 191.

52 NAMIER, Revolution, S. 191.

53 NAMIER, Revolution, S. 211.

54 NAMIER, Revolution, S. 212—214. Allerdings vergißt Namier ebd., S. 189 es nicht, auf die Kriegsbegeisterung unter den sozialrevolutionären Gruppen hinzuweisen.

Einschnitt erfährt die somit bereits als entscheidender Durchbruch zum bellizistischen Denken zu begreifende Revolution von 1848/49 freilich insofern eine Relativierung, als auch Janssen den Zusammenhang zwischen der Idealisierung des äußeren Krieges und der Revolutionsvermeidung schon in Hegels Rechtsphilosophie ausmacht und das ganze 19. Jahrhundert von der Revolutionsfurcht geprägt sieht[55]. Demgemäß erscheint die deutsche Revolution lediglich als ein wiewohl wirkungsmächtiger Katalysator, der den Verbreitungsprozeß eines schon in der ersten Jahrhunderthälfte stetig vordringenden Bellizismus nur noch nachhaltig beschleunigt hatte.[56]

Mithin legt es eine unterschiedlich argumentierende Forschung nahe, die Aufmerksamkeit auf die Epoche zwischen dem Ausgang der napoleonischen Herrschaft und dem Eintritt der ersten deutschen Revolution zu richten. Denn nur Ritter griff über die sich abzeichnende Eingrenzung hinaus – und dies auch bloß im Hinblick auf die Vollendung des hier in Rede stehenden Wandels. Allerdings bedarf die zuletzt vorgetragene These von der zwar bisweilen verborgenen, aber durchweg bestimmenden Gegenwart der Revolution in zweifacher Hinsicht einer Überprüfung. Zum einen hat doch Theodor Schieder der Julirevolution erst jene säkulare Wirkung zugeschrieben, das Problem der Revolution wieder in das politische Bewußtsein gerückt zu haben.[57] Die enge Beziehung zwischen der Vermeidung des inneren und der Überhöhung des äußeren Krieges einmal

---

55 JANSSEN, Friede, S. 581; JANSSEN, Krieg, S. 604. Für eine deutliche Abschwächung des Zäsurcharakters im Hinblick auf den deutschen Liberalismus hat sich auch NEUMÜLLER, Liberalismus, S. 92, S. 192, S. 215 f. ausgesprochen. Dagegen betonen jetzt FABER, Strukturprobleme, S. 202, S. 204 und GALL, Liberalismus und 'bürgerliche Gesellschaft', S. 173–175 vor dem Hintergrund des gesellschaftlichen Strukturwandels den mit der Revolution verbundenen tiefen Einschnitt. Diese Zäsur wird nach GALL, Auswärtige Politik, S. 39 nicht zuletzt auch an den im Gefolge der Revolution veränderten liberalen Vorstellungen zu Krieg und Frieden erkennbar.

56 Zum stetigen Vordringen des Bellizismus vgl. JANSSEN, Krieg, S. 605. Zur beschleunigenden Wirkung der deutschen Revolution vgl. ebd., S. 600, S. 607. Ganz ähnlich erkennt MEINECKE, Staatsräson, S. 421 f. in der ersten Jahrhunderthälfte eine 'allmähliche' Verbreitung der von Hegel formulierten Idealisierung der Machtpolitik, der schließlich die gescheiterte Revolution zum entscheidenden Durchbruch verholfen habe.

57 SCHIEDER, Problem, S. 236.

unterstellt, wird also der Stellenwert der Krise von 1830/31 in der offenbar zwischen den Grenzmarken 1813/15 und 1848/49 anzusiedelnden Entwicklung zu erörtern sein. Unerachtet dieser Festlegung des Untersuchungszeitraumes darf zweitens der eben bezeichnete Zusammenhang selbst vorerst nur als eine Arbeitshypothese verstanden werden. Denn wenigstens die von Janssen im Hinblick auf das 19. Jahrhundert als ausnahmslose Regel behauptete Verbindung des Bellizismus "mit einem von starken Affekten gegen die 'bürgerliche Gesellschaft' getragenen Etatismus", der die Unantastbarkeit des innerstaatlichen Friedens impliziert habe,[58] läßt sich mit einem Fragezeichen versehen. In veränderter Terminologie, im Urteil ein wenig mehr differenzierend und vor allem das Motiv einer treibenden Revolutionsfurcht auf seiten der "aristokratischen und bürgerlichen Eliten"[59] besonders betonend, prägt eine solche These die Konturen des von Meinecke bereits vorgezeichneten Verlaufes nur noch tiefer ein.[60] Allzusehr erinnert diese Skizze darum an eine um den Aspekt der Revolutionsangst erweiterte und unter ein negatives Vorzeichen gestellte Neuauflage des vormals gepflegten Bildes vom deutschen Sonderweg, deren Linien sich in zuspitzender Zusammenfassung des bisher Gesagten zu folgender idealtypischen Konstruktion zusammenfügen lassen: Parallel zu dem politischen Ziel der Revolutionsvermeidung lag die Ablehnung rationalistischer Politikbegründung. Beides führte zu dem folgenreichen Wechsel der Legitimationsgrundlage, der in die historistische Anerkennung nationalstaatlicher Macht mündete. Schließlich ging aus der damit verbundenen normativen Eigenschaft einer im Zeichen staatlicher Selbstbehauptung gesehenen Geschichte die ethische Sanktion des kriegerischen Staatsegoismus hervor.

Dieses zugegeben mehrere Beiträge integrierende und darum auch stark vereinfachende Modell bietet einer möglichen Kritik im wesentlichen zwei Ansatzpunkte. Gefragt werden muß erstens nach dessen historischer Wirklichkeit. Zum zweiten

---

58   JANSSEN, Friede, S. 580, vgl. auch ebd., S. 589.
59   JANSSEN, Krieg, S. 604.
60   Vgl. JANSSEN, Krieg, S. 600—603.

steht die trotz aller nuancenreichen Unterscheidung geradezu monopolartige Position, die der hegelianischen Schule zusammen mit dem Historismus bei der Hinwendung zum bellizistischen Denken eingeräumt wird,[61] zur Diskussion. Vordergründig weckt schon der erste Übergang von der Revolutionsangst zu einem etatistisch geprägten Historismus Mißtrauen. Erscheint doch der Historismus trotz seiner konservativen Färbung hinsichtlich innenpolitischer Fronten — so Iggers — eher indifferent: Konservativ sowohl als liberal gestimmte Denker, später sogar Anhänger der Demokratie, hätten sich zu ihm bekannt.[62] In Anbetracht eines Jahrhunderts, das wie kein anderes zuvor sich der Geschichte zugewandt hatte, nimmt es auch nicht wunder, daß selbst — worauf Peter Wende aufmerksam gemacht hat — der vormärzliche Radikalismus von Johann Georg August Wirth bis hin zu Arnold Ruge sich geschichtlichem Entwicklungsdenken verpflichtet wußte.[63] Aber nicht allein vertrug sich offenbar die Revolution mit einer mehr oder minder im Geist der Zeit liegenden Berufung auf den historischen Wandel, welche sich darum noch keineswegs ahistorisch-normativer Grundlegungen zu begeben brauchte. Eine solche Verbindung fand sich vielmehr auch bei jenen, die Iggers zu den Exponenten eines historistischen Politikverständnisses zählen zu können glaubte, welches sich insbesondere sowohl durch seine antinormative Grundhaltung als auch durch sein eigentümliches Verständnis vom Staate als

---

61 Vgl. JANSSEN, Krieg, S. 600—604. Ebd., S. 601 f. werden das historistische Denken und die Philosophie Hegels als die beiden 'Quellen' des "bellizistische(n) Etatismus" angegeben. Da nach JANSSEN, Friede, S. 580 jeder Bellizismus des 19. Jahrhunderts zugleich als ein "Etatismus" erschienen war, muß von der Vorstellung einer monopolartigen Position der genannten 'Schulen' ausgegangen werden. Der von JANSSEN, Krieg, S. 602 in die Entwicklung dieses Bellizismus unter Berufung auf KAISER, Pietismus, S. 32 ff. einbezogene pietistische Traditionsstrang sollte nicht überbetont werden, zumal nach KAISER, Pietismus, S. 124, S. 213 (dort die nachfolgenden Zitate) — 216 und S. 230 die in der pietistischen Denkströmung zu beobachtende Verherrlichung des Krieges auf den "einzige(n) Fall" einer drohenden "nationale(n) Überfremdung" begrenzt blieb. Dementsprechend wurde "jeder Machtkrieg strikt abgelehnt". Schließlich gab es auch im pietistischen Denken eine Friedensutopie, so daß hier noch keineswegs die Hochschätzung des Krieges als eines eigenen Wertes vorlag.

62 Vgl. IGGERS, German Conception, S. 11, S. 271 f.

63 WENDE, Radikalismus, S. 130—141.

einem auf Macht angelegten Selbstzweck ausgezeichnet habe:[64] Wie wenig sich der politische Pluralismus historistischen Denkens auf den gemeinsamen Nenner einer Politik der bloßen Revolutionsvermeidung bringen läßt, zeigen die Ergebnisse der unlängst von Michael Neumüller verfaßten Studie über das Verhältnis von Liberalismus und Revolution, auch wenn diese Schrift an Historikern wie Georg Gottfried Gervinus, Johann Gustav Droysen und Heinrich von Sybel lediglich den liberalen Ausschnitt des historistischen Spektrums beleuchtet. Denn es genügt im vorliegenden Zusammenhang, auf die diesen Historikern eigene ambivalente Haltung zur Revolution hinzuweisen: In ihrer Geschichtsschreibung hätten sie zwar immer die Reform als grundlegendes politisches Ziel vorgestellt; in der gleichzeitig verfolgten 'Reform-Revolution' scheine aber das seinem Wesen nach revolutionäre Programm der 'liberalen Mitte' auf, welche lediglich dessen radikaler und sozialer Konsequenz zu entgehen gesucht habe.[65] Daß darüber hinaus im Sinne dieser Doppelwertigkeit revolutionäre Veränderung und historistische Anerkennung staatlicher Macht zueinander nicht notwendig in einem einfachen Gegensatz stehen müssen, darauf weist — wenngleich in Überschreitung der nur innenpolitischen Ebene, weil auf die nationalstaatliche Neugestaltung bezogen — zudem jene Gemeinsamkeit in den politischen Bestrebungen hin, die schon Meinecke zwischen ihnen gesehen hat.

Allerdings tut hier bei dieser Betrachtung des liberalen Historismus eine Unterscheidung not: Von revolutionären, mit dem bisherigen staatsrechtlichen Zustand brechenden Zielsetzungen kann nicht vorschnell auf die Methode, also die gleichfalls revolutionäre, aber gleichzeitig mit dem Risiko des inneren Krieges belastete

---

64 Vgl. IGGERS, German Conception, S. 7—9; zu den im folgenden namentlich genannten Historikern vgl. ebd., S. 102—121.

65 Vgl. NEUMÜLLER, Liberalismus, S. 213—220, der in diese ambivalente Haltung auch die nichthistoristischen Angehörigen der liberalen Historiographie einbezieht. Die entsprechend gleichermaßen fortschrittliche wie konservative historistische Konzeption wird nochmals ebd., S. 258—261 am Beispiel Droysens ausgeführt, wobei allerdings deren Abgrenzung von dem mit zeitlos-unbedingter Gültigkeit versehenen vernunftrechtlichen Anspruch eines Rotteck dort nur unzureichend vorgenommen wird.

Auflehnung geschlossen werden.[66] Soweit nur jene das Bild bestimmen, mag die sich durchaus mit ihnen noch deckende politische Maxime, die innerstaatliche Ordnung vor ihrer von innen drohenden gewaltsamen Beseitigung zu bewahren, als beweiskräftige Bürgschaft für das etatistische Moment genommen werden. Insofern die auch von Thomas Nipperdey konstatierte mögliche Verbindung von historistischer Argumentation und revolutionärem Anliegen[67] mit der gleichzeitig vorgenommenen ethischen Überhöhung staatlicher Macht eben deren innenpolitische Absicherung gewährleistet[68], ermöglicht eine solcherart verstandene Revolutionsvermeidung vorerst einmal das Festhalten an der Figur einer hegelianischen oder historistischen Vermittlung von Revolution, Etatismus und Kriegsverherrlichung. Aber selbst wenn der Nachweis gelänge, daß mit der wachsenden Sorge um den Staatserhalt eine zunehmende Verlagerung auf die Geschichte als Rechtfertigungsgrundlage von Politik einherging, ist der zweite Schritt hin zur Idealisierung des Krieges keineswegs so selbstverständlich, daß auf eine Verifizierung am Einzelfall verzichtet werden könnte. Freilich wird keine ernsthafte Forschung in diesem Zusammenhang eine Automatik behaupten wollen. Jedoch überstrahlen historiographische Modelle wie das Iggerssche, die unterschiedslos einer ganzen 'Schule' unterstellen, sie habe den Erfolg für die Rechtfertigung genommen,[69] nur allzuleicht die dieses Prinzip einschränkenden normativen Leitlinien einzelner Angehöriger. Darum sei hier einmal nur an das Beispiel Droysens erinnert, der zwar im Dezember 1848 das im antirevolutionären Kampf bewährte preußische Heer mit unverkennbarem Enthusiasmus als "eine große Organisation sittlicher Kraft" rühmte[70]; der aber ungeachtet dieser apologetischen Verehrung des

---

66 Vgl. zu dieser Unterscheidung NEUMÜLLER, Liberalismus, S. 219 f.

67 NIPPERDEY, Historismus, S. 66.

68 Vgl. zu den liberalen Vertretern der historistischen Schule IGGERS, German Conception, S. 95.

69 Vgl. IGGERS, German Conception, S. 96, der trotz aller mit dem 'Optimismus der preußischen Schule' gegebenen Vorbehalte diesen politischen Historikern jene ethische Sanktion des Erfolges unterstellt.

70 DROYSEN, Brief an August Kopisch, Frankfurt, 3. Dezember 1848, S. 371.

preußischen Machtinstrumentes wenige Monate später nicht minder engagiert das Friedensziel der europäischen Geschichte proklamierte[71].

Neben diesen hier nur anzudeutenden Bedenken bezüglich der historischen Wirklichkeit des oben skizzierten Modells wiegt indes noch schwerer jener zweite Einwand, der sich dagegen richtet, daß mit dem (antirevolutionären) Etatismus einerseits und dem Historismus oder der Philosophie Hegels andererseits die das Wesen des deutschen Bellizismus im 19. Jahrhundert treffend erfassenden Stichworte bereits gefallen seien. Denn die Fixierung auf das Umfeld historistischer Denkmuster birgt eben die Gefahr in sich, daß andere zwischen 1815 und 1848 unschwer greifbare kriegsverherrlichende Strömungen, die prima facie nichts mit dieser Politik der Revolutionsvermeidung verbindet, aus dem Blick geraten können. Grundsätzlich stellt sich die Frage, ob denn seine Verhinderung die einzige Brücke gewesen sei, die von dem revolutionären Umsturz zum Bellizismus geführt habe. Vorstellbar – und im Zeitalter der legitimistischen Friedenswahrung geradezu naheliegend – wäre doch ebenfalls eine Verherrlichung des auch für die staatszerstörende Revolution geführten äußeren Krieges, die einer "positive(n) Bewertung des Krieges als solchen"[72] dann den Weg bereitet haben könnte.[73] In diesem Sinne ließen sich etwa die Bemerkungen von Eberhard Kolb zur frühliberalen Polenbegeisterung der Jahre 1830 bis 1832 fortschreiben, wobei einmal mehr die Julirevolution – diesmal von der Seite ihrer Befürworter – in den Brennpunkt des historischen Interesses träte: Von der 'Bewegungspartei' mit dem Stellenwert eines Schlüsselereignisses in der säkularen Auseinandersetzung

---

71 DROYSEN, Preußen, S. 229: "in der natürlich bedingten Scheidung der Staaten und Völker die Gemeinsamkeit ihres Friedens, ihrer gegenseitigen Förderung und Ergänzung zu schaffen und durch ein neues und wahrhaftes Völkerrecht zu sichern, – das ist die Aufgabe, die es zu lösen gilt". Vgl. dazu auch BIRTSCH, Nation, S. 208–217 und WOLLSTEIN, Das 'Großdeutschland', S. 329.

72 JANSSEN, Friede, S. 575. Diese knappe Umschreibung soll für die nachfolgende Studie als Definition des Bellizismus gelten.

73 Vgl. dazu auch die bei KUNISCH, Bellona, S. 62 angedeutete Skepsis gegenüber einer undifferenzierten Zuordnung der Frühformen des Bellizismus zu der im 18. Jahrhundert aufkommenden konservativen Strömung. Siehe dazu ferner DANN, Vernunftfrieden, S. 199 f.

mit dem legitimistischen Gegner ausgezeichnet,[74] habe der Aufstand in Polen die nachdrückliche Forderung nach dem militärischen Eingreifen Frankreichs zugunsten der polnischen Unabhängigkeitsbewegung laut werden lassen. Jene aus einer Übertragung der innenpolitischen Konfliktsituation auf die zwischenstaatliche Ebene hervorgegangene liberale Kriegsbegeisterung sei dann über dem von der französischen Staatsräson diktierten Ausbleiben des europäischen Krieges einer verbreiteten Ernüchterung gewichen, die ihrerseits in dem Wechsel von "europäisch-kosmopolitisch geprägten zu ... mehr national akzentuierten" Inhalten ihren Niederschlag gefunden habe.[75] Eine sich an Kolbs Beobachtung anschließende Hypothese, die aus der vom revolutionären Impuls getragenen Aufwertung des Krieges die Genese eines Bellizismus ableitete, geriete zwar zunächst wiederum in die Nähe der oben schon angesprochenen Historiographie Meineckes oder Ritters. Denn in getreuer Anlehnung an die Überlegungen Kolbs formten die nationalen Leitvorstellungen am Ende doch auch das Erscheinungsbild dieses Bellizismus. Aber mußte denn erst noch das nationale Motiv hinzutreten, um das revolutionäre Anliegen mit bellizistischen Strömungen zu verbinden? Schließlich darf doch nicht übersehen werden, daß der durchweg als Anhänger des aufgeklärten Vernunftrechts geltende und somit hinsichtlich einer historisierenden Relativierung der Norm wie auch bezüglich nationaler oder gar nationalistischer Regungen kaum verdächtige Freiburger Professor Karl von Rotteck[76] am Ende der 1830er Jahre − wie Wilhelm Janssen es formuliert hat − ebenso sein "sacrificium intellectus dargebracht" hatte[77]: In einem für das Staatslexikon verfaßten Artikel redete Rotteck vor einem breiten Publikum dem 'wohltätigen Krieg' das Wort[78]. Neben der historistischen Variante hatte im vormärzlichen Denken also auch eine aus

74 Vgl. KOLB, Polenbild, S. 113, S. 117 f.

75 KOLB, Polenbild, S. 121−124; Zitat S. 124.

76 Zur Heraushebung Rottecks aus der deutschen historiographischen Tradition vgl. IGGERS, German Conception, S. 97−99.

77 JANSSEN, Krieg, S. 607.

78 ROTTECK, Art. "Krieg; Kriegsrecht u. s. w.", StL. IX^1, S. 508; ebenso StL. VIII^2, S. 381.

naturrechtlicher Perspektive vorgenommene Idealisierung des Krieges ihren Platz. Kommt hier vielleicht ein gänzlich anderer Weg zum Bellizismus zum Vorschein? Jedenfalls wird in dem Maße, wie Rottecks Haltung gegenüber der Revolution kontroverser Interpretation zugänglich ist[79], die Allgemeingültigkeit jenes etatistischen Bellizismus problematisch, den Janssen als das gemeinsame Grundmuster aller möglichen Bellizismen des 19. Jahrhunderts bezeichnet hat: Mit der für diesen konstitutiven Unantastbarkeit des inneren Friedens[80] wäre eine auch nur in Ansätzen erkennbare Bereitschaft zum revolutionären Umsturz nicht mehr vereinbar.

Indem hier an ein Zitat aus der Feder Rottecks angeknüpft werden kann, gewinnt die sich sonach abzeichnende Möglichkeit einer alternativen Genese und Erscheinungsform des Bellizismus zudem auch an Gewicht. Dies liegt einmal an der Bedeutung des südwestdeutschen Liberalen für seine Zeit, zum anderen an seiner Beziehung zum kantischen Denken.

Hat bereits die ältere Literatur Rotteck schon ganz allgemein einen herausragenden Platz in der Geschichte des deutschen Frühliberalismus angewiesen,[81] so gilt dies nicht minder für deren Spezialstudien zum Friedensgedanken und Kriegsbild des vormärzlichen Liberalismus, die in diesem besonderen Themenbereich gleichermaßen den Zeugnissen Rottecks einen hohen Aussagewert beigemessen und diese ausführlich zu würdigen gewußt haben[82].

---

79 Vgl. als vorläufiges Indiz für unterschiedliche Standpunkte SIEBURG, Deutschland, I, S. 114, der Rotteck als Anwalt einer "revolutionär-liberalen Doktrin" bezeichnet und ihm ebd., S. 138 gar eine "Revolutionsbegeisterung" unterstellt, mit der von SELL, Tragödie, S. 123 bemerkten und von NEUMÜLLER, Liberalismus, S. 27 f. mit scharfer Wendung gegen Sieburg vorgetragenen "Abneigung (Rottecks) gegen die Revolution". Vgl. auch den bei HERDT, Verfassungstheorie, S. 229 f. und von KRIEGER, German Idea, S. 251 erhobenen Inkonsistenzvorwurf.

80 Vgl. JANSSEN, Friede, S. 580 und JANSSEN, Krieg, S. 604.

81 Vgl. die Würdigung Rottecks bei MOHL, Geschichte, II, S. 561—577; TREITSCHKE, Geschichte, II, S. 99 und GANTER, Rotteck, S. 4 f.

82 Vgl. etwa HÖHN, Sozialismus, I, S. XXX, der Rotteck nicht nur (wie RITTER, Staatskunst, I, S. 130—134) einen prägenden Einfluß auf die bürgerlichen Vorstellungen zuschreibt, sondern auch darüber hinaus sein Erbe im Sozialismus fortwirken sieht. Vgl. auch HÖHN, Sozialismus, I, S. 152, S. 177, S. 261 f., S. 274 passim.

Jedoch unterließ es jene Forschung, das Wechselverhältnis von innerem und äußerem Krieg vertiefend zu betrachten. Während es Dorothea Rosenthal 1922 unter dem Einfluß der vorherrschenden nationalstaatlichen Folie lediglich darauf ankam, den Anachronismus in Rottecks Stellungnahmen aufzudecken,[83] zog Philipp Königs 1943 dessen Aussagen heran, um ein im Vergleich zu der Praxis des Ancien régime fortschrittliches liberales Kriegsverständnis nachzuweisen, welches den 'Volkskrieg' als ein wirksames Ferment bei der Verschmelzung von Volk und Staat anerkannt habe.[84] Als noch weniger hilfreich für den vorliegenden Zusammenhang erweist sich das ab 1959 von Reinhard Höhn veröffentlichte Werk zu 'Sozialismus und Heer', dessen erster Band ausführlich auf das Kriegsbild des früheren Liberalismus einging. Unter der Annahme, die Auseinandersetzung des Bürgertums mit dem absolutistisch verfaßten Staat sei der alleinige Gegensatz in der Epoche zwischen Wiener Kongreß und Revolution gewesen, griff Höhn weder die Frage bürgerlicher Revolutionsängste auf − diese stellten sich für ihn offenbar erst mit dem badisch-pfälzischen Revolutionskrieg ein −, noch nahm er überhaupt den Bellizismus des Freiburger Gelehrten zur Kenntnis. Vielmehr ging dieser in dem mit Rotteck identifizierten liberalen Kriegsverständnis unter, das sich strikt auf den Verteidigungskrieg in des Wortes engster Bedeutung beschränkt habe und letztlich problemlos in der Utopie eines 'ewigen Friedens' aufgegangen sei.[85]

---

83 ROSENTHAL, Friedensgedanke, S. 29, S. 51.

84 Vgl. KÖNIGS, Frühliberalismus, S. 16 f., S. 36−38; vgl. demgegenüber aber auch die 1937 veröffentlichte Studie von Brigitte Theune, die − bei verwandtem Erkenntnisinteresse stärker den nationalsozialistischen Zeitgeist atmend (vgl. THEUNE, Volk, S. 9, S. 123−129) − Rotteck bei ihrer Suche nach für den 'völkischen Staat' verwertbaren Traditionen als einen von französischem Gedankengut geprägten Politiker abtut (ebd., S. 126 f.) und in diesem Zusammenhang auch dessen Kriegsverständnis als auf die Entwicklung des einzelnen und nicht auf einen 'eigenvolklichen' Wert bezogen verwirft (ebd., S. 52−56).

85 HÖHN, Sozialismus, I, S. XXX, S. 10−30. Um die Integration der angeblich erst 1848/49 in den Reihen der 'radikalen' Liberalen aufkommenden Vorstellungen von einem revolutionären Weltbürgerkrieg (ebd., S. 23 f.; vgl. auch ebd., S. 344) in die strenge Beschränkung auf den Verteidigungskrieg bemüht sich Höhn nicht, sieht man einmal von dem Hinweis ab, daß es sich eben um ein Novum gehandelt habe, noch dazu kurz vor dem Zusammenbruch der 'liberalen Volksbewaffnungsideologie'. Die Studie verrät noch deutlich die Spuren eines übersteigerten Nationalismus. So wird ebd., S. 25 dem letzten Versuch, der demokratischen Reichsverfassung von Stuttgart aus zum Durchbruch zu verhelfen, das "Gelächter von ganz Deutschland" kommentierend an die Seite gestellt. In zum Teil wörtlicher Wiederholung hat

Demgegenüber erschließt sich der eigentliche Gehalt wie auch der Stellenwert der von dem badischen Politiker bekundeten Wertschätzung des Krieges erst, wenn auf der einen Seite in spezieller Ausformulierung einer gängigen Forschungsmeinung mit Janssen davon ausgegangen wird, daß sich auch das Friedensdenken Kants als Teil seiner wirkungsmächtigen politischen Philosophie dem vormärzlichen Liberalismus bestimmend mitgeteilt hatte[86], auf der anderen Seite aber die ebenfalls von Janssen geäußerte Annahme steht, daß in den Schriften des Königsberger Philosophen selbst schon ein bellizistischer Argumentationsstrang enthalten gewesen sei, der sich dann mehr und mehr im 19. Jahrhundert durchgesetzt habe[87]. Rotteck nämlich stand sowohl nach eigenem bis in die 1820er Jahre aufrechterhaltenen Bekenntnis als auch nach dem Urteil der jüngeren Literatur wesentlich unter dem Einfluß von Kant.[88] Also scheint das von Janssen exempla-

Höhn seine wesentlichen Aussagen noch einmal in HÖHN, Armee, S. 6, S. 36—43 veröffentlicht. Bei den allerdings kaum auf das Friedensdenken eingehenden älteren Studien vgl. besonders HÖHN, Verfassungskampf, S. 19—27, S. 120—142, S. 180—190 und HÖHN, Revolution, S. 158 f., S. 706 f.
Auch AIRAS, Wertungen, S. 385—471 gelangt bei seiner sich häufig auf Rotteck beziehenden und immerhin den 'wohltätigen Krieg' berücksichtigenden Untersuchung der liberalen Haltung zu Krieg und Frieden zu einer das Friedensziel betonenden, allzu glättenden Deutung.
Im Hinblick auf die in der Frankfurter Nationalversammlung um die künftige deutsche Wehrstruktur geführte Auseinandersetzung ist die Studie von Andreas HOHLFELD, Das Frankfurter Parlament und sein Kampf um das deutsche Heer, Berlin 1932 von den späteren Arbeiten Höhns keineswegs überholt worden.

86   JANSSEN, Friede, S. 569; vgl. unter der älteren Literatur auch KÖNIGS, Frühliberalismus, S. 10, S. 64. Zu Kants herausragendem Einfluß auf das breite Spektrum des deutschen Liberalismus im 19. Jahrhundert allgemein vgl. KRIEGER, German Idea, S. 86 f., S. 124 f. und NIPPERDEY, Geschichte, S. 286 f.; nur geringfügig abgeschwächtes Urteil ebd., S. 290.

87   Vgl. JANSSEN, Krieg, S. 607.

88   Vgl. Rotteck an Joseph Lang, 25. 05. 1797, in: ROTTECK, Nachgelassene Schriften, V, S. 132 und Rottecks Rezension zu Simon Eberhardt, Grundlage der Ethik (1821), in: ROTTECK, Sammlung, III, S. 216—257, besonders S. 231; künftig zitiert 'Eberhardt'. Zu seiner späteren Abgrenzung bei gleichzeitig anerkannter Verpflichtung gegenüber Kant vgl. ROTTECK, Lehrbuch, I, § V, S. 21 f., § XXX, S. 117 f. und ROTTECK, Art. "Naturrecht", StL. XI^1, S. 209—211; ebenso StL. IX^2, S. 531 f.; es ist das Verdienst von Jobst, in tendenzieller Übereinstimmung mit KOCH, Rotteck, S. 2—15, passim gegen die bei FICKERT, Einfluß, S. 83—85 erfolgte Einordnung Rottecks in eine durch Rousseau und Montesquieu geprägte Tradition auch auf die vielfachen Berührungspunkte des Freiburger Gelehrten mit der Philosophie Kants aufmerksam gemacht zu haben, nicht ohne allerdings den Hinweis auf die Abweichungen zu versäumen. Vgl. JOBST, Staatslehre, S. 471—480. EHMKE, Rotteck, S. 10 f. und HERDT, Verfassungstheorie, S. 27—32 sind Jobst weitgehend gefolgt. Neuer-

risch angeführte Zitat des südwestdeutschen Liberalen[89] geeignet zu sein, die allmähliche bellizistische Durchdringung aufgeklärt-liberalen Denkens als Entfaltung eines schon bei seinem Königsberger Traditionsstifter nachweisbaren Kerns zu veranschaulichen. Und genau hier wird das Anliegen der beabsichtigten Studie berührt, die den Verfall der kantischen Friedensutopie aufhellen möchte.

Wenn also für die nachfolgende Untersuchung der Hinweis Janssens aufgegriffen wird, wonach das Aufkommen des Bellizismus als Seite eines das kantische Friedensdenken erfassenden Auflösungsvorganges verstanden werden könne,[90] dann bedeutet dies allerdings noch nicht die Übernahme der von Janssen entworfenen Skizze dieses Prozesses. Schließlich deutete Janssen die Entwicklung unter dem Vorzeichen der hegelianischen oder historistischen "Machtstaatideologie"[91]. Gerade deshalb aber fordert der Kant gegenüber gehegte Bellizismusverdacht[92] genauso die eingehende Prüfung heraus, wie der an Rotteck verdeutlichte Übergang eher Fragen aufwirft als beantwortet. Denn ebensowenig wie die behauptete Nähe Kants zu der mit den Formulierungen Hegels und Treitschkes typenhaft umrissenen Idealisierung des Krieges[93] dem durch die Friedensschrift vermittelten Eindruck zu entsprechen scheint, will auch die Einordnung des Freiburger Gelehr-

---

dings akzentuiert IGELMUND, Frankreich, S. 3 f., S. 74 f. und S. 115, die keineswegs den Einfluß Kants auf Rottecks Denken in Abrede stellt, wieder etwas stärker das Gewicht der französischen Aufklärung. Dabei hat sie sich indessen weder um eine eingehendere Analyse der Rotteckschen Staatstheorie bemüht — auf die hierfür unerläßliche Auswertung des Rotteckschen Lehrbuches hat sie verzichtet —, noch wurden von ihr die Ergebnisse Jobsts zur Kenntnis genommen. Vgl. dazu unter anderem das Literatur- und Quellenverzeichnis ebd., S. 278, S. 284. Zur gebrochenen Rezeption Kants durch Rotteck vgl. JOBST, Staatslehre, S. 474 f., S. 481; KRIEGER, German Idea, S. 244 f.; HERDT, Verfassungstheorie, S. 31—33.

89 JANSSEN, Krieg, S. 607.

90 Vgl. JANSSEN, Friede, S. 579.

91 JANSSEN, Krieg, S. 603.

92 Vgl. JANSSEN, Krieg, S. 594 f.; siehe auch SAAGE, Eigentum, S. 75: Kants antagonistische Geschichtskonzeption lasse ihn "zu einem Apologeten des Krieges werden"; eher positiv gewendet und im Gegensatz zu RAUMER, Friede, S. 156, der eine "moralische Billigung" des Krieges bei Kant zu entdecken vermeint, RITTER, Staatskunst, I, S. 56, S. 70, der Kant eine "mehr ästhetische als moralische" Würdigung des Krieges nachsagt (Zitat S. 70).

93 Vgl. JANSSEN, Krieg, S. 595 und JANSSEN, Friede, S. 579 f.

38

ten in das bei Janssen skizzierte Modell überzeugen – und dies nicht nur mit Blick auf dessen etatistisches Moment. Ebenso wird nämlich die zweite Seite der von Janssen vorgestellten Bellizismuscharakteristik – die mehr oder minder betonte Abwehrhaltung gegen die 'bürgerliche Gesellschaft' – an dem Beispiel Rottecks gemessen werden müssen. So recht vermag auch die für dieses andere Moment herangezogene Erklärung im Falle des Freiburger Liberalen nicht einzuleuchten: Gewiß mag es im Hinblick auf die zweite Jahrhunderthälfte noch angehen, die bürgerliche Rezeption jener "prinzipiell antibürgerliche(n) Einstellung ... der kräftigen Beimischung von Nationalismus" zuzuschreiben[94]. Aber schlecht verträgt sich doch diese Deutung mit der dem 1840 verstorbenen Rotteck fast durchgängig von der Literatur bescheinigten Überordnung vernunftrechtlicher Prinzipien über das Kalkül des nationalen Egoismus[95]. Schon eher läßt sich freilich der 'Fall' Rotteck mit Überlegungen verbinden, die Janssen zu den während der ersten Jahrhunderthälfte sich vollziehenden Veränderungen des 'gemäßigt-liberalen' Denkens angestellt hat. Unter Berufung gerade auch auf die Zeugnisse Rottecks merkte Janssen an, daß vor allem das Erlebnis der drohenden französischen Weltherrschaft im Lager des 'gemäßigten' Liberalismus die "Skepsis" gegenüber der Organisierbarkeit des 'ewigen Friedens' genährt und damit zu einer Akzentverlagerung von der politisch-institutionellen Konkretisierung auf das Programm einer langsam voranschreitenden 'Menschheitserziehung' geführt habe. Jedoch mag diese Interpretation allenfalls noch das Verblassen einer Friedensutopie erhellen, sie erklärt aber nicht das an den Äußerungen Rottecks demonstrier-

---

94 JANSSEN, Krieg, S. 603.

95 Vgl. dazu unter den jüngeren Studien IGGERS, German Conception, S. 98 f., HERDT, Verfassungstheorie, S. 87 und KRIEGER, German Idea, S. 317. Lediglich FENSKE, Südwesten, S. 55 f. gelangt zu anderen Ergebnissen, die sich im Lichte der Quellen allerdings kaum halten lassen. Siehe unten S. 117. IMM, Bewegung, S. 84 erklärt zwar, "Rotteck ... (habe) sich auf den Boden der festgegründeten und gesicherten Nationalität" gestellt. Aber selbst diese Studie, die Rotteck gegen den vornehmlich von Treitschke verbreiteten 'Vorwurf' eines mangelnden Nationalbewußtseins in Schutz zu nehmen sucht, kommt nicht umhin, immer wieder die kosmopolitische Orientierung Rottecks zuzugeben. Vgl. ebd., S. 67 f., S. 79 f.

te gleichzeitige Anwachsen des kriegsverherrlichenden Gedankengutes in jener politischen Strömung.[96]

Indessen berühren diese Ansätze einer Kritik bisheriger Vorstellungen, die auf das nationale, mehr noch aber auf das etatistische Moment zielen, zugleich die historiographische Berechtigung, den badischen Politiker mit seinen Bemerkungen zu Krieg und Frieden als Kronzeugen für einen Einstellungswandel innerhalb ebendieser 'gemäßigten' – nach gängigem Sprachverständnis also im bürgerlichen Interesse die revolutionäre Gefährdung des Staates vermeidenden – Richtung des Liberalismus zu bemühen.[97] Im Grunde enthält das damit aufgeworfene Problem der Signifikanz Rottecks für die von Janssen auch im Vormärz beobachtete Verformung 'gemäßigt-liberaler' Inhalte[98] zwei Fragestellungen: Einmal werden die Schriften des Freiburger Gelehrten auf mögliche Verschiebungen überhaupt hin zu befragen sein. Hierbei muß sich jene Annahme einer sich verändernden Haltung mit einer Literatur auseinandersetzen, die entweder im methodischen Ansatz ausdrücklich auf die Untersuchung von Veränderungen verzichten zu können glaubt[99] oder Rottecks Würdigung des Krieges auf die Erfahrung der napoleonischen Herrschaft, das Erlebnis der Befreiungskriege sowie bestenfalls noch die sich daran anschließende Friedenswahrung durch die im Wiener Vertragssystem zusammengeschlossenen Großmächte zurückführt[100], also implizit nach 1815 keine wesentliche Änderung mehr unterstellt. Zum anderen wird das

---

96 Vgl. JANSSEN, Friede, S. 582 und JANSSEN, Krieg, S. 606 f.

97 So bei JANSSEN, Friede, S. 581 f. und JANSSEN, Krieg, S. 605–607. Zur "potentielle(n) Revolutionsbereitschaft" als wesentlichem Unterscheidungsmerkmal zwischen 'gemäßigtem' und 'radikalem' Liberalismus vgl. stellvertretend für das vorherrschende Interpretationsmuster FABER, Strukturprobleme, S. 217 f.

98 Vgl. JANSSEN, Friede, S. 582 und JANSSEN, Krieg, S. 605–607.

99 So JOBST, Staatslehre, S. 469 hinsichtlich der bei Rotteck zentralen Staatstheorie.

100 Vgl. ROSENTHAL, Friedensgedanke, S. 20–22, S. 29–33, S. 73–75 und AIRAS, Wertungen, S. 385–471; mit Einschränkungen KÖNIGS, Frühliberalismus, S. 11–16 und – unter Verweis auf die Heilige Allianz und den Deutschen Bund – auch HERDT, Verfassungstheorie, S. 82–93; zur Wirkung der Befreiungskriege auf die badische Bevölkerung allgemein vgl. aber auch den Einwand von MIELITZ, Militärwesen, S. 54 f., der auf die verbreitete Kriegsmüdigkeit aufmerksam macht.

Abgrenzungsproblem aufgeworfen: In welchem Maße lassen sich Rotteecks Aussagen von jenen radikalen "liberalistischen und sozialistischen" Utopien abheben, welche in einem ungebrochenen Gestaltungsoptimismus an die erstmals 1792 versuchte revolutionäre Mission eines 'letzten Krieges gegen den Krieg' hatten anknüpfen können?[101]

Hinter den beiden miteinander verbundenen Fragen nach Abgrenzung und Entwicklung scheint die Ebene des gesellschaftlichen Strukturwandels auf, und nochmals kann die Aufmerksamkeit des Betrachters auf die Julirevolution gelenkt werden. In ihrem Umkreis wurden nicht nur die politischen Gegensätze sichtbar, die sich bei in Grenzen wechselnden Koalitionsmöglichkeiten zwischen den schlagwortartig mit Revolution, Legitimitätsprinzip und nationalem Egoismus umschriebenen Kräften auftaten, sondern es traten zugleich die sozialen Konflikte in ein grelles Licht.[102] Was Janssen der im Gefolge der Julirevolution offenbar werdenden Klassenherrschaft der Bourgeoisie zuschreibt, nämlich den Ausgangspunkt für die gegen sie gerichtete eigentumsfeindliche, sozialrevolutionäre Fortführung des aus der radikalen Aufklärung stammenden Konzeptes der Überwindung des Krieges durch den revolutionären Weltbürgerkrieg gebildet zu haben,[103] muß freilich nicht notwendig auf den negativen Bezug zum Privateigentum beschränkt bleiben. Zu Recht wurde Julius Fröbel zitiert, um die das Privateigentum durchaus anerkennende radikal-demokratische Version jenes vor einem Kriege nicht zurückschreckenden internationalen Missionsanspruches nachzuweisen, der in der Formel des 'Hessischen Landboten': 'Friede den Hütten! Krieg den Palästen!' auf

---

101 Zur Abgrenzung gegen den mehr auf die 'Menschenbildung' vertrauenden 'gemäßigten' Liberalismus vgl. JANSSEN, Friede, S. 582 und JANSSEN, Krieg, S. 606 f.; zu Charakter und Tradition der radikalen Entwürfe vgl. JANSSEN, Friede, S. 573—575, S. 584 f. (Zitat S. 584) und JANSSEN, Krieg, S. 585—589, S. 608—612. Zur Genese des moralisch geforderten letzten Krieges gegen den unmoralischen Staat vgl. KOSELLECK, Kritik, S. 129—157. Zum konsequenten Umschlag der chiliastisch unterlegten Weltfriedensmission von 1792 in den Vernichtungskrieg gegen den Feind im Weltbürgerkrieg vgl. SCHNUR, Revolution, S. 11—32.

102 Zur Offenlegung des Klassencharakters bürgerlicher Herrschaft durch das Julikönigtum vgl. auch SCHIEDER, Krise, S. 189.

103 Vgl. JANSSEN, Krieg, S. 608—612.

seinen prägnanten Ausdruck gebracht worden war.[104] Und von diesem immerhin noch bürgerlichen Programm des revolutionären Krieges ausgehend, geraten abermals die Positionen Rottecks in den Blick. Denn wird nach der jedoch nicht unumstrittenen These Lothar Galls der demokratische Radikalismus als eine ursprünglich liberale Bewegung begriffen, die ihre Ausprägung wesentlich während der 1840er Jahre erhalten habe, als das frühliberale Leitbild einer "klassenlosen Bürgergesellschaft" durch die Wirklichkeit der heraufziehenden 'bürgerlichen Klassengesellschaft' zunehmend in Frage gestellt worden sei,[105] so lassen sich wiederum Querverbindungen zu Rottecks Denken vermuten, die es nahelegen,

---

104 WENDE, Radikalismus, S. 185 f. Hierbei spiegelt der anhaltende Streit über die Bewertung der vor allem im Verlauf der deutschen Revolution zutage tretenden radikalen Kriegsbegeisterung deren eigentümliches Spannungsverhältnis, welches entsteht, wenn die Forderung nach dem Krieg mit dem Ziel seiner endgültigen Abschaffung begründet wird. Während KOCH, Demokratie, S. 171 den vormärzlichen demokratischen Radikalismus vor dem Vorwurf eines aggressiven, 'linken' Nationalismus in Schutz nehmen möchte, betont NIPPERDEY, Geschichte, S. 630, etwas schärfer noch NIPPERDEY, Kritik, S. 182 die nationalistischen, den 'Volkskrieg' propagierenden Forderungen der 'Linken'. Vgl. dazu auch WOLLSTEIN, Mitteleuropa, S. 241 f., S. 253. Zur Konzeption eines zwar sozial verpflichteten, aber dennoch als Grundlage persönlicher Entfaltung geforderten privaten Eigentums im vormärzlichen Radikalismus besonders bei Julius Fröbel vgl. WENDE, Radikalismus, S. 121—124 und neuerdings KOCH, Demokratie, S. 146—168.

105 GALL, Liberalismus und 'bürgerliche Gesellschaft', S. 173—175. Vgl. auch GALL, Baden, S. 36 f. Eine Bestätigung der Aussagen Galls mit Blick auf die südwestdeutschen Verhältnisse findet sich bei DEUCHERT, Hambacher Fest, S. 33, S. 221—227.
Mit seiner These, der Frühliberalismus habe die Gesellschaftsutopie einer 'klassenlosen Bürgergesellschaft' verfolgt, bei der Gall auf SCHUMACHER, Gesellschaftsbegriff, S. 2 f., S. 215—221 zurückgreifen konnte, ist er auf eine mitunter heftige Kritik gestoßen. Vgl. dazu MOMMSEN, Liberalismus, S. 79 f., S. 82—85. Dagegen bekräftigen jüngst LANGE-WIESCHE, Liberalismus in Deutschland, S. 7—9, S. 28—33, WEHLER, Deutsche Gesellschaftsgeschichte, II, S. 420—424 und — insbesondere mit Blick auf das Großherzogtum Baden und das Königreich Württemberg — SEDATIS, Liberalismus, S. 47—49, passim den Befund Galls. Die von SHEEHAN, Der deutsche Liberalismus, S. 26—35 beobachtete soziale Heterogenität des Frühliberalismus weist in dieselbe Richtung. Vgl. auch IMM, Bewegung, S. 27.
Zu der Frage nach der Eigenständigkeit des Radikalismus oder umgekehrt: seiner Zugehörigkeit zum vormärzlichen Liberalismus vgl. die knappe Literaturübersicht bei WENDE, Radikalismus, S. 5—9. Gegen die bei GALL, Liberalismus und 'bürgerliche Gesellschaft', S. 173 f. implizierte Auffassung plädiert WENDE, Radikalismus, S. 211 f. für die Selbständigkeit des Radikalismus. Im Hinblick auf Südwestdeutschland sprechen hingegen LOCHER, Lage, S. 148 und HOCHSCHILD, Mathy, S. 241 von einer im Verlauf der 1840er Jahre sich vollziehenden "Spaltung" der 'liberalen' Bewegung. Damit übereinstimmend erkennt ANGERMANN, Mathy, S. 502—504 in diesem Zeitraum einen im 'Mittelstand' um sich greifenden Desintegrationsprozeß.

nach möglichen Parallelen zwischen seiner und der im Lager des vormärzlichen Radikalismus beobachteten Wertschätzung des Krieges zu suchen.

III.

Die Arbeit wird also eine Analyse der Schriften Rottecks an den Anfang stellen. Offenbar entspinnt sich mit der Erörterung seiner Positionen einschließlich ihrer Verschiebungen im Verhältnis zur Kantschen Friedensschrift gleichsam ein Leitfaden, mit dessen Hilfe ein zweiter, in unmittelbarer Beziehung zur vernunftrechtlichen Aufklärung stehender Weg zum Bellizismus neben der nach gängiger Auffassung durch den Machtstaatsgedanken geleisteten Verknüpfung nachgezeichnet werden könnte. Nicht nur politische, sondern auch soziale Gegensätze gelangten hierbei zur Darstellung.

Wenngleich damit und in Übereinstimmung mit dem bereits frühen Urteil in der Literatur die herausragende Bedeutung Rottecks einmal mehr unterstrichen würde, darf sich die Untersuchung gewiß nicht auf diesen beschränken. Allein schon die Frage der Abgrenzung steht dem entgegen, und über Stellenwert und Aussagekraft der Auslassungen Rottecks entscheidet nicht zuletzt der Widerhall, den diese im Kreis der Gleichgesinnten gefunden haben. Hier nun bietet sich der Rückgriff auf das Staatslexikon an, dessen Handbuchcharakter für den süddeutschen Frühliberalismus jüngst erst Thomas Nipperdey wieder betont hat[106]. Gleichzeitig erscheint eine Begrenzung auf den Umkreis dieses Werkes für die Zwecke der Studie auch ausreichend.

Schließlich ist die beabsichtigte Arbeit nach ihrer Anlage auf den von der Kantschen Friedensschrift vorgegebenen Rahmen verwiesen. Deren Anliegen wurde als ein 'bürgerliches' grob umschrieben, das auf der politischen Ebene die Emanzipation mit dem nach innen befriedenden Obrigkeitsstaat und dem äußeren Frieden

---

106 NIPPERDEY, Geschichte, S. 299.

zugleich zu vermitteln suchte. Näher bestimmt, meint 'bürgerliches Interesse' hier die Anerkennung einer tragenden Rolle des freilich je unterschiedlich begründeten und staatlichem Zugriff ausgesetzten Privateigentums, zu dessen Sicherung in ebensowenig festgelegter Gewichtung die politische Emanzipation und der den inneren Frieden verbürgende Staat beitragen. Von diesem bewußt weit definierten 'bürgerlichen Interesse' ist noch das 'besitzbürgerliche' oder 'besitzindividualistische Interesse' zu unterscheiden. Wenn auch erwartet werden darf, daß dieses Interesse bei vielen hier vorzustellenden Theoretikern und Publizisten mit dem eben erwähnten 'bürgerlichen Interesse' zusammenfiel, so kann dies nicht von vornherein für alle unterstellt werden. In Anlehnung an C. B. MacPherson wird im folgenden davon ausgegangen, daß die besitzindividualistische Haltung darauf abzielt, nicht nur die wirtschaftliche, sondern auch die gesellschaftliche Position des als Eigentümer seiner selbst begriffenen einzelnen von dem auf dem freien Markt im Wettbewerb erzielten Preis abhängig zu machen. Im extremen Fall erschöpfen sich hierbei die Aufgaben des Staates darin, den Schutz von Leben und Eigentum wie auch die Bestimmung und Durchsetzung der Verträge gesetzlich zu erzwingen.[107] Allerdings genügt schon die Festlegung auf das 'bürgerliche' Moment, und es bedarf nicht erst jener 'besitzbürgerlichen' Eingrenzung, um sozialistische Bestrebungen ebenso wie ausgesprochen restaurative, die vorrevolutionäre Welt beschwörende Strömungen von der Untersuchung auszuschließen. Beide Richtungen werden bei der Lektüre der 'Bibel des Frühliberalismus' vorderhand auch nicht zu gewärtigen sein.

Bliebe somit — was den 'bürgerlichen' Charakter angeht — die Verbindung der 'Enzyklopädie der Staatswissenschaften' zu dem Kantschen Ausgang der Studie gewahrt, so spiegelte der in dem Werk anzutreffende Pluralismus zudem noch die Breite jener Verfassungsbewegung, die in der Zeit zwischen dem Wiener Kongreß und der deutschen Revolution das Programm einer mehr oder minder weit gefaßten politischen Partizipation mit Nachdruck verfolgt hatte. Die angesproche-

---

107 Vgl. im Zusammenhang MACPHERSON, Theory, S. 3, S. 48 f., S. 53—61, S. 263 f., S. 271 f.

ne Vielfalt gilt sowohl für die politischen Inhalte als auch – in Grenzen allerdings – im Hinblick auf die zwischen historischer und rationaler Politikbegründung schwankende Argumentation. Zur Illustration der Spannweite muß man in beiden Fällen keineswegs einer von Heinrich von Treitschke bis Manfred Botzenhart und Thomas Nipperdey beobachteten Übung folgen, die dem rational und darum vielleicht auch radikaler argumentierenden Flügel des Frühliberalismus um Karl von Rotteck seinen sich auf die geschichtliche Entwicklung berufenden und deswegen eher konservativ getönten Widerpart in Gestalt von dessen Exponenten Friedrich Christoph Dahlmann gegenüberstellt.[108]

Neben dem gemeinhin dem vormärzlichen Radikalismus zugerechneten Gustav von Struve[109], dessen Ausführungen für die Aufdeckung von Gemeinsamkeiten zwischen dieser Bewegung und dem Standort Rottecks bedeutsam werden können, schrieb auch der von der sächsischen Regierung mit der Pressezensur betraute Friedrich von Bülau[110] für das Staatslexikon. Auch im Königreich Sachsen dürfte das Amt des Zensors kaum einem liberalen Feuerkopf zugefallen sein. Und was die unterschiedliche Legitimation politischer Zielvorstellungen betrifft, so hat Thomas Nipperdey die scheinbar in den Rang einer kanonischen Regel erhobene Gegenüberstellung der Archetypen 'Rotteck' und 'Dahlmann' damit relativiert, daß er auf die durchaus auch geschichtlich argumentierende Feder Karl Theodor Welckers hinwies[111] – immerhin des Mitherausgebers des Staatslexikons.

Daß aber daneben weder auf Hegel noch auf herausragende Vertreter des Historismus – Ranke und Droysen zumal – eingegangen wird, liegt an dem Selbstverständnis der Arbeit, die nicht mehr anstrebt als lediglich eine Ergänzung zu jener Akzentsetzung, welche sich aus der von Meinecke bis Janssen vorherr-

---

108 Zur Signifikanz beider Politiker für die Spannbreite des Frühliberalismus vgl. TREITSCHKE, Geschichte, II, S. 111 und ebd., IV, S. 469 f.; BOTZENHART, Parlamentarismus, S. 41 und NIPPERDEY, Geschichte, S. 298.

109 Vgl. WENDE, Radikalismus, S. 31, passim; HUBER, Verfassungsgeschichte, II, S. 412 f.

110 Zu Friedrich von Bülau vgl. den ungezeichneten Abschnitt 'Bülau' in: ADB 3 (1876), S. 512 f.

111 NIPPERDEY, Geschichte, S. 298 f.

schenden Beschäftigung mit der hegelianischen wie auch der historistischen Tradition ergeben hat.

Damit scheint das Feld abgesteckt zu sein. Aufkeimender Bellizismus und Friedensutopie sollen – bildhaft und somit vergröbernd gesprochen – in einem dreidimensionalen Koordinatensystem zur Darstellung gelangen, dessen erste – wiewohl verkürzte – Achse zwischen rationaler und historisierender Politikbegründung verläuft, während die zweite sich zwischen den Polen Revolutionsbereitschaft und Revolutionsangst erstreckt. Quer dazu liegt als dritte Ebene der soziale Strukturwandel.

2.0 Karl von Rotteck[1]

2.1 Fortschritt ohne Krieg?

"Ein ewiger Friede ist ohne völlige Veränderung der Menschennatur kaum denkbar; ja er wäre nicht einmal gut (,) weil zu einer krafttödtenden Stagnation führend."[2]

I.

Angesichts dieser definitiven Absage an das Ziel eines 'ewigen Friedens', die Rotteck in dem 1834 erschienenen dritten Band seiner 'Vernunftrechtslehre' formuliert hatte, beschleicht den Leser ein gewisses Unbehagen. Zumindest kommt er an einer Ungereimtheit nicht vorbei: Anders ausgedrückt besagt das Zitat, daß der 'ewige Friede' — gleichviel ob bei veränderter oder unveränderter Menschennatur — um der Bewegung willen zu verwerfen sei, denn Bewegung ist

---

1   Der am 18. Juli 1775 in dem damals noch vorderösterreichischen Freiburg geborene Karl von Rotteck wuchs in einer durch den Josephinismus ebenso wie durch die französische Aufklärung geprägten Umgebung auf. An der Freiburger Universität legte er 1797 sein juristisches Examen ab, um dort 1798 — nach einem Zwischenspiel in der städtischen Verwaltung — den Lehrstuhl der Geschichte zu besetzen. Zwanzig Jahre später übernahm er die Professur der Staatswissenschaften und des Naturrechts, die er bis zu seiner Zwangspensionierung 1832 innehatte. Eng mit dem Lehrberuf verbunden war eine rührige publizistische Tätigkeit. An erster Stelle seien hier genannt die 'Allgemeine Geschichte' und das 'Lehrbuch des Vernunftrechts', von 1812 bis 1826, beziehungsweise von 1829 bis 1836 erschienen, daneben freilich auch das zusammen mit Karl Theodor Welcker herausgegebene 'Staatslexikon'. Als 'politischer Professor' vertrat Rotteck die Freiburger Universität während des ersten badischen Landtages in der ersten Kammer. Von 1831 an bis zu seinem Tode am 26. November 1840 war Rotteck Abgeordneter der zweiten badischen Kammer. Vgl. als erste Orientierung den zu Rotteck verfaßten Abschnitt von Friedrich v. WEECH, in: ADB 29 (1889), S. 385—389. Umfangreiches Material zum Leben Rottecks bietet die von dem Sohn Hermann von Rotteck geschriebene Biographie, ROTTECK, Nachgelassene Schriften, Bd. IV. Als biographische Skizzen aus jüngerer Zeit können herangezogen werden EHMKE, Rotteck, passim und KOPF, Rotteck, passim.

2   ROTTECK, Lehrbuch, III, § 51, S. 130 (Anmerkung).

der offenbar positiv belegte Gegensatz zum Stillstand. Freilich handelt es sich nicht um irgendeine Bewegung, sondern um die des Fortschritts. Da 'ewiger Friede' und Fortschritt also einander ausschließen, wird implizit die Alternative zu jenem, der Krieg, mit diesem verklammert: Der Krieg bleibt als Motor der menschlichen Entwicklung unerläßlich. Nun setzte in Rottecks Konzeption die Vernunft — hier in Gestalt des Vernunftrechts — dem Fortschritt das Ziel.[3] Und so war es auch das von ihr vorgestellte Friedensgebot, das doch letztlich die ununterbrochene Dauer des Friedens forderte, von dem der Fortschritt allererst Sinn und Zweck erhielt. "Der K r i e g", hieß es an anderer Stelle, sei "eine factische A u f l e h n u n g gegen die" — anzustrebende — "Herrschaft der Vernunft".[4] In der eingangs zitierten Wendung Rottecks aber geriet der Fortschritt zum Selbstzweck, und unversehens verdrängte der Krieg als dessen Movens die mit dem 'ewigen Frieden' von der Vernunft vermittelte Sinnstiftung.

Bisherige Deutungen führten dieses gebrochene Verhältnis zum äußeren Frieden auf das Erlebnis der Befreiungskriege oder auf die Opposition des frühliberalen Politikers gegen die seit 1815 im Zeichen der Legitimität wirksame Friedenswahrung zurück.[5] Zuweilen beschied sich die Interpretation auch mit der allgemeiner gehaltenen Feststellung, diese Abkehr vom 'ewigen Frieden' sei Ausdruck einer Skepsis.[6] Damit ist bereits viel Zutreffendes gesagt worden. Gleichwohl bleiben diese Beobachtungen unbefriedigend, denn sie werden weder dem umfassenden,

---

3   Vgl. dazu und zu der Entgegensetzung von 'Fortschritt' und 'Stillstand' unter einer Vielzahl von Belegen ROTTECK, Lehrbuch, I, § XXIII, S. 84 f.; ROTTECK, "Vorwort", StL. I[1], S. III—XXXII; ebenso StL. I[2], S. III—XXIII; ROTTECK, Art. "Bewegungs-Partei", StL. II[1], S. 558—565; ebenso StL. II[2], S. 505—510. Vgl. ferner: ROTTECK, Allgemeine Geschichte, I, S. 379; ebd., II, S. 414: die Politik der griechischen Stadtstaaten als Zeugnis "erblühenden J ü n g l i n g s a l t e r s" , das es in dem reiferen, von vernünftiger " M o r a l " und " W e l t b ü r g e r s i n n " geprägten Zustand der Neuzeit nicht mehr anzustreben gelte. Zudem: ROTTECK, Allgemeine Geschichte, V, S. 133 f.; ebd., VII, S. 9 f., S. 142 f.; ebd., IX, S. 8, S. 867.

4   ROTTECK, Art. "Friede", StL. VI[1], S. 80; ebenso StL. V[2], S. 192.

5   Vgl. HERDT, Verfassungstheorie, S. 93; ROSENTHAL, Friedensgedanke, S. 19—22, S. 29—33, S. 73—75; AIRAS, Wertungen, S. 385—471.

6   Vgl. JOBST, Staatslehre, S. 495 f.

keineswegs in sich konsistenten Quellenbefund gerecht, noch beschreiben sie angemessen die Momente des vorgefundenen Widerspruchs. Eine neuerliche Untersuchung wird daher ebenso die allzusehr vernachlässigte 'Allgemeine Geschichte' als Zeugnis für Rottecks Denken in der Zeit zwischen Wiener Kongreß und Julirevolution heranziehen wie über die außenpolitischen Gegebenheiten hinaus sich eingehender dem Verhältnis von Fortschritt und Krieg zuwenden müssen.[7]

Freilich bedurfte der 'ewige Friede', um im Sinne der Vernunftrechtslehre Rottecks als Ziel der Geschichte gelten zu können, noch näherer Bestimmung. Dieser Friede konnte nur ein umfassender inner- wie auch zwischenstaatlicher sein. Infolge einer säkularen Frontbildung, deren außenpolitische Seite als bloße Verlängerung des innenpolitischen Konfliktes zwischen der Partei des 'historischen Rechtes' oder der Legitimität einerseits und den Verfechtern des 'vernünftigen, natürlichen Rechtes' andererseits erschienen war, wurde ganz im Sinne aufgeklärter Kritik als Voraussetzung des äußeren der innere Friede begriffen und umgekehrt.[8] Nur insofern kam der 'ewige Friede' als Telos der Menschheitsbewegung

---

7   Während Jobst das Geschichtswerk Rottecks überhaupt nicht benutzte, stützten sich Herdt ausschließlich und Rosenthal ganz überwiegend bei der Betrachtung von Rottecks Friedensdenken und Milizkonzeption auf die Schriften der 1830er Jahre und die Essays 'Ueber stehende Heere und Nationalmiliz' und 'Ein Wort über die heutige Kriegsmanier' von 1815/16. Vgl. JOBST, Staatslehre, S. 469, Anm. 5; HERDT, Verfassungstheorie, S. 86—93, Anmerkungen 307—327; ROSENTHAL, Friedensgedanke, S. 12—33, S. 203, S. 217 f. Im Hinblick auf die Würdigung der Quellen bildet die Arbeit von Emil Ganter über "Rotteck als Geschichtsschreiber" freilich eine Ausnahme. Was allerdings den vorliegenden Zusammenhang angeht, kommt Ganter nicht über das bloße Referat des angeblich "unreifen Gedankengang(es)" Rottecks zum Kriegswesen seiner Zeit hinaus. Vgl. GANTER, Rotteck, S. 60—64.

8   Vgl. zur grundlegenden Unterscheidung der Parteien: ROTTECK, Allgemeine Geschichte, IX, S. 37—39, S. 79 f., S. 867—869; ROTTECK, Lehrbuch, II, § XVIII, S. 39—44; ROTTECK, Art. "Bewegungs-Partei", StL. II[1], S. 558—565; ebenso StL. II[2], S. 505—510. Zur Interdependenz von äußerem und innerem Frieden vgl. ROTTECK, Art. "Friede", StL. VI[1], S. 83 f.; ebenso StL. V[2], S. 195 und ROTTECK, Lehrbuch, III, § 24, S. 66, § 50, S. 127: Ein Friedensvertrag, der einem Volk eine "despotische Verfassung" (Zitat aus dem Staatslexikon), mithin den inneren Unfrieden, diktierte, wäre nichtig und ließe somit den Kriegszustand auf internationaler Ebene bestehen. Ebenso rechtfertigten nach ROTTECK, Lehrbuch, III, § 13, S. 40 f. krasse Verstöße gegen das Vernunftrecht innerhalb eines Staates das bewaffnete Einschreiten der anderen Staaten. Vgl. dazu auch ROTTECK, Art. "Cosmopolitismus", StL. IV[1], S. 70 f.; ebenso StL. III[2], S. 591.

in Betracht, als er mit der für höherrangig erkannten 'Freiheit' der Völker sowohl als der Individuen vereinbar war, wie überdies Freiheit und Fortschritt ja aufeinander verwiesen[9]. Dies erhellt schon aus den wiewohl nur auf den ersten Blick weniger spannungsgeladenen Beiträgen, die Rotteck zu den Stichworten 'Krieg' und 'Friede' für das Staatslexikon verfaßt hatte.

Allerdings begegnen dem Leser dort zwei sich überschneidende und nicht eben in dieselbe Richtung weisende Argumentationsstränge: ein weiterer, um das Verhältnis von Frieden und Fortschritt kreisender und ein engerer, der sich mit der Organisation des 'ewigen Friedens' auseinandersetzt. Lediglich auf dieser letzten Ebene gelangte der Freiburger Gelehrte zu vergleichsweise unzweideutigen Aussagen über die Qualität eines 'ewigen Friedens' – eine Eingrenzung, die es im Auge zu behalten gilt, wenn im folgenden zunächst auf diesen engeren Zusammenhang eingegangen wird (II.). Denn die Frage nach der institutionellen Ausgestaltung des Friedens ist zwar eng verbunden mit dem dahinter liegenden Problem der Vereinbarkeit von Friede und Fortschritt; dennoch aber läßt sie sich von diesem erst später aufzugreifenden (III.) grundlegenden Thema unterscheiden.

II.

Unter Berufung auf eine historische Erfahrung, für die der Gedanke einer französischen Weltherrschaft in die beängstigende Nähe seiner Verwirklichung geraten war, und in deutlicher Anspielung auf das im Anschluß an Napoleons Sturz errichtete System zwischen- wie auch innerstaatlicher Friedenswahrung durch die europäischen Großmächte traf der auf die "entschiedene Präponderanz" eines oder weniger Staaten gegründete 'ewige Friede' im Staatslexikon auf nachdrückliche Ablehnung. Würde doch durch ein solches auch nur auf Europa begrenztes Reich die Selbständigkeit und Freiheit aller übrigen Staaten und Völker vernichtet

---

9   Vgl. ROTTECK, Allgemeine Geschichte, I, S. 379.

werden.[10] Es scheint demnach, als reichten jene Erklärungen hin, die — beginnend mit Napoleons Europakonzeption — die außenpolitischen Rahmenbedingungen für die von Rotteck vollzogene Abwertung des 'ewigen Friedens' verantwortlich machten. Denn in der Tat durchzog, was in den Artikeln der 1830er Jahre bei flüchtigem Hinsehen nur für eine geringfügig veränderte Neuauflage gehalten werden mochte, schon 1812/13 als auf die französische Fremdherrschaft gemünztes Argument die ersten drei Bände von Rottecks 'Allgemeiner Geschichte'. Vornehmlich am Beispiel der 'pax romana' hatte der Historiker damals bereits die in nationaler Unabhängigkeit geübte tätige Selbstbestimmung einschließlich der damit einhergehenden kriegerischen Staatenkonkurrenz gegen den düsteren Hintergrund des antiken Weltreichsfriedens in ein helles Licht gerückt.[11] Später war an die Stelle der "Welttyranney" des französischen Kaisers lediglich jene der 1815 verabredeten europäischen Pentarchie getreten.[12]

---

10 Vgl. ROTTECK, Art. "Friede", StL. VI^1, S. 86 f.; ebenso StL.V^2, S. 197 (dort auch das Zitat); ROTTECK, Art. "Krieg; Kriegsrecht u.s.w.", StL. IX^1, S. 508; ebenso StL. VIII^2, S. 381. Vgl. daneben ROTTECK, Lehrbuch, III, § 51, S. 131 f., §§ 53 f., S. 135—139.

11 Vgl. ROTTECK, Allgemeine Geschichte, III, S. 27—30, dort besonders S. 28 f.: "Aber bey allem dem, und obschon, die Grenzprovinzen abgerechnet, ein tiefer Friede die vielen einst feindseligen, nun aber brüderlich und fest zu e i n e m Staat verbundenen Völker beglückte, — war — selbst unter einem T r a j a n und M a r k A u r e l — die Abnahme des Genies, der physischen und moralischen Kraft, sonach der M e n s c h e n w ü r d e — welche wohl mehr werth ist, als Wohlhabenheit und Friede — in der ganzen Römischen Welt zu bemerken. ... Denn in einem solchen (Weltreich, F.N.) hört auch der N a t i o n a l w e t t e i f e r , und jene Anstrengung auf, welche die Folge der N o t h ist, oder einer gefahrvollen Stellung zwischen feindseligen Mächten." Die Gegenüberstellung der Begriffsfelder 'europäische Kultur, Fortschritt und Freiheit' einerseits mit 'orientalischer, asiatischer oder chinesischer Despotie, Universalmonarchie, Ruhe, Stillstand und Rückschritt' andererseits ist zudem ein Grundmotiv der Rotteckschen Geschichtsschreibung. Vgl. ROTTECK, Allgemeine Geschichte, VI, S. 282 f.: " S i n e s i s c h e Geschichte — gleich der Naturgeschichte einer T h i e r - Gattung" — im Gegensatz zu dem 'lebendigen Fortschreiten' des Abendlandes. Ähnlich: ebd., I, S. 137, S. 339 f., S. 372; ebd., IV, S. 21; ebd., V, S. 35, S. 133 f.; ebd., II, S. 53 (Perserreich als 'westliches China'); ebd., III, S. 24 f., S. 166 f. (römisches Weltreich); ebd., IX, S. 72 (Ruhe der 'Heiligen Allianz' im Gegensatz zu "Idee, ... Licht und ... Recht"); ebd., IX, S. 838 f., S. 868 f. (Vergleich der 'Heiligen Allianz' mit China). Zur zeitkritischen Absicht vgl. 'Vorrede' in ebd., IV, S. III f.

12 Besonders deutlich bei ROTTECK, Allgemeine Geschichte, IX, S. 68: "Zumal ward die D i k t a t u r in europäischen Dingen, welche N a p o l e o n ausgeübt, als eine Erbschaft oder als Kriegsbeute betrachtet, welche daher jezo den Siegern zustünde. Die Großmächte, unter deren Auspicien der französische Kaiser gestürzt worden, ergriffen jetzt selbst den Herrscherstab über Europa, d.h. über die civilisirte Welt. Nur die P e r s ö n-

Aber allein schon der Umstand, daß sich in Rottecks Schrifttum bis in die 1820er Jahre hinein ein den dauerhaften Frieden einbeziehender Gestaltungsoptimismus beobachten läßt, zeigt an, daß der Versuch, Rottecks Abkehr vom 'ewigen Frieden' als Reaktion auf einen durch die auswärtige Übermacht erzwungenen Gewaltfrieden darzustellen, wenigstens ergänzungsbedürftig ist[13].

So verstand der Freiburger Gelehrte nach seiner 1815 verfaßten und ein Jahr später veröffentlichten Schrift gegen die stehenden Heere deren Ersatz durch das von ihm vertretene Milizkonzept als die "A n k ü n d i g u n g   e i n e r   b l e i b e n d e n   H e r r s c h a f t   ...   d e r   i n n e r n   u n d   d e r   ä u s s e r n   F r e i h e i t   u n d   d e s   F r i e d e n s".[14] Zu solcher um die geforderte Beteiligung der "N a t i o n a l r e p r ä s e n - t a t i o n" an der Entscheidung über Krieg und Frieden ergänzten[15] institutionellen Verklammerung von bürgerlicher Emanzipation und äußerem Friedensideal standen die etwa zeitgleichen abfälligen Urteile, mit denen antike Begründungsversuche eines 'ewigen Friedens' in der 'Allgemeinen Geschichte' bedacht wurden, auch nicht im Widerspruch. Gewiß war dort die Rede von Alexanders III. 'anmaßendem' Plan, den Weltfrieden auf der Grundlage seiner Herrschaft zu errichten.[16] Bald darauf folgte zudem das absprechende Wort über des Aurelius Probus Bemühungen um einen 'ewigen Frieden' — nach Rotteck ein "schönes, wenn gleich

---

l i c h k e i t , nicht aber die G e w a l t , nur die R i c h t u n g , nicht aber die A n s p r ü c h e , sind geändert worden."

13   Unter Berücksichtigung dieses im folgenden nachzuweisenden Gestaltungsoptimismus ist auch die von KOPF, Rotteck, S. 130 f. auf die Enttäuschung über die Bundesakte zurückgeführte Verzweiflung Rottecks am Fortschritt von allenfalls vorübergehender Bedeutung. Dem angeführten brieflichen Bekenntnis Rottecks, er habe "den Glauben an das F o r t s c h r e i t e n   d e r   M e n s c h h e i t   ... fast ganz verloren" (Rotteck an Freiherrn von Drais, 16.09.1815, in: ROTTECK, Nachgelassene Schriften, V, S. 320 f.), steht eine Fülle widersprechender späterer Belege gegenüber.

14   ROTTECK, Ueber stehende Heere und Nationalmiliz (1815/16), in: ROTTECK, Sammlung, II, S. 156–239, dort S. 214 f. Die Schrift wird künftig zitiert 'Heere'. Zur Datierung vgl. ebd., S. 156, S. 158.

15   Vgl. ROTTECK, Heere, Sammlung, II, S. 237.

16   ROTTECK, Allgemeine Geschichte, II, S. 142.

schimärisches Streben".[17] Beide historiographischen Bewertungen unterlagen indes hinsichtlich der in ihnen zum Vorschein gelangenden negativen Implikationen für das Friedensideal einem zweifachen Vorbehalt.

Zum einen schied zwar der nicht nur dem Altertum eigene Weg der 'Universal-monarchie' aus, dies ließ aber die Möglichkeit alternativer Organisationsformen noch offen. Zum anderen bezogen sich diese Urteile auf eine unaufgeklärte Zeit. Aufklärung war aber auch im Verständnis der 'Allgemeinen Geschichte' die unerläßliche Voraussetzung für eine vernunftgemäße Friedensordnung. Im Lichte dieser Vorbedingung erfuhren alle Aussagen über die dauernde Überwindung des Krieges in einem Weltfrieden, die sich auf die der Möglichkeit aufgeklärter Politik vorausliegenden Zeiten bezogen, ihre einer Verallgemeinerung entgegenstehende wesentliche Einschränkung: Der 'ewige Friede' mußte nicht immer eine 'glänzende Chimäre' bleiben. Für die Interpretation, die demzufolge die Zäsur nicht aus dem Blick verlieren darf, gewinnt daher die Frage nach Rottecks eigener Ortsbestim-mung, also inwieweit er seiner Gegenwart schon das Vermögen zu einem an der Forderung der praktischen Vernunft ausgerichteten politischen Handeln attestier-te, einige Bedeutung.

Rotteck wußte sich im Zeitalter der Vernunft und insoweit bereits jenseits der einschneidendsten Zeitenwende, als mit den Leistungen der Aufklärung und deren politischer Umsetzung in den beiden Revolutionen des ausgehenden 18. Jahrhun-derts der Grundstein zu "einer ganz veränderten Ordnung der Dinge" gelegt worden sei. Erstmals in der Geschichte schien die Verwirklichung vernunftrechtli-cher Forderungen, die von jeher die Entwicklung der Menschheit begleitet hätten, in erreichbare Nähe gerückt zu sein.[18] Trotz der pessimistischen Untertöne bezüglich der europäischen Zukunft, die 1826 in den beiden abschließenden

---

17   ROTTECK, Allgemeine Geschichte, III, S. 84.

18   Vgl. ROTTECK, Bildersaal, S. 26: "die Gründung der N o r d a m e r i k a n i s c h e n Freiheit, der glänzende Anfangspunkt einer ganz veränderten Ordnung der Dinge in der neuen — wohl auch rückwirkend in der alten — Welt". Zum Zeitbewußtsein vgl. ROTTECK, Allgemeine Geschichte, IX, S. 37 f., S. 89 f. Vgl. GANTER, Rotteck, S. 37.

Bänden des Geschichtswerks unüberhörbar geworden waren,[19] bürgten nach diesen Schriften die Französische Revolution, die als Manifestation des 'vernünftigen Rechtes' ja nur von dem aristokratischen Gegner, also den Anhängern des 'historischen Rechtes', verdorben worden sei,[20] vor allem aber der in Nordamerika entstandene Freistaat dafür, daß das 'Reich der Vernunft' in der Epoche der aufgeklärten Naturrechtslehre errichtet werden konnte.[21] Ganz im Banne dieser Gestaltungsmöglichkeit wurde der unter der Folie der "natürlichen Rechtsbegriffe"[22] und des Weltbürgertums verfaßten Weltgeschichte[23] mit der Vermittlung des für die Verwirklichung des Fortschritts erforderlichen Wissens allererst ihre praktische Aufgabe zuteil. Als Beitrag zu dem "fortwährende(n) S e l b s t - b e w u ß t s e y n der Menschheit" sollte sie "das Fortschreiten zu ganz unbestimmbaren Graden der Vollkommenheit" anbahnen helfen.[24]

Zumindest anfänglich wurde auch die interstatale Ebene keineswegs mit der im späteren Staatslexikon nachlesbaren Eindeutigkeit von dieser mit dem Anbruch der eigenen Gegenwart vermeintlich sich eröffnenden Möglichkeit vernunftgerechter Politik ausgeschlossen. Über seinen bereits genannten, von der innerstaatlichen

---

19   Vgl. die bedrückende Aussicht eines im Zeichen der Legitimität geschlossenen unüberwindlichen Bundes der Großmächte bei ROTTECK, Allgemeine Geschichte, IX, S. 838 f., der gegenüber Amerika zum Ort vernunftrechtlichen Fortschreitens zur Freiheit wird (ebd., S. 867—869). Der pessimistische Eindruck deckte sich durchaus mit der Absicht des Verfassers. Vgl. Rotteck an Heinrich Zschokke, August 1826, in: ROTTECK, Nachgelassene Schriften, V, S. 196.

20   Zur Schuldzuweisung für das Abgleiten der Französischen Revolution in Terror, Krieg, napoleonisches Kaisertum und französische Expansion an die "heillose O p p o s i t i o n " der Aristokratie vgl. ROTTECK, Allgemeine Geschichte, IX, S. 82—88.

21   Zur Verwirklichung des Vernunftrechts durch die Revolution in Frankreich und zu der damit verbundenen Epochenscheide vgl. ROTTECK, Allgemeine Geschichte, IX, S. 3—9, S. 37 f.; zu diesem Fortschritt in Nordamerika vgl. ROTTECK, Allgemeine Geschichte, VIII, S. 621 f.; ebd., IX, S. 39, S. 79 f., S. 867.

22   ROTTECK, Allgemeine Geschichte, IX, S. 619.

23   Vgl. ROTTECK, Allgemeine Geschichte, VII, S. 138; auch ebd., II, S. 414; ebd., IX, S. 73.

24   ROTTECK, Allgemeine Geschichte, I, S. 71 (Zitate); zur prinzipiell nicht begrenzten Veränderbarkeit der sittlichen Welt im Sinne des Vernunftrechts sowie zu der zentralen Rolle einer aufklärenden Geschichtsschreibung vgl. daneben ebd., S. 94, S. 108 f.; ebd., III, S. 24—26; ebd., IV, S. 23 f.

Verfassung ausgehenden Ansatz hinaus begegnete Rotteck dem diesem im zwischenstaatlichen Bereich korrespondierenden Modell "einer europäischen Republik" – wie sich einer Rezension aus dem Jahre 1819 entnehmen läßt – zwar mit überaus kritischer Zurückhaltung[25]; ein Jahr später aber ging derselbe Rezensent anläßlich einer weiteren Buchbesprechung auf die rechtliche Problematik eines Staatenbundes ein, die theoretisch auch den "w e l t b ü r g e r l i c h e n Staat oder Bund" umfaßte, wobei er diesmal jeglichen Hinweis auf eine etwaige Verwerflichkeit des föderativ gedachten "Universalstaat(es)" vermissen ließ.[26] Im Gegenteil: Dadurch, daß dieser als bloße Erweiterung des sehr wohl realisierbaren und gewünschten regionalen deutschen Völkerbundes vorgestellt wurde – lediglich die Verteidigungsaufgabe nach außen entfiele –, wurde seine Verwirklichung weder abgelehnt noch ausgeschlossen.[27] Und noch in dem 1824 der Öffentlichkeit vorgelegten siebten Band der 'Allgemeinen Geschichte' handelte Rotteck über die Entstehung des europäischen Gleichgewichtssystems in einem die endliche Überwindung des zwischenstaatlichen Krieges durchaus noch als erreichbares Ideal vorstellenden Ton: "damit das hoffnungsreiche Gebäude zur Vollendung gelange, oder doch in langsamer Annäherung derselben entgegengeführt werde, m u ß t e v o r e r s t ein S y s t e m d e r S t a a t e n ... deren f r e y e s Nebeneinanderseyn ... gewährleisten".[28] Von den Gebrechen eines "R e c h t s v e r e i n (e s) ... zwischen den Völkern" wurde nur in der Vergangenheitsform gesprochen und der allgemeine Friedenszustand als damals "zur Zeit noch unerreichbar(...)" bezeichnet.[29]

---

25 Rezension zu 'Friedrich Saalfeld, Allgemeine Geschichte der neuesten Zeit seit dem Anfange der französischen Revolution, Leipzig 1815–1818' (1819), in: ROTTECK, Sammlung, III, S. 7–31; dort S. 11 f. (Zitat S. 11); künftig zitiert 'Saalfeld'.

26 Rezension zu 'W.J. Behr, Von den rechtlichen Grenzen der Einwirkung des teutschen Bundes auf die Verfassung, Gesezgebung (sic) und Rechtspflege seiner Gliederstaaten, Würzburg 1820' (1820), in: ROTTECK, Sammlung, III, S. 154–178 (Zitat S. 163). Künftig wird die Rezension zitiert mit 'Behr'.

27 Vgl. ROTTECK, Behr, Sammlung, III, S. 160–163, S. 166 f.

28 ROTTECK, Allgemeine Geschichte, VII, S. 9 f. (Unterstreichung von mir, F.N.).

29 ROTTECK, Allgemeine Geschichte, VII, S. 10.

Bemerkenswert an dem hier in aufsteigender Linie gezeichneten historischen Verlauf ist, daß er als zukunftsträchtige Besonderheit der Neuzeit ausdrücklich aus der "Danaiden-Mühe" herausgehoben wurde, die sonst das Bild dieser jüngsten Epoche im Gegensatz zu jenen Hoffnungen bestimmte, zu denen der Aufbruch aus dem Mittelalter nach dem Urteil Rottecks berechtigt habe.[30] Schließlich galt selbst in den späten Schriften des süddeutschen Liberalen − zu einer Zeit also, da nach dem Urteil von Mitstreitern Rottecks der hier vorgestellte Gestaltungsoptimismus weitgehend einem Pessimismus gewichen war −[31] die Alternative zu der Universalmonarchie in Gestalt des auf der gegenseitigen Anerkennung aller Teilnehmer ruhenden Völkerbundes als "wahrhaft Gutes".[32] Nur ging dieser Ansatz nunmehr eindeutiger als vordem in einer resignierenden Betrachtung unter.

In Anbetracht einer schwerlich zu ihrer Vollkommenheit reifenden Menschennatur ließe sich − so Rotteck im Staatslexikon − ein solcher Verein von Staaten unterschiedlicher Stärke kaum vor dem stets drohenden Abgleiten entweder in die Anarchie oder in die ebenso gefürchtete despotische Herrschaft eines Weltreiches bewahren. So bleibe nur der Rückgriff auf die im Zeitalter der Staatsräson entwickelte Maxime des Gleichgewichts der Kräfte übrig.[33] Und an anderer Stelle kommentierte Rotteck 1834 die im Sinne einer Politik des Gleichgewichts mit dem Verzicht auf eine internationale Friedensordnung zwangsläufig in Kauf genommenen Kriege damit, daß deren Beseitigung in einem zwischenstaatlichen

30 ROTTECK, Allgemeine Geschichte, VII, S. 3−9 (Zitat S. 3). Zu dem unbefriedigenden Verlauf der Neuzeit vgl. auch ROTTECK, Allgemeine Geschichte, IV, S. 19−21.

31 Vgl. Steinacker an Hermann von Rotteck, 1840 (?), zitiert in: WELCKER, Art. "Rotteck", StL. XIV^1, S. 141 f.; ebenso StL. XI^2, S. 643. Vgl. daneben auch die Biographie des Sohnes Hermann von Rotteck, ROTTECK, Nachgelassene Schriften, IV, S. 390.

32 ROTTECK, Art. "Friede", StL. VI^1, S. 87; ebenso StL. V^2, S. 197.

33 ROTTECK, Art. "Friede", StL. VI^1, S. 87; ebenso StL. V^2, S. 197.

Rechtsfrieden einem zwar unerreichbaren, nichtsdestoweniger aber der Annäherung würdigen Zustand entspreche.[34]

Gewiß lag darin, wie schon einmal gesagt worden ist, Skepsis. Dessenungeachtet aber wurde nach diesen Zeugnissen noch in den 1830er Jahren, soweit das Organisationsproblem in Rede stand, das Bekenntnis zu dem Ideal des 'ewigen Friedens' erneuert. Daß diesem Gedanken eines Friedensbundes kaum Aussichten auf eine künftige Realisierung eingeräumt wurden – und zwar in desto deutlicheren, je später formulierten Wendungen –, berührte sich zwar mit der perhorreszierten Weltherrschaft napoleonischer oder legitimistischer Gestalt, insofern eine solche Konzentration der Macht als das eine unglückliche Ergebnis ausgegeben wurde, mit dem das gegen den Staatenkrieg gerichtete Unterfangen enden mochte. Dies tat aber in diesem Zusammenhang dem grundsätzlichen Wert eines 'ewigen Friedens' keinen Abbruch. Die negative Folie der Universalmonarchie allein begründete hier noch nicht die Aufgabe des 'ewigen Friedens' als eines Wertes, sie konnte es bei näherer Betrachtung auch nicht. Denn die vorausgesagte Degeneration des idealen Friedensbundes setzte streng genommen ja auch die Annahme eines Versagens gerade auf seiten jener Kräfte der 'Bewegung' voraus, die in gründlicher Abkehr von der hergebrachten Politik des 'historischen Rechtes' und der Legitimität die gebotene Alternative des Vernunftrechtes auch im zwischenstaatlichen Bereich zu verwirklichen als ihre Verpflichtung erkannt hätten.[35]

Schließlich hatte Rotteck noch im Staatslexikon gerade mit Blick auf den äußeren Frieden die " V ö l k e r " dazu aufgefordert, "die c o s m o p o l i - t i s c h e Tendenz ... der C a b i n e t t e " zu übernehmen.[36]

---

34 Offensichtlich mit Blick auf einen vollkommenen 'Rechtszustand' heißt es bei ROTTECK, Lehrbuch, III, § 52, S. 134: "und was vollständig zu erreichen einmal unmöglich ist, kann dennoch kostbar bleiben bei auch nur annähernder Verwirklichung".

35 ROTTECK, "Vorwort", StL. I[1], S. XXXI f.; ebenso StL. I[2], S. XXII f. Vgl. dazu auch AIRAS, Wertungen, S. 437–439, der im Rahmen des erwähnten vernunftrechtlichen Gestaltungsoptimismus bei Rotteck das Konzept des "letzten Krieg(es)" zur Erlangung "des bleibenden Friedens" entdeckt. Siehe ferner ebd., S. 390, S. 447, S. 463, S. 469 f.

36 ROTTECK, Art. "Cosmopolitismus", StL. IV[1], S. 72 f.; ebenso StL. III[2], S. 593: "Die lebendige Theilnahme an allen für Verwirklichung oder Unterdrückung cosmopolitischer Ideen bedeutungsvollen Begebenheiten und Dingen ist für jeden Genossen unserer Zeit die

III.

Genügt es also, auf diese Skepsis zu verweisen? Fragwürdig wird solche Auskunft allerdings schon dort, wo Rotteck sich in dem 'Lehrbuch des Vernunftrechts' 1834 vernehmen ließ, "ein unter r e p u b l i k a n i s c h e r F o r m errichteter S t a a t e n - S t a a t " verdiene deswegen nicht die "Huldigung aller Freunde des Rechts", weil an seiner Realisierbarkeit erhebliche Zweifel bestünden.[37] Begründen denn noch so schwerwiegende Bedenken hinsichtlich der Verwirklichung die Aufgabe des von der Vernunft Gebotenen, die den Rahmen der Skepsis ihrerseits dann überschritte? Vollends zu einem verzeichnenden Euphemismus gerät die mit Skepsis umschriebene Charakterisierung jedoch in dem Augenblick, in dem die bisher vorgestellte Argumentationsebene der politischen Gestaltung des 'ewigen Friedens' verlassen wird. Hier ist nun der Ort, mit der Erinnerung an das einführende Zitat das durch die eingeschobene Betrachtung der institutionellen Ausgestaltung und Absicherung des 'ewigen Friedens' zurückgestellte Problemfeld Friede und Fortschritt wieder aufzugreifen.

Mochte es immerhin noch angehen, an dem in der Sphäre der Organisation nach wie vor fortbestehenden Ideal des 'ewigen Friedens' bloß die Auswirkungen einer mit fortschreitender Zeit sich ausbreitenden Resignation zu entdecken, so meinte das in denselben Schriften der 1830er Jahre im Lichte eines kämpferischen Fortschrittsverständnisses über den 'ewigen Frieden' verhängte Verdikt doch noch etwas ganz anderes. Nichts Geringeres als eine Verurteilung des 'ewigen Friedens'

Probe seiner Würdigkeit. Gegen die unermeßliche Wichtigkeit der hier in Frage stehenden Interessen treten alle kleineren, b l o s vaterländischen ... billig zurück, und nur Philister-Geist mag anstehen, die letzten, wo es Noth thut und frommt, den ersten zu opfern. Die Völker finden hier ein eindringliches, sie zur Nachahmung aufforderndes Vorbild in der Richtung der großen C a b i n e t t e Europa's. Zur Erhaltung und Stärkung des m o n a r c h i s c h e n P r i n c i p s ... werden von ihnen a l l e particulären Interessen, so wichtig sie in früheren Zeiten geschienen hätten, willig hintangesetzt; ... die ungetrübte Eintracht der Häupter ... erscheint mit Recht als ein die Bedeutsamkeit aller particulären Interessen unendlich überwiegendes Interesse; die c o s m o p o l i t i s c h e Tendenz ist demnach die Losung der C a b i n e t t e geworden. Warum sollte sie es nicht auch für die V ö l k e r sein".

37 ROTTECK, Lehrbuch, III, § 53, S. 136 f. Zitat wurde sinngemäß umgestellt.

überhaupt kam in dem eingangs zitierten Satz zum Ausdruck, und diese blieb keineswegs gleichsam als eine vereinzelte und darum vielleicht nur erratische Notiz auf das Lehrbuch beschränkt, vielmehr wurde sie in wenngleich abgeschwächter Form im Staatslexikon wiederholt.

Indem sich die dort an dem Friedensideal bei allen Vorbehalten noch festhaltenden Ausführungen des Freiburger Gelehrten ausschließlich dem Problem der Herstellbarkeit des 'ewigen Friedens' widmeten, erfuhr dessen Wünschbarkeit auch nur eine bedingte, eben lediglich aus der Perspektive der Organisationsfrage gültige Antwort. Ausdrücklich aber unterschied Rotteck die Erörterung der politischen Gestaltung von dem darüber hinausgehenden grundsätzlichen Zweifel an dem Ideal des 'ewigen Friedens'. War er auch in seinem Beitrag zu dem Stichwort 'Friede' der Frage nach der Möglichkeit eines Fortschritts ohne Krieg mit der gleichwohl bezeichnenden Wendung, die "Gefahr" einer solchen Konstellation sei gegenwärtig nicht gegeben, letztlich aus dem Wege gegangen, so empfahl er dennoch seinen Lesern jene Überlegung, die das "völlige Aufhören" des Krieges "als den Anfangspunct einer alsdann nothwendig eintretenden traurigen S t a g n a t i o n und damit einer allgemeinen V e r d e r b n i ß " begriffen hatte.[38] Ebenso argumentierte er in dem Artikel 'Krieg' zunächst gegen die Verdrängung des Krieges durch ein den "Untergang a l l e r F r e i - h e i t der Völker wie der Einzelnen" zwangsläufig herbeiführendes Weltreich, überschritt aber dann die Organisationsebene, indem er die sich anschließende Apologie des Krieges mit der Bemerkung eröffnete, der Krieg erscheine "schon dadurch, daß er solches äußerste Unheil verhütet, ... als unermeßlich wohlthätig".[39] Wie zur Bestätigung, daß das auf die politische Herrschaftsform bezogene Adverb 'schon' noch eine über diesen Rahmen hinausgreifende Würdigung einschloß, kulminierte der Lobpreis des Krieges, in welchem auch die Metapher des 'reinigenden Gewitters' nicht fehlen durfte, in der von jeder organisatorischen

---

38 ROTTECK, Art. "Friede", StL. VI¹, S. 86; ebenso StL. V², S. 197.

39 ROTTECK, Art. "Krieg; Kriegsrecht u.s.w.", StL. IX¹, S. 508; ebenso StL. VIII², S. 381. Wegen Satzanfang im Original "Schon ...".

oder historischen Relativierung losgelösten, eher sozialkritisch getönten Rede von der 'Fäulnis' des Friedens. "Ohne Krieg, d.h. eingewiegt in allzu langen Frieden, würden die Völker erlahmen, in Feigheit, Knechtssinn und schnöden Sinnengenuß versinken, so wie das stehende Wasser faul wird und nur das rasch und fortan sich bewegende seine lebendige Frische beibehält."[40] Jene ideale Synthese von 'zivilisatorischem' Frieden und 'barbarischer' Freiheit bei gleichzeitiger Verdrängung des Krieges wie auch des Sittenverfalles, die nach Auskunft des vierten Bandes der 'Allgemeinen Geschichte' von 1816 sogar herstellbar gewesen sei, erschien angesichts einer derartigen Generalisierung nun nicht einmal mehr als erstrebenswertes Ziel.[41]

So deutlich auch der Bezug dieser Verherrlichung des Krieges zu der durch historische Erfahrung genährten liberalen Abneigung gegen eine übermächtige Herrschaft nach napoleonischer oder legitimistischer Art ins Auge fällt, die Verschmelzung eines als die Bestimmung des Menschen verewigten Fortschritts[42] mit dem Krieg, die in keiner Zukunftsperspektive mehr ihrer Auflösung entgegen-

---

40 Beide Zitate in: ROTTECK, Art. "Krieg; Kriegsrecht u.s.w.", StL. IX^1, S. 508; ebenso StL. VIII^2, S. 381. Nach Kenntnisnahme dieser Äußerungen erscheint die Aussage von HERDT, Verfassungstheorie, S. 87, der süddeutsche Liberale zeige "sich ... bei der Behandlung außenpolitischer und völkerrechtlicher Fragen als ein aufgeklärter Liberaler, der den Krieg, überhaupt jede Demonstration von Macht", 'verabscheue', als unhaltbar.

41 Nach ROTTECK, Allgemeine Geschichte, IV, S. 24 sei es "nicht unmöglich, auch im verfeinertsten Zustand der Gesellschaft, die edelsten Tugenden der H a l b c u l t u r beyzubehalten". Aus dem Zusammenhang — der zu dem Ergebnis 'barbarisch' gelangenden Bewertung des Mittelalters — geht hervor, welche Eigenschaften sich nach Rottecks Auffassung zu einer idealen Verbindung könnten vereinigen lassen. "Halbcultur" — dies meinte hier vor allem ein "kräftigeres und freieres Leben", das sich positiv abhob von den beklagten Verirrungen "hoch civilisirter Völker" wie "gewöhnliche Erschlaffung, Feigheit, knechtische Dahingebung und moralische Verderbtheit" (ROTTECK, Allgemeine Geschichte, IV, S. 23). Umgekehrt gehörte zu den erstrebenswerten Momenten der zivilisierten Welt eben das, was bereits der Weltherrschaft Roms zugute gehalten worden war: die mit dem dauerhaften Frieden untrennbar verbundene gesellschaftliche, materielle und geistige Fortentwicklung der Menschheit. Vgl. ROTTECK, Allgemeine Geschichte, III, S. 23, S. 162 f.

42 ROTTECK, Art. "Bewegungs-Partei", StL. II^1, S. 559; ebenso StL. II^2, S. 506: "Das Princip der B e w e g u n g , d.h. des F o r t s c h r e i t e n s , ist das die Menschheit von der gemeinen Thierwelt unterscheidende, demnach allen ihren Werth oder die Bedingung desselben enthaltende. Es ist das große N a t u r g e s e t z für unser Geschlecht, das Thema der W e l t g e s c h i c h t e . " Vgl. auch ROTTECK, Lehrbuch, II, § 1, S. 47.

geht, weist bei der ihr immanenten Widersprüchlichkeit auf ein tieferliegendes Problem, auf eine Krise des unter der Vorgabe des Vernunftrechts gedeuteten Fortschritts selbst. Denn mag es auch naheliegen, in dem späten Worte Rottecks von dem "beispiellos langen Frieden, welchen wir der Furcht der Großmächte vor allen Volksbewegungen verdanken"[43], ein Indiz für die mit der Verbitterung über das Wiener Vertragssystem zunehmende Kriegsbereitschaft des süddeutschen Liberalen zu sehen, so bleibt doch eine sich allein darauf stützende Begründung seines Bellizismus unzureichend, zumal es − wie schon anläßlich des Organisationsproblems − nicht einzusehen ist, daß eine einmal an ihr Ziel gelangte 'Volksbewegung', der sich Rotteck nach Auskunft des Staatslexikons zugehörig wußte[44], anders als wegen eigener Defizite noch eines Krieges bedürfen sollte, um auf dem Wege des Fortschritts gehalten zu werden.

Anders gewendet, bildete die legitimistische Friedenswahrung nicht das eigentliche Gegenstück zu dem offenbar grundsätzlich nicht mehr ohne Krieg gedachten Fortschritt, auch wenn dieser zu einem guten Teil der Auflehnung gegen die publizistische Inanspruchnahme des 'Friedens' durch ein System "föderativer Diktatur" entsprungen war.[45] Dem verabscheuten Weltreichsfrieden entsprach der zur Verteidigung von Selbständigkeit und Freiheit geführte Krieg, der zunächst einmal − vorbehaltlich seiner noch ausstehenden näheren Betrachtung − weder das Ziel noch die endliche Erfüllung der Friedensutopie ausschloß und von dem angenommen werden darf, daß er als Schutzmaßnahme höchster Rechtsgüter in Rottecks System vernunftrechtliche Deckung genoß.[46] Dagegen wurde das Ideal

43 ROTTECK, Art. "Kriegsschaden, Kriegslasten u.s.w.", StL. IX^1, S. 509; ebenso StL. VIII^2, S. 382.

44 ROTTECK, Art. "Bewegungs-Partei", StL. II^1, S. 558−561, S. 565; ebenso StL. II^2, S. 505−508, S. 510.

45 Zitat: GENTZ, Gemälde, S. 96. Vgl. ROTTECK, Allgemeine Geschichte, IX, S. 39, S. 837 f.; zur Opposition gegen die Friedensideologie zur Zeit des Rheinbundes vgl. ebd., S. 581 f.

46 Vgl. ROTTECK, Art. "Friede", StL. VI^1, S. 80; ebenso StL. V^2, S. 192: Der Krieg ist gerechtfertigt, insofern er die Wiederherstellung des als Herrschaft des Vernunftrechts begriffenen Friedens bezweckt.

des 'ewigen Friedens' unabhängig von seiner politischen Gestalt durch die zeitlich unbegrenzte Apologie des Krieges verleugnet, und solche zugunsten des Fortschritts unternommene Verherrlichung argumentierte mit der 'Wohltätigkeit' des Krieges schlechthin, "so entschieden die rechtliche Vernunft" diese auch 'verwerfen' mochte[47]. Von dieser Inkongruenz der Gegensätze aus betrachtet, gerät nicht so sehr der einer bestimmten Organisationsform zuzurechnende 'Stillstand' zum Gegenstück des generell nicht mehr ohne Krieg auskommenden Fortschrittsverständnisses, in diese Position rückt vielmehr die nach der Stagnation denkbare zweite Alternative zum Fortschritt durch den Krieg, nämlich das friedliche Voranschreiten.

Wie Rotteck mehrfach zu verstehen gegeben hatte, lag für ihn in der möglichst freien 'Wechselwirkung' zwischen Individuen wie auch Völkern das entscheidende Strukturmerkmal des Fortschritts,[48] welches entweder die Gestalt kriegerischer Staatenrivalität annehmen oder, in der friedlichen Variante, in dem wirtschaftlichen Verkehr seinen Ausdruck finden konnte. Auch der letztere folgte lediglich dem Gesetz des individuellen Vorteilsstrebens.[49] Insofern unterschied er sich nicht vom Kriege, in dessen Urgestalt − dem 'bellum omnium in omnes' − der als " S e l b s t s u c h t " diffamierte Eigennutz das treibende Moment ausmach-

---

47 ROTTECK, Art. "Krieg; Kriegsrecht u.s.w.", StL. IX^1, S. 508 f.; ebenso StL. VIII^2, S. 381 f. Unter den vom Vernunftrecht nicht sanktionierten Kriegen stünde allerdings auch der Zwist der Großmächte untereinander in unmittelbarer Beziehung zu der Gegnerschaft gegen ein pazifizierendes System. Nur berührte diese Auseinandersetzung ein unterdrücktes Volk allenfalls mittelbar, und es ist schwer begreiflich, wie diesem durch einen solchen Krieg eine 'erfrischende' und 'belebende' Herausforderung entstehen sollte.
Bei AIRAS, Wertungen, S. 437−443, S. 467−470 findet sich eine von der hier gegebenen Interpretation abweichende, harmonisierende Deutung der Kriegsverherrlichung Rottecks, die lediglich den Gegensatz zur legitimistischen Friedenswahrung in den Blick nimmt und die ausdrückliche Absage an den 'ewigen Frieden' unberücksichtigt läßt.

48 Vgl. ROTTECK, "Vorwort", StL. I^1, S. VI−IX; ebenso StL. I^2, S. V−VII und ROTTECK, Allgemeine Geschichte, V, S. 376 f.

49 Vgl. dazu ROTTECK, Lehrbuch, IV, § 4, S. 38: "denn nur die Ueberzeugung von solchem Vortheil oder das Verlangen, einen solchen sich zu verschaffen, ist der beiderseitige Bestimmungsgrund (für miteinander in wirtschaftliche Beziehung getretene Individuen, F.N.) zum Tausche".

te.[50] Beide Erscheinungsformen – Krieg wie wirtschaftlicher Verkehr – führten nach Rotteck zu einer äußersten Entfaltung aller menschlichen Anlagen, sie blieben jedoch trotz dieser in Ergebnis und Struktur liegenden Gemeinsamkeit prinzipiell miteinander unverträglich. Wirtschaftliche Prosperität wurde durch den Krieg zerstört und galt gleichzeitig als Befestigung des Friedens.[51]

Nicht immer war die darüber entstehende Gegenläufigkeit dieser beiden Fortschrittskonzeptionen im Sinne der kriegerischen Alternative entschieden worden. Das Paradigma einer Auflösung der zwischen ihnen bestehenden Spannung zugunsten des 'ewigen Friedens' hatte Rotteck 1818 mit seiner Würdigung der Kreuzzüge skizziert. Aus einer epochenübergreifenden Fortschrittsperspektive entstand ein (den zeitgenössischen Akteuren verborgener) Sinnzusammenhang, der die Kriege von ihrem zum Frieden führenden Ergebnis her als 'wohltätig' erscheinen ließ: Nach Rottecks Modell brachte der bewaffnete Konflikt zunächst eine außerordentliche Erregung vor allem der Völker hervor, die ihrerseits eine Vielfalt von Berührungen innerhalb des Abendlandes sowie zwischen diesem und dem Morgenland erzeugte. Schließlich habe dies der nachhaltigen Ausweitung eines geistigen sowohl als materiellen friedlichen Austausches den Weg bereitet.[52]

---

50 ROTTECK, Allgemeine Geschichte, I, S. 136, S. 100, S. 149.

51 Zur Staatenrivalität als Ermöglichungsgrund des Fortschritts vgl. ROTTECK, Allgemeine Geschichte, II, S. 54: Ohne den Verteidigungskrieg gegen Darius und Xerxes hätten die Griechen "das größte nicht geleistet, und wohl nur langsam, vielleicht niemals, die Bahn des Ruhms erfüllt". Siehe auch ebd., III, S. 29: die weitreichenden Fortschritte griechischer Stadtstaaten als Folge "einer gefahrvollen Stellung zwischen feindseligen Mächten"; ähnlich für die Neuzeit: ebd., IX, S. 838. Ebenso entfalteten "Industrie und Handel" nach ROTTECK, Allgemeine Geschichte, I, S. 102 "alle Kräfte, alle Talente" und führten zum Fortschritt. Ebd. auch als Beleg für die Hervorbringung friedlicher Verhältnisse durch die ökonomische 'Wechselwirkung' und deren Unverträglichkeit mit dem Krieg. Vgl. daneben ebd., VI, S. 390; vor allem aber ebd., I, S. 417 f. und ebd., VII, S. 134 f. sowie ROTTECK, Beibericht über die von der zweiten Kammer in Bezug auf die auswärtigen Handelsverhältnisse gefaßten Beschlüsse, erste Kammer der badischen Landstände, 10.07.1822, in: ROTTECK, Nachgelassene Schriften, III, S. 291–321, dort S. 298 f.: Der Welthandel als 'Gegengewicht' zum Kriege führt zur endlichen 'Verbrüderung des Menschengeschlechts'. Künftig zitiert 'Beibericht'.

52 ROTTECK, Allgemeine Geschichte, V, S. 376–378.

Überhaupt bildete der hier zum Ausdruck gelangende Zug der Weltgeschichte von ihren kriegerischen Anfängen zu dem durch friedliche Wechselwirkung bezeichneten Ziel die Grundlage der 'Allgemeinen Geschichte', mithin der für das politische Denken des süddeutschen Liberalen zwischen 1812 und 1826 repräsentativen Quelle[53]. Noch 1824 wiederholte Rotteck dort in aller Eindeutigkeit sein seit seiner ersten akademischen Antrittsrede von 1798 mehrfach bekräftigtes Credo, nach welchem der Fortschritt in einen 'ewigen Frieden' münden werde: "Ohne Träumerey", hieß es in einer Betrachtung des durch die europäische Weltaneignung allererst entstandenen Welthandels, lasse "sich die Verwirklichung der Idee einer Sammlung aller Menschen zu einem durch freundliche Wechselwirkung verbundenen Brüdergeschlecht, so wie einer – der bleibenden Vertheilung in selbstständige Völker ... ungeachtet – in einem gemeinsamen Rinnsaal fließenden großen Welt- und Menschengeschichte von der Zukunft erwarten."[54] Und dieser mit dem Ausdruck "Vereinbarung" deutlich als Vertrag vorgestellte Völkerfriede war zu jener Zeit auch gewollt, "heilverheissend", da er zusammen mit dem Prinzip der "F r e y h e i t" gedacht werden konnte.[55] Erstmals zehn Jahre später galt mit den harten Worten des 'Lehrbuches' der 'ewige Friede' grundsätzlich als verwerflich, und die dem Handel unterstellte kosmopolitische Wirkung erschien im Staatslexikon nur noch als Argument einer Partei von zweien, zwischen denen Rotteck zu vermitteln sich berufen fühlte. Wenn er auch im allgemeinen der Freihandelspartei gegen die Befürworter der Handelsbeschränkung zuzustimmen geneigt war, so ließ er durch seine selbstgewählte Mittlerrolle doch

---

53 Die 'Allgemeine Geschichte' wurde in späteren Jahren wiederholt nahezu unverändert neu aufgelegt. Dies läßt jedoch keinerlei Rückschlüsse auf eine gleichermaßen unveränderte Haltung zu. Nach Rottecks eigener Auskunft hatte er lediglich keine Zeit, sein Geschichtswerk zu überarbeiten. Vgl. die Vorbemerkungen Rottecks zu den Neuauflagen in ROTTECK, Allgemeine Geschichte, I[13], S. I f., S. IX–XII von 1838.

54 ROTTECK, Allgemeine Geschichte, VII, S. 134 f. (Zitat S. 135); vgl. Rottecks erste Antrittsrede 1798 in: ROTTECK, Nachgelassene Schriften, II, S. 383–405, dort S. 402–404; ROTTECK, Allgemeine Geschichte, I, S. 417 f.; ferner im Zusammenhang ebd., S. 403 und ebd., II, S. 426; ROTTECK, Beibericht, Nachgelassene Schriften, III, S. 298 f.

55 ROTTECK, Allgemeine Geschichte, VII, S. 135 f.

erkennen, daß er sich mit ihrer Position nicht mehr in dem Maße identifizieren mochte, wie es trotz aller schon 1822 geäußerten Vorbehalte noch den aus dieser Zeit stammenden Ausführungen entnommen werden konnte.[56] Umgekehrt war das 'erhebende', zum Fortschritt treibende Purgatorium des Krieges in den Schriften vor 1830 als notwendige Stufe auf dem Wege zur aufgeklärten Neuzeit, deren grundsätzliche Andersartigkeit oben bereits ausgeführt wurde, relativiert worden. Ebenso wie die Perserkriege und die Völkerwanderung als der "Nemesis Schwert" des Altertums[57] waren die Kreuzzüge, um deren Rechtfertigung vor dem Vernunftrecht Rotteck sich zudem bemüht hatte, ja sogar die Verwüstungen des 30jährigen Krieges allemal eingebettet in einen nachgerade naturgesetzlichen Weltlauf, der über solche kriegerischen Antriebe zu der endlichen Überwindung des Krieges gelangte.[58] Demgegenüber verband sich − bildhaft gesprochen − mit dem Abschneiden dieser teleologischen Spitze in den 1830er Jahren die zeitlose Apologie des Krieges.

Cum grano salis wird man daher mit Blick auf die Zeit nach 1815 durchaus von einer Entwicklung sprechen dürfen, wobei die entscheidenden Brüche um 1830 herum zu vermuten sind. Im Zuge einer Verewigung der kriegerischen 'Wohltätig-keit' war ein ursprünglich auf den 'ewigen Frieden' bezogener Gleichlauf von

---

56 Vgl. ROTTECK, Art. "Handelspolitik", StL. VII^1, S. 354−371; ebenso StL. VI^2, S. 417−428 und ROTTECK, Lehrbuch, IV, §§ 42−44, S. 192−207 mit ROTTECK, Beibericht, Nachge-lassene Schriften, III, S. 291−321.

57 Vgl. zum vorgestellten Einfluß der Perserkriege auf die Hervorbringung der neuzeitlichen Kultur im Zusammenhang: ROTTECK, Allgemeine Geschichte, II, S. 16, S. 53 f., S. 409, S. 414; zur Völkerwanderung vgl. ebd., IV, S. 16−21, S. 23 f. (Zitat S. 18).

58 Zu der historischen Relativierung der Kreuzzüge und zu Rottecks Rechtfertigungsversuchen vgl. ROTTECK, Allgemeine Geschichte, V, S. 342−346, S. 376−378; ebd., VI, S. 17. Die Würdigung des Dreißigjährigen Krieges unter Verwendung der Gewittermetapher bei ROTTECK, Allgemeine Geschichte, VII, S. 453 rückt zwar schon in die Nähe der späteren Apologie, die Vorstellung von dem Krieg als einem zum besseren Leben führenden Naturereignis wird aber in demselben Band durch eine Fortschrittskonzeption aufgehoben, die den 'ewigen Frieden' als ein gewolltes und erreichbares Ideal einschließt. Vgl. ebd., S. 9 f., S. 134−136. Zu dem der Geschichte unterlegten, einem Naturgesetz vergleichbaren Walten der Vorsehung allgemein vgl. ROTTECK, Allgemeine Geschichte, I, S. 109, S. 489 f.; ebd., V, S. 133 f., S. 186, S. 384; ebd., VII, S. 142 f.

einem Gebot der Vernunft und dem als Verlängerung der Geschichte begriffenen Fortschritt – um das mindeste zu sagen – in Unordnung geraten.

IV.

Bei dem Vergleich der Schriften Rottecks fiel auf,[59] daß die Spannung zwischen den beiden Fortschrittskonzeptionen nach 1830 zugenommen hatte, wobei parallel zu der über den gleichen Zeitraum wachsenden Skepsis in der Organisationsfrage sich die Gewichte deutlich zugunsten der kriegerischen Variante verschoben hatten. Nicht übersehen werden können der Zusammenhang zwischen den beiden Entwicklungen wie auch der zeitliche Bezug zur Julirevolution.

In dem Maße, wie das Vertrauen in die Möglichkeit eines durch politische Organisation verbürgten 'ewigen Friedens' schwand, büßte das Gebot auch seinen verpflichtenden Charakter ein. Indessen griffe das naheliegende Argument,

---

59 Der Durchsicht lagen alle im Quellenverzeichnis aufgeführten Schriften Rottecks zugrunde. Nach Angabe des Herausgebers seiner 'Nachgelassenen Schriften', Rottecks Sohn Hermann, wurden damit "sämmtliche(...) Werke" des süddeutschen Liberalen eingesehen. Vgl. ROTTECK, Nachgelassene Schriften, I, S. VI. Zudem wurde, soweit für das Thema belangvoll, in solchen Fällen, in denen der Zweitdruck in den Sammelwerken auf Abweichungen vom Original verwies, dieses selbst herangezogen.
Um eine Neuerfassung des Rotteckschen Schrifttums bemüht sich derzeit Rudolf Muhs, School of Slavonian and East European Studies, University of London.
Sodann wurde der von Hermann von Rotteck allerdings nur unvollständig herausgegebene Briefwechsel Rottecks berücksichtigt. Zu dieser Quellengruppe erscheint 1990 die von Rüdiger von Treskow verfaßte Dissertation 'Erlauchter Vertheidiger der Menschenrechte – Die Korrespondenz Carl von Rottecks in privaten und öffentlichen Sammlungen der Stadt Freiburg i.Br.'. Dem Verfasser verdanke ich Mitteilungen, die den Schluß zulassen, daß die in diesem Kapitel nachgezeichnete Entwicklung im eingesehenen Briefwechsel sich nicht in einem über das Zeugnis der gedruckten Quellen hinausgehenden Maße niedergeschlagen hatte. Augenfällig scheint indessen zu sein, daß Rotteck sich im näheren Umkreis der Julirevolution von einem revolutionären Aktionismus distanzierte.
Diese Angabe bedeutet m.E. keine Einrede gegen die unten von mir entwickelte Argumentation. Darüber hinaus wurde die eingehendere Berücksichtigung des brieflichen Nachlasses auch nicht als dringlich angesehen, zumal das Interesse dieser Arbeit sich auf die in die Öffentlichkeit getragenen Gedankengänge konzentriert. Als Ergebnis der Überlegungen hat das im Druck veröffentlichte Wort größeres Gewicht als die demgegenüber eher vorläufigen Einlassungen in einer Korrespondenz. Freilich muß dem Umstand der Zensur Rechnung getragen werden.

Rotteck habe gegenüber dem Problem der Gestaltungsfähigkeit resigniert und darum auch das Ideal verworfen, zu kurz. Gewiß – der Verfasser der 'Vernunftrechtslehre' hatte dies in seinem 'Lehrbuch' einmal ziemlich genau so formuliert.[60] Dieser Sprung von der vermeinten Unrealisierbarkeit zum Sturz des Ideals ist jedoch in mehr als einer Hinsicht problematisch. Hierbei geht es weniger um die Prüfung der damit verbundenen Inkonsistenz, wiewohl diese den Grad der Krise anzeigen mag, in welche das Fortschrittsdenken geraten war: Ein Politiker, der sich zur Rechtfertigung seiner Vorstellungen im letzten auf die Gesetze einer a priori gesetzgebenden Vernunft beruft,[61] stellt diese Legitimation in Frage, wenn er von der Generalisierung einer von der Existenz des Krieges geprägten historischen Erfahrung zu der Verleugnung der dieser entgegenstehenden Norm übergeht – ein "ewiger Friede ... wäre nicht einmal gut"[62]. An solcher Folgewidrigkeit und ihren Ursachen entzündet sich erst das historische Interesse.

Hier ist für die Interpretation bedeutsamer, daß der Schluß von der Unmöglichkeit einer geeigneten internationalen politischen Organisation auf die Verneinung des Ideals die Gestaltungsfrage der zwischenstaatlichen Ebene überbetont und damit das innerstaatliche Herrschaftsproblem sowohl als die Andersartigkeit des mit der Apologie des Krieges kritisierten Gegenstandes verdeckt. Schon jetzt kann gesagt werden, daß in beiden Problembereichen der Hinweis auf die durch auswärtige Übermacht erzwungene inner- wie auch zwischenstaatliche Ruhe allein noch nicht die Abkehr vom 'ewigen Frieden' nachvollziehbar werden läßt. Eine den Widerstand gegen Napoleon anführende Begründung wird bereits durch die in den 1820er Jahren noch nachweisbare Friedensutopie widerlegt. Sodann verraten die ein innerstaatliches Herrschaftsproblem andeutenden Aussagen ebenso wie die das Werturteil über den 'ewigen Frieden' erläuternden Sätze auch

---

60 Siehe oben S. 58.

61 Vgl. ROTTECK, Eberhardt, Sammlung, III, S. 231 und Rottecks Rezension zu 'Troxler, Philosophische Rechtslehre der Natur und des Gesezes (sic), Zürich 1820' (1821), in: ROTTECK, Sammlung, III, S. 258–329, dort S. 274–280; künftig zitiert 'Troxler'.

62 ROTTECK, Lehrbuch, III, § 51, S. 130.

ein Mißtrauen Rotteks gegenüber der eigenen 'Bewegungspartei', welches das gegen die europäische Pentarchie gekehrte Motiv relativiert. Während im verfassungspolitischen Bereich die vorgestellte Alternative zwischen 'Despotie' und 'Anarchie' die prekäre Ambivalenz des 'Leviathan' aus der Sicht eines vom latenten inneren Krieg bedrohten Bürgertums spiegelte, griff der gegen den 'schnöden Sinnengenuß' gekehrte Bellizismus offenbar soziale Fehlentwicklungen an. Daß nach den Ausführungen des Staatslexikons jenseits tatsächlicher oder denkbarer politischer Verfassungen der 'ewige Friede' als 'fauler Friede' anrüchig geworden war, deutet dabei auf ein größeres Eigengewicht der sozialen Dimension hin, vor der die Frage nach einer beständigen internationalen Organisation dementsprechend gänzlich in den Hintergrund tritt.

Hinsichtlich der bisher nur zu vermutenden Auswirkungen der Julirevolution weisen die wahrgenommenen Schwächen innerhalb des eigenen Lagers allerdings nicht gerade in dieselbe Richtung. Ein Verzicht auf die Hegung des 'Leviathan' im zwischenstaatlichen Bereich kann gleichzeitig dessen Stärkung in der innerstaatlichen Sphäre bedeuten. Dies wiederum läßt sich sehr wohl mit einer durch die Julirevolution in Frankreich gesteigerten bürgerlichen Sorge um den Erhalt des von seiten revolutionärer Schichten gefährdeten inneren Friedens in Verbindung bringen. Andererseits wendet sich die mit der Kriegsverherrlichung verbundene Sozialkritik offensichtlich gegen ein übermäßiges materielles Interesse. Hier nun ließe sich die Brücke zu der in der Zeit des Bürgerkönigtums sich demaskierenden Klassenherrschaft der Bourgeoisie schlagen, gegen die sich solche Kritik – im Grunde also mit einem revolutionären Anliegen – richtete.

Aber auch dieses gegebenenfalls nicht vermittelbare Nebeneinander verdeutlichte nur den eigentlichen Vorgang: Daß 1824 ein durch die ökonomische Wechselwirkung hervorgebrachter 'ewiger Friede' zusammen mit einer politisch verstandenen 'Freiheit' gedacht werden konnte, zehn Jahre später hingegen dieser 'ewige Friede' diffamiert wurde, läßt den Verfall der Friedensutopie als Desintegrationsprozeß einer ursprünglichen Einheit von normgebundener Fortschrittskonzeption, darauf bezogenem politischen Verfassungsmodell und gesellschaftlicher Zielvorstellung erscheinen, der damit in erster Linie auf innenpolitische Ursachen verweist. Prägendes Vorbild solcher Einheit war die von Kant verfaßte Schrift 'Zum ewigen Frieden', und die Schlüsselelemente dieser Friedensutopie — wie etwa der Handelsgeist, das vorstaatliche 'bellum omnium in omnes', das Milizkonzept und die 'republikanische' Verfassung — kennzeichneten auch Rottecks Vorstellungen. Der nachfolgende Vergleich will nun jene Stellen dieser Einheit aufsuchen, die von dem sich in der Nachfolge des Königsberger Philosophen wähnenden süddeutschen Liberalen verändert wurden, wobei zugleich nach den Umständen gefragt wird, die über solche Durchbrechungen schließlich die Verkehrung der Friedensutopie in ihr Gegenteil — den 'wohltätigen Krieg' schlechthin — herbeiführten.

Indessen ist dies auch ein Problem der der Friedensschrift hier nur vorab unterstellten Einheit selbst. Vor dem Hintergrund der in der Einführung angedeuteten Überlegung, daß eine mögliche konzeptionelle Schwäche des Kantschen Friedensdenkens bei Rotteck gleichsam im Zuge einer Selbstauflösung nur noch sichtbar geworden sei, steht daher der Entwurf — nicht zuletzt auch im Hinblick auf den ihm mitunter angelasteten bellizistischen Argumentationsstrang — zu einer näheren Betrachtung an.

2.2 Der Verfall der Friedensutopie im Spannungsfeld zwischen revolutionärem Naturrecht, legitimistischer Friedenswahrung und gesellschaftlichem Wandel

Von der Forschung ist mehrfach auf die 'Realitätsnähe' der Friedensutopie Kants hingewiesen worden. Um so überzeugender wirkend, als diesem Urteil ein jeweils unterschiedliches Vorverständnis von historischer Wirklichkeit vorauslag[63], deutet es auf eine offenbar gelungene Vermittlung der vernunftbegründeten Norm mit den Bedingungen der erscheinenden Welt. Angesichts einer kriegerischen Geschichte mag darin freilich auch der Grund für den erhobenen Bellizismusvorwurf liegen, der jedoch in dem Maße an Substanz verliert, in welchem sich Kants Umgang mit dem Kriege als notwendiger Bestandteil seines Friedensdenkens erweisen sollte. Zugleich und vor allem aber weckt jener attestierte enge Bezug zur Wirklichkeit den Verdacht, daß die Norm selbst nicht auf dem beanspruchten Grunde der widerspruchsfreien Vernunft, sondern auf dem historischen Boden formuliert worden war. Mit Blick auf den beim späten Rotteck sichtbar werdenden Auflösungsvorgang der Einheit von Gebot und gegenwartsbezogenem Fortschrittsdenken könnte diese Frage nach der historischen Gebundenheit der Kantschen Friedensschrift durchaus eine erhebliche Bedeutung erlangen. Soweit der Entwurf schon in seinem normativen Teil − der idealen Rechtsordnung − an epochenspezifische Grenzen stößt, ließe sich bereits in dem Wandel der historischen Bedingung eine − vielleicht sogar die − Ursache für den angezeigten Desintegrationsprozeß vermuten.

Allerdings greift eine derartige Annahme dem Stand der Untersuchung weit voraus. Als bloße Hypothese gibt sie jedoch die zu behandelnden Einzelprobleme an. Entsprechend dem Aufbau der Friedensschrift empfiehlt es sich, hierbei zu

---

63 Vgl. den betont sozialgeschichtlichen Bezug bei BATSCHA/SAAGE, Friedensutopien, S. 16, S. 32 f. mit dem auf die staatliche Herrschaft bezogenen engeren politischen Rahmen bei RAUMER, Friede, S. 153; daneben vgl. auch FREUDENBERG, Kants Lehre, S. 180.

trennen zwischen dem eigentlich gesollten Zustand – der Norm – und dem gedachten Geschichtsverlauf, der die Möglichkeit ihrer Verwirklichung zum Gegenstand hat und welcher gleichzeitig auch Rückschlüsse auf die mit der normativen Setzung verbundenen Erwartungen erlaubt. Im Lichte des Bellizismusverdachtes sowohl als der behaupteten Einheit des Entwurfs 'Zum ewigen Frieden' erfordert dessen innerer Zusammenhang dabei indes regelmäßig gebührende Beachtung.

Unter dieser Vorgabe wird zuerst die Frage nach etwaigen empirischen Anteilen in der von Kant als zeitlose Norm für alle erscheinenden Ordnungen menschlichen Zusammenlebens vorgestellten Verfassung zu beantworten sein (I.). Daran anschließend stellt sich das Problem ihrer Vergleichbarkeit mit den Vorstellungen Rottecks (II.). Und erst wenn deutlich geworden ist, ob und in welchem Umfang die Erfahrung zur Bestimmung des normativen Gerüstes beigetragen hat, ist es angebracht, sich seiner an der Fortschrittskonzeption erkennbaren Vermittlung mit der Geschichte zuzuwenden, um erneut nach den hierfür maßgebenden historischen Umständen und deren Wandel zu fragen (III.).

I.

Unabhängig von allen historischen Umständen sprachen schon die dem Entwurf 'Zum ewigen Frieden' innewohnenden systematischen Zwänge für den gar nicht so utopistischen Charakter der 'Utopie'. Denn das Friedensgebot und der darauf bezogene Fortschrittsverlauf nahmen notwendig das nur moralische Handeln aus. Diese Einschränkung ergab sich aus dem gemeinsamen Rückgang auf eine praktische Philosophie, die denselben handelnden Menschen unter den Gesetzen zweier unterschiedlicher Kausalitäten zugleich begriff: Während das in die intelligible Welt weisende Vermögen der Vernunft, sich selbst Ursache zu sein, zu der als Autonomie verstandenen Freiheit führte, die dem Menschen ein unbedingtes Sollen vorstellte, weil er – statt zu reinem Wollen befähigt – nicht nur vernünftig, sondern auch sinnlichen Bestimmungsgründen empfänglich gedacht wurde, stand ebendieser Mensch wegen solcher doppelten Betrachtung mit letzteren auch in der erscheinenden Welt, die von dem Verstand ausschließlich unter den Regeln naturgesetzlicher Heteronomie geordnet werden konnte.[64] Daraus folgte, daß, wenn anders die Pflicht nicht zu einem leeren Begriff geraten sollte, die in ihr liegende Forderung nach Verwirklichung in der erscheinenden Welt mit den für diese geltenden Gesetzen rechnen mußte. Und dies bedeutete wiederum zweierlei: Einmal mußte die zeitlose Norm ohne Verlust ihrer Reinheit in Beziehung zu einer zeitlichen, erscheinenden Wirklichkeit treten – hier entstand das Recht. Zum anderen kam ein solcher Ansatz nicht daran vorbei, beide Kausalitäten als miteinander vereinbar darzulegen. Unbeschadet seines Geltungsgrundes in der praktischen Vernunft mußte das Sollen dergestalt mit der naturgesetzlichen Sinnenwelt zusammen gedacht werden können, daß diese mit ihren Gesetzen die Möglichkeit von jenem, in ihr wirklich zu werden, nicht definitiv ausschloß – dies war die Aufgabe des unter der Leitung der praktischen Vernunft teleologisch angeordneten Naturverlaufes, auf den unten noch näher einzugehen sein wird.[65]

Unter der strengen Scheidung zwischen intelligibler und erscheinender Sphäre forderte sonach die auf den kategorischen Imperativ gestellte Moral, die wegen ihres Prinzips die äußeren Gründe einer Handlung nicht beachten durfte, im Zuge dieser Selbstbeschränkung auf die innere Triebfeder 'Pflicht' das auf äußere Bestimmungsgründe gehende Recht.[66] Wenn also "die Vernunft ... den Friedenszustand ... zur unmittelbaren Pflicht" machte[67], so besagte das soviel, daß dieser

---

64   KANT, Grundlegung, S. 452–455; vgl. auch KANT, Frieden, S. 361 (Anmerkung).

65   Vgl. hierzu vorläufig: KANT, Kritik der Urtheilskraft, Einleitung, S. 174–176, S. 176: "... der Freiheitsbegriff soll den durch seine Gesetze aufgegebenen Zweck in der Sinnenwelt wirklich machen; und die Natur muß folglich auch so gedacht werden können, daß die Gesetzmäßigkeit ihrer Form wenigstens zur Möglichkeit der in ihr zu bewirkenden Zwecke nach Freiheitsgesetzen zusammenstimme." Vgl. auch KANT, Grundlegung, S. 455–460.

66   Vgl. KANT, M.d.S., Einleitung in die Metaphysik der Sitten, S. 213 f., S. 218–221.

67   KANT, Frieden, S. 356.

72

als Recht a priori aus dem kategorischen Imperativ deduziert wurde.[68] Im Hinblick auf seine Entstehung konnte das Recht mithin für eine reine, von empirischen Interessen freie, durchgängige Norm genommen werden, zu deren Wesensmerkmal darum, weil sie sich ausschließlich auf das erscheinende Äußere bezog, im Gegensatz zu demjenigen der sie begründenden Ethik der äußere Zwang gehörte.[69] Anders formuliert, stellte sich der gebotene Friede als eine ethische Pflicht zum Recht dar, das seinerseits, obzwar als Gesolltes und Gestiftetes unter den "Gesetze(n) der Freiheit" entstanden[70], dennoch allein mit den " p a t h o - l o g i s c h e n Bestimmungsgründen der Willkür" arbeitete[71] und so bei der Einrichtung des Friedenszustandes nicht auf das Handeln aus vernünftigem Sollen baute, sondern gerade dessen Gegenstück − das der menschlichen Natur eigene, mithin im naturgesetzlichen Sinne notwendige, Vorteilsstreben[72] − als Handlungsmotiv berücksichtigte. In rein rationaler Begründung folgte das Recht aus der Moral, ohne damit auch nur entfernt den moralischen Menschen vorauszusetzen.

Freilich begnügte sich Kant nicht damit, aus der Moral die ethische Sanktion der Pflicht für ein noch unbestimmtes Recht zu entwickeln. Vielmehr bezeichnete sein Entwurf 'Zum ewigen Frieden' nach den sechs 'Präliminarartikeln' mit drei 'Definitivartikeln' die ideale Rechtsordnung oder anders ausgedrückt: die organisatorischen Bedingungen für die Einrichtung eines 'ewigen Friedens'. Diese deckten sich weitgehend mit den zwei Jahre zuvor − 1793 − in dem Aufsatz 'Über den

---

68 Zur ausdrücklichen Gleichsetzung von Frieden und Recht siehe im übrigen auch KANT, M.d.S., Rechtslehre, Beschluß, S. 355.

69 Zu der aus dem allgemeinen Rechtsprinzip, das das Zusammenstimmen der "Freiheit der Willkür eines jeden mit jedermanns Freiheit nach einem allgemeinen Gesetze" forderte, folgenden wechselseitigen Zwangsbefugnis vgl. KANT, M.d.S., Einleitung in die Rechtslehre, §§ C−E, S. 230 (Zitat) − 232 und KANT, Gemeinspruch, S. 289 f.

70 Damit unterschieden von den "Naturgesetzen"; KANT, M.d.S., Einleitung in die Metaphysik der Sitten, S. 214.

71 KANT, M.d.S., Einleitung in die Metaphysik der Sitten, S. 219.

72 Zu dem Streben nach 'Glückseligkeit', das in positiver Wendung bei Kant das allgemeine Vorteilsstreben bezeichnet, als einer strukturellen Konstante menschlichen Handelns vgl. KANT, Gemeinspruch, S. 278, S. 289.

Gemeinspruch: Das mag in der Theorie richtig sein, taugt aber nicht für die Praxis' und den zwei Jahre später — 1797 — in der 'Metaphysik der Sitten' laut Kant a priori ausgeführten Normen für die rechtliche Ordnung menschlichen Zusammenlebens, so daß die Schriften zur wechselseitigen Ergänzung herangezogen werden können.[73]

Unter den drei Bedingungen — schlagwortartig ließen sie sich mit 'republikanischer Verfassung', Föderation souveräner Staaten und 'Hospitalität' als Weltbürgerrecht umreißen[74] — nimmt nun die auf die bürgerliche Verfassung bezogene erste die eigentlich zentrale Stelle ein. Denn wie es schon das Verständnis des Rechts als einer äußeren Zwangsordnung nahelegte, stellte sich die Friedensaufgabe wesentlich als ein Problem öffentlicher Herrschaft dar. Diese wiederum ließ sich nach Kant in der Form staatlicher Herrschaft allein, also als eine jeweils nur regional wirksame Veranstaltung denken. So betonte die Rechtslehre in aller Deutlichkeit, daß die der Staatsgründung analoge Stiftung eines "Völkerstaats" unausführbar bleiben müsse, weil "bei gar zu großer Ausdehnung ... die Regierung desselben, mithin auch die Beschützung eines jeden Gliedes endlich unmöglich werden muß".[75]

In demselben Sinne hatte bereits die Friedensschrift die Beibehaltung der nach innen wie nach außen souveränen Staaten mit der Unmöglichkeit einer weltweiten rechtlichen Zwangsordnung begründet. Was sich im weltumfassenden Rahmen nur auf das trostlose Wechselspiel zwischen den gleichermaßen vernunftwidrigen Übeln 'Despotie' und 'bellum omnium in omnes' zu verengen drohte[76] — Rotteck sollte dieses Schreckbild später aufgreifen —, war die negative Projektion jener

---

73 Zu den Unterschieden zwischen den drei Schriften vgl. BATSCHA, Frühliberalismus, S. 43–45 und LANGER, Reform, besonders S. 133–137.

74 Vgl. KANT, Frieden, S. 348–360; KANT, Gemeinspruch, S. 289 f., S. 310 f.; KANT, M.d.S., Rechtslehre, §§ 43–49, S. 311–318, § 54, S. 344, §§ 61 f., S. 350–353.

75 KANT, M.d.S., Rechtslehre, § 61, S. 350. Auf die hierin sich spiegelnden, möglicherweise zeitgebundenen technischen Grenzen der Herrschaft und ihrer Kontrolle wird hier nicht weiter eingegangen.

76 KANT, Frieden, S. 367; vgl. auch KANT, Gemeinspruch, S. 310 f.

grundlegenden Spannung zwischen Emanzipation und freier Konkurrenz auf der einen sowie der geforderten Herrschaft auf der anderen Seite, die nur dort, wo Herrschaft als Schutz 'eines jeden' technisch noch möglich schien – also innerhalb eines Staates –, Aussicht auf den wenngleich schmalen Grat einer geglückten Vermittlung in der Form der rechtlichen Zwangsordnung bot. Wenn Friede als Recht wie auch dieses als eine Zwangsordnung verstanden wurde und die eigentlich rechtliche Zwangsordnung allein unter der Fortdauer verschiedener, unabhängiger Staaten als eine bloß innerstaatliche Ordnung gedacht werden konnte, dann lag auf der Ebene der innerstaatlichen Verfassung der Angelpunkt nicht nur des inner-, sondern auch des zwischenstaatlichen Friedens. Demgegenüber kamen einem jeglicher Zwangsbefugnisse ledigen 'Völkerbund' und dem Weltbürgerrecht eher nur ergänzende Funktionen zu.[77] Und auf die innerstaatliche Ebene konzentriert sich demgemäß auch die Suche nach zeitbedingten Durchbrechungen der apriorischen Reinheit der Friedensordnung.

Ebenso wie bei der Deduktion des Rechtes aus dem kategorischen Imperativ nahm auch, worauf Kant nachdrücklich bestand, die weitere Entfaltung des Rechtes zu dem an eine jede staatliche Verfassung anlegbaren normativen Maßstab für sich in Anspruch, ausschließlich im Wege einer von jedweder empirischen Begründung freien Rechtfertigung a priori erfolgt zu sein.[78] Verfolgt man den Gang der Ableitung des Staates aus dem Rechtsbegriff, so mag allerdings zunächst der von Kant eingeschlagene Weg befremden, der als ein erstes Indiz für den besitzindividualistischen Zuschnitt der Rechtsphilosophie und damit auch für deren historische Gebundenheit gedeutet werden könnte.

---

77 Vgl. KANT, Frieden, S. 354–360; KANT, M.d.S., Rechtslehre, § 54, S. 344, §§ 61 f., S. 350–353.

78 KANT, Gemeinspruch, S. 290: "Diese Principien sind nicht sowohl Gesetze, die der schon errichtete Staat giebt, sondern nach denen allein eine Staatserrichtung reinen Vernunftprincipien des äußeren Menschenrechts überhaupt gemäß möglich ist." Vgl. auch KANT, Frieden, S. 350 f. Ferner etwa auch KANT, M.d.S., Rechtslehre, § 6, S. 249: "Alle Rechtssätze sind Sätze a priori, denn sie sind Vernunftgesetze".

Erwarten ließe sich, daß – wie dies in offenbar verkürzter Form im 'Gemeinspruch' und in der Friedensschrift auch geschieht – unmittelbar aus der Pflicht zum Recht die Pflicht zum Staate gefolgert würde.[79] Wenn das "Recht" als "der Inbegriff der Bedingungen" galt, "unter denen die Willkür des einen mit der Willkür des andern nach einem allgemeinen Gesetze der Freiheit zusammen vereinigt werden" könne und wenn das dieser "Freiheit nach allgemeinen Gesetzen" entgegenstehende "Hinderniß" die Verbindung von Recht und Zwangsbefugnis begründete,[80] so führte bereits die darin begriffene allgemeine Gleichheit der wechselseitigen Zwangsbefugnis zu dem Staat. Denn schon an dieser Stelle, die in anderer Formulierung mit der auf die Bedingung des "allgemeinen Gesetz(es)" eingeschränkten "Unabhängigkeit" eines jeden "von eines Anderen nöthigender Willkür" das einzige "angeborne Recht" (das 'innere Mein und Dein') enthielt,[81] war die Definitions- und Garantiemacht des Staates gefordert. In rein rationaler Argumentation bildete die dem subjektiven Meinen der einzelnen Willkür entzogene "äußere machthabende Gesetzgebung" (die mit einer Durchsetzungsgewalt ausgestattete allgemeine Regel) den zur Pflicht erhobenen Gegensatz zu dem regellosen 'Naturzustand' stets drohender "Gewaltthätigkeit".[82] Nach

---

79 Vgl. KANT, Gemeinspruch, S. 289 f.; KANT, Frieden, S. 348 f.

80 KANT, M.d.S., Einleitung in die Rechtslehre, §§ B—D, S. 230 f.

81 KANT, M.d.S., Einleitung in die Rechtslehre, S. 237.

82 KANT, M.d.S., Rechtslehre, § 44, S. 312: "... so liegt es doch a priori in der Vernunftidee eines solchen (nicht-rechtlichen) Zustandes, daß, bevor ein öffentlich gesetzlicher Zustand errichtet worden, vereinzelte Menschen, Völker und Staaten niemals vor Gewaltthätigkeit gegen einander sicher sein können, und zwar aus jedes seinem eigenen Recht zu thun, was ihm recht und gut dünkt, und hierin von der Meinung des Anderen nicht abzuhängen; mithin das Erste, was ihm zu beschließen obliegt, wenn er nicht allen Rechtsbegriffen entsagen will, der Grundsatz sei: man müsse aus dem Naturzustande, in welchem jeder seinem eigenen Kopfe folgt, herausgehen und sich mit allen anderen (mit denen in Wechselwirkung zu gerathen er nicht vermeiden kann) dahin vereinigen, sich einem öffentlich gesetzlichen äußeren Zwange zu unterwerfen, also in einen Zustand treten, darin jedem das, was für das Seine anerkannt werden soll, gesetzlich bestimmt und durch hinreichende Macht (die nicht die seinige, sondern eine äußere ist) zu Theil wird, d.i. er solle vor allen Dingen in einen bürgerlichen Zustand treten." Parenthese im Original. Die 'Anerkennung des Seinen' verweist indes schon auf die privatrechtliche Begründung, die am Ende dieses Paragraphen in aller Deutlichkeit zutage tritt: Ohne ein vorstaatliches (wenngleich "provisorisch(es)") "äußeres Mein und Dein ... (würde es) auch kein Gebot geben, aus" dem "Naturzustande ... herauszugehen" (ebd.,

dem systematischen Aufriß der Rechtslehre aber entstand der Staat erst im Zuge der Entwicklung des 'äußeren Mein und Dein'. Als Gebot der Vernunft folgte der bürgerliche Verein nicht unmittelbar auf das Freiheit und Gleichheit enthaltende 'angeborene Recht', sondern auf das den Besitz regelnde Privatrecht.[83]

Nun muß diese Einschaltung nicht sogleich irritieren. Daß die durchaus physische Verletzung des "i n n e r e n Meinen (der Freiheit)" von der Hand eines anderen möglich sei, ohne daß darum der Betroffene "in Ansehung ... des äußeren Meinen" gekränkt würde[84] und daß dementsprechend — wie eben dargetan — das 'angeborene Recht' eine Begründung des Staates barg, konnte der Rechtslehre selbst dort entnommen werden, wo "das Postulat des öffentlichen Rechts" ausdrücklich an das "Privatrecht im natürlichen Zustande" angeschlossen wurde. Denn als "Grund" des Sollens gab Kant auch hier den Rechtsbegriff mit der in diesem enthaltenen Negation der "G e w a l t" an, worunter wenigstens neben anderem der Ausschluß der gegen 'Leib und Leben', also gegen das 'innere Mein und Dein' geübten "wilden Gewalt" fiel.[85] Zudem hätte die Aussparung des 'äußeren Mein und Dein' infolge der Entwicklung des Staates bloß aus dem 'inneren Mein und Dein' genau der Freiheit, die doch am Anfang des Rechts und sonach auch des Staates stand, den unzulässigen Widerstreit mit sich selbst zugemutet. Wie Otfried Höffe und besonders nachdrücklich dann Manfred Brocker betont haben, folgte im Rechtsdenken Kants die Möglichkeit des 'äußeren Mein und Dein' unmittelbar aus der Freiheit, wie umgekehrt die Beschrän-

---

S. 313).

83 KANT, M.d.S., Rechtslehre, § 42, S. 307; zur Unterscheidung des 'äußeren' von dem 'inneren Mein und Dein' vgl. ebd., Einleitung in die Rechtslehre, S. 237 f. sowie ebd., Rechtslehre, § 4, S. 247 f.

84 Vgl. KANT, M.d.S., Rechtslehre, § 4, S. 247 f.; Parenthese im Original.

85 KANT, M.d.S., Rechtslehre, § 42, S. 307 f.; ähnlich ebd., § 44, S. 312 f., zitiert oben Anmerkung 82; ohne den expliziten Hinweis auf das Moment der 'Gewalttätigkeit' dagegen ebd., § 8, S. 255 f.

kung auf das 'innere Mein und Dein' als vernunftwidriges Unrecht nur die Wendung gegen den eigenen Entstehungsgrund bedeutet hätte.[86]

Sollte es — so die Überlegung Kants — überhaupt einen rechtlichen Besitz 'äußerer Gegenstände' geben, dann könnte dieser allein als ein "intelligibler", vom 'physischen Innehaben' unterschiedener Besitz gedacht werden. Denn der "Besitz" galt als die "subjective Bedingung der Möglichkeit des Gebrauchs" eines äußeren Gegenstandes. Als Recht des 'äußeren Mein und Dein' ließe sich der Besitz indes nur dann gegen den rechtswidrigen Gebrauch durch andere behaupten, wenn er nicht als eine körperliche Verbindung vorgestellt würde. Allein unter dieser Voraussetzung wäre es kein Widerspruch, daß — etwa nach einem Diebstahl — der Geschädigte noch als Besitzer angesehen werden könnte, obwohl er sich schon nicht mehr im physischen Besitz der Sache befände. Ohne die Konstruktion des 'intelligiblen Besitzes' endete im Moment des Verlassens der Besitz, und selbst der Räuber, der seinem Opfer den festgehaltenen Gegenstand entrisse, verletzte zwar dessen 'inneres Mein und Dein' durch die Beeinträchtigung der Person, von dem Augenblick der erfolgreichen Aneignung an dürfte der äußere Gegenstand aber nicht mehr dem Besitz des Überfallenen zugerechnet werden.[87]

Das mithin nur als ein intelligibles Verhältnis denkbare 'äußere Mein und Dein' war indessen auch vernunftnotwendig. Denn ein 'äußerer Gegenstand der Willkür' eines einzelnen Menschen war für diese auch ein 'brauchbarer', also subjektiv ein möglicher Besitz. "Da ... die reine praktische Vernunft" ausschließlich "formale Gesetze" aufstellte, demnach nur dies, daß es sich um einen "Gegenstand der Willkür überhaupt" (Manfred Brocker) handelte, berücksichtigte und von aller "übrigen Beschaffenheit des Objects ... abstrahirt(e)", scheiterte das nur als "absolutes Verbot" mögliche Veto gegen ein 'äußeres Mein und Dein' an dem damit eintretenden Widerspruch: "so würde die Freiheit sich selbst des Gebrauchs

---

86 Vgl. dazu und zu dem Folgenden BROCKER, Kants Besitzlehre, S. 89—102 sowie HÖFFE, Kant, S. 218—226.

87 Vgl. dazu KANT, M.d.S., Rechtslehre, § 1, S. 245 f.

ihrer Willkür in Ansehung eines Gegenstandes derselben berauben, dadurch daß sie b r a u c h b a r e Gegenstände außer aller Möglichkeit des G e - b r a u c h s setzte, d.i. diese in praktischer Rücksicht vernichtete". Weil sich die Freiheit schlechterdings nicht für unfrei erklären konnte, erwies sich die Möglichkeit des vom 'physischen Besitz' unterschiedenen 'rechtlichen Besitzes' als ein " P o s t u l a t d e r p r a k t i s c h e n V e r n u n f t ". [88] Genau jene Unfreiheit aber hätte sich umgekehrt als die notwendige Folge einer Beschränkung auf das 'innere Mein und Dein' eingestellt: Da dieses 'angeborene Recht' nur den empirischen Besitz rechtfertigen konnte,[89] ein allein darauf gegründetes Recht des Besitzes demnach unter empirischen Bedingungen gestanden hätte, wäre das Recht, das doch nur auf den a priori gegebenen Sätzen der Freiheit beruhen konnte, vernichtet gewesen.

Wenn die rechtliche Möglichkeit des 'äußeren Mein und Dein' somit unmittelbar aus der Freiheit hervorging, dann war es nur folgerichtig, den Staat als die bloß sichernde Einrichtung (auch) auf dieser privatrechtlichen Grundlage zu errichten. Die dem Rechtsbegriffe innewohnende "Reciprocität der Verbindlichkeit" verneinte − wie schon beim 'inneren Mein und Dein' − die nur "einseitige" Ausgrenzung anderer vom je Eigenen. Bedingung einer rechtlichen Eigentumsordnung war "ein ... collectiv allgemeiner (gemeinsamer) und machthabender Wille", der mit Rücksicht auf den äußeren Besitz die Rechtssphäre des einen vor dem die wechselseitige Gleichheit der Zwangsbefugnis verletzenden Übergriff des anderen 'sicherte'. Insofern wurde der Weg zum Staat nicht unnötig verlängert, wenn Kant nicht abschließend aus dem 'angeborenen Recht', sondern erst aus der (hinzutretenden) Möglichkeit, "einen äußeren Gegenstand als das Seine zu haben", die 'Nötigung' folgerte, "in eine bürgerliche Verfassung zu treten".[90] Weil, wie viel-

---

88   KANT, M.d.S., Rechtslehre, § 2, S. 246 f.

89   Zur Reichweite des 'inneren Mein und Dein', das sich über den eigenen Leib hinaus lediglich auf die körperliche Verbindung zu sonst äußeren Gegenständen erstreckte, vgl. KANT, M.d.S., Rechtslehre, §§ 4 und 7, S. 247 f. und S. 254.

90   KANT, M.d.S., Rechtslehre, § 8, S. 255 f.

leicht aus der knappen Skizze des Kantschen Gedankenganges eben deutlich geworden ist, das 'äußere Mein und Dein' in einer rein rationalen Argumentation begründet wurde, wird an dieser Stelle auch noch nicht von einem besonderen historischen Einfluß die Rede sein können.

Unverkennbar ist bei alledem allerdings die besondere Hervorhebung des privaten Eigentums. Dessen Schutz wurde bei der Formulierung des Staatszwecks erheblich deutlicher akzentuiert als etwa die Gewährleistung der körperlichen Unversehrtheit. Überdies setzte die durch den Staat zu erbringende 'peremtorische' Eigentumsgarantie bereits den wiewohl nur 'provisorisch-rechtlichen', aber doch immerhin vorstaatlichen Besitztitel voraus. Ausdrücklich betonte Kant, daß unter der "bürgerliche(n) Verfassung ... jedem das Seine nur gesichert, eigentlich aber nicht ausgemacht und bestimmt" werden würde.[91] Ein Blick auf die im 'öffentlichen Recht' entwickelten staatsrechtlichen Kompetenzen offenbart denn auch einen Staat, dessen nach innen gerichtete Tätigkeit weitgehend darauf beschränkt bleibt, für die möglichst ungehinderte private Disposition über das Eigentum die erforderliche Rechtssicherheit herzustellen und den damit verbundenen freien Wettbewerb im Wege der formalen Gleichheit der Marktteilnehmer zu gewährleisten. Daß eine sozialstaatliche Kontrolle des privaten Eigentums kaum in der mit einer solchen Ordnung verfolgten Absicht lag, erhellt dabei aus der im 'Gemeinspruch' gewählten "Formel" für die "Idee der Gleichheit der Menschen im gemeinen Wesen als Unterthanen ...: Jedes Glied desselben" müsse zwar — wie es in dem Gebotsteil hieß — "zu jeder Stufe eines Standes ... gelangen dürfen, wozu ihn sein Talent, sein Fleiß und sein Glück hinbringen könn(t)en"; der damit korrespondierende Verbotsteil der Formel aber erstreckte sich ausschließlich auf "ein e r b l i c h e s Prärogativ": Mit diesem "dürf(t)en ... (die) Mitunterthanen ... (dem einzelnen) nicht im Wege stehen, um ihn und seine Nachkommen unter demselben ewig niederzuhalten". Wenn der mit "dem unwiderstehlichen Willen" auftretende Staat sich nur der Erteilung adliger, erblicher Vorrechte enthielt, wenn also

---

91   KANT, M.d.S., Rechtslehre, § 9, S. 256 f.

der über den Status entscheidende wirtschaftliche Verkehr der 'Gesellschaftsglieder' untereinander nur frei von marktfremder Willkür blieb, dann konnte laut Kant die "durchgängige Gleichheit der Menschen in einem Staat, als Unterthanen desselben, ... ganz wohl mit der größten Ungleichheit (sic!) ... ihres Besitzthums" 'bestehen'. Nicht bloß die maximale Vermögensdifferenzierung, sondern auch deren Folgen für das privatrechtliche Verhältnis der Bürger zueinander galt nach dem Wegfall der wettbewerbsfremden Eingriffe als vereinbar mit dem Gleichheitsgrundsatz: "so daß des Einen Wohlfahrt sehr vom Willen des Anderen ... (des Armen vom Reichen)" bestimmt würde, oder "daß der Eine dient(e) (als Taglöhner), der Andere lohnt(e), u.s.w.". Indem Kant der Gleichheit des Erwerbs- und Aufstiegsrechtes eine derart formale Bedeutung gab, ließ er erkennen, wie weit entfernt er davon war, seine Staatstheorie auch als die Rechtfertigung einer sozialstaatlichen Eingrenzung der bürgerlichen Wirtschaftstätigkeit verstanden wissen zu wollen. Dem auf die Pflicht gestellten Staat, der das 'Wohl' seiner Bürger nicht zur eigenen Legitimation bemühen durfte, entsprach eine in ihren Grundzügen liberale Wirtschaftsverfassung.[92]

---

92 Vgl. KANT, M.d.S., Rechtslehre, Allgemeine Anmerkung, §§ B—D, S. 323—330. Es ist dort zwar von einem "Obereigenthum" des "Landesherren" am "Boden" die Rede, dies aber nicht in dem Sinne, daß dieses 'Eigentum' die in der Rechtskonstruktion dem bürgerlichen Verein schließlich doch vorausgelegene privatrechtliche Aneignung gleichsam absorbierte; mit dem 'Obereigentum' wird lediglich der sanktionierende Schutz des öffentlichen Rechts, der dem vorstaatlichen Besitz zuteil wird, vorgestellt, was allerdings nicht den gänzlichen Ausschluß korrigierender Eingriffe bedeutet, wie sogleich erkennbar wird (ebd., S. 323 f.; vgl. dazu auch KANT, M.d.S., Rechtslehre, § 44, S. 312 f.).
Die Kompetenzen des Staates umfassen im wesentlichen das Recht der Steuererhebung unter Einschluß der Wehrpflicht, welches allerdings im Regelfall durch das "Corps der Deputirten" auszuüben wäre, ferner die öffentliche Verwaltung und Polizei, die Armenfürsorge, die Einrichtung des Berufsbeamtentums und das Strafrecht. Auch die an eine Entschädigung gebundene Aufhebung der die Verkehrsfreiheit des Bodens einschränkenden Kirchen- und Rittergüter fällt in die staatliche Zuständigkeit. (Ebd., S. 324—328). Zu der weitreichenden, gleichermaßen gegen das Adelsprivileg und den absolutistischen Wohlfahrtsstaat gerichteten Liberalisierung der Wirtschaft, wie sie sich aus der Rückführung des Staates auf die jegliches utilitaristische Element ausschließende Pflicht ergibt, so daß jeder — lediglich auf die formale Gleichheit des Erwerbsrechts eingeschränkt — seinen Vorteil nach eigenem Gutdünken verfolgen darf mit der durchaus von Kant akzeptierten Konsequenz materialer Ungleichheit und privatrechtlicher Abhängigkeitsverhältnisse, vgl. KANT, Gemeinspruch, S. 289—294 (Zitate im Text). Daß Kant das Prinzip der Gleichheit nicht zur Beseitigung der durch den freien Markt, sondern nur zur Aufhebung der durch das aristokratische Privileg entstehenden Ungleichheit

In dieser prominenten Rolle, welche die Absicherung der privaten Verfügungsgewalt über das Eigentum offenkundig bei der Entwicklung des Staates spielte, ließe sich mit Otfried Höffe gewiß eine "Schwäche der Kantischen Rechtslehre" entdecken. Darüber hinaus mag man darin im Anschluß an Richard Saage, dessen Ergebnisse jedoch in der Forschung nicht unumstritten sind, den ausgeprägt besitzindividualistischen Zuschnitt der Rechtslehre Kants erkennen; – dies vor allem dann, wenn die These Richard Saages übernommen wird, nach der im Zusammenhang mit der Rückführung des Staates auf das Privatrecht eine nachgerade "autonome Sphäre" der Gesellschaft entstanden sei, in welcher der Staat "lediglich zu sanktionieren (habe), was die Bürger bereits vor seiner Konstituierung" besessen hätten.[93] Nur wird – für sich betrachtet – gegen die Rechtferti-

---

verwandte, wird nochmals ebd., S. 293 deutlich, wo wiederum dem zu ermöglichenden Aufstieg "durch eigenes Verdienst" die einzig unzulässige 'Qualifikation' "zum Herrenstande durch Geburt" gegenübergestellt wird: "Alles andere mag er (der Bürger, F.N.) vererben, was Sache ist (nicht Persönlichkeit betrifft) und als Eigenthum erworben und auch von ihm veräußert werden kann, und so in einer Reihe von Nachkommen eine beträchtliche Ungleichheit in Vermögensumständen (!) unter den Gliedern eines gemeinen Wesens (des Söldners und Miethers, des Gutseigenthümers und der ackerbauenden Knechte u.s.w.) hervorbringen; nur nicht verhindern, daß diese, wenn ihr Talent, und ihr Glück es ihnen möglich macht, sich nicht zu gleichen Umständen zu erheben befugt (!) wären." Vgl. ferner KANT, M.d.S., Rechtslehre, § 46, S. 315 und die bei SAAGE, Eigentum, S. 62 wie auch bei BROCKER, Kants Besitzlehre, S. 150 zitierten Ausführungen und Reflexionen Kants. Zur 'Unwiderstehlichkeit' als dem Attribut der Staatsgewalt vgl. KANT, Gemeinspruch, S. 299 und KANT, M.d.S., Rechtslehre, § 48, S. 316. Zur positiven Rolle der freien Konkurrenz in der Geschichtsteleologie siehe unten S. 108–110., S. 113 f. Zur Literatur vgl. die folgende Anmerkung.

93 Zu der besitzbürgerlichen Konzeption des privaten Eigentums bei Kant, in deren Rahmen der apriorische allgemeine Wille die ihm vorausliegende Aneignung lediglich nachträglich sanktionierte, zu der sachlich, wenngleich noch nicht begrifflich vollzogenen Trennung zwischen Staat und Gesellschaft, unter der sich die Entfaltung der besitzbürgerlichen Interessen weitgehend ungestört von einem eben auf bloße 'Ordnungsfunktionen' beschränkten Staat entwickelte, und schließlich zu der damit verbundenen Verengung der Bestimmung des Staates auf den Eigentumsschutz vgl. bei SAAGE, Eigentum, im Zusammenhang besonders S. 7, S. 21–23, S. 38–41, S. 44 f., S. 54–65 und S. 83 (Zitate). Gegen solche besitzindividualistische Deutung macht RITTER, Immanuel Kant, S. 345 f. die in seinen Augen unzureichende empirische Grundlage geltend. Zurückhaltender urteilt auch HÖFFE, Kant, S. 218–229 (Zitat S. 226) über die herausragende Rolle des Privateigentums, der zu Recht der inneren Folgerichtigkeit der Kantischen Theorie größere Beachtung schenkt als Saage. Allerdings verzichtete letzterer auch bewußt auf die Einordnung der Sozialphilosophie Kants in den Kontext der kritischen Philosophie (vgl. SAAGE, Eigentum, S. 11), was ihm BROCKER, Kants Besitzlehre, S. 13 f. auch als Mangel vorgeworfen hat. Streng entlang den Linien der kritischen Philosophie Kants argumentierend, kann BROCKER, Kants Besitzlehre, S. 138–152 die 'Vereinbarkeit'

gung des Privateigentums und gegen die daraus folgende Ableitung des Staates kaum etwas vom methodischen Standpunkt aus einzuwenden sein. Anders scheint es dagegen um die als kritische Normen für jeden Staat geltenden Rechtsprinzipien des öffentlichen Rechts zu stehen.

Nach der Friedensschrift bezeichneten die Prinzipien erstens "der F r e i h e i t der Glieder einer Gesellschaft (als Menschen), zweitens ... der A b h ä n - g i g k e i t aller von einer einzigen gemeinsamen· Gesetzgebung (als Unterthanen) und drittens ... der G l e i c h h e i t derselben (a l s S t a a t s b ü r g e r) " die ideale "republikanische Verfassung".[94] Näher bestimmt wurde der Staatsbürgerbegriff in der darüber abweichenden Formel des 'Gemeinspruchs', die in der Rechtslehre wieder aufgegriffen wurde. Dort trat neben die Grundsätze der 'Freiheit als Mensch' und 'Gleichheit als Untertan' die " S e l b s t s t ä n d i g k e i t " als Kriterium des 'Staatsbürgers', der allein als " s e i n e i g e n e r H e r r " angesehen und somit an der politischen

---

von "Kants Prinzipien" mit einer 'heutigen' sozialstaatlichen Intervention in das Marktgeschehen (ebd., S. 151) gegen Saages zugespitzt besitzindividualistische Deutung der Rechtslehre Kants anführen. Indes kommt auch er nicht an jener Konstruktion Kants vorbei, nach der erst aus dem vorstaatlichen Besitz im Naturzustand die Pflicht zum Staat erwachse. Überdies können die um den Nachweis sozialstaatlicher Ansätze bemühten Ausführungen Brockers ebensowenig wie die in die gleiche Richtung zielenden Abschnitte bei LANGER, Reform, S. 75—79, S. 153—176, S. 186—189 über das im folgenden Wesentliche hinwegtäuschen: Die von Kant entwickelte Rechtsordnung bekämpfte ausdrücklich immer nur die "einem besonderen Herrscherwillen entspringen(den)" (BROCKER, Kants Besitzlehre, S. 149), wettbewerbsfremden Hemmnisse des Erwerbs, nicht hingegen die aus dem freien Wettbewerb selbst hervorgehenden. Das hierbei zur Anwendung gelangende grundlegende Prinzip war die Garantie der formalen Erwerbsgleichheit, in der sich die nach innen wirkende Staatstätigkeit im wesentlichen erschöpfte. Hierhin gehörte die Aufhebung adliger Privilegien ebenso wie die zum Staaterhalt notwendige Besteuerung des privaten Eigentums. Jede Interpretation, die dem Staat Kants eine über die Beseitigung marktfremder Willkür hinausgehende Eingriffskompetenz in den freien Verkehr der Eigentümer zuschreibt, deutet lediglich im Lichte der beiden nachfolgenden Jahrhunderte. So sehr sie sich auch als theoriekonform erweisen mag, sie geht über die Intentionen Kants hinaus. Die Gefahren, die sich aus einem liberal strukturierten Marktgeschehen für die tatsächliche Chancengleichheit ergeben konnten, wurden von Kants Rechtslehre mehr nur unbeabsichtigt, allenfalls implizit erfaßt, weshalb Kant auch nicht genötigt war, in seinen konkreten Vorstellungen über die der staatsfernen Wirtschaft entsprechende, bloß formale Aufstiegsgarantie des 'Haben-Könnens' hinauszugehen zu einer wie auch immer gerechtfertigten sozialstaatlichen Status- und Arbeitsgarantie des tatsächlichen 'Habens'. Die von ihm konzipierte 'Armenfürsorge' war demgegenüber lediglich eine physische Existenzsicherung.

94 KANT, Frieden, S. 349—351. Parenthese im Original.

Willensbildung beteiligt werden könne.[95] Die an anderer Stelle in dem 'einzigen angeborenen Recht' der Freiheit und Gleichheit aufgehende "sui iuris"-Eigenschaft[96] erfuhr hier nun eine nicht unproblematische Konkretisierung. 'Selbständigkeit' setzte in diesem Zusammenhang ein Eigentum voraus, auf dessen Grundlage der Lebensunterhalt – in der Regel durch Veräußerung und Tausch – bestritten werden konnte. Im Unterschied dazu galt derjenige, der von einer lohnabhängigen Arbeit lebte, als unselbständig. Mithin trennte das private Eigentum den "S t a a t s b ü r g e r" als 'Mitgesetzgeber' von dem "S c h u t z g e n o s s e n", dem die politische Partizipation versagt blieb.[97]

Obwohl diese 'Selbständigkeit' als die zur politischen Mitwirkung qualifizierende Bedingung in der Friedensschrift keine ausdrückliche Erwähnung fand, darf davon ausgegangen werden, daß sie auch hier in dem Staatsbürgerbegriff enthalten war. Hat schon aufgrund der zeitlichen Mittellage des Entwurfs zwischen den beiden anderen 1793 und 1797 veröffentlichten Schriften eine abweichende Neubestimmung wenig Wahrscheinlichkeit für sich, so bürgt umgekehrt die dem 'Staatsbürger' 1795 zugeschriebene Eigenschaft eines der Steuerpflicht unterliegenden Eigentümers mit hinlänglicher Gewißheit dafür, daß bei dem in der Friedensschrift verwandten Begriff nicht anders als im 'Gemeinspruch' und in der Rechtslehre die ökonomische Selbständigkeit vorausgesetzt wurde.[98] Im Lichte eines

---

95 KANT, Gemeinspruch, S. 290: "Der bürgerliche Zustand also, bloß als rechtlicher Zustand betrachtet, ist auf folgende Principien a priori gegründet:
   1. Die F r e i h e i t jedes Gliedes der Societät, als M e n s c h e n .
   2. Die G l e i c h h e i t desselben mit jedem Anderen, als U n t e r t h a n .
   3. Die S e l b s t s t ä n d i g k e i t jedes Gliedes eines gemeinen Wesens, als B ü r g e r s ."
   Weiteres Zitat ebd., S. 295; dort auch synonyme Verwendung von "B ü r g e r" und "S t a a t s b ü r g e r". Vgl. daneben KANT, M.d.S., Rechtslehre, § 46, S. 314 f.

96 So entwickelt bei KANT, M.d.S., Einleitung in die Rechtslehre, S. 237 f.

97 KANT, Gemeinspruch, S. 294–296; dort auch die letzten beiden Zitate. Vgl. KANT, M.d.S., Rechtslehre, § 46, S. 314 f., wo allerdings ergänzend auch dem Staatsdiener im Unterschied zu den übrigen Bediensteten die Staatsbürgerqualität zuerkannt wird.

98 Vgl. KANT, Frieden, S. 351, zitiert unten S. 104 f., wo sich weitere Erläuterungen dazu finden, auf die hier verwiesen wird. Nach KANT, M.d.S., Rechtslehre, Allgemeine Anmerkung, §§ B, C, S. 325–327 war ausschließlich die Heranziehung der

84

solchen inneren Zusammenhanges erscheint ein von Claudia Langer angebotener Harmonisierungsversuch zwischen den drei Schriften durchaus plausibel: Die Differenz zwischen der Friedensschrift auf der einen Seite und der Rechtslehre sowie dem 'Gemeinspruch' auf der anderen ergebe sich aus deren jeweiliger Zuordnung zu zwei unterschiedlichen Stufen des Fortschritts. Erfaßten der 'Gemeinspruch' und die Rechtslehre "Zwischenzustände", in denen noch nicht alle selbständig seien, so beschreibe der Entwurf das durch die Selbständigkeit aller gekennzeichnete "Fernziel", weshalb das Erfordernis der 'Selbständigkeit' dort nicht mehr eigens eingeführt zu werden brauchte.[99] Die in dem 'Gemeinspruch' und der Rechtslehre aufscheinenden eigentümlichen Strukturen des Kantschen Friedensdenkens prägten gleichermaßen die Friedensschrift.

Während nun die Prinzipien von Freiheit und Gleichheit in einem rein rationalen Begründungsgang aus dem Rechtsbegriff und dem 'angeborenen Recht' abgeleitet werden konnten, verletzte die Voraussetzung der an die freie Verfügung über einen Besitz gebundenen Selbständigkeit als eine der Gesellschaft von unabhängigen Warenproduzenten entlehnte empirische Bedingung die von den drei Publikationen vorgestellte apriorische Eigenschaft der idealen Verfassung.[100] In solcher Vermengung zeigt sich die doppelte Stoßrichtung der Staatstheorie Kants, von deren eben schon sichtbar gewordener erster, gegen den Adel gekehrter Seite aufgrund einer Vielzahl fast schon polemisch zu nennender Auslassungen ange-

---

"Privateigenthümer des Bodens" oder der "Vermögenden" zur Steuer vorgesehen; es sollte eine "Belastung des Eigenthums der Staatsbürger, oder ihres Handelsverkehrs" stattfinden. Ebenso wie diese Identität des durch seine 'Selbständigkeit' explizit ausgewiesenen 'Staatsbürgers' mit dem Steuerzahler sprach auch die auf das Interesse des 'Vermögenden' abhebende und weitgehend deckungsgleiche Argumentationsfigur bei KANT, Gemeinspruch, S. 311 und KANT, Frieden, S. 351 für die Durchgängigkeit nur eines Staatsbürgerbegriffes. Vgl. auch unten Anm. 118.

99 Vgl. LANGER, Reform, S. 137.

100 Darauf macht RIEDEL, Herrschaft, S. 137–139 aufmerksam. Auch Manfred Brocker, der die Philosophie Kants gegen den Ideologieverdacht einer besitzindividualistischen Interpretation in Schutz nimmt, räumt ein, daß das "Prinzip der sibisufficientia ... als vernunftrechtliches Prinzip nicht zu halten" sei. Vgl. BROCKER, Kants Besitzlehre, S. 187, Anmerkung 142.

nommen werden darf, daß sie auch beabsichtigt war.[101] Gleichzeitig bezeichnet diese Vermengung auch den besonderen, historischen Ort der Friedensutopie.

Dem apriorisch verfahrenden Argumentationsstrang auf der einen Seite, der mit den im Rechtsbegriff enthaltenen Prinzipien der Freiheit und Gleichheit unter einer allgemeinen Zwangsordnung jede aristokratische Bevorrechtung verneinte, entsprach auf der anderen Seite mit dem der gegenwärtig erfahrenen Gesellschaft entnommenen Selbständigkeitskriterium die sorgfältige Abgrenzung gegen unterbürgerliche Schichten. Es entstand so die Konstruktion einer eben nur noch vermeintlichen "Vernunftidee"[102] vom Staate: Gleichviel wie stark der 'provisorische' Besitz im Naturzustand akzentuiert wird, liegt der Pflicht zum Staate die Idee eines 'ursprünglichen Vertrages' zugrunde.[103] Soweit dessen Prinzipien die beanspruchte apriorische Reinheit behaupten können, dient ein solcher Vertrag mit den rational aus ihm entwickelten Konsequenzen − zu denken wäre hier an das Repräsentations- und Gewaltenteilungsprinzip[104], an die grundsätzliche Öffentlichkeit der Politik[105], aber auch an die von der Literatur mitunter beanstandete strikte Ablehnung eines aktiven Widerstands- oder Revolutionsrechtes[106]

---

101 Vgl. KANT, Gemeinspruch, S. 292 f., S. 295 f.; KANT, Frieden, S. 350 f. (Anmerkung); KANT, M.d.S., Rechtslehre, Anhang zum Staatsrecht, §§ B, D, S. 324 f., S. 328−330. Ob, wie BATSCHA, Frühliberalismus, S. 33 f. meint, auch der definitive Abschluß gegen unterbürgerliche Schichten in der Absicht Kants lag, mag aufgrund des kleinbürgerlich-egalitären Horizontes seiner Gesellschaftstheorie bezweifelt werden. Hingegen verzeichnet in Übereinstimmung mit BATSCHA, Frühliberalismus, S. 48 f. die Literatur im allgemeinen die antiaristokratische Richtung. Vgl. neben anderen SAAGE, Eigentum, S. 64−69, der dort auch die Wendung gegen den absolutistischen Wohlfahrtsstaat nicht unerwähnt läßt; RIEDEL, Herrschaft, S. 138; FETSCHER, Kant, S. 277, S. 284 f.; LANGER, Reform, S. 102 f.

102 KANT, M.d.S., Rechtslehre, § 44, S. 312.

103 KANT, Gemeinspruch, S. 297; dort wird auch die kritische Funktion eines solchen Vertrages betont: Staatliches Handeln − soweit dies mit dem allerdings weit auszulegenden Gesetzesbegriff erfaßt werden kann − ist nur dann rechtmäßig, wenn nach Vernunftprinzipien die Zustimmung der Untertanen dazu als möglich gedacht werden kann.

104 Vgl. KANT, Frieden, S. 352; KANT, M.d.S., Rechtslehre, §§ 45, 47 f., S. 313, S. 315 f.

105 Vgl. KANT, Gemeinspruch, S. 304; KANT, Frieden, Anhang II, S. 381−386.

106 Vgl. KANT, Gemeinspruch, S. 299−302; KANT, M.d.S., Rechtslehre, Allgemeine Anmerkung zum Staatsrecht, § A, S. 319−323. Zur Literatur vgl. HÖFFE, Kant, S. 231−233 und HENRICH, Über den Sinn, S. 25−33; siehe ferner unten S. 93.

– uneingeschränkt als kritischer Maßstab für alle erscheinenden Verfassungen. In dem einen Falle des Selbständigkeitskriteriums versagte diese Konstruktion vor solchem Anspruch. Dadurch wurden die Vernunftprinzipien Freiheit und Gleichheit im politischen Raum gleichsam auf den Besitzbürger reduziert, selbst wenn Kant mit der Friedensschrift einen durch die Selbständigkeit aller ausgezeichneten 'Endzustand' konzipiert haben sollte. Auch verraten die von ihm zur Veranschaulichung bürgerlicher Selbständigkeit der zeitgenössischen Gesellschaft entlehnten Beispiele[107] – jedenfalls was den landwirtschaftlichen Bereich angeht – mit Blick auf die damalige Situation eine erhebliche Verengung der Politikfähigkeit, die vorderhand nur als bürgerliches Privileg, als politische Prämie auf den Besitz beschrieben werden könnte: Abgesehen vom Adel, stand um 1800 mit den erfolgreich wirtschaftenden und von Kant als 'selbständig' ausgewiesenen 'Pächtern' eine verhältnismäßig schmale bürgerlich-bäuerliche Führungsschicht der breiten Masse von 'Zinsbauern' und anderen Abhängigen gegenüber.[108] Allerdings waren die Grenzen zwischen diesen Schichten hier noch durchlässig. Ganz entsprechend der in der Kantschen Theorie durch das Prinzip der formalen Gleichheit garantierten Mobilität innerhalb der sozialen Sphäre[109] hinderte keine unüberwindliche Trennungslinie einen gesellschaftlichen Aufstieg.[110] Wie dazu schließlich die übrigen Illustrationen, welche die Lebenswelt des vor allem in den

---

107 Vgl. KANT, Gemeinspruch, S. 295 (Anmerkung) und KANT, M.d.S., Rechtslehre, § 46, S. 314 f.: Handwerker, Kaufmann, Künstler, Schulmann, Pächter und Perückenmacher als Selbständige, dagegen Geselle, Tagelöhner, Hauslehrer, Hausbedienter, Zinsbauer und Friseur als Unselbständige.

108 Vgl. SCHISSLER, Agrargesellschaft, S. 72–104.

109 KANT, Gemeinspruch, S. 292–294; KANT, M.d.S., Rechtslehre, § 46, S. 315. Vgl. dazu SAAGE, Eigentum, S. 88–92.

110 So rekrutierte sich nach SCHISSLER, Agrargesellschaft, S. 87, S. 96 f., S. 103 die Schicht der Pächter neben kapitalkräftigen Bürgern aus reichen Bauern. Wenigstens wohlhabende Bauern konnten mithin in jene Schicht aufsteigen, die Kant explizit als 'selbständig' ausgewiesen hatte. (Siehe oben Anmerkung 107). Zudem waren zwischen diesen und den "unterbäuerlichen Schichten" die "Übergänge ... fließend", wie SCHISSLER, Agrargesellschaft, S. 104 bemerkt. Wiewohl unterhalb der Grenzzone zur Selbständigkeit die Aufstiegschancen gering zu veranschlagen seien (vgl. ebd., S. 104), waren sie mit der hohen Mobilität auch dort im Grundsatz gegeben.

preußischen Ostprovinzen vorherrschenden kleinen Handwerks spiegelten[111], es nahelegen, vollends aber wie die Beobachtung Richard Saages, daß Kant offensichtlich die Möglichkeit der sich aus einer "vollentwickelten Geldwirtschaft" ergebenden außerordentlichen Landbesitzanhäufung nicht in Rechnung gestellt hatte[112], hinreichend deutlich werden läßt, wurzelte diese uneingestandene empirische Verunreinigung im Vorstellungshorizont einer trotz bestehender Vermögensunterschiede eher kleinbürgerlich-egalitären Gesellschaft, die das Muster für den auf die feudalen Strukturen gemünzten Gegenentwurf abgab.[113] Mit gutem Grund

---

111 Hinsichtlich der kleinbürgerlichen Prägung des Gewerbes vgl. die Zusammenstellung bei KAUFHOLD, Gewerbe, S. 487—490, nach der in Preußen um 1800 149.579 selbständig Gewerbetreibenden 116.615 in der Fabrikation Beschäftigte gegenüberstanden. Die Verhältniszahlen für die dem Lebenshorizont Kants näherstehenden Ostprovinzen zeigten dabei mit 52.991 Selbständigen gegenüber 18.821 in der Fabrikation Tätigen einen wesentlich höheren Anteil der traditionellen handwerklichen Produktionsformen an. Zu der damit übereinstimmenden kleingewerblichen Prägung der Fabrikation in Kants Heimatstadt Königsberg vgl. ebd., S. 206—209. Vgl. auch oben Anmerkung 107. 'Großbürgerlich' war nach VORLÄNDER, Kant, S. 10—13 in dem durch die 'Selbständigen' geprägten Königsberg vor allem die mit dem Fernhandel befaßte Kaufmannschaft. Wenngleich strikt auf die Trennung von Klein- und Großbürgertum geachtet wurde, konnte Kant doch auch in eigener Person die Möglichkeit des sozialen Aufstiegs erfahren.
Zur bürgerlichen Lebenswelt in den Städten des alten Reiches, die freilich auch von zahlenmäßig stark ins Gewicht fallenden unterbürgerlichen Schichten bewohnt wurden, vgl. auch WEHLER, Deutsche Gesellschaftsgeschichte, I, S. 182—217. Bei den "kapitalistischen Unternehmer(n)" ebenso wie "bei den Manufaktur- und Fabrikarbeitern" habe es sich noch um eine "winzige Minderheit" gehandelt (ebd., S. 119, S. 205). Diese sonach im wesentlichen "kleinbürgerliche Welt" sei indes "von äußerster Heterogenität" gewesen. Die "vorrangige Lebensmaxime" habe das Streben nach dem 'Aufstieg' gebildet (vgl. ebd., S. 208 f.).

112 SAAGE, Eigentum, S. 25.

113 Vgl. SAAGE, Eigentum, S. 25, S. 64 f., S. 70—82, S. 91 f.; ebenso FETSCHER, Kant, S. 277. Ganz allgemein spricht auch WEHLER, Deutsche Gesellschaftsgeschichte, I, S. 236—239 und ebd., II, S. 413, S. 420—424 von einer egalitären kleinbürgerlich-mittelständischen Utopie des im Grunde vernunftrechtlichen Frühliberalismus, die durch den besonderen wirtschaftlich-gesellschaftlichen Entwicklungsstand bedingt gewesen sei. Dagegen bestreitet BATSCHA, Frühliberalismus, S. 52 f. unter Betonung des uneingeschränkten Besitzindividualismus zu Unrecht den kleinbürgerlichen Charakter der Sozialphilosophie Kants. Zuweilen entgeht die Andersartigkeit dieses mehr kleinbürgerlich-egalitären Hintergrundes und seiner Implikationen für die Kantsche Theorie auch der marxistischen Betrachtung, wenn etwa diese die Friedensschrift zur "Kompensationsideologie einer schwachen deutschen Bourgeoisie" stempeln möchte, die sich, "ohne Vermittlung" mit "der schlechten Wirklichkeit", in einem "konfliktfreien kosmopolitischen ewigen Frieden" geäußert habe (vgl. REUVERS, Friedensidee, S. 248—250). Daß Kant indes nicht bloß — wie Hans-Bert Reuvers durchblicken ließ — "in das Reich der Ideen" 'floh', heben andere marxistische Autoren durchaus hervor, wenn sie — wie BIEDERMANN/LANGE, Humanismus, S. 27 — ein Bemühen Kants betonen, "die Idee vom ewigen Frieden ... auf einen realen Boden zu stellen". Darüber hinaus finden sich auch im marxistischen Lager Stimmen, welche die

kann daher vermutet werden, daß die im Selbständigkeitskriterium angelegte Aufhebung von Freiheit und Gleichheit, deren potentiell diskriminierende Wirkung durch die gegen das Adelsprivileg und den Wohlfahrtsstaat gleichzeitig geltend gemachte private Verfügungsgewalt über das Eigentum verschärft wurde, von Kant unter dem Eindruck der sozialen Wirklichkeit seiner Gegenwart augenscheinlich nicht wahrgenommen worden war[114] − auch nicht wahrgenommen zu werden brauchte. Ohne darin einen Widerspruch entdecken zu müssen, konnte Kant angesichts der zu seiner Zeit das Bild vom Bürger bestimmenden "kleinen Produktionseinheiten" davon ausgehen, daß bei zunehmend freier Konkurrenz jedem einzelnen "mit Tüchtigkeit und Glück" es möglich sei, "selber Warenbesitzer zu werden".[115] Die durch das Eigentum definierte Bedingung der Selbständigkeit geriet so scheinbar nicht in einen Gegensatz zu den Prinzipien Freiheit und Gleichheit. Um noch einmal die Unterscheidung Claudia Langers zu bemühen: Aus dem von der Rechtslehre und dem 'Gemeinspruch' umschriebenen Zustand ginge in einer gleichsam bruchlosen Fortentwicklung das in der Friedensschrift formulierte Ziel hervor. Kant hatte zwar mit der staatlich geschützten freien Disposition über das Eigentum Vermögensunterschiede ebenso wie privatrechtliche Abhängigkeitsverhältnisse in Kauf genommen, seine zeitbedingte Perspektive gestattete ihm aber die Annahme, daß diese "Macht des einzelnen Marktteilnehmers nicht als Herrschaft über andere wirksam werden" würde[116]. Vielmehr ziehe umgekehrt − so die von Saage stammende Interpretation Kants − "das Recht auf

---

Vereinbarkeit von Gleichheit und Freiheit mit der Selbständigkeit des Eigentümers unter einer liberalen Wirtschaftsordnung als dem Erkenntnisstand eines durch die kleinbürgerliche Umwelt geprägten Philosophen entsprechend gelten lassen. Vgl. STIEHLER, Humanität, S. 45 f.

114 Vgl. SAAGE, Eigentum, S. 70 f.

115 SAAGE, Eigentum, S. 82, S. 91 f. (Zitate); auch BROCKER, Kants Besitzlehre, S. 151 räumt ein, daß "Kant ... das Vertrauen aller Liberalen geteilt haben (mochte), daß die bürgerliche Gesellschaft und ihre 'kapitalistische' Wirtschaft mit 'unsichtbarer Hand' gerechte soziale Zustände erzeugen würde".

116 SAAGE, Eigentum, S. 92.

Eigentum die maximale Sicherung der Existenz nach sich", ohne daß dabei eine "staatliche Intervention" erforderlich sei.[117]

Die solcherart entworfene "republikanische Verfassung" bildete nun die zentrale positive Bedingung für die rechtliche Ordnung des 'ewigen Friedens', da sie nach Auskunft der Friedensschrift die "einzige" sei, "die zum ewigen Frieden hinführen" könne. Was aber berechtigte zu dieser Aussage? In ihrem rechtlichen Teil ruhte die Begründung in der idealen Verfassungsstruktur, die zwingend die Zustimmung der "Staatsbürger" zum Kriegsbeschluß vorschrieb. Nicht anders hatten die Rechtslehre und der 'Gemeinspruch' argumentiert. Kennzeichnend für die dort ausgeführten Modelle war ebenfalls die enge Beziehung zwischen dem 'Staatsbürger' und jener Friedensfähigkeit, welche der 'republikanischen Verfassung' des Entwurfs von 1795 zugeschrieben wurde. Darüber hinaus glichen die dazu vorgetragenen Gedankengänge einander in allen drei Veröffentlichungen. Diese Überlegungen wiederum konnten nur mit einer Verfassung zusammenstimmen, die das 1793 und 1797 auch näher umrissene Selbständigkeitskriterium enthielt.[118]

---

117 SAAGE, Eigentum, S. 70.

118 KANT, Frieden, S. 350 f. (Zitate); dazu KANT, M.d.S., Rechtslehre, § 55, S. 345 f., Beschluß, S. 354 f. und vor allem KANT, Gemeinspruch, S. 311. Die dortige Argumentation nimmt das auf S. 104 f. angeführte und erläuterte Zitat aus der Friedensschrift vorweg: "Denn da die fortrückende Cultur der Staaten mit dem zugleich wachsenden Hange, sich auf Kosten der Andern durch List oder Gewalt zu vergrößern, die Kriege vervielfältigen und durch immer (bei bleibender Löhnung) vermehrte, auf stehendem Fuß und in Disciplin erhaltene, mit stets zahlreicheren Kriegsinstrumenten versehene Heere immer höhere Kosten verursachen muß; indeß die Preise aller Bedürfnisse fortdauernd wachsen, ohne daß ein ihnen proportionirter fortschreitender Zuwachs der sie vorstellenden Metalle gehofft werden kann; kein Frieden auch so lange dauert, daß das Ersparniß während demselben dem Kostenaufwand für den nächsten Krieg gleich käme, wowider die Erfindung der Staatsschulden zwar ein sinnreiches, aber sich selbst zuletzt vernichtendes Hülfsmittel ist: so muß, was guter Wille hätte thun sollen, aber nicht that, endlich die Ohnmacht bewirken: daß ein jeder Staat in seinem Inneren so organisirt werde, daß nicht das Staatsoberhaupt, dem der Krieg (weil er ihn auf eines Andern, nämlich des Volks, Kosten führt) eigentlich nichts kostet, sondern das Volk, dem er selbst kostet, die entscheidende Stimme habe, ob Krieg sein solle oder nicht (wozu freilich die Realisirung jener Idee des ursprünglichen Vertrags nothwendig vorausgesetzt werden muß). Denn dieses wird es wohl bleiben lassen, aus bloßer Vergrößerungsbegierde, oder um vermeinter, bloß wörtlicher Beleidigungen willen sich in Gefahr persönlicher Dürftigkeit, die das Oberhaupt nicht trifft, zu versetzen. Und so wird auch die Nachkommenschaft (auf die keine von ihr unverschuldete Lasten gewälzt werden), ohne daß eben Liebe zu derselben, sondern nur Selbstliebe jedes Zeitalters die Ursache davon sein darf, immer zum Besseren selbst im moralischen Sinn fortschreiten können: indem jedes gemeine Wesen, unvermögend einem anderen gewaltthätig zu schaden,

Damit setzte die Friedensschrift — wie schon erwähnt — im Zuge der normativ-rechtlichen Fundierung des Friedens jene ökonomische Selbständigkeit bei dem Staatsbürger implizit voraus, die explizit von der Rechtslehre und dem 'Gemeinspruch' gefordert wurde. Wird nun noch die Bestimmung des dritten Präliminarartikels, an die Stelle der stehenden Heere habe die wiederum aus "Staatsbürger(n)" sich rekrutierende Miliz zu treten,[119] hinzugenommen, so rückt genau dieser vom 'Menschen' und 'Untertan' geschiedene Staatsbürgerbegriff in eine für die Wahrung des inneren sowohl als äußeren Friedens entscheidende Position. Mit der also in ihrem Kernbereich erkennbaren Abhängigkeit der Friedensutopie von dem Freiheit und Gleichheit einschränkenden Prinzip wird zugleich ihre Verankerung in dem a priori nicht zu rechtfertigenden Merkmal des durch den kleinbürgerlichen Erfahrungshorizont geprägten Gesellschaftsbildes deutlich. Nicht nur daß eine empirische Bedingung an entscheidender Stelle Eingang in den normativen Teil gefunden hatte, sondern vor allem auch, daß diese durch den Besitz ausgewiesene Selbständigkeit als mit den beiden anderen Grundsätzen vereinbar ausgegeben werden konnte, band hierbei den Entwurf an den bestimmten Ort geschichtlicher Erfahrung.

Unvermeidlich drängt sich die weitere Frage auf, was denn nun ausgerechnet den 'Staatsbürger' für die nachgerade tragende Rolle im Rahmen der Stiftung des Friedens qualifiziere. Hier allerdings sieht sich die Untersuchung auf das teleologisch angeordnete Naturgeschehen verwiesen, dessen Verlauf ebenso wie die eben nur zum Teil auf Vernunftprinzipien a priori gestellte republikanische Verfassung von seiner im Staatsbürgerbegriff aufscheinenden historischen Bedingung seine unverwechselbare Gestalt erhalten hatte. Zuvor aber gilt es, in Rottecks Staatstheorie, der ihr zugeordneten Wehrverfassung und — entsprechend seiner für die Kantsche Vorlage nachgewiesenen Bedeutung — dem beiden zugrunde liegenden realsoziologischen Boden Parallelen und Veränderungen auszumachen.

---

sich allein am Recht halten muß und, daß andere eben so geformte ihm darin zu Hülfe kommen werden, mit Grunde hoffen kann."

119 KANT, Frieden, S. 345.

II.

Auffällig sind hier die vielfältigen Berührungspunkte. Auch Rottecks Theorie, die
in enger Anlehnung an das Kantsche Modell auf dem rein rationalen Fundament
der Widerspruchsfreiheit zu stehen vorgab,[120] verstand unter dem Frieden den
von der Vernunft schlechthin gebotenen eigentlichen Rechtszustand.[121] Das
" R e c h t " wiederum galt als identisch mit " G l e i c h h e i t " und
" ä u ß e r e (r) F r e i h e i t in der Wechselwirkung";[122] zugleich der
" s i n n l i c h v e r n ü n f t i g e n " Doppelnatur des Menschen[123]
entsprechend, führte es wegen der implizierten Allgemeinheit des Zwanges zu
dem Staat.[124] Und obschon Rotteck in dem Bestreben, das Recht und mit diesem
den Staat gänzlich von der Moral zu trennen, jenes nicht aus der praktischen,
sondern aus der theoretischen Vernunft entwickelte,[125] machte doch andererseits
ebendiese Moral Staat und Recht laut seiner Theorie durch 'Adoption' zu der
dem individuellen Belieben unerreichbaren Pflicht.[126]

---

120 Vgl. ROTTECK, Lehrbuch, I, § II, S. 3—5, §§ IV f., S. 15 f., S. 23 f.

121 ROTTECK, Lehrbuch, I, § V, S. 23 f.; ROTTECK, Art. "Friede", StL. VI[1], S. 79 f.; ebenso
StL. V[2], S. 192.

122 ROTTECK, Troxler, Sammlung, III, S. 276.

123 ROTTECK, Lehrbuch, I, § II, S. 3.

124 Vgl. ROTTECK, Troxler, Sammlung, III, S. 275—280. Vgl. auch ROTTECK, Lehrbuch, II,
§ 4, S. 57.

125 Systematisch erstmals entwickelt bei ROTTECK, Troxler, Sammlung, III, S. 261—275; vgl.
auch ROTTECK, Lehrbuch, I, §§ XI—XIII, S. 37—51 und ROTTECK, Art. "Naturrecht",
StL. XI[1], S. 165—177; ebenso StL. IX[2], S. 501—509. In der Literatur wurde der Versuch
Rottecks, das Recht anders als Kant allein aus der theoretischen Philosophie zu entwickeln,
übereinstimmend als signifikante — und etwas verunglückte — Abweichung von Kant
bemerkt; vgl. KRIEGER, German Idea, S. 244 f.; JOBST, Staatslehre, S. 474 f. und
HERDT, Verfassungstheorie, S. 31—33.

126 Vgl. ROTTECK, Troxler, Sammlung, III, S. 274—280; zusammenfassend S. 279 f.: "Das
Rechtssystem zeichnet oder bestimmt die Sphäre meiner äußern Freiheit neben und zwischen
den Sphären der gleichen Freiheit aller Andern. ... Es ist hier kein kategorischer Imperativ,
kein ' S o l l e n ', sondern ein bloßes ' K ö n n e n ' oder ' M ü s s e n ' nach
vorausgesezter vernünftig geordneten Wechselwirkung der Menschen. Die Ethik
nun, welche solche Ordnung zu erstreben, kategorisch befiehlt, schreibt also auch das
nothwendige M i t t e l vor und verwandelt dergestalt das 'Können und Müssen' in ein
' D ü r f e n ' und ' S o l l e n '." Zu Recht und Staat als Pflicht vgl. auch

Bestätigt wurde die damit einhergehende Unverletzlichkeit des Staates durch eine in ihren Ansätzen an Kant erinnernde Behandlung des Widerstandsrechtes. Nach der Rechtsphilosophie des Königsberger Denkers schloß das Recht im bürgerlichen Verein eine 'unwiderstehliche Obergewalt' ein, die ihrerseits, um die in ihrem Begriffe liegende Qualität zu behaupten, keinem weiteren rechtlichen Zwang — etwa in Gestalt einer seitens der Untertanen einforderbaren Rechenschaft — unterworfen sein durfte. Ein Recht auf aktiven Widerstand hätte die Aufhebung des Rechtes bedeutet und war demgemäß unmöglich.[127] Ähnlich argumentierte zunächst Rotteck in seinem staatstheoretischen Schrifttum, indem er die "Heiligkeit der Staats-Gewalt ... als Bedingung aller menschlichen Gesellschaft"[128] seiner Darlegung des Widerstandsrechts voranstellte. Allerdings verwischte Rotteck mit Differenzierungen wie: es sei zwar ein " u n b e d i n g - t e r ... , ... darum (aber) noch nicht ein b l i n d e r " Gehorsam gefordert[129], die logische Strenge des kantischen Gedankenganges. In der kardinalen Frage nach der Rechtmäßigkeit eines den inneren Frieden des Staates gefährdenden bewaffneten Widerstandes jedoch setzte sich die grundlegende Forderung durchgängiger Staatlichkeit gegen eine denkbare normative Begründung des Widerstandsrechtes durch. Sowohl im Falle usurpierter Staatsgewalt als auch bei begangener Rechtsverletzung durch den Souverän geriet die der faktischen Herrschaftsbehauptung korrespondierende und bereits im 'Leviathan' entwickelte Figur des 'tacit promise' zum eigentlichen Prüfstein der Legalität. Denn wenn auch die bewaffnete Selbsthilfe in nicht näher bestimmten extremen Ausnahmesituationen trotz der prinzipiellen Verneinung für erlaubt erachtet wurde, so hing

---

ROTTECK, Lehrbuch, I, § XIII, S. 47—51 und ebd., IV, § III, S. 17.

127 Vgl. KANT, Gemeinspruch, S. 299—302; KANT, M.d.S., Rechtslehre, Allgemeine Anmerkung zum Staatsrecht, § A, S. 319—322.

128 ROTTECK, Lehrbuch, II, § 27, S. 103. Vgl. zu dem Folgenden neben den angegebenen Stellen aus der Vernunftrechtslehre die in ihrem Inhalt nicht abweichende Abhandlung in ROTTECK, Art. "Hochverrath (politisch)", StL. VIII[1], S. 221—246; ebenso StL. VII[2], S. 46—62. Eine ebenso knappe wie treffende Analyse der Lehre Rottecks vom Widerstandsrecht findet sich bei KRIEGER, German Idea, S. 251 f.

129 ROTTECK, Lehrbuch, II, § 27, S. 104.

deren Rechtmäßigkeit letztlich von dem Erfolg des als Abstimmung der "Ge-sammtheit" verstandenen Aufstandes ab: Die Aufrührer würden "von Rechtswegen als Empörer gestraft, so lange nicht der Abfall als a l l g e m e i n oder die Mehrheit der Nation umfassend mit Evidenz" erscheine.[130] Damit unterstreicht solche andernorts vergeblich geleugnete Sanktion des Tatsächlichen[131] freilich nicht nur den Primat der inneren Ordnung, sie enthält zudem noch eine schon im kantischen Denken angelegte doppeldeutige Konsequenz, nach der es Unrecht ist, eine im unrechten Wege der Revolution errichtete Staatsordnung als Unrecht zu bekämpfen[132]. In einem späteren Zusammenhang wird auf die darin angebahnte Rechtfertigung durch den Erfolg noch einmal zurückzukommen sein.

Nicht minder als in solcher Betonung der innerstaatlichen Herrschaft schien Rotteck auch im Hinblick auf die dazu im Spannungsverhältnis stehenden emanzi-pativen Elemente − wie sich nicht zuletzt an der von ihm verfochtenen idealen Wehrstruktur ablesen läßt − seinem Königsberger Gewährsmann gefolgt zu sein. Jedenfalls wirkt die nach dem Sturze Napoleons verfaßte Streitschrift gegen die stehenden Heere − was ihren organisatorischen Teil anlangt − über weite Strek-ken als eine nur noch näher ausgeführte Nachzeichnung des ersten Definitiv- wie

---

130   Zitate: ROTTECK, Lehrbuch, II, § 29, S. 112; zur Usurpation vgl. ebd., § 27, S. 105 f.; zur Rechtsverletzung durch den Souverän vgl. ebd., § 29, S. 110−112. Vgl. HOBBES, Leviathan, S. 704 f.; HERDT, Verfassungstheorie, S. 229 irrt, wenn sie Rotteck unterstellt, er habe das Recht des bewaffneten Widerstandes lediglich im konstitutionellen Staat verneint. Denn nach ROTTECK, Lehrbuch, II, § 29, S. 110 f. und ROTTECK, Art. "Hochverrath (politisch)", StL. VIII[1], S. 236 f.; ebenso StL. VII[2], S. 56 besteht bei der grundsätzlichen Verneinung des bewaffneten Widerstandes kein Unterschied zwischen 'konstitutionellen' und 'absolutistischen' Staaten. Zudem räumt ROTTECK, Art. "Hochverrath (politisch)", StL. VIII[1], S. 235−237; ebenso StL. VII[2], S. 55 f. mit unverkennbarem Bezug auf das französische Bürgerkönigtum auch für konstitutionelle Staaten die Möglichkeit einer den aktiven Widerstand dann wieder doch rechtfertigenden extremen Grenzsituation ein. Der konstitutionelle Staat ist nach Rotteck lediglich besser in der Lage, dem Entscheid der Waffen durch friedliche Abstimmung und Meinungsäußerung vorzubeugen; vgl. ROTTECK, Art. "Hochverrath (politisch)", StL. VIII[1], S. 238 f.; ebenso StL. VII[2], S. 57.

131   Vgl. ROTTECK, Art. "Hochverrath (politisch)", StL. VIII[1], S. 228; ebenso StL. VII[2], S. 50 mit ebd. [1], S. 239 f., Ziffer 4; ebenso ebd. [2], S. 58.

132   Vgl. KANT, Frieden, Anhang I, S. 372 f.; ähnlich KANT, M.d.S., Rechtslehre, Allgemeine Anmerkung A, S. 322 f., wo indes zwar nicht dem Staatsbürger, wohl aber dem entthronten Monarchen das Recht der Wiedererlangung seiner Herrschaft eingeräumt wird.

auch des dritten Präliminarartikels der Friedensschrift, die Rotteck spätestens seit 1797 bekannt war[133]. Davon zeugt zunächst das Bekenntnis zur 'republikanischen Verfassung': Wie in Kants Modell unterschied diese sich von der 'Despotie' durch das ihr innewohnende, eben die Herrschaft eines 'Privatwillens' ausschließende Prinzip der Gewaltenteilung.[134] Darüber hinaus hinterließ die Vorlage von 1795 vor allem ihre Spuren in der Milizkonzeption und in der vorgesehenen Beteiligung der "Nationalrepräsentation" an der Entscheidung zum Kriege[135], die gemeinsam als Bedingung eines 'bleibenden Friedens' ausgewiesen wurden[136].

Eine aus den Bürgern rekrutierte Nationalmiliz bildete die Grundlage der vorgeschlagenen Wehrverfassung, lediglich ergänzt durch eine kleine, stets präsente Streitmacht, die sowohl der "R e g i e r u n g" als auch dem "V a t e r - l a n d" eidlich verpflichtet sein sollte.[137] Das nur noch die obersten Befehlshaber ausnehmende Prinzip der durch die Gemeinden vorzunehmenden Offizierswahl sowie der den Bürgern erlaubte Waffenbesitz rundeten das Bild einer bürgernahen Wehrstruktur ab.[138] 'Bürger' meinte hier wiederum nicht jeden Angehörigen eines Staates. Wenigstens nach der Theorie der Vernunftrechtslehre sollten nur "alle aktiven Staatsbürger" zum Waffendienst herangezogen werden.[139] Wem sonach die Waffen anzuvertrauen waren und wer zudem durch Ausübung seines aktiven Wahlrechtes sich bei der Entscheidung über Krieg und Frieden

---

133 Zur Datierung vgl. die von dem Sohn Hermann von Rotteck verfaßte Biographie, ROTTECK, Nachgelassene Schriften, IV, S. 44—47.

134 Vgl. ROTTECK, Heere, Sammlung, II, S. 227, Anmerkung und ROTTECK, Allgemeine Geschichte, I, S. 348—351 mit KANT, Frieden, S. 352. Diese Unterscheidung wird erst später in ROTTECK, Lehrbuch, II, § 60, S. 183 von der in eine "a n a r c h i s c h (e)", "d e s p o t i s c h (e)" und "r e p u b l i k a n i s c h (e)" Verfassung abgelöst, ohne allerdings die Prinzipien der Republik zu verleugnen. Vgl. ebd., § 66, S. 197—201.

135 Zur Wehrstruktur und Entscheidungskompetenz vgl. ROTTECK, Heere, Sammlung, II, S. 234—238 (Zitat S. 237).

136 Vgl. ROTTECK, Heere, Sammlung, II, S. 214 f.

137 ROTTECK, Heere, Sammlung, II, S. 237.

138 ROTTECK, Heere, Sammlung, II, S. 236.

139 ROTTECK, Lehrbuch, IV, § 52, S. 422.

repräsentiert sehen konnte, darüber gaben Rottecks staatstheoretische Abhandlungen mit Blick auf die qualifizierende Rolle des Besitzes eine den Kantschen Kriterien durchaus vergleichbare Auskunft.

Wahlberechtigt — und somit an dem Beschluß über "K r i e g und F r i e - d e n ", ja sogar über "T r u p p e n a u s h e b u n g e n und ... deren wirkliche V e r w e n d u n g , Marsch oder Aufstellung" mittelbar beteiligt[140] — war nach diesen Zeugnissen nur der Selbständige. Zumindest in den vor 1830 veröffentlichten Schriften wurde — hierin noch stärker als Kants Theorie besitzindividualistischem Denken verpflichtet — wie selbstverständlich die Möglichkeit politischer Mitwirkung trotz einer Modifizierung durch den Faktor personaler Gleichheit sogar an das Maß des jeweiligen Vermögens gebunden.[141] Jenseits des Pflichtbegriffes zeichnete Rotteck den Staat analog zu dem Modell einer Aktiengesellschaft als eine vertragliche Vereinigung, in welcher sich "die ganz Vermögenslosen" noch nicht einmal über den Ausschluß von der politischen Partizipation beklagten, da ihre Vorleistungen und Lasten ja auch geringer seien: "Sie sind keine A c t i o n n ä r s des Staates, sondern bloß dessen S c h ü t z - l i n g e ." [142]   Wieder war es die besitzbürgerlich gefaßte Bedingung der 'Selbständigkeit'[143], die eine doppelte Frontstellung der vernunftrechtlichen Staatstheorie erkennen ließ. Während die in naturrechtlicher Argumentation begründete formale Rechtsgleichheit[144] alle adlige Bevorrechtung in der staatlichen gleichwie in der gesellschaftlichen Sphäre einem kritischen Maßstab unter-

---

140 ROTTECK, Ideen über Landstände (1819), in: ROTTECK, Sammlung, II, S. 71—155, dort S. 94—96; künftig zitiert 'Landstände'. Vgl. auch ROTTECK, Lehrbuch, II, § 83, S. 244.

141 Vgl. ROTTECK, Landstände, Sammlung, II, S. 105 f., S. 108—123.

142 ROTTECK, Landstände, Sammlung, II, S. 138. Vgl. auch ROTTECK, Ueber den Begriff und die Natur der Gesellschaft und des gesellschaftlichen Gesammtwillens (1819), in: ROTTECK, Sammlung, II, S. 5—41, dort S. 11. Zur Lehre vom Vereinigungsvertrag als einer unhistorisch-kritischen Norm und einem angenommenen geschichtlichen Faktum zugleich vgl. ROTTECK, Lehrbuch, II, §§ 2—4, §§ 6 f., S. 49—58, S. 61—64.

143 Vgl. ROTTECK, Lehrbuch, II, § 90, S. 258.

144 Vgl. ROTTECK, Lehrbuch, I, §§ 1—3, S. 123—131, § 10, S. 147—150; ebd., II, §§ 42 f., S. 142—148. Zur Identität von   "R e c h t , G l e i c h h e i t und (äußere(r)) F r e i h e i t " vgl. auch ROTTECK, Troxler, Sammlung, III, S. 274 f.

warf,[145] grenzte die damit ebenso als Vernunftrechtsgrundsatz ausgegebene 'materiale Rechtsungleichheit', als deren markanter Ausdruck die alleinige Repräsentation der Besitzenden in den Landständen hervorstach, die Politikfähigkeit nach unten ab.[146]

Was sich hier wie ein typischer Ausdruck besitzbürgerlichen Klasseninteresses ausnimmt, war allerdings nichts weniger als eine bourgeoise Ideologie. Schon die Eigentumstheorie legte den Bezug zu der kleinbürgerlich-bäuerlichen Lebenswirklichkeit offen und umriß damit schärfer als Kants Rechtsphilosophie einen den beiden Theorien allerdings gemeinsamen realsoziologischen Boden.[147]

Das private Eigentum verpflichtete zwar den Staat als ihm vorgeordnetes Naturrecht auf den Schutz unterschiedlicher Vermögensverhältnisse,[148] die auf die Bearbeitungstheorie zurückgehende vernunftrechtliche Begründung des Eigentums errichtete aber ebenso wie dessen in Ansätzen erkennbare Sozialpflichtigkeit

---

145 Die Abschaffung adliger Privilegien kann als ein, wenn nicht sogar als das Hauptmotiv der Publizistik Rottecks angesehen werden. Vgl. unter einer Vielzahl von Belegen ROTTECK, Heere, Sammlung, II, S. 180 f., wo sogar der Miles perpetuus als das am Beginn der Neuzeit zur Eindämmung der Macht des Adels eingeführte Instrument Gnade in den Augen seines Kritikers findet; ferner besonders die Ausführungen Rottecks zur Revolutionsgeschichte in: ROTTECK, Allgemeine Geschichte, IX, S. 3—14, S. 80—87, passim; daneben ROTTECK, Lehrbuch, II, §§ 63 f., S. 190—192, S. 194; ebd., IV, §§ 26—32, S. 136—163 und ROTTECK, Art. "Aristokratie", StL. I¹, S. 675—695; ebenso StL. I², S. 630—644, wo sich auch eine scharfe Wendung gegen eine 'Geldaristokratie' findet.

146 Vgl. ROTTECK, Lehrbuch, I, § 10, S. 147—150; ebd., II, § 42, S. 142—144, § 77, S. 226, § 90, S. 257 f.

147 Vgl. hierzu mit Blick auf den deutschen Frühliberalismus allgemein, insonderheit aber auch auf Rotteck, grundlegend: GALL, Liberalismus und 'bürgerliche Gesellschaft', S. 172 f., passim; SHEEHAN, Liberalismus und Gesellschaft, S. 212—218; SHEEHAN, Der deutsche Liberalismus, S. 26—35; WEHLER, Deutsche Gesellschaftsgeschichte, II, S. 420—431. Zu der Verankerung der frühliberalen Theorie in den politischen und ökonomischen Bedürfnissen und Vorstellungen einer kleinbürgerlichen Gesellschaft von Handwerkern und Bauern ist für das süddeutsche Beispiel besonders aufschlußreich SEDATIS, Liberalismus, S. 37—48; zu deren politischer Umsetzung und zu der sozialen Basis selbst vgl. ebd., S. 62—84, S. 119—122.

148 ROTTECK, Lehrbuch, I, § 10, S. 148: "Der Unterschied zwischen Armen und Reichen, Schuldnern und Gläubigern, Knechten und Herren ist dergestalt schon naturrechtlich begründet, und eine fast nothwendige Folge der freien Wechselwirkung zwischen ursprünglich an Rechten G l e i c h e n. Solche Unterschiede muß auch das p o s i t i v e Recht ... anerkennen und handhaben, weil die nothwendige Grundlage alles positiven Rechts das natürliche ist." Vgl. auch ROTTECK, Lehrbuch, II, § 37, S. 129—132.

bereits eine Schranke gegen die übermäßige Besitzanhäufung in einer Hand.[149] Wenn auch differenzierte Vermögensverhältnisse wegen der ihnen unterstellten belebenden Wirkung auf den volkswirtschaftlichen Fortschritt im Sinne der Existenzsicherung aller grundsätzlich begrüßt wurden, so blieb doch deren Spannweite der Kontrolle bloß positiv-rechtlicher Gesetzgebung – wie etwa dem Erbrecht – nicht gänzlich entzogen.[150] Daß das Konzept einer derartigen Staatsintervention gerade nicht darauf angelegt war, mit der rechtlichen Absicherung unbegrenzter Vermögensbildung einer weiten sozialen Differenzierung Vorschub zu leisten, sondern vielmehr egalitären Zielvorstellungen folgte, ist hierbei nicht zu übersehen. So sträubte sich Rotteck gegen die Einführung der "u n b e - s c h r ä n k t e n G e w e r b e f r e i h e i t" mit Wendungen, die dem Verfasser eines sozialrevolutionären Programmes zur Ehre gereicht hätten: In ihrem Gefolge entstünde "nothwendig ... ein K r i e g A l l e r g e g e n A l l e , ein Kampf des unersättlichen Spekulationsgeistes ... gegen die stille, bescheidene Emsigkeit des schlichten Gewerbsmanns".[151] Zuweilen galt die großbürgerliche 'Geldaristokratie' noch als schlimmerer Gegner denn der traditionelle Adel. Wie es in dem Geschichtswerk 1813 hieß, sei sie sogar unter allen Aristokratien die "hassenswürdigste".[152] Während Rotteck auf der einen Seite mit

---

149 Vgl. ROTTECK, Lehrbuch, I, §§ 15 f., S. 157–165.

150 Zu dem ganzen Komplex vgl. ROTTECK, Lehrbuch, I, § 16, S. 162: "Mit diesen Beschränkungen kann das Okkupationsrecht im Naturstande durchaus nicht bedenklich oder für die Sicherheit der Coexistenz gefährdend erscheinen. Denn einerseits hat ... die F o r m - g e b u n g durch die natürlich beschränkte Kraft der Einzelnen eine sehr nahe liegende Grenze, und anderseits kann, da es im Naturstand k e i n E r b r e c h t gibt, eine ungemessene Anhäufung des Besitzes auf wenigen Häuptern darin niemals statt finden. Nur das p o s i t i v e Recht hat die g r o ß e n Ungleichheiten des Vermögens oder Besitzthums veranlaßt; doch auch eben dadurch eine unermeßliche Vermehrung des allgemeinen Reichthums bewirkt, und für jeden Einzelnen mancherlei im Naturstand n i c h t vorhandene Quellen des Erwerbs, also der Subsistenzmittel eröffnet." Zu letzterem vgl. auch ROTTECK, Art. "Eigenthum", StL. IV^1, S. 630 f., S. 633–636; ebenso StL. IV^2, S. 212–216.

151 Die letzten beiden Zitate bei ROTTECK, Lehrbuch, IV, § 37, S. 178.

152 ROTTECK, Allgemeine Geschichte, II, S. 303–305, Zitat S. 304. Zur Verwerflichkeit der 'Geldaristokratie' liegen aus der Feder Rottecks mannigfache Äußerungen vor. Nur als Beispiele vgl. ROTTECK, Landstände, Sammlung, II, S. 139; ROTTECK, Art. "Aristokratie", StL. I^1, S. 682–695; ebenso StL. I^2, S. 635–644; ROTTECK, Art. "Census", StL. III^1,

einem erheblichen publizistischen und ständischen Engagement für die Befreiung der überwiegend in Klein- und Mittelbetrieben organisierten bäuerlichen Bevölkerung von den Herrenfronen und Zehntabgaben stritt,[153] beharrte er auf der anderen Seite mit nicht minder nachhaltigem Einsatz auf einer modernisierten Zunftverfassung, die zum Schutze des Kleingewerbes dem Vordringen der "habsüchtige(n) Unternehmer" wehren sollte. Zur Konservierung des selbständigen Handwerks verstand sich der Freiburger Gelehrte hier sogar zur Forderung nach einer massiven Staatsintervention. Gemäß dem Mitte der 30er Jahre vorgelegten Lehrbuch der ökonomischen Politik sollte der Staat den Ersatz bisheriger handwerklicher Betriebsformen durch industrielle Fertigungsmethoden schlichtweg verbieten; Ziel war die Vermehrung der selbständigen Arbeit,[154] und es ist kaum zweifelhaft, daß Rotteck hier die Belange einer die sozialen Verhältnisse Badens prägenden kleinbürgerlich-bäuerlichen Gesellschaft vertrat.

Noch 1843 herrschte in der Erwerbsstruktur des Großherzogtums der selbständige Klein- und Mittelbetrieb vor. Mit 104.998 Handwerkern sowie 39.879 Gesellen

---

S. 370–384; ebenso StL. III², S. 148–157; ROTTECK, Art. "Eigenthum", StL. IV¹, S. 635; ebenso StL. IV², S. 215 f.

153 Vgl. die diesbezüglichen Reden und Berichte Rottecks in den und für die beiden badischen Kammern, gesammelt in: ROTTECK, Sammlung, V, sowie dessen Rückblicke auf die Landtage bis 1831, ROTTECK, Sammlung, IV, S. 17 ff., S. 64 ff., S. 437 ff. Daneben vgl. auch ROTTECK, Lehrbuch, IV, §§ 26–32, S. 136–163. Zur landwirtschaftlichen Struktur und der nur langsam vorankommenden Ablösung der feudalen Lasten vgl. H.P. MÜLLER, Zolleinigung, S. 20–27.

154 Vgl. dazu ROTTECK, Lehrbuch, IV, § 37, S. 175–180, hier besonders S. 175: "Fabrikunternehmer sind auch der Zahl noch weitaus der kleinste Theil der gewerbetreibenden Klasse, und die Natur bringt es mit sich, daß ihre Gehilfen oder Arbeiter nicht selbstständig, sondern ihnen dienstbar seyen. Bei den k l e i n e r n o d e r g e m e i n e n G e - w e r b e n aber ist wünschenswerth, die Zahl der selbstständigen Arbeiter so viel möglich zu vermehren oder doch einer fortschreitenden Verminderung derselben nach Thunlichkeit vorzubeugen. Deswegen sollen dergleichen Gewerbe fabrikmäßig n i c h t betrieben werden dürfen, weil sonst der Geldbesiz leicht alle Aermern von der selbstständigen Gewerbeführung verdrängt und dadurch sie nöthiget, blos des reichen Unternehmers d i e - n e n d e Gehilfen zu seyn." Das Zitat im Text ebd., S. 178 f.
Rotteck hatte bereits zu Beginn der 1820er Jahre vor einer umfassenden Liberalisierung der Wirtschaft gewarnt, wobei er allerdings noch nicht die einheimische, sondern die englische Fehlentwicklung anführte. Vgl. MÜLLER, Landtagsgeschichte, II, S. 150 f. Zu Rotteks Konzept der 'Erhaltungsintervention' vgl. auch KOCH, Industriesystem, S. 608 f.; FENSKE, Südwesten, S. 81 f. irrt, wenn er Rotteck als einen Vertreter des uneingeschränkten Wirtschaftsliberalismus darstellt.

und 109.850 Landwirten stellte diese Erwerbsart gut drei Viertel aller Erwerbstätigen. Das restliche Viertel teilte sich in freie Berufe und Beamte (11,1 %), Tagelöhner (5,2 %), Händler und Gehilfen (3,5 %) sowie Fabrikanten (0,1 %) und deren Lohnarbeiter (ca. 4,5 %).[155] Allerdings – so gering auch der Anteil der etwa 15.000 Fabrikarbeiter Anfang der 1840er Jahre ausfiel, gegenüber 1829, als er nur ca. ein Prozent ausgemacht hatte, zeichnete sich hier schon eine bedeutsame, bereits um 1830 einsetzende Steigerung ab[156], die auf die Auflösung traditioneller sozialer Strukturen vorausdeutete. Es nimmt danach nicht wunder, daß sich Rottecks Polemik gegen die 'Geldaristokratie' in diesem Zeitraum tendenziell verschärfte, wie überdies gleichzeitig Teile seiner besitzbürgerlichen Positionen von ihm zurückgenommen wurden – freilich ohne daß diese Revision die Grundlagen seiner Theorie, die die materiale Rechtsungleichheit mit der formalen Rechtsgleichheit absegneten, jemals erreicht hätte. Paradigmatisch für den gleichwohl beachtenswerten Wandel sind seine Ausführungen zum badischen Gemeindewahlrecht.

Hatte Rotteck 1831 sich noch für einen niedrigen Zensus ausgesprochen[157] und 1835 zumindest mit Blick auf die größeren Gemeinden einer Wahlrechtsbegrenzung das Wort geredet, die den dortigen Handwerksgesellen die aktive Teilnahme

---

155 Angaben nach SEDATIS, Liberalismus, S. 120; vgl. auch ebd., S. 121 f. dessen Aufschlüsselung der "275.500 steuerlich erfaßten Erwerbstätigen" in "rund 51.500 abhängig Arbeitende, 218.700 mittlere, kleine und kleinste Selbständige ... und 5.265 größere, d.h. über ein Betriebskapital von mehr als 1000 Gulden verfügende Selbständige". Vgl. daneben grundlegend: FISCHER, Der Staat und die Anfänge, S. 286–297; dort auch die nachfolgende statistische Angabe. Zu der tragenden Rolle des Kleingewerbes neben der Landwirtschaft vgl. auch H.P. MÜLLER, Zolleinigung, S. 27–32.

156 Zu der durch den Zollvereinsbeitritt 1835/36 zwar beschleunigten, aber bereits um 1830 beginnenden Aufschwungphase in der badischen Frühindustrialisierung, die zugleich die Abgrenzung gegenüber dem traditionellen Handwerk deutlich werden ließ, vgl. H.P. MÜLLER, Zolleinigung, S. 39 f.

157 Rede in der zweiten badischen Kammer, 18.05.1837, in: ROTTECK, Nachgelassene Schriften, III, S. 425.

am Wahlgang verweigert hätte[158], so erklärte er sich 1837 mit Entschiedenheit für das Wahlrecht in der Fassung vom 31. Dezember 1831, die solche Beschränkungen nicht kannte[159].

Dementsprechend wollte er auch den vormals so unbekümmert vorgetragenen Vergleich des Staates mit einer Aktiengesellschaft nun nicht mehr gelten lassen, wenngleich er für die Kammerwahlen an einem jedoch nur niedrigen, eben lediglich die 'Selbständigkeit' voraussetzenden Zensus festhielt: Während 1819 noch das Interesse des Bürgers am Staate und der daraus gefolgerte Anteil an der politischen Mitwirkung nach dem Vermögen des Staatsbürgers bemessen wurden, erklärte das Staatslexikon die höhere finanzielle Beitragsleistung bereits mit der für den Reichen "weitaus g r ö ß e r n W o h l t h ä t i g k e i t " der gewährten Rechtssicherheit für verrechnet – "auch ohne p o l i t i s c h e B e v o r r e c h t u n g " ! [160]   Eine über das bloße Kriterium der 'Selbständigkeit' hinausgehende, nach der Größe des Besitzes abgestufte Bestimmung der politischen Nation, wie Rottecks frühere Schrift über die 'Landstände' sie vorge-

---

158 Rede in der zweiten badischen Kammer, 24.08.1835, in: ROTTECK, Nachgelassene Schriften, III, S. 411 f., S. 415. Nach SEDATIS, Liberalismus, S. 122 hätte allerdings der von Rotteck zeitweilig ins Auge gefaßte niedrige Zensus von 400 Gulden Betriebskapital auch unter den Meistern eine hohe Ausschlußquote nach sich gezogen.

159 Rede in der zweiten badischen Kammer, 18.05.1837, in: ROTTECK, Nachgelassene Schriften, III, S. 415–440. Zu dem allerdings auch in dieser Fassung immer noch nur mit Vorbehalten als demokratisch zu bezeichnenden Wahlrecht vgl. FISCHER, Staat und Gesellschaft, S. 156 f. Vgl. ferner Rottecks vernichtendes Urteil über die Revision des badischen Gemeindewahlrechtes, das zu einem an dem Steueraufkommen orientierten Dreiklassenwahlrecht entwickelt worden war, in: ROTTECK, Art. "Gemeindeverfassung", StL. VI¹, S. 435; ebenso StL. V², S. 505 f. Auf die in den 1830er Jahren zu beobachtende Hinwendung Rottecks zu einem demokratischeren Wahlrechtsverständnis weist auch HERDT, Verfassungstheorie, S. 134–144 hin.

160 ROTTECK, Art. "Census", StL. III¹, S. 371; ebenso StL. III², S. 148; zu dem dort vertretenen "niedrigen Census" vgl. ebd. ¹, S. 381; ebd. ², S. 155. In prägnanter Formulierung auch in ROTTECK, Art. "Abgeordnete", StL. I¹, S. 106; ebenso StL. I², S. 104: "Die Classen, welche vom activen Wahlrecht auszuschließen räthlich ist, sind zumal die der L o h n - a r b e i t e r oder D i e n s t l e u t e , und dann überhaupt diejenigen, deren Vermögen zum s e l b s t s t ä n d i g e n Lebensunterhalt nicht hinreicht". Vgl. auch Rottecks Rede in der zweiten badischen Kammer, 18.05. 1837, in: ROTTECK, Nachgelassene Schriften, III, S. 422, S. 425, S. 436 f.

nommen hatte, sollte es wegen ihrer 'Abgeschmacktheit' nach seiner Publizistik der 1830er Jahre auf der Ebene des Staates nicht mehr geben.[161]

Wesentlich deutlicher also, als dies in den Schriften Kants zu greifen gewesen war, schälte sich in den Ausführungen Rottecks ein egalitäres Gesellschaftsverständnis heraus, dessen 'Staatsbürger' den kleinbürgerlichen, selbständigen 'Hausvater' abbildete[162]. In dem Maße, wie diese Utopie auf die Herausforderung einer tatsächlich sich differenzierenden Gesellschaft traf, grenzte sie sich eher nach oben denn nach unten ab, dies unter partieller Preisgabe ursprünglich vertretener besitzindividualistischer Inhalte: "besser ist's, man habe gar keinen Census als einen, der zu hoch ist".[163] Bei sonst durchaus vergleichbarem Aufbau vergrößerte die Staatstheorie Rottecks ihren Abstand von der mit Kants Rechtsphilosophie gegebenen Vorlage, indem sie im Zuge ihrer Abgrenzung gegen großbürgerliche 'Fehlentwicklungen' das anfänglich übernommene besitzbürgerliche Profil mehr und mehr einebnete. Damit unterschied sich Rottecks Theorie keineswegs von derjenigen Kants hinsichtlich ihres gesellschaftlichen Fundamentes, nur wurde ihr kleinbürgerlicher Charakter mit der Zeit eben immer stärker akzentuiert. Parallel zu dieser Entwicklung vertiefte sich — wie oben bemerkt worden ist — der Graben

---

161 Vgl. das von ROTTECK, Art. "Aristokratie", StL. I¹, S. 684 f.; ebenso StL. I², S. 636 f. über das Verfahren, die politische Berechtigung nach dem Vermögen abgestuft zu erteilen, gefällte Verdikt: Es sei dies eine zu "abgeschmackte Sache", um ernsthaft vorgeschlagen zu werden (ebd.¹, S. 684 f.; ebd. ², S. 637). Dagegen noch ROTTECK, Landstände, Sammlung, II, S. 116 und besonders S. 120; in der dortigen Anmerkung führt Rotteck aus: "Die Größe des Grundeigenthums oder der direkten Steuer nach a l l e n A b s t u f u n g e n zum Maß der Theilnahme an der Landesrepräsentation zu bestimmen, wäre ... der strengen Konsequenz gemäß, allein in der Ausführung höchst schwierig, und wegen der Folgen bedenklich. Aber z w e i K l a s s e n der Eigenthümer anzunehmen, von einander geschieden durch ein bestimmtes Maß der direkten Steuer, und hiernach bei der Stimmen-Vertheilung bedacht, dieß möchte als billiger Vergleich gelten zwischen den beiden entgegengesetzten Systemen der r e i n p e r s ö n l i c h e n und der r e i n d i n g l i c h e n Berechtigung."

162 Vgl. GALL, Liberalismus und 'bürgerliche Gesellschaft', S. 168.

163 ROTTECK, Art. "Aristokratie", StL. I¹, S. 686; ebenso StL. I², S. 638. Das Zitat fährt fort: "die Geldaristokratie wird durch einen solchen furchtbar gesteigert, und es kann, wie wir davon namentlich in Frankreich ein niederschlagendes Beispiel sehen, das Wesen der nach ihrer Grundidee demokratischen Volksrepräsentation dadurch völlig aufgehoben oder aufs trostloseste verfälscht werden".

zwischen der vernunftbegründeten Norm des Friedens und einer zunehmend an Boden gewinnenden Fortschrittskonzeption, die, weil sie prinzipiell nicht mehr ohne den Krieg auszukommen glaubte, den 'ewigen Frieden' verleugnete. Für einen Zusammenhang zwischen beiden Verschiebungen spräche neben der zeitlichen Parallelität nicht zuletzt auch die Beobachtung, daß die zurückgedrängte Alternative zu der durch den Krieg hervorgebrachten Weiterentwicklung in dem durch die ökonomische Wechselwirkung getragenen, mithin auf besitzbürgerliche Interessen abhebenden Fortschritt gelegen hatte. Wird zudem noch berücksichtigt, daß sich in dem 'Staatsbürger' der Friedensschrift die Norm und ihre historische Bedingung aufs engste berührt hatten, so liegt der Versuch nahe, den Umschlag des Friedensdenkens in einen aufkeimenden Bellizismus als Funktion eines gesellschaftlichen Strukturwandels darzustellen.

Freilich ist diese These von einer ausschlaggebenden Bedeutung der sozialen Veränderung immer noch eine vorläufige. Denn bisher ist nur soviel deutlich geworden, daß – erstens – die normative Grundlage des 'ewigen Friedens' an zentraler Stelle mit dem Staatsbürgerbegriff in einen bestimmten gesellschaftlichen Erfahrungshorizont eingebunden war, der es zugleich ermöglicht hatte, die potentielle Gegenläufigkeit zwischen dem den Besitz begünstigenden Verfassungselement und der gleichzeitig postulierten Freiheit und Gleichheit zu übersehen; daß – zweitens – mit dem vernunftrechtlich gebotenen 'Republikanismus' auch das Kriterium des zur politischen Teilhabe qualifizierenden Besitzes von Rotteck übernommen worden war und daß endlich drittens der frühliberale Politiker jene besitzindividualistischen Inhalte in dem Maße, wie die den potentiellen Widerspruch innerhalb der republikanischen Verfassung noch verbergende historische Entstehungsbedingung sich wandelte, zurückzudrängen suchte im Sinne einer Konservierung egalitärer Zielvorstellungen, ohne sich dabei aber zu einer vollständigen Aufgabe der politischen Rolle des Besitzes verstehen zu können.

Bevor nun das bisher ja nur indirekt an der idealen Verfassung ablesbare besitzbürgerliche Interesse gleichsam für das Scharnier erachtet werden kann, über das sich im Zuge der Entfaltung ebendieses Interesses das Friedensdenken in einen

Bellizismus gewendet habe, muß dessen Funktion im Rahmen der mit der normativen Setzung verbundenen Fortschrittskonzeption, der die Vermittlung von Gebot und Geschichte oblag, bestimmt werden. Anders formuliert, geht es nunmehr – nachdem die Zeitbedingtheit des normativen Gerüstes dargetan wurde – darum, ob die Erwartung, die sich an den durch seinen Besitz qualifizierten Staatsbürger anschloß, tatsächlich auf dessen besitzindividualistisches Interesse beschränkt blieb – dies sowohl im Hinblick auf die dem Staatsbürger im Rahmen des Kantschen Friedensdenkens zugedachte Eignung für die Friedenswahrung als auch hinsichtlich jener Eigenschaften, die Rotteck ihm in Übereinstimmung mit oder in Abweichung von Kant unterstellt hatte. Gleichzeitig dient diese Betrachtung einer näheren Einordnung des dem Modell Kants bisweilen unterlegten bellizistischen Argumentationsstranges.

Daneben dürfen indes politische Vorgänge wie die Auseinandersetzung mit der napoleonischen Fremdherrschaft, dem Wiener Vertragssystem oder dem Revolutionsproblem nicht unberücksichtigt bleiben. Gerade vor dem Hintergrund des letztgenannten – die Möglichkeit einer durch die Julirevolution hervorgerufenen Furcht vor dem Umsturz ist oben angedeutet worden – wäre zur Aufhellung jenes Wirkungszusammenhanges, der schließlich die Auflösung der Friedensutopie herbeiführte, auch auf die Bedeutung des von Kant offenbar tradierten etatistischen Denkens einzugehen.

III.

Im ersten Definitivartikel der Friedensschrift wurde die friedensfördernde Eigenart der 'republikanischen Verfassung' mit dem Zustimmungserfordernis der "Staatsbürger" zum Kriegsbeschluß begründet: "Wenn (wie es in dieser Verfassung nicht anders sein kann) die Beistimmung der Staatsbürger dazu erfordert wird, um zu beschließen, ob Krieg sein solle, oder nicht, so ist nichts natürlicher, als daß, da sie alle Drangsale des Krieges über sich selbst beschließen müßten (als da sind:

selbst zu fechten, die Kosten des Krieges aus ihrer eigenen Habe herzugeben; die Verwüstung, die er hinter sich läßt, kümmerlich zu verbessern; zum Übermaße des Übels endlich noch eine den Frieden selbst verbitternde, nie (wegen naher, immer neuer Kriege) zu tilgende Schuldenlast selbst zu übernehmen), sie sich sehr bedenken werden, ein so schlimmes Spiel anzufangen ".[164]

Schon allein die Gewichtung der Gravamina − sie gipfelten schließlich in dem nicht mehr tilgungsfähigen Schuldenberg − offenbart das hinter diesem Argument stehende besitzbürgerliche Motiv: Nur wer Vermögen hat, kann solches durch einen Krieg oder durch die mit diesem verbundene Steuerlast gefährdet sehen und darum Grund haben, von diesem Unterfangen abzuraten.[165] Als ein die Neigungen des Besitzbürgers kalkulierendes Argument innerhalb der vorgeblich rein rational entwickelten Verfassungsstruktur verklammerte diese Begründung die Rechtsordnung mit dem teleologisch auf den 'ewigen Frieden' bezogenen Naturverlauf.

Entworfen wurde das als "Garantie des ewigen Friedens"[166] gedachte Naturgeschehen unter dem Blickwinkel des "ultra posse nemo obligatur"[167]. Mit dessen Konstruktion war daher weder die Wiedergabe einer tatsächlichen Vergangenheit noch die Prognose einer künftigen Geschichte beabsichtigt. Vielmehr ging es darum, daß, wie es die im Pflichtbegriff mitgedachte Verwirklichung voraussetzte, im Ausgang von der naturgesetzlichen Ordnung der erscheinenden Welt die

---

164 KANT, Frieden, S. 351 (Parenthese im Original); ähnlich KANT, Gemeinspruch, S. 311, zitiert oben Anmerkung 118. Die Sorge um das eigene Vermögen verdrängt hier gänzlich die Furcht vor der Gefährdung des eigenen Lebens in der Rolle des die Neigung zum Frieden hervorbringenden Motivs.

165 SAAGE, Eigentum, S. 126−129 sieht dementsprechend auch in dem Steuerbewilligungsrecht das in der Kantschen Theorie aus besitzbürgerlicher Perspektive konzipierte Mittel zur Beförderung des äußeren Friedens. Vgl. auch SAAGE, Besitzindividualistische Perspektiven, S. 188; BATSCHA/SAAGE, Friedensutopien, S. 10, S. 16; JANSSEN, Krieg, S. 586.

166 KANT, Frieden, S. 360.

167 KANT, Frieden, Anhang, S. 370.

Erfüllung der Pflicht zum 'ewigen Frieden' als eine denkbare Möglichkeit ausgewiesen wurde.[168]

Dies hatte die Deduktion des Rechtes noch nicht geleistet. Denn diese legte nur dar, wie die praktische Vernunft, ohne in Widerspruch zu sich selbst zu geraten, eine Zwangsordnung begründen könne und welchen Prinzipien letztere hierbei gemäß sein müsse. Gefordert aber war nunmehr der Nachweis, daß unter den Gesetzen der Natur die Herstellung des von den Gesetzen der Freiheit vorgestellten Zustandes wenigstens nicht ausgeschlossen werden mußte. Ohne seine prinzipielle Möglichkeit — oder anders formuliert: mit dem demonstrativen Nachweis seiner Unmöglichkeit — bliebe der 'ewige Friede', wie Kant mehrfach hatte durchblicken lassen, eine eitle Forderung, eine 'Chimäre'.[169]

Gegen die Denkbarkeit eines 'ewigen Friedens' stand die Erfahrung des Krieges. Ihr Gewicht erhielt diese Einrede durch die den Krieg begründende und der Natur des Menschen zugeschriebene 'Selbstsucht'. Indessen bot dieser kritische Einwand mit der Berufung auf die unveränderliche 'Natur' des Menschen im Grunde den eigentlichen Ansatz einer denkbaren Überwindung des Krieges, so daß auf dieser Argumentationsebene Kant selbst solche Ansicht vom Menschen

---

168 KANT, Frieden, S. 360—362: "Das, was diese G e w ä h r (Garantie) leistet, ist nichts Geringeres, als die große Künstlerin N a t u r ..., aus deren mechanischem Laufe sichtbarlich Zweckmäßigkeit hervorleuchtet, durch die Zwietracht der Menschen Eintracht selbst wider ihren Willen emporkommen zu lassen, und darum, gleich als Nöthigung einer ihren Wirkungsgesetzen nach uns unbekannten Ursache, S c h i c k s a l , bei Erwägung aber ihrer Zweckmäßigkeit im Laufe der Welt, als tiefliegende Weisheit einer höheren, auf den objectiven Endzweck des menschlichen Geschlechts gerichteten und diesen Weltlauf prädeterminirenden Ursache V o r s e h u n g genannt wird, die wir zwar eigentlich nicht an diesen Kunstanstalten der Natur e r k e n n e n , oder auch nur daraus auf sie s c h l i e ß e n , sondern ... nur h i n z u d e n k e n können und müssen, um uns von ihrer Möglichkeit nach der Analogie menschlicher Kunsthandlungen einen Begriff zu machen, deren Verhältniß und Zusammenstimmung aber zu dem Zwecke, den uns die Vernunft unmittelbar vorschreibt (dem moralischen), sich vorzustellen, eine Idee ist, die zwar in t h e o r e t i s c h e r Absicht überschwenglich, in praktischer aber (z.B. in Ansehung des Pflichtbegriffs v o m e w i g e n F r i e d e n , um jenen Mechanism der Natur dazu zu benutzen) dogmatisch und ihrer Realität nach wohl gegründet ist." Parenthesen im Original.

169 Vgl. KANT, M.d.S., Rechtslehre, Beschluß, S. 354 f.; KANT, Frieden, S. 368; ebd., Anhang, S. 386.

teilen konnte.[170] Denn bei einer Menschheitsgeschichte, in der alles Geschehen einschließlich des Krieges immer nur zufällig wäre, ließe sich auch kein Zustand denken, der den Zufall 'Krieg' ausschlösse. Dagegen auf eine naturhafte 'Selbstsucht' zurückgeführt, ließ der Krieg sich in eine Art Rechnung einbringen, wobei zugleich nicht er, wohl aber die ihn verursachende Natur als das Allgemeine eine solche Rechnung allererst ermöglichte. Durchaus in Übereinstimmung mit dem doppelten Weltverständnis Kants bedeutete dies freilich auch, daß notwendig nicht gegen, sondern mit der 'selbstsüchtigen Natur' die Unmöglichkeit des 'ewigen Friedens' widerlegt werden mußte. Anders ausgedrückt, durfte das Phänomen des Krieges zwar keineswegs übergangen, gar als das grundsätzlich Andere verschwiegen werden. Im Gegenteil mußte die Konstruktion des Naturgeschehens, schon um sich nicht dem Verdacht der Weltfremdheit auszusetzen, den in der erscheinenden Welt gegebenen Krieg in ihren Aufbau einbeziehen. Dessen Integration in den gedachten Naturverlauf hatte aber nicht in der Art zu erfolgen, daß der Krieg selbst als Naturkonstante eingebracht wurde – dies hätte nur in unzulässiger Weise die Erscheinung verallgemeinert und damit unberechtigt und unnötig die Verewigung des Krieges begründet. Vielmehr bildete die dem Krieg zugrunde liegende menschliche Anfälligkeit gegen 'selbstsüchtige Neigungen' diese unveränderliche Größe des Naturverlaufes, der damit ausschließlich auf dem zwar durch rationale Berechnung veränderbaren, gleichwohl aber durchgängig neigungsbestimmten Handeln beruhte und in dem ein Handeln aus Pflicht keinen Platz haben konnte.[171] Hierbei war die "Garantie des ewigen Friedens" Fortschrittskon-

---

170 Zu der menschlichen Natur als einem Argument der Kritiker einer Friedensutopie vgl. KANT, Frieden, Anhang, S. 371; zu der durchgängigen "Bösartigkeit der menschlichen Natur" als einem Argument des Entwurfes selbst vgl. KANT, Frieden, S. 355 (Zitat), S. 366 und ebd., Anhang, S. 375 f. (Anmerkung).

171 Vgl. die bereits kommentierende Paraphrase bei SANER, Kants Weg, S. 53, die – die Kantsche Scheidung im Hintergrund – von der "zunehmende(n) Legalität aus Egoismus" spricht, welche anstelle der "zunehmende(n) Moralität aus gutem Willen ... als Grundlage eines vorwegnehmenden Entwurfs nüchtern und allein hoffnungsvoll" sei. Auch weist SANER, Kants Weg, S. 55 auf den hohen Stellenwert der "rationalen Mechanik" für Kants Denken hin. Daß – wie Saner wenigstens an der bezeichneten Stelle hat durchblicken lassen – nicht in dem Kriege als einem bewaffneten Konflikt, sondern in den 'Neigungen' das treibende Moment des Fortschritts angelegt war, scheint von TIMM, Wer garantiert den

zeption und Herrschaftstechnologie in einem, insofern mit den Bewegungskräften des Verlaufes zugleich auch jene geeignete mechanische Anordnung angegeben wurde, deren Einrichtung den 'ewigen Frieden' wenn auch nicht als wahrscheinlich, geschweige denn wirklich, so doch immerhin als möglich erscheinen lassen konnte. Folgerichtig mündete der Naturverlauf in den 'Republikanismus'.[172]

Ähnlich der Hobbesschen Gesellschaftsanalyse und ebenso wie diese an das von traditionellen Ordnungsstrukturen befreite bürgerliche Konkurrenzstreben erinnernd, wurde der Krieg als der Zustand der Regellosigkeit, darüber der Unsicherheit und der Gewalt begriffen, in welchem sich jene natürliche menschliche Disposition des "A n t a g o n i s m" oder der "u n g e s e l l i g e (n) G e s e l l i g k e i t" in ihrer rohen Erscheinungsform zeigte: "Ehrsucht, Herrschsucht oder Habsucht" kennzeichneten den Wettbewerb, in dem jeder danach trachtete, "sich einen Rang unter seinen Mitgenossen zu verschaffen, die er nicht wohl l e i d e n , von denen er aber auch nicht l a s s e n " könne.[173]

Was nun als der zum Frieden treibende "Mechanism der Natur" unterstellt wurde, konnte nichts anderes sein, als dieses Konkurrenzverhalten selbst, das zur Abwehr

---

Frieden?, S. 219 nicht angemessen gewürdigt worden zu sein, wenn er dort in der 'Garantieerklärung' der Friedensschrift eher eine des 'ewigen Krieges' denn eine des 'ewigen Friedens' erkennt. Als 'Mechanismus der Natur' wird von Kant nicht die bewaffnete Auseinandersetzung, sondern der das Konkurrenzverhalten des Besitzbürgers spiegelnde Antagonismus gedacht. Dies indes — den bürgerlichen Wettbewerb — läßt ebenso Saner unbeachtet, der doch die Bedeutung des Widerstreites für Kants eigene Wissenschaftspraxis und Philosophie (SANER, Kants Weg, S. 235 f., S. 335—337) herausgearbeitet hat. So bleibt ebd., S. 50 f. der Ausschluß der Nichteigentümer vom politischen Stimmrecht als beklagenswerte Inkonsequenz, als "Ärgernis" (ebd., S. 51) beziehungslos neben der Betrachtung des 'mechanischen' Fortschrittsverlaufes stehen.

172 Im Grundsatz kann der Verfasser hier verweisen auf die Auffassung von HIRSCH, Der Frieden, S. 82—85: Im Gegensatz zu der These von TIMM, Wer garantiert den Frieden?, S. 209 und S. 214, der teleologisch ausgelegte Naturmechanismus und die Deduktion des Friedens aus dem kategorischen Imperativ bildeten zwei 'gegenläufige Argumentationsstränge', hält Hirsch an deren komplementärem Wechselverhältnis fest. Vgl. auch den knappen Literaturüberblick bei SAAGE, Besitzindividualistische Perspektiven, S. 187—193.

173 KANT, Idee, S. 20 f.; ferner KANT, Frieden, S. 348 f., S. 360, S. 365—367. Zu Hobbes vgl. HOBBES, Leviathan, S. 110—116.

seiner selbstzerstörerischen Konsequenzen im wohlverstandenen Eigeninteresse zu einer fortschreitenden Selbstregulierung zwang. In Anlehnung an den Prozeß der frühneuzeitlichen Staatsbildung und an den sich daran anschließenden Staatenwettbewerb zeichnete Kant einen Fortschrittsverlauf, dessen Bewegung von den anarchischen, kriegerischen zu den geordneten, friedlichen Erscheinungsformen der Konkurrenz allein durch diese selbst, durch den "wechselseitigen Eigennutz" 'garantiert' wurde: Dieser führte aus dem 'bellum omnium contra omnes' in den Staat und aus dem Staatenkrieg in den zwischenstaatlichen Frieden.[174] Ebenso wie das Vorteilsstreben das Interesse an der Sicherheit des Besitzes hervorrief und so ohne das Vorliegen einer moralischen Absicht die Aufhebung des vorstaatlichen Krieges in der Stiftung der bürgerlichen Gesellschaft bewirkte, veranlaßten " H a n d e l s g e i s t " und " G e l d m a c h t " als die mit dem Staatenkriege unverträglichen und entwickelteren Formen der Konkurrenz notgedrungen dessen endliche Überwindung.[175]

Durchgängiges Motiv in diesem gedachten Stufengang zum Frieden war somit das besitzbürgerliche Interesse. Diesem Interesse entsprach die ideale Verfassung mit der auf den Schutz des vorstaatlich begründeten 'provisorischen' Eigentums verpflichteten Staatsgewalt und der durch den Besitz qualifizierten Staatsbürgerschaft. Ohne dieses unterstellte besondere Interesse hätte auch die behauptete Friedensfähigkeit des 'Republikanismus', so wie Kant ihn mit dem Staatsbürgerbegriff konzipiert hatte, wenig Sinn gemacht. Der Staatsbürger blieb wie jeder andere ein möglicher 'Teufel'[176], auch seine "Bösartigkeit" wurde lediglich "im bürgerlich-gesetzlichen Zustande durch den Zwang der Regierung ... sehr verschleiert"[177]. Dennoch konnten ihm die Waffen anvertraut und die Entscheidungen über Krieg und Frieden anheimgestellt werden. Denn aufgrund seiner spezifi-

---

174 KANT, Frieden, S. 365—368; dort auch die beiden letzten Zitate. Vgl. auch KANT, Idee, S. 22—28.

175 KANT, Frieden, S. 365—368.

176 KANT, Frieden, S. 366.

177 KANT, Frieden, S. 355.

schen 'Bösartigkeit', die nur verlieren konnte, wenn entweder der staatliche Eigentumsschutz durch einen Aufruhr fortfiel oder Vermögen und Handelsverbindungen infolge eines äußeren Krieges in Frage gestellt wurden, war er und nur er allererst in der Lage, das, was ihm von der Vernunft als 'Sollen' auferlegt wurde – die innere und äußere Friedenswahrung –, unter Zugrundelegung bloß naturhafter Bestimmungsgründe auch wollen zu können.[178]

Der in der Geschichte nicht zu leugnende und darum zu integrierende vor- wie auch zwischenstaatliche bewaffnete Konflikt wurde so vorgestellt, daß er keineswegs als bloßer "Promotor des zivilisatorischen Fortschritts"[179], sondern als Wegbereiter seiner eigenen Aufhebung erschien. Jede andere Betrachtung oder gar Würdigung sei – so Kant – verfehlt, ausgenommen "in Ansehung der Menschengattung als einer Thierklasse".[180] Soweit sich mithin der Kant gegenüber gehegte Bellizismusverdacht auf solche Fortschrittskonzeption stützt, verkennt er, daß unter den Prämissen des kantischen Friedensdenkens der Krieg so gedacht werden mußte, um seine Überwindung als möglich denken zu können und daß in dessen Einbeziehung der notwendig zu entrichtende Preis für die Realitätsnähe der Utopie lag. Und dieses Denken fand nicht etwa nur in der Schrift von 1795 seinen Niederschlag. Auch solche Zeugnisse Kants, die eher noch zum Nachweis bellizistischer Einfärbungen bemüht werden – zu denken wäre hier an die Passagen aus der 'Kritik der Urteilskraft' (1790) und aus dem 'Mutmaßlichen Anfang zur Menschengeschichte' (1786) –,[181] lassen erkennen, daß der nun einmal in der

---

178 Zu Recht erwähnt SAAGE, Eigentum, S. 84 das besitzbürgerliche Interesse als Beförderungsmittel auch des von der Literatur oftmals zu wenig beachteten innerstaatlichen Friedens. Gegen den bei JANSSEN, Friede, S. 577 f. und JANSSEN, Krieg, S. 592 f. unterschwellig spürbaren Eklektizismusvorwurf sei hier die nicht nur auf den kategorischen Imperativ, sondern auch auf den Besitzindividualismus zurückgehende Einheit – in dem durch den Besitz qualifizierten Staatsbürger wie auch in dem Handelsgeist schlug sich das eine Interesse nieder – des Kantschen Friedensdenkens betont.

179 JANSSEN, Krieg, S. 594, allerdings mit Blick auf das Fortschrittsdenken Kants allgemein.

180 KANT, Frieden, S. 365.

181 Vgl. JANSSEN, Krieg, S. 594 f.

erscheinenden Welt nicht zu übersehende Krieg im Fortschrittsmodell des Königsberger Philosophen nur als Triebfeder zu seiner Abschaffung einen Ort hatte.
Gewiß befremdet die notorische Formulierung in der 'Kritik der Urteilskraft', daß
"der Krieg, wenn er mit Ordnung und Heiligachtung der bürgerlichen Rechte
geführt ... (würde, F.N.), ... etwas Erhabenes an sich" habe.[182] Aber: Als "Beobachtung des Menschen" im Sinne einer Beobachtung der menschlichen "Beurthei-
lungen" mitgeteilt,[183] kommt dieser Aussage weder eine normative Eigenschaft zu,
noch berührt sie die Fortschrittskonzeption, wie dies bei Rotteck der Fall gewesen. Hierfür maßgebend ist nicht der die ästhetische Urteilskraft abhandelnde
Abschnitt, aus dem eben zitiert wurde, sondern der sich mit der teleologischen
Urteilskraft befassende Teil der Schrift von 1790.[184] Dort aber erscheint der
Krieg wiederum als Motor der zu seiner Beseitigung führenden Entwicklung.[185]
Nicht anders äußerte sich Kant im Jahre 1786: Noch sei "der Krieg ein unentbehrliches Mittel", das Fortschreiten der Kultur voranzubringen. Indes meint
kultureller Fortschritt hier zugleich auch Bewegung auf den 'ewigen Frieden' hin,
denn "nur nach einer (Gott weiß wann) vollendeten Cultur würde ein immerwäh-

---

182 KANT, Kritik der Urtheilskraft, § 28, S. 263.

183 KANT, Kritik der Urtheilskraft, § 28, S. 262.

184 Aus diesem Grunde erfordert das Zitat, so anstößig es vor allem in seinen weiteren Ausführungen wirken mochte und mag, auch keine weitere Beachtung. Es heißt zwar bei KANT,
Kritik der Urtheilskraft, § 28, S. 263, daß ein Krieg "die Denkungsart des Volks ... nur um
desto erhabener" mache, "je mehreren Gefahren es ausgesetzt war, und sich muthig darunter
hat behaupten können: da hingegen ein langer Frieden den bloßen Handelsgeist, mit ihm
aber den niedrigen Eigennutz, Feigheit und Weichlichkeit herrschend zu machen, und die
Denkungsart des Volks zu erniedrigen pflegt"; immer aber steht die Passage unter dem
genannten Vorbehalt. Entscheidend ist, daß diese Beschreibung nicht auf das politische
Denken Kants durchschlägt.

185 Vgl. KANT, Kritik der Urtheilskraft, § 83, S. 432 f.: In "Ermangelung" einer universalen
rechtlichen Zwangsordnung "ist der K r i e g (theils in welchem sich Staaten zerspalten
und in kleinere auflösen, theils ein Staat andere, kleinere mit sich vereinigt und ein größeres
Ganze zu bilden strebt) unvermeidlich: der, so wie er ein unabsichtlicher (durch zügellose
Leidenschaften angeregter) Versuch der Menschen, doch tief verborgener, vielleicht absichtlicher der obersten Weisheit ist, Gesetzmäßigkeit mit der Freiheit der Staaten und dadurch
Einheit eines moralisch begründeten Systems derselben, wo nicht zu stiften, dennoch
vorzubereiten". Ebendiese durchgängige Verbindung von Freiheit und Gesetzmäßigkeit
kennzeichnet den Stand des Friedens.

render der Friede ... auch durch jene allein möglich sein".[186] Entkräftet solche keineswegs nur in der Friedensschrift nachweisbare Beziehung des kriegerischen Fortschritts auf das Ziel des Friedens schon weitgehend den Bellizismusverdacht, so verliert dieser gänzlich an Substanz, wenn zudem die nichts weniger als martialische Weise beachtet wird, in welcher der Krieg nach Kant das Werk seiner eigenen Entfernung aus der Welt betreibe.

Der Krieg fördere die Kultur, hieß es in der zuletzt angeführten Schrift. China — man meint eine Vorlage für die nachmalige Feder Rottecks entdeckt zu haben — offenbare augenfällig den Stand der Unfreiheit, welcher ohne die kriegerische Staatenkonkurrenz einträte.[187] Wie nun der Krieg, von dem doch "die größten Übel, welche gesittete Völker drück(t)en", kämen, in der Vorstellung Kants zugleich wirkte als treibende Kraft der menschlichen Kultur, unter der neben dem Element der 'Freiheit' durchaus ebenso das des "Wohlstandes" verstanden wurde, verdeutlicht eine nähere Betrachtung desselben: Die drängende Last des Krieges rühre "nicht so sehr von dem, der wirklich oder gewesen ist, als von der nie nachlassenden und sogar unaufhörlich vermehrten Z u r ü s t u n g zum künftigen". Dafür würden "alle Kräfte des Staats, alle Früchte seiner Cultur ... verwandt". Wenige Zeilen darunter betonte Kant nochmals, daß "jener immer gefürchtete Krieg" — also nicht der 'wirkliche' — die Bedingung der kulturellen Entwicklung darstelle.[188] Mit anderen Worten: Nicht eigentlich durch den tatsächlichen Waffengang genügt fernerhin der Krieg der ihm zugedachten Rolle auf dem Weg zum Frieden, sondern es ist das Wettrüsten, die stetig zunehmende Mobilisierung wirtschaftlicher Ressourcen, mit dem der Krieg auf die eigene Verdrängung hinwirkt. Im Unterschied zu Rottecks Gewittermetapher gilt ausdrücklich der "immer gefürchtete", der stets drohende Krieg als Beweger der

---

186 KANT, Menschengeschichte, S. 121.

187 KANT, Menschengeschichte, S. 121.

188 Zu dem ganzen Abschnitt vgl. KANT, Menschengeschichte, S. 121. Ähnlich bei KANT, Kritik der Urtheilskraft, § 83, S. 433. Vgl. auch die in diesem Kapitel unter Anmerkung 118 und 164 angeführten Stellen.

Kultur, nicht aber der 'wirkliche', zumal – so ließe sich ergänzen – anders als der ständig vor seinem Ausbruch stehende Krieg der tatsächlich ausgebrochene die ökonomische Effizienz bloß zerstörte, statt zu ihrer Vermehrung zu zwingen.

Kant eine 'Verstrickung in den Bellizismus' zu unterstellen hieße, seinem doppelten Weltverständnis wie auch dem damit verbundenen und nicht nur auf den Rahmen seiner Utopie beschränkten Einlassen auf die Wirklichkeit nur unzureichend Rechnung zu tragen; es bedeutete, beides – sowohl die immer wieder anzutreffende Einordnung des Krieges in einen den Frieden als Ziel denkenden Geschichtsprozeß als auch die vornehmlich unblutige Wirkungsweise des Krieges als gedachter Kulturförderer – nicht angemessen zu würdigen.[189]

Freilich wird gerade bei dem letzten Teil der hier versuchten Argumentation gegen den Bellizismusverdacht einmal mehr deutlich, was schon seit der 'Idee' das Friedensdenken Kants durchzogen hatte: Umgekehrt nämlich – und nicht weniger als das Berücksichtigen des Krieges der Wirklichkeit verbunden – lag es auch in der Konsequenz des allein mit den selbstsüchtigen Neigungen argumentierenden Teiles der Friedensschrift, daß ausschließlich der Egoismus des 'Homo oeconomicus' zur endlichen Überwindung des als rohe Konkurrenzform beschriebenen Krieges trieb. Ebenso wie in dem nur durch rationales Kalkül sich verbessernden Regelsystem der Neigungen der im Staatenkrieg sich äußernde Wettbewerb als notwendige Voraussetzung für die Steigerung der Gewerbe- und Handelstätigkeit im Wege ihrer Freisetzung gedacht wurde, konzipierte dieses Fortschrittsmodell das Aufhören des Krieges als Folge der durch ihn selbst gewachsenen Abhängigkeit der Staaten von der wirtschaftlichen Prosperität, machte doch jene Dependenz die ungestörte Konkurrenz im nationalen wie im internationalen Verkehr zu einem zwingenden Erfordernis.[190] Bei dem nicht zu bestreitenden menschlichen

---

189 Wie bei JANSSEN, Krieg, S. 594 f.

190 Vorgang hier zusammengefaßt nach KANT, Idee, S. 27 f., wo Kant allerdings noch nicht mit der Strenge der Friedensschrift die 'Selbstsucht' gleichermaßen bei Herrschern und Beherrschten unterstellt. Entscheidend ist bei dieser Argumentation Kants die den Frieden befördernde "Freiheit ... (des) Bürger(s) ..., seine Wohlfahrt auf alle ihm selbst beliebige Art, die nur mit der Freiheit anderer zusammen bestehen kann, zu suchen".

Egoismus bildete der des verständigen Besitzbürgers die Alternative, die wiederum gedacht werden mußte, um die Unmöglichkeit des 'ewigen Friedens' widerlegen zu können. Und ihr organisatorisches Seitenstück, die 'republikanische Verfassung', qualifizierte den 'Staatsbürger' nicht wegen eines möglichen moralischen Verhaltens – solches lag per definitionem schon außerhalb rechtlichen Denkens –, sondern allein wegen seiner besonderen 'Bösartigkeit' für die politische Mitsprache und – als deren Sonderfall – für die Mitentscheidung über Krieg und Frieden. So betrachtet, bürgte neben dem kategorischen Imperativ das besitzbürgerliche Interesse für die innere Einheit der Friedensutopie.

Ein derartig im 'Republikanismus' aufgehendes Fortschrittskonzept beruhte, was seine empirische Seite anlangte, auf zwei zu Zeiten Kants noch wirksamen historischen Bedingungen. Schon erwähnt wurde die vor einem kleinbürgerlichen Horizont gewachsene Annahme, daß das an die freie Verfügung über den Besitz geknüpfte Selbständigkeitskriterium sich nicht selbst zerstören werde oder anders gewendet: daß die Freisetzung des wirtschaftlichen Egoismus nicht zu der Aufhebung von Freiheit und Gleichheit führe.[191] Während die aufgrund der besonderen historischen Situation noch verdeckte Spannung zwischen Freiheit und Gleichheit einerseits sowie an den Besitz gebundener Politikfähigkeit andererseits den inneren Zusammenhang der Friedensutopie unmittelbar betraf, berührte die zweite Annahme nur deren Rand, ohne darum gleich als nebensächlich abgetan werden zu können. Diese zweite Voraussetzung ging von der Unverträglichkeit des gereiften besitzbürgerlichen Interesses mit dem Krieg aus. Nachdem das staatliche Gewaltmonopol den Krieg aus der Mitte der Gesellschaft entfernt hatte und seitdem die Kabinette den äußeren Krieg nur noch unter der Maxime des geringsten Verlustes führten[192], lag es in bürgerlicher Perspektive nahe, den Krieg als etwas Fremdes, Anderes anzusehen, das sich überwiegend als eine drückende

---

191 Vgl. oben S. 87–91.

192 Vgl. zu der 'gezähmten Bellona' RITTER, Staatskunst, I, S. 54–59.

Steuerlast bemerkbar machte[193]. Zumal im alten Preußen, wo das militarisierte Land scharf von der bürgerlich-zivilen Stadt abstach,[194] wurde solche Wahrnehmung des Krieges durch die soziale Zuordnung des Militärischen noch begünstigt.

Beide Voraussetzungen wurden in dem knappen halben Jahrhundert zwischen Kants Entwurf 'Zum ewigen Frieden' und Rottecks Apologie des Krieges nachhaltig erschüttert, und es ist nun die Frage nach dem daraus entstandenen Wirkungszusammenhang aufgeworfen, über den sich bellizistisches Gedankengut Eingang verschaffen konnte. Näher interessiert hierbei, ob dem in der Theorie selbst angelegten Widerspruch im Zuge seines Aufbrechens oder den dazu eher peripheren politischen Rahmenbedingungen der beobachtete Desintegrationsprozeß anzulasten ist. Gleichzeitig wird damit die in der Einführung vorgestellte Bellizismuscharakteristik am Beispiel 'Rotteck' überprüft. Wenn auch nach dem Bisherigen wenig Grund zu der Annahme bleibender nationalistischer Verfremdungen besteht, so spiegelt doch der schon erkennbar gewordene Etatismus möglicherweise eine Revolutionsfurcht, die sich als Ursache des aufkeimenden Bellizismus erweisen könnte.

Zunächst brachte die Französische Revolution eine Demokratisierung des Krieges mit sich,[195] die auf den deutschen Raum im Zuge der personellen und materiellen Ausbeutung durch wie auch des Widerstandes gegen Napoleon übergriff.[196] Bei den personellen Opfern, die der nahezu ununterbrochen über eine ganze Generation während Krieg gefordert hatte – allein 1812/13 waren mit etwa 10.000 meist ausgehobenen Soldaten etwa ein Prozent der badischen Bevölkerung

---

193 Vgl. JANSSEN, Krieg, S. 586 und DANN, Vernunftfrieden, S. 171.

194 Vgl. hierzu die Zusammenfassung bei BÜSCH, Militärsystem, S. 167–170, ferner KUNISCH, Bellona, S. 50 und KOSELLECK, Preußen zwischen Reform, S. 94–96.

195 RITTER, Problem, S. 200.

196 Zur Militarisierung des gesellschaftlichen Lebens infolge der revolutionären und der napoleonischen Kriege vgl. jetzt BEST, War, S. 191–203 und mit Blick auf Deutschland besonders DANN, Vernunftfrieden, S. 194–198.

in französischen Diensten gefallen[197] –, konnte von einer bürgerlichen 'Fremdheit' gegenüber dem Krieg, wie sie neben Kant und anderen auch Fichte noch 1793 stillschweigend vorausgesetzt haben mochte[198], kaum noch die Rede sein. Gewiß – Rotteck argumentierte selbst unter dem Eindruck der eben erst zum Erfolg geführten Befreiungskriege noch mit dem 'unüberwindlichen' "Nationalstreiter" als einer gleichsam natürlichen Versicherung des Friedens: Nein, dieser sei für einen Angriffskrieg nun gar nicht zu gebrauchen; – doch stehen dazu dessen Glorifizierung und die gleichzeitige, fast vollständige Verengung des 'gerechten Krieges' auf den selbstgewollten, 'eigenen Krieg' bereits in einem merkwürdigen Kontrast.[199] Zudem führte die napoleonische Fremdherrschaft zu einer Verlagerung des eigentlich innerstaatlichen emanzipativen Strebens auf die zwischenstaatliche Ebene. Nicht daß dieses Motiv je aufgegeben wurde – innere Unterdrückung und äußere Eroberungssucht galten Rotteck nach wie vor nur als die beiden Phänomene des einen im Absolutismus begriffenen Strukturfehlers[200]; dennoch aber wurde der Tyrannensturz an dem von Rotteck 1815 in der Kulmination der neuzeitlichen Fehlentwicklung gesehenen französischen 'Welttyrannen' vollzogen,[201] was mit einem nicht unbeträchtlichen Nationalismus einherging. Unverhohlen predigte der Freiburger Historiker mit dem Frieden zugleich auch den "Haß" gegen den "Erbfeind" Frankreich.[202]

---

197 MIELITZ, Militärwesen, S. 55; die Bevölkerungsgröße von etwa einer Million Einwohnern ist geschätzt nach einer Angabe bei H.P. MÜLLER, Zolleinigung, S. 92, der für 1819 eine Einwohnerzahl von 1.007.015 Seelen aufführt.

198 Vgl. FICHTE, Beitrag, S. 60 f.

199 ROTTECK, Heere, Sammlung, II, S. 201 f.; zur Glorifizierung des 'unüberwindlichen Nationalstreiters' vgl. ebd., S. 189–202, S. 217.

200 Vgl. ROTTECK, Heere, Sammlung, II, S. 201: "Indessen ... giebt es allerdings Kriege, zu welchen ... (stehende Heere, F.N.) besser als die Nationalstreiter taugen. Es sind solches die F ü r s t e n k r i e g e in strenger Bedeutung des Wortes, die Angriffs- und E r o b e r u n g s - Kriege, und jene gegen das e i g e n e Volk."

201 Vgl. ROTTECK, Heere, Sammlung, II, S. 186–189.

202 Vgl. ROTTECK, Friede mit Frankreich! aber auch Versöhnung?? (1814), in: ROTTECK, Nachgelassene Schriften, II, S. 469–477, Zitate S. 476; vgl. auch Rotteck an Dr. Preis, 05.07.1815, in: ROTTECK, Nachgelassene Schriften, V, S. 57 f.

Allerdings hielt solche nationalistische Überfremdung nicht lange vor. Schon 1819 konnte sich Rotteck für die "Siege der französischen V o l k s h e e r e" begeistern, die "bei allem Unheil, welches daraus für die Besiegten" hervorgegangen sei, "die Ueberlegenheit g e i s t i g e r über p h y s i s c h e Kräfte ... so glorreich" demonstriert hätten.[203] Und 1826 urteilte Rotteck über den " N a t i o n a l s t o l z ", den notabene die spanische Reaktion inzwischen zu nutzen gewußt hatte, dieser sei ein mitunter brauchbares, ebensogut aber auch "blos anmaßendes, oder sogar lächerliches Gefühl".[204]

Während also Rottecks 'weltbürgerliche' Haltung nach einer kurzzeitigen Überlagerung von chauvinistischen Regungen künftig frei blieb,[205] mithin nationalistische Impulse für die Ausbildung bellizistischen Denkens füglich ausgeschlossen werden können, ging gleichwohl die unkritische Nähe zum äußeren Krieg trotz des Friedensgebotes der Vernunft nie mehr ganz verloren. Freilich galt dies nicht für jeden Krieg; Verwerfung und Distanz kennzeichneten in Rottecks Historiographie fortgesetzt etwa die Schilderung der Kabinettskriege, obschon bisweilen auch diesen eine positive Würdigung zuteil wurde.[206] Indessen kündigte sich mit der

203 ROTTECK, Saalfeld, Sammlung, III, S. 24.

204 ROTTECK, Allgemeine Geschichte, IX, S. 658 f.

205 Vgl. ROTTECK, Art. "Cosmopolitismus", StL. IV^1, S. 66–74; ebenso StL. III^2, S. 588–594. Der noch gänzlich von auch nur entfernten Erwägungen des nationalen Egoismus oder der nationalstaatlichen Macht freie Grundzug des politischen Denkens Rottecks kommt dort in mehreren Grundsatzerklärungen deutlich zum Ausdruck, so beispielsweise ebd. ^{1}, S. 70; ebd. ^{2}, S. 591: "Sollten nicht bei einer Collision der Interessen des einzelnen Staates mit jenen der ganzen Menschheit oder der Gesammtheit der Staaten die ersten den letzten nachzusetzen, der C o s m o p o l i t i s m u s also in gewissen Fällen dem P a t r i o t i s m u s pflichtgemäß v o r a n g e h e n d sein? – Wir nehmen keinen Anstand, dieses zu bejahen; ja, wir glauben, daß die entgegengesetzte Maxime ... unheilvoll für die Menschheit sein muß". Vgl. auch das in Anmerkung 36 angeführte Zitat und die bei Rotteck grundlegende Teilung der Welt in die vollends übernationalen Lager des Fortschritts und der Reaktion (siehe Anmerkung 254). Die Behauptung bei FENSKE, Südwesten, S. 55 f., auch bei Rotteck lasse sich ein erwachender Nationalismus beobachten, ist im Lichte einer Vielzahl entgegenstehender Zeugnisse unhaltbar.

206 Vgl. die verherrlichende Darstellung der englischen Kriegführung im Siebenjährigen Kriege bei ROTTECK, Allgemeine Geschichte, VIII, S. 468: "Brittische Helden, an Kraft und Geistesgröße den gepriesensten der G r i e c h e n und R ö m e r gleich, verherrlichten Meer und Land durch überraschenden Thatenglanz." Nach ebd., S. 51 führte England den Krieg aus dem niedrigen Beweggrund der "Handelseifersucht". Zu der in der Geschichtsschreibung gewahrten kritischen Distanz gegen die nicht im Sinne des

Lobrede auf die Armeen der französischen Republik die Glorifizierung des revolutionären äußeren Krieges an. Und ebendies rührte erstmals mit bleibenden Folgen an den Kern der durch das Kantsche Friedensdenken vermittelten Vorlage, wobei mit dieser Verherrlichung zugleich das Revolutionsproblem angeschnitten wurde.

Mit den Beschlüssen des Wiener Kongresses und der ihm nachfolgenden Konferenzen war der durch die napoleonische Fremdherrschaft zeitweise verkehrte ursprüngliche Frontverlauf zwischen den nach Emanzipation drängenden Kräften der 'Bewegung' einerseits und der retardierenden Status quo-Politik der Regierungen andererseits wiederhergestellt worden[207] – nur daß nunmehr im Unterschied zur vorrevolutionären Zeit die internationale Dimension des innerstaatlichen Gegensatzes deutlich zutage trat: Die Interventionen in Neapel, Piemont und Spanien waren der extreme Ausdruck der Internationalisierung der inneren Friedenswahrung, die im Gegenzug den Gedanken an die Internationalisierung des inneren Zwistes, an den revolutionären äußeren Krieg, provozierte. Prima facie kann auch Rottecks Historiographie – naturgemäß vornehmlich in ihren der Revolution gewidmeten Ausschnitten – als Zeugnis hierfür dienen.

Rotteck hatte seine Naturrechtslehre durchaus als revolutionär begriffen,[208] wiewohl er mit einem allerdings ebenso zweifelhaften wie erfolglosen Bemühen – die nicht gerade widerspruchsfreie Behandlung des Widerstandsrechtes gibt hiervon ein anschauliches Beispiel – sich gegen die Konsequenz einer der revolutionären Gewalt zu erteilenden vernunftrechtlichen Sanktion abzugrenzen suchte.

Vernunftrechts geführten Kriege vgl. stellvertretend ROTTECK, Allgemeine Geschichte, IX, S. 616 f.: "E n g l a n d   führte überhaupt nur   s e i n e n   Krieg, und wog die Interessen der Menschheit und die Fragen des heiligsten Rechtes nur auf der Wage (sic) des kaufmännischen Gewinnes. Seine Triumphe lassen uns daher kalt."

207 Vgl. ROTTECK, Allgemeine Geschichte, IX, S. 38 f.

208 Vgl. ROTTECK, Lehrbuch, II, § XVIII, S. 39–43 und Rottecks Rezension zu 'Karl Heinrich Ludwig Pölitz, Staatswissenschaftliche Vorlesungen für die gebildeten Stände in konstitutionellen Staaten, Leipzig 1831/32' (1832), in: ROTTECK, Nachgelassene Schriften, II, S. 326–337 (künftig zitiert 'Pölitz'), wo Rotteck sich ausdrücklich nicht nur von dem 'System der Reaktion', sondern auch von dem der 'Reform' distanziert.

An seiner statt zogen eben andere diese Folgerung aus seinem programmatischen Grundsatz: "das V e r n u n f t r e c h t   h e r r s c h e ,   wo möglich ü b e r a l l   und   a l s o g l e i c h ".[209] Um so bereitwilliger feierte er indessen das historische Beispiel der Französischen Revolution und vor allem auch den unter ihrem Banner geführten äußeren Krieg. Zumindest solange mit dem "Wahlspruch: 'Krieg den Pallästen, Friede den Hütten'" gestritten wurde, galt dieser ebenso wie jene in ihrer ersten Phase uneingeschränkt als der entscheidende   " K a m p f ... der ewigen Idee" und des 'Vernunftrechts' gegen die "Beschränktheit", "Selbstsucht", "Anmaßung" und "Willkührherrschaft" des 'historischen Rechtes'.[210] Fanden sich in den früheren Abschnitten des Geschichtswerks noch Elemente einer Fortschrittskonzeption, die – dem Modell Kants vergleichbar – den vernunftgebotenen Fortschritt durch den Antagonismus der Unvernunft ins Werk gesetzt sah – hingewiesen sei hier nur auf die allen Menschen eignende   " S e l b s t s u c h t " ,   die in das 'bellum omnium in omnes' und aus diesem in den Staat getrieben habe[211], oder auf die egoistische Politik Franz' I. als   " W e r k z e u g   der Vorsehung zur Erhaltung des Gleichgewichts in der europäischen Welt"[212] –, so ergriff in der Revolutionsgeschichtsschreibung die Vernunft unmittelbar Partei im historischen Gesche-

---

209 ROTTECK, Lehrbuch, II, § XVIII, S. 42. Bezeichnend ist neben den Ausführungen Rottecks zum Widerstandsrecht seine im Staatslexikon formulierte Umschreibung der   " B e w e - g u n g s p a r t e i " ,   die er in einem ersten Satz als "wesentlich unterschieden von der Partei der   U m w ä l z u n g "   ausgab, um in dem sich daran anschließenden zweiten Satz diese als eine   " ä u ß e r s t e   N u a n c e "   wiederum jener zuzurechnen; ROTTECK, Art. "Bewegungs-Partei", StL. II¹, S. 561; ebenso StL. II², S. 507 f. Zu denjenigen, die unter Berufung auf Rottecks Vernunftrecht dem Volk im Falle der verweigerten Repräsentativverfassung das Recht auf die Anwendung revolutionärer Zwangsmittel einräumten, gehörte Friedrich Murhard; vgl. MURHARD, Das Recht, S. 55–75.

210 Vgl. zur Revolution allgemein ROTTECK, Allgemeine Geschichte, IX, S. 4 f., S. 8, S. 37 f., S. 40–42; zum revolutionären Kriege im besonderen vgl. ebd., S. 199 f., S. 281 (Zitat), S. 548 f.

211 ROTTECK, Allgemeine Geschichte, I, S. 136 (Zitat), S. 100, S. 149: Der vorstaatliche Krieg aller gegen alle galt Rotteck als philosophische 'Wahrheit' und historisches Faktum zugleich. Letzteres wurde von HERDT, Verfassungstheorie, S. 50 f., KOCH, Rotteck, S. 5 und JOBST, Staatslehre, S. 472 übersehen.

212 ROTTECK, Allgemeine Geschichte, VII, S. 253; ähnlich ebd., V, S. 76 f., S. 134.

hen. Im Gegensatz zu der praktischen Vernunft vor der Geschichte, die den kriegerischen Verlauf für ihre Zwecke ordnete, war hier die Vernunft direkt am Kriege beteiligt. Dementsprechend zeichnete Rotteck — wie schon anläßlich seines Berichtes über die nordamerikanische Revolution — einen schlagkräftigen und von Patriotismus und Freiheitsliebe erfüllten 'Nationalstreiter', dessen uneigennütziger Heroismus in einem scharfen Kontrast zu der nunmehr allein dem gegnerischen Lager unterstellten 'Selbstsucht' stand.[213]

Hierbei ist eine gewisse Inkonsequenz nun nicht zu übersehen: Derselbe Rotteck, der für seine 'Nationalstreiter' in der Auseinandersetzung um das Vernunftrecht die Moralität reklamierte, bewahrte angesichts sonst einander zerstörender Egoismen den Staat als Bedingung des Fortschritts offenbar vor dessen revolutionärer Infragestellung — so jedenfalls ließ sich der Tenor seiner Ausführungen zum Widerstandsrecht verstehen[214]. Sonach erschien der als Volk begriffene 'Dritte Stand'[215] in zwei einander widersprechenden Gestalten. Während er im Gegensatz zu der ihm im Rahmen der Fortschrittskonzeption Kants zugeschriebenen Rolle mit dem revolutionären äußeren Krieg als Träger der bewaffneten Parteinahme der Vernunft vorgestellt wurde und damit auf außenpolitischer Ebene die Parteien sich offenbar uneingeschränkt in die Alternative "egoistisch oder rein gut (liberal)"[216] teilten, ging im Innenraum des Staates dem 'Dritten Stand' trotz gelegentlicher Bescheinigung des Gegenteiles[217] ebendiese liberale Tugend wieder ab.

---

213   Zum nordamerikanischen Unabhängigkeitskrieg vgl. ROTTECK, Allgemeine Geschichte, VIII, S. 590—600; ebd., IX, S. 111 f.; zu den Armeen der französischen Republik vgl. ebd., IX, S. 86—88, S. 205. Vgl. ferner die Ausführungen zum liberalen Missionskrieg und zu der die Vernunft mit Waffengewalt durchsetzenden 'Nationalmiliz' bei AIRAS, Wertungen, S. 402 f., S. 429, S. 437—447, S. 452, S. 455—461.

214   Vgl. neben den bereits in den Anmerkungen 128—131 angeführten Belegen ROTTECK, Lehrbuch, II, § 1, S. 47; ROTTECK, "Vorwort", StL. I^1, S. VI f.; ebenso StL. I^2, S. V.

215   Zur Identität von Volk, Nation und Drittem Stand vgl. ROTTECK, Allgemeine Geschichte, IX, S. 5 f., S. 103, S. 127; ROTTECK, Art. "Constitution", StL. III^1, S. 773; ebenso StL. III^2, S. 527.

216   ROTTECK, Allgemeine Geschichte, V, S. 55; Parenthese im Original.

217   Vgl. ROTTECK, Allgemeine Geschichte, VIII, S. 35.

Denn der Staat galt ja – diesmal in Übereinstimmung mit Kant – nach wie vor als Antwort auf die allen Menschen eigene 'selbstsüchtige Natur'.[218]

Solche Ungereimtheit rückt – sofern das vorstaatliche 'bellum omnium in omnes' für mehr als ein bloßes Relikt vertragstheoretischen Denkens genommen werden darf – die Idealisierung des revolutionären äußeren Krieges scheinbar in ein verändertes Licht. Weniger stellt diese sich nun als historiographischer Reflex auf die legitimistische Friedenswahrung dar, der konsequent den revolutionären Impuls auf die außenpolitische Ebene übertrüge, vielmehr läßt sich in solcher Aufwertung des zwischenstaatlichen Kampfes die Verdrängung des revolutionären Potentials an die für die innere Sicherheit des Staates ungefährliche Peripherie vermuten. Nicht die Revolution, sondern die Revolutionsvermeidung wäre demnach das treibende Motiv, das – entsprechend dem in der Einführung skizzierten gängigen Modell – infolge wachsender innerer Spannungen zu dem als Neutralisierung der revolutionären Gärung eingebrachten 'reinigenden Krieg' führte – immerhin war Rotteck eine solche Figur nicht unbekannt[219]. Ursache für die Hinwendung zum Fortschritt durch den Krieg wäre so – veranlaßt durch die 1830 einsetzenden revolutionären Erschütterungen – die Rückbesinnung auf den 'Leviathan', was sich mit der oben im Rahmen der Organisationsfrage bemerkten Schwäche innerhalb der eigenen 'Bewegungspartei' deckte.

Allerdings ist hier eine genauere Unterscheidung angebracht: Von der Betonung der staatlichen Herrschaft auf eine Revolutionsfurcht zu schließen, ist zumindest vorschnell, und das – wie sich noch zeigen wird – gar nicht so unbedingte Bestreben der Revolutionsvermeidung muß nicht notwendig die Angst vor der revolutionären Erhebung selbst signalisieren.

---

218 Vgl. ROTTECK, Troxler, Sammlung, III, S. 277 f.; ROTTECK, Lehrbuch, I, § XIII, S. 50.

219 Vgl. ROTTECK, Allgemeine Geschichte, II, S. 63 f.: "Die Häupter der Griechen wünschten die Verlängerung eines Krieges, ... den sie ... als Ableitungskanal manches einheimischen Gährungsstoffes, als eine Gelegenheit zur nützlichen Verwendung mancher rühriger und gefährlicher Kräfte erkannten."

Gewiß — die etatistische Tradition läßt sich nicht leugnen, wenn etwa neben der "reine(n) Lehre", die den Widerstand gegen die Staatsgewalt verdamme,[220] die von Rotteck konzipierte konstitutionelle Monarchie in den Blick genommen wird. Obgleich dieses Modell im Lichte vormärzlicher Verhältnisse den Landständen eine ungewöhnliche Kompetenzfülle einräumte,[221] hatte es Rotteck gerade deswegen als der Zeit gemäß empfohlen, weil es anders als die in diesem Zusammenhang als Alternative zum Königtum gedachte Republik nicht die Tugend voraussetze.[222] Auch wußte Rottecks Biograph von einer im Alter zunehmenden Sorge vor der " P ö b e l h e r r s c h a f t " zu berichten.[223] Und schließlich fügt es sich in dieses Bild, daß der Verfasser der 'Allgemeinen Geschichte' in seiner Darstellung der Französischen Revolution keineswegs mit einer von Entsetzen und Abscheu kündenden Schilderung des jakobinischen Terrors und der Greueltaten des Pöbels gespart hatte.[224]

Allein — die große Revolution lag ein Menschenalter zurück, das Großherzogtum Baden war nicht Frankreich und Karlsruhe nicht Paris. Bei näherem Hinsehen zeigt sich ein eben nicht auf den 'Pöbel' verweisendes Motivgeflecht für das doch mehr vordergründige Bestreben, die revolutionäre Erhebung zu umgehen. Schon die Maxime der Revolutionsvermeidung selbst galt für Rotteck keineswegs so

---

220 ROTTECK, Allgemeine Geschichte, IX, S. 132 f.

221 Vgl. ROTTECK, Lehrbuch, II, §§ 77—100, S. 224—281, dort besonders § 83, S. 243 f. und ROTTECK, Landstände, Sammlung, II, S. 92 f. und S. 95 f. Demnach standen den Ständen unter anderem zu: das Budgetrecht einschließlich der Bewilligung von "Truppenaushebungen", das Recht der Gesetzesinitiative, das Recht, über Kriegserklärungen und Friedensschlüsse verbindlich zu befinden, stellenweise sogar das Recht, Über Truppenbewegungen zu entscheiden.

222 Vgl. ROTTECK, Lehrbuch, II, § 64, S. 192—194; ROTTECK, "Vorwort", StL. I[1], S. XX—XXIII; ebenso StL. I[2], S. XIV—XVI; ROTTECK, Allgemeine Geschichte, IX, S. 233. 'Republik' meint bei Rotteck sowohl die Alternative zur Monarchie als auch — im kantischen Sinne — das Prinzip der Repräsentation und Gewaltenteilung. Vgl. ROTTECK, Allgemeine Geschichte, I, S. 348—353 und ROTTECK, "Vorwort", StL. I[1], S. XX f.; ebenso StL. I[2], S. XIV f.

223 Biographie des Sohnes Hermann von Rotteck, ROTTECK, Nachgelassene Schriften, IV, S. 391, Anmerkung 2.

224 Vgl. ROTTECK, Allgemeine Geschichte, IX, S. 40 f., S. 83 f., S. 219—235, S. 250—256, passim.

unbestritten, wie es sein Verweis auf die 'reine Lehre' mitunter nahelegen mochte. Denn der süddeutsche Liberale konnte sich durchaus auf den Gedanken an den revolutionären Umsturz einlassen, wie es nicht nur jene undatierbare Tagebuchnotiz bezeugt, nach der er sich in der Grenzsituation für die Republik erklären wollte[225]. Ganz unversehens nämlich – weil nicht in dem einschlägigen Artikel 'Hochverrat', sondern unter dem thematisch weit unverdächtigeren Stichwort "Armenwesen" publiziert – bekannte sich Rotteck Mitte der 1830er Jahre vorbehaltlos und in seltener Klarheit zur Anwendung revolutionärer Gewalt als einem Naturrecht: "Wo ... das positive oder historische Recht, oder die factische Gewalt dem Armen unmöglich macht oder ihm auch nur erschwert, denjenigen Grad des Wohlstandes zu erschwingen, wozu Jeder nach seiner natürlichen Anlage berufen oder geeignet ist: da tritt freilich ein höherer Rechtsanspruch des Armen auf öffentliche Unterstützung ein, oder vielmehr ein Recht auf gewaltsame Wiederherstellung des durch tyrannische Gesetze unterdrückten Rechtszustandes."[226] Deutlich wird diese latente Revolutionsbereitschaft auch an der bemerkenswerten Fortbildung des in der Widerstandslehre angelegten Kriteriums tatsächlicher Herrschaft zu der auf die Absehbarkeit des Erfolges sich stützenden Entscheidungsgrundlage, die sich Rotteck ausgerechnet im Krisenjahre 1832 erlaubt hatte: Der gesetzliche Weg der Reform von oben sei zwar den "Freunde(n) der Revolution, d.h. des V e r n u n f t r e c h t s   ...   hoher W u n s c h   und heiligstes B e s t r e b e n" ;   als   " w e s e n t - l i c h e s   Merkmal" seiner Partei mochte Rotteck aber ein solches Vorgehen – weil im letzten lediglich ein Gebot der " K l u g h e i t " – trotz mancher entgegenstehenden Behauptung zu dieser Zeit keineswegs gelten lassen.[227] Daß

225 Biographie des Sohnes Hermann von Rotteck, ROTTECK, Nachgelassene Schriften, IV, S. 392.

226 ROTTECK, Art. "Armenwesen", StL. II^1, S. 11; ebenso StL. I^2, S. 673.

227 ROTTECK, Pölitz, Nachgelassene Schriften, II, S. 335–337. Zwar bezog sich dort die 'Klugheit' der Wortstellung nach nur auf das Tempo der anzustrebenden Veränderung; da darin sich aber auch die Beteiligung der Regierungen niederschlug, unterfiel auch die Entscheidung über deren Einbeziehung oder deren revolutionäre Übergehung diesem Kriterium. Vgl. auch ROTTECK, Lehrbuch, II, § XVIII, S. 40. Dagegen steht der bei

aber die einvernehmliche innerstaatliche Reform im Jahr des Hambacher Festes, das bezeichnenderweise nur deswegen kritisiert wurde, weil der dabei zutage getretene revolutionäre Aktionismus der "Freunde ... dem Feinde Waffen in die Hand gelegt" habe[228], für den Bürger des kleinen Großherzogtums Baden einen überragenden Imperativ der Klugheit, aber hiernach eben nur der Klugheit, darstellte, war unmittelbar Folge des von den Großmächten ausgeübten Druckes, mit dem über den Deutschen Bund der naturrechtliche Fortschritt blockiert und jeder Revolutionsversuch im Keime erstickt werden konnte. So gesehen, nötigte nicht ein 'Pöbel', sondern die internationale Situation zu einem Festhalten an der etatistischen Restriktion des emanzipativen Strebens ebenso, wie sie umgekehrt im Interesse der Revolution die Hoffnung auf den die Solidarität der Großmächte auflösenden Krieg hervorrief.

Angesichts der Ohnmacht, die Rotteck – sei es im Kampfe gegen die Pressezensur oder sei es in der Auseinandersetzung um die adligen Vorrechte – empfinden mußte, wenn er sich mit den für die Kammern unerreichbaren bundesrechtlichen Bestimmungen wie den Karlsbader Beschlüssen oder dem Artikel 14 der Bundesakte konfrontiert sah,[229] geriet der Streit der Großmächte zur Voraussetzung für die Durchsetzung des revolutionären Naturrechtes im Innern des Bundesglie-

---

ROTTECK, Lehrbuch, I, Vorrede, S. XIV f. bekräftigte Verzicht auf die revolutionäre Selbsthilfe im Wege der Gewalt.

228 Mitgeteilt in der von dem Sohn Hermann von Rotteck verfaßten Biographie, ROTTECK, Nachgelassene Schriften, IV, S. 384. Vgl. auch ROTTECK, Art. "Constitution", StL. III[1], S. 795; ebenso StL. III[2], S. 542: Die " e x a l t i r t e n ... Freiheitsfreunde ... haben also, weit entfernt, der F r e i h e i t , deren Namen sie im Munde führen, einen Vorschub zu thun, nur der a b s o l u t e n G e w a l t Dienste geleistet und d a d u r c h allein sind sie gefährlich und verderblich geworden. Denn, was das constitutionelle System betrifft, so wären sie für sich allein niemals im Stande gewesen, es zu erschüttern oder mit dem Umsturz zu bedrohen". Die Feststellung bei DEUCHERT, Hambacher Fest, S. 152, Rotteck hätten "'Radikale' ebenso als Gegner (gegolten) wie die 'Reaktionäre", erscheint hiernach zumindest korrekturbedürftig.

229 Zu dem die Vorrechte der Mediatisierten schützenden Art. 14 der Bundesakte vgl. Rottecks Kritik in ROTTECK, Lehrbuch, III, § 40, S. 406 und seine Rede in der ersten badischen Kammer, 14.07.1819, in ROTTECK, Nachgelassene Schriften, III, S. 31−54; zu den Zensurbestimmungen vgl. die Rede in der ersten badischen Kammer, 12.07.1820, in: ROTTECK, Nachgelassene Schriften, III, S. 97.

des.[230] Beides – sowohl der mehr pragmatische Charakter der etatistischen Beschränkung als auch deren Begründung in der internationalen Lage – äußerte sich in der vorbehaltlosen Begeisterung, mit der der Freiburger Professor bei allen nur möglichen Gelegenheiten den Ausbruch der Julirevolution als den Beginn einer " n e u e (n) A e r a " verkündete, in welcher nicht allein in Frankreich, sondern auch im übrigen Europa das dem 'liberalen Zeitgeist' widerstrebende Wiener Vertragssystem nach längerem 'Kampfe' sein Ende finden werde.[231] Aus solcher Prognose sprach eher Revolutionsbereitschaft denn Scheu oder gar Angst vor dem Umsturz. Was sich dem späteren Betrachter als "Revolutionspessimismus"[232] darstellen mochte, lag daher wesentlich an dem scheinbar übermächtigen System zwischen- wie auch innerstaatlicher Friedenswahrung, und – so verstanden – war die beschworene revolutionäre Gefahr kaum mehr als eine für die konstitutionelle Bewegung werbende Mahnung, die das im übrigen mit Rücksicht auf die Zensur nur "sehr leise und sanft ... auftreten(de)" Staatslexikon[233] an die Adresse der Mächtigen richtete.[234] Jene letztere Erwägung dürfte Rotteck auch dazu bestimmt haben, sein Revolutionsbekenntnis eben nur an der oben angeführten versteckten Stelle, aber dafür um so eindeutiger zu formulieren. Bei dem Theoretiker des revolutionären Naturrechts, der seine unter die 'Heiligkeit' des Staates gestellte Lehre vom Widerstandsrecht überdies in einer Zeit entwikkelt hatte, da er mit dem Stillstand das genaue Gegenteil der Revolution gefürch-

230 Mit deutlichem Gegenwartsbezug kommentierte ROTTECK, Allgemeine Geschichte, VIII, S. 52 die Teilung Polens mit den bezeichnenden Worten: "Unheilbringend ist die Entzweyung der Mächtigen, aber trostloser noch ihr Bund."

231 ROTTECK, Das Jahr 1830 (1831), in: ROTTECK, Nachgelassene Schriften, I, S. 286–330; dort S. 299; künftig zitiert '1830'. Vgl. auch ROTTECK, Neueste Geschichte Frankreichs. Die zwei großen Wochen in Paris (1830), in: ROTTECK, Nachgelassene Schriften, I, S. 242–285; ROTTECK, "Vorwort", StL. I¹, S. XVIII f.; ebenso StL. I², S. XIII.

232 SCHIEDER, Problem, S. 238.

233 Rotteck an Freiherrn v. Wessenberg, 20.11.1836, in: ROTTECK, Nachgelassene Schriften, V, S. 231.

234 Vgl. ROTTECK, Art. "Constitution", StL. III¹, S. 795–797; ebenso StL. III², S. 542 f.

tet[235], bildete die den Fortschritt des Vernunftrechts im Innern des Großherzogtums hindernde Politik der europäischen Mächte die Brücke, über die im Sinne der Revolution und nicht gegen die Revolution der äußere Krieg seine historiographische Aufwertung erfuhr.

Freilich bleibt noch der Einwand der biographischen Notiz. Indes läßt sich diese Mitteilung mit dem Hinweis darauf, daß es am Anfang der 1840er Jahre nicht gerade opportun gewesen sein mochte, den verstorbenen liberalen Protagonisten zum Revolutionär zu stempeln, zwar nicht gänzlich übergehen, wenigstens aber gehörig relativieren. Zudem und vor allem: Rotteck eine Revolutionsfurcht unterstellen hieße seine Advokatenrolle für die kleinbürgerlich-bäuerliche Gesellschaft Badens verkennen, für deren Loyalität sich der Freiburger Abgeordnete noch in den späten dreißiger Jahren verbürgen sollte[236]. Signifikant für das dementsprechende Vertrauen ist die von Rotteck vorgenommene Angleichung seiner idealen Wehrverfassung an die Wirklichkeit des badischen Konskriptionssystems, die einmal mehr erweist, daß, obgleich dieses durch das verunglückte erste Beispiel Frankreichs genährte theoretische Erbe gewiß nicht wirkungslos geblieben war, ein durch die Revolutionsfurcht gespeister Etatismus dennoch für die Entstehung des Bellizismus vernachlässigt werden kann.

Unter der Konskriptionsverfassung wurde etwa jeder fünfte oder sechste eines Rekrutenjahrganges zu einer sechsjährigen Dienstzeit im Wege eines Losverfahrens verpflichtet.[237] Da zudem die gesetzlich sanktionierte Übung der Stellvertre-

---

235 Vgl. den Briefwechsel Rottecks aus den 1820er Jahren: Rotteck an Heinrich Zschokke, August 1826, in: ROTTECK, Nachgelassene Schriften, V, S. 196: "Kaum e i n Hoffnungsstrahl noch dämmert mir durch die vom heiligen Bund ausgehende Nacht." Ähnlich: Rotteck an Heinrich Zschokke, 29.09.1823, in: ROTTECK, Nachgelassene Schriften, V, S. 193 f.; Rotteck an Varnhagen v. Ense, 08.08.1825, in: ROTTECK, Nachgelassene Schriften, V, S. 253. Vgl. daneben auch Anmerkung 19.

236 Rede in der zweiten badischen Kammer, 18.05.1837, in: ROTTECK, Nachgelassene Schriften, III, S. 429 f., S. 436. Vgl. auch ROTTECK, Art. "Constitution", StL. III^1, S. 795 f.; ebenso StL. III^2, S. 542.

237 Nach MIELITZ, Militärwesen, S. 200 betrug der Ergänzungsbedarf bei jährlich 10.—12.000 dienstpflichtig werdenden Männern etwa nur 2.000 Rekruten.

tung[238] wohlhabende Bürger in die Lage versetzte, dem unliebsamen Militärdienst durch Stellung eines Einstehers zu entgehen, schlugen soziale Ungleichheiten als Härten in den innenpolitischen Raum durch.

In den 1830er Jahren nahm Rotteck dies zum Anlaß, wieder einmal gegen den politischen Vorzug des Reichtums zu Felde zu ziehen,[239] wenngleich er wie schon in den Frühschriften die Möglichkeit der Stellvertretung, ja sogar der Befreiung

---

238 Vgl. dazu MIELITZ, Militärwesen, S. 202—212. Für das Heerwesen und die Konskriptions-
     praxis des Großherzogtums Baden in der Zeit zwischen den Befreiungskriegen und der
     Revolution darf die angeführte Studie von Reinhard Mielitz als grundlegend angesehen
     werden. Hinsichtlich der in ihren Grundzügen ähnlichen Wehrstruktur und Militärpolitik des
     im Rahmen einer Betrachtung des deutschen Südwestens neben Baden gleichermaßen
     belangvollen Königreichs Württemberg informiert ausführlich SAUER, Heer, S. 10—145.
     Nicht minder aussagekräftig für das hier berührte Verhältnis zwischen dem propagierten
     Milizgedanken und der tatsächlichen Wehrbereitschaft bürgerlicher Schichten ist die
     Entwicklung der überwiegend auf Gemeindebasis organisierten Bürgerwehren. Was die
     württembergischen Bürgergarden angeht, bietet hierzu SAUER, Revolution, S. 36—224 eine
     detaillierte Übersicht, welche den Wandel der Bürgerwehreinrichtung zwischen dem
     frühkonstitutionellen Neubeginn und der Jahrhundertmitte von einer strikt nichtmilitärischen
     Institution zu dem nach dem Bürgerwehrgesetz der Revolutionszeit vorgesehenen
     halbmilitärischen Verband, der wenigstens partiell in die Landesverteidigung integriert
     werden sollte, skizziert. (Ebd., S. 36—62, S. 74—117, S. 178—200). Bereits noch während des
     späten Vormärz durch Überlegungen innerhalb der Regierung angebahnt (ebd., S. 52—62),
     scheiterte die gesetzlich immerhin schon vollzogene konzeptionelle Änderung an der
     dilatorisch verfahrenden Administration sowohl als am Widerwillen der in Anspruch
     genommenen Gemeinden (ebd., S. 208—224). Ebenso — wenn auch in anderem Sinne —
     zeigte sich die Diskrepanz zwischen Anspruch und Wirklichkeit bei der stets im Vordergrund
     stehenden innenpolitischen Ordnungsfunktion der Bürgergarden, die in dem Maße an
     Bedeutung noch gewann, wie — etwa mit den Hungerkrawallen von 1847 — das
     Fabrikarbeiterproletariat als Gefährdung des bürgerlichen Besitzes wahrgenommen wurde
     (ebd., S. 63—73). Denn während der Revolutionszeit erwiesen sich die Bürgergarden selbst
     aus dem Blickwinkel der 'Märzregierungen' zugleich auch als ein Herd revolutionärer
     Instabilität (ebd., S. 118—177).
     Über das badische Bürgermilitär unterrichtet BRÜCKNER, Bürgersoldat, S. 143—199. Ein
     uneinheitlich ausgebildetes Bürgermilitärinstitut sank im vorrevolutionären Baden mit dem
     ihm allenfalls noch zugestandenen Hilfspolizeicharakter nahezu zur Bedeutungslosigkeit
     herab (ebd., S. 170—175). Der niedrige soziale Status des Bürgermilitärs (ebd., S. 172)
     spiegelte auch hier ein im Bürgertum verbreitetes Desinteresse, das sich während der
     Revolution in der Abneigung der badischen Gemeinden gegen die mit der Errichtung einer
     zum Ordnungsdienst gleichwie zur Landesverteidigung gleichermaßen geeigneten Bürgerwehr
     verbundenen Kosten und damit gegen diese Einrichtung selbst äußerte (ebd., S. 190—193).
239 ROTTECK, Art. "Conscription", StL. III[1], S. 747; ebenso StL. III[2], S. 509: "Der Arme
     m u ß dienen, weil er einen Einsteher zu kaufen außer Stande ist; der Reiche macht sich
     frei durch ein für ihn verhältnißmäßig leichtes Opfer." Vgl. auch ROTTECK, Lehrbuch, IV,
     § 54, S. 433.

nicht nur unter den obwaltenden Umständen als rechtmäßig einräumte.[240] Entscheidend aber war, daß seine konkreten Vorschläge zur Konskriptionspraxis keinerlei Hinweise auf eine mögliche Gefährdung durch revolutionäre Unterschichten enthielten.[241] Im Gegenteil: Während sein Freiburger Amtsbruder Karl Theodor Welcker im Staatslexikon gegen die den wohlhabenden Bürgern genehme Regelung der Stellvertretung mit dem warnenden Hinweis auftrat, es werde dadurch "in einer Zeit, wo unter Umständen leicht ein Krieg der Armen gegen die Reichen herbeigeführt werden könnte, ... die Gefahr eines Sieges der Pöbelherrschaft genährt"[242], gelangte Rotteck zur gleichen Zeit zu einem ganz anderen Ergebnis. Angesichts seiner Beobachtung, daß "ein sehr großer (mitunter selbst der größte) Theil des Heeres aus Proletariern" sich ergänze, ließ er sich ganz im Sinne der schon bemerkten Demokratisierungstendenz lediglich zu der Feststellung herbei, daß dementsprechend den Unbemittelten für die ihre Einsicht nicht überfordernden Entscheidungen im Rahmen eines Plebiszits "auch das Stimmrecht gleich den reichern Classen" zustehe.[243] Um die Ausgrenzung eines mit Revolution drohenden 'Vierten Standes' war es Rotteck augenscheinlich hier nicht zu tun, wie überdies aus seiner Perspektive im Grundsatz das Volk noch in dem kleinbürgerlich konturierten 'Dritten Stand' aufging, so daß neben diesem ein 'Vierter Stand' als eine eigenständige gesellschaftliche Formation keinen Platz einnehmen konnte.[244]

'Proletarier' meinte nämlich gerade auch bei dieser Wendung Rottecks kaum die mit der industriellen Welt entstehende 'Arbeiterklasse', die etwa in scharfer Abgrenzung und unversöhnlich ihrem 'bourgeoisen' Widerpart gegenüberstünde,

---

240 Vgl. ROTTECK, Heere, Sammlung, II, S. 234 f.; ROTTECK, Lehrbuch, IV, § 52, S. 423 f., § 56, S. 439; ROTTECK, Art. "Conscription", StL. III[1], S. 735 f.; ebenso StL. III[2], S. 502.

241 Vgl. neben den hier zitierten Publikationen auch Rottecks Gutachten: Verhandlungen der Ständeversammlung des Großherzogthums Baden, Protokolle der ersten Kammer, 22. Sitzung 1822, Beilage A, Karlsruhe 1822, S. XXIX—XXXV.

242 WELCKER, Art. "Heerwesen: Landwehrsystem", StL. VII[1], S. 596; ebenso StL. VI[2], S. 599.

243 ROTTECK, Art. "Census", StL. III[1], S. 375; ebenso StL. III[2], S. 151; Parenthese im Original.

244 S.o. Anmerkung 215.

obschon Rotteck wenige Seiten danach auf die Ansätze einer solchen Klassenbildung – die "in H a n d e l s - und F a b r i k - S t ä d t e n " lebende "Menge von P r o l e t a r i e r n in der eigentlichen Bedeutung des Worts"[245] – ahnungsvoll angespielt haben mochte. Aus dem Textzusammenhang wird deutlich, daß für die erörterte Wechselbedingung von Milizpflicht und Stimmrecht noch ganz der auf die römischen " P r o l e t a r i e r " zurückgehende Bedeutungsgehalt im Sinne von einfacher Armut Pate stand. Zur Untermauerung seiner Forderung nach einem – wiewohl auf Sachentscheidungen eingeschränkten – Stimmrecht der modernen " P r o l e t a r i e r " bediente sich Rotteck einleitend des antiken Musters: Wie " S e r v i u s T u l l i u s " damals gegenüber den "Proletariern" ein angemessenes Gleichgewicht zwischen öffentlicher Last und politischer Mitsprache gewahrt habe, indem er sie gleichermaßen von Waffendienst und Stimmrecht ausgenommen habe, so solle auch der neuzeitliche Staat, der den Unbemittelten die Wehrpflicht zumute, ihnen folgerichtig auch eine politische Mitwirkungsbefugnis einräumen. Daß der Freiburger Gelehrte hier unter dem 'Proletariat' lediglich die Schicht der Ärmeren schlechthin verstanden hatte, geht zudem aus einer bei dieser Gelegenheit gebrauchten Unterscheidung hervor, die gänzlich noch dem vorindustriellen Lebenshorizont verhaftet blieb. Nach dieser setzte er "die P r o l e t a r i e r " mit den "bloßen S c h ü t z l i n g e n des Staates" gleich, die von der " M a s s e d e r B ü r g e r " zu trennen seien.[246] Im Gegensatz zu dem späteren Verständnis des Industrieproletariates stieß nun die Integration jener Klasse in die bürgerliche Nation – wie es nicht zuletzt auch Rottecks wenngleich behutsamer Versuch ausweist – nicht auf eine strukturelle Schranke. Allerdings ist nicht zu verkennen, daß in dem Artikel des Staatslexikons, an den sich die vorstehenden Ausführungen anlehnen, der Begriffsinhalt bereits schwankt, und mit ihm verändern sich die politischen Implikationen. So mochte Rotteck mit Blick auf das in

---

245 ROTTECK, Art. "Census", StL. III¹, S. 385; ebenso StL. III², S. 158.

246 Alle vorstehenden Zitate und der ganze Zusammenhang bei ROTTECK, Art. "Census", StL. III¹, S. 375 f.; ebenso StL. III², S. 151 f.

den "F a b r i k - S t ä d t e n " angesiedelte 'Proletariat' sogar Überlegungen gutheißen, die auf die Einführung des sonst so nachdrücklich verworfenen passiven Zensus für die Gemeindewahlen hinausliefen.[247] Als er abschließend sich dennoch von derartigen Erwägungen zugunsten eines von jeglichem Zensus befreiten Gemeindewahlrechtes distanzierte, verwandte er bei seiner mehr pragmatisch denn prinzipiell gehaltenen Argumentation in bezeichnender Weise wiederum das hergebrachte Bild des "Tagelöhners" zur Kennzeichnung der verarmten Schichten.[248] Ohne Zweifel verrät diese begriffliche Unschärfe eine Verunsicherung, auf deren kaum zu überschätzende Bedeutung für die bürgerliche Utopie noch einmal einzugehen sein wird. Dessenungeachtet aber dominierte in der Gegenwart mit der im Wehrdienst und in dem partiellen Stimmrecht zum Ausdruck gelangenden Einbeziehung der Besitzlosen in den Kreis der politischen Nation ein Verständnis vom 'Dritten Stand', das − indem es der Eingliederung unterbürgerlicher Schichten gegenüber offen blieb − die beanspruchte Deckungsgleichheit mit dem 'Volke' noch einzulösen vermochte und das somit einer möglichen Furcht vor der Revolution den Boden entzog.

Wenn auf diese Weise − unbeschadet der idealen Wehrverfassung der Theorie, die den Waffendienst auf den "zur Unterdrückung verbrecherischen Aufstandes" bereiten "aktiven Staatsbürger" beschränkte[249] − die auf den Innenbereich des Staates bezogene revolutionsvermeidende Rolle des besitzbürgerlichen Interesses durch die politische und militärpolitische Integration der Besitzlosen in der Praxis aufgehoben wurde, so entsprach dies im Außenbereich der Idealisierung des

---

247 ROTTECK, Art. "Census", StL. III¹, S. 385; ebenso StL. III², S. 158. Zur grundsätzlichen Ablehnung der passiven Wahlrechtsbeschränkung vgl. ebd. ¹, S. 382 f.; ebenso ebd. ², S. 156 f. Die Entscheidung für das unbegrenzte passive Wahlrecht bei gleichzeitiger Begrenzung des aktiven Wahlrechtes auf die 'Selbständigen' findet sich bereits in den Frühschriften. Vgl. ROTTECK, Landstände, Sammlung, II, S. 144−146. Die irreführende Aussage bei FENSKE, Südwesten, S. 48, nach der sich Rotteck für ein passives Wahlrecht ausgesprochen habe, beruht auf einer unvollständigen Würdigung der Quellen.

248 ROTTECK, Art. "Census", StL. III¹, S. 385 f.; ebenso StL. III², S. 158 f. Vgl. zu dem Begriff des Proletariats bei Rotteck auch SCHUMACHER, Gesellschaftsbegriff, S. 311.

249 ROTTECK, Lehrbuch, IV, § 52, S. 422−424.

'Nationalstreiters' und des revolutionären äußeren Krieges. Beide Vorgänge liefen insofern parallel, als die an die Einbeziehung der Ärmeren in den Waffendienst gekoppelte Ausweitung der Politikfähigkeit nicht etwa die Sorge um den Staatserhalt, sondern das gleiche emanzipative Interesse verriet, das sich in der Aufwertung des äußeren Krieges zeigte. Darüber wurde nicht wegen, sondern eher unter Hintanstellung des etatistischen Traditionsstranges jene von Kant gleichzeitig über dem besitzbürgerlichen Interesse errichtete Balance aus ,dem Gleichgewicht gerückt, die von Rotteck — wie noch zu zeigen sein wird — auch bezüglich des interstatalen Krieges auf theoretischer Ebene wenigstens anfänglich rezipiert worden war. Mehr noch: Indem die der Kantschen Friedensschrift entlehnte Wehrstruktur schon nach den zwischen 1819 und 1826 erschienenen Schriften zu der von dem 'Dritten Stand' getragenen bewaffneten Parteinahme der Vernunft degenerierte, verkehrte diese Radikalisierung das Friedensdenken des Königsberger Philosophen nachgerade in sein Gegenteil. Freilich war mit dem durch den vernunftrechtlichen Auftrag legitimierten äußeren Krieg noch nicht der 'wohltätige Krieg' schlechthin erreicht. Gleichwohl standen beide Aufwertungen des Krieges insofern in einem Zusammenhang, als die Radikalisierung denselben Realitätsverlust spiegelte, der zur Ursache der Verewigung des kriegerischen Fortschritts werden sollte.

Zunächst brachte die sich in der Ausblendung der eigenen 'Selbstsucht' äußernde Radikalisierung ein Freund-Feind-Denken hervor, das in gleichsam säkularisiertem Gewande jenen konfessionellen Bürgerkrieg wiedererstehen ließ, den in der Nachfolge von Hobbes auch Kant — trotz wiederholter Ineinssetzung von fürstlicher Willkür und bedenkenloser Kriegsbereitschaft[250] — mit der Rückführung des Friedens auf das mit der 'Selbstsucht' aller rechnende Recht glücklich gebannt hatte.[251] Denn auch was seine Gegenwart anlangte, begnügte sich Rotteck —

---

250 Musterhaft ist hierfür KANT, Gemeinspruch, S. 311, zitiert oben Anmerkung 118; vgl. auch KANT, Idee, S. 28; KANT, Kritik der Urtheilskraft, § 83, S. 432 f.; KANT, Frieden, S. 351.

251 Mit der Nennung von Thomas Hobbes soll freilich die für die Scheidung von Legalität und Moralität nicht minder bedeutsame lutherische Tradition des weltlichen Obrigkeitsstaates nicht verschwiegen werden. Vgl. RAUMER, Friede, S. 158 und neuerdings MANDT,

entsprechend der politischen Aussage seiner Historiographie – ja nicht mit dem Verlangen nach einer Spaltung der Großmächte. Als um die Jahreswende 1828/29 der russisch-türkische Konflikt im Rahmen des griechischen Unabhängigkeitsstrebens zu eskalieren schien, knüpfte der Freiburger Gelehrte daran die Hoffnung, daß der konservativen Solidarität der europäischen Mächte dadurch ein Ende bereitet werde. Doch damit nicht genug, prophezeite er in kaum verhohlen hochgestimmter Erwartung eine "große(...) Bewegung", die – ausgelöst durch die von einem russischen Sieg ausgehende Störung des europäischen Gleichgewichtes – über die damit erzwungene Solidarisierung der westeuropäischen Staaten mit dem Vernunftrecht gleichsam auf einen Kreuzzug der 'Idee' gegen das " h a l b - b a r b a r i s c h (e) " Zarenreich hinauslief.[252] Nach der dementsprechend herben Enttäuschung über den Frieden von Adrianopel[253] bot die im Gefolge der Julirevolution veränderte internationale Situation Rotteck den ersehnten Anlaß, den Ausbruch des entscheidenden 'Prinzipienkrieges' trotz der enttäuschenden Beschwichtigungspolitik Louis Philipps als " u n v e r m e i d l i c h " zu erhoffen.[254] Und als auch dieser ausblieb, waren es dann die beginnenden

Tyrannislehre, S. 129, S. 131–135.

252 ROTTECK, Das Jahr 1828 (1829/30), in: ROTTECK, Nachgelassene Schriften, I, S. 157–178, dort besonders S. 157–167 (Zitate S. 166); die Schrift wird künftig zitiert '1828'.

253 Vgl. ROTTECK, Das Jahr 1829 (1830), in: ROTTECK, Nachgelassene Schriften, I, S. 178–215, dort S. 185–193 und ROTTECK, 1830, Nachgelassene Schriften, I, S. 287 f.

254 ROTTECK, Weltgeschichte, IV, S. 385–387 (Zitat S. 387); vgl. auch ROTTECK, 1830, Nachgelassene Schriften, I, S. 322 und ROTTECK, Das Jahr 1831 (1832), in: ROTTECK, Nachgelassene Schriften, I, S. 331–365, dort S. 333–339, S. 345 f., S. 350 f.; die Schrift wird künftig zitiert '1831'. Siehe vor allem aber ROTTECK, Zum Schlusse des Jahres 1831, in: Allgemeine politische Annalen, Band 8 (1831), S. 313–318, wo Rotteck zu dem Streit zwischen dem "Princip des V o l k s r e c h t s mit jenem des g ö t t l i c h e n Rechts" (ebd., S. 314) bemerkt: "Aber nur ein W a f f e n s t i l l s t a n d wird gewonnen ... Von a u f r i c h t i g e m , von d a u e r n d e m Frieden zwischen den entgegengesetzten Principien kann nur der Unverständige träumen; und so wie die jugendliche R e f o r m a t i o n d e r K i r c h e nur durchs S c h w e r t sich gegen den zürnenden K a t h o l i c i s m u s einen Rechtszustand, d.h. einen wenigstens theilweisen Religionsfrieden erwerben konnte, also wird auch die p o l i t i s c h e Reformation, d.h. das c o n s t i t u t i o n e l l e System, nur durch Sieg der W a f f e n gegenüber dem nimmer versöhnten A b s o l u t i s m u s sich feststellen. Aber wenn die Stunde des jedenfalls unvermeidlichen Krieges schlägt, dann wird F r a n k r e i c h zu spät die durch die Kleinmüthigkeit seiner Häupter bloß gegebene eigene Stellung und die furchtbar gestärkte Macht der Feinde wahrnehmen und

Karlistenkriege, in welchen Rotteck den Auftakt zum herbeigewünschten "E n t s c h e i d u n g s k a m p f " oder den Beginn der "Befreiung Europa's von einer Welttyrannei" gesehen haben wollte.[255] Bezeichnender Ausdruck für solche Radikalisierung war Rottecks apologetische Rede von dem "Vertilgungskrieg", den "die f r a n z ö s i s c h e Revolution keck ... a l l e m h i s t o r i s c h e n und besonderen R e c h t , welches nicht im Einklang stehe mit jenem der V e r n u n f t " , erklärt habe.[256] Und nicht von ungefähr verglich der süddeutsche Liberale in den 1830er Jahren seine Gegenwart mit dem Vorabend des Dreißigjährigen Krieges.[257] Wird zudem noch in Rechnung gestellt, daß Rotteck den gegen das konservative Interventionsprinzip mit Nachdruck behaupteten Grundsatz der staatlichen Integrität[258] zugunsten der Dazwischenkunft für den nicht näher bestimmten Kernbestand des Vernunftrechts durchbrochen hatte,[259] so rückt das Programm des als 'gemäßigt' geltenden Vertreters des vormärzlichen Liberalismus mit solcher Zueignung des Bösen an das gegnerische Lager in die Nähe jener radikalen 'liberalistischen' Utopien, die im missionarischen Wege des revolutionären Weltbürgerkrieges die Abschaffung des Krieges zu erreichen gemeint hatten[260]. Denn solche Scheidung in das Lager

---

das juste milieu verfluchen." (Ebd., S. 315). Ähnlich: ROTTECK, Ein Blick auf die gegenwärtige Weltlage, in: 'Der Freisinnige', Nr. 1, 01.03.1832, S. 3. Eindeutig ist hier die Welt in die Lager der Legitimität und des liberalen Fortschritts gespalten. Vgl. dazu auch DEUCHERT, Hambacher Fest, S. 48 f., der allerdings vielleicht zu stark das Muster der vornehmlich gegen den fremden Herrscher geführten Freiheitskriege von 1813 hervorhebt.

255 Rotteck an Freiherrn v. Wessenberg, 10.10.1835, in: ROTTECK, Nachgelassene Schriften, V, S. 229.

256 ROTTECK, Allgemeine Geschichte, IX, S. 8.

257 ROTTECK, "Vorwort", StL. I[1], S. XVI f.; ebenso StL. I[2], S. XII.

258 ROTTECK, Lehrbuch, III, § 13, S. 36—40.

259 ROTTECK, Lehrbuch, III, § 13, S. 40 f.: "... aber die a l l g e m e i n e n M e n - s c h e n r e c h t e sind unzweifelhaft erkennbar für alle Vernünftigen; und in so fern ... eine schreiende Verlezung solcher Rechte mit Evidenz vorliegt, so erlaubt das Recht, und fordert selbst mitunter die Pflicht, ... durch Einmischung das Unrecht zu verhindern oder aufhören zu machen". Vgl. auch ROTTECK, Art. "Cosmopolitismus", StL. IV[1], S. 71; ebenso StL. III[2], S. 591.

260 Zu Rotteck als einem Repräsentanten des 'gemäßigten' Liberalismus vgl. JANSSEN, Friede, S. 581 f.; zu dem Charakter der radikalen Utopien vgl. ebd., S. 574 f., S. 584 f.

der Vernunft einerseits sowie dasjenige der Unvernunft andererseits schloß, wie oben bemerkt worden ist, den 'ewigen Frieden' nicht aus. In ihrer Konsequenz lag ja der Sieg des 'Guten', die Herrschaft des Vernunftrechts. Allein — Rotteck zog diese Folgerung nicht, so nahe er auch solcher Utopie gekommen sein mochte. Statt dessen propagierte er in den späteren Jahren den 'wohltätigen Krieg', weswegen es auch nicht anging, die Ursache hierfür allein in der durch die legitimistische Friedenswahrung verkörperten 'Unvernunft' zu suchen.

Für die Ausbildung dieses Bellizismus war vielmehr eine andere Entwicklung maßgeblich, die den Blick wieder auf den inneren Zusammenhang der Friedensutopie Kants lenkt und die zugleich den zweiten oben angedeuteten Mangel der 'Bewegungspartei' aufdeckt. Denn in der im Angesichte des Friedensgebotes der Vernunft vorgenommenen späten Negation des 'ewigen Friedens' drückte sich eine Verzweiflung am Fortschritt aus, die nur durch jenen Vorgang erklärbar wird, mit dem der beanspruchte Träger des Fortschritts — der 'Dritte Stand' — seine Bürgschaft für die Zukunft des Naturrechts zurückzog, indem er die Vermittlung von Gebot und Wirklichkeit anders als erwartet leistete. Es ist dies nach dem Wunschbild eben die andere Seite des Realitätsverlustes: die dem Fortschritt verlorengegangene Realität.

Ebenso wie Kant erschloß sich Rotteck den Zugang zu seiner Gegenwart vermittels einer politischen Theorie, die wesentlich mit dem besitzbürgerlichen Egoismus rechnete. Ausdruck von dessen prominenter Rolle waren auf der normativen Seite die Sanktion materialer Ungleichheit durch die formale Gleichheit, die Bindung der Politikfähigkeit an den Besitz und die vorstaatliche Begründung des privaten Eigentums. Und aufgrund der dieser Tradition innewohnenden Grenzen konnte auch die auf den 'Nationalstreiter' bezogene Idealisierung des 'Dritten Standes' trotz des alle "Sphären des bürgerlichen und menschlichen Daseyns" erfassenden rationalen Gestaltungsoptimismus[261] nicht gänzlich in einen Utopismus abgleiten. Immer noch verharrten projektierte Veränderungen im Rahmen des diesem

---

261 Vgl. ROTTECK, 1828, Nachgelassene Schriften, I, S. 159.

Egoismus genügenden zwingenden Rechtes, und obwohl Rotteck sich gegen den Gedanken an einen revolutionären Umsturz nicht sperrte, blieb er doch wenigstens insofern etatistischem Denken verhaftet, als Herrschaft nach wie vor die unerläßliche Bedingung des Friedens darstellte: Nicht der 'gute Mensch', sondern der im vorstaatlichen Krieg zum Ausdruck gelangende Antagonismus bildete die Grundlage staatstheoretischen Denkens.[262]

Solange sich jenes bürgerliche Interesse mit der um die Begriffe Freiheit und Gleichheit kreisenden Utopie einer 'klassenlosen Bürgergesellschaft' vertrug, war es auch im Denken Rottecks das Mittelstück, über welches das vernunftrechtliche Friedensgebot mit Gegenwart und Zukunft verbunden wurde. Nicht allein im Inneren des Staates wurde der Egoismus des Besitzes fortgesetzt für eine Gewähr der Sicherheit und Wohlfahrt genommen (obschon Rotteck im Laufe der Zeit diese Überlegung der revolutionären Zielsetzung mehr und mehr unterordnen sollte)[263], vielmehr erstreckte sich dessen Garantiefunktion zumindest anfänglich auch auf den äußeren Frieden. Noch am Ende von Napoleons Herrschaft wurde die Friedensfähigkeit der mit dem Republikanismus verbundenen Milizverfassung und Entscheidungsstruktur mit der "unverhüllte(n) Schreckensgestalt der Nationalkriege" begründet, welche die Möglichkeit eines Kriegsentschlusses auf den

---

262 Gegenteilige Auffassung bei SCHUMACHER, Gesellschaftsbegriff, S. 14, S. 38.

263 ROTTECK, Art. "Census", StL. III[1], S. 371–373; ebenso StL. III[2], S. 149. Bezeichnend ist hierbei die in den 1830er Jahren vorgenommene Einschränkung der ordnungserhaltenden Funktion des besitzbürgerlichen Interesses durch die im Sinne des Naturrechts gebotene Revolutionsbereitschaft. Vgl. ROTTECK, Art. "Aristokratie", StL. I[1], S. 685; ebenso StL. I[2], S. 637, wo Rotteck zur Rechtfertigung des an der Selbständigkeit orientierten (niedrigen) Zensus anmerkt: "Und endlich wird er (der 'vernünftige Gesammtwille', F.N.) auch erkennen, daß der Reiche, d.h. der Wohlhabende, überhaupt der in Bezug auf den Lebensunterhalt Selbstständige, ... schon durch Selbstliebe (und auf Mehreres kann man freilich, wenn von der Regel die Rede ist, nicht rechnen!) treu dem Gemeinwesen, von dessen Erhaltung und Gedeihen ja sein eigenes Glück abhängt, sein, daß er demnach einem jeden, auf Störung der Ordnung und des Friedens abzielenden, Bestreben (wofern nicht die höchsten Interessen zur Anwendung revolutionairer Mittel auffordern) mit seiner ganzen Macht sich entgegensetzen ... werde."
Ebenjener hier von mir durch Unterstreichung hervorgehobene revolutionäre Vorbehalt findet sich an den einschlägigen und sonst in der Sache gleichlautenden Stellen in Rottecks staatstheoretischer Frühschrift nicht; vgl. ROTTECK, Landstände, Sammlung, II, S. 105 f., S. 108, S. 111, S. 117 f., S. 138, S. 144 f.

"äußersten Nothfall" einschränke.[264] Wie aus einer etwa gleichzeitig anonym erschienenen Abhandlung über die neue 'Kriegsmanier' hervorgeht, stand für Rotteck, der die Last der Versorgung alliierter Truppen am eigenen Leibe erfahren und sich heftig darüber beklagt hatte[265], der Ruin des bürgerlichen Wohlstandes unter den Beschwernissen des modernen Massenkrieges obenan.[266] Hinter dem 'Schrecken' verbarg sich durchaus die Drohung der materiellen Einbuße. Unerachtet des gleichzeitig bereits anklingenden Argumentes eines Friedens durch die Stärke der 'Nationalstreiter'[267] führte also die damalige Überlegung Rottecks den in der Friedensutopie Kants wesentlichen Gedanken einer im Lichte des bürgerlichen Interesses gesehenen 'Selbstabschreckung' wenn auch nicht mehr in seiner Reinheit fort. Dementsprechend konnte trotz der schon in dem Geschichtswerk beklagten Ambivalenz des ökonomischen Egoismus, der mit der wirtschaftlichen Prosperität zugleich auch "Habsucht" und "Hang zum Luxus" befördere[268], noch in den 1820er Jahren der durch die wirtschaftliche Wechselwirkung hervorgebrachte 'ewige Friede' mit der politisch verstandenen Freiheit zusammen gedacht werden, weil das Vertrauen in den "verständige(n),

---

264 ROTTECK, Heere, Sammlung, II, S. 159 (Anmerkung).

265 Vgl. Rotteck an Dr. Preis, 05.07.1815, in: ROTTECK, Nachgelassene Schriften, V, S. 58 f.: "Kriegslasten haben wir schon artige gehabt. Einmal hatte ich 4 O f f i z i e r s und 23 G e m e i n e im Haus. Z u g l e i c h war mein Knecht mit zwei Pferden ... und Wagen auf der Frohnd gegen Basel; z u g l e i c h mußte einer meiner Knechte die Allarmstange (!) am Zähringer Schloß hüten; z u g l e i c h — also Alles an e i n e m Tag — mußte ich 25 Sester Haber und 5 Centner Heu liefern, und eine Verpflegungssteuer entrichten!!"

266 ROTTECK, Ein Wort über die heutige Kriegsmanier (1815), in: ROTTECK, Sammlung, II, S. 240—279, dort besonders S. 243—245, S. 259 f.; Rotteck beklagt in dieser Schrift zwar einführend wie auch abschließend mit nicht wenig Pathos die allgemeinen Leiden des Krieges, aber allein schon der Umstand, daß er sich in der Abhandlung hauptsächlich der schonenderen Regulierung von Einquartierungen, Fronden und Lieferungen zuwendet, zeugt von dem überragenden Stellenwert, der unter den Bedrängnissen des Krieges der Beeinträchtigung des bürgerlichen Wohlstandes in den Augen Rottecks zukam. Zum gleichen Thema vgl. den stärker juristisch argumentierenden Beitrag von 1840: ROTTECK, Art. "Kriegsschaden, Kriegslasten u.s.w.", StL. IX[1], S. 509—537; ebenso StL. VIII[2], S. 382—401.

267 Vgl. ROTTECK, Heere, Sammlung, II, S. 217.

268 ROTTECK, Allgemeine Geschichte, VII, S. 132 f.; ähnlich mit Blick auf die negativen Implikationen des Handels ROTTECK, Allgemeine Geschichte, II, S. 63.

wohlberechnende(n) E i g e n n u t z " unerschüttert war.[269] Offensichtlich
war dessen positive Bewertung noch kaum getrübt durch jene Vorbehalte, die
Rotteck — eben auf den englischen Fall verweisend — gegen die uneingeschränkte
Gewerbefreiheit bereits vorzubringen gewußt hatte[270]. Erst in den 1830er Jahren
ergab sich ein demgegenüber verändertes Bild.

Wurde früher nach einer Grundsatzüberlegung Rottecks dem Egoismus letztlich
doch in jedem Falle die Fähigkeit zu einer für alle befriedigenden Selbstregulierung zugetraut, wenn nur die kosmopolitisch bedeutsame freie ökonomische
Wechselwirkung hergestellt wäre, so kamen in den 1830er Jahren starke Zweifel
an diesem Vermögen.[271] Während 1822 selbst bei ökonomischer Rückständigkeit
der ungehinderte Handel als das mit naturgesetzlicher Gewißheit wirkende
Heilmittel galt,[272] wurden 1835 an dessen Stelle wenigstens zeitweilige Prohibitiv-
maßnahmen gesetzt, weil — und diese Begründung ist bezeichnend — bei fortgesetzter Handelsfreiheit eine Vermögensdifferenzierung irreparabler Ausmaße zu
befürchten sei[273]. Ebenso wich der 1815 noch als eigenständiges Argument auf
den Eigennutz abhebende Gedanke der Selbstabschreckung in den 1830er Jahren
dem freilich auch schon früher vorgetragenen Modell eines Friedens durch Stärke.
Wie es das Staatslexikon in einer der Überlegung von 1815 noch am nächsten
kommenden Wendung formulierte, sei für ein 'freies Volk' "die Gefahr, in ungerechte oder verderbliche Kriege gestürzt zu werden, eben weil es nur die
selbstgewollten führt, ... weit geringer".[274] Indem der vormaligen

---

269 ROTTECK, Beibericht, Nachgelassene Schriften, III, S. 293–301; Zitat S. 299 sinngemäß aus
     der Fassung: "der E i g e n n u t z — der verständige, wohlberechnende —" umgestellt.

270 Siehe oben Anmerkung 154.

271 Vgl. ROTTECK, Beibericht, Nachgelassene Schriften, III, S. 293–301 mit ROTTECK,
     Lehrbuch, IV, § 42, S. 192–198, § 44, S. 201–207.

272 ROTTECK, Beibericht, Nachgelassene Schriften, III, S. 300 f.

273 ROTTECK, Lehrbuch, IV, § 42, S. 198, § 44, S. 207.

274 ROTTECK, Art. "Krieg; Kriegsrecht u.s.w.", StL. IX^1, S. 504; ebenso StL. VIII^2, S. 378. Vgl.
     dazu ROTTECK, Art. "Conscription", StL. III^1, S. 732 f., S. 736 f., S. 755 f.; ebenso StL.
     III^2, S. 500, S. 502, S. 515; ROTTECK, Art. "Friede", StL. VI^1, S. 80 f.; ebenso StL. V^2,
     S. 193; ROTTECK, Lehrbuch, IV, § 52, S. 421–424. In dem von Aretin begonnenen und
     von Rotteck fortgeführten 'Staatsrecht der constitutionellen Monarchie', Band II, S. 155 wird

"Schreckensgestalt"[275] durch Vereinigung mit dem Kriterium der 'Gerechtigkeit' das eigene Gewicht genommen wurde, verneinte also das Argument nunmehr ganz im Sinne der beobachteten Radikalisierung den bürgerlichen Egoismus, dem doch auf der anderen Seite in dem Konzept des 'ewigen Friedens' eine zentrale Position zugekommen war. Anders formuliert, überspielte die Figur des durch den naturrechtlichen Fortschritt gebotenen 'gerechten Krieges' die auf die Kriegsverhinderung abzielende Überlegung und entzog damit der Utopie eines vom Eigennutz des Besitzes getragenen Friedens die Grundlage.

Erzwungen wurde dieser Verzicht auf die Rechnung mit dem Interesse des 'Homo oeconomicus' durch eine Entwicklung, die ihren Ausgang zwar von der Julirevolution genommen hatte, die darum aber nicht auf die politische Ebene beschränkt blieb. Rotteck selbst begriff den im außen- und innenpolitischen wie auch im gesellschaftlichen Bereich sich vollziehenden Wandel als eine Einheit, wenn er anläßlich der Debatte über das Gemeindewahlrecht von den umfassenden "ungeheure(n) Rückschritte(n) ... seit dem Falle Warschau's" sprach und diesen Prozeß auf das nur zu erfolgreiche Bündnis der " G e l d -Aristokratie" mit der "Bluts-Aristokratie" zurückführte.[276] Im Zentrum stand das 'verhaßte' "Juste milieu ... (,) die Wurzel alles Bösen".[277] Nicht nur das französische Großbürgertum war damit gemeint, welches im eigensüchtigen Interesse einer Politik des " F r i e d e u m   j e d e n   P r e i s " die Niederschlagung des polnischen Aufstandes zugelassen[278] und sich damit die " A b s c h e u ,   also später die R a c h e

---

der Einführung der Nationalmiliz sogar eine Humanisierung des Krieges zugeschrieben. Angesichts der ungeklärten Verfasserschaft — nach MOHL, Geschichte, II, S. 565 beginnt 'Rotteck's Fortsetzung ... mit der zweiten Hälfte des zweiten Bandes", mithin in der Nähe der angeführten Stelle, wobei der Stil mit den umfänglichen Literaturangaben für von Aretins Feder spricht —, angesichts dieser Unklarheit also muß allerdings auf eine weitere Berücksichtigung dieser Quelle verzichtet werden.

275 ROTTECK, Heere, Sammlung, II, S. 159 (Anmerkung).

276 Rede in der zweiten badischen Kammer, 18.05.1837, in: ROTTECK, Nachgelassene Schriften, III, S. 438 f. (Zitate S. 438).

277 Rotteck an Ernst Münch, 22.10.1831, in: ROTTECK, Nachgelassene Schriften, V, S. 394.

278 ROTTECK, 1831, Nachgelassene Schriften, I, S. 339.

der Polenfreunde, d.h. des vernünftigen, menschlich fühlenden (,) für Menschen-
und Völker-Recht erwärmten Theiles der europäischen Bevölkerung" zugezogen
habe oder noch zuziehen werde[279]. 'Juste-milieu' diente vielmehr als Sammeleti-
kett jener im 'Dritten Stand' um sich greifenden politischen Haltung, die unter
alleiniger Berücksichtigung von   " m a t e r i e l l e n   I n t e r e s s e n "
die naturrechtliche Utopie einer egalitären Gesellschaft 'verraten' habe. Neben
dem Versagen auf außenpolitischer Ebene äußerte sich diese Tendenz in dem
durch seine Tradition als republikanisches Musterland ausgewiesenen Frankreich
mit der Bestätigung eines außerordentlich hohen Zensus, der die politische
Führungsrolle des Reichtums zementierte.[280] Aber auch in Baden setzte sich ein
zunehmend an Stärke gewinnendes 'Juste-milieu' schon seit dem Landtage von
1833 mehr und mehr gegen die Anhänger von Rottecks vernunftrechtlichen
Vorstellungen durch. Die Stationen waren 1833 der mehr nur laue Protest gegen
die 'Sechs Artikel' und andere bundesrechtliche Repressionen vom Sommer des
Vorjahres, der badische Zollvereinsbeitritt 1835, der nicht nur Befürchtungen vor
einem Übergreifen des preußischen Beamtenabsolutismus weckte, sondern auch
Rottecks kleinbäuerliche Klientel in wirtschaftliche Bedrängnis zu bringen schien,
und die Verschlechterung des Gemeindewahlrechtes 1837.[281] Darüber hinaus

---

279 ROTTECK, 1831, Nachgelassene Schriften, I, S. 351.

280 Zur unablässig geäußerten Kritik am französischen Juste-milieu und seinem Wahlrecht vgl.
beispielhaft ROTTECK, 1831, Nachgelassene Schriften, I, S. 340 f. (Zitat); ROTTECK,
"Vorwort", StL. I¹, S. XXX f.; ebenso StL. I², S. XXI f.; ROTTECK, Art. "Census", StL. III¹,
S. 379 f., S. 383 f.; ebenso StL. III², S. 154, S. 157.

281 ROTTECK, Geschichte der badischen Landtage von 1833 bis 1838 (1838), in: ROTTECK,
Nachgelassene Schriften, I, S. 413–435, dort besonders S. 413–429. Vgl. daneben vor allem
die Zeitdiagnose in: ROTTECK, Art. "Constitution", StL. III¹, S. 790–795; ebenso StL. III²,
S. 538–541. Zu der oppositionellen Haltung Rottecks im einzelnen vgl. dessen einschlägige
Reden in der zweiten badischen Kammer vom 05.07.1833, vom 01.07.1835 (= Verhandlungen
der zweiten Kammer, 1835, viertes Protokollheft, S. 80–86), vom 18.05.1837, in: ROTTECK,
Nachgelassene Schriften, III, S. 209–241, S. 321–339, S. 415–440. Zur überwiegenden
Ablehnung des Zollvereins durch die Interessenvertreter der Rotteck verbundenen Landwirt-
schaft, der eine im ganzen zustimmende Befürwortung von seiten der Vertreter der Industrie
gegenüberstand, vgl. jetzt H.P. MÜLLER, Zolleinigung, S. 193–197; ebd., S. 221–240 die
Analyse der Diskussion in den badischen Kammern, in der neben dem politischen Aspekt
nicht zuletzt wegen eines drohenden 'Fabrikstaates' gegen den Vereinsbeitritt argumentiert
wurde. (Vgl. ebd., S. 226, S. 232 f.) So ist es bezeichnend, daß Rotteck seine Ablehnung des
Zollvereinsbeitrittes volkswirtschaftlich zuerst mit der im Falle eines Anschlusses erwarteten

zeitigte im gesellschaftlichen Bereich die Aufschwungphase in der badischen Frühindustrialisierung ebenso wie die den Besitz begünstigende Novelle zum badischen Gemeindewahlrecht einen Fortschritt, der des " H a n d e l s - oder F a b r i k - G e w i n n s " halber die " i d e a l e n I n t e r e s s e n " einer "völligen Zerstörung" preiszugeben drohte.[282] In der Terminologie des kantischen 'Republikanismus' ausgedrückt, stand das über das Selbständigkeitskriterium zu seiner politischen Wirksamkeit gelangte besitzbürgerliche Interesse im Begriff, 'Freiheit' und 'Gleichheit' aufzuheben, indem es ehemals 'Selbständige' in die Unselbständigkeit abdrängte. Und genau gegen das diesen Vorgang bewirkende materielle Interesse, gegen jenes 'Versinken' im "schnöden Sinnengenuß" bot der Freiburger 'Weltbürger' schließlich jenen 'wohltätigen Krieg' auf,[283] der in keinen 'ewigen Frieden' mehr münden konnte.

Denn weil Rotteck mit seinem politischen Weltbild der auf den Besitzbürger abgestimmten 'republikanischen Verfassung' verpflichtet war, blieb ihm, als der 'Dritte Stand' selbst im Wege dieses politischen Ordnungsmodells der ursprünglich mitgedachten egalitären Gesellschaftsutopie entgegenarbeitete, der Zugang zu einer neuen Utopie versperrt. In den Grenzen dieses Vorstellungshorizontes konnte der 'ewige Friede' — was ja auch in den 1820er Jahren noch gelang — nur mit dem und durch das besitzbürgerliche Interesse gedacht werden. Dieses verbot sich aber in dem Maße, wie sich durch denselben bürgerlichen Egoismus die

---

Schlechterstellung der Bauern begründete: "Auch habe ich mich wirklich überzeugt, daß, wenn etwa Gewerbe und Handel einen überwiegenden Vortheil erfahren sollten, doch bei der Urproduktion der Nachtheil oder die Gefahr für dieselbe entschiedener ist, die Urproduktion aber halte ich für die wichtigere." (Verhandlungen der zweiten Kammer, 1835, viertes Protokollheft, S. 81; ebenso bei geringfügiger stilistischer Veränderung ROTTECK, Nachgelassene Schriften, III, S. 326.) HAHN, Handelsfreiheit, S. 268 verkürzt die Motive Rottecks, die ihn zur Ablehnung des Zollvereins 1835 bestimmt hatten, wenn er die wirtschaftlich-gesellschaftlichen Bedenken des süddeutschen Frühliberalen zugunsten seiner politischen Erwägungen unerwähnt läßt. Gleichwohl wird ebd., S. 261 auch auf die in der Auseinandersetzung um den Zollvereinsbeitritt aufscheinende überwiegende Orientierung "am altliberalen Zukunftsbild einer bürgerlichen Mittelstandsgesellschaft" hingewiesen.

282 ROTTECK, Art. "Constitution", StL. III^1, S. 792 f.; ebenso StL. III^2, S. 540. M. E. zu verharmlosend dagegen die Einschätzung bei DEUCHERT, Hambacher Fest, S. 131.

283 ROTTECK, Art. "Krieg; Kriegsrecht u.s.w.", StL. IX^1, S. 508; ebenso StL. VIII^2, S. 381. Vgl. dazu ROTTECK, Art. "Constitution", StL. III^1, S. 792 f.; ebenso StL. III^2, S. 540.

badischen Verhältnisse in Richtung auf eine gesellschaftliche Differenzierung zu verändern begannen – den Weg hatten die westeuropäischen Länder bereits vorgezeichnet. Mit dem Ausfall des besitzindividualistischen Eigennutzes als des Mittelstücks verlor das Gebot den Bezug zur Wirklichkeit. Bezeichnend für diesen Zerfallsprozeß ist, daß auf der organisatorischen Ebene mit dem Republikanismus und dem diesem korrespondierenden Völkerbund als den Bedingungen das Bekenntnis zum 'ewigen Frieden' weiterhin galt, während das auf die Gegenwart bezogene Fortschrittsdenken den 'ewigen Frieden' schon längst negierte.

Was im Rahmen der Tradition eines durch Konkurrenz bewirkten Fortschritts somit übrig blieb, war der Krieg, der um so dringender gefordert war, als mit der nunmehr versagten Alternative nicht allein die Realisierungsmöglichkeit der teleologischen Spitze einfach nur ausfiel; vielmehr pervertierte noch dazu der Egoismus des 'Homo oeconomicus' den Fortschritt zu der von Rotteck als 'Rückschritt' apostrophierten Entwicklung, indem er die um Freiheit und Gleichheit kreisende naturrechtliche Utopie zerstörte. Der in der normativen Struktur des Friedens angelegte Widerspruch wiederholte sich infolge seines Aufbrechens auf der Ebene des Fortschrittsdenkens, indem zur Rettung der vernunftrechtlichen Utopie, die ja den 'ewigen Frieden' zum Ziele hatte, das Fortschrittsmodell Kants umgekehrt wurde mit der Folge des verewigten Krieges. Erst mit der Undenkbarkeit eines durch die ökonomische Wechselwirkung hervorgebrachten und zugleich den Prinzipien Freiheit und Gleichheit genügenden 'ewigen Friedens' setzte das antagonistisch konzipierte Fortschrittsmodell den Bellizismus frei.

Nicht ohne Ironie ist es hierbei, daß dieser Umschlag gerade auch dadurch provoziert wurde, daß der Egoismus des Besitzes sich eigentlich genau so auswirkte, wie er nach dem teleologischen Naturverlauf Kants berechnet worden war: Er verhinderte sowohl die Revolution als auch den äußeren Krieg und darüber freilich auch – was er indes nicht sollte – die Verwirklichung des Vernunftrechts. In dieser Hinsicht spielte das dadurch stabilisierte System – die legitimistische Friedenswahrung – als der zu beseitigende Widerpart für die Entstehung des

Bellizismus eine nicht unwesentliche Rolle, ohne allerdings deswegen dessen Ursache zu sein.

Es ist mithin ein zweiter Weg zum Bellizismus deutlich geworden, der in unmittelbarer Beziehung zum kantischen Friedensdenken stand und der nicht die sonst für charakteristisch gehaltenen Merkmale eines Nationalismus oder eines durch die Angst vor dem revolutionären Umsturz gesteigerten Etatismus aufwies. Im Gegenteil entstand dieser Bellizismus gerade über dem Bestreben, dem revolutionären Naturrecht zum Durchbruch zu verhelfen, wobei die damit einhergehende Aufwertung des äußeren Krieges, aber auch die stellenweise erkennbare Bereitschaft, die revolutionäre Staatszerstörung in Kauf zu nehmen, Rottecks Zeugnisse eher radikalen Strömungen denn einem 'gemäßigten' Liberalismus verwandt erscheinen lassen. Auf der anderen Seite war Rotteck noch gemäßigt genug, um den mit dem Kantschen Erbe vorgegebenen besitzbürgerlichen und etatistischen Rahmen nicht gänzlich zu verlassen. Und in diesem Rahmen vollzog sich der Umschlag in einen Bellizismus als eine Selbstauflösung der Friedensutopie, wobei der Julirevolution insofern die Stelle einer Zäsur zukommt, als in ihrem Gefolge der für die Desintegration ursächliche gesellschaftliche Wandel sich abzuzeichnen begann.

Nicht etwa, weil das besitzbürgerliche Interesse sich auf einmal mit dem Krieg als verträglich erwiesen hätte[284], sondern weil es mit Freiheit und Gleichheit nicht mehr zusammen bestehen konnte, verlor die Friedensutopie ihren Bezug zur Wirklichkeit. Dem alternden Rotteck war es nicht mehr möglich, jenen Widerspruch zu übersehen, der ihm früher aufgrund der besonderen historischen Situation in Übereinstimmung mit Kant entgangen sein mochte, der aber auch verdeckt bleiben mußte, um im Rahmen des Kantschen Entwurfes den 'ewigen Frieden' überhaupt als möglich denken zu können. Der mit einem bestimmten geschichtlichen Bedingungsrahmen vorgegebene Erwartungshorizont hatte die organisatorische Vermittlung zwischen Gebot und Wirklichkeit in Gestalt der besitzindividualistischen Bedürfnissen Rechnung tragenden Verfassung geprägt.

---

284 So als prognostische Schwäche der Utopie kritisiert bei EUCHNER, Kant, S. 399 f.

Und genau diese — uneingestandenen — besitzindividualistischen Inhalte der idealen Rechtsordnung riefen in dem Maße, wie sie sich tatsächlich entfalteten, die gegen sie gerichtete Abwehrbewegung hervor und bewirkten dadurch mit der Desintegration der Friedensutopie die Entstehung eines sozialkritischen Bellizismus.

3.0 Friedensdenken und Kriegsverherrlichung im Staatslexikon

I.

Die Studie will dem Verfall einer am Ausgang des 18. Jahrhunderts formulierten Friedensutopie im Umkreis des Staatslexikons nachgehen. Am Beispiel Rottecks ist nun ein Zusammenhang deutlich geworden zwischen dieser von der Vermittlung des Besitzindividualismus abhängigen Utopie, dem Versagen dieses Mittelstücks und dem Umschlag in die Gewalt. Es war dies die Krise eines hergebrachten Gemeinplatzes: Was an dem Gegensatz zu dem als Vereinigung von äußerem Krieg und innerer Unterdrückung begriffenen Absolutismus entwickelt worden war, nämlich daß ein freigesetzter besitzbürgerlicher Egoismus in einem auf ihn gemünzten verfassungsrechtlichen Rahmen — der Partizipation und der Vergesellschaftung der Gewalt — ein mit Freiheit und Gleichheit verträglicher Garant des friedlichen Wandels sei, stieß auf zwei Herausforderungen. Einmal stimmte die den Absolutismus mit dem Krieg gleichsetzende Formel nicht mehr. Um dies einzusehen, bedurfte es nicht der Erinnerung an die kriegerische Expansion des revolutionären Frankreich oder an die Befreiungskriege. Mehr ins Gewicht fiel das gegenwärtige Erleben: Die legitimistische Friedenswahrung bewies, daß die absolutistischen Mächte durchaus in der Lage waren, unter sich den Frieden zu erhalten. Die Folge: Unterdrückung und Krieg bildeten keine Einheit mehr, der Krieg rückte näher auf die Seite der Emanzipation. Denn wer wie Rotteck Fortschritt wollte, konnte sich durchaus angesichts des scheinbar immer fester werdenden legitimistischen Friedens auf den Krieg als das einzig verbliebene Mittel, den Fortschritt herbeizuführen, verwiesen sehen. Für die Bewegungspartei war das Zweck-Mittel-Problem aufgeworfen. Um des Friedens willen hieß es am

Ende noch den revolutionären Krieg beginnen.[1] Dieser Widerspruch betraf das Konzept des Bürgersoldaten, der — seines aufgeklärten Egoismus halber als Garant der friedlichen Veränderung gedacht — nunmehr in die Rolle des von seinem Interesse absehenden Kriegers wechseln sollte. Der Widerspruch bei Rotteck: Im Dienste jenes politischen Systems, das die Rechnung mit der Tugend verweigerte, wurde der tugendhafte revolutionäre Kämpfer aufgeboten.

Dahinter verbarg sich das mit der zweiten Herausforderung gegebene grundlegendere Problem. Denn dieser Besitzbürger war nichts weniger als tugendhaft — der Anlage nach sollte er es ja auch gar nicht sein. Er bürgte für den friedlichen Wandel mit der Entfaltung seiner Interessen. Und tatsächlich verfestigte sich der legitimistische Friede gerade auch unter seiner Mitwirkung.

Dies war freilich ein anderer Fortschritt, als Rotteck ihn gewünscht hatte. Er führte gleichsam zum 'Verrat' an den eigenen normativen Grundlagen. Nicht allein, daß der Besitzbürger zur Stabilisierung des privilegierten Gegners vorerst beitrug, vielmehr wurde er noch dazu zu einem Unterdrücker sui generis. Indem diesseits der hergebrachten Vorrechte neuerliche Abhängigkeiten entstanden, waren Freiheit und Gleichheit nicht mehr mit dem besitzindividualistischen Interesse vermittelbar, was die Utopie in ihrem Kern spaltete. Der Bellizismus Rottecks war somit im Verhältnis zum Friedensdenken Kants das Ergebnis eines innenpolitisch motivierten Desintegrationsprozesses. Das Eingeständnis der Zukunftslosigkeit eines Freiheit und Gleichheit zugleich auf der Grundlage des Besitzindividualismus anstrebenden Gesellschaftsmodells spiegelte sich in dem ihm zugeordneten und entsprechend dem Wettbewerb antagonistisch strukturierten Geschichtsverlauf, bei dem die Bindung des kriegerischen Fortschritts an das Ziel des 'ewigen Friedens' gelöst worden war.

Im Staatslexikon lassen sich nun — wenngleich mitunter nur in Bruchstücken — Friedensutopien sowohl als Bellizismen nachweisen. Dies fordert zum Vergleich

---

1   Vgl. auch die Beobachtung bei AIRAS, Wertungen, S. 437 f., eingeschränkt indes durch ebd., S. 430 f.

heraus. Mit Blick auf jene wäre zu fragen, wie es im Gegensatz zu Rotteck möglich war, einen künftigen Frieden zu denken (3.1). Was die Kriegsverherrlichung anlangt, so interessiert zunächst ihr innenpolitisch-gesellschaftlicher Bezug; genauer: Wiederholte sich der im Sinne eines egalitären Leitbildes politisch revolutionäre, gesellschaftlich jedoch rückwärtsgewandte Bellizismus Rotteckscher Provenienz (3.2)?

Die Frage nach der Möglichkeit, einen umfassenden Frieden zu denken, wo es Rotteck auf der Grundlage des hergebrachten Gemeinplatzes am Ende doch unmöglich geworden war, muß zunächst bei ebendieser Tradition ansetzen. Wenn Mitarbeiter des Staatslexikons anders als Rotteck an einer Friedensutopie festgehalten haben, wirft dieser Befund die erste Frage auf, ob diese Autoren überhaupt noch das Fundament des Friedensdenkens mit dem Freiburger Gelehrten geteilt hatten.

Hierfür braucht nicht sogleich auf das kritische Denken Kants zurückgegangen zu werden. Wie jüngst von Lothar Gall betont wurde, hatte sich ganz allgemein die gerade auch von dem Königsberger Philosophen entwickelte innenpolitische Verankerung des Friedens – in der Substanz unberührt durch die revolutionären und napoleonischen Kriege – dem vormärzlichen Liberalismus als Erbe mitgeteilt.[2] Dagegen ist andernorts mit einem dem Liberalismus unterstellten Völkerbundsgedanken[3] auf eine überstaatliche Organisation des Friedens angespielt worden. Nach einer Vorstellung der im Staatslexikon vorgefundenen Überlegungen zu einem umfassenden Frieden (II.) wird daher darauf zu achten sein, in welchem Maße diese den äußeren Frieden nach wie vor als eine Funktion der innerstaatlichen Verfassung begriffen hatten (3.1.1).

Soweit der traditionellen innenpolitischen Begründung des Friedens ihre prominente Stelle bewahrt wurde, wäre in einem nächsten Schritt den weiteren Elemen-

---

2 GALL, Auswärtige Politik, S. 35. Mit Blick auf das Staatslexikon verzeichnet SCHUMACHER, Gesellschaftsbegriff, S. 149 ebenfalls eine innenpolitische Begründung des Friedens.

3 HÖHN, Sozialismus, I, S. 17.

ten des hergebrachten Gemeinplatzes nachzugehen. In einem System rationaler Politikbegründung entwickelt, war das Modell der aufgeklärten Friedensvermittlung bei Rotteck infolge des aufgetretenen Widerspruches zwischen dem besitzindividualistischen Streben und dessen mit den formalen Rechtsprinzipien Freiheit und Gleichheit umrissener normativer Grundlage gescheitert. Sollten demgegenüber andere Verfasser weiterhin im Ausgang von innerstaatlichen Kräften den umfassenden Frieden propagiert haben, so legt dies die Vermutung einer Veränderung der überlieferten Bedingungen nahe, wenn einmal von der gewiß beachtenswerten Möglichkeit einer fehlenden Sensibilität gegenüber gesellschaftlichen Wandlungsprozessen abgesehen wird. Es geht in dieser Studie um den Verlust einer Utopie. Vor dem Hintergrund des gesellschaftlichen Strukturwandels wären Verkürzungen auf der emanzipativen Seite nun ebensowenig geeignet gewesen, die Attraktivität des bürgerlichen Friedensentwurfes zu fördern, wie dies eine bloße Reklamation idealer Prinzipien ohne die Angabe von Vermittlungsebenen hätte leisten können. Im Lichte dieser Annahme wäre also insonderheit auf Akzentverlagerungen zugunsten entweder des besitzbürgerlichen Interesses oder der normativen Momente zu achten. Sofern andere Bedingungen des Friedens die innerstaatliche ergänzt oder abgelöst haben sollten, müßte versucht werden, diesen Vorgang in einen Zusammenhang mit dem gesellschaftlichen Wandel zu bringen. (3.1.2)

Zugleich betrachtet diese Arbeit aber auch einen Prozeß, in dessen Verlauf dem Krieg eine Aufwertung zuteil wurde. Bei Rotteck war die Hinwendung zur Gewalt bedingt durch den Verlust der Utopie, genauer: durch den Ausfall ihres besitzbürgerlichen Mittelstücks. Diesem Zusammenhang wäre auch im Rahmen der bisher nur vermuteten Akzentverlagerungen nachzugehen: In welchem Maße war in dem Einflußfeld von gesellschaftlichem Strukturwandel und legitimistischer Friedenswahrung die Haltung gegenüber dem Interesse des Besitzes für die Bereitschaft zu Revolution und Krieg entscheidend (3.1.3)?

An die Erörterung dieser Frage schließt sich die Untersuchung der angetroffenen Bellizismen an (3.2). Dabei können Leitfragen, die bereits in dem eben umrissenen Teilkapitel aufgeworfen wurden, in diesem Kapitel erneut gestellt werden. Schließlich geht es hier nur um die letzte Stufe eines dort bereits in den Blick genommenen Überganges zur gewaltsamen Politik. Den Modellcharakter des bei Rotteck sichtbar gewordenen Wandels zunächst für die Zunahme der Gewaltbereitschaft überhaupt, dann aber auch für das Aufkommen kriegsverherrlichender Strömungen zu überprüfen heißt in beiden Abschnitten, die Bedeutung des besitzbürgerlichen Egoismus für die in Rede stehenden Entwicklungen abzuschätzen. Dies indes ist nur möglich, wenn auch andere, nämlich die von der Forschung im Hinblick auf die Entstehung des Bellizismus bislang in den Vordergrund gerückten Faktoren Berücksichtigung finden. Eine Konzentration auf das Thema des gesellschaftlichen Leitbildes darf daher nicht dazu führen, daß die Revolutionsfrage und das Problem der Verlagerung der politischen Legitimationsgrundlage von der Vernunft zu der Geschichte übergangen werden. Angesichts der dem Staatslexikon nachgesagten Uneinheitlichkeit[4] sind auffällige Unterschiede nicht zuletzt in jenen von der Literatur als relevant bezeichneten Bereichen zu erwarten. Endlich können auch ereignisgeschichtliche Zäsuren nicht gänzlich unbeachtet bleiben. Neben den Einschnitt von 1830 träte nunmehr auch das Todesjahr Rottecks – 1840. Wird doch der Rheinkrise mitunter eine das politische Denken nachhaltig verändernde Wirkung gerade insofern zugeschrieben, als unter ihrem Einfluß der Umschwung von kosmopolitischen Akzenten zu mehr nationalen Inhalten in den Zielsetzungen der 'Bewegungspartei' erheblich beschleunigt worden sei.[5]

Zunächst ist das Vorhaben dieses Kapitels auf die Beiträge zu einer Enzyklopädie angewiesen. Darin liegt als mögliches Hindernis der gemeinhin verkürzende Charakter lexikalischer Auskünfte. Nun wäre diese Einschränkung beim Staatslexikon angesichts der erschöpfenden und oftmals den Rahmen eines eigenen Buches ausfüllenden Abhandlungen – man denke hier nur an die Aufsätze Welckers[6] –

---

4   Vgl. ZEHNTNER, Staatslexikon, S. 59–90.

5   Vgl. FABER, Rheinlande, S. 368–405; daneben auch BUCHNER, Durchbruch, S. 309–333.

6   Vgl. dazu unter anderem WELCKER, Art. "Grundgesetz, Grundvertrag", StL. VI[2],

nicht so sehr zu befürchten. Gleichwohl erscheint es angeraten, um einem möglichen Mangel dennoch vorzubeugen, auch andere Zeugnisse jener Verfasser heranzuziehen, die im Staatslexikon sei es mit Kriegsverherrlichungen, sei es mit Entwürfen eines bleibenden Friedens hervorgetreten sind.

II.

Vielleicht hat sich Hans Haferland durch die Eindeutigkeit, mit der Friedrich List[7] die endliche Überwindung des Krieges prognostizierte, dazu verleiten lassen, diesem Verfasser eine "schon fast ... radikal-pazifistisch(e)" Haltung und damit eine einzigartige Stellung im Staatslexikon zu bescheinigen[8]. Und in der Tat

---

S. 161–250.

7   Am 6. August 1789 wurde Friedrich List in Reutlingen geboren. Als Angehöriger einer wirtschaftlich recht gut gestellten Handwerkerfamilie besuchte er zunächst die Lateinschule, wechselte danach in eine Lehre, um schließlich die Beamtenlaufbahn in der Verwaltung des Königreiches einzuschlagen. Während seiner Vorbereitung auf das Aktuarexamen betrieb er an der Tübinger Universität rechts- und staatswissenschaftliche Studien. Ohne einen Abschluß seines Studiums vorweisen zu können, wurde List 1817 mit der Lehre der Staatsverwaltungspraxis betraut. Schon bald geriet er in dieser Stellung wegen kritischer Äußerungen in einen Konflikt mit der württembergischen Regierung. Als ihm zudem seine Mitwirkung an der Gründung des 'Deutschen Handels- und Gewerbsvereins' von der Regierung 1819 vorgehalten wurde, verzichtete List auf seine Professur, um daraufhin eine nur noch regere Aktivität als ökonomischer und politischer Schriftsteller zu entfalten. Im gleichen Jahr wurde er von seiner Heimatgemeinde als Abgeordneter in die württembergische Ständeversammlung entsandt. Seine Feder bot indes den Behörden Anlaß zur Verfolgung, List verlor sein Mandat und emigrierte notgedrungen mit seiner Familie in die Vereinigten Staaten. Dort als Schriftsteller wie als Unternehmer überraschend erfolgreich, strebte er nach Erlangung der amerikanischen Staatsbürgerschaft die Stelle eines Konsuls im Gebiet des Deutschen Bundes an. Anfang der dreißiger Jahre kehrte er nach Europa zurück. Hier regte er die Herausgabe des 'Staatslexikons' an und stellte seine Publizistik in den Dienst der industriellen Entwicklung und der wirtschaftlichen Einheit der deutschen Nation. Zugleich wirkte er als geistiger Wegbereiter des deutschen Eisenbahnwesens. Nicht zuletzt wegen einer persönlichen, gesundheitlichen Krise setzte er seinem Leben in Kufstein am 30. November 1846 ein Ende.
    Vgl. Walter BRAEUER, List, in: NDB 14 (1985), S. 694–697; ferner Emanuel (?) LESER, List, in: ADB 18 (1883), S. 761–774; als zuletzt erschienene Biographie vgl. HENDERSON, List, passim.

8   HAFERLAND, Mensch, S. 114. Trotz der mitunter gegebenen Hinweise auf eine uneinheitliche, widersprüchliche Quellenlage bestätigt die Literatur zumeist das von Haferland hier entworfene Bild Lists. Vgl. GOLLWITZER, Geschichte, S. 512; GEHRIG, List, S. 336; LENZ, List/Marx, S. 62; LENZ, List/Werk, S. 28, S. 216 f., S. 282 f.; LENZ,

beeindruckt es schon, mit welcher Gewißheit List erklärte, es sei "wohl auch die Hoffnung keine Chimaire, daß das Princip der A r b e i t " − hier verstanden als der legitime Gegensatz zu der illegitimen Einrichtung des Krieges − "einst die ganze Erde besiegen und beherrschen werde".[9] Einmal mehr zeugten seine Aufsätze im Staatslexikon von dem fortgesetzten Bekenntnis zu dem Friedensziel der Geschichte, das List noch in seinem Hauptwerk − dem 'Nationalen System der politischen Ökonomie' − zu Beginn der 1840er Jahre ablegen sollte, um erst mit der Allianzdenkschrift von 1846 davon abzurücken.[10]

Gleichwohl blieb solches Denken der Zukunft keineswegs auf die Beiträge Lists beschränkt. Ähnlich wie dieser hatte auch Karl Mathy[11] schlicht zwischen dem

Lists Staatslehre, S. 41−44, S. 56 f., S. 67, S. 89; ROUSSAKIS, List, S. 102.

9 LIST, Art. "Arbeit", StL. I¹, S. 645 f.; ebenso StL. I², S. 604 f. Vgl. auch LIST, Art. "Asien", StL. I¹, S. 718 f.; ebenso LIST/SCHULZ, Art. "Asien", StL. I², S. 710.

10 Vgl. ohne Anspruch auf Vollständigkeit: LIST, Gedanken (1816), S. 104; LIST, Kritik (1817), S. 208; LIST, Staatskunde und Staatspraxis (1818), S. 303; LIST, Enzyklopädie (1823), S. 437−439; LIST, Das nationale System, S. 165 f., S. 41, S. 47−49, S. 215. Die in den 'Outlines of American Political Economy' von 1827 behauptete fortschrittsfördernde Wirkung des Krieges (LIST, Outlines, S. 131, zitiert unten Anm. 806) fügt sich in dieses Gesamtbild, da dort gleichzeitig weder die Wünschbarkeit noch die Möglichkeit eines 'ewigen Friedens' in Abrede gestellt wird. Erst die Allianzdenkschrift von 1846 verabschiedete den Gedanken des 'ewigen Friedens', insofern sie einer bleibenden und gleichsam strukturellen Kriegsbereitschaft Frankreichs und Rußlands das Wort redete. Vgl. LIST, Allianzdenkschrift, S. 273 f. Zur Datierung des Überganges vgl. SOMMER, Friedrich Lists System, S. 210−212. ECKERT, Amerikaaufenthalt, S. 19 f. übersieht in diesem Zusammenhang, daß der in den 'Outlines' gegen die Vorstellung von der Menschheitsunion erhobene Vorwurf der Wirklichkeitsfremdheit nach Lists ausdrücklichem Bekunden lediglich für die gegenwärtige Weltlage gelten sollte. Vgl. LIST, Outlines, S. 101 f., dort besonders die Wendung auf S. 102, wo es zu dem Ideal der Menschheitsunion heißt: "This state of things may be very desirable − it may do honour to the heart of a philosopher to wish for it − it may even lie in the great plan of Providence to accomplish it in after ages. But, sir, it is not the state of the actual world."

11 Karl Mathy, der am 17. März 1807 in Mannheim geboren wurde, studierte an der Universität Heidelberg Rechts- und Staatswissenschaften. Trotz seiner nicht eben regelmäßigen Lebensführung − die Begeisterung des Burschenschafters für den gerade ausgebrochenen griechischen Freiheitskampf war so groß, daß die beabsichtigte Teilnahme an der griechischen Unabhängigkeitsbewegung immerhin bis zur vorbereitenden Reise nach Paris gedieh − konnte Mathy sein Studium mit einer ausgezeichneten Staatsprüfung abschließen. Zunächst schlug er im Großherzogtum Baden die Beamtenlaufbahn ein. Im Sog des mit der Julirevolution beginnenden Aufbruchs wandte er sich alsbald jedoch der Publizistik zu. So war er die eigentlich treibende Kraft des etwa dreimal wöchentlich erscheinenden 'Zeitgeistes'. Die nach den Bundesbeschlüssen vom Sommer 1832 auch ihm drohende Verfolgung nötigte Mathy, mit seiner Familie in die Schweiz zu emigrieren. Dort schlug er sich als Schriftsteller und zuletzt als Lehrer durch, wobei er wegen seiner Kontakte

neuzeitlichen Prinzip der Arbeit und seinem 'barbarischen', dem Mittelalter und der Antike angehörenden Widerpart, dem Kriege, unterschieden.[12] In der Konsequenz dieses qualitativen Sprunges einer Zeitenwende, die mit der nordamerikanischen und der industriellen Revolution sowie mit dem Durchbruch zum Welthandel vollzogen worden sei[13], projizierte Mathy die Entwicklungslinien seiner Gegenwart auf eine friedliche Zukunft, "wo man klar erkennen würde, daß alle Völker Glieder einer großen Familie" seien[14].

Sodann hatte der Mitherausgeber, Karl Theodor Welcker[15], bereits in seinem

---

zum Kreis um Mazzini von den Behörden abermals behelligt wurde. Die Einstellung des gegen ihn in Baden betriebenen Verfahrens ermöglichte ihm die schließlich 1840 erfolgte Rückkehr nach Deutschland. Hier stieg er zu einem der führenden politischen Journalisten auf. Daneben gelang ihm der Einzug in die zweite badische Kammer, wo er sich als Sachverständiger für Haushalts- und Wirtschaftsfragen Anerkennung verschaffte. Während der deutschen Revolution war er nicht nur Mitglied im Vorparlament, im 50er-Ausschuß und in der Nationalversammlung, sondern er gehörte auch dem großherzoglichen und dem Reichsministerium an. In der Reaktionszeit beteiligte er sich an der Entwicklung des deutschen Kreditwesens. Ab 1862 war er wieder im badischen Staatsdienst, zunächst als Chef im Finanzministerium, dann an der Spitze des Handelsministeriums und zuletzt, ab 1866, als Regierungschef bei gleichzeitiger Übernahme der beiden eben genannten Ressorts. Mathy starb am 3. Februar 1868 in Karlsruhe.
Vgl. Friedrich v. WEECH, Mathy, in: ADB 20 (1884), S. 595–600; siehe ferner die Biographie FREYTAG, Mathy, passim. Unter den jüngeren Arbeiten ist als Biographie nutzbringend SCHOCH, Analyse, passim.

12   MATHY, Art. "Nationalökonomie", StL. IX[2], S. 372.

13   MATHY, Art. "Nationalökonomie", StL. IX[2], S. 358 f.

14   MATHY, Art. "Sperre", StL. XIV[1], S. 674 f.; ebenso StL. XII[2], S. 269. Vgl. auch MATHY, Art. "Nationalökonomie", StL. IX[2], S. 403. Zum Niederschlag friedensutopischer Ansätze bei Mathy bezieht die Literatur unterschiedliche Positionen. Während HOCHSCHILD, Mathy, S. 245 eine Distanzierung Mathys zumindest von einschlägigen politischen Entwürfen feststellt, betont BECKER, Mathys Einheitsgedanken, S. 38 f., S. 43, S. 65 f. Mathys Verpflichtung gegenüber einem friedensutopischen und kosmopolitischen Denken, die auch in der Darstellung bei SCHOCH, Analyse, S. 67 f. erkennbar wird.

15   Karl Theodor Welcker wurde am 29. März 1790 im oberhessischen Oberofleiden geboren. Er studierte Rechtswissenschaften und schloß seine Ausbildung 1813 mit der Habilitation in Gießen ab. Sodann war er als akademischer Lehrer an den Universitäten in Gießen, Kiel, Heidelberg und Bonn tätig. Gleichzeitig machte er sich in der politischen Diskussion zum Anwalt nationaler und konstitutioneller Ziele. Infolgedessen war auch er von den nach den Karlsbader Beschlüssen einsetzenden Untersuchungen betroffen. Angesichts der ihm deswegen in den preußischen Rheinlanden drohenden dienstlichen Widrigkeiten fiel Welcker im Sommer 1822 die Annahme eines Rufes an die Universität Freiburg nicht schwer. Dort hatte er wesentlichen Anteil an der auf die Julirevolution folgenden politischen Bewegung. Sein Eintreten für die Pressefreiheit ebenso wie sein Engagement für die im Kern auf eine deutsche Nationalversammlung abzielende Reform des Deutschen Bundes ließen Welcker weit über die Landesgrenzen hinaus bekannt werden. Mit dem 'Freisinnigen', den er

Einführungsbeitrag zur Enzyklopädie eine nach seiner Ansicht im Entstehen begriffene, letztlich universale   "b r ü d e r l i c h e   H ü l f s v e r - e i n i g u n g "   aller "gesitteten Völker" skizziert, die — auf der Grundlage konstitutioneller Bundesverfassungen fußend — schließlich auch den zwischenstaatlichen Bereich durch eine Rechtsordnung erfassen werde, unter der recht- und regellose Gewalt ebenso wie schon im innerstaatlichen Raum zu einem Delikt herabsinken werde.[16]

Nicht viel anders deutete Georg Friedrich Kolb[17] seine Zeit als eine Epoche, in

---

gemeinsam mit Rotteck redigierte, konnte er 1832 seine publizistische Basis noch verbreitern. Als indes die Tageszeitung im gleichen Jahr unterdrückt wurde, hatte sich Welcker in der Öffentlichkeit derart exponiert, daß die großherzogliche Regierung sich veranlaßt sah, ihn wie Rotteck in den erzwungenen Ruhestand zu versetzen. Fortan stand die Tätigkeit als Abgeordneter der zweiten badischen Kammer im Mittelpunkt seines politischen Wirkens. Daneben widmete er sich wiederum zusammen mit Rotteck der Herausgabe des 'Staatslexikons'. Nochmals sollte er während der 40er Jahre mit Veröffentlichungen Aufsehen erregen: Zum einen enthüllte er die geheimen Konferenzprotokolle von 1819 und zumindest im Auszug die von 1834, zum anderen stellte er gemeinsam mit Schulz am Fall des Pfarrers Weidig die geheime Justiz an den Pranger. Während der deutschen Revolution wirkte Welcker als Mitglied im Vorparlament und in der Nationalversammlung sowie als badischer Bundestagsgesandter. Nachdem er mit seinen großdeutschen Plänen an der Politik Schwarzenbergs gescheitert war und die Ablehnung der Kaiserkrone durch Friedrich Wilhelm IV. auch seine spektakuläre Hinwendung zur klein-deutschen Lösung um den erhofften Erfolg gebracht hatte, zog sich Welcker mehr und mehr aus der Politik zurück. Während der 1860er Jahre trat er nochmals für die großdeutsche Einheit ein. Welcker starb am 10. März 1869 bei Heidelberg.
Vgl. Friedrich von WEECH, Welcker, in: ADB 41 (1896), S. 660—665; WENTZCKE, Welcker, S. 233—239; siehe ferner die Biographie WILD, Welcker, passim und schließlich die jüngst erschienene biographische Skizze bei SCHÖTTLE, Politische Freiheit, S. 15—26.

16   WELCKER, Art. "Allgemeine encyklopädische Uebersicht", StL. I[1], S. 40—42; ebenso StL. I[2], S. 66—68; dort besonders auch S. 41: "Es naht ... der Zeitpunkt, an welchem die gesitteten christlichen Nationen das Bedürfniß fühlen werden, an die Stelle eines dürftigen völkerrechtlichen Friedens, der bis jetzt noch nicht die roheste Selbstsucht und die listigste Uebervortheilung als Maximen des gegenseitigen Verhaltens, ja noch nicht die Eroberung, den Raub und den Mord gegen Nationen ausschloß, auch im Völkerverhältniß eine moralische Ordnung und eine brüderliche Hülfsverbindung für die Freiheit und die Cultur anzuerkennen und zu begründen. Alsdann werden die jetzt sogar von einer französischen Juliregierung wohlgefällig angepriesenen Principien gemeiner Selbstsucht ..., dann werden Hinterlist und Täuschung, Mord und Raub gegen Völker nicht ehrenvoller sein, als sie im Kreise des Privatlebens es sind." (Ebenso StL. I[2], S. 67).

17   Der am 20. September 1808 in Speyer geborene Georg Friedrich Kolb kam bereits früh mit publizistischen Aufgaben in Berührung. Geraume Zeit hatte er schon an der von seinem Vater herausgegebenen 'Neuen Speyerer Zeitung' mitgewirkt, als ihm nach dessen Tode 1827 die redaktionelle Betreuung des Blattes zufiel. Ungeachtet schwerer Auseinandersetzungen mit den Zensurbehörden und trotz einer gegen seine oppositionelle Haltung angestrengten gerichtlichen Untersuchung gelang es Kolb, die Herausgabe der Zeitung auch unter den

der ein irreversibler Prozeß der Hegung und Verdrängung des Krieges sichtbar geworden sei. Den Anlaß für solche Einschätzung bot ihm die Reaktion des internationalen Mächtesystems auf die Erhebung Griechenlands. Unter dem Druck der öffentlichen Meinung zustande gekommen, habe die bewaffnete Intervention der beiden Westmächte und Rußlands zugunsten der griechischen Unabhängigkeit eine neue Ära zwischenstaatlichen Konfliktverhaltens eingeleitet: Statt die Linie zum Krieg zu überschreiten, sei trotz der Anwendung militärischer Gewalt der Friede formal erhalten geblieben; nach dem Gegenwartsverständnis Kolbs stand damit der Krieg "in Folge der Erlangung einer höhern Culturstufe" – also aus strukturellen Gründen und nicht bloß auf einen nur einmaligen, zufälligen Akt begrenzt – im Begriffe, sich zu der Form einer, modern gesprochen, bloßen Polizeiaktion zu wandeln.[18] Mochte die Krise des Jahres 1840 Kolb auch Grund zu der eher ungeduldig bedauernd denn abschätzig gemeinten

---

Bedingungen der nach 1832 verschärften Repression fortzusetzen. Darüber hinaus beteiligte er sich mit mehreren Buchveröffentlichungen an der politischen Diskussion. Nicht von ungefähr wurden ihm daher während der deutschen Revolution gleich mehrere öffentliche Mandate und Ämter übertragen. Er gehörte dem Vorparlament ebenso wie der Frankfurter Nationalversammlung an, wobei er sich der gemäßigten Linken anschloß. Zudem war er Mitglied des bayerischen Landtags. In seiner Vaterstadt fiel ihm, der schon 1838 in den Stadtrat gewählt worden war, überdies noch das Amt des Bürgermeisters zu. Ohne sich mit der pfälzischen Aufstandsbewegung zu identifizieren, distanzierte sich Kolb von dieser Erhebung 1849 nicht nachhaltig genug, um der nunmehr einsetzenden Verfolgung durch die Reaktion zu entgehen. Zwischen 1853 und 1859 lebte er im Züricher Exil. Nach Deutschland zurückgekehrt, schrieb er für die 'Frankfurter Zeitung', deren politische Redaktion er 1864 übernahm. Ein Jahr zuvor war Kolb als Abgeordneter in den bayerischen Landtag zurückgekehrt. Der preußische Sieg nötigte ihn 1866 zum Umzug nach München, wo er nach weiterer journalistischer Arbeit am 15. Mai 1884 verstarb.
Vgl. Walter BRAEUER, Kolb, in: NDB 12 (1980), S. 441 f.; darüber hinaus vgl. die biographischen Arbeiten von Elmar Krautkrämer, so vor allem KRAUTKRÄMER, Kolb (1959), passim.

18 KOLB, Art. "Griechenland (Geschichte Neugriechenlands)", StL. VII[1], S. 158 f.; ebenso StL. VI[2], S. 111: "Es zeigte sich hierbei zum ersten Male, was sich seitdem mehrfach wiederholte, wie man dermalen (in Folge der Erlangung einer höhern Culturstufe, wie wir glauben) allgemeine Kriege zu vermeiden sucht, und wie es gelingen kann, ein nur mit Waffengewalt zu erlangendes Ziel wirklich zu erreichen, ohne förmlich aus dem Zustande des Friedens herauszutreten, indem man sich in einen Mittelzustand zwischen Krieg und Frieden versetzt, der alle beabsichtigten Resultate einer Eroberung gewährt, ohne von der Gesammtmasse der verderblichen Folgen eines allgemeinen Kampfes begleitet zu sein". In einer Anmerkung führt Kolb als weitere Belege ebd. die "Besetzung Anconas" und das französische Eingreifen zugunsten Belgiens an.

Bemerkung gegeben haben, "daß die Idee eines e w i g e n F r i e d e n s doch noch immer in das Gebiet der s c h ö n e n T r ä u m e " 'gehöre'[19], so schrieb er dennoch dem Gang der "Cultur" eine allmähliche Überwindung der zwischenstaatlichen Gewalt zu: "Eroberungs- und Erbfolgekriege (würden) mehr und mehr verschwinden";[20] und in einem mehrere Jahrhunderte umfassenden Vorgriff auf die Zukunft berichtete er von einer Weltgesellschaft, in der "Cultur und Humanität – Menschenveredelung und Beglückung – bei allen Nationen, in allen Ländern, als Ziel des Strebens wenigstens im Allgemeinen anerkannt und geachtet" werden würden, "wenn gleich auch voraussichtlich damit noch nicht jedes Unrecht, jede Bedrückung, jede Gewaltthat im Einzelnen auf(ge)hört" haben werde.[21] In diesem Sinne hatte Kolb 1836 unter dem Eindruck der ersten zwanzig Jahre des Wiener Vertragssystems optimistisch notiert, daß Europa auf dem Wege in die friedliche Zukunft ein gutes Stück vorangekommen sei: "wenn auch für die Zukunft nicht gerade auf einen ewigen Frieden gebaut werden" dürfe, so habe man "doch allen Grund, anzunehmen, daß die Kriege bedeutend s e l t e n e r als vormals, und weit m i n d e r z e r s t ö r e n d , (würden) ... geführt werden".[22]

Wie Kolb, Welcker, List und Mathy, so wagte auch Sylvester Jordan[23] die Prog-

19 KOLB, Art. "Natürliche Grenze", StL. XI^1, S. 155; ebenso StL. IX^2, S. 405. Vgl. auch KOLB, Zustand, S. 105, wo es anläßlich der Orientkrise heißt: "An einen 'ewigen Frieden' haben gewiß nur Wenige geglaubt; er liegt bei dem jetzigen Kulturgrade der Menschheit, noch (!) allzusehr außer dem Bereiche der Wahrscheinlichkeit".

20 KOLB, Art. "Menschheit", StL. X^1, S. 504; ebenso StL. IX^2, S. 55.

21 KOLB, Art. "Racen der Menschen", StL. XIII^1, S. 408; ebenso StL. XI^2, S. 290.

22 KOLB, Klage, S. 59.

23 Obgleich der am 30. Dezember 1792 bei Innsbruck geborene Sylvester Jordan einer ärmlichen Familie entstammte, konnte er das Gymnasium und anschließend die Landshuter Universität besuchen, wo ihm von der philosophischen (1815) wie auch von der juristischen Fakultät (1817) der Doktorgrad verliehen wurde. Nach einer kurzen Tätigkeit bei Gericht wurde Jordan 1820 Privatdozent in Heidelberg, im Jahr darauf übernahm er einen Lehrstuhl für Staatsrecht an der Philipps-Universität in Marburg. Diese Körperschaft vertrat Jordan 1830/31 in der kurhessischen konstituierenden Versammlung. Hier war er maßgeblich an der Entstehung der nachmals eingeführten Verfassung beteiligt. Ein Streit mit der Regierung veranlaßte Jordan, der Tagespolitik den Rücken zu kehren, was ihn indes nicht davor bewahrte, im Zusammenhang mit dem Frankfurter Wachensturm grundlos verdächtigt und vom Ministerium Hassenpflug ab 1833 verfolgt zu werden. Die gegen ihn ergriffenen

nose einer wesentlich oder doch wenigstens überwiegend gewaltfreien Zukunft der internationalen Staatengemeinschaft. Das Institut der ständigen Gesandtschaften — ursprünglich von seinem Stifter, Kardinal Richelieu, neben dem stehenden Heer als Werkzeug der Unterdrückung und Gewalt gedacht — habe sich entgegen der Absicht seiner Betreiber als Beförderer des Friedens erwiesen, so daß bei der gegenwärtig schon "ziemlich zur Besinnung gebracht(en)" Politik "sicherlich die Zeit kommen (werde), wo man von dem Institute der bleibenden Gesandtschaften nur Segensreiches zu rühmen" haben werde.[24] Als Teilaspekt spiegele die Entwicklung des "Gesandtschaftsrecht(s)" die umfassendere "Vervollkommnung des Völkerrechts", die auf die Schaffung eines "größeren Völkerverein(s)" hinauslaufe, in welchem "die Rechtsidee" sich durchsetzen werde.[25]

Etwas komplizierter liegen die Dinge bei Wilhelm Schulz (-Bodmer)[26], dessen

---

Maßnahmen reichten von der Amtsenthebung über die Untersuchungs- und Festungshaft ab 1839 bis zu der schließlich 1843 verhängten fünfjährigen Festungsstrafe. Erst 1845 wurde dieses Urteil von dem Oberappellationsgericht in Kassel aufgehoben. Daraufhin konnte Jordan wenigstens wieder seine Lehrtätigkeit an der Marburger Universität aufnehmen. Nach dem Ausbruch der deutschen Revolution wurde ihm eine ganze Reihe von Aufgaben übertragen. Er war Abgeordneter im kurhessischen Landtag, Mitglied im 17er-Ausschuß, Angehöriger des Vorparlaments und der deutschen Nationalversammlung (Landsberg) sowie bis 1850 kurhessischer Bevollmächtigter bei der Frankfurter Zentralgewalt. Der Sieg der Reaktion führte zu seinem Rückzug aus dem politischen Leben. Jordan starb am 15. April 1861 in Kassel.

Vgl. Wolfgang KLÖTZER, Jordan, in: NDB 10 (1974), S. 603 f. und Karl (?) WIPPERMANN, Jordan, in: ADB 14 (1881), S. 513—520.

24 JORDAN, Art. "Gesandter", StL. VI[1], S. 586 f.; ebenso StL. V[2], S. 626 f.

25 JORDAN, Art. "Gesandter", StL. VI[1], S. 612 f.; ebenso StL. V[2], S. 643.

26 Der am 13. März 1797 in Darmstadt geborene Wilhelm Schulz schlug zunächst die Militärlaufbahn ein. Nachdem er als junger Offizier an den Befreiungskriegen teilgenommen hatte, widmete er sich im dienstlichen Auftrag mathematischen Studien an der Universität Gießen. Hier gelangte er in Berührung mit dem Kreis um Karl Follen. Aus dem Kontakt mit der studentischen Protestbewegung ging Schulz' erste politische Flugschrift hervor, das anonym verfaßte 'Frag- und Antwortbüchlein'. Die Aufdeckung führte zu einem militärgerichtlichen Verfahren, das mit seiner Entlassung aus dem aktiven Dienst endete. Schulz belegte an der Gießener Universität juristische Vorlesungen, promovierte schließlich und betätigte sich fortan als politischer Schriftsteller. Recht zurückhaltend zunächst, wurde seine Feder infolge der Julirevolution zunehmend schärfer. Seine Veröffentlichungen trugen ihm 1833 ein neuerliches kriegsgerichtliches Verfahren ein, in welchem er zu einer dreijährigen Festungshaft verurteilt wurde. Mit Hilfe seiner Frau gelang ihm Ende Dezember 1834 die Flucht. Das Ehepaar Schulz fand in Zürich eine neue Heimat. An der dortigen Universität lehrte Wilhelm ab 1836 als Privatdozent. Hier knüpfte er auch enge Kontakte mit anderen Flüchtlingen, allen voran mit Georg Büchner. Sein wissenschaftliches Interesse

Abhandlungen noch einmal im Rahmen der Erörterung des Bellizismus interessieren werden. Auf den ersten Blick verwirren darum auch seine Aussagen über das Friedensziel der Geschichte. Im Sinne des Fortschritts habe "der Zustand des Krieges vielleicht nur einer   e r s t e n   Periode der Menschengeschichte als nothwendig angehört", die Aufhebung des Krieges in einem künftigen Weltfrieden müsse nicht ein Traum bleiben.[27] "Keineswegs" erlaube eine Betrachtung der Geschichte den Schluß, "daß für alle Zukunft nur der ewige W e c h s e l von Krieg und Frieden das vorausbestimmte Schicksal der Nationen auf Erden sei".[28] Indes schlägt die mit vorsichtiger Zurückhaltung vorgetragene historische Relativierung der immerhin eingeräumten Notwendigkeit des Krieges unversehens um in dessen ebenso gegenwarts- wie zukunftsorientierte Rechtfertigung. Weder sei zu erwarten, daß jetzt schon der Krieg der Vergangenheit angehöre, noch zu "hoffen, daß auf der Grundlage der bestehenden politischen Verhältnisse der Friede dauernd sich befestige".[29] Beide Aussagen zusammengenommen, wird die Möglichkeit einer friedlichen Lösung der Gegenwartsprobleme verneint, wie denn auch das 'Flehen' eines Polen "um die Gewährung des allgemeinen Krieges" von Schulz zur "erhabenen Eingebung" hochstilisiert wurde. Daran anschließend verlieh

---

galt der Statistik und der politischen Ökonomie. Damit verband er immer wieder Arbeiten zu politischen Tagesfragen. Unter anderem rollte er zusammen mit Welcker den Fall Weidig auf. Während der deutschen Revolution schloß er sich als Abgeordneter der Nationalversammlung der gemäßigten Linken an. Nach dem Sieg der Reaktion emigrierte er abermals nach Zürich, wo er — inzwischen verwitwet — in die Familie Bodmer einheiratete. Bis zu seinem Tode am 9. Januar 1860 wirkte er in Zürich als engagierter politischer Schriftsteller.
Vgl. Hugo EISENHART (?), Schulz, in: ADB 32 (1891), S. 752 f. und NABHOLZ, Schulz, S. 404–414; vgl. darüber hinaus die umfangreichen biographischen Arbeiten zu Schulz von Walter Grab; als zuletzt erschienenes Werk GRAB, Dr. Wilhelm Schulz, passim.

27 SCHULZ, Art. "Frieden. Friedensschlüsse", StL. VI[1], S. 133; ebenso StL. V[2], S. 228.

28 SCHULZ, Art. "Frieden. Friedensschlüsse", StL. VI[1], S. 88; mit geringfügigen Änderungen StL. V[2], S. 198 (dort wegen der Stellung im Satz: "keineswegs"; ohne die Wendung "auf Erden").

29 SCHULZ, Art. "Frieden. Friedensschlüsse", StL. VI[1], S. 133; ebenso StL. V[2], S. 228.

Schulz der absehbaren kriegerischen Entwicklung den Charakter der Unausweichlichkeit einer natürlichen Wachstumskrise.[30]

Mit Blick auf die fernere Zukunft jedoch verwies der Verfasser zwar auf die
Schranken der menschlichen Erkenntnis;[31] dessenungeachtet aber wußte er
jedenfalls die Bedingungen anzugeben, unter denen ein 'ewiger Friede', wenn
überhaupt, möglich sein könne: Im wesentlichen träten diese mit dem Abschluß
der Nationalstaatsbildung ein, insofern "die p o l i t i s c h e n ... (zugleich
auch die) ... n a t ü r l i c h e n Grenzen" bildeten und "jede besondere
Nation wenigstens die Grenze ihres äußerlichen und physischen Wachsthums
erreicht hätte"[32]. Was an dieser Stelle noch mit einem kritischen Vorbehalt
versehen war, geriet Schulz an einer anderen zur unbezweifelbaren Vorhersage:
Unter Berufung auf die "Bürgschaft" eines "gesetzmäßigen Ganges der Entwickelung des Völkerlebens" sah er ein Gleichgewichtssystem der Nationalstaaten
sich bilden, in dem "selbst der W i l l e zur politischen Vernichtung eines ...
Nationalstaats bei den anderen Nationalstaaten kaum mehr (würde) entstehen
k ö n n e n , weil es bei naturgemäßer Gliederung des Völkerlebens ebenso
thöricht erscheinen ... (müsse), auf die Zerstörung besonderer Glieder hinzuarbeiten, als es bei dem Einzelnen ein Zeichen des Wahnsinnes ... (sei), wenn er sich
selbst zu zerfleischen" 'suche'. Friede also, wenn nur die Natur ihr Recht erhielte!
Eindeutig war hier der kriegerische Motor in dem kommenden Weltfrieden
aufgehoben, als abschließend der Autor "die Kriege der Zukunft der Herstellung
dieses o r g a n i s c h e n Gleichgewichts, als der wahrhaft g ö t t -

---

30 SCHULZ, Art. "Frieden. Friedensschlüsse", StL. VI[1], S. 133; ebenso StL. V[2], S. 228.

31 SCHULZ, Art. "Frieden. Friedensschlüsse", StL. VI[1], S. 89; ebenso StL. V[2], S. 198: "Der
    Gesichtskreis, den wir zur Zeit überblicken, reicht aber lange nicht in eine so tiefe Zukunft
    hinein, um die Frage zu beantworten, o b und w a n n ein solcher n a t ü r -
    l i c h e r Beharrungszustand, welcher die p o l i t i s c h e Stabilität erst m ö g -
    l i c h machen würde, eintreten w e r d e und ob er jemals eintreten k ö n n e ?"

32 SCHULZ, Art. "Frieden. Friedensschlüsse", StL. VI[1], S. 89; ebenso StL. V[2], S. 198.

l i c h e n   Ordnung im Leben der Menschheit, zumeist und wesentlich gelten"
ließ.[33]

Zu diesen sechs bereits in der ersten Auflage nachweisbaren Ansätzen von
Friedensutopien traten in der zweiten noch zwei weitere. Gottlieb Christian Abt[34]
setzte sich zwar mit einem verfehlten Chiliasmus auseinander, dies hinderte ihn
aber nicht daran, selbst das Bild einer zweifellos kommenden Zeit zu entwerfen,
in der "die Menschheit ... nur thätig sein (werde), um die Menschen glücklich zu
machen".[35] Und nach Gustav von Struves[36] Worten werde auch in bezug auf die

---

33 SCHULZ, Art. "Gleichgewicht, völkerrechtliches", StL. VII[1], S. 60 f.; nur unwesentlich
    verändert in StL. VI[2], S. 38 f., wo es abschließend (S. 39) heißt: "Für jenes Phantom eines
    m e c h a n i s c h e n   Gleichgewichts hat Europa während Jahrhunderten blutige
    Schlachten geschlagen; und mit mehr als bloßer Wahrscheinlichkeit läßt sich voraussehen,
    daß die Kriege der Zukunft auch der Herstellung dieses o r g a n i s c h e n Gleich-
    gewichts, als der wahrhaft g ö t t l i c h e n Ordnung im Leben der Menschheit ...
    gelten werden."
    Daß Schulz ebd. [1], S. 59 und ebd. [2], S. 38 im Hinblick auf die innerstaatliche Seite dieses
    Zustands die Möglichkeit des "ewigen Frieden(s)" im Sinne einer "gleichmäßigen ruhigen
    Entwickelung" in Abrede stellte, ist kein Einwand. Denn der fortbestehende innenpolitische
    Konflikt wird auf die Gewaltfreiheit des 'bloßen' "Familienzwiste(s)" reduziert (Abweichung
    der zweiten von der ersten Auflage wurde von mir unterstrichen, F.N.).

34 Der am 17. August 1820 im württembergischen Dobel geborene Gottlieb Christian Abt hatte
    sowohl eine theologische als auch eine philosophische Ausbildung genossen. Zum Umkreis
    von Struve gehörend, wurde er bereits vor der deutschen Revolution "wegen
    Amtsehrenbeleidigung" mit einer Gefängnisstrafe belegt. Nach der Niederlage der
    revolutionären Bewegung hielt er sich zunächst in Genf auf. Ab 1856 wirkte er vornehmlich
    in Süddeutschland an verschiedenen Blättern als Redakteur und Herausgeber mit, wobei
    seine scharfe, ätzende Kritik ihm mehrfach die gerichtliche Verfolgung eintrug. Wiederholt
    war er daher auch zu einem Wohnungswechsel genötigt. Abt starb Ende Dezember 1869 in
    Stuttgart.
    Vgl. Emil DOVIFAT, Abt, in: NDB 1 (1953), S. 26 und Herbert SCHILLER, Abt,
    Christian, in: Goedekes Grundriß zur Geschichte der deutschen Dichtung, Neue Folge, Bd. I,
    Berlin 1962, S. 129 f.

35 ABT, Art. "Chiliasmus", StL. III[2], S. 210.

36 Gustav von Struve wurde am 11. Oktober 1805 in München geboren. Nach einem
    rechtswissenschaftlichen Studium an den Universitäten Heidelberg und Göttingen trat er in
    oldenburgische Dienste. Jedoch fand er weder in der Tätigkeit eines Gesandtschaftssekretärs
    am Bundestage noch in dem Amt eines Landgerichtsassessors in Jever ein ihm angemessenes
    Betätigungsfeld. Er verließ daher die Beamtenlaufbahn und nahm 1832 die Stelle eines
    Rechtsanwaltes in Mannheim an. Nach einigen Versuchen auf dem Gebiet der Phrenologie
    wandte er sich in den vierziger Jahren der Politik zu. Seine Bücher ebenso wie seine
    journalistischen Arbeiten brachten ihn in einen andauernden Konflikt mit der Zensur.
    Mehrere Gefängnisaufenthalte waren die Folge. Schon im Vormärz als Exponent der
    radikalen Bewegung in Erscheinung getreten, war Struve auch während der Revolution einer
    der Führer der republikanischen Linken. Mit den Beschlüssen des Vorparlamentes nahm der

zwischenstaatlichen Beziehungen "das goldene Zeitalter" beginnen, wenn nur "einmal die ewigen und unveräußerlichen Rechte der Menschheit ... Anerkennung gefunden" haben würden.[37] Schlösse zudem nicht der Artikel 'Ewiger Friede', in welchem sich Paul Achatius Pfizer[38] um eine Wiedergabe der Kantschen Friedensschrift bemüht hatte, mit der Absage an den 'ewigen Frieden' in Gestalt einer zeitlich ungebundenen Verherrlichung des Krieges,[39] so könnte man von insgesamt neun Friedensutopien ausgehen. So aber muß sich die folgende Betrachtung

---

Verlauf der Revolution für Struve eine so enttäuschende Wendung, daß er sich auf den außerparlamentarischen Kampf verlegte. Mehrfach versuchte er, mit dem Mittel des bewaffneten Aufstandes die Revolutionierung Deutschlands voranzutreiben. Als sein letzter Anlauf mit der Niederwerfung der badischen Erhebung 1849 gescheitert war, blieb ihm nur die Flucht in das Ausland. Über Frankreich und England gelangte er in die Vereinigten Staaten, wo er auf der Seite der Union bis 1862 am nordamerikanischen Sezessionskrieg teilnahm. Ein Jahr später kehrte er nach Deutschland zurück. Von Stuttgart, danach von Coburg und schließlich von Wien aus engagierte er sich wieder in der politischen Publizistik. Struve starb am 21. August 1870 in Wien.
Vgl. Karl (?) WIPPERMANN, Struve, in: ADB 36 (1893), S. 681–687; unter den jüngeren Arbeiten ist auch als Biographie zu nutzen PEISER, Struve, passim.

37 STRUVE, Art. "Menschenrechte", StL. IX[2], S. 72.

38 Paul Achatius Pfizer wurde am 12. September 1801 in Stuttgart geboren. Der Sohn einer Juristenfamilie studierte Rechtswissenschaften und schloß seine Ausbildung — obwohl seine Neigungen eher der klassischen Philologie und der Philosophie gehörten — mit einer herausragenden Prüfungsleistung 1823 ab. Noch im gleichen Jahr eröffnete sich ihm mit der Anstellung im württembergischen Justizministerium eine aussichtsreiche Beamtenlaufbahn. Diese berufliche Erwartung sollte sich indes nicht erfüllen. Mit dem 1831 veröffentlichten, vielbeachteten 'Briefwechsel zweier Deutschen' begab sich Pfizer auf das Feld der Politik. Die daraufhin von seinem Dienstherrn bekundete Verwunderung veranlaßte ihn, um den dann auch bewilligten Abschied einzukommen. Einmal politisch als 'Prophet der deutschen Einheit' (Treitschke) in Erscheinung getreten, wurde Pfizer Ende 1831 als Abgeordneter der Stadt Tübingen in den Landtag gewählt, wo er gegen die sich verschärfende Repressionspolitik des Bundes auftrat. Nicht zuletzt wegen der abnehmenden landständischen Unterstützung entschloß er sich 1838, das ihm wiederum angetragene Abgeordnetenmandat nicht mehr anzunehmen. Er widmete sich zunächst ausschließlich der politischen und staatsrechtlichen Publizistik. Erst 1846 nahm er, nachdem er die ihm angebotene Professur in Tübingen abgelehnt hatte, erneut ein öffentliches Amt an — diesmal als ein eher untergeordneter Beamter der Stadt Stuttgart. Im Jahre 1848 wurde er Mitglied im württembergischen Märzministerium. Zugleich wirkte er als Abgeordneter im Vorparlament wie auch in der Paulskirche. Seine angegriffene Gesundheit nötigte ihn indes alsbald zu einem abermaligen Rückzug aus der Politik. Nach einer 1851 begonnenen neuerlichen Tätigkeit im württembergischen Justizwesen nahm Pfizer 1858 endgültig seinen Abschied. Am 30. Juli 1867 verstarb er — zurückgezogen und einsam — in Tübingen.
Vgl. Theodor SCHOTT, Pfizer, in: ADB 25 (1887), S. 668–677; vgl. ferner den zugleich einen Überblick über ältere Skizzen gebenden zuletzt erschienenen biographischen Abriß bei KENNERT, Gedankenwelt, S. 14–33.

39 PFIZER, Art. "Ewiger Friede", StL. V[1], S. 333–338; ebenso StL. IV[2], S. 560–564.

mit deren acht begnügen und die Arbeiten Pfizers zusammen mit einem neuerlichen Eingehen auf die Zeugnisse von Schulz der Erörterung des Bellizismus vorbehalten.

Wenn eben im Hinblick auf die summarische Auflistung die Rede von 'Friedensutopien' gewesen ist, so sind diese nicht – oder wenigstens noch nicht – als eine Sammlung von zu diesem Thema ausgearbeiteten Entwürfen zu verstehen. Anhand dieser mehr nur fragmentarischen Belege ist indessen soviel deutlich geworden, daß das Bewußtsein, auf dem Wege zu einem Zustand zu sein, in welchem die Hegung der Gewalt auf interstataler Ebene in einem der Leistung des innerstaatlichen Friedens vergleichbaren Maße gelingen werde, im Staatslexikon recht weit verbreitet war. Das auf die Zukunft gerichtete politische Denken dachte den dauernden zwischenstaatlichen Frieden als eine – gleich wie weit auch entfernte – reale Möglichkeit mit. Insofern ist zu Recht von 'Friedensutopien' gesprochen worden.

Bei diesem ersten Überblick fällt nun auf, daß das Denken des zukünftigen Friedens offensichtlich unabhängig war von dem jeweiligen Ort der einzelnen Politiker innerhalb der 'Bewegungspartei'. Geht man einmal von der späteren Mitgliedschaft in Vorparlament und Paulskirche aus, so hielten Vertreter der äußersten und gemäßigten Linken – Struve (Vorparlament), Kolb (Deutscher Hof) und Schulz (Westendhall) – ebenso am Friedensziel der Geschichte fest wie die Angehörigen des rechten Zentrums: Welcker und Mathy (Kasino) sowie Jordan (Landsberg). Als spielten innenpolitische Differenzen keine Rolle! So voreilig es nun wäre, daraus die relative Bedeutungslosigkeit der innenpolitischen Begründung zu schließen, so dringlich ist es doch, sich nunmehr ihrer eigentlichen Position innerhalb des Friedensdenkens zu vergewissern.

3.1 Friedensutopien im Staatslexikon

3.1.1 Die Bedingungen des Friedens

I.

Daß eine ganze Reihe von Politikern und Publizisten im Umkreis des Staatslexikons sich zur gleichen Zeit dem Friedensziel der Geschichte verpflichtet wußte, zu der Rotteck dem 'ewigen Frieden' mit seiner Wendung zum Bellizismus schon längst abgeschworen hatte, wirft die Frage nach dem gemeinsamen Fundament des Friedensdenkens auf. Als entscheidendes, wenn auch so noch recht grob umrissenes Strukturmerkmal kennzeichnete die an dem Gegensatz zum Absolutismus entwickelte innenpolitische Begründung des Friedens das von Rotteck fortgeführte Friedensdenken des ausgehenden 18. Jahrhunderts: Nicht von einem weltumspannenden 'Leviathan', sondern von der bürgerlichen Partizipation wurde die Gewähr für den Frieden erwartet. Wie stand es nun um diese erste Grundlage bei jenen Verfassern, denen es offensichtlich nach wie vor möglich war, eine Zukunft des Friedens zu denken? Zunächst also wird es darum gehen, das Ausmaß der innenpolitischen Verankerung des Friedens zu bestimmen.

Gegen eine solche Gemeinsamkeit in der Fortschreibung dieser aufgeklärten Tradition scheint fürs erste die Beobachtung zu sprechen, daß vier der hier vorgestellten Autoren − nämlich Welcker, Jordan, Struve und List − den umfassenden Frieden mit seiner internationalen Organisation in Verbindung brachten. So hieß es bei List bereits 1816, daß die höchste Stufe der Entwicklung "eine Korporation aller gegenwärtig selbständigen Staaten in einem Staatenbund" sei.[40] Achtundzwanzig Jahre später beschrieb derselbe Verfasser das Ziel unverändert als die "Vereinigung aller Nationen unter dem Rechtsgesetz − die Universal-

---

40   LIST, Gedanken, S. 104.

161

union".[41] Im Staatslexikon ebenso wie in den Frühschriften und dem 'Nationalen System' wurde ein politischer Prozeß skizziert, der — angelehnt an das Beispiel der nordamerikanischen Union, daneben auch an das des Deutschen Bundes — sich dem Betrachter als eine im Wege des föderativen Zusammenschlusses fortschreitende Weiterung des staatlichen Umfanges darstellte, die von den kleinsten Personenverbänden schließlich zur "Universalkonföderation", zu einer Art Weltstaat aufsteige.[42]

Ein ähnliches Modell hatte offenbar Welcker vor Augen, als er in seinem Einführungsbeitrag zum Staatslexikon die rechtliche Entwicklung der Menschheit in dem Bild des weltweiten "c o n s t i t u t i o n e l l organisirten Bundessystems" gipfeln ließ, dessen vielversprechende Anfänge wiederum schon mit der nordamerikanischen, schweizerischen und deutschen Bundes- und Reichsverfassung vorlägen. Sein Sprachgebrauch zumal — durch dieselben "Friedens- und Hülfsvereine", mit denen er sonst die Staaten zu umschreiben pflegte, sollte im Fortgang "von der Familie" über "ganze Reiche und Völkerfamilien ... endlich die Menschheit" 'vereinigt' werden — suggerierte hierbei die Zielsetzung einer universalstaatlichen Organisation der Weltgesellschaft.[43]

Nicht im Staatslexikon zwar, wohl aber in den 'Grundzügen der Staatswissenschaft' stellte Struve dem "Bunde der Dynastien ... einen Bund der Völker" entgegen.[44] Das Werk, mit dessen Herausgabe Struve am Vorabend der Revolution sein zuvor schon in kleineren Einzelschriften publiziertes politisches Konzept in einer größeren Systematik zusammenzufassen suchte, wies diesem Bund eine vergleichsweise weitgehende Kompetenz zu: Denn als oberste Leitungsbehörde würde ein von den "verschiedenen Nationalitäten" beschickter "Congreß" auf der

---

41 LIST, Das nationale System, S. 41.

42 LIST, Art. "Arbeit", StL. I¹, S. 645; ebenso StL. I², S. 604 f.; LIST, Kritik, S. 208; LIST, Enzyklopädie, S. 437 f.; LIST, Das nationale System, S. 165 (Zitat), S. 215.

43 WELCKER, Art. "Allgemeine encyklopädische Uebersicht", StL. I¹, S. 40 f.; ebenso StL. I², S. 66 f.; dort auch ein Beispiel für Welckers Umschreibung des Staates als 'Friedens- und Hilfsverein'.

44 STRUVE, Grundzüge, IV, S. 206.

Grundlage der Öffentlichkeit und des nationalen Selbstbestimmungsrechtes die "Wechselverhältnisse der Nationen" regeln.[45] Wenngleich der Begriff des 'Universalstaates' keine Verwendung fand, gelangte mit solcher Organisationsdichte der Bund dennoch in die Nähe der Staatsqualität.

Auch Jordan stellte anfänglich den Frieden auf seine universalstaatliche Durchsetzung. Zwei Jahre vor der Julirevolution hatte er seine Staatstheorie in später nicht mehr erreichter Ausführlichkeit veröffentlicht. An ihrem Beginn stand die Entwicklung des Rechtsstaates, der als Alternative zu dem "Naturstand" – dem "Stand des Krieges der Einzelnen gegen den Einzelnen" –[46] geboten sei. Hierin wie auch sonst über weite Strecken seines Buches kantischem Denken verhaftet, folgerte Jordan aus der Pflicht zum Recht die Pflicht zu dem das Recht über den äußeren Zwang durchsetzenden Staat.[47] Als kritische Norm aller wirklichen Staaten[48] umfaßte der 'Vernunftstaat' "das ganze Menschengeschlecht ... (in) einem friedlichen Rechtsvereine".[49] Freilich stand hinter der Idee des von der Vernunft geforderten universalen Rechtsstaates die Wirklichkeit der in mehrere Staaten zerfallenden Menschheit weit zurück, denn sie bewahrte mit dem zwischenstaatlichen Raum dem Kriege einen "naturstandlichen" Bezirk.[50] Bei dem anarchischen Zustand im wechselseitigen Verhältnisse der wirklichen Staaten, die ohne "gemeinschaftliche äußere Gewalt über sich ... Richter und Vollzieher in ihren eigenen Angelegenheiten" blieben, sei "ein dauerhafter Frieden zwischen a l l e n   Völkern   (e i n   e w i g e r   W e l t f r i e d e n)   nicht (zu) erwarten".[51]

---

45 STRUVE, Grundzüge, IV, S. 206 f.

46 JORDAN, Versuche II, § 12, S. 46 f.

47 JORDAN, Versuche II, §§ 10–14, S. 37–54.

48 JORDAN, Versuche III, § 2, S. 55 f.

49 JORDAN, Versuche III, § 7, S. 70.

50 JORDAN, Versuche III, § 8, S. 76 f.

51 JORDAN, Versuche III, § 8, Anm. 2, S. 85;   " (e i n   e w i g e r   W e l t f r i e -
d e n) " im Original.

Fraglos stellte Jordan hier im Rahmen seines eher skeptisch-resignativen Befundes den 'ewigen Frieden' unter die Bedingung einer obersten Gewalt. Auch die anschließende knappe Skizze, die den "einzige(n) Weg" zum Weltfrieden beschreiben wollte, endete in dem "Universal-Staat": Seien bereits regionale Friedensbünde vernunftgemäß – als zeitgenössische Konkretionen konnte sich Jordan dabei durchaus den Deutschen Bund und das europäische Kongreßsystem vor Augen halten –, so würde mit dem Zusammenschluß der "cultivirten Völker" unter einem einheitlichen "Völkerrechtscodex ..., Völkergerichte(n)" und internationalisierten Vollzugsorganen eine höhere Entwicklungsstufe erreicht werden, mit der erst sich der Vorteil "für die geistige Cultur ... (und) für den Welthandel" einstellte.[52]

Bei der Betrachtung dieser vier Vorstellungen eines umfassenden Friedens erheischt nun eine Unterscheidung Beachtung. Auf den ersten Blick verliert jede andere Begründung des Friedens in dem Maße an Bedeutung, wie eine staatenübergreifende Zwangsorganisation zur Bedingung des Weltfriedens sich erhebt. Allerdings ist es eine Sache, wenn die universalstaatliche Vereinigung, am Ende des Weges zum Frieden stehend, diesen gleichsam nachträglich nur noch bestätigt; eine andere dagegen ist es, wenn dieselbe Vereinigung den Frieden allererst ermöglichen soll. Unter der hier aus methodischen Gründen vorerst beibehaltenen Annahme, daß sich die Wege zum Frieden in der Alternative von innerstaatlichen und zwischen- oder überstaatlichen Ansätzen erschöpften, ergeben sich mit einer derartigen Unterscheidung auch verschiedene Folgerungen im Hinblick auf die eigentliche Begründung des Friedens. In letzterem Verständnis käme kaum noch etwas auf die innerstaatliche Bedingung an, während ersteres Modell die nicht durch äußeren Zwang, sondern durch innerstaatliche Kräfte veranlaßte Kooperationsfähigkeit der einzelnen Staaten schon voraussetzte. Hier bliebe wegen ihrer logischen und historischen Vorordnung auf dem Wege zum Frieden dessen innerstaatliche Verankerung nach wie vor bestimmend. Sieht man daraufhin die vier vorgestellten Konzepte einmal durch, so erweisen sich die vorgesehenen

---

52   JORDAN, Versuche III, § 8, Anm. 2, S. 85 f.

internationalen Einrichtungen am Ende nicht als Einrede gegen die Dominanz einer anderen, hier zunächst innenpolitischen Vermittlung des Friedens. Augenfällig ist dies bei Struve. Mit der von ihm behaupteten Interdependenz, ja sogar Einheit von Innen- und Außenpolitik hatte er schon im Staatslexikon die Figur der innerstaatlichen Begründung des Friedens übernommen.[53] Deutlicher noch trat dies in den 'Grundzügen' hervor, wo Struve die Einrichtung des internationalen Bundes erst auf die 'Befreiung' der "Nationen von ihren Drängern" folgen lassen wollte. Nach der Beseitigung der störenden innenpolitischen Struktur würden "sie sich unter einander schon verstehen".[54] Die Neuordnung der zwischenstaatlichen Verhältnisse hing damit eindeutig von derjenigen des innerstaatlichen Raumes ab.

Ein vergleichbares Bedingungsverhältnis kennzeichnete auch Welckers Weg zum Frieden. Nach seinen einschlägigen völkerrechtlichen Artikeln, die das Friedenskonzept schärfer umrissen, beschränkte sich das zur Kriegsverhütung vorgesehene zwischenstaatliche Instrumentarium auf die Schiedsgerichtsbarkeit[55], die mit keinerlei Vollzugsgewalt verbunden sei[56]. Dementsprechend ruhte die Garantie des äußeren Friedens ganz überwiegend auf der innerstaatlichen Wirkung der "öffentlichen Meinung", die unter dem Beding der Pressefreiheit die "Vereinigung freier und selbstständiger Völker zu einem friedlichen Reiche freier, brüderlicher Wechselwirkung" herbeiführe.[57] Schon 1814 hatte Welcker unter Rückgriff auf die

53 STRUVE, Art. "Menschenrechte", StL. IX², S. 72: "Dieselben Beweggründe, welche ein Volk im Verkehre mit anderen Völkern leiten, bestimmen immer mehr oder weniger auch seine Regierung im Verhältnisse zu den Bürgern und diese in ihren wechselseitigen Beziehungen. Auf der andern Seite üben aber auch die Beweggründe, welche im Wechselverkehre der Bürger Geltung haben, Einfluß auf den Wechselverkehr zwischen Regierung und Volk und zwischen einem Staate und dem andern."

54 STRUVE, Grundzüge, IV, S. 206.

55 WELCKER, Art. "Völkerrecht", StL. XV¹, S. 735; ebenso StL. XII², S. 791 f.

56 WELCKER, Art. "Schiedsgerichte", StL. XIV¹, S. 254; ebenso StL. XI², S. 779.

57 WELCKER, Art. "Censur der Druckschriften", StL. III¹, S. 335 f.; ebenso StL. III², S. 118 f.; vgl. auch unter mehreren Belegen WELCKER, Art. "Allgemeine encyclopädische Uebersicht", StL. I¹, S. 41 f.; ebenso StL. I², S. 67 f.; WELCKER, Art. "Völkerrecht", StL. XV¹, S. 735; ebenso StL. XII², S. 792.

Kantsche Friedensutopie der 'Öffentlichkeit' eine prominente Position im Rahmen der zwischenstaatlichen Friedenssicherung zugewiesen[58], um ab 1830 diese Funktion der freien Presse im Zuge seines fortgesetzten Feldzuges gegen die Zensur nachgerade emphatisch zu feiern.[59] Daneben fand noch das Handelsinteresse als Mittler des zwischenstaatlichen Friedens Erwähnung.[60] Wenn zudem mitunter dem Gleichgewichtssystem der neuzeitlichen Staatenpraxis – also nicht dem 'organischen Gleichgewicht', wie es Schulz vorgestellt hatte – eine friedenswahrende Rolle zugedacht wurde,[61] so unterstrich dies als eine letztlich nur zufällige und informelle Garantie die Rückführung des Friedens auf innerstaatliche Institutionen.

Allerdings erfolgte jene Richtigstellung, welche die in der 'enzyklopädischen Übersicht' skizzierte universale Friedensidee auf die Grundlage einer vorerst allenfalls rudimentären zwischenstaatlichen Organisation stellte, vergleichsweise spät, nämlich in den letzten beiden Bänden, die 1842/43 die erste Auflage des Staatslexikons abschlossen. Dies mochte schlicht und ohne weiteres an der alphabetischen Reihenfolge gelegen haben. Die Stichworte 'Schiedsgericht', 'Universalstaat' und 'Völkerrecht' kommen da nun einmal ziemlich am Ende. Zudem redete Welcker in dem letztgenannten Artikel immer noch von einer fortschreitenden Weiterung der Rechtskreise, die "zuletzt das ganze menschliche Brudergeschlecht friedlich vereinbaren und umfassen" sollten,[62] so daß der Eindruck einer Präzisierung, nicht aber der einer Korrektur entsteht. Trotz solcher terminologischen Übereinstimmung und ungeachtet der von Anfang an gegebenen Dominanz der öffentlichen Meinung als des vorrangigen Instruments der Friedenswahrung gibt

---

58   Vgl. WELCKER, Deutschlands Freiheit, S. 39, S. 44.

59   Vgl. WELCKER, Preßfreiheit (1830), S. 18 f.

60   WELCKER, Art. "Völkerrecht", StL. XV^1, S. 735; ebenso StL. XII^2, S. 792.

61   Vgl. WELCKER, Art. "Deutsche Staatsgeschichte", StL. IV^1, S. 325, S. 326 f., S. 332; ebenso StL. III^2, S. 760 f., S. 765; vgl. auch WELCKER, Art. "Völkerrecht", StL. XV^1, S. 733 f.; ebenso StL. XII^2, S. 791.

62   WELCKER, Art. "Völkerrecht", StL. XV^1, S. 735; ebenso StL. XII^2, S. 792.

es jedoch Anzeichen dafür, daß die beobachtete Scheu, den zwischenstaatlichen Frieden von anderen als innerstaatlichen Einrichtungen abhängen zu lassen, sich erst im Laufe des Vormärz eingestellt hatte.

Zur Zeit der Befreiungskriege jedenfalls fand die innerstaatliche Gewährleistung des äußeren Friedens auf der zwischenstaatlichen Ebene noch eine gewichtigere institutionelle Ergänzung in Gestalt eines europäischen " V ö l k e r b u n - d e s ", dem unter anderem auch die Garantie der deutschen Verfassung aufzugeben sei.[63] Für die relativ weitreichende Kompetenz eines solchen "Bun-de(s)" sprach dabei ein "von den Fürsten beschworenes Gericht", dessen "wirkliche Ausführung" − also dessen Vollzug − durch die "Vereinigung aller gegen den ungerecht widerstrebenden" sichergestellt werden sollte[64]. Hier deutete sich ein höheres Maß an zwischenstaatlicher Organisationsdichte an, als dies später mit dem bloßen Schiedsgericht erreicht werden konnte. Und immerhin rubrizierte Welcker noch 1834 den Weltfrieden eindeutig unter das Bundesrecht, für das bereits bestehende föderativ aufgebaute Staatensysteme als wirkliche Beispiele dienten: "nicht blos ... der Vernichtungskampf der Uncultur, sondern auch die einer reichen und selbstständigen Bildung feindliche Idee einer ... Universalmonar-chie (werde) der Idee eines freien, mithin auch c o n s t i t u t i o n e l l organisirten Bundessystems weichen".[65] Neun Jahre später hingegen sprach Welcker deutlicher von einem bloßen 'Gastrecht', das − gehörig weiterentwickelt − die umfassende Völkerverbindung herbeiführen könnte. Was vordem bei aller föderativen Struktur den Bereich der Staatsqualität zu berühren schien − die Zielvorstellung eines universalen Bundes − wurde nunmehr ausgeschlossen: Nicht allein verfiel 1843 (wie zuvor schon) die 'Universalmonarchie' einer eindeutigen

---

63 Vgl. WELCKER, Deutschlands Freiheit, S. 42−48.

64 WELCKER, Deutschlands Freiheit, S. 44.

65 WELCKER, Art. "Allgemeine encyklopädische Uebersicht", StL. I[1], S. 40; ebenso StL. I[2], S. 66 f.

Ablehnung, sondern das Verdikt traf den "Universalstaat" überhaupt.[66] Wie zugegeben werden muß, ist dies vielleicht eine überscharfe Interpretation von Welckers Wortwahl, und Zurückhaltung scheint daher geboten. Dennoch legt die Summe dieser Beobachtungen – vor allem die später unzweideutige Einschränkung der internationalen Kompetenz auf ein Schiedsgericht – die Vermutung nahe, daß die Wahrung des internationalen Friedens im ohnehin seine innerstaatliche Verankerung nur ergänzenden Wege zwischenstaatlicher Institutionen in der Zeit von 1814 bis 1843 an Attraktivität eingebüßt hatte.

Eine ähnliche Bewegung weg von der zwischen- oder überstaatlichen Organisation des Friedens läßt sich auch bei Sylvester Jordan beobachten. Recht unmißverständlich hatte er anfangs den universalen Frieden unter die Bedingung des Weltstaates gestellt und so dem innerstaatlichen Ansatz offensichtlich wenig Raum gelassen. Der "Gewinn für die geistige Cultur der Völker, für den Welthandel, überhaupt für die menschliche Gesellschaft" folgte eher der fortschreitenden Verstaatung, als daß er diesen Vorgang vorantrieb.[67] Drei Jahre später – 1831 – brachte er einen Konspekt zu seinen staatsrechtlichen Vorlesungen heraus, dessen theoretischer Teil auf die Positionen der vorangegangenen ausführlicheren Darlegung zurückgriff. Indes schlug diesmal die regulative Idee des "Weltstaates" nicht mehr in einen die Gegenwart hochrechnenden, ihr vorauseilenden Entwurf um, der die Verdichtung der interstatalen Struktur zu einem Staate vorwegnahm.[68] Parallel zu der eindeutigeren Betonung der kritischen Norm verschob sich vielmehr der Akzent hin zu der innerstaatlich zu entwickelnden Friedensfähigkeit. Da fiel das Wort von dem "g e i s t i g e (n)   B a n d   ...   z w i s c h e n   a l l e n   V ö l k e r n ", auf dessen Pflege der "Idealstaat" verweise. Ferner bot dieser die streitschlichtende " N o r m ", die von den Staaten "bei der

---

66   WELCKER, Art. "Völkerrecht", StL. XV[1], S. 735; ebenso StL. XII[2], S. 791 f.; WELCKER, Art. "Universalstaat, Universalmonarchie, Weltherrschaft", StL. XV[1], S. 499; ebenso StL. XII[2], S. 621.

67   JORDAN, Versuche III, § 8, Anm. 2, S. 85 f.

68   JORDAN, Lehrbuch, § 28, S. 29; dort auch das Folgende.

Ausübung ... der Selbsthülfe" befolgt werden solle. Beides ließ die Entscheidungskompetenz des Staates in seinem Außenverhältnis unberührt, und sein rechtskon-
formes Verhalten konnte daher nur von innerstaatlichen Kräften erzwungen
werden. Daneben erwähnte Jordan allerdings noch "Bündnisse und Vereine", die
"den Naturstand ... beschränken" mochten; indes hatten diese Einrichtungen im
Gegensatz zu früher schon einen Bedeutungsverlust hinnehmen müssen. Sie galten
nur noch als ein Instrument der äußeren Friedenswahrung unter anderen und
behaupteten nicht mehr die alleinentscheidende Position.

Seinen Abschluß fand der hier sichtbar werdende Prozeß im Staatslexikon.
Wiewohl dort immer noch die Rede von der Entwicklung hin zu einem größeren
"Völkerverein" war, vollzog sich diese nur noch "durch ... (die) Erhöhung des
geistigen und materiellen Verkehrs". Und wie der Vorgang, so trug auch der
angestrebte Bund selbst einen nur informellen Charakter. Ausdrücklich erklärte
Jordan, daß "bei einer solchen, durch geistige und materielle Interessen bewirkten
Völkervereinigung" das Erfordernis "eines äußeren rechtlichen Bandes zu ihrem
Bestande" nicht bestehe. Die Garantie des Friedens liege vielmehr "in der gemeinsamen öffentlichen Meinung der Völker", welche "die Rechtsidee" mit unwiderstehlicher Macht versehe.[69] Damit ging der äußere Friede gänzlich auf seine
innerstaatliche Voraussetzung zurück, mit der die öffentliche Meinung und die
von ihr zur Sprache gebrachten Interessen zu ihrem Einfluß gelangen mußten.

Ein wenig problematischer gestaltet sich der Nachweis der wesentlich innenpolitischen Verankerung des Friedens bei Friedrich List. Auf der einen Seite kann man
bei ihm lesen, daß das Prinzip des Krieges schließlich dem der Arbeit werde
weichen müssen. Unzweideutig erscheint hier der innenpolitische Raum als der
für den Frieden entscheidende Ort. Wo anders denn innerhalb der Gesellschaft
sollte sich sonst das Prinzip der Arbeit zuerst und vor allem entfalten? Unausgesetzt hatte zudem List dem besitzbürgerlichen Interesse — also einer vornehmlich
im innerstaatlichen Raum wirkenden Triebfeder — die Überwindung des Krieges

---

69   JORDAN, Art. "Gesandter", StL. VI^1, S. 612 f.; ebenso StL. V^2, S. 643.

zugeschrieben. Unter dem Zwange des Profits und der Verlustminimierung arbeitend, lasse dieses dereinst den Appell an die Entscheidungsgewalt der Waffen obsolet werden. Ein Beitrag für das Staatslexikon führte die in eine rhetorische Frage gekleidete Erwartung, es werde künftig schier unmöglich sein, daß "die cultivirten Nationen einander mit K r i e g überziehen" würden, auf deren Einsicht zurück, "daß im glücklichsten Fall der Krieg den Individuen der siegenden Nation hundert Mal mehr Schaden als Nutzen verursacht(e)".[70] Schon in den Frühschriften angelegt,[71] fand sich dieser Gedankengang, der die Kriegsverhinderung als Ergebnis des aufgeklärten individuellen Eigennutzes begriff, auch im 'Nationalen System' wieder. Dort brachte List die friedensstiftende Wirkung des mit der erreichten industriellen Stufe zu seiner höchsten Effizienz gesteigerten besitzbürgerlichen Interesses auf eine eindeutige Formel: Mit der Weiterentwicklung und "gleichmäßiger(en)" Verbreitung der Industrie "über die Länder der Erde" verringere sich die Möglichkeit des Krieges; – der Grund: "Zwei industriell gleich ausgebildete Nationen würden sich wechselseitig in einer Woche größeren Schaden zufügen können, als sie in einem Menschenalter zu reparieren im Stande wären".[72]

Eine solche Argumentation, die den zwischenstaatlichen Frieden offenbar vor jeder internationalen Organisation durch die Kosten-Nutzen-Rechnung des Besitzbürgers gewahrt sah, verwies unmißverständlich auf das innenpolitische Feld als den eigentlichen Entstehungsort des 'ewigen Friedens' zurück. Denn im nationalen Bereich mußte, um das friedfertige Verhalten der Nationen zueinander zu ermöglichen, das industrielle Interesse allererst zur Wirksamkeit gelangt sein, bevor eine Staatenvereinigung im Nachhinein die Gewährleistung des Friedens übernehmen konnte. Schließlich hatte List auch formuliert, daß "alle gesellschaftlichen Zustände, die nicht auf dieser Basis (der Arbeit, F.N.) ruh(t)en, ... sich ... ändern

70   LIST, Art. "Eisenbahnen", StL. IV^1, S. 660; ebenso StL. IV^2, S. 235.

71   Vgl. LIST, Gedanken, S. 104; LIST, Enzyklopädie, S. 437.

72   LIST, Das nationale System, S. 166.

müss(t)en". Hier setze die Abschaffung des Krieges an. Und jenes "Staatensystem" — zweifellos meinte List hier die Vereinigten Staaten —, welches nur noch den Verteidigungskrieg "gegen ungerechte Angriffe" kenne und im übrigen keinen anderen Wettbewerb als den um den zivilisatorischen Fortschritt betreibe, kurz: welches der Welt bereits als Muster der künftigen 'Universalkonföderation' vorgehalten werden könne, jenes "Staatensystem" also sei "rein aus der Arbeit hervorgegangen und seinem Entstehungsgrund gemäß aufgebaut".[73] Deutlicher, so hat es den Anschein, läßt sich der Akzent auf die innerstaatliche Begründung des äußeren Friedens kaum noch setzen.

Auf der anderen Seite aber — und den frühen Äußerungen Jordans vergleichbar — hatte List entschieden darauf beharrt, daß der universale 'ewige Friede' an die vorgängige Existenz einer Bundesorganisation mit entsprechender rechtlich-politischer Zwangsgewalt gebunden werden müsse. Was für die Staaten als die bereits existierenden Zonen des 'ewigen Friedens' galt,[74] fand analog seine Anwendung auf den Weltstaat. Als sollte der eben beschriebene Prozeß nachgerade umgekehrt werden, verlangte List mit seiner gegen die 'kosmopolitische Ökonomie', gegen die Lehren von Jean Baptiste Say und Adam Smith gekehrten Feder[75], daß erst unter dem konstitutionell verfestigten Regime des 'ewigen Friedens' das uneingeschränkte Vorteilsstreben der einzelnen Platz greifen dürfe; genauer: Die "Universalunion" habe der "Handelsfreiheit" vorauszugehen, und nicht umgekehrt sollte diese zur Ursache von jener werden.[76]

Nun enden die beiden hier wiedergegebenen Begründungen eines 'ewigen Friedens' nur scheinbar in einem Zirkel — etwa nach der Art, daß jenes Interesse des

---

73 Alle Zitate LIST, Art. "Arbeit", StL. I^1, S. 645; ebenso StL. I^2, S. 604 f.; zum Vorbildcharakter der USA vgl. auch LIST, Enzyklopädie, S. 438; LIST, Das nationale System, S. 215.

74 Vgl. LIST, Das nationale System, S. 167: "Zwischen den bereits vereinigten Provinzen und Staaten besteht der ewige Friede"; ebd., S. 292 spricht List von den "Gesellschaften, die durch politische, gesetzliche und administrative Bande zu ewigem Frieden und zu vollständiger Einheit der Interessen verbunden sind". Vgl. auch ebd., S. 52.

75 Vgl. zur Listschen Bezeichnung seiner Gegner LIST, Das nationale System, S. 161 f.

76 LIST, Das nationale System, S. 164, S. 167.

'Homo oeconomicus', welches nach dem ersten Argumentationsgang zum 'ewigen Frieden' hinführe, sich gemäß der zweiten Erklärung erst unter dessen Herrschaft voll entfalten dürfe. Mit List muß hier zwischen der Industrie und dem Handel als zwei Erscheinungsformen des besitzbürgerlichen Interesses unterschieden werden.

Nach eigenem Zeugnis ein "Wortführer" der "Industriellen",[77] vertrat List eine ökonomische Stufentheorie, die zur Erlangung der Endstufe, des "A g r i - k u l t u r - M a n u f a k t u r - H a n d e l s s t a n d (s) ", eine Beschneidung der äußeren Handelsfreiheit durch ein erklärtermaßen vorübergehendes Schutz- und Erziehungszollsystem vorsah. Denn nur so könne angesichts der im internationalen Bereich historisch bedingten Wettbewerbsverzerrung der Aufwuchs der heimischen Industrie, die ja ihrerseits das Fundament eines entwickelten Außenhandels darstelle, gegen die sonst übermächtige ausländische Konkurrenz vorangebracht werden.[78] Nicht umsonst ließ List denn auch das friedfertige Verhalten der Staaten zueinander erst nach ihrer Industrialisierung eintreten.[79]

Mit dieser Spaltung des besitzbürgerlichen Interesses durch das der nationalen Industrie verweist die Listsche Konzeption wiederum trotz der für den Weltfrieden vorausgesetzten internationalen Organisation auf die innerstaatliche Verfassung als die vorrangige Entstehungsbedingung des umfassenden 'ewigen Friedens' zurück. Gerade weil der gegen die Handelsfreiheit gerichtete Vorbehalt der "Universalunion" dazu dient, im nationalen Bereich dem künftigen Vermittler des

---

77 LIST, Das nationale System, S. 36.

78 Bei LIST, Das nationale System, S. 49 werden als die "H a u p t e n t w i c k - l u n g s g r a d e der Nationen" in der Abfolge ihres Fortschritts zur Zivilisation vorgestellt: "w i l d e r Z u s t a n d , H i r t e n s t a n d , A g r i k u l - t u r s t a n d , A g r i k u l t u r - M a n u f a k t u r s t a n d , A g r i k u l t u r - M a n u f a k t u r - H a n d e l s s t a n d " . Ebd. auch die Betonung der Industrie als Fundament des Handels einer 'zivilisierten Nation'. Zur Erziehungs- und Schutzzollkonzeption Lists vgl. den Überblick ebd., S. 48–58. Zur Stufentheorie vgl. auch LIST, Art. "Arbeit", StL. I[1], S. 651; ebenso StL. I[2], S. 609.

79 Siehe oben S. 170.

Friedens, der Industrialisierung, zum Durchbruch zu verhelfen,[80] liegt die erste Bedingung des Friedens nach wie vor innerhalb des binnenstaatlichen Rahmens. Insofern blieb List der Tradition verhaftet. Weder bei seinem noch bei den Konzepten der anderen drei Verfasser, die wie List den 'ewigen Frieden' mit einer staatenübergreifenden Organisation verbunden hatten, verdrängte diese die innergesellschaftliche Begründung aus ihrer zentralen Position. Die aus Jordans Feder vorliegende Ausnahme hiervon blieb auf ein Zeugnis aus der Zeit vor der Julirevolution beschränkt. Sein späteres Schrifttum teilte die Absage der anderen an solche Vorstellungen, die einen gleichwie organisierten 'Leviathan' im Welt-maßstab als die erste Bedingung des 'ewigen Friedens' setzten. Selbstredend gilt dies auch für jene Beiträge von Schulz, Mathy, Abt und Kolb, die eine internationale Organisation des Friedens überhaupt nicht in den Blick genommen hatten.

II.

Die Beobachtung, daß einem institutionellen Rahmen auf der internationalen Ebene nicht die tragende Rolle bei der Vermittlung des Friedens zugefallen war, darf indessen keineswegs zu der Annahme verleiten, der umfassende Friede sei wie schon bei Kant und dann auch bei Rotteck wesentlich und allein auf seine innerstaatliche Bedingung zurückgeführt worden. Nur soviel ist bisher deutlich geworden, daß bei jenen vier Autoren, die eine überstaatliche Bedingtheit des Friedens immerhin erwähnt hatten, im Verhältnis zu dieser die innenpolitische Alternative nach wie vor die wesentliche Voraussetzung ausmachte − aber eben nur im Rahmen dieser Gegenüberstellung. Ob sie darum allerdings auch die alleinige oder wenigstens doch entscheidende blieb, ist damit noch nicht erwiesen worden.

---

80 Vgl. LIST, Das nationale System, S. 164−167, S. 47−50.

So hatte List zweifellos – wie die drei übrigen hier schon näher betrachteten Autoren auch – der bürgerlichen Partizipation einen essentiellen Beitrag zur Friedenssicherung zugeschrieben. Nach seinem Argumentationsgang mußte das besitzbürgerliche Interesse, um friedensstiftend wirken zu können, sich auch im politischen Raum einen Einfluß verschafft haben. Aber: Indem List die Entfaltung der eben 'nationalen' Industrie in den Kern seiner Ausführungen rückte, führte er eine zusätzliche Bedingung ein. Als ergänzende Voraussetzung trat zu der bürgerlichen Partizipation die 'Nation' hinzu, die bei List begrifflich zumeist an die Stelle des Staates rückte[81]. In dem Maße, wie der 'Nation' ein von der 'Gesellschaft' oder – so hier bloß die Bürgerqualität zählt – von dem 'Volke' unterschiedener Bedeutungsgehalt zukam, verändert sie die bisherige Diskussionsgrundlage, zumal sie sich dann vorerst der dichotomen Aufgliederung in einen inner- und einen zwischenstaatlichen Bereich entzieht. Ebendies ist der Fall auch bei Lists ökonomisch begründetem Begriff der Nation, denn dieser enthielt gleichermaßen außen- wie auch innenpolitisch definierte Merkmale. Gemeint war, wie es Lists Erläuterungen zu einer "normalmäßige(n) Nation" verdeutlichten, ein Binnenwirtschaftsraum, der durch seine ausreichende Ausdehnung und Lage – hierunter fiel vor allem ein Zugang zum Meer –, durch sein nur relativ zu anderen Staaten bestimmbares politisches Eigengewicht – Heer und Flotte –, schließlich noch durch eine genügende und geeignete Größe, Bildung und Erwerbsstruktur der Bevölkerung die Voraussetzungen der Industrialisierung schuf.[82] Indem die so umschriebene Nation die Partizipation als Bedingung des Friedens ergänzte, schränkte sie zugleich die im Ausgang von der rein innenpolitischen Verankerung des Friedens begriffene Gemeinsamkeit mit dem Friedensdenken Kants oder Rottecks ein. Und wie sich zeigen wird, galt die Nation nicht nur List, sondern auch Mathy, Schulz und Struve als eine konstitutive Bedingung des Friedens.

---

81 Zum synonymen Gebrauch beider Begriffe vgl. LIST, Das nationale System, S. 47.

82 Vgl. LIST, Das nationale System, S. 210 f.

174

Vieles von dem eben zu List Gesagten darf, wenngleich mit Abwandlungen, auch auf das Friedensdenken Mathys bezogen werden. Wie jener, so hatte auch dieser das zuallererst innergesellschaftlich wirkende Prinzip der Arbeit als Überwinder des Krieges vorgestellt. Und ebenso erweiterte sich auch hier diese innenpolitische Begründung des Friedens um eine nicht zuletzt wirtschaftlich orientierte nationale Dimension. Die neue Zeit galt als eine Epoche der Industrie. Über die Schwelle aus der Vergangenheit zur Gegenwart und Zukunft habe neben solchen politischen Ereignissen wie der nordamerikanischen Unabhängigkeit vor allem der Zug zur "allgemeinen Anwendung der Dampfkraft" in der Volkswirtschaft geführt.[83] Diese "Industrie" wiederum schaffe mit ihren Leistungen und Bedürfnissen die Voraussetzungen für jenen friedlichen "Weltverkehr ..., in welchem statt in Völkerwanderungen und Eroberungszügen die Völker der Neuzeit ihre welthistorische Sendung erfüllen" würden.[84]

Bei allen Unterschieden in der Einordnung des Schutzzollinstrumentes folgte Mathy im Grundsatz List, wenn er den nationalen Rahmen mit dem hinreichend großen freien Binnenmarkt, mit der Anbindung an die Hohe See und mit einem die Verzerrungen des internationalen Wettbewerbs ausgleichenden Schutzzollsystem als den einzig angemessenen zur notwendigen Förderung der von ihm auch so bezeichneten "Nationalindustrie" erklärte.[85] Wie dort, so trat auch hier auf dem Wege zum Frieden neben die innergesellschaftliche Voraussetzung — oder vielmehr als deren Konsequenz — die zunächst ökonomisch begründete 'nationale' Bedingung.

Daß der Nation die prominente Rolle in einem Friedensmodell zufiel, so wie Schulz es den Lesern des Staatslexikons auseinandergesetzt hatte, wurde schon bei der in dieses Kapitel einführenden knappen Übersicht spürbar. In einer biologisti-

---

83 MATHY, Art. "Nationalökonomie", StL. IX², S. 359.

84 MATHY, Art. "Handel", StL. VI², S. 399; vgl. auch mit Blick auf die technischen Errungenschaften MATHY, Art. "Sperre", StL. XIV¹, S. 674 f.; ebenso StL. XII², S. 269.

85 MATHY, Art. "Nationalökonomie", StL. IX², S. 388; vgl. auch MATHY, Art. "Zollverein", StL. XV¹, S. 848.

schen Argumentation hatte Schulz den hinsichtlich ihres 'Wachstums' befriedigten Nationen eine wesensmäßige Geneigtheit zum Frieden unterstellt.[86] Deckte sich die politische Ordnung mit der nationalen Gliederung — "Abstammung und Sprache" bildeten hier die Kriterien —, so wäre damit die entscheidende Bedingung des Friedens verwirklicht, zumal dann jeder besondere Nationalstaat seine "Grenzen eben so wenig zu überschreiten geneigt sein k ö n n e , als etwa ein Individuum dahin streben ... (möge), sich in eine fremde Persönlichkeit umzusetzen".[87]

Es versteht sich, daß diese Konzeption, die den Frieden als einen 'stabilen', 'organischen' Gleichgewichtszustand der zu ihrer Befriedigung gelangten Nationen dachte, nicht nur eine Außenseite aufwies, insofern sie die Nationen voneinander als individuelle Besonderheiten abgrenzte, sondern auch eine Innenseite: Das friedensstiftende Wollen der Nationen kam nur dann zu seinem authentischen Ausdruck, "wenn ... nicht mehr die Laune von Einzelnen, sondern der zum Bewußtsein gelangte National- W i l l e " herrschte; gleichermaßen wie die erreichte Ruhelage des Nationalstaates war damit auch die innerstaatliche Verfassung Ausgangsbedingung des äußeren Friedens — jene verdrängte diese nicht, beide verhielten sich zueinander komplementär: "nur auf der zweifachen Grundlage der politischen Freiheit und der Nationalität (galt) ein wahrhaft organisches Gleichgewicht der Staaten als möglich".[88] In dieses Modell gingen zudem noch die bereits von List und Mathy angestellten Betrachtungen zum großen Wirtschaftsraum ein, die ihrerseits mit der Industrie als dem Dreh- und Angelpunkt der Überlegungen ein zusätzliches Argument für die Friedensfähigkeit des Nationalstaates bereitzustellen schienen.

---

86 SCHULZ, Art. "Gleichgewicht, völkerrechtliches", StL. VII^1, S. 55—61; mit unwesentlichen Änderungen StL. VI^2, S. 36—39; vgl. auch SCHULZ, Art. "Frieden. Friedensschlüsse", StL. VI^1, S. 89, S. 133; ebenso StL. V^2, S. 198, S. 228.

87 SCHULZ, Art. "Gleichgewicht, völkerrechtliches", StL. VII^1, S. 56 (Zitate), S. 60; ebenso StL. VI^2, S. 36, S. 39.

88 SCHULZ, Art. "Gleichgewicht, völkerrechtliches", StL. VII^1, S. 60; ebenso StL. VI^2, S. 39.

Im Verhältnis zu der fortschreitenden Verdichtung der Wirtschaftsbeziehungen und dem Anwachsen der "materielle(n) und intellectuelle(n) Production" — formulierte Schulz einmal im Staatslexikon — müsse "auch die Politik einen friedlicheren Charakter annehmen".[89] Damit verband sich die andernorts in demselben Werk bekräftigte Vorstellung, daß entsprechend der Bewegung hin zur "große(n) Industrie" die "Kleinstaaterei" in dem größeren Nationalverband aufzuheben sei.[90] Schon 1830 konnte man in diesem Zusammenhang bei Schulz lesen, "daß jeder Binnenstaat nach einer Verbindung mit dem weltverknüpfenden Meere streben" müsse.[91] Zwei Jahre später stimmte er in den Chor jener mit ein, die in der industriellen Prosperität die Voraussetzung für das Gedeihen von Landwirtschaft und Handel erkannt hatten und daraus die hier schon bekannten Konsequenzen zogen: Ein administrativ vereinheitlichter und infrastrukturell erschlossener Markt in nationaler Größenordnung sollte durch die Beseitigung der Zollschranken im Innern und durch den temporären Zollschutz nach außen die heimische Industrie zur Wettbewerbsfähigkeit gegenüber der ihr gegenwärtig noch überlegenen ausländischen Konkurrenz führen.[92]

Hinter alledem schien viel auf von Herders Gedanken der sich in der geschichtlichen Entwicklung offenbarenden nationalen Individuation.[93] Gegründet auf die ethnische und kulturelle Identität wie auch auf das Prinzip der Partizipation, geriet der nationale Staat zum Ausgangspunkt der damit indes gleichermaßen innergesellschaftlich bedingten künftigen Friedensordnung, wobei infolge der

---

89 SCHULZ, Art. "Frieden. Friedensschlüsse", StL. VI[1], S. 132 f.; ebenso StL. V[2], S. 227 f.

90 SCHULZ, Art. "Bevölkerung", StL. II[2], S. 486.

91 SCHULZ, Almanach, S. 24.

92 SCHULZ, Deutschlands Einheit, S. 62, S. 64–70.

93 Zu Schulz' geistigen Anleihen bei Herder vgl. KÖHLER, Schulz, S. 75, S. 79 f., S. 84 und GRAB, Ein Mann, S. 104. Zu Herders Vorstellung eines organischen, harmonischen Zusammenhanges der Nationen vgl. BARNARD, Aufklärung, S. 109, S. 123–135. Herders Einfluß war keineswegs auf Schulz beschränkt. So hatte auch Kolb seine Verpflichtung ihm gegenüber bekannt (vgl. KOLB, Geschichte, I, S. 20 f.). Ebenso hat EHMKE, Rotteck, S. 14 einen Einfluß Herders auf den jungen Rotteck nachgewiesen.

Industrialisierung das ökonomische Fundament der nationalen Idee an Breite gewonnen hatte.[94]

In kruderer Gestalt begegnet dem Leser ein derartiger Gedankengang auch bei Struve. Wieder war der äußere Friede einerseits eine Funktion der innenpolitischen Verfassung. Eine Neuordnung der innerstaatlichen Machtverhältnisse hatte ihm vorauszugehen. Zugleich aber erschöpfte sich auf der anderen Seite – wie es die Wortwahl schon erkennen läßt – das Recht der "Nationalität" nicht allein in der politischen Kompetenz der Gesellschaft, vielmehr umfaßte es ganz wesentlich den Anspruch auf die eigene 'Natur', auf die Ausbildung der durch die Bande des Blutes vorgegebenen Individualität der Völker[95]: "Jeder Staat hat seinen eigenthümlichen Entwickelungsgang, jede Nation hat das Bedürfniß der Stammes-Einheit, und jede kräftige Nation wird ihren Entwickelungsgang trotz aller ihr entgegengesetzten Hindernisse doch gehen, sie wird die von ihr losgetrennten stammverwandten Theile wieder mit sich vereinigen und das an ihr verübte Unrecht rächen."[96]

Insofern also auch hier der Friede sich erst mit der zu ihrem Recht gelangten nationalen Natur einstellte, näherte sich dieses Denken der schon bei Schulz angetroffenen Argumentation. Augenfälliger als bei diesem verlief indessen im Konzept Struves die nationale Voraussetzung des Friedens eher quer als parallel zu der gleichermaßen beibehaltenen und allen Völkern gemeinsamen innerstaatlichen Bedingung. Denn durch eine recht eigenwillige Übertragung von Biologismen in das Feld der internationalen Politik hatte Struve das trennende Moment des Nationenbegriffes auf eine absonderliche Spitze getrieben. Verstieg er sich doch dazu, im Ausgang von seinen phrenologischen Beobachtungen auf einen naturgesetzlichen, gleichwohl aber in einer Wertehierarchie erfaßbaren 'National-

---

94   Zu dem hier aufscheinenden Zusammenhang zwischen dem wirtschaftlich-gesellschaftlichen Strukturwandel und dem kulturell begründeten Nationalismus vgl. neben den Ausführungen in dieser Arbeit vor allem DANN, Nationalismus, S. 84–95, S. 117–119, passim.

95   STRUVE, Grundzüge, IV, S. 206; ebd., II, S. 1 f.

96   STRUVE, Grundzüge, I, S. 355.

charakter' zu schließen[97] und – damit nicht genug – Geschichte und Zukunft der Völker darüber zu deuten und zu bestimmen[98].

Bei den übrigen vier Publizisten geriet die Erfüllung der Nationalität indessen nicht in dem Sinne zu einem konstitutiven Moment des umfassenden Friedens, daß ihrer Besonderheiten wegen allein der auf diese gemünzte Nationalstaat eine zureichende Antwort auf die Friedensfrage hätte geben können. Bei nahezu jedem Angehörigen der vormärzlichen Bewegungspartei stand zwar der nationale Zusammenschluß auf der politischen Tagesordnung. Gerade auch Welcker war 1814 für ein zeitgemäß erneuertes Kaisertum eingetreten.[99] Und mit seiner aufsehenerregenden Motion über die 'Vervollkommnung der organischen Entwicklung des deutschen Bundes' wurde er 1831 gar zu einem Protagonisten der deutschen Einheitsbewegung,[100] was dazu Anlaß gibt, sich hier mit der nationalen Seite seiner Politik näher auseinanderzusetzen. Aber nur bei ihm bedarf die Zweitrangigkeit der 'Nationalität' noch einer eingehenderen Erörterung.

Denn in der im Grunde rationalen Theorie Jordans fand die 'Nation' als etwas Besonderes keinen Platz neben oder zwischen den Begriffen 'Volk' und 'Staat'. Abt wiederum hatte den Eintritt in das Zeitalter menschlicher Harmonie von der "That des Selbstbewußtseins der Nationen" abhängig gemacht. Es müsse lediglich die Herrschaft nur "vom Zufall begünstigter Dynasten des politischen, kirchlichen und geldlichen Absolutismus" durch die der "Gesammtheit" abgelöst werden, um jenen glücklichen Zustand herbeizuführen.[101] Gemäß der wesentlich zweigeteilten politischen Welt Abts, der nur zwischen dem Lager der Vernunft wie auch des Menschheitsinteresses einerseits und dem des unvernünftigen Privilegs andererseits

---

97 STRUVE, Handbuch, S. 291–294.

98 STRUVE, Handbuch, S. 327.

99 WELCKER, Deutschlands Freiheit, besonders S. 40 f.

100 Vgl. SCHÖTTLE, Politische Freiheit, S. 20.

101 ABT, Art. "Chiliasmus", StL. III², S. 210.

unterschied[102], ging also der von ihm verwandte Nationenbegriff bar jeder ethnisch, kulturell oder ökonomisch definierten Qualität in dem der Gesellschaft auf.

Ebenso sah Kolb den umfassenden Frieden ausschließlich durch dessen innergesellschaftliche Voraussetzung gewahrt. Hier trat die "höhere Cultur", worunter
Kolb – wie Welcker – "die Macht der öffentlichen Meinung" verstanden wissen
wollte, als Bürgschaft ein. Im Interesse der "verfassungsmäßige(n) Sicherheit für
Leben, Eigenthum und Entwickelung der Cultur" wirkend, habe diese 'Macht' in
Europa sich als Friedensgarant bereits bewährt.[103] Die 'Nation' behauptete so
wenig eine eigenständige Stelle in Kolbs Politik, daß der Pfälzer sogar von einer
"wohlthätige(n) Verschmelzung des D e u t s c h e n und F r a n -
z ö s i s c h e n" sprechen konnte, als er die kriegerische Expansion des
revolutionären und napoleonischen Frankreich im Lichte ihrer Folgen abhandelte.
Trotz aller Leiden, die Rheinbayern infolge der französischen Übergriffe habe
ertragen müssen, 'verdanke' dieser Landstrich angesichts der damit einhergehenden Rechtsreform Frankreich die größten " W o h l t h a t e n "[104]. Daß
" N a t i o n a l i t ä t ohne F r e i h e i t nichts als ein leerer, gegen-
standsloser, darum nichtsbedeutender Wortschall" sei[105] – so hätte übrigens auch
Rotteck formulieren können[106] –, hieß in anderen Worten: daß die 'Nation'

---

102 Vgl. ABT, Art. "Parteien", StL. X^2, S. 493–495.

103 KOLB, Art. "Natürliche Grenze", StL. XI^1, S. 154; ebenso StL. IX^2, S. 404 f.; vgl. KOLB,
     Art. "Menschheit", StL. X^1, S. 504; ebenso StL. IX^2, S. 55; ferner KOLB, Klage, S. 47 f.;
     KOLB, Geschichte, II, S. 361–363.

104 KOLB, Art. "Baiern (Rheinbaiern)", StL. II^1, S. 162; ebenso StL. II^2, S. 142.

105 KOLB, Geschichte, II, S. 316. Beachte auch ebd. die positive Stellungnahme zum liberalen
     Interventionskrieg: "Es liegt solches in der Natur der Dinge; es ist immer geschehen und
     wird auch in der Zukunft immer geschehen, da, wenn keine andere als die traurige Wahl
     gelassen ist, zwischen Knechtschaft, einem einheimischen Chinathume, oder aber Freiheit
     unter nicht uneigennütziger Hülfe der Fremden, das letzte Uebel allerdings als das
     kleinere erscheinen mag". Zur durchgängigen Einschränkung des nationalen Zieles durch das
     Anliegen der politischen Freiheit vgl. HAAN, Gesellschaftstheorie, S. 84 f.

106 Zu Kolbs Verpflichtung gegenüber Rotteck und zu dem zwischen beiden bestehenden
     herzlichen Einvernehmen vgl. KOLB, Geschichte, I, S. 22 und KRAUTKRÄMER, Kolb
     (1959), S. 116.

ihrem Wesen nach die emanzipierte bürgerliche Gesellschaft darstelle. In diesem Verständnis konnte die 'Nation' unmöglich als eine weitere Voraussetzung die innergesellschaftliche Bedingung des Friedens in ihrer entscheidenden Position erschüttern.

Mit nur wünschenswerter Deutlichkeit läßt sich dies an Kolbs Reaktion auf die Rheinkrise ablesen: Inmitten der gerade eben auf Europa zurückschlagenden Konfrontation erteilte er nicht nur den von geographischen Kriterien ausgehenden Lehren über die 'natürlichen' Grenzen eine eindeutige Abfuhr, sondern er sagte sich auch von den auf ethnisch-kulturellen Zusammenhängen beruhenden Theorien, wie sie von Schulz oder Struve vorgetragen wurden, vorsichtig, aber gleichwohl unmißverständlich los.[107] An deren Stelle habe die Rücksicht auf die politischen " S y m p a t h i e e n der Nationen" zu treten, die "ungleich wichtiger" seien "als alle sogenannten n a t ü r l i c h e n G r e n z e n , wichtiger als Ströme und Berge, wichtiger sogar als Sprache und Gebräuche!"[108]

Was nun die Vorstellungen Welckers angeht, so ist fürs erste gewiß, daß er immer wieder der Nation das Wort geredet hatte. Wie es der Artikel 'Deutsche Staatsgeschichte' beispielhaft für sein ausgedehntes Schrifttum zu erkennen gibt, sprachen "Nationaleinheit und Freiheit" geradezu leitmotivisch die epochenspezifischen "Aufgabe(n)" der Politik an, wobei nicht selten eine Tradition der Befreiungskriege beschworen wurde.[109] In dem Maße, als Welcker die Nation zu einem substantiellen Bestandteil der Zukunft geraten sein sollte, wäre sie in Konkurrenz zu der rein innergesellschaftlichen Bedingung des künftigen Friedens getreten, sofern sie nur etwas anderes oder mehr meinte als die in einem Staat vereinigte

---

107 Vgl. KOLB, Art. "Natürliche Grenze", StL. XI[1], S. 155—159; ebenso StL. IX[2], S. 405—408; die dortige "Nachschrift" — ebd. [1], S. 161, ebd. [2], S. 409 — gibt als Entstehungsdatum des Artikels einen Zeitraum "bald nach dem Bekanntwerden des Londoner Vertrags vom 15. Juli 1840" an.

108 KOLB, Art. "Natürliche Grenze", StL. XI[1], S. 159; ebenso StL. IX[2], S. 408; vgl. auch KOLB, Art. "Rheinlande", StL. XIII[1], S. 754—759; ebenso StL. XI[2], S. 572—575.

109 WELCKER, Art. "Deutsche Staatsgeschichte", StL. IV[1], S. 337; ebenso StL. III[2], S. 769 (Zitate); vgl. auch ebd. [1], S. 285—290, S. 333 f.; ebenso ebd. [2], S. 733—737, S. 766 f.

Gesellschaft. Daß ihr eine andere Qualität und zugleich eine herausragende Funktion zugekommen zu sein schien, läßt sich auf den ersten Blick jener Wendung Welckers entnehmen, nach der allein die "unsterbliche, gemeinschaftliche Nationalität" die Unauflöslichkeit eines Bundes verbürgen könne[110]. Indessen kam es nicht von ungefähr, daß Welcker die 'Nationalität' im Zusammenhang mit dem Verfassungsprinzip des Bundes erwähnte. Denn zur Bundesverfassung als dem einen Eckstein seiner Theorie neben der konstitutionellen Monarchie als dem anderen hatte er sich stets sehr entschieden bekannt.[111] Dies konnte doch umgekehrt das Gewicht der Nation nur mindern.[112] Nicht nur, daß überhaupt die föderative Verfassung, indem sie auf eine weitgehende Eigenständigkeit der Partikularstaaten berechnet war[113], den nationalen Gedanken relativierte — gerade dies sollte unter europäischem Blickwinkel es erlauben, jene Verfassung wegen ihrer inneren Struktur, nämlich der ihr innewohnenden Dezentralisation von Macht, als Garant des Friedens auszugeben[114] —; vielmehr war selbst der Bundesstaat, also nicht allein der große Staatenbund, trotz der für die 'Nationalität'

---

110 WELCKER, Art. "Bund", StL. III^1, S. 105; ebenso StL. II^2, S. 728: "Nur die unsterbliche, gemeinschaftliche Nationalität, die ewige Pflicht für sie und die zur Sprache gebrachte wirksame Nationalgesinnung machen einen Bund wahrhaft unauflöslich und ewig."

111 Vgl. WELCKER, Art. "Teutscher Bund u. teutsches Bundesrecht", StL. XV^1, S. 360; ebenso StL. IV^2, S. 11: Dort stellte sich Welcker als ein Verfasser vor, "der stets Erbfürstenthum und Bundesverfassung mit Ueberzeugung selbst als naturrechtliche und politische Ideale erklärte".

112 Vgl. dazu MÜLLER-DIETZ, Welcker, S. 49; SCHÖTTLE, Politische Freiheit, S. 74—76.

113 Zur Verfassungsstruktur eines Bundesstaates im Sinne Welckers vgl. WELCKER, Art. "Bund", StL. III^1, S. 90—95; ebenso StL. II^2, S. 718—722.

114 Vgl. WELCKER, Art. "Teutscher Bund u. teutsches Bundesrecht", StL. XV^1, S. 363 f.; ebenso StL. IV^2, S. 14. In präzisierender Fortführung eines schon 1814 entwickelten Gedankens — vgl. WELCKER, Deutschlands Freiheit, S. 18 — wird im Staatslexikon Deutschland als friedensgebietende Macht vorgestellt, die aber wegen ihrer föderativen Verfassung das Gleichgewicht in Europa nicht bedrohe: "Sechsmal hunderttausend teutsche Krieger unter Einem einzigen Haupte vereinigt, oder auch nur zum großen Theil dem Ehrgeize einer großen Macht dienstbar, könnten allerdings allen Nachbarn, könnten dem europäischen Gleichgewicht gefährlich werden. Aber eine wahrhaft nationale und freie Bundesverfassung hebt diese Besorgniß, hebt überhaupt die Gefahr von herrschsüchtigen, mit teutschen Waffen geführten E r o b e r u n g s k r i e g e n auf." In einer derartig föderativen Gestalt wären die "t e u t s c h e   N a t i o n   u n d   i h r e   F r e i h e i t ... d i e   s i c h e r s t e n   S t ü t z e n   d e s   F r i e d e n s   u n d   d e r   a l l - g e m e i n e n   E r h a l t u n g ".

reklamierten Bindewirkung für "verschiedene nationelle Bestandtheile" offen, wenngleich diese sich auf einen Verschmelzungsprozeß einlassen müßten[115].

Solche Nachlässigkeit gegenüber dem nationalen Prinzip mag nach dem eben Gesagten zunächst einmal überraschen. Und dennoch war sie kennzeichnend selbst für den Bereich konkreter politischer Entscheidungen, wie es Welckers Haltung zum österreichischen Vielvölkerstaat, aber auch zu dem Problem der Elbherzogtümer zeigt.

Als Welcker den Weg zum universalen Frieden skizzierte, bezeichnete er ausdrücklich die "constitutionelle Bundes- und Reichsverfassung" als die Lösung schlechthin für das Nationalitätenproblem der habsburgischen Monarchie.[116] Nach dem Zusammenhang des Staatslexikons stand bei dieser Empfehlung das bundesstaatliche Modell etwa der heteroethnischen Schweiz, aber auch das der Vereinigten Staaten und das des alten Reiches Pate.[117] Erst während der Revolution erfolgte eine Korrektur in Richtung auf die staatenbündische Alternative nach dem Vorgang des Deutschen Bundes.[118] Dies spricht nicht gerade für eine hervorgehobene Position der Nationalität.

Ferner: Als 1845 in der zweiten badischen Kammer über die schleswig-holsteinische Frage verhandelt wurde, unterstrich Welcker die nationale Orientierung seiner Politik, indem er − für die damalige Zeit selbstverständlich − gemeinsam mit allen anderen Abgeordneten für die Bewahrung der deutschen Identität der Herzogtümer stimmte.[119] Bemerkenswert ist jedoch das, was er wenig später in einem Beitrag für die zweite Auflage des Staatslexikons der dänischen Monarchie als Verfehlung vorhielt. Dort wandte er sich zwar auch gegen die drohende

115 WELCKER, Art. "Bund", StL. III[1], S. 89; ebenso StL. II[2], S. 717.

116 WELCKER, Art. "Allgemeine encyklopädische Uebersicht", StL. I[1], S. 40; ebenso StL. I[2], S. 67.

117 Vgl. WELCKER, Art. "Allgemeine encyklopädische Uebersicht", StL. I[1], S. 40 mit WELCKER, Art. "Bund", StL. III[1], S. 89; ebenso StL. I[2], S. 67 und StL. II[2], S. 717.

118 Vgl. Protokoll der Sitzung vom 18.01.1849; Stenographischer Bericht, VI, S. 4765.

119 Verhandlungen der zweiten badischen Kammer 1843/45, 11. Protokollheft, 07.02.1845, S. 342−344.

Danisierung, dieser Vorstoß mündete aber nicht in die Forderung, die Herzogtümer dem dänischen Gesamtstaat zu entfremden. Statt dessen zielte seine Kritik wesentlich auf den Mangel "eine(r) wahrhaft freisinnige(n) Reichsverfassung", durch die Schleswig und Holstein friedlich in den dänischen Reichsverband hätten eingegliedert werden können.[120]

Mit alledem kündigte sich eine Überordnung des konstitutionellen Prinzips an, die in doppelter Weise die Stelle der Nationalität relativierte. Zum einen genoß das konstitutionelle Prinzip den Vorrang vor dem nationalen – dies soll sogleich noch einmal eingehend am Fall der deutschen Einheit dargelegt werden. Zum anderen verlor dann auch die Nationalität unter dem Blickwinkel des konstitutionellen Prinzips ihren unterscheidenden Charakter oder anders ausgedrückt: ihre besondere politische Qualität.

Welckers Unterscheidung zwischen einem Staatenbund und einem Bundesstaat konnte ihren Bezug zu der mit 'Einheit und Freiheit' umrissenen deutschen Problematik nicht verbergen. Die bundesstaatliche Lösung setzte die vermittels einer "N a t i o n a l r e p r ä s e n t a t i o n" herbeizuführende Konstitutionalisierung des Bundes als weitere Bedingung neben der in dem Fortbestand der konstitutionellen Einzelstaaten liegenden ersten voraus.[121] Wenn dabei dem Bundesstaat im Gegensatz zum Staatenbund eine verfassungspolitische Leitfunktion zugebilligt wurde, insofern er die wesentliche Gleichartigkeit der gliedstaatlichen Verfassungen 'garantieren' sollte[122], dann doch nur vor dem Hintergrund seiner eigenen Konstitutionalisierung wie auch eines gedachten Entwicklungsgesetzes, das den bereits konstitutionalisierten Staaten ein Zurückfallen hinter die erreichte Stufe zugunsten der bundesstaatlichen nationalen Vereinigung verbot.[123]

---

120 WELCKER, Art. "Dänemark. Nachtrag", StL. III^2, S. 685 f.

121 Vgl. dazu WELCKER, Art. "Bund", StL. III^1, S. 90–95; ebenso StL. II^2, S. 718–722.

122 Vgl. WELCKER, Art. "Bund", StL. III^1, S. 95; ebenso StL. II^2, S. 721.

123 WELCKER, Art. "Bund", StL. III^1, S. 79; ebenso StL. II^2, S. 710.

Dieser konstitutionelle Vorbehalt führte dazu, daß bei aller Präferenz für die bundesstaatliche Lösung auch die staatenbündische Struktur als ein annehmbarer, tragfähiger Zustand erschien, wenn nur die Praxis streng auf die scharfe Trennungslinie zwischen beiden Modellen achtete.[124] Nicht geringe Mühe verwandte Welcker in diesem Zusammenhang auf den Nachweis, daß der Deutsche Bund in seiner gegenwärtigen Verfassung ohne eine Nationalrepräsentation ein bloßer Staatenbund sei, dem jegliche Staatsqualität abgehe und der darum erst recht nicht in die Verfassungsautonomie der Bundesglieder eingreifen dürfe.[125] Soweit der Bund diese Grenzen nicht verletzte, wurde er indessen allemal als Grundlage akzeptiert, auf der jede mögliche Weiterentwicklung aufbauen müsse.[126] Nicht die Wahrung der nationalen Identität – immerhin waren nichtdeutsche Monarchen am Deutschen Bund beteiligt –, sondern die des konstitutionellen Besitzstandes beherrschte als leitende Maxime das politische Denken Welckers.[127]

Denn daß die eine derartige Hinnahme des Gegebenen bedingende strikt völkerrechtliche Auslegung der Bundesgrundgesetze für die nationale Einheit kaum einen Raum ließ, liegt ebenso auf der Hand, wie der bundespolitische Hintergrund offenkundig ist, vor welchem nur unter einer solchen Interpretation die konstitutionellen Errungenschaften gegen bundesrechtliche Eingriffe hinreichend gesichert erschienen. Jedenfalls wurde Welcker zweimal – 1819 sowohl als 1832 – von den Maßregeln des Bundes persönlich getroffen. Über die Frage der deutschen Einheit hinaus erwies sich in Welckers Politik der konstitutionelle Blickwinkel als so dominant, daß unter seiner beherrschenden Stellung nationale

124 WELCKER, Art. "Bund", StL. III^1, S. 112–116; unwesentlich erweitert: StL. II^2, S. 733–736.

125 WELCKER, Art. "Bund", StL. III^1, S. 96–105, besonders S. 102–105; ebenso StL. II^2, S. 722–728, besonders S. 726–728.

126 Vgl. WELCKER, Art. "Teutscher Bund u. teutsches Bundesrecht", StL. XV^1, S. 359, S. 388; ebenso StL. IV^2, S. 10, S. 40. Vgl. dazu auch DRÜCK, Ausgewählte Fragen, S. 161, der von einer relativen 'Zufriedenheit' Welckers im Hinblick auf den Stand der nationalen Einigung während des Vormärz spricht.

127 Treffend bemerkt SCHÖTTLE, Politische Freiheit, S. 76 "die Beschränkung des nationalen Einheitsgedankens auf die Vereinheitlichung der politisch-institutionellen Verhältnisse innerhalb der deutschen Einzelstaaten".

Besonderheiten als politisch bedeutsame Größen zudem fast gänzlich verschwanden.

Nochmals darf auf denselben Artikel aufmerksam gemacht werden, dem die oben angeführten Belege für eine vermeintlich nationale Orientierung entnommen wurden. Diese Abhandlung hob zwar an mit einer scheinbar unzweideutigen Apotheose des gerade dem "deutschen Volke" zufallenden Weltberufes,[128] aber schon wenige Absätze darunter ließ Welcker deutlich werden, daß mit dieser Verklärung nichts weniger als die der deutschen Nationalität im engeren Sinne gemeint war: Jener 'deutsche' Beruf erfülle sich – wie der Verfasser versicherte – in dem bald weltumspannenden "Reich germanischer oder europäischer oder christlicher Cultur"[129]. In dieser Gleichung war das 'Europäische' durchaus wörtlich zu nehmen. Träger der zivilisatorischen Mission seien gleich den " r e i n - g e r m a n i s c h (e n) " deutsch-skandinavischen Nationen die " r ö m i s c h - g e r m a n i s c h (e n) " Völker – "Franzosen, Italiener, Portugiesen, Spanier, Engländer" – und die " s l a v i s c h - g e r - m a n i s c h (e n) " Gruppen, "in welchen Germanen mit Slaven sich mischten, oder auch die Slaven sich mehr oder minder germanisirten".[130] Trotz der betonten 'Reinheit' des deutschen Volkes wurde nun dessen herausragende Stellung unter den europäischen "Brudervölkern"[131] merklich zurückgenommen. Denn was mit 'Kultur' assoziiert wurde und was demzufolge als alleiniges Bewertungskriterium diente[132], war jene auf die " a l t g e r m a n i s c h e N a - t i o n a l f r e i h e i t " zurückgeführte und nach der Darstellung Welckers

128 WELCKER, Art. "Deutsche Staatsgeschichte", StL. IV^1, S. 281; ebenso StL. III^2, S. 731: "Keinem Volke der Erde verlieh die Vorsehung edlern Ursprung, großartigern geschichtlichen Anfang, eine größere Bestimmung ... als dem deutschen Volke."

129 WELCKER, Art. "Deutsche Staatsgeschichte", StL. IV^1, S. 282; ebenso StL. III^2, S. 732.

130 WELCKER, Art. "Deutsche Staatsgeschichte", StL. IV^1, S. 283 f.; ebenso StL. III^2, S. 732.

131 WELCKER, Art. "Deutsche Staatsgeschichte", StL. IV^1, S. 284 f.; ebenso StL. III^2, S. 732 f.

132 Vgl. WELCKER, Art. "Deutsche Staatsgeschichte", StL. IV^1, S. 294; ebenso StL. III^2, S. 739: "Die Geschichte eines Volkes aber hat keineswegs sein physisches Leben, sondern sein höheres, sein Culturleben, zum Gegenstande."

durch die christliche Lehre wie auch durch das römische Recht wesentlich geprägte Verfassungsentwicklung, die schließlich in der konstitutionellen Monarchie ihren
krönenden Höhepunkt erreicht habe.[133] Vor diesem entscheidenden Maßstab
gestand Welcker den "meisten europäischen Brudervölkern" bereitwillig einen
Entwicklungsvorsprung zu.[134] Und kaum etwas ist besser geeignet, die im Lichte
des konstitutionellen Anliegens erfolgte Einebnung nationaler Besonderheiten in
einer betont europäischen Solidargemeinschaft[135] zu illustrieren, als die Großbritannien wiederholt in apologetischen Wendungen eingeräumte Führungsrolle. In
einer durch die Rezeption Montesquieus geformten Perspektive[136] erklärte
Welcker "vor allen Völkern die freien Briten" im Hinblick auf die Wahrung der
" e c h t   d e u t s c h e n   G r u n d s ä t z e "   zum Vorbild und Vorreiter.[137] Indem für 'deutsch' galt, was in Großbritannien entstanden war,[138] zeigte
sich im Grunde die Nichtigkeit alles dessen,was im politischen Raum als nationale

---

133 Vgl. WELCKER, Art. "Deutsche Staatsgeschichte", StL. IV¹, S. 292, S. 325, S. 334–337;
    ebenso StL. III², S. 737 f., S. 760 f., S. 767–769; WELCKER, Art. "Mittelalter", StL. X¹,
    S. 637; ebenso StL. IX², S. 147; WELCKER, Art. "Staatsverfassung", StL. XV¹, S. 80–82;
    im wesentlichen unverändert StL. XII², S. 385–387.

134 WELCKER, Art. "Deutsche Staatsgeschichte", StL. IV¹, S. 334 f. (Zitat), S. 285 f.; ebenso
    StL. III², S. 767, S. 734; vgl. auch WELCKER, Art. "Adel", StL. I¹, S. 341; ebenso
    WELCKER, Art. "Adelstheorie (praktische)", StL. I², S. 320.

135 Vgl. dazu neben den in der obigen Anmerkung aufgeführten Belegen WELCKER, Art.
    "Allgemeine encyklopädische Uebersicht", StL. I¹, S. 4; ebenso StL. I², S. 38 f.; WELCKER,
    Art. "Rotteck", StL. XIV¹, S. 121–123; ebenso StL. XI², S. 629 f. Die europäische Orientie-
    rung im Rechtsdenken Welckers betont BÖHRINGER, Rechtslehre, S. 103–106.

136 Vgl. dazu SCHÖTTLE, Politische Freiheit, S. 70.

137 WELCKER, Art. "Deutsche Staatsgeschichte", StL. IV¹, S. 335; ebenso StL. III², S. 768. Zur
    apologetischen Behandlung Großbritanniens vgl. wiederum nur stellvertretend für eine
    Vielzahl von Nachweisen: WELCKER, Art. "Fox", StL. V¹, S. 673 f.; ebenso StL. V²,
    S. 36 f.; WELCKER, Art. "Bürgertugend", StL. II², S. 768. Besonders auffällig wird Welckers
    anglophile Haltung dort, wo er das industrielle England gegen die zeitgenössische
    Sozialkritik in Schutz nimmt; vgl. dazu die redaktionelle Anmerkung zu SCHULZ, Art.
    "Englands Statistik", StL. IV², S. 443, die nur in der zweiten, von Welcker allein betreuten
    Auflage nachzulesen ist und darum auch nur von ihm stammen kann.

138 FILLIES, Geschichte, S. 124 dient dies zu Recht zum "deutlich(en)" Nachweis dafür, "in
    welcher Weise er (Welcker, F.N.) dem Einflusse der rationalistischen Ansicht von der
    überall und stets gleichen Menschennatur unterlegen" gewesen sei. Vgl. auch ebd., S. 101.
    Angesichts dieses Befundes irritiert der andernorts von demselben Verfasser unternommene
    Versuch, dies als bloßen "Rest" einer früheren "Anschauungsweise" abzutun. Vgl. ebd., S. 46.

Qualität eine eigenständige Geltung beanspruchen mochte. Damit aber blieb die innenpolitische Grundlage des Friedens auch bei Welcker frei von einer Zusatzbedingung.

III.

Die eingangs aufgeworfene Frage nach dem Stellenwert der innenpolitischen Bedingung des Friedens läßt sich nunmehr dahingehend beantworten, daß alle Verfasser an ihr als einer zentralen Voraussetzung festgehalten hatten, wobei allerdings vier von ihnen mit der 'Nation' eine zweite grundlegende Bedingung hinzufügten. Gleichviel, ob in der bestimmten verfassungsrechtlichen Gestalt der konstitutionellen Monarchie, wie sie neben Welcker vor allem Jordan und List propagierten[139], oder in der von Abt und Struve ebenso dezidiert vertretenen Form der republikanischen Demokratie[140] oder endlich in der von Mathy, Kolb

---

139 Vgl. JORDAN, Versuche VI, § 7, S. 177: " F ü r   d i e   d e u t s c h e n   V ö l k e r   i s t   ...   n a c h   i h r e m   j e z i g e n   C u l t u r s t a n d e ,   n a c h   i h r e n   g e s c h i c h t l i c h e n   V e r h ä l t n i s s e n   u n d   g e m a c h - t e n   E r f a h r u n g e n ,   d i e   e r b l i c h e   E i n h e r r s c h a f t   m i t   r e p r ä s e n t a t i v e r   R e g i e r u n g s f o r m   ...   (r e p r ä s e n t a t i v e ,   a u c h   c o n s t i t u t i o n e l l e   ... E r b m o n a r c h i e)   d i e   r e l a t i v   b e s t e   S t a a t s f o r m . " JORDAN, Lehrbuch, § 42, S. 49; JORDAN, P. Gesprä-che, S. 228 f.; LIST, Verfassung, S. 370 f.; LIST, Das nationale System, S. 37: "Unserer Ansicht nach würde den Deutschen eine andere als die konstitutionell-monarchische Regie-rungsform nicht minder Unheil bringen als den Vereinigten Staaten von Nordamerika die monarchische, als den Russen die konstitutionelle."

140 Vgl. ABT, Zeitung, S. 136 die Maxime der Volkssouveränität: "Das Volk muß die Organe seines Wille(n)s stets in der Gewalt haben", dergegenüber ebd., S. 200 die "constitutionelle Monarchie" zu einem bloßen "Uebergangszustand", zu "eine(r) Halbheit" gerät, die "am Ende entweder zum reinen Absolutismus zurück oder zur reinen Volksherrschaft vorwärts" führe. Vgl. auch ABT, Art. "Dynastische Interessen u.s.w.", StL. IV², S. 159 f., S. 162 f., S. 167. Mit vollem Recht zählt das 'Gesamtverzeichnis des deutschsprachigen Schrifttums, 1700–1910, Band 1, München 1979, S. 295' die oben zitierte anonym erschienene 'Zeitung' zu Abts Schriften. Dagegen irrt PEISER, Gustav Struve, S. 27–30, wenn er — ohne nähere Prüfung und offenbar nicht ohne Selbstzweifel — diese 'Zeitung' und dort besonders den Abschnitt über die 'Soziale Frage' (ABT, Zeitung, S. 203–240) Struve zuschreibt. Die in diesem Abschnitt ebenso wie in anderen Beiträgen der 'Zeitung' fundamentale und alle Bereiche durchdringende Zweiteilung in 'korrumpierte', von der 'Gesamtheit unabhängige', 'privilegier-te', sich als Fremdbestimmung erweisende, 'zufällige', eben 'absolute Gewalt' und Herrschaft der 'Sonderinteressen' einerseits und 'vernünftige', sich 'selbst bewußte' 'Autonomie' der

und Schulz geforderten Volksrepräsentation, die, obwohl Schulz aus seiner Präferenz für die demokratischen Regierungsformen kein Hehl machte, sich der eindeutigen Zuordnung zu einem Verfassungsmodell entzog[141], − regelmäßig bildete die öffentliche Meinung, die Partizipation des Volkes, das Kernstück der Friedenswahrung oder teilte sich diese Position doch wenigstens mit der nationalen Voraussetzung. Über den allen gemeinsamen innenpolitischen Ansatz scheint die Verbindung zu dem bei Rotteck nachweisbaren Friedensdenken des 18. Jahrhunderts gewahrt, zumal auch sonst keine der hier abzuhandelnden Utopien ihren besonderen historischen Ort, als Gegenentwurf im teils nachwirkenden, teils immer noch wirkungsmächtigen Einflußfeld von absolutistischer Staatsverfassung und feudaler Gesellschaftsverfassung entstanden zu sein, verleugnen konnte. Immer noch lieferte der absolutistische Staat mit seinem 'selbstzerstörerischen' und 'völkerverachtenden', bloß 'mathematisch-mechanischen Gleichgewichtssystem', zu dessen noch nicht getilgter Schuld die Teilung Polens gehöre, den düsteren

---

'Gesamtheit' andererseits (ABT, Zeitung, S. 225−227, S. 233 f., S. 148, S. 198 f.) ist für die Kant verpflichtete Feder Abts charakteristisch, keineswegs hingegen für jene des auf "Phrenologie", "Geschichte und Naturbeobachtung" bauenden Struve (vgl. STRUVE, Briefe über Kirche und Staat, 26. Brief: Gustav an Waldemar, S. 78 f.). Vgl. dazu unter anderem die namentlich gezeichneten Beiträge Abts zum Staatslexikon: ABT, Art. "Belletristik", StL. II[2], S. 296; ABT, Art. "Bestimmung des Menschen", StL. II[2], S. 455−458; ABT, Art. "Dynastische Interessen u.s.w.", StL. IV[2], S. 159 f.; ABT, Art. "Eudämonismus und Egoismus", StL. IV[2], S. 524−526; ABT, Art. "Gültigkeit", StL. VI[2], S. 267 f.; ABT, Art. "Parteien", StL. X[2], S. 493−496.
Zu Struve vgl. STRUVE, Grundzüge, II, S. 176−240, S. 265−301: Die Demokratie ist die Verfassung der "Tugend" (S. 176), das deutsche Volk besitzt mit seiner Tugend die Voraussetzung der Demokratie (S. 271), es bedarf nur noch eines Anstoßes, um sie zu verwirklichen (S. 289 f.), wobei der Übergang "so unblutig ... als möglich" vollzogen werden sollte (S. 222 f.).

141 Vgl. SCHULZ, Deutschlands Einheit, S. 248, wo Schulz sein Ziel der Nationalrepräsentation als hinsichtlich der Staatsform neutral ausgibt. Zu der gleichwohl vorhandenen Präferenz für die Demokratie vgl. SCHULZ, Art. "Demokratie", StL. IV[1], S. 241−252, besonders S. 248−252; ähnlich StL. III[2], S. 705−712, dort besonders S. 710−712 und SCHULZ, Art. "Europa", StL. V[1], S. 305−308; nur geringfügig verändert in StL. IV[2], S. 536−539. Vgl. KOLB, Art. "Repräsentatives System", StL. XIII[1], S. 681−690, der S. 689 f. die Eigenständigkeit der konstitutionellen Verfassung leugnet, um die Weiterbildung ihres repräsentativen, in Kolbs Sinne demokratischen Elementes nahezulegen. Ebenso StL. XI[2], S. 514−521, S. 520 f. Vgl. MATHY, Art. "Nationalökonomie", StL. IX[2], S. 391, der bei der allgemeinen Forderung nach Einführung einer Repräsentativverfassung stehenbleibt. Zu den Verfassungsvorstellungen der hier behandelten acht Autoren vgl. im einzelnen unten S. 395−408.

Hintergrund,[142] vor dem Schulz die Idee des 'organischen Gleichgewichtes' zum fruchtbaren Alternativkonzept der 'Völker' für eine friedliche Zukunft erhob. Und nach List stelle die Arbeitsscheu "den Urgrund des Bestrebens nach Herrschaft und Vorrechten, den Urgrund der Kriege und Feindseligkeiten" dar, während "die Arbeit ... das einzig vernünftig-legitime ... Mittel für Individuen und Nationen (sei), zu Reichthum und Wohlstand zu gelangen". Ungebrochen lebte in dieser Gegenüberstellung jener tradierte Gegensatz fort, der Unrecht und Krieg mit Absolutismus und Feudalismus identifiziert hatte: Auf der einen Seite das Begriffsfeld 'Herrschaft', 'Vorrecht', 'Feindseligkeit'; auf der anderen die Verbindung von 'Vernunft', 'Individuum' und 'Reichtum'. "Müßiggang" und "Zerstörungssinn" erschienen als die wesentlichen Merkmale einer ebenso feudalen wie absolutistischen Epoche der "Heerführer".[143]

Ähnliche Wendungen gebrauchte Mathy. "Krieg" − das bedeutete eine Bewußtseinshaltung, der "die Arbeit verhaßt" sei; das meinte ebenso die Unterdrücker, denn die Arbeit laste damit auf "den Sklaven, den Leibeigenen"[144], denen auf der anderen Seite "Schwärme von ... Müßiggängern" gegenüberstünden[145]. Mathy war sich ebenso wie Kolb und Jordan mit Welcker darin einig, daß "Willkür nach Außen und gegen das eigene Volk und seine Freiheiten" oder: der "Mißbrauch despotischer Gewalt ... und ehrgeizige Eroberungskriege" als strukturelle Merkmale des Absolutismus zu gelten hätten.[146]

---

142 Vgl. SCHULZ, Art. "Gleichgewicht, völkerrechtliches", StL. VII^1, S. 46−61; mit unwesentlichen Änderungen StL. VI^2, S. 30−39; SCHULZ, Art."Frieden. Friedensschlüsse", StL. VI^1, S. 109 f., S. 120 f.; ebenso StL. V^2, S. 212, S. 219 f.; vgl. auch SCHULZ, Ueber den Mißbrauch und die Veränderlichkeit der allgemeinen Begriffe in der Politik, in: Allgemeine politische Annalen, Bd. 2 (1830), S. 39−56, dort S. 43−46; die Schrift wird künftig zitiert 'Mißbrauch'; SCHULZ, Der Bund, S. 7.

143 Alle Zitate LIST, Art. "Arbeit", StL. I^1, S. 645; ebenso StL. I^2 , S. 604 f.

144 MATHY, Art. "Nationalökonomie", StL. IX^2, S. 372.

145 MATHY, Art. "Nationalökonomie", StL. IX^2, S. 367, S. 358−360.

146 Vgl. dazu eine Bemerkung des noch jungen Publizisten Mathy, der in 'Der Zeitgeist', Nr. 8, 28.07.1832 erklärt, "daß die Völker nicht feindlich gegen einander gesinnt, und nicht zu Eroberungen geneigt sind, weil sie alle die nämlichen Interessen haben. Ein aufgeklärtes Volk führt keine andern Kriege als zur Vertheidigung der Freiheit und des Vaterlandes gegen die Angriffe fremder Unterdrücker. Die Despoten allein sind es, welche ihre

Nicht weit davon entfernt, identifizierte Struve den nach außen "mit Krieg und Gewaltthat" auftretenden Staat mit dem nach innen unterdrückenden[147], und Abt erklärte Absolutismus und Feudalismus für eins mit der unsittlichen blutigen Gewalt[148]. Einhellig forderten alle Verfasser den weitgehenden, zuweilen sogar vollständigen Ersatz des durch sein Unrecht kompromittierten Miles perpetuus durch eine Bürger-, Volks- oder Nationalbewaffnung.[149]

In Umkehrung dieser Negativfolie verkündete ein jeder denn auch auf seine Art einen universalen, Individuen sowohl als Völker einbeziehenden Emanzipationsanspruch. Es waren "die Menschen" schlechthin, die nach List im Zuge des säkularen Prozesses der Arbeitsteilung schließlich "in der Arbeit die Mittel finden

---

Söldnerheere ausschicken (,) um Länder zu erobern und Völkerglück zu zerstören, oder wie man sich jetzt auszudrücken pflegt, um Ruhe und Ordnung aufrecht zu erhalten." Die Autorenschaft Mathys für diesen anonym erschienenen Beitrag, den SCHOCH, Analyse, S. 29 als authentisch zitierte, kann auf der Grundlage des von Schoch durchgeführten Manuskriptvergleichs (vgl. ebd., S. 8) für gesichert gelten. Zu den übrigen vgl. WELCKER, Art. "Heerwesen: Landwehrsystem", StL. VII[1], S. 592 und S. 595 f. (Zitate), S. 601 f.; ebenso StL. VI[2], S. 596 und S. 598, S. 602; ferner: WELCKER, Art. "Familienherrschaft", StL. V[1], S. 427 f.; ebenso StL. IV[2], S. 621 f.; WELCKER, Art. "Jüstemilieu", StL. IX[1], S. 11; ebenso StL. VII[2], S. 799; WELCKER, Art. "Grundgesetz, Grundvertrag", StL. VI[2], S. 224; als frühes Zeugnis vgl. WELCKER, Deutschlands Freiheit, S. 29. KOLB, Art. "Menschheit", StL. X[1], S. 494 f., S. 497; ebenso StL. IX[2], S. 47 f., S. 50; ferner: KOLB, Darstellung, II, S. 34; KOLB, Geschichte, II, S. 320—323. JORDAN, Grundsätze, S. 216 im Zusammenhang mit JORDAN, Wanderungen, S. 119; vgl. auch abgeschwächt: JORDAN, Versuche VIII, § 9, S. 346 f. und JORDAN, Lehrbuch, § 60, S. 70.

147 STRUVE, Art. "Menschenrechte", StL. IX[2], S. 72.

148 ABT, Zeitung, S. 168: "Der Absolutismus hat keinen andern Rechtstitel für seine Gewalt, als seine Degenspitze. Seine Berechtigung ist in die Gewehrläufe seiner Trabanten geladen, und damit beweist er, daß Blut darnach fließt." Vgl. auch ebd., besonders S. 145—147.

149 Vgl. hierzu ABT, Zeitung, S. 195—198; ABT, Art. "Dynastische Interessen u.s.w.", StL. IV[2], S. 167; KOLB, Grundzüge, IV, S. 131—151; STRUVE, Art. "Menschenrechte", StL. IX[2], S. 71; KOLB, Geschichte, I, S. 351—353; KOLB, Darstellung, II, S. 34; KOLB, Art. "Menschheit", StL. X[1], S. 485 f., S. 500; ebenso StL. IX[2], S. 42, S. 52; LIST, Verfassung, S. 368 f., S. 399; LIST, Art. "Eisenbahnen", StL. IV[1], S. 664; ebenso StL. IV[2], S. 237; MATHY in: 'Der Zeitgeist', Nr. 49, 19.12. 1832; Nr. 8, 28.07.1832; Rede Mathys in der zweiten badischen Kammer, 29.07.1846, Verhandlungen 1846, 6. Protokollheft, S. 289—291; MATHY, Art. "Nationalökonomie", StL. IX[2], S. 360; JORDAN, Grundsätze, S. 216 f.; SCHULZ, Frag- und Antwortbüchlein, S. 766; SCHULZ, Deutschlands Einheit, S. 286, S. 301, S. 306, S. 308, S. 317; SCHULZ, Bürgergarden, passim; SCHULZ, Art. "Taktik und Strategie", StL. XV[1], S. 333—336; ebenso StL. XII[2], S. 544—546; WELCKER, Deutschlands Freiheit, S. 29, S. 44; WELCKER, Wehrverfassung, passim; WELCKER, Art. "Heerwesen: Landwehrsystem", StL. VII[1], S. 589—607; ebenso StL. VI[2], S. 594—606.

sollten, sich von der Gewalt ihrer Unterdrücker loszukaufen und für die Bewahrung ihrer Rechte Garantieen zu erlangen".[150] Die vernunftgemäße bürgerliche Zukunft beschrieb einen Zustand, in welchem "jeder Mensch in die Lage gesetzt ... (sein werde), sein Leben in einem Wechsel von geistigen und körperlichen Anstrengungen, von geistigen und körperlichen Genüssen hinzubringen".[151] Und mit Blick auf die Staaten stellte List sein Programm gleich zu Anfang des 'Nationalen Systems' unter zwei Maximen, um deren Vermittlung die Theorie sich bemühen müsse: Neben dem philosophisch gerechtfertigten Gebot, die "Freiheit des internationalen Verkehrs in geistiger wie in materieller Beziehung, endlich Vereinigung aller Nationen unter dem Rechtsgesetz – die Universalunion" herbeizuführen, stand gleichrangig das "Interesse jeder besondern Nation" an "ihre(r) Selbständigkeit und Fortdauer ... als eines ... in sich selbst vollkommenen und unabhängigen politischen Körpers".[152]

Wenn auch nicht so bestimmt mit dem Pronomen 'jeder' umschrieben, so zielte doch der Ausblick Mathys auf eine nicht minder umfassende Emanzipation. Nach seiner Prognose werde die Befreiung der "Nationen" von der 'Ausbeutung' durch "Familien und Kasten" in dem Maße stattfinden, als die Völker nach den Gesetzen der modernen Nationalökonomie handelten.[153] In volkswirtschaftlichem Gewand trug Mathy hierbei Leitsätze vor, die er sich schon 1832 zu eigen ge-

---

150 LIST, Art. "Arbeit", StL. I^1, S. 644; ebenso StL. I^2, S. 604.

151 LIST, Art. "Arbeit", StL. I^1, S. 645; ebenso StL. I^2, S. 605.

152 LIST, Das nationale System, S. 41. Zu der Universalität des erhobenen Anspruchs vgl. auch ebd., S. 210: In Anbetracht der vorgefundenen "unendliche(n) Verschiedenheit" unter den Nationen, denen "allen aber ..., wie den einzelnen Menschen, der Trieb der Selbsterhaltung, das Streben nach Vervollkommnung", eigen sei, sei es "die Aufgabe der Politik, ... die kleinen und schwachen groß und stark zu machen", wie es zur "Aufgabe der Nationalökonomie (zähle), die ö k o n o m i s c h e   E r z i e h u n g   d e r   N a t i o n   zu bewerkstelligen und sie zum Eintritt in die künftige Universalgesellschaft vorzubereiten".

153 MATHY, Art. "Nationalökonomie", StL. IX^2, S. 403.

macht hatte, als er die Gleichheit und Freiheit aller Bürger als Grundlage der Politik gefordert hatte.[154]

Struve verkündete die "e w i g e n und u n v e r ä u ß e r l i c h e n R e c h t e d e r M e n s c h h e i t " – das "Recht auf Leben, ... auf Bildung und ... auf freie Entwickelung" –, deren Einlösung "ein Ende machen (werde) dem Neide und der Zerstörungswuth, dem Wucher und dem Betruge, der Herrschsucht und der Tyrannei", wobei diese Rechte gleichermaßen für Staaten wie für Individuen Geltung beanspruchten.[155] Daß "der Egoismus jedes Einzelnen das Recht behauptete, auch politisch sich geltend zu machen", war für Schulz ein konstitutives Moment des Friedens. Dann fiele die "Gerechtigkeit" mit der "Nothwendigkeit" zusammen, und die Individuen würden die Identität ihrer Interessen mit denen der Gemeinschaft, die Völker ihr eigenes "Wohl" in dem "Heil" der anderen erkennen.[156] Abt rückte die "Volksfreiheit und Gleichberechtigung Aller"[157], die Befreiung der menschlichen "Lebensthätigkeit ... von dem Zwange einer außer ihr liegenden Nothwendigkeit"[158] in den Mittelpunkt seiner Politik. Daß alle Menschen im Hinblick auf "i h r e v e r n ü n f t i g e S e l b s t b e s t i m m u n g " einen "gleich(en) ... Anspruch auf den hierzu nöthigen Gebrauch der Außenwelt" hätten, leitete Jordan aus dem vernunftgegründeten Sollen ab[159], dessen kritische Norm wegen ihrer Universalität auch den

---

154 Vgl. MATHY in: 'Der Zeitgeist', Nr. 8, 28.07.1832: "Die erste Wahrheit, die in der Verfassung steht, ist die Gleichheit der Bürger, daraus fließt die gleichmäßige Theilnahme Aller an den Vortheilen und Lasten der Gesellschaft. Die Gleichheit kann aber nicht bestehen, ohne die Freiheit, die von der Natur allen Geschöpfen auf der Erde gegeben ist. Kein Mensch kann sich zum Herrn eines andern aufwerfen, oder er ist ein Eroberer, ein Wolf. Die Freiheit besteht in dem Recht, Alles zu thun, was das Gesetz nicht verbietet, nämlich das Gesetz wie es seyn soll."

155 STRUVE, Art. "Menschenrechte", StL. IX², S. 71 f. (Zitate S. 71).

156 SCHULZ, Art. "Frieden. Friedensschlüsse", StL. VI¹, S. 132; ebenso StL. V², S. 227.

157 ABT, Art. "Belletristik", StL. II², S. 296.

158 ABT, Art. "Bestimmung des Menschen", StL. II², S. 455.

159 Vgl. JORDAN, Lehrbuch, § 1, S. 1 (erstes Zitat) und JORDAN, Versuche II, § 6, S. 28 (zweites Zitat).

zwischenstaatlichen Bereich einbezog[160]. Kolb feierte die erstmalig in der Französischen Revolution verwirklichten "Principien der Freiheit und ... der Gleichheit vor dem Gesetze" als die Grundlage des künftigen Fortschritts.[161] Freilich galt das Selbstbestimmungsrecht der Völker auch in deren Außenverhältnis[162], und am Ende der europäischen Weltmission hatte die Selbständigkeit aller Völker – mit Blick auf den Zeitpunkt zwar abhängig von dem jeweils erreichten Zivilisationsgrad, grundsätzlich aber unerachtet ihrer Rasse – zu stehen.[163] Welcker schließlich wurde nicht müde zu betonen, daß in dem durch die "Vorherrschaft der Mündigkeit" bezeichneten gegenwärtigen Zeitalter die Politik von den " f r e i e n   v e r n ü n f t i g e n   I n d i v i d u e n " ausgehen müsse, wie spiegelbildlich dazu die " S e l b s t s t ä n d i g k e i t ,   F r e i h e i t   u n d   G l e i c h h e i t   a l l e r   V ö l k e r " die leitende Maxime in den internationalen Beziehungen ausmachte[164]. Konsequent deutete Welcker das Prinzip "der rechtlichen und staatsbürgerlichen   F r e i h e i t   und G l e i c h h e i t " als Verbot jeglicher Instrumentalisierung des Menschen durch den Menschen: Keinesfalls dürften "Einzelne ... zu Sachen und Mitteln gemacht, mit Verletzung ihrer Persönlichkeit und Gleichheit für die Anderen aufgeopfert werden".[165]

160 JORDAN, Lehrbuch, § 28, S. 29.

161 KOLB, Art. "Menschheit", StL. X[1], S. 503 (Zitat), S. 498–500; ebenso StL. IX[2], S. 54, S. 51 f.; vgl. auch KOLB, Geschichte, II, S. 346 f., S. 359 f.

162 Vgl. KOLB, Art. "Griechenland (Geschichte Neugriechenlands)", StL. VII[1], S. 123 f., S. 157; ebenso StL. VI[2], S. 87, S. 110; ferner KOLB, Art. "Menschheit", StL. X[1], S. 487; ebenso StL. IX[2], S. 43 und KOLB, Geschichte, I, S. 355–357.

163 KOLB, Art. "Racen der Menschen", StL. XIII[1], S. 408; ebenso StL. XI[2], S. 290; vgl. auch KOLB, Art. "Ostindien", StL. XII[1], S. 98; ebenso StL. X[2], S. 217.

164 WELCKER, Art. "Deutsche Staatsgeschichte", StL. IV[1], S. 325; ebenso StL. III[2], S. 760 f.; vgl. auch ebd. [1], S. 282 f., S. 334; ebenso ebd. [2], S. 732, S. 767; WELCKER, Art. "Universalstaat, Universalmonarchie, Weltherrschaft", StL. XV[1], S. 499; ebenso StL. XII[2], S. 621; WELCKER, Art. "Völkerrecht", StL. XV[1], S. 735; ebenso StL. XII[2], S. 792.

165 Im Zusammenhang von Bürgerrecht, Bürgerpflicht und Wehrpflicht formuliert bei WELCKER, Art. "Stand", StL. XV[1], S. 129; ebenso StL. XII[2], S. 408.

Allenthalben ging das Programm des Friedens die ganze Menschheit an, versprach einem jeden die Befreiung von Unterdrückung und die Verwirklichung von Recht, mitunter auch von Wohlstand. Wo nicht wörtlich so gesagt, dort begleiteten doch wenigstens in synonymer Fassung die Begriffe Freiheit, Gleichheit und Selbständigkeit als normative Leitvorstellungen das eigene Programm. Dies alles war Versprechen – gewiß. Auf mögliche Einschränkungen hin wird es nach diesem flüchtigen Überblick noch zu befragen sein. Aber als solches hatte es seinen Platz bei jedem Verfasser, niemand konnte offensichtlich darauf verzichten. Darum soll zunächst einmal von einem durchaus hohen Stellenwert dieser Prinzipien für das hier zu untersuchende politische Denken ausgegangen werden.

Ein innenpolitisch begründeter und zugleich mit einem umfassenden Emanzipationsanspruch verbundener Friede hatte sich bei Rotteck allerdings schon als nicht mehr einlösbar erwiesen, weil der zugrunde liegende und an dem Gegensatz zu Absolutismus und Feudalismus entwickelte bürgerliche Entwurf an seine Grenzen gestoßen war. Indessen gibt es Anzeichen dafür, daß die hier abzuhandelnden Utopien bereits über den alten Gegensatz wenigstens zum Teil hinauswiesen. Während Kolb und Welcker unter Berufung auf Feuerbach die 'Universalmonarchie' als bloß graduell unterschiedene Erweiterung des politischen Absolutismus mit den Argumenten der bürgerlichen Freiheit und der nationalen Selbständigkeit bekämpften,[166] belegte List bereits eine andere Erscheinung mit dem Stigma der Weltherrschaft. Was List als moderne, "auf Unterwerfung und Abhängigkeit der andern Nationalitäten" beruhende "Universalherrschaft" mit dem römischen Weltreich verglich, war jene Monopolstellung, die einer bereits industrialisierten Nation im Verhältnis zu den vorwiegend noch auf agrarischer Grundlage wirtschaftenden industriellen Schwellenländern wegen des bestehenden ökonomischen und politi-

---

166 Vgl. KOLB, Art. "Menschheit", StL. X¹, S. 487; ebenso StL. IX², S. 43; ferner KOLB, Geschichte, I, S. 355–357; WELCKER, Art. "Universalstaat, Universalmonarchie, Weltherrschaft", StL. XV¹, S. 499; ebenso StL. XII², S. 621. Bezug genommen wird auf: P.A. Feuerbach, Die Weltherrschaft das Grab der Menschheit, Nürnberg 1814.

schen Machtgefälles zwangsläufig zufiele, wenn nur die Handelsfreiheit eine ungehinderte Konkurrenz auch im zwischenstaatlichen Verkehr ermöglichte. Hergebrachte Begriffe der Politik wurden damit unter dem Blickwinkel der Nationalindustrie anders definiert. Die 'Selbständigkeit der Staaten' diente zur Legitimierung des auf die industrielle Entwicklung berechneten Schutzzollsystems, mit dessen Hilfe der Tendenz zur Monopolbildung entgegengewirkt werden könne.[167] Und wenn programmatisch das Ziel der "Universalrepublik" gegen die "unter den bestehenden Weltverhältnissen aus allgemeiner Handelsfreiheit" hervorgehende "Universaluntertänigkeit" behauptet wurde,[168] so schien hier wie auch anderswo als der eigentliche Gegner – und damit als neuer negativer Bezugsort des vertretenen emanzipativen Anspruches – die drohende Möglichkeit einer definitiven englischen Vorherrschaft über die Welt auf.[169]

War bei List die vorausgesehene Industrie-, Handels- und Seeherrschaft des ebenso gefürchteten wie bewunderten Großbritannien[170] in die Stelle der 'Universalherrschaft' eingerückt, so wiederholte sich das Schreckbild einer damit doch bürgerlichen Form des Absolutismus bei Abt, der – hierin Rotteck zwar vergleichbar, aber dennoch mit einer Aussicht auf den künftigen Frieden – den 'Geldabsolutismus' in eine Reihe mit den traditionellen Formen des Absolutismus und des Privilegs stellte.[171] Und inwieweit das Wiener Vertragssystem als eine einfache Verlängerung des absolutistischen Zeitalters mit seinen alten Implikationen noch aufgefaßt wurde, ist eine bisher offene Frage. Es läge nahe, die bei Welcker und

---

167 Vgl. LIST, Das nationale System, S. 48–50.

168 LIST, Das nationale System, S. 167.

169 Die Gefahr einer sich abzeichnenden maritimen, kommerziellen und industriellen Suprematie Großbritanniens, dem bessere Chancen bei der Errichtung einer Weltherrschaft eingeräumt werden als den Plänen Napoleons, durchzieht leitmotivisch zusammen mit der darauf antwortenden Schutzzollforderung das 'Nationale System'. Vgl. unter einer Vielzahl von Nachweisen ebd., S. 38–40, S. 48–53, S. 56 f., S. 369–373. Der Bezug der eigenen Politik auf den Gegenspieler Großbritannien erscheint bereits im frühen Schrifttum Lists; vgl. LIST, Denkschrift (1820), S. 528–545, wo List allerdings noch an dem Prinzip des Retorsionszolles festhält.

170 Vgl. LIST, Das nationale System, S. 103–105, S. 369 f.

171 Siehe oben S. 179.

Jordan beobachtete Verlagerung zugunsten der innenpolitischen Verankerung des Friedens mit dem von beiden zwar vergleichsweise zurückhaltend, nichtsdestoweniger aber unzweideutig zum Ausdruck gebrachten Unbehagen an der "Dictatur und Bevormundung monarchischer Congresse"[172] in Verbindung zu bringen. Daß aber darüber hinaus eine Aufspaltung der ursprünglichen Einheit von Absolutismus, Unterdrückung und Krieg in dem Sinne stattgefunden hatte, daß der Krieg auf die Seite der 'Bewegung' gegen den unterdrückenden Frieden getreten war, läßt sich zumindest etwa bei Abt, Schulz oder Struve vermuten, zumal die von ihnen zitierten Äußerungen durchaus Anspielungen auf den Einsatz von Gewalt enthielten.

Die sich mit alledem wenigstens teilweise abzeichnende Erweiterung oder Veränderung hergebrachter Muster erinnert wiederum an das Vermittlungsproblem des Friedens. Denn diese Modifikationen können verstanden werden als Anpassungen, die es − ungeachtet ihrer Problematik − den einzelnen Verfassern ermöglichen sollten, im Gegensatz zu Rotteck den künftigen Frieden zusammen mit der beanspruchten Emanzipation zu denken. Daß manche Autoren die mit Rotteck geteilte innenpolitische Basis des Friedens um die qualitativ noch etwas anderes ausdrückende Bedingung der Nation erweitert hatten, braucht hierbei − gleichviel, ob diese ökonomisch oder ethnisch-kulturell definiert wurde − nicht notwendig zu stören. Im Gegenteil: Soweit es bisher deutlich geworden ist, ging die Nation mit der Emanzipation Hand in Hand. Daß sie als ein empirisch ermittelbarer 'naturgegebener' Sachverhalt eine Mittlerrolle bei der Verwirklichung des Friedens übernehmen sollte, ließe sich als ein Hinweis deuten darauf, daß die Freisetzung des bei Kant und anfänglich auch bei Rotteck als Vermittler gedachten besitzbürgerlichen Egoismus für nicht mehr hinreichend oder gar als Irrweg empfunden wurde. Zur Klärung dieses Zusammenhanges und um weiteren Aufschluß darüber zu gewinnen, wie unter dem zumindest vordergründig fortgesetzt erhobenen

---

172 WELCKER, Art. "Völkerrecht", StL. XV^1, S. 735; ebenso StL. XII^2, S. 792; JORDAN, Versuche VI, § 9, S. 204 f.; JORDAN, Wanderungen, S. 283−286.

Anspruch der universalen Emanzipation dem Frieden in Abweichung von Rotteck die künftige Möglichkeit nach wie vor bewahrt wurde, ist es jetzt angezeigt, sich der innenpolitischen Vermittlung des Friedens näher zuzuwenden, die – je nachdem, ob ohne den oder mit dem Zusatz der Nation – die oder doch wenigstens eine wesentliche Voraussetzung des Friedens bei allen Verfassern bildete.

3.1.2 Die innerstaatliche Begründung des Friedens im Widerstreit von umfassender Emanzipation und gesellschaftlichem Strukturwandel

I.

Gescheitert war die von Rotteck nur anfangs fortgeführte Friedensutopie an dem Problem, die Zielvorstellung einer die normativen Prinzipien Freiheit und Gleichheit verwirklichenden Gesellschaft zusammen mit dem besitzbürgerlichen Interesse zu denken. Als verhängnisvoll hatte sich die heraufziehende Unvereinbarkeit deswegen erwiesen, weil mit dem Interesse der Eigentümer auch die Vermittlungsebene der bürgerlichen Friedensutopie gegeben war. Solange seine Freisetzung gleichzeitig mit der universalen Emanzipation gedacht werden konnte, brauchte die Gegenwart im Zeitalter des an Einfluß gewinnenden 'Dritten Standes' nicht bloß verneint zu werden. An der Stelle einer widersprüchlichen Flucht in den revolutionären Krieg, der zunächst einmal das Gegenteil jenes rechtlich gesicherten Friedens heraufbeschworen hätte, den es doch zu erreichen galt, konnte der Egoismus des Besitzbürgers als Garant des friedlichen Wandels zum künftigen Frieden hin dienen. Wird die Tragfähigkeit einer Utopie daran gemessen, inwieweit sie den "Weg ... aus dem Bestehenden selbst hinaus" weisen könne,[173] so war die Rechnung mit diesem Interesse um die Wende vom 18. zum 19. Jahrhundert schlechthin entscheidend; sie mußte aber in dem Maße problematisch werden, wie der Egoismus des Besitzbürgers mit dem normativen Leitbild der umfassenden Emanzipation in Konflikt geriet. Ebendieser bisher nur an den Schriften des Freiburger Gelehrten demonstrierte Zusammenhang ist für die anderen Mitarbeiter des Staatslexikons erst noch nachzuweisen.

---

173 HOMMES, Utopie, S. 1575.

Näher betrachtet, hatte dieses 'Verhängnis' zwei Seiten, die beide bei Rotteck sichtbar geworden sind. Während mit dem Zweifel an der Eignung des Besitzindividualismus als Medium des Friedens die bürgerliche Friedensutopie an Glaubwürdigkeit und Anziehungskraft verlor, nahm im selben Zuge die Bereitschaft zur Anwendung von Gewalt zu — sei es in der Form des revolutionären Krieges oder in der Gestalt des Bellizismus. Wiewohl beide Momente zueinander in einem Bedingungsverhältnis standen, sollen sie unter der gegebenen Fragestellung, wie es anderen möglich war, an der innergesellschaftlichen Vermittlung des Friedens festzuhalten, nacheinander behandelt werden.

Für Rotteck stellte sich der zentrale Widerstreit zwischen dem emanzipativen Anliegen und dem Besitzindividualismus mit dem Aufbruch aus der eher egalitären, vorindustriellen Bürgergesellschaft ein. Nun wäre es immerhin denkbar, daß andere Verfasser sich auf die traditionelle innenpolitische Begründung des Friedens darum einlassen konnten, weil ihnen dieser gesellschaftliche Wandlungsprozeß einschließlich seiner Konsequenzen verborgen geblieben war. Indessen spricht manches gegen diesen Versuch einer Erklärung.

Da ist einmal die grundsätzliche Gemeinsamkeit der Lebenswelt (wenngleich diese noch keine gemeinsame Erfahrung ausmacht): Denn der sich unter der Decke der legitimistischen Friedenswahrung anbahnende Strukturwandel blieb keineswegs auf die badischen Verhältnisse beschränkt, die schließlich auch Struve und Welcker ebenso wie Mathy täglich vor Augen haben konnten. Abt in Württemberg, Jordan in Kurhessen und Kolb in der Rheinpfalz lebten in einer durch kleine Betriebsgrößen geprägten handwerklich-bäuerlichen Gesellschaft.[174] Freilich gab es

---

174 Nach GRUBER, Entwicklung, S. 19 war 1832 über die Hälfte der Einwohner Rheinbayerns — nämlich 324.675 von 533.591 Personen — ausschließlich in der Landwirtschaft beschäftigt. Zu 46.479 Familienhaushalten mit 224.628 Angehörigen kamen noch 80.035 Tagelöhner und 20.012 Dienstboten. Von der Ausübung eines Gewerbes bestritten teilweise oder gänzlich 35.535 Familienhaushalte mit 172.485 Seelen ihren Lebensunterhalt, wobei hier noch 19.352 Tagelöhner und nichtansässige Dienstboten hinzuzurechnen sind. Zur kleingewerblichen Struktur vgl. ebd., S. 46. Bei vielfältigen Überschneidungen teilte sich die Bevölkerung in Württemberg nach SEDATIS, Liberalismus, S. 119–121 etwa zu gleichen Teilen in den landwirtschaftlichen und den gewerblichen Sektor. Von hundert Familien ließen sich gemäß einer bei BRANDT, Gesellschaft, S. 104 nachlesbaren statistischen Angabe 48,1 dem Gewerbe und 44,9 der Landwirtschaft zuordnen. Auch hier überwog weithin nach BRANDT,

Unterschiede. So waren in der Rheinpfalz die revolutionären französischen Umgestaltungen wie die Gewerbefreiheit, die Abschüttelung der feudalen Lasten und die Teilbarkeit der Güter[175] schon längst vollzogen worden, als die anderen Staaten erst am Anfang des dann auch noch schleppenden Modernisierungsprozesses standen. In Baden und Württemberg erfolgte die gesetzliche Verankerung der Gewerbefreiheit erst 1861/62.[176] Und ein rückschauender Beobachter hat der kurhessischen Bevölkerung mit Blick auf die unter der Restauration wieder eingeführte Zunftverfassung ein 'lethargisches' Beharrungsvermögen attestiert.[177] Im landwirtschaftlichen Sektor wurden die feudalen Lasten in Kurhessen, Baden und Württemberg endgültig erst im Zuge der deutschen Revolution abgelöst, nachdem die Unruhen Anfang der 1830er Jahre diesen Vorgang allerdings schon nachhaltig beschleunigt hatten.[178] Über solche Unterschiede hinweg blieb die Gemeinsamkeit einer kleinbürgerlichen Gesellschaft selbständiger Existenzen indessen grundlegend. Gemeinsam war auch deren Krise. Diese Lebenswelt war überall bedroht. Ein rasantes Bevölkerungswachstum drückte auf den Markt traditionell begrenzter Stellen.[179] Gleichzeitig machte sich − begleitet von den Auswirkungen der Agrarkrisen − die industrielle Fertigung als Konkurrenz bemerkbar. Nicht nur englische Waren verschärften den Wettbewerb,[180] was zum

Gesellschaft, S. 102−105 und SEDATIS, Liberalismus, S. 120 f. der selbständige Kleinbetrieb. Eine ähnliche Struktur zeigte sich − folgt man den Angaben bei BULLIK, Staat, S. 31, S. 34, S. 36−42 − auch in Kurhessen, so daß die Aussage bei SEDATIS, Liberalismus, S. 122, nach der "das Kleinbürgertum im vormärzlichen Südwestdeutschland die bürgerliche Gesellschaft" gewesen sei, auch für Kurhessen und die Rheinpfalz gelten dürfte.

175 Vgl. dazu GRUBER, Entwicklung, S. 14, S. 21−25.

176 Vgl. dazu SEDATIS, Liberalismus, S. 92−116.

177 BULLIK, Staat, S. 36.

178 Vgl. LÜTGE, Geschichte, S. 256−259.

179 GRUBER, Entwicklung, S. 18 berichtet von einer Zunahme der pfälzischen Bevölkerung von 430.000 Einwohnern 1816 auf 533.000 im Jahre 1830. SEDATIS, Liberalismus, S. 120 gibt für Württemberg in einem vergleichbaren Zeitraum − 1815 bis 1830 − einen Anstieg um 14 % an. Zwischen 1821 und 1849 wuchs die Einwohnerzahl Kurhessens nach BULLIK, Staat, S. 18 um etwa ein Drittel von 578.501 auf 759.751 Seelen an.

180 Vgl. hierzu mit Blick auf Württemberg BRANDT, Gesellschaft, S. 102 f.

Angelpunkt der Listschen Schutzzollpolitik werden sollte; sondern auch preußische Fabrikerzeugnisse drängten mit dem jeweiligen Zollvereinsbeitritt auf den heimischen Markt.[181] All dies mündete in eine zunehmende Pauperisierung.[182] Neben der ausländischen Konkurrenz entstand – obschon nur zögerlich und im wesentlichen erst ab Mitte der 1830er Jahre – auch in Rheinbayern, Württemberg und Kurhessen eine heimische Industrie.[183] Zu schwach, um das überbesetzte Gewerbe spürbar zu entlasten, scheinen ihre Anfänge immerhin beachtlich genug gewesen zu sein, um – wie es das Beispiel Rottecks schon gezeigt hat – in einer durch den Niedergang des Handwerks geprägten Umgebung die Angst um den Bestand der vorindustriellen Lebenswelt nähren zu können.

Für solche Zeitgenossen, die wie Schulz, List und Mathy ihr Augenmerk auf den ökonomischen Wandel nicht nur in (Südwest-)Deutschland, sondern auch in Europa – vor allem England – und in den Vereinigten Staaten gerichtet hatten, war das Ende der in kleinen und mittleren Produktionseinheiten wirtschaftenden Gesellschaft und der Übergang zur industriellen Produktionsweise als ein irreversibles Geschehen in der Tat augenfällig. In diesem Sinne hatte es Schulz 1832

---

181 Vgl. zu Kurhessen BULLIK, Staat, S. 36 f.

182 Vgl. SEDATIS, Liberalismus, S. 120 f., S. 125 f.; BRANDT, Gesellschaft, S. 102–104; BULLIK, Staat, S. 36–42; ZORN, Gesellschaft, S. 120 f.

183 Zu der relativen Geringfügigkeit der Industrialisierung in der Pfalz (um 1820 lag der Anteil der in der Industrie beschäftigten erwerbstätigen Bevölkerung bei 0,6 %), deren Aufschwung erst mit der Gründung des Deutschen Zollvereins einsetzte, vgl. HAAN, Anfänge, S. 634–636, S. 655. BULLIK, Staat, S. 36–40 spricht von nur 'bescheidenen' Ansätzen einer Industrialisierung in Kurhessen bis 1848. Nach BRANDT, Gesellschaft, S. 104 standen 1825 in Württemberg 113.738 'Handwerker' 205 'Fabrikanten' gegenüber. 1836 habe es dann etwa 10.000 bis 11.000 Arbeiter in 374 'Fabriken' gegeben. Der 1834 erfolgte Anschluß an den Zollverein sowie der Eisenbahnbau leiteten schließlich eine stärkere Industrialisierungswelle ein, so daß nach einer bei SEDATIS, Liberalismus, S. 136 wiedergegebenen Schätzung sich die Zahl der Fabrikarbeiter zwischen 1835 und 1856 auf 30.000 nahezu verdreifachte. Zur wirtschaftlich-gesellschaftlichen Entwicklung in Württemberg während des Vormärz vgl. auch LANGEWIESCHE, Liberalismus und Demokratie, S. 27–50; nach ebd., S. 46 stieg zwischen der Mitte der 1830er Jahre und 1852 die Zahl der den 'Fabriken' zuzuordnenden Arbeiter etwa auf das Viereinhalbfache an.
Zum wirtschaftlich-gesellschaftlichen Strukturwandel in den deutschen Gebieten des Deutschen Bundes, der sich mancherorts sogar noch erheblich dramatischer vollzog als in den südwestdeutschen Gebieten, vgl. jetzt die einschlägigen Abschnitte bei WEHLER, Deutsche Gesellschaftsgeschichte, II, S. 7–296, besonders aber ebd., S. 547–567.

bereits als "Wahnsinn" bezeichnet, "die fortgehende Verdrängung der einfacheren Handarbeit durch Fabrik- und Maschinenwesen verhindern" zu wollen,[184] obwohl durch diesen Prozeß und im Gefolge einer vermehrten Konkurrenz mancherorts "die Noth und die Sklaverei der Arbeiter zu einem fast unerträglichen Grade gestiegen" sei — dies zudem bei einem gleichzeitig anwachsenden "Gewinn" der Unternehmer.[185] Ebenso redete Mathy der Unumkehrbarkeit des Zuges zur Industrie das Wort,[186] und auf die ökonomische Stufentheorie Lists, nach der die Weltgeschichte auf die Industrialisierung als ihren Kulminationspunkt hintrieb, ist oben schon hingewiesen worden[187]. Auch diese beiden Protagonisten der industriellen Entwicklung nahmen dabei den Untergang einer egalitären klein- und mittelständischen Gesellschaft bewußt in Kauf, ja erhoben die sich differenzierende Gesellschaft sogar zum Programm.[188] Gleich Schulz beobachteten sie zudem, daß ein Zusammenhang bestehe zwischen dem Wettbewerb, der Industrialisierung, der Kapitalkonzentration und dem Entstehen des Proletariates.[189] Ihre Kritik verharrte zwar auffällig bei dem Maßlosen: An die grundsätzliche Frage, was "das

---

184 SCHULZ, Deutschlands Einheit, S. 61.

185 SCHULZ, Deutschlands Einheit, S. 59.

186 Vgl. MATHY, Art. "Nationalökonomie", StL. IX^2, S. 386 f.

187 Siehe oben S. 149 f., S. 170, S. 172.

188 Vgl. MATHY, Art. "Nationalökonomie", StL. IX^2, S. 386, wo Mathy die hergebrachte Wirtschaftsstruktur charakterisiert als "eine große Zahl von kleineren Unternehmern, deren wirthschaftliche Lage und bürgerliche Stellung günstiger ist als jene des Lohnarbeiters und eine angemessenere Vertheilung des Volkseinkommens bewirkt, als wo wenige große Unternehmer mit vielen Tagarbeitern die Gewerbe betreiben". Unmittelbar daran anschließend legt Mathy ebd., S. 386 f. die Notwendigkeit des Überganges zu ebendiesem auf der maschinellen Fertigung beruhenden Fabriksystem dar. Zu List vgl. dessen eindeutige Ablehnung einer kleinbäuerlichen Gesellschaft, die gegenüber ihren zur Industriegesellschaft sich entwickelnden Nachbarn zur fortschreitenden "Nationalschwäche" verurteilt sei. LIST, Das nationale System, S. 58 f.; ähnlich schon 1816 formuliert in LIST, Teilung, S. 580–584. Vgl. auch LIST, Das nationale System, S. 318, wo es der "Manufakturproduktion" noch ausdrücklich zugute gehalten wird, daß unter ihrem Einfluß die Unterschiede zwischen den "verschiedenen Rangklassen der Gesellschaft" sich stärker ausprägten, anstatt — wie in der vorindustriellen Zeit — auf einem niedrigen und mehr einheitlichen Niveau zu verschwinden.

189 Vgl. im Zusammenhang MATHY, Art. "Nationalökonomie", StL. IX^2, S. 368 f., S. 381, S. 386 f.; LIST, Das nationale System, S. 38, S. 314; LIST, Unsere Gegner, S. 436, Anm. 1 und LIST, Gewerberevolution, S. 360–378.

R e c h t zu arbeiten" denn helfe, "wenn es an den nothwendigsten Mitteln dazu" 'fehle', schloß Mathy sein Verdikt über "Wucher, ... Betrug ... (und) Trucksystem" an,[190] während List das "Fabrikelend" in der Hauptsache einer "übertriebene(n) Konkurrenz" zuschrieb, die "lediglich aus dem Bestreben Englands nach einem Weltfabrikmonopol" entstehe[191]. Gleichwohl räumten aber auch sie ein, daß mit der Industrialisierung und dem freien Wettbewerb — wie List formuliert hatte — das "Übel" eines "Stand(es) von Proletariern" einhergehe.[192] Bei diesen drei Publizisten war mithin gegeben, was für die anderen Verfasser erst noch nachzuweisen wäre: die nach der gemeinsamen Lebenswelt im Rahmen eines Vergleiches mit Rotteck zum zweiten bedeutsame Übereinstimmung — die Wahrnehmung nämlich, daß erstens sich ein Desintegrationsprozeß der handwerklich-bäuerlichen Bürgergesellschaft ereignete; daß zweitens dieser Wandel sich im Zuge der Industrialisierung vollzog und begleitet war von dem 'Übel' eines Mißverhältnisses zwischen Arbeitern und Unternehmern; und daß endlich drittens hinter diesen Veränderungen auch das sich selbst überlassene Vorteilsstreben des Besitzbürgers stand. Insofern also nicht mehr in solcher Weise wie noch unter den Bedingungen der vorindustriellen Bürgergesellschaft die Verwirklichung von Freiheit und Gleichheit zusammen mit der Freisetzung des besitzbürgerlichen Interesses gedacht werden konnte, vereinigten sich die Analysen von Mathy, List und Schulz mit der Erfahrung Rottecks. Hieß es dann aber nicht eine mit Folgeproblemen belastete Wahl treffen, wenn im Gegensatz zu Rotteck an der innergesellschaftlichen Vermittlung des Friedens festgehalten wurde? — Oder lag es noch in der Reichweite des eigenen Programms, die Maxime einer liberalisierten Wirtschaft gleichzeitig mit der universalen Emanzipation unter den Verhältnissen der heraufziehenden Industriegesellschaft zu verfolgen — etwa indem glaubwürdig die Proletarisierung als eine bloße Übergangserscheinung dargetan werden konn-

---

190 MATHY, Art. "Nationalökonomie", StL. IX², S. 368.

191 LIST, Unsere Gegner (1843), S. 436; ähnlich schon 1820: LIST, Gruner, S. 615.

192 LIST, Das nationale System, S. 38.

te? Nur sofern dieses letztere gelungen wäre, hätte sich der Egoismus des Besitzbürgers weiterhin als Vermittlungsebene zum künftigen Frieden einsetzen lassen,
ohne dabei gleichzeitig eine Verkürzung auf der Seite der Emanzipation zu
bedeuten.

Andernfalls mußte sich ein Zwiespalt auftun, und dies galt — abhängig freilich von
ihrer Wahrnehmungsfähigkeit — für die anderen Autoren ebenso wie für Mathy,
List und Schulz. Fiel angesichts einer erkannten Proletarisierung die Option
grundsätzlich zugunsten der Freisetzung des bürgerlichen Egoismus aus, so war
die Frage nach der Ernsthaftigkeit und Breite des emanzipativen Anliegens
gestellt. Allerdings stand dann das Vorteilsstreben der Eigentümer als Garant des
gewaltfreien Wandels vorderhand zur Verfügung. Umgekehrt wurde für den Fall
einer in emanzipativer Absicht vorgesehenen staatlichen Einhegung des besitzindividualistischen Interesses — und damit doch seiner Neutralisierung auf dem Felde
der Politik — das Problem einer alternativen Vermittlungsebene dringend: Welche
Bewegungskräfte der Gegenwart konnten dann noch auf friedlichem Wege in eine
bessere Zukunft führen — zumal in der Epoche eines sich entfaltenden Bürgertums?

In dem Maße nun, wie sowohl die Frage eines alternativen Mittelstücks zum
Frieden ungelöst geblieben sein als auch das besagte Dilemma selbst sich als ein
zwingendes erwiesen haben sollte, wäre die Friedensutopie — wenn auch mit
zunächst anderen Konsequenzen als bei Rotteck — im Grunde gescheitert. Denn
im Gegensatz zu Rotteck an der innergesellschaftlichen Begründung des Friedens
festhalten hieße dann, entweder die Emanzipation auf den Besitzbürger zurückzunehmen oder durch den impliziten Verzicht auf Vermittlungsebenen das Konzept
eines künftigen Friedens als 'Chimäre' zu kompromittieren.

Im folgenden wird es also zuerst um die Haltung zum freien Wettbewerb und zu
dem damit verbundenen wirtschaftlich-technischen wie auch gesellschaftlichen
Wandel gehen, wobei dort, wo noch nicht geschehen, gleichzeitig die Frage nach
dem vorhandenen Problembewußtsein aufgeworfen ist. Bei jenen Verfassern, die
sich in Anbetracht der Proletarisierung gleichwohl für die liberalisierte Wirtschaft

und den Strukturwandel entschieden hatten, stünde die Frage an, inwieweit ihnen in ihren Konzepten die Integration des 'Vierten Standes' in die verheißene Emanzipation gelungen war. (II.)

Spätestens im Falle der gegenteiligen, auf die Beschneidung der besitzbürgerlichen Handlungsfreiheit hinauslaufenden Option richtete sich das Augenmerk auf die angebotenen Vermittlungsebenen des Friedens. Nicht zuletzt interessiert dabei das Zwingende der Wahl zwischen dem Besitzindividualismus einerseits und der Emanzipation auf der Grundlage eines anderen Mittelstücks zum Frieden andererseits. Ein deutliches Indiz für das Unumgängliche des Dilemmas wäre es nun, wenn sich die billigende Hinnahme der unter dem Gesetz des freien Wettbewerbs entstehenden materialen Ungleichheiten und der darauf gegründeten Herrschaftsbeziehungen (oder vielleicht auch das Ausbleiben der Wahrnehmung solcher Vorgänge) einer beibehaltenen Verwendung des besitzbürgerlichen Interesses als Mittler zum Frieden hin ebenso eindeutig zuordnen ließe wie umgekehrt dem Widerstand gegen die neu entstehenden Abhängigkeiten das Ausweichen auf andere Vermittlungsebenen. (III.)

Bei alledem stünden die innenpolitischen Implikationen eines freigesetzten bürgerlichen Egoismus im Vordergrund. Indes darf seine zweite, außenwirtschaftliche Seite nicht übergangen werden. Wie unten sogleich deutlich werden wird, wurden beide Bereiche keineswegs durchgängig der einheitlichen Maxime der gleichzeitigen Entfesselung oder Beschränkung unterworfen. Der besseren Übersicht halber empfiehlt es sich daher, die zwei Seiten voneinander getrennt zu erörtern und — zumal hier der Begriff der Nation bedeutsam werden mag — die Betrachtung des außenwirtschaftlichen Bereiches im Kontext des von den Vermittlungsebenen handelnden Abschnittes vorzunehmen. Kann doch — ohne die eben gewählte Reihenfolge schon durch ein vertiefendes Eingehen umstürzen zu wollen — gleich zu Beginn der kommenden Erörterung auf den naheliegenden Zusammenhang zwischen einer Begrenzung des bürgerlichen Egoismus im Außenhandel und der Nation als einer schon bekannten ergänzenden, wenn nicht sogar alternativen Bedingung wie auch Vermittlungsebene des Friedens hingewiesen werden.

Abschließend soll ein zusammenfassender Vergleich mit den Positionen Rottecks angestellt werden (IV.). Sollte sich das erwähnte Dilemma tatsächlich als unumgänglich erwiesen haben, dann bestand immerhin die oben angedeutete Möglichkeit, daß die acht Verfasser, die im Gegensatz zu Rotteck an einer innergesellschaftlichen Begründung des Friedens festhielten, dafür auch einen 'Preis' entrichten mußten. Ein solcher Tribut müßte sich zugleich darstellen lassen als eine eigentümliche Differenz zu Rottecks Gesellschaftskonzeption und der ursprünglich mit ihr mitgedachten, später aber in eine Kriegsverherrlichung verkehrten Friedensutopie — bestehe diese Abweichung nun in einer Beschränkung der Emanzipation oder in dem Ausweichen in realitätsferne Wunschbilder. Das Ausmaß derartiger Verkürzungen spiegelte gleichzeitig die Bedeutung des wirtschaftlich-gesellschaftlichen Strukturwandels für das bürgerliche Friedensdenken.

II.

Für List, Mathy und Schulz, die gleichermaßen in der Erfüllung des nationalen Strebens eine Voraussetzung des künftigen Friedens sahen, ging die Menschheit einer durch die Industrie geprägten Zukunft entgegen. Schon angesichts des internationalen Wettbewerbs galt ihnen daher die heimische Industrialisierung als eine Überlebensfrage Deutschlands. Den Aufstieg des "industriellen ... Bürgertums ... nicht wollen" bedeutete nach einer auch die Argumentation der beiden anderen Verfasser widerspiegelnden prägnanten Formel Lists "der Nation die Wahl stellen zwischen fremdem Joch und innerlichen Konvulsionen".[193] Wie nun diese Indu-

---

193 LIST, Das nationale System, S. 38; zum programmatischen Grundsatz ausformuliert, heißt es dort ferner: "Darum ist es auch so traurig, wenn man die Übel, womit in unsern Tagen die Industrie begleitet ist, als Motive geltend machen will (,) die Industrie selbst von sich abzuweisen. Es gibt weit größere Übel als einen Stand von Proletariern: leere Schatzkammern — National-Unmacht — National-Knechtschaft — Nationaltod." Zu den anderen beiden Autoren vgl. MATHY, Art. "Nationalökonomie", StL. IX^2, S. 386 f.: "Eine Nation, welche die Anwendung der Maschinen ausschließen wollte, würde die mit Hilfe derselben betriebenen Gewerbe dem Auslande überlassen, ein vorübergehendes Uebel in ein dauerndes verwandeln und an Macht und Wohlstand hinter den Nachbarn zurückbleiben. ...

strialisierung nach Ansicht ihrer Protagonisten den nur im nationalen Rahmen wirksamen Schutzzoll voraussetzte,[194] was hinsichtlich des Außenhandels auf die Beschränkung des bürgerlichen Vorteilsstrebens durch die nationale Bedingung hinauslief, so verlangte sie umgekehrt im binnenwirtschaftlichen Bereich gerade dessen Freisetzung – den freien Wettbewerb.[195]

Die Ausdehnung der Maschinen ist eine nothwendige Folge des Fortschreitens in der Technik und der Ansammlung von Capital." SCHULZ, Deutschlands Einheit, S. 61: "Schon die Concurrenz, die wir mit anderen, in der Industrie weiter vorangeschrittenen Nationen zu halten haben, nöthigt auch uns, in möglichst raschem Gange zu folgen". Ohne eine gezielte Industrialisierungspolitik würde Deutschland nach ebd., S. 79 f. immer "abhängiger werden ... vom Auslande".

194 Vgl. LIST, Das nationale System, S. 54 f.; MATHY, Art. "Zollverein", StL. XV[1], S. 850; ebenso StL. XII[2], S. 846; MATHY, Art. "Zoll", StL. XV[1], S. 842; ebenso StL. XII[2], S. 841; MATHY, Art. "Nationalökonomie", StL. IX[2], S. 388; SCHULZ, Deutschlands Einheit, S. 65–80.

195 Gegen diese Deutung des Listschen Programmes wendet sich ausdrücklich WEIPPERT, List, S. 20 f. Die ebd. gegen die Auffassung, List sei "ein Liberaler" gewesen, "der sich zwar für den Schutz der nationalen Arbeit nach außen eingesetzt, für die Binnenvorgänge aber dem Prinzip des Laissez faire gehuldigt habe", angeführten Textstellen stützen indes die bestrittene Ansicht eher, als daß sie diese widerlegen. Gerade bei LIST, Ackerverfassung, S. 424 f. wird erkennbar, daß der Schritt zu einer "durchgreifenden (staatlichen) Regulierung" der freien Binnenwirtschaft die durch das Marktgeschehen selbst herbeigeführte vorgängige Entschärfung des freien Wettbewerbes voraussetzte: "Alsdann erst , wenn die Gewerbsproduktionskunst auf einen so hohen Grad der Ausbildung gelangt sein wird, daß die bestehenden Zustände durch neue Erfindungen nicht mehr von Grund aus über den Haufen zu stoßen sind, wird es an der Zeit sein, eine durchgreifende Gewerbsverfassung einzuführen. ... Was man von der Organisation der Arbeit ... spricht, ist ... die Vorahnung einer neuen künftigen Gewerbsverfassung, die aber zur Zeit noch unausführbar ist." Darauf folgt der Hinweis auf "die internationale Konkurrenz", angesichts derer sich der staatliche Eingriff in das Verhältnis Arbeiter-Unternehmer verbiete. In ähnlicher Weise spiegelt das von Weippert bemühte Listsche Fragment Nr. 26 (Wilhelm von Sonntag, Artur Sommer und Edgar Salin (Hrsg.), Friedrich List. Schriften/Reden/Briefe, überarbeiteter Neudruck der Ausgabe Berlin 1935, Aalen 1971 (=Werke, Band 9), S. 178) die Auffassung Lists, daß "der bedeutende Fortschritt – der reißende –" aus sich heraus erst zu einer gewissen Beruhigung kommen müsse, ehe an ein staatliches Eingreifen in den Binnenmarkt zu denken sei. Und das zitierte Fragment Nr. 20 (ebd., S. 176) läßt sich auch als Plädoyer für die bloße außenwirtschaftliche 'Lenkungstätigkeit' des Staates verstehen. Mit anderen Worten zugespitzt: Je schärfer die auf dem freien Markt entstehende Konkurrenz, desto weniger darf der Staat in den Binnenmarkt eingreifen. Ganz zu Recht betont STRÖSSLIN, Friedrich Lists Lehre, S. 17 f., daß List in Übereinstimmung mit der liberalen "Klassik" auf die "möglichst ungehemmt(e)" 'Entfaltung' des "private(n) Wirtschaftssubjekt(es)" gesetzt habe, wobei in seiner Konzeption der Staat allerdings auch binnenwirtschaftlich über die bloße 'Nachtwächterfunktion' insofern hinausgekommen sei, als List ihm vor allem an der Erstellung der langfristig zu planenden Verkehrsinfrastruktur eine Mitwirkung zugewiesen habe.
Vgl. auch SEIDEL, Armutsproblem, S. 38, S. 31, wo List als ein "geborene(r) Liberale(r)" vorgestellt wird, der die "Handels- und Verkehrsfreiheit nach innen – Retorsionszölle nach

Eindrucksvoll und mit unverhohlener Bewunderung beschrieb List die Rastlosigkeit der kapitalistischen Konkurrenz, die "keine Grenze ... als die des Kapitalbe-
sitzes und des Absatzes" kenne[196]. Nach seiner Theorie allein der entwickelteren
industriellen Stufe eigen und damit ein substantielles Unterscheidungsmerkmal zu
einfacheren Wirtschaftsformen, entfaltete der freie Wettbewerb eine einzigartige
"Energie". Im Gegensatz zu dem "Landmann" stetem Wandel und fortgesetzten
Neuerungen, damit aber auch einer ständigen Unsicherheit um das Morgen
ausgesetzt, sei der "Manufakturist" gezwungen, "das Überflüssige zu erwerben ...,
um des Notdürftigen gewiß zu sein". Der Unternehmer müsse "reich zu werden
trachten, um nicht zu verarmen". Stillstand bedeute "Untergang", und die "ewige
Mitbewerbung seiner Konkurrenten, die seine Existenz und Prosperität fortwährend" 'bedrohe', sei dem Industriellen "ein scharfer Sporn zu unaufhörlicher
Tätigkeit".[197] Aufgabe des Staates sei es, den ungehinderten Wettbewerb der
Besitzer durch die Beseitigung der innerstaatlichen Hemmnisse zu ermöglichen,[198]
wie überhaupt in der Perspektive Lists "Freiheit und Industrie" als wesensmäßig
zueinander gehörig erschienen.[199] Ein wenig prosaischer, in der Sache aber
gleichlautend, ließ sich Mathy dazu vernehmen, wenn er meinte, der Staat werde
nur dann seiner Bestimmung gerecht, "wenn er der nützlichen Thätigkeit seiner
Bürger möglichst freien Spielraum und Sicherheit innerhalb desselben" 'verschaf-

---

außen — Eisenbahnen — Industrialisierung — Flurbereinigung" in den Mittelpunkt seines
Konzeptes gerückt habe. Zu der im Unterschied zum Außenhandel mit Blick auf den
innerstaatlichen Markt vorherrschenden Übereinstimmung Lists mit der 'Klassik' Adam
Smiths siehe auch LENZ, Lists Staatslehre, S. 74 f.; RANDAK, List, S. 32, S. 41, S. 52;
ALBRECHT, Lists Lehre, S. 28 f.

196 LIST, Das nationale System, S. 314.

197 Alle vorstehenden Zitate bei LIST, Das nationale System, S. 229 f.

198 Vgl. LIST, Das nationale System, S. 53: "Unter den   g e s e l l s c h a f t l i c h e n
Hilfsmitteln (der Industrialisierung, F.N.) verstehen wir Institutionen und Gesetze (,) welche
dem Bürger Sicherheit der Person und des Eigentums, den freien Gebrauch seiner geistigen
und körperlichen Kräfte sichern (,) ... sowie die Abwesenheit von Industrie, Freiheit,
Intelligenz und Moralität störenden Institutionen, z.B. des Feudalwesens usw."

199 LIST, Das nationale System, S. 63 (Zitat); vgl. zu der häufig gerade am englischen Beispiel
illustrierten Identifikation von 'Freiheit' und 'Industrie' ebd., S. 82, S. 103 f., S. 153, S. 180,
S. 228, S. 334.

fe'.[200] Auch Schulz verlangte nüchtern 1832 den Übergang zur Gewerbefreiheit.[201] Später — nämlich etwa ab Mitte der dreißiger Jahre — nahm er allerdings hierzu eine noch zu beleuchtende kritischere Haltung ein, was ihn indes nicht daran hinderte, sich ebenso wie List an der Dynamik der sich zum Weltverkehr ausweitenden kapitalistischen Wirtschaft zu berauschen.[202]

Bei ihrer Politik eines freigesetzten bürgerlichen Egoismus waren diese drei Verfasser nun keineswegs unempfänglich für die soziale Frage, wie dies ihre oben angeführten Reaktionen schließlich auch andeuteten. Vor allem Mathy — aber auch Schulz bereits mit seiner im Umkreis der Julirevolution entstandenen Publizistik — hatten sich durchaus um die soziale Absicherung des Fabrikarbeiters wie auch den Schutz der bäuerlichen Bevölkerung bemüht.

Heftig kritisierte Mathy die Praxis der großen Grundbesitzer, die Ablösungskapitalien zum Ankauf von Land in einem solchen Umfange zu verwenden, daß ihnen die marktbeherrschende Position zufalle. Gegen eine derartig mächtige Konkurrenz könne der Bauernstand sich immer weniger behaupten, und mit dessen fortschreitender Verarmung entstehe ein immer größer werdendes ländliches Proletariat. Namentlich mit Blick auf die wirtschaftlichen Aktivitäten des "Domä-

---

200 MATHY, Art. "Nationalökonomie", StL. IX², S. 383 f.; vgl. auch ebd., S. 367, S. 389; ferner aus den Frühschriften MATHY in: 'Der Zeitgeist', Nr. 8, 28.07.1832: "Das Recht , ... jedes erlaubte Gewerbe zu treiben, ist in dem Begriff von Freiheit schon enthalten."

201 SCHULZ, Deutschlands Einheit, S. 58; trotz aller sozialen Folgekosten erklärt dort Schulz: "Allein die Herstellung der Gewerbsfreiheit bleibt nichts desto weniger eine Aufgabe unseres öffentlichen Lebens".

202 SCHULZ, Art. "Europa", StL. V¹, S. 298 f.; ebenso StL. IV², S. 532 f. Vgl. dazu vor allem aber die Zusätze von Schulz zu Rutenbergs Artikel über China in der zweiten Auflage des Staatslexikons. Im Gegensatz zu der eher zurückhaltenden und die Selbständigkeit der chinesischen Kultur immerhin noch achtenden Schilderung Rutenbergs gefällt sich Schulz in der werbenden Darstellung der rastlosen industriellen und kommerziellen Erschließung Chinas durch die Europäer, die auf eine kulturelle Eigenständigkeit keinerlei Rücksicht mehr nimmt und selbst nach dem Recht des Krieges nicht mehr fragt: "Aus den alten verwitternden Grundmauern des colossalen chinesischen Staatsgebäudes sprießt jetzt europäisches Völkerleben hervor und treibt seine sprengenden Wurzeln immer tiefer in die berstenden Fugen. Die britischen Kanonen haben den Grabgesang angestimmt zur endlichen Bestattung der modernden Riesenleiche des chinesischen Staats." RUTENBERG/SCHULZ (Zusätze), Art. "Sina, China", StL. XII², S. 188 f., (Zitat S. 188); zu der aus der Feder von Rutenberg stammenden Urfassung vgl. RUTENBERG, Art. "Sina, China", StL. XIV¹, S. 520–572.

nenfiscus" und der "unter Staatsaufsicht stehenden Kirchenfonds, Corporationen und Stiftungen" forderte Mathy hier eine staatliche Begrenzung der möglichen Kapitalanlagen, um eine Situation, die "bedenklicher als die unglückliche Lage der Fabrikarbeiter" sei, zu entschärfen.[203] Was nun diese letzteren anging, so sollten "S i t t e und G e s e t z g e b u n g" wie zuvor schon "die Sicherheit des Grund- und Capitalbesitzes", so auch jetzt die der "Arbeit" gewährleisten.[204] Gedacht war in diesem Zusammenhang an Schutzbestimmungen in erster Linie für die Kinder.[205] Ferner sollte der Staat durch vermehrte Aufträge zur Entlastung des Arbeitsmarktes beitragen.[206] Die überragende Rolle spielte jedoch die genossenschaftliche Selbsthilfe in Gestalt der 'Assoziationen', die — und dies ist für das sozialpolitische Engagement des einen ebenso bezeichnend wie für die diesbezügliche Abstinenz des anderen — ganz im Gegensatz etwa zu Welckers Denken gerade auf dem Feld der Wirtschaftsbeziehungen ihren Platz hatten.[207] "Sparcassen, Versorgungs-, Lebensversicherungsanstalten" und andere "Unterstützungsvereine" waren nach Mathys Auffassung dazu geeignet, "Jedem gegen m ä ß i g e A r b e i t das Nothwendige" zu sichern "und Arbeitsunfähige vor Mangel" zu bewahren.[208] Mit dem Vorschlag, "Invalidenhäuser" für die Arbeiterschaft einzurichten,[209] streifte Mathy sogar den Bereich sozialstaatlicher Daseinsvorsorge. Und er ging — für vormärzliche Verhältnisse nichts weniger als selbstverständlich — so weit, zur Durchsetzung dieser vornehmlich auf die private Initiative vertrauenden sozialen Absicherung die politische Partizipation der "arbeitende(n)

203 MATHY, Art. "Ablösungscapital", StL. I², S. 132 f.; Zitat S. 133; vgl. auch MATHY, Zustände (1843), S. 67 f.

204 MATHY, Art. "Nationalökonomie", StL. IX², S. 375.

205 MATHY, Art. "Nationalökonomie", StL. IX², S. 375.

206 MATHY, Art. "Nationalökonomie", StL. IX², S. 369.

207 Zu Welckers Denken, dessen verfassungspolitische Orientierung den sozialen Bereich nahezu vollständig ausblendete, siehe unten S. 242—245.

208 MATHY, Art. "Nationalökonomie", StL. IX², S. 368 f.

209 MATHY, Art. "Nationalökonomie", StL. IX², S. 369.

Classe" in seinen Forderungskatalog aufzunehmen.[210] Während neben Kolb, Jordan und Welcker auch Schulz — wenigstens 1832 noch — für eine Begrenzung des aktiven Wahlrechtes auf die Selbständigen — also auf ein Mindestmaß von Besitz und Bildung — eintrat,[211] dehnte Mathy als einziger aus dieser Gruppe mit der 1832 schon erhobenen und 1847 wiederholten Forderung nach einem besitzunabhängigen Wahlrecht[212] den Kreis der politischen Nation auf das Proletariat aus, wiewohl er während der Revolution von diesen ausdrücklich unter der Maxime der sozialen Sicherheit formulierten demokratischen Inhalten wieder abrücken sollte[213].

Auf der anderen Seite war es Schulz, der bereits 1832 mit seinem Vorschlag einer "gesetzlich (zu) begünstigen(den)" Gewinnbeteiligung des Arbeiters einen recht modern anmutenden Weg gewiesen hatte.[214] Und schließlich stimmte auch List

---

210 Vgl. MATHY, Art. "Nationalökonomie", StL. IX[2], S. 375: "Damit aber die Arbeit zu ihrem Rechte, zu gleich ausreichendem Schutze wie der Grund- und Capitalbesitz gelange, ist es nöthig, daß die arbeitende Classe an dem Gemeinwesen theilnehme, daß nicht allein die Eigenthümer die Gesetze machen."

211 Vgl. SCHULZ, Deutschlands Einheit, S. 34; dort die Einschränkung der Politikfähigkeit auf die "unmittelbaren aktiven Staatsbürger". Daß damit die politische Qualifikation durch den Besitz gemeint war, wird auch daran deutlich, daß die von Schulz für Deutschland geforderte Nationalvertretung durch die existierenden Landstände gewählt werden sollte, für deren Mitgliedschaft allemal das Vermögen Voraussetzung gewesen war; vgl. ebd., S. 210—213, S. 286 f. Zu Jordan, Welcker und Kolb vgl. unten S. 232 f.

212 So die Bewertung bei ANGERMANN, Mathy, S. 523. Vgl. oben Anmerkung 210 die Ausführungen Mathys. Siehe ferner BECKER, Mathys Einheitsgedanken, S. 115 f., der allerdings bei seiner Gegenüberstellung der Positionen Mathys und Rottecks die Hinwendung des letzteren zu einem demokratischeren Wahlrecht nicht in den Blick genommen hat.

213 Mathy erklärte sich mit Blick auf ein direktes Wahlverfahren in der Paulskirche für den Ausschluß der Unvermögenden, bzw. für ein ungleiches Wahlrecht, das nach DEUCHERT, Hambacher Fest, S. 296 f. "auf einen 'Höchstbesteuerten' 19 übrige Wahlberechtigte kommen" ließ. Die bei HOCHSCHILD, Mathy, S. 236 f., S. 252 implizierte Harmonisierung mit vormärzlichen Positionen überzeugt im Gegensatz zu dem von Deuchert bemerkten Bruch nicht. Vgl. Protokoll der Sitzung vom 19. Februar 1849, Stenographischer Bericht, VII, S. 5297—5299.

214 Vgl. SCHULZ, Deutschlands Einheit, S. 60; unter der Maxime "eine(r) gleichmäßigere(n) Vertheilung des Vermögens" heißt es dort: "Namentlich würde Hülfe möglich werden, wenn man an der Stelle der noch zur Zeit herkömmlichen Vermiethung der Arbeitsdienste an die Fabrikherren gegen bestimmte Preise ... den Abschluß eigentlicher Societätsverträge gesetzlich begünstigen wollte, wonach auch der Arbeiter seinen v e r h ä l t n i ß m ä ß i g e n Antheil an dem aus dem ganzen Unternehmen entspringenden Gewinn zu beziehen hätte." Da sich dieses nochmals ebd., S. 63 bekräftigte Anliegen, materiale "Gleichheit ... auf dem Wege der Gesetzgebung" herzustellen, inhaltlich auf diese bloße 'Begünstigung' beschränkt,

mit Mathy und Schulz darin überein, daß zur Entlastung der unteren Schichten der Übergang von der Verbrauchssteuer zur Erbschafts-, Vermögens- und bzw. oder Einkommensteuer angezeigt sei.[215]

Aber führten solche Vorschläge tatsächlich aus der beobachteten Proletarisierung in dem Sinne heraus, daß das eingeräumte Ungleichgewicht nur ein momentanes blieb, oder anders formuliert: daß nicht auch auf lange Sicht eine wirtschaftliche Disparität fortbestand, die es den Besitzenden ermöglichte, im Verhältnis zu den Mittellosen Herrschaft auszuüben? Die eine Grundsatzentscheidung blieb hier von zentraler Bedeutung: Alle diese Anregungen standen unter dem Vorbehalt, daß der freie Verkehr in der Sphäre der Eigentümer nicht durch staatliche Eingriffe belastet werden dürfe. Noch 1847 erklärte Mathy, daß die zur Linderung des Fabrikarbeiterloses vorgeschlagenen Maßnahmen nicht "die Gesetze der Entwickelung der volkswirthschaftlichen Zustände" beeinträchtigen dürften.[216] Nach wie vor müsse das "Ansammeln von C a p i t a l " möglich bleiben, hingen davon doch die Fortschritte bei der erstrebten Industrialisierung ab.[217] Die angeregte Limitierung von Kapitalanlagen im primären Sektor blieb so im Grunde die Ausnahme von der Regel. Näher betrachtet, lief sogar selbst dieser Vorschlag eigentlich auf eine Zurückdrängung des Staates hinaus, denn ausdrücklich eingeschränkt werden sollte ja die wirtschaftliche Tätigkeit seiner eigenen und der seiner Aufsicht unterstellten Organe und Körperschaften. Nicht der Sozialstaat also, sondern die Selbsthilfe sollte die Folgen des freien Wettbewerbs auffan-

---

wird man — wie die nachstehenden Ausführungen es hervorheben — für die Zeit zu Beginn der 1830er Jahre noch nicht von einem sozialstaatlichen Konzept bei Schulz ausgehen müssen.

215 Vgl. MATHY, Art. "Nationalökonomie", StL. IX², S. 369. SCHULZ, Art. "Erblichkeit", StL. V¹, S. 228 f.; in erweiterter Fassung StL. IV², S. 462 f.; LIST, Das nationale System, S. 107 (Anmerkung), S. 144.

216 MATHY, Art. "Nationalökonomie", StL. IX², S. 368.

217 MATHY, Art. "Nationalökonomie", StL. IX², S. 368, S. 387. Angesichts der erkannten Abhängigkeit der Industrialisierung von der Kapitalkonzentration wirkt die ebd., S. 367 vorgetragene Einlassung Mathys, er könne "eine Anhäufung des C a p i t a l s in wenigen Händen eben so wenig für volkswirthschaftlich nützlich halten ... als bei dem G r u n d b e s i t z " , mehr nur wie ein Lippenbekenntnis.

gen,[218] ohne seinen Ablauf dabei zu stören. Allenfalls zur Förderung des wirtschaftlich-technischen Wandels könnte eine Intervention des Staates zulässig sein. Deutlich wurde diese Politik an den Grundsatzerklärungen Mathys, die dieser in einer Angelegenheit abgeben sollte, die wie keine andere das Großherzogtum Baden am Vorabend der Revolution bewegte: der Drei-Fabrikenfrage.[219] Als die Wirtschaftskrise der 1840er Jahre die drei größten Fabrikunternehmungen Badens dermaßen in Mitleidenschaft gezogen hatte, daß sie Ende 1847 den Staat um eine finanzielle Unterstützung angehen mußten, empfahl Mathy – in der maßgeblichen Position des Berichterstatters befindlich – der zweiten Kammer die staatliche Intervention in der Form einer Zinsbürgschaft. Ausdrücklich als Ausnahme von dem Prinzip des individuellen Wettbewerbsrisikos deklariert, lag die grundlegende Rechtfertigung, mit welcher der Kommissionsbericht für den Eingriff des Staates argumentierte, in der Annahme, daß die wirtschaftliche Zukunft des Landes ganz entscheidend von der Prosperität seiner großgewerblichen Industrie abhänge.[220] Bezeichnete solche Begründung einmal mehr die eigentlich wirtschaftsliberale Position Mathys, so bildeten zudem die steuerpolitischen Maßnahmen, wie sie Mathy mit einem "P r o m i l l des Kapitals"[221] vorgesehen hatte, einen nicht eben nachhaltigen Einschnitt in den Prozeß der Vermögensverteilung. Tiefgreifender nahm sich dagegen schon die von Schulz formulierte und

---

218 Vgl. dazu ANGERMANN, Mathy, S. 552.

219 Zu der Drei-Fabrikenfrage, zu ihrer Bedeutung für das Großherzogtum Baden und zu der Position der Parteiungen vgl. FISCHER, Der Staat und die Anfänge, S. 390—393; FISCHER, Staat und Gesellschaft, S. 167 f.; LOCHER, Lage, S. 131—142, S. 151—155, S. 160; unter der älteren Literatur vgl. MÜLLER, Drangperiode, I, S. 167—171; zu der auch hier im Grunde liberalen Position Mathys vgl. ANGERMANN, Mathy, S. 603—617, dort besonders S. 603 f., S. 608 f.

220 Vgl. den am 22.01.1848 der zweiten badischen Kammer von dem Berichterstatter Mathy vorgelegten Kommissionsbericht; Verhandlungen der zweiten Kammer 1847/48, 6. Beilagenheft, S. 203—218; dort S. 204 die Erklärung der Ausnahme, S. 212 die Empfehlung der staatlichen Zinsbürgschaft, S. 214 f. Mathys Schlußplädoyer, das nachdrücklich für die industrielle Zukunft des Landes wirbt.

221 Nach einer auf Mathys Ausführungen im Landtag sich beziehenden Angabe bei ANGERMANN, Mathy, S. 529, der allerdings Mathy ebd., S. 540 die Absicht eines progressiven Steuersatzes nachsagt.

wenig später von Robert Mohl im Staatslexikon verbreitete Idee einer Gewinnbeteiligung der Arbeiter aus.[222] Jedoch erwähnte sie Schulz nicht nur bloß am Rande, sondern sie war auch im Rahmen der künftigen Wirtschaftsverfassung keineswegs als ein obligatorisches Element vorgesehen. Vorrang hatte allemal die Industrialisierung, deren Kapitalbedarf für Investitionen dem Gedanken einer Gewinnbeteiligung überdies im Wege stehen mußte. Wie das Hauptproblem von Schulz 1832 gerade in dem Mangel einer nationalen deutschen Industrie gesehen wurde,[223] so mußte in seinen Augen zuerst einmal alles unternommen werden, um diesen Rückstand gegen andere Staaten aufzuholen. Dazu gehörte auch die Liberalisierung der Wirtschaft, der – die Industrialisierung im nationalen Raum einmal vorausgesetzt – zudem noch tendenziell die Fähigkeit zur Selbstheilung zuerkannt wurde.[224] An eine Eingrenzung des Wettbewerbs durch eine sozialstaatliche Intervention hatte er 1832 noch nicht gedacht, wo es ihm doch bestenfalls nur um eine gesetzliche 'Begünstigung' der Gewinnbeteiligung ging.

Damit aber sanktionierte Schulz nicht weniger als Mathy jenen von List gefeierten Prozeß, dem – wie der letztere schrieb – die Tendenz zur Monopolbildung innewohnte[225] und der Produktion und Verbrauch gleichermaßen "in infinitum" steigerte, wie er eben auch zu einer fortgesetzten Vermehrung der Fabrikarbeiter-

---

222 Vgl. MOHL, Art. "Gewerbe- und Fabrikwesen", StL. VI^1, S. 816; ebenso StL. V^2, S. 770.

223 Nach SCHULZ, Deutschlands Einheit, S. 62 sei "die Noth" aller Zweige der Wirtschaft gestiegen, "weil nicht nur die Concurrenz sich vermehrte, sondern weil auch der Absatz der industriellen Erzeugnisse sich verminderte". Da nun die "Industrie ... der mächtigste Hebel" der Nationalwirtschaft sei, komme es vor allem auf deren "Belebung" an. Vgl. ebd., S. 62–85, besonders S. 79 f. (Zitat S. 65 f.).

224 SCHULZ, Deutschlands Einheit, S. 58 f.: "Allein die Herstellung der Gewerbsfreiheit bleibt ... eine Aufgabe unseres öffentlichen Lebens; und auch hier trägt wieder das Festhalten an ihrem Prinzip in sich selbst das Correctiv für vorübergehende Nachtheile." Dazu ferner ebd., S. 82–85.

225 LIST, Das nationale System, S. 314: "Bei freier Konkurrenz ist es nicht selten die Hoffnung, den Mitkonkurrenten zur Werkunterbrechung zu nötigen, die den Manufakturisten und Fabrikanten veranlaßt, seine Produkte unter dem Preis und öfters mit Verlust zu verkaufen. ... Allerdings liegt das Streben nach dem Monopol in der Natur der Gewerbsindustrie."

schaft führte.[226] Genau dieses wollen hieß indessen nichts anderes, als die Abhängigkeit des Lohnempfängers auf Dauer festzuschreiben und die Emanzipation also auf das unternehmende Bürgertum zurückzunehmen. Denn bei einer akzeptierten Konzentration der Produktionsmittel auf der einen Seite, dergegenüber auf der anderen das Angebot an Arbeitskräften nach eigener Beobachtung gleichzeitig zunahm, war nicht absehbar, wie ohne den von den Autoren verneinten staatlichen Eingriff in den klassenbildenden Mechanismus des seinen eigenen Gesetzen folgenden Wettbewerbs derjenige, welcher von dem Verkauf seiner Arbeit gegen Lohn — trotz Sparkassen und ähnlichem — langfristig immer noch leben mußte, aus seiner unterlegenen Position gegen den Arbeitgeber herausfinden könne.

Freilich konnte man anderen und zum Teil auch sich selbst die Einsicht in diese Verkürzungen zuweilen verstellen. In den 1840er Jahren noch versuchten Mathy und List auf eine allerdings eher halbherzige und wenig überzeugende Weise — nämlich vorzüglich durch eine Schuldzuweisung an andere —, den freien Wettbewerb und die Industrialisierung von dem Vorwurf des Unrechts soweit als möglich zu entlasten. Indes zeigten die dabei nicht selten zu beobachtenden Widersprüche wie auch die Untauglichkeit der mitunter bemühten Ersatzutopie der Technik einmal mehr, daß die Einbeziehung des Proletariates in das Programm der Emanzipation nicht geleistet werden konnte, wenn man an der Industrialisierung auf der Grundlage einer liberalisierten Wirtschaft festhalten wollte. Wie weiter unten noch erhellt, sollte diese Erkenntnis Schulz etwa ab Mitte der dreißiger Jahre den Sozialstaat fordern lassen.

Obschon List sich genötigt sah, "einen Stand von Proletariern" als ein die Industrie begleitendes "Übel" anzuerkennen — freilich aus seiner Sicht bei weitem nicht das schlimmste unter denen, die eine Nation treffen konnten —[227], versicherte er andernorts 1843 wie schon 1820, daß das englische Streben "nach einem Weltfa-

226 LIST, Gewerbsrevolution, S. 372, S. 375 (zitiert in Anmerkung 242). Zitate bei LIST, Das nationale System, S. 192 f., wo die Vermehrung der Fabrikarbeiterschaft allerdings in den Zusammenhang der landwirtschaftlichen Überschußproduktion gestellt wird.

227 Vgl. LIST, Das nationale System, S. 38. Zitiert oben S. 207, Anm. 193.

brikmonopol" die Verantwortung für die Verelendung des Fabrikarbeiters tra-ge[228]. Dabei war das beanstandete englische Verhalten doch nur die internationale Erscheinungsform dessen, was List im nationalen Bereich für durchaus legitim ausgegeben hatte.

Zugleich verband sich in Lists Argumentation mit der Kritik an England auch die Schuldzuweisung an den Adel. Wie es das 'Nationale System' ausführte, trage eine im Interesse der Aristokratie betriebene verfehlte Steuerpolitik, die statt das Einkommen heranzuziehen den Verbrauch belaste, entscheidend zur Verelendung bei.[229] Soviel Wahrheit in dieser Bemerkung auch liegen mochte, nachdenklich mußte es dennoch den Zeitgenossen stimmen, daß List bei dieser Gelegenheit zugunsten des Proletariats und zum Nachteil des großen Grundbesitzes allgemein eine Senkung der Lebensmittelpreise anempfahl,[230] während er im Widerspruch dazu in demselben Werk den Adel mit dem Hinweis zu werben suchte, daß die Industrialisierung gerade einen Anstieg der Agrarpreise bei fallenden Preisen für Fabrikerzeugnisse mit sich bringe[231]. Mag sein, daß sich diese Ungereimtheit in einer langfristigen Perspektive auflösen ließ, nur verriet ein derartiges Lavieren zwischen den beiden Benachteiligten der Industrialisierung zu deutlich auch das Bestreben, den Zusammenhang zwischen der Verarmung des auf Zuwachs berechneten Proletariats[232] einerseits und der als Folge des systemimmanenten Monopolstrebens begrüßten Preissenkung für Industrieerzeugnisse andererseits[233] möglichst herunterzuspielen. Nur so konnten 'Freiheit' und 'Industrie' noch als wesensmäßig zueinander gehörig ausgegeben werden.

---

228 Vgl. LIST, Unsere Gegner, S. 436 (Anmerkung); LIST, Gruner, S. 615.

229 LIST, Das nationale System, S. 107 (Anmerkung), S. 144.

230 LIST, Das nationale System, S. 144.

231 LIST, Das nationale System, S. 266: Lists Prognose, daß "das Aufblühen der Fabriken im Lauf der Zeit immer mehr dahin wirkt, die Preise der Agrikulturprodukte in die Höhe zu treiben und die Preise der Fabrikprodukte herabzudrücken". Vgl. auch ebd., S. 57.

232 Vgl. LIST, Das nationale System, S. 192 f.

233 Vgl. LIST, Das nationale System, S. 314.

Mathy wiederum hatte zwar im Staatslexikon zu einer grundsätzlicheren Kritik an der freien Konkurrenz gefunden, indem er das Recht zu arbeiten ohne die tatsächliche Möglichkeit, es auch einzulösen, als "Freiheit – zu sterben" apostrophierte; diesen Befund aber hob er gleichsam wieder auf, als er auf derselben Seite die Not auf die nur unvollkommene Freisetzung des bürgerlichen Egoismus zurückführte, also die gänzlich freie Konkurrenz implizit damit wieder entschuldigte.[234]

Schulz schließlich wich zeitweilig der Erkenntnis, daß solche Politik des freien Wettbewerbs auf eine Verkürzung hinauslief, mit einer auf die emanzipative Kraft der Technik setzenden Utopie aus: Der mit der Maschine "zur Herrschaft über die äußere Natur" gelangte "menschliche Geist"[235] befreie nicht nur von natürlicher Mühsal, sondern er bewirke auch zusammen mit der freien Konkurrenz die Demokratisierung von Herrschaft.[236] Nochmals 1840 hatte Schulz – nachdem ihm daran schon längst Zweifel gekommen waren – sein technisches Glaubensbekenntnis erneuert und damit den freien Wettbewerb vorbehaltlos gutgeheißen[237]: Im Laufe ihrer Fortentwicklung verliere die industrielle Technik ihren den Menschen schädigenden Charakter,[238] und indem zukünftig "die in den Maschinen wirkenden, verstandeslosen Naturkräfte unsere Sklaven und Leibeigenen" stellten, beförderten sie auch "die Idee einer allgemeineren staatsbürgerlichen Gleich-

---

234 Vgl. MATHY, Art. "Nationalökonomie", StL. IX^2, S. 368.

235 SCHULZ, Art. "Europa", StL. V^1, S. 298; ebenso StL. IV^2, S. 532; vgl. auch SCHULZ, Deutschlands Einheit, S. 61.

236 Vgl. SCHULZ, Art. "Demokratie", StL. IV^1, S. 249 f.; nur unwesentlich verändert StL. III^2, S. 710 f.: Durch den von "der größeren und freieren Concurrenz" getragenen Differenzierungs- und Verflechtungsvorgang der Arbeitsteilung habe sich "mehr und mehr das Bewußtsein der allseitigen Abhängigkeit voneinander entwickelt (und) ... zugleich bei den Einzelnen das Gefühl der persönlichen Gleichheit" ausgebildet. Ebenso habe der freie Wettbewerb "die Vervollkommnung und vielseitigere Anwendung des Maschinenwesens" nach sich gezogen, was mit der Entlastung von der körperlichen Arbeit der "geistige(n) Thätigkeit" mehr Zeit und Mittel bereitstelle und damit auch eine breitere politische Partizipation ermögliche. Vgl. auch SCHULZ, Art. "Europa", StL. V^1, S. 298, S. 309 f.; ebenso StL. IV^2, S. 532, S. 539 f.

237 Vgl. SCHULZ, Veränderungen, S. 61 f., S. 79 f., S. 88–95, S. 98.

238 SCHULZ, Veränderungen, S. 93 f.

heit"[239]. Ganz ähnlich argumentierte List, zumal auch für ihn die Maschine die Befreiung der "Massen" von der "Sklavenarbeit des Altertums" vollbringen sollte;[240] in geradezu revolutionärer Weise würden Dampfschiffe und Eisenbahnen die Wohlfahrt besonders auch der "untern Classe" heben.[241] Vereinzelt fand sich bei List sogar die Überlegung, die Technik jener Maschinen, "durch welche das kleine Gewerbe von dem großen überflügelt worden und die zuvor unabhängige Mehrzahl der Manufakturisten in die Abhängigkeit weniger geraten" sei, werde vielleicht dereinst im Zuge einer weiteren Vervollkommnung diesen Konzentrationsprozeß umkehren oder doch wenigstens aufhalten: so daß eine verfeinerte "Dampfmaschinerie ... oder (etwa) eine neue bewegende Kraft" zu einer Zukunft führen könnte, "wo die meisten Gewerbe, die jetzt im großen mehr rentier(t)en, im kleinen ausführbarer und lukrativer" würden. Allerdings lief dieser − seltene − Gedankengang Lists seiner eigentlichen Weltsicht zuwider, nach welcher die Zahl der Lohnabhängigen mit dem technischen Fortschritt unausgesetzt zunehmen werde.[242]

---

239 SCHULZ, Veränderungen, S. 98.

240 LIST, Das nationale System, S. 231 f.

241 LIST, Art. "Eisenbahnen", StL. IV^1, S. 655 (Zitat); vgl. ebd., S. 653−660, S. 664−676; ebenso StL. IV^2, S. 231 (Zitat), S. 229−235, S. 237−245; daneben siehe auch LIST, Art. "Arbeit ersparende Maschinen", StL. I^1, S. 654; ebenso StL. I^2, S. 611. Zu der damit beabsichtigten 'Leugnung' des Elends vgl. SOMMER, Friedrich Lists System, S. 150.

242 Vgl. LIST, Wesen, S.388 (Zitate). Vgl. ferner die sogar noch etwas bestimmter formulierte Auffassung bei LIST, Ackerverfassung, S. 424. Zur Seltenheit und Fremdheit dieses Gedankens für das Listsche Denken vgl. die Anmerkung der Herausgeber zu der eben angeführten S. 424 (Zeile 30) in dem einschlägigen Band der Edition (List, Werke, Band 5, S. 651). Bezeichnend für Lists Weltsicht sind vor allem dessen Ausführungen zur englischen Industrialisierung die, da hier im Grunde keineswegs mit englischen Eigentümlichkeiten, sondern strukturellen Entwicklungszwängen argumentiert wird, verallgemeinerbar sind. Vgl. neben anderen Zeugnissen LIST, Gewerbsrevolution, passim, besonders aber S. 372: "Infolge des Aufkommens der Maschinenkraft und der freien Konkurrenz wurde ... das Gewerbe mit um so mehr Vorteil betrieben, je großartiger es angelegt war. Auf seine fortwährende Ausdehnung und Vergrößerung war also ein hoher Preis gesetzt. Wie groß aber die Gewerbsanstalt angelegt sein mochte, sie konnte später nur in den wenigsten Fällen wiederum in mehrere für sich bestehende kleinere Anstalten getrennt werden: sie mußte beisammenbleiben. Dabei wurde die ganze Klasse der Arbeitenden des Vermögens, Kapital zu erwerben (,) beraubt, so daß das Kapital sich nur in wenigen Händen anhäufen konnte. Diese Anhäufung mußte um so schneller vonstatten gehen, je mehr die Maschinenkraft ihre Besitzer in den Stand setzte, die Handarbeit vom Markt zu vertreiben."

Nicht zuletzt deswegen konnte diese technische Utopie auf Dauer schwerlich darüber hinwegtäuschen, daß der Arbeiter – eingespannt in den maschinellen Zeittakt –[243] selbst zu einem Instrument in der Hand des Unternehmers geraten war, dessen Emanzipation aus der Abhängigkeit vom Fabrikanten im Wege der Technik allein nicht geleistet werden konnte. Vielleicht unfreiwillig fand List für dieses instrumentale Verhältnis eine treffende Formulierung, als er meinte, daß "einsichtsvolle Fabrikanten ... vor Allem trach(te)ten, die Classe der Arbeiter zu veredeln, wie der Gärtner die Bäume" 'veredele'.[244] Schulz sollte 1843 denn auch seine technische Utopie zu den "Trostgründen" rechnen.[245] Und in dem Maße, wie er der Technik die Lösung aller sozialen Probleme nicht mehr glaubte

---

Aus diesen allgemeingültigen Gesetzen geht nach ebd., S. 375 ein weiterer Konzentrationsprozeß hervor, der durch die besondere englische Weltmarktposition zwar gefördert wird, dessen Ursache aber nach wie vor in dem der industriellen Wirtschaft eigentümlichen Monopolstreben liegt: "So bilden die englischen Fabriken Pflanzschulen von Arbeitern, welche die Zahl derselben ohne Unterlaß vermehren und in der oben berührten Weise nebst der Kapitalanhäufung in den Händen einer beschränkten Anzahl von Kapitalisten eine fortwährende Vermehrung der Gewerbsunternehmungen und der Gewerbsproduktion zur Folge haben. Dazu kommen die unaufhörlichen Erfindungen von neuen Maschinen, von Verbesserungen der älteren Erfindungen und von neuen Verfahrungsweisen. Jeder Fortschritt dieser Art gibt Hoffnungen auf neue Erfolge Raum, erzeugt neue Wettkämpfe, bewirkt neue Preisreduktionen, vermehrt aufs neue die Zahl, den Umfang und die Produktion der Gewerbsanstalten." Vgl. schließlich ebd., S. 377: "So ist die Maschinenkraft dem Inselreich zu einer Furie geworden, die unaufhörlich ihre Geißel schwingend es antreibt, Kapital auf Kapital zu häufen, seinen Millionen Arbeitern neue Millionen beizugesellen, seine Gewerbsanstalten immer riesenhafter auszubilden und alle Gewerbszweige aller Länder der Erde zu monopolisieren."
Trotz dieser von List gegebenen Deutung, welche die Entwicklung ausdrücklich der "von der Maschinenkraft verursachten Gewerbsrevolution" zuschreibt (ebd., S. 378), berufen sich wohlmeinende Autoren auf die im Text zitierten seltenen Zeugnisse, um List von dem Vorwurf des Desinteresses gegenüber der sozialen Frage zu entlasten. Vgl. GEHRIG, List, S. 208, S. 270–272; LENZ, List/Marx, S. 19 f.
Dagegen hat SEIDEL, Armutsproblem, S. 31 f. auf der Grundlage vieler Nachweise dargelegt, daß für List das mit "Pauperismus und Proletariat" aufgeworfene Problem lediglich von instrumentaler Bedeutung für seine industrielle Werbung war. List habe sich lediglich dem "Typ des dynamischen Unternehmers, ... des wagemutigen Kaufmanns, des risikobereiten Fabrikanten" gegenüber verpflichtet gefühlt, nicht aber "dem Arbeiter, dem Zwergbauern, dem Handwerker proletaroider Existenz". Vgl. ebd., S. 51, passim. Vgl. auch HENDERSON, List, S. 159, S. 201 f.

243 Vgl. LIST, Das nationale System, S. 232 f.

244 LIST, Art. "Eisenbahnen", StL. IV^1, S. 659; ebenso StL. IV^2, S. 234.

245 SCHULZ, Bewegung, S. 58.

zutrauen zu können, gewann er auch eine kritischere Distanz zum freien Wettbewerb.

Einmal abgesehen von dem Zwischenspiel von 1840 galten seine Annahmen von 1832 spätestens schon seit 1837 für Schulz nicht mehr: Weder enthielt der freie Wettbewerb gleichzeitig "das Correctiv für vorübergehende Nachtheile"[246], noch löste die Industrialisierung Deutschlands sogar die sozialen Probleme Englands, so daß es im wesentlichen nur auf den gleichwohl nach wie vor geforderten nationalen Zusammenschluß und Zollschutz angekommen wäre.[247] Denn in denselben Bänden des Staatslexikons, in denen er die Industrialisierung als Fortschritt zur Freiheit ausgewiesen hatte, bezeichnete er ebenjenen Vorgang in Verbindung mit der freien Konkurrenz als den eigentlichen Motor hinter einem nur noch sich vergrößernden sozialen Gegensatz,[248] dessen strukturelle Zwänge für Schulz um so schärfer hervortraten, je deutlicher er ihn als den schlechthin bestimmenden Konflikt seiner Zeit erkannt hatte.[249] Neu daran war im Vergleich zur früheren Beurteilung, daß jenem Prozeß, der den sich ausweitenden Antagonismus des "Proletariates und der Bourgeoisie"[250] trug, in unzweideutiger Weise die Harmonisierung aus eigener Kraft bestritten wurde. Schulz untermauerte dieses Urteil in der nachmals als sein ökonomisches Hauptwerk angesehenen Schrift über die

---

246 SCHULZ, Deutschlands Einheit, S. 58 f.

247 Vgl. SCHULZ, Deutschlands Einheit, S. 82—85; zu dem unter der Maxime der nationalen Industrialisierung begrüßten Zusammenschluß zum Zollverein vgl. SCHULZ, Bewegung, S. 56.

248 Vgl. SCHULZ, Art. "Fourier", StL. V[1], S. 659; ebenso StL. V[2], S. 18. Schulz unterstrich dort das Zwangsläufige der Eigengesetzlichkeit, als er davon sprach, daß sich der "Zwiespalt der Interessen ... zwischen Arbeitern und Arbeitsunternehmern ... in dem Maße vergrößern (würde), als mehr und mehr die kleine Industrie durch die große verdrängt" werde. Vgl. auch SCHULZ, Art. "Demokratie", StL. IV[1], S. 250; ebenso StL. III[2], S. 711; SCHULZ, Art. "Europa", StL. V[1], S. 311 f.; ebenso StL. IV[2], S. 540 f.

249 Vgl. SCHULZ, Art. "Europa", StL. V[1], S. 310; ebenso StL. IV[2], S. 540: "Obgleich alle Gegensätze, die früher zu heftigen Kämpfen Anlaß gaben, sich mildern und verwischen, so hebt sich doch e i n Gegensatz, der des Reichthums und der Armuth, um so schärfer und schneidender hervor."

250 SCHULZ, Art. "Geheime Gesellschaften. Nachtrag", StL. V[2], S. 451.

'Bewegung der Produktion'.[251] Auf der Grundlage eines umfangreichen statistischen Materials sowie unter Verwendung eines sich zum Teil auf Adam Smith stützenden und durchaus materialistisch gedachten Entwicklungsgesetzes, nach welchem die gesellschaftlichen und staatlichen Veränderungen eher durch die fortschreitende Teilung der Arbeit bedingt seien denn umgekehrt,[252] skizzierte Schulz dort einen Mechanismus, der – sofern nur sich selbst überlassen – in eine Konzentration des Kapitals mündete, die ihrerseits zwangsläufig das Proletariat immer weiter vermehrte[253]. Mit dem technischen Fortschritt allein komme man also weder "über die Entzweiung der ökonomischen Interessen zwischen Capitalisten und Arbeitern" noch über die damit zunehmende Proletarisierung 'hinaus'.[254] Ohne darum die wirtschaftspolitische Maxime der Industrialisierung aufzugeben, rückte Schulz von seinen früheren Positionen und damit auch von jenen Mathys und Lists ab. Die von List gerechtfertigte monopolistische Tendenz des freien Wettbewerbs brandmarkte er nunmehr als den schlechten Schein einer "sogenannte(n) freie(n) Concurrenz", unter dem "das l e e r e Recht der Arbeit und des

---

251 Zur Einschätzung vgl. GRAB, Ein Mann, S. 211, S. 227 und GRAB, Dr. Wilhelm Schulz, S. 259.

252 Vgl. SCHULZ, Bewegung, S. 9, S. 51; dort ist die Rede von einer fortschreitenden Teilung und immer neuen Verbindung der Arbeit.

253 Vgl. SCHULZ, Bewegung, S. 51–74, dort besonders S. 58 f.: Man komme "nicht über die Entzweiung der ökonomischen Interessen zwischen Capitalisten und Arbeitern hinaus, nicht über das Dasein eines unter den jetzigen Verhältnissen immer mehr und mehr sich vergrößernden ... Proletariats. Wo die Gesetzgebung das Grundeigenthum in großen Massen zusammenhält, drängt sich der Ueberschuß einer wachsenden Bevölkerung zu den Gewerben, und es ist also, wie in Großbritannien, das Feld der Industrie, auf dem sich hauptsächlich die größere Menge der Proletarier anhäuft. Wo aber die Gesetzgebung die fortgesetzte Theilung des Bodens zuläßt, da vermehrt sich, wie in Frankreich, die Zahl der kleinen und verschuldeten Eigenthümer, welche durch die fortgehende Zerstücklung in die Classe der Dürftigen ... geworfen werden. Ist endlich diese Zerstücklung und Ueberschuldung zu einem höheren Grade gestiegen, so verschlingt wieder der große Grundbesitz den kleinen, wie auch die große Industrie die kleine vernichtet; und da nun wieder größere Gütercomplexe sich bilden, so wird auch die zur Cultur des Bodens nicht schlechthin erforderliche Menge der besitzlosen Arbeiter wieder der Industrie zugedrängt." Zu der fortschreitenden Proletarisierung einmal durch den Abstieg der im freien Wettbewerb glücklosen schwächeren Unternehmer, zum anderen durch die sektorübergreifende Konzentration des Kapitals vgl. ergänzend ebd., S. 63, S. 40 f. Bezeichnend für die spätere Publizistik ist auch SCHULZ, Art. "Communismus", StL. III^2, S. 290–339, dort besonders S. 291–295.

254 SCHULZ, Bewegung, S. 58.

222

Erwerbs ... zum schwersten Unrecht" ausschlage.[255] Mochten sich Mathys Wendungen hier bisweilen noch ähnlich anhören, so spiegelten die unterschiedlichen Konsequenzen, die Schulz und Mathy an ihre mitunter sich gleichenden Formulierungen anknüpften, doch auch die grundsätzliche Verschiedenheit ihrer Befunde. Während Mathy die sozialstaatliche Daseinsvorsorge allenfalls berührte und in der Hauptsache auf die private Selbsthilfe vertraute, die den Mechanismus des freien Wettbewerbs nicht außer Kraft setzen durfte, forderte Schulz in deutlicher Distanzierung von dieser liberalen Problemlösung[256] die sozialstaatliche Eingrenzung solcher 'scheinbar' freien Konkurrenz, "die w a h r h a f t   f r e i e Concurrenz": Jeder solle — wie Schulz in den vierziger Jahren schrieb — "gegen mäßige und verhältnißmäßige Arbeit" so gestellt sein, daß er, "mit   n o c h u n e r s c h ö p f t e r   Kraft, in den Wettstreit ... sich einlassen und, wenn ihm das Glück nicht lächelt(e), sich doch wieder in die von Allen gesicherte Stellung zurückziehen könne".[257] Dahinter verbarg sich nach dem schon 1837 entwickelten Programm nichts Geringeres als die staatliche Daseinsvorsorge und Arbeitsgarantie.[258] Nur auf diese Weise könne — so der spätere Schulz — den normativen Forderungen "der Gleichheit   u n d   der Freiheit" genügt werden.[259] Trennte sich der ehemalige hessen-darmstädtische Offizier im Interesse der Emanzipation mit dieser eindeutigen Überordnung des öffentlichen Rechts über das private[260] einerseits bereits verhältnismäßig früh von den beiden anderen

---

255 SCHULZ, Art. "Communismus", StL. III², S. 292 f.

256 Vgl. dazu die zurückhaltende Beurteilung der von Mathy favorisierten Sparkassen: SCHULZ, Art. "Pöbelherrschaft", StL. XII¹, S. 485 f.; ebenso StL. X², S. 603; SCHULZ, Art. "Staatskunde. Statistik", StL. XIV¹, S. 833 f.; ebenso StL. XII², S. 347; SCHULZ, Bewegung, S. 60.

257 SCHULZ, Art. "Communismus", StL. III², S. 293; vgl. auch ebd., S. 330.

258 Vgl. SCHULZ, Art. "Europa", StL. V¹, S. 313; ebenso StL. IV², S. 542: Dort die Forderung nach einer Sozialgesetzgebung, "welche, die freie Verbindung aller Fähigkeiten und Fertigkeiten begünstigend, die noch widersprechenden Interessen der Unternehmer der Arbeit und ihrer Vollstrecker zu vereinbaren" wisse. Durch den Staat solle "das Recht auf Arbeit und entsprechendes Verdienst als das allgemeinste Recht aller Bürger" 'anerkannt und geltend gemacht' werden.

259 Vgl. SCHULZ, Art. "Communismus", StL. III², S. 295 (Zitat), S. 316, S. 338 f.

260 Vgl. SCHULZ, Art. "Communismus", StL. III², S. 339.

Verfechtern der Industrialisierung, so traf sich seine Analyse des freien Wettbewerbs mit der daraus gefolgerten staatlichen Intervention in die Sphäre der Eigentümer im Grundsatz zwar andererseits mit den Vorstellungen Struves und Abts; – gleichwohl aber gab es zwischen den dabei verfolgten gesellschaftlichen Leitbildern immer noch erhebliche Differenzen.

Einig waren sich Schulz, Struve und Abt Ende der vierziger Jahre darin, daß eine liberalisierte Wirtschaft die soziale Verelendung hervorbringe und aus sich selbst heraus dieses Übel nicht überwinde. Laut Abts Darstellung sei unter der Herrschaft der "freie(n) Concurrenz" in England und Frankreich die "Selbstständigkeit des sogenannten Mittelstandes ... dahin, ... ein Opfer geworden des Capitals".[261] Als bloße "sociale Unordnung" erlaube es die liberalisierte Wirtschaft diesem Kapital, sich durch den Raub an den Arbeitern den Gegenwert von deren Arbeit anzueignen, darüber allein an den Vorteilen der technischen Innovation teilzuhaben und so endlich sich eine unantastbare Überlegenheit zu verschaffen.[262] Kurz und bündig bezichtigte Abt die sich auch in Deutschland anbahnende kapitalistische Praxis deswegen des "socialen Mord(es)".[263]

Obwohl Struve das "Proletariat" keineswegs als besonderes Phänomen des anhebenden industriellen Zeitalters begriffen hatte – es sei "so alt als die Geschichte"[264] –, trat doch auch bei ihm zumindest "schemenhaft"[265] der Zusammenhang zwischen dem sich unter dem Einsatz von Maschinen verschärfenden Wettbewerb und der sozialen Verschlechterung hinreichend deutlich zutage. So bemerkte er einen nunmehr auch in Deutschland um sich greifenden "industrielle(n) Helotismus".[266] Im Gegensatz zu der 'goldenen Zeit' des Mittelalters, in

---

261 ABT, Art. "Handwerker- und Arbeitervereine", StL. VI[2], S. 432.

262 ABT, Art. "Handwerker- und Arbeitervereine", StL. VI[2], S. 432–434.

263 ABT, Art. "Handwerker- und Arbeitervereine", StL. VI[2], S. 433.

264 STRUVE, Art. "Proletariat", StL. XI[2], S. 210 f.

265 WENDE, Radikalismus, S. 112. Auch PEISER, Gustav Struve, S. 157 f. stellt den "Mangel" analytischer Schärfe in Struves Gesellschaftskritik fest.

266 STRUVE, Grundzüge, III, S. 88.

welcher Kapital und Arbeit noch vereint gewesen seien, habe mit deren neuzeitlicher Trennung der zunehmende Konzentrationsprozeß des Besitzes zu einer immer größeren Verelendung der Arbeiter geführt.[267] Der "Rechtszustand ... der neueren Zeit" sei ausschließlich "auf den Vortheil der Reichen berechnet" mit der "nothwendige(n) Folge", daß die Ärmeren die Konkurrenz nicht mehr aushielten und weiter verarmten, zumal die technische Entwicklung vor allem den Begüterten zugute komme.[268] Ebenso wie Abt und − mit freilich unterschiedlicher Perspektive − auch Schulz, Mathy und List bezeichnete Struve den "Mittelstand", der nach seinem Verständnis den aus kleinen Eigentümern bestehenden "Kern des Volkes" ausmachte, als den Leidtragenden dieses Vorganges.[269]

---

267 Zu dem Prozeß der "Trennung zwischen Kapital und Arbeit", der mit einer zunehmenden Konzentration des Kapitals in immer weniger Händen die stets sich vermehrende Klasse der abhängigen, besitzlosen Arbeiter erzeugt habe, vgl. STRUVE, Grundzüge, III, S. 121−126 (Zitat S. 121).

268 STRUVE, Grundzüge, I, S. 198 f.

269 STRUVE, Grundzüge, III, S. 62−67. Den Zusammenhang zwischen dem freien Wettbewerb, der Kapitalkonzentration sowie der Industrialisierung einerseits und der Verelendung des Volkes, die sich Struve gerade auch als ein Absinken des kleingewerblich-bäuerlichen 'Mittelstandes' in das Proletariat darstellte, hat dieser Verfasser − wiewohl selten mit analytischer Schärfe − unausgesetzt betont. Vgl. im Zusammenhang neben dem schon Aufgeführten: STRUVE, Grundzüge, III, S. 4 f., S. 80−88, S. 111−113, S. 177 f., S. 201−204, S. 250; ebd., IV, S. 81, S. 86, S. 91−93. Darunter besonders zu der bei aller Opposition gegen das überkommene Zunftwesen festgestellten 'Verderblichkeit' des freien Wettbewerbs ebd., IV, S. 85 f., Zitat S. 86: An "der (sic) Stelle der durch ... (die Zünfte) begründeten übermäßigen Beschränkung der Freiheit, ist (mit deren Beseitigung, F.N.) die übermäßige Vereinzelung der Gewerbsgenossen getreten. Auch diese ist im höchsten Grade verderblich, namentlich zu einer Zeit, in welcher das Capital so schwer auf die Arbeit drückt. An die Stelle der ... Zünfte sollten daher freiere, durch den Geist unserer Zeit gehobene Arbeiter-Vereine treten. Nur diejenigen Gewerbsleute, welche solche gründen, werden auf die Dauer im Stande sein, mit den Capitalisten, welche sich aller Gewerbe mehr und mehr bemächtigen, zu concurriren."
Zu der den 'Mittelstand' bedrängenden industriellen Technik vgl. etwa STRUVE, Grundzüge, III, S. 67: Der in der "Spinnerei und Weberei und (in) so viele(n) andere(n) Gewerbe(n) ... jetzt mit Hülfe von Maschinen" erzielte technische Fortschritt war Struve trotz der ihm durchaus eingeräumten Arbeitserleichterung Anlaß zu der Klage, "daß alle diese großartigen Entdeckungen nur zum Vortheile der bevorzugten Stände und insbesondere des Geldadels ausgebeutet" würden, "daß der Staat in keiner Weise den Mittelstand für die Verluste" 'entschädige', "welche seinem Geschäftsbetriebe unausbleiblich durch alle die angedeuteten Veränderungen im Geschäftsleben bereitet" würden.
Zu der sich unter diesen Bedingungen mit der Kapitalkonzentration anbahnenden Vernichtung des 'Mittelstandes' vgl. endlich ebd., III, S. 113: Es ist eine "höchst bedeutungsvolle Thatsache ..., daß der Mittelstand in Zahl sehr bedeutend abgenommen hat und täglich noch im Abnehmen begriffen ist. Auf dem Lande vermindert sich in demselben Maße die Zahl

Beide — Abt sowohl als Struve — reagierten ähnlich wie Schulz auf dieses Geschehen mit einer Bekräftigung des emanzipativen Anspruches. Für Abt war die im freien Wettbewerb entstehende Herrschaft des 'Zufalls', jenes Gegeneinander der Egoismen, nichts als "Absolutismus".[270] Definiert als die schlechthin widerrechtliche Indienstnahme der "Gesammtheit" durch ein von ihr unabhängiges Privatinteresse einzelner,[271] umfaßte dieser Begriff die feudale Struktur der Gesellschaft und die hierarchische Organisation der Kirche gleichermaßen wie neben der absolutistischen Staatsverfassung eben auch die Herrschaft des Fabrikanten über die Arbeiterschaft.[272] Und wie von allen übrigen Fremdbestimmungen, so galt es, den Menschen auch von dieser letzteren in Anlehnung an die kantische Autonomieformel[273] zu befreien.[274] Nichts anderes kam bei Struve zum Ausdruck, als er — unter deutlicher Kritik an dem systemstabilisierenden Beitrag der besitzenden

---

der kleinen Grundbesitzer, als die Zahl der Tagelöhner und der Grundbesitz der Reichen zunimmt. In den Städten vermindert sich die Zahl der kleinen Handwerker, kleinen Kaufleute und sonstigen kleinen Geschäftsleute in gleichem Maße, als Fabriken, Handel und alle sonstigen Geschäfte mehr und mehr mit einem großen, bedeutende Kapitalien erfordernden Fuße geführt werden. Diese Thatsachen sind die Folgen des Vermögenszerfalls einer großen Anzahl von Mittelleuten und dieser ist wiederum nur als Folge der Verhältnisse zu betrachten, unter deren Einfluß der Mittelstand lebt, d.h. der bestehenden Gesetzgebung und der Art und Weise ihrer Handhabung."

270 Vgl. im Zusammenhang ABT, Art. "Handwerker- und Arbeitervereine", StL. VI[2], S. 432—434 und ABT, Zeitung, S. 165, S. 225, S. 233.

271 Vgl. ABT, Art. "Belletristik", StL. II[2], S. 296, wo "Absolutismus" begrifflich aufgeht in einer vom Volke "unabhängigen selbstständigen Gewalt ... mit der Tendenz, ... zur Freiheit berufene Wesen als Mittel für seine Privatzwecke zu benutzen". Ferner: ABT, Zeitung, S. 226 (Zitat).

272 Zum "Feudalabsolutismus" vgl. ABT, Zeitung, S. 145—147, S. 147: "Absolutismus ist und bleibt Absolutismus, sei er nun ausgeübt von Vielen, von Wenigen oder nur von Einem." Zu den anderen Formen des Absolutismus vgl. ebd., S. 226: "Der politische Absolutismus occupirt die Staatsämter und knechtet den W i l l e n , der kirchliche occupirt die religiösen Gebräuche und knechtet das religiöse G e f ü h l , der geldliche Absolutismus occupirt den Stellvertreter der menschlichen T h ä t i g k e i t , ... das Geld, und knechtet den L e i b ." Vgl. auch ABT, Art. "Belletristik", StL. II[2], S. 296.

273 Vgl. ABT, Art. "Gültigkeit", StL. VI[2], S. 267: "Frei ist der Mensch, wenn er sich selbst durch das Sittengesetz zum Handeln bestimmt, und diese Selbstbestimmung besteht darin, daß sie ebensowohl von äußerer Gewalt als von ... den sinnlichen Trieben unabhängig ist." Unverkennbar stand hier die kantische Autonomieformel Pate.

274 Vgl. u.a. ABT, Zeitung, S. 234.

'liberalen Worthelden'[275] — alle Eigentums- und Freiheitsrechte dem Selbster-
haltungsrecht eines jeden nachordnete.[276] Insofern also ihr emanzipatives Anliegen sich auch und gerade auf die unterbürgerlichen Schichten erstreckte, teilten
Abt und Struve die Perspektive von Schulz, der bereits 1837 mit seiner Beobachtung, daß die vermögende "eigentliche Bürgerclasse" auf dem Wege in das Lager
der "Stabilen" sei, die Aufforderung an die "Männer der Bewegung" verbunden
hatte, "die Ansprüche und Interessen der eigentlich arbeitenden Classe und aller
Hintangesetzten ... zu den ihrigen zu machen".[277]

Diese Gemeinsamkeit stand jedoch im Kontext unterschiedlicher Utopien. Während Schulz die Emanzipation bei gleichzeitig fortgesetzter Industrialisierung
anstrebte — was nicht auf die Aufhebung, sondern lediglich auf die Harmonisierung des freien Wettbewerbs durch den sozialstaatlichen Eingriff hinauslief —,
verfolgten Abt und Struve im wesentlichen noch das rückwärtsgewandte Leitbild
der vorindustriellen Bürgergesellschaft.

Wie Abts Kritik an der von ihm beobachteten Überlegenheit des Kapitals vornehmlich auf das in der hergebrachten Lebenswelt verankerte Verlagswesen
zielte,[278] so orientierte sich die im Zentrum seiner sozialen Reformpläne stehende
'Assoziation' mehr an der Vorstellung unabhängig voneinander arbeitender
Handwerker, weniger dagegen an dem Bild der unter einem Dach vereinigten
arbeitsteiligen und maschinellen Produktion in der Fabrik. Denn der "Hauptgrund-
satz ..., daß jeder Einzelne den vollen Werth seiner Arbeit" erhalten müsse,[279]
ermöglichte kaum die für die industrielle Innovation erforderliche Kapitalkonzen-

---

275 Vgl. STRUVE, Taschenbuch, S. 195–200; STRUVE, Art. "Proletariat", StL. XI[2], S. 213,
     S. 215. Vgl. auch u. Anm. 483.

276 STRUVE, Art. "Menschenrechte", StL. IX[2], S. 69: "Das Recht auf Eigenthum, das Recht der
     persönlichen Freiheit können nur in so fern auf Anerkennung Anspruch machen, als sie
     nicht im Widerspruche stehen mit dem ewigen und unveräußerlichen Rechte der
     Selbsterhaltung." Vgl. auch STRUVE, Grundzüge, III, S. 29 f.; ebd., IV, S. 67.

277 SCHULZ, Art. "Europa", StL. V[1], S. 310 f.; ebenso StL. IV[2], S. 540.

278 ABT, Art. "Handwerker- und Arbeitervereine", StL. VI[2], S. 433.

279 ABT, Art. "Handwerker- und Arbeitervereine", StL. VI[2], S. 434.

tration. Schließlich wurden auch innerhalb der so verfaßten "Vereine der Arbeiter", die als "Geschäftsherren" das Kapital ablösen sollten,[280] die Arbeiter selbst zu "quasi arbeitende(n) Kapitalisten" (Sedatis)[281], was die Verbundenheit Abts zu der vorindustriellen Gesellschaft kleiner selbständiger Existenzen unterstrich. Bei Struve läßt sich die Absicht, jene egalitäre Bürgergesellschaft traditionellen Zuschnitts zu konservieren, sogar mit Händen greifen. Nach dem Vorbild des idealisierten Mittelalters sollten Kapital und Arbeit wieder in einem "Mittelstand" vereinigt und so der sichtbar gewordene Differenzierungsprozeß umgekehrt werden. In nachgerade klassischer Formulierung beschrieb Struve seine Zielgruppe als jenen "unabhängig(en)" Stand, "welcher einerseits nicht blos von seiner Arbeit, andrerseits nicht blos von der Gunst des Staates lebt, welcher zwar arbeitet, aber auch besitzt, zwar besitzt, aber auch arbeitet".[282] Daß Struve dabei im besonderen den kleinen Eigentümer vor Augen hatte, geht überdies aus der für diesen eingeforderten Schutzpflicht des Staates hervor[283]. Gerade für ihn hatten Struve sowohl als Abt ganz im Maße ihrer Rückwärtsgewandtheit einen im Verhältnis zu den anderen Verfassern tieferen Einschnitt in die Sphäre der Eigentümer konzipiert.

Für sich genommen mochten weder der gemeinsam erhobene Ruf nach 'Assoziationen'[284] noch die beiden Publizisten zentrale Forderung nach einer konse-

---

280 ABT, Art. "Handwerker- und Arbeitervereine", StL. VI[2], S. 434.

281 SEDATIS, Liberalismus, S. 45.

282 STRUVE, Grundzüge, III, S. 70. Vgl. dort auch besonders: "Der Mittelstand beruht also wesentlich auf 3 Eigenschaften: 1) darauf, daß er ein gewisses größeres oder kleineres Vermögen besitze, 2) daß er mit Hülfe desselben arbeite und 3) daß er unabhängig sei von der Gunst und der Laune der Staatsregierung."

283 Vgl. STRUVE, Grundzüge, IV, S. 80–82, dort besonders S. 80: Landwirtschaft und Gewerbe "können ... auch ohne bedeutende Capitalien betrieben werden ... In dieser Betrachtung muß für die Regierung jedes Staates die Aufforderung liegen, die Landwirthschaft und die Gewerbe unter den Einfluß solcher Gesetze zu stellen, welche es auch den weniger bemittelten Klassen möglich machen, mit den Capitalisten den Wettkampf noch bestehen zu können." Vgl. auch ebd., S. 86–88.

284 Vgl. STRUVE, Art. "Proletariat", StL. XI[2], S. 216; STRUVE, Grundzüge, IV, S. 86; ABT, Art. "Handwerker- und Arbeitervereine", StL. VI[2], S. 434.

quent das Proletariat einbeziehenden Demokratisierung der Herrschaft[285] besonders signifikant erscheinen – Schulz, ja sogar Mathy hatten sich diese Vorstellungen schließlich auch zu eigen gemacht[286]. Was indessen Abt und Struve
sich davon versprachen, grenzte in dem einen Falle bereits an planwirtschaftliche
Ordnungsmuster und zielte in dem anderen auf eine Nivellierung ab, wie sie von
keinem der bisher vorgestellten Verfasser beabsichtigt worden war.

So dachte Abt bei seinen Überlegungen zur "Organisation" der Wirtschaft daran,
zum Zwecke der Produktions- und Verbrauchssteuerung die "Associationen ...
einer Centraldirektion" oder der "Staatsgewalt" verbindlich zu machen.[287] Zu den
drastischeren Maßnahmen im Katalog Struves wiederum zählte die Verteilung des
Staats-, Kirchen- und Gemeindegutes an die besitzlosen Arbeiter ebenso wie die
Einführung einer bis zu dem Satz von 50 v.H. steigenden progressiven Einkom-
men- und Erbschaftssteuer.[288] Die weitgehende Gleichheit des privaten Vermögens war der angestrebten Demokratie – wie Struve es seinen Lesern wiederholt

285 Vgl. ABT, Art. "Bestimmung des Menschen", StL. II², S. 456: "Gebt dem englischen
Proletarier dieselben Rechte, dieselbe Theilnahme an der Regierung und Gesetzgebung wie
dem Hoch-Tory oder dem Millionär, und die sociale Frage wird in der Kürze der Zeit in
England ihre Erledigung finden." STRUVE, Grundzüge, I, S. 197: "Der Müßiggang der
Reichen und die übermäßige Anstrengung der Armen lassen sich daher gar nicht anders als
dadurch bekämpfen, daß den Letzteren politische Rechte eingeräumt werden."

286 Vgl. SCHULZ, Art. "Englands Statistik", StL. V¹, S. 182: "... jenes Uebergewicht des
sächlichen Vermögens über das persönliche ... wird nicht verschwinden, bis in den Gebieten
des Ackerbaues, Gewerbefleißes und Handels an die Stelle der monarchischen
Alleinherrschaft weniger Grund-, Fabrik- und Handelsherren die demokratische Herrschaft
freier Associationen tritt, deren Glieder, auf gemeinschaftlichen Vortheil hinarbeitend, ihre
Interessen innigst zu verbinden wissen." Ebenso StL. IV², S. 428; SCHULZ, Art.
"Communismus", StL. III², S. 338. Zu Mathy siehe oben S. 211 f. Bezeichnend für die
Bedeutungsvielfalt der 'Assoziation' ist überdies, daß Schulz noch 1832 darunter schlicht die
Zusammenfassung einzelner Arbeitsschritte unter dem Dach einer Fabrik verstanden hatte.
Vgl. SCHULZ, Deutschlands Einheit, S. 59, S. 63.

287 ABT, Art. "Handwerker- und Arbeitervereine", StL. VI², S. 434.

288 Vgl. STRUVE, Grundzüge, IV, S. 67–70; vgl. auch ebd., III, S. 118 f.; STRUVE, Art.
"Menschenrechte", StL. IX², S. 69 f. und STRUVE, Art. "Proletariat", StL. XI², S. 216. Die
gleichzeitig geforderte Senkung der Staatsausgaben für Hof, Beamtenschaft und stehendes
Heer war mehr Gemeingut der vormärzlichen Opposition als Besonderheit in Struves
Programm.

auseinandersetzte – wesentlich.[289] Und für die Konsequenz, mit der er seine Maxime einer materiellen "Gleichheit der Bürger"[290] verfolgt hatte, und zugleich für die Tiefe des geplanten staatlichen Eingriffes sprach in diesem Zusammenhang die Forderung, daß "in einem gut eingerichteten Staate ... jeder Mensch als Proletarier anfangen" sollte, um durch seine Arbeit anschließend zur Selbständigkeit aufzusteigen.[291]

---

289 Vgl. hierzu STRUVE, Grundzüge, II, S. 205: "Allein das Streben der Gesetzgebung muß in Demokratien wesentlich darauf gerichtet sein, die Gleichheit, wie in jeder Beziehung, so auch in Beziehung auf die Vermögensverhältnisse möglichst zu fördern. ... Im Privatleben der Demokratie muß nothwendig Einfachheit herrschen. Wer mehr Glücksgüter besitzt als seine Mitbürger, mag seinen Ueberschuß zum Besten des Staates aufwenden." Vgl. auch STRUVE, Grundzüge, II, S. 240: "Die Geschichte zeigt uns aller Orten, daß die Demokratie immer die gleichmäßigste Vertheilung von Glücksgütern voraussetzt, während die Monarchie und Aristokratie auf der einen Seite collossalen Reichthum und auf der anderen die abschreckendste Armuth in ihrem Geleite hat." Vgl. ferner ebd., S. 52, S. 305.

290 STRUVE, Grundzüge, I, S. 157.

291 STRUVE, Art. "Proletariat", StL. XI^2, S. 211; vgl. auch STRUVE, Grundzüge, III, S. 77. Dazu SEDATIS, Liberalismus, S. 49 f. Ein wenig irreführend ist die von PEISER, Gustav Struve, S. 238 getroffene Feststellung, "Struve ... (sei) in erster Linie einer der wenigen traditionalistischen Moralisten (gewesen), die die verheerenden Folgen der entfesselten liberalen Konkurrenzgesellschaft erkannt" hätten, was ihn veranlaßt habe, mit "moralisch-sittliche(n) und pädagogisch-politische(n) Maßnahmen aller Art" der Entwicklung entgegenzuwirken. (Vgl. auch ebd., S. 77) Die von Struve vertretene rückwärtsgewandte Utopie "eine(r) vorindustrielle(n) Gesellschaft von selbständigen Landwirten, Handwerkern und Kleingewerbetreibenden" egalitären Zuschnitts und die Wendung gegen die kapitalistischen, frühindustriellen Abhängigkeitsformen zu Recht betonend, (vgl. ebd., S. 233 (Zitat), S. 94f., S. 157, S. 238) verharmlost Peiser mit dem Hinweis auf 'moralische' und 'pädagogische' Instrumente den Zwangscharakter und die Tiefe des von Struve konzipierten staatlichen Eingriffes. Die ebd., S. 245 nachzulesende Einlassung Peisers, "Struves Aporie (habe) ... darin (gelegen), daß nach Herstellung der quantitativen Gleichheit das freie Spiel der Kräfte erhalten blieb", verfehlt zudem den dauerhaften Charakter der von Peiser gleichwohl gesehenen staatlichen Intervention (vgl. ebd., S. 85, S. 93 f., S. 157, S. 239, wo die Bodenenteignungs- und -zuteilungsvorschläge Struves zusammen mit dem Konzept der progressiven Steuer durchaus als 'starke Reduzierung' des 'Konkurrenzkampfes' und als Beschneidung der "Freiheitsspielräume des Individuums" im "Interesse der Gleichheit als einer Vorbedingung der Freiheit aller" (S. 94) ausgewiesen werden). Denn der bereits vor der Revolution von Struve vorgelegte Maßnahmenkatalog beschränkte sich nicht nur auf die einmalige Verteilung öffentlichen und kirchlichen Bodens an die Besitzlosen. Der "von dem Staate" einzulösende rechtliche Anspruch, daß "jeder" Staatsangehörige tatsächlich "gesunde Nahrung, eine schützende Wohnung und hinreichende Kleidung ... habe" und nicht nur – liberaler Lesart eher entsprechend – 'haben könne', begründete bei Struve die fortwährende Umverteilungspflicht des Staates. Diesem gegenüber könnten die Armen nämlich ihr (von Rotteck beispielsweise bestrittenes) "vollgültiges Recht" (!) geltend machen, "daß die reicheren Classen ... von ihrem Ueberflusse so viel (an die Unbemittelten) abgeben (müßten), als" zur angeführten Mindestausstattung aller "erforderlich" sei. Und ebendies habe im Wege der Gesetzgebung – also doch durch staatlichen Zwang – zu geschehen. Alles

Mit Blick auf den innergesellschaftlichen Raum standen sich also zwei Programme in einer recht eindeutigen Alternative gegenüber: Auf der einen Seite fand die Option des entfesselten Wettbewerbs ihren Niederschlag in den Vorstellungen Lists, Mathys und vornehmlich des frühen Schulz. Von diesen drei Publizisten wurde die Verkürzung der Emanzipation bewußt in Kauf genommen, um im Wege des freigesetzten bürgerlichen Egoismus den Wandel in Richtung auf die Industriegesellschaft voranzutreiben. Dem Proletarier blieb dabei auf Dauer der Zugang zur bürgerlichen Freiheit und Gleichheit versperrt. Mitunter – so vor allem bei Schulz – täuschte allerdings die trügerische Hoffnung, es handle sich lediglich um das Übel eines Überganges, auf den eine bessere Zukunft folgen müsse, über den bleibenden Charakter einer solchen Rücknahme hinweg.

Demgegenüber verlangten auf der anderen Seite Struve und Abt wie auch der spätere Schulz die sozialstaatliche Kontrolle des besitzbürgerlichen Interesses, um die universale Emanzipation zu sichern. Während jene sich dabei auch dem Strukturwandel entgegenstellten, bemühte sich dieser indes um die Vermittlung der fortgesetzt unterstützten Industrialisierung mit der gesamtgesellschaftlichen Befreiung.

Spiegelten die Konzepte der fünf Autoren mithin eindeutig die Wahlsituation, in der die Entscheidungen für den entfesselten Egoismus des Besitzbürgers und für die Erstreckung der normativen Forderungen Freiheit und Gleichheit auf alle

---

Privat- und Steuerrecht müsse in den Dienst dieser Umverteilungsaufgabe des Staates zum Zwecke der Befriedigung der Grundbedürfnisse aller gestellt werden. Eine "progressive ... Einkommensteuer und eine progressive Erbschaftssteuer" – "so hoch gegriffen ..., als die Umstände es erheisch(t)en" (!) – ebenso wie etwa "die Einführung einer auf dem Grundsatze des Associationsrechts ruhenden Gewerbeordnung" oder wie unter anderem die Gesetze zum Schutze des Kleingewerbes gegen das ruinöse Übergewicht der kapitalistischen Konkurrenz waren allesamt auf Dauer berechnete staatliche Eingriffe mit dem Ziel, im Sinne der Selbsterhaltung eines jeden auch nach der Landzuweisung "die gleichmäßige Vertheilung der Güter" zu bewirken. Die Konzeption derart dauernd wirksamer Nivellierungsinstrumente, die in ihrer Stärke flexibel der zu beseitigenden Vermögensungleichheit angepaßt werden sollten, signalisiert den bei Struve eingetretenen Vertrauensverlust in die Selbstheilungskräfte der freien Konkurrenz. Vgl. STRUVE, Grundzüge, IV, S. 68, S. 80; STRUVE, Art. "Menschenrechte", StL. IX², S. 70; STRUVE, Art. "Proletariat", StL. XI², S. 216. Vgl. ROTTECK, Art. "Armenwesen", StL. II¹, S. 9–11; ebenso StL. I², S. 672 f. (siehe unten Seite 317–319).

Schichten der Gesellschaft[292] offenbar einander ausschlossen, so lagen beide Momente wenigstens anfänglich in den Vorstellungen Welckers, Jordans und Kolbs noch beieinander.

In den Programmen dieser drei Publizisten hatten egalitäre Maximen deutliche Spuren hinterlassen. In einer seiner frühesten Schriften jedenfalls rechtfertigte Kolb 1826 die Aufnahme der sonst nachgerade verteufelten Staatsschulden[293] für den einen Fall als Ausnahme, daß dadurch eine größere Vermögensdifferenzierung verhindert und die "Menge ... zur Gleichheit, Thätigkeit und Sparsamkeit zurück(getrieben)" werden könne.[294] Ganz ähnlich bekannte sich Jordan 1828 zu einer gesellschaftlichen Leitlinie, welche − die englischen Verhältnisse zum düsteren Kontrast nehmend − "ein(en) Staat (als) desto vollkommner" bezeichnete, "je gleicher einander dessen Bürger auch an (materiellen, F.N.) Rechten" seien.[295] Und Welcker forderte noch 1837 eine nur "mäßige Ungleichheit, die zugleich eine verhältnißmäßige, je nach Bedürfniß und Verdienst bestimmte Gleichheit" sei.[296] Gleichzeitig − und vermeintlich dem entgegen − schränkten diese drei Autoren die politische Nation auf den Kreis der Gebildeten, der Eigentümer, überhaupt eben der 'Selbständigen' ein. Für politisch mündig erkannte Welcker lediglich die "selbstständigen Familienväter",[297] noch dazu unter dem

---

292 Von dem zeitgenössischen Ausschluß der Frauen wird hier einmal abgesehen.

293 Vgl. KOLB, Bemerkungen über die Schulden und Einkünfte europäischer Staaten, in: KOLB, Schriften, S. 1−72, dort S. 31 f., S. 39 f.; die Staatsschulden werden hierbei nicht zuletzt vor dem Hintergrund einer unerwünschten Vermögensdifferenzierung, welche mit ihnen verbunden sei, kritisiert. Die Schrift wird künftig zitiert 'Bemerkungen'.

294 KOLB, Bemerkungen, Schriften, S. 32 f. Zumindest hier zeigen sich bei Kolb die von HAAN, Gesellschaftstheorie, S. 82 gegen BRANDT, Urrechte, S. 481 bestrittenen egalitären Züge.

295 JORDAN, Versuche IX, § 15, S. 455. In der dazugehörigen Anmerkung 8, ebd., S. 456, ergänzte Jordan in bezeichnender Weise: "Es ist für einen Staat in vielfacher Hinsicht nachtheilig, wenn ein Theil des Volkes übermäßig reich, und der andere, vielleicht größere Theil in demselben Maaße arm ist, wie z.B. in England ... Wohl dem Staate, in welchem die meisten Bürger wohlhabend, wenn auch nicht reich sind, und welcher des Ruhmes einer guten Armenpflege entbehrt, weil er keine Bettelarmen in seiner Mitte zählt!"

296 WELCKER, Art. "Erbrecht", StL. V¹, S. 237; ebenso StL. IV², S. 469.

297 WELCKER, Art. "Familienherrschaft", StL. V¹, S. 423; ebenso StL. IV², S. 618; WELCKER, Art. "Stand", StL. XV¹, S. 133; ebenso StL. XII², S. 411.

Beding "i h r e r   r e a l e n   G r u n d l a g e   e i n e r   L a n d -
o d e r   V e r m ö g e n s -   o d e r   G e w e r b s a c t i e ".[298] Jordan
tat ein Gleiches, indem er 1828 und 1831 nur jenem Bürger das Wahlrecht einräumte, "w e l c h e r   f ü r   s i c h   (nicht im Dienste eines Andern)
e n t w e d e r   H a n d e l ,   o d e r   i r g e n d   e i n   G e w e r b e
o d e r   A c k e r b a u"   betreibe wie auch dementsprechend Steuern zah-
le.[299] Und Kolb sah die "Verwirklichung eines wahren   R e p r ä s e n t a -
t i v s y s t e m s"   allein dann als gegeben an, wenn "die Vertreter ... nicht
aus dem leider ungebildetsten Theile, sondern, so viel möglich, aus den erleuch-
tetsten Männern des Volkes bestehen" würden.[300] Obendrein verwarfen Kolb,
Jordan und Welcker übereinstimmend jeden Gedanken an eine staatlich verbürgte
materiale Gleichheit, indem sie die verfassungsrechtliche Gleichheitsgarantie nachdrücklich auf deren formale Seite zurücknahmen.[301]

Der Schein eines Widerspruches zu den eben zitierten egalitären Zielvorstellungen
verliert sich indessen, wenn der allen Aussagen gemeinsame vorindustriell geprägte Erwartungshorizont berücksichtigt wird. Vor solchem Hintergrund, der
indes bei Kolb noch ein wenig anders ausgestaltet war als bei Jordan und
Welcker — weswegen auf seine Vorstellungen noch einmal gesondert einzugehen
sein wird —, vor solchem Hintergrund also braucht weder die Begrenzung der
politischen Nation noch die Betonung der bloß formalen Gleichheit zu irritieren.
In einem derartigen lebensweltlichen Rahmen bedeutete die Gründung des

---

298 WELCKER, Art. "Möser", StL. XI^1, S. 94 f.; vgl. auch ebd., S. 77; ebenso StL. IX^2, S. 268,
     S. 256 (mit einer unerheblichen stilistischen Änderung).

299 JORDAN, Versuche IX, § 20, S. 469 f.; vgl. auch ebd., S. 474 und JORDAN, Lehrbuch,
     § 71, S. 93. Parenthese im Original.

300 KOLB, Art. "Menschheit", StL. X^1, S. 503; ebenso StL. IX^2, S. 54; vgl. auch KOLB,
     Darstellung, I, S. 95, S. 210 f. und KOLB, Geschichte, II, S. 360.

301 WELCKER, Art. "Stand", StL. XV^1, S. 129 f., S. 130 (folgendes Zitat); ebenso StL. XII^2,
     S. 408: "Nur in der Allgemeinheit des Staatsbürgerstandes für Alle, so weit sie sich dessen
     nicht unfähig und unwürdig machen, und in dem Freilassen aller rechtlichen Wege der Er-
     werbung für Alle ist   v ö l l i g e   Gleichheit." JORDAN, Versuche IX, § 15, S. 454 f.;
     JORDAN, Lehrbuch, § 15, S. 17 f.; KOLB, Art. "Menschheit", StL. X^1, S. 498, S. 503; eben-
     so StL. IX^2, S. 51, S. 54 und KOLB, Geschichte, II, S. 346 f., S. 359, wo die 'Gleichheit
     vor dem Gesetz' betont wird.

Staates auf die "Eigenthümer"[302], deren Dispositionsfreiheit und Besitzstand durch die Rückbindung des öffentlichen Rechts an das vorgängige private gleichzeitig geschützt und dem Zugriff der Gemeinschaft entzogen wurden[303], keineswegs eine Diskriminierung. Denn die dabei schon mitgedachte breite Streuung des Besitzes, wie sie Welcker in Gestalt seiner werbenden Betrachtungen zur egalitären altgermanischen Allodialverfassung seiner Gegenwart als politisches Muster vorhielt,[304] lieferte die zumeist unausgesprochene materiale Voraussetzung für die

---

302 Vgl. die hierfür bezeichnende Einlassung WELCKERs, Art. "Erbrecht". Neufassung, StL. IV[2], S. 465: "Es ist insbesondere auch unwahr, daß das Eigenthum der Einzelnen ursprünglich dem Staat gehörte. Die Eigenthümer bilden den Staat".

303 Vgl. die von Welcker hervorgehobene 'Heiligkeit' des Privatrechts (WELCKER, Art. "Staatsverfassung", StL. XV[1], S. 58 f.; ebenso StL. XII[2], S. 370), die es einschließlich des "freien Eigenthums- und Verkehrsrechte(s)" (ebd. [1], S. 35) durch eine rigide Trennung vom öffentlichen Recht gegen die "einseitige R o u s s e a u i s c h e   und jacobinische Vernichtung" zu verteidigen gelte (WELCKER, Art. "Erbrecht", StL. V[1], S. 230; ebenso StL. IV[2], S. 464).
Nach JORDAN, Versuche III, § 6, S. 69 blieb zwar dem "Herrscher" — gemeint war der Staat — die Zuteilung des   " P r i v a t -   oder   S o n d e r - E i g e n - t h u m (s) " am Boden vorbehalten, die sich danach zu richten habe, "wieviel ihm (dem einzelnen, F.N.) im Verhältnisse zu Andern nach dem Rechtsgeseze 'gebühre'; damit war der Staat aber noch keineswegs in die Position einer Verteilungsinstanz gerückt. Ging es bei solcher Zuteilung doch nur um die Aktualisierung dessen, "woran er (der Bürger, F.N.) schon als Mensch ein unbestreitbares Eigenthumsrecht" habe (ebd.). Und ebendiese Verwirklichung des vorstaatlichen Rechtes im Staate meinte nach ebd. V, § 4, S. 137—139 gerade das Freilassen der Sphäre der individuellen "Wohlfahrt" von obrigkeitlichem "Zwang" wie auch von wohlfahrtsstaatlichen Leistungen. In Übereinstimmung damit hatte Jordan gleichermaßen wie Welcker aus der vorstaatlichen Begründung des Eigentums (vgl. auch ebd. III, § 6, S. 67 f.) die strikte Trennung zwischen dem privaten und dem öffentlichen Recht entwickelt und die funktionale Beziehung des letzteren auf das erstere — und zwar umgekehrt — betont: Das öffentliche Recht verhalte sich zu dem Privatrecht "wie das Mittel zum Zweck" (ebd. V, § 3, S. 121 f., Zitat S. 122). Daß diese Zuordnung kaum auf einen Zustand zielte, bei dem das Recht der "Andern" als materiale Aneignungsschranke wirksam werden würde, geht nicht zuletzt daraus hervor, daß zu den aus der vorstaatlichen Eigentumsbegründung gefolgerten unveräußerlichen "Urrechte(n)" nach ebd. IX, § 7, S. 410—412 sowohl die " F r e i h e i t   d e s   E r w e r b s " als auch die individuelle Dispositionsfreiheit über das Eigentum gehörten. Beide an prominenter Stelle stehende Rechte hatte der Staat durch die Einführung einer liberalen Wirtschaftsverfassung — wie sie sich aus ebd. IX, §§ 9 f., S. 416—425 ergibt — zu achten und zu schützen.

304 Nach WELCKER, Art. "Alodium", StL. I[1], S. 474 f.; ebenso StL. I[2], S. 466 f. trug dieses rückwärtsgewandte Leitbild folgende Züge: möglichst gleiche Verteilung des Landbesitzes unter die Familien, die als ländliche Besitzer zusammen mit den freien handel- und gewerbetreibenden Bürgern die Staatsbürgergesellschaft ausmachten; auf der Grundlage des seinem Wesen nach für alle gleichen Besitztums direkte Partizipation der Staatsbürger, gleiches Stimm-, Waffen- und Richterrecht. Vgl. auch WELCKER, Art. "Bauer", StL. II[1], S. 246 f., S. 251; ebenso StL. II[2], S. 207, S. 210.

Annahme, daß es einem jeden möglich werden würde, selbst Eigentümer zu werden. Unter dieser Vorgabe bildete die Einlösung der formalen Gleichheit, also die für alle rechtlich gleiche Möglichkeit des Zuganges oder Aufstieges zur 'Selbständigkeit', eine hinreichende Bedingung für die umfassende Emanzipation, sofern im politischen Raum eine weitergehende Vermögensqualifikation das Selbständigkeitskriterium nicht noch einengte. Folgerichtig hatte Jordan eine solche Zusatzbedingung als einen Akt der die Gleichheit verkürzenden "Willkür" zunächst auch scharf zurückgewiesen.[305] Jene an die formale Gleichheit angelehnten Ordnungsmuster, welche auf den Ausschluß von Vorrechten aus der Sphäre der Eigentümer, somit auch auf die Freiheit der Wirtschaft von staatlichen Eingriffen hinausliefen und welche von List, Mathy, Schulz, Struve wie auch Abt im Zusammenhang mit der Industrialisierung gesehen wurden, waren im Empfinden anderer Zeitgenossen nicht notwendig auf den mit dieser einhergehenden gesellschaftlichen Differenzierungsprozeß festgelegt. Das Lebensalter — Jordan und Welcker rechneten zu den ältesten unter den acht Verfassern — und der Zeitpunkt der eigenen Theoriebildung waren hierbei von nicht unerheblicher Bedeutung. So hatte Jordan im Umkreis der Julirevolution — also noch bevor ihm die sozialen Folgen des freien Wettbewerbs hätten vor Augen treten müssen — eine von den Vorstellungen Struves gar nicht weit entfernte egalitäre Bürgergesellschaft gerade mit der durch die bloß formale Gleichheit strukturierten liberalisierten Wirtschaft verwirklichen wollen: Es sollte "eine v e r n ü n f t i g e ... Staatsregierung d i e s e (materiale, F.N.) U n g l e i c h h e i t durch die (formale, F.N.) G l e i c h h e i t d e s R e c h t s möglichst zu heben" suchen.[306] In dem Erwartungshorizont der vorindustriellen Bürgergesellschaft

---

305 Vgl. JORDAN, Versuche IX, § 20, S. 470, S. 473 f. Parallel dazu erleichterte Jordan in seinem dreistufigen Aufbau der bürgerlichen Gesellschaft — Schutzgenosse, Bürger, Staatsbürger — den Zugang zur Staatsbürgereigenschaft noch dadurch, daß er zwischen dem Schutzgenossen und dem Bürger lediglich die Altersqualifikation als Unterscheidung gelten ließ. Vgl. im Zusammenhang JORDAN, Versuche IX, § 1, S. 390—392 und JORDAN, Lehrbuch, § 64, S. 77.

306 JORDAN, Lehrbuch, § 64, S. 78.

vieler 'Selbständiger' entstand 1828 das Programm einer freien Wirtschaft, das konsequent aus der "F r e i h e i t d e s E r w e r b s" als einem auf die vorstaatliche Eigentumsbegründung zurückgehenden 'Urrecht'[307] entwickelt wurde: "Landwirtschaft, Industrie (Gewerbe) und Handel soll(t)en ... völlig frei gegeben werden", und der Staat sei lediglich dort zur Anwendung rechtlichen Zwanges befugt, wenn nicht gar verpflichtet, wo es um die Beseitigung der einer freien Wirtschaftsverfassung entgegenstehenden Hindernisse gehe. Neben den feudalen Lasten und den Handelshemmnissen waren so auch die Zünfte von dem Verdikt des zu beseitigenden Unrechtes betroffen.[308] Bei einem ungebrochenen Vertrauen in die Selbstheilungskräfte des freien Wettbewerbs, dessen Effizienz auf der belebenden Vorteilssuche der einzelnen beruhe,[309] formulierte Jordan eine bestimmte Absage an die Zunftverfassung auch in ihrer reformierten Gestalt. Ob-schon der Übergang zur Gewerbefreiheit "mit der größten Umsicht" vorgenommen werden solle, sei es an der Zeit, "das Zunftwesen ... radical zu vertilgen".[310]

Dieselben Vorstellungen brachte Welcker — wenn auch nicht in so offenkundiger Weise — zum Ausdruck, als er 1837 mit dem Erbrecht den "Haupteinwand gegen eine gewisse Ungleichheit des Vermögensbesitzes und die scheinbare Ungerechtig-keit derselben" auszuräumen gedachte.[311] Nicht daß dieses Instrument als staat-liche Umverteilungsmaßnahme konzipiert war. Nur in dem Ausnahmefall der "Beschränkung unpassender Erbrechte" hätte Welcker sich einer solchen Überle-

307 Vgl. JORDAN, Versuche IX, § 7, S. 410–412; siehe auch o. Anm. 303.

308 JORDAN, Versuche IX, § 9, S. 416–419. Die ebd. geforderte 'Verbannung' der "Monopole" zielte noch ausschließlich auf das hergebrachte staatliche Privileg, nicht dagegen auf das im freien Wettbewerb entstehende Monopol; vgl. die ebd., S. 422 mit Anm. 10 gegebene Verweisung auf PÖLITZ, Staatswissenschaften, II, S. 161 f.

309 Vgl. JORDAN, Versuche IX, § 9, S. 417 f.

310 JORDAN, Versuche IX, § 9, S. 420, Anm. 8. Vgl. auch JORDAN, Lehrbuch, § 68, S. 85, wo zur Begründung der uneingeschränkten Gewerbefreiheit auf eine diesbezügliche Schrift von Johann Carl Leuchs verwiesen wird, der gerade wegen seiner Parteinahme für die Gewerbe- und Handelsfreiheit bekannt geworden war. Zu Johann Carl Leuchs vgl. den einschlägigen Artikel von Gerhard HIRSCHMANN, in: NDB 14 (1985), S. 366 f. Zu der liberalen Wirtschaftsverfassung bei Jordan vgl. auch KAISER, Jordan, S. 39 f.

311 WELCKER, Art. "Erbrecht", StL. V[1], S. 233 f.; ebenso StL. IV[2], S. 466.

gung anschließen mögen.[312] Vielmehr komme es darauf an, daß im Gegensatz zu den "neueren Naturrechtstheorien" nicht die Individuen, sondern die "Familien" (!) als gesellschaftliche Grundgröße angenommen würden. Dies nämlich begründe – so Welcker – die angemessene Verteilung der Erbmasse unter alle Angehörigen und damit eine gerechte Streuung des Besitzes.[313] Wenn sich nun durch einen solchen in der Regel ohne die Dazwischenkunft des Staates auskommenden erbrechtlichen Verteilungsvorgang der Grundsatz einer nur "mäßige(n) Ungleichheit" mit dem gleichzeitig gewünschten "wohlthätigen Wetteifer(...)" der Eigentümer vereinbaren ließ,[314] so verriet dies noch ganz die vorindustrielle Lebenswelt, aus deren Perspektive die ebenso ungerechte wie ungemessene Besitzanhäufung allein Folge des – auch entsprechend mit allen Übeln belasteten – privilegierten Erbrechtes sein konnte[315] und die demgemäß die dem kapitalistischen Wettbewerb eigene Tendenz zur Monopolbildung dem Anschein nach noch nicht kannte.

Freilich – daß im Rahmen einer verglichen mit Abt und Struve bei allen Vorbehalten immer noch verhältnismäßig frühen Theoriebildung der freigesetzte Besitzindividualismus und die Zielvorstellung einer 'klassenlosen Bürgergesellschaft' als miteinander vereinbar gedacht werden konnten, führte nicht dazu, daß die sich anbahnenden gesellschaftlichen Veränderungen nun gänzlich unbemerkt blieben. Zumindest teilweise schien Welcker 1846 dem kapitalistischen Wettbewerb die soziale Verelendung angelastet zu haben. Liege es doch – wie er damals im Staatslexikon formulierte – "in den neueren Geschäfts- und Erwerbsverhältnissen (begründet), daß auf ungerechte und unbillige Weise" die Vermögensspanne zwischen den "Grundbesitzer(n), Großhändler(n), Fabrikanten (einerseits) ... und den Arbeitern" andererseits zunehme.[316] Spätestens am Ausgang des Vormärz

---

312 WELCKER, Art. "Erbrecht", StL. V^1, S. 240 f.; ebenso StL. IV^2, S. 471 f.

313 WELCKER, Art. "Erbrecht", StL. V^1, S. 233 f.; ebenso StL. IV^2, S. 466.

314 WELCKER, Art. "Erbrecht", StL. V^1, S. 237; ebenso StL. IV^2, S. 469.

315 WELCKER, Art. "Erbrecht", StL. V^1, S. 238 f.; ebenso StL. IV^2, S. 470.

316 WELCKER, Art. "Erbrecht". Neufassung, StL. IV^2, S. 472.

schimmerte auch in seinen Zeugnissen die Auffassung durch, daß mit der Industrialisierung zugleich der Niedergang einer auf kleinen Produktionseinheiten beruhenden und deswegen die Selbständigkeit vieler verbürgenden egalitären Gesellschaft verbunden sein könnte. Anläßlich einer redaktionellen Anmerkung zu Struves Abhandlung über das Proletariat notierte Welcker im Staatslexikon, daß infolge "unserer Fabrikindustrie ... die Arbeit ... für die Unbemittelten immer mechanischer" werde und daß bei sinkendem Lohn die "Aussicht ... (auf ein) selbstständiges Gewerbe" stetig abnehme.[317] Ebenso finden sich in Jordans 'Wanderungen aus meinem Gefängnisse' – einem während seiner Haft verfaßten und im Sommer 1840 abgeschlossenen Werk[318] – Belege dafür, daß die 'soziale Frage' den kurhessischen Oppositionspolitiker erreicht hatte. "Mephi" – der mephistophelische Führer und Begleiter Jordans auf dessen fiktiven Reisen in die Welt – stieß scheinbar schon zur grundsätzlichen Liberalismuskritik vor, als er erklärte, daß jene Freiheit, die der Liberalismus den Fabrikarbeitern bieten könne, ein bloßes " W o r t " und keine " S a c h e " sei. Ihre einfachsten Lebensbedürfnisse depravierten sie zu "Leibeigene(n)", wenn auch nicht "eines b e s t i m m t e n Fabrikherrn", so "doch ... d e r Fabrikherren überhaupt".[319]

Gleichwohl blieben solche Beobachtungen ohne Einfluß auf jene Ordnungsmodelle, die unter der Perspektive der an die vorindustrielle Lebenswelt geknüpften Erwartungen formuliert worden waren. Das in Jordans 'Wanderungen' abschließend gegen alle eigentumsfeindlichen und revolutionären Anfechtungen behauptete Programm einer bürgerlichen Reform ließ nichts von einer Einschränkung des bürgerlichen Wettbewerbs verlauten.[320] Auch konnte von einer dortigen Fabrikfeindschaft keine Rede sein: Schließlich kannte das gleich zu Beginn der

---

317 WELCKER, Anmerkung zu STRUVE, Art. "Proletariat", StL. XI[2], S. 211.

318 Vgl. zur Datierung JORDAN, Wanderungen, S. V.

319 JORDAN, Wanderungen, S. 53 f.

320 Vgl. JORDAN, Wanderungen, S. 302–325.

Reisen aufgesuchte Utopien Fabriken, die neben den "öffentliche(n) Arbeitshäuser(n)" den Armen Arbeit und Unterhalt gewähren sollten.[321] Die Politik Welckers zumal ließ keinen Zweifel daran aufkommen, daß die am Gegensatz zum Feudalismus entwickelte "rechtliche Gleichheit der Erwerbungsmöglichkeit"[322] nach wie vor allein die staatliche Garantie einer formalen Gleichheit, nicht aber die von deren materialem Seitenstück meinte. Lediglich insofern trat im Verlaufe der 1840er Jahre eine Veränderung ein, als die prinzipielle Staatsferne der Wirtschaft nunmehr auch noch gegen eine "communistische" Anfeindung verteidigt werden mußte.[323] Gerade noch zur Förderung des Fabrikwesens — zu der sich Welcker 1846 im Staatslexikon eindeutig bekannt hatte,[324] ohne darum schon zu einem Verfechter der Listschen Schutzzollpolitik geworden zu sein — sollte eine Durchbrechung dieses Grundsatzes statthaft sein. Wiederum kann hier auf die schon erwähnte Drei-Fabrikenfrage hingewiesen werden: Welcker stimmte in dieser Sache für die Empfehlungen Mathys, wobei seine Abstimmungsbegründung in bezeichnender Weise auch die von Friedrich Bassermann vertretene Position des reinen Wirtschaftsliberalismus berücksichtigte, die in jedem Falle eine staatliche Dazwischenkunft verwarf.[325] Welckers Votum billigte zwar die einmalige, gezielte Unterstützung der gefährdeten Fabriken als Ausnahme, weil in ihrem "Gedeihen" die Bedingung der künftigen wirtschaftlichen "Blüthe" des Landes liege, eine sozialpolitische Absicht wurde indessen ganz entschieden verneint: Die drohende Erwerbslosigkeit der "4000 Arbeiter ... bestimm(t)en ... (ihn, F.N.) nicht", erklärte Welcker, "sie mögen andere Mittel in Anspruch nehmen, sie

---

321 Vgl. JORDAN, Wanderungen, S. 39.

322 WELCKER, Art. "Adel", StL. I[1], S. 333 f. (Zitat S. 333); ebenso WELCKER, Art. "Adelstheorie (praktische)", StL. I[2], S. 314 f. (Zitat S. 315).

323 Vgl. WELCKER, Art. "Eigenthum. Nachtrag", StL. IV[2], S. 216.

324 Vgl. die Grundsatzerklärung in WELCKER, Art. "Fabrikschulen", StL. IV[2], S. 576, "daß für Wohlstand und die Kraft und vielseitige Nationalbildung, daß selbst zur Förderung unserer agrarischen Cultur das Fabrikwesen bei uns geschützt und gefördert werde(n) " müsse.

325 Zu Bassermanns Haltung vgl. seinen Debattenbeitrag vom 27. 01.1848, Verhandlungen der zweiten badischen Kammer 1847/48, erstes Protokollheft, S. 246 f.

mögen, wenn sie Almosen bedürfen, an die gehörigen Kassen oder das öffentliche Mitleid sich wenden, aber einen Staatsakt daraus zu machen, den Arbeitern zum Voraus Hülfe zuzusichern, wenn sie hie und da brodlos werden, wohin sollte das führen?"[326]. Eine derartige Argumentation unterstrich sowohl das bis hin zur positiven Förderung gehende Einverständnis Welckers mit der wirtschaftlich-technischen Entwicklung als auch das prinzipielle Festhalten an dem Grundsatz einer sich selbst zu überlassenden Wirtschaft, das sozialpolitisch motivierte Eingriffe des Staates in die Sphäre der Eigentümer ausschloß.

Wenn überhaupt, dann reagierten Welcker und Jordan auf die 'soziale Frage' lediglich im Bereich des nur Politischen. Beide akzentuierten gerade vor dem Hintergrund sozialrevolutionärer Gefährdung den politisch defensiven, systemstabi-lisierenden Charakter des besitzbürgerlichen Interesses im Rahmen der überein-stimmend für ideal erachteten konstitutionellen Monarchie[327]. Cum grano salis läßt sich hierunter jene tendenziell stärkere Betonung der Besitzqualifikation einordnen, die Jordan in seinen Arbeiten zur kurhessischen Verfassung bereits 1831 unter dem Eindruck einer unruhigen Zeit hatte durchblicken lassen: Im Widerspruch zu seiner Theorie genügte ihm augenscheinlich damals schon nicht mehr die wirtschaftliche Selbständigkeit der Staatsbürger als Zulassungsvoraus-setzung zum aktiven Wahlrecht. Alle "selbstständigen Staatsbürger" sollten zwar noch an "den vorbereitenden Wahlen" teilnehmen können. Damit aber in diesem System der "Mittelwahlen ... der Einfluß der beweglichen Massen vermieden" werde, verschärfte Jordan mit Blick auf die Wahlmänner das einfache Selbständig-keitskriterium mit einer zusätzlichen Vermögensqualifikation: Als leitendes Prinzip formulierte er, daß das "(active) Wahlrecht ... hauptsächlich an die materiellen Interessen zu knüpfen, und daher nur solchen Staatsbürgern (!) einzuräumen

---

326 Vgl. Welckers Beitrag vom 27.01.1848, Verhandlungen der zweiten badischen Kammer 1847/48, erstes Protokollheft, S. 262.

327 Vgl. JORDAN, Versuche VI, § 7, S. 177, zit. o. Kap. 3.1.1, Anm. 139; WELCKER, Art. "Staatsverfassung", StL. XV^1, S. 80–82; im wesentlichen unverändert StL. XII^2, S. 385–387.

(sei), welchen man, vermöge ihres eigenen Interesse", eine im Sinne der Gemeinschaft geeignete Wahl "zutrauen" könne.[328]

Und was die in den 'Wanderungen' formulierte Sozialkritik anlangte, so wurde sie von niemand anderem als eben dem Teufel vorgetragen. Das eigentliche Unbehagen entstand damit weniger an den neuen Abhängigkeitsverhältnissen − der Herrschaft des Unternehmers über die Fabrikarbeiterschaft −, sondern an dem sich unter den Dächern der Fabriken ansammelnden sozialen Sprengstoff, den sich der Teufel gerne für seine revolutionären Pläne verpflichten mochte.[329] Die Fabrikarbeiter interessierten nur insofern, als sie − ihrer eigenen Selbstsucht angeblich verfallen − zusammen mit den jakobinischen "Republikaner(n)" und den "Legitimisten, Reactionäre(n)" als Gefahr für die staatliche Ordnung vorgestellt werden konnten,[330] um die Regierungen zu Konzessionen an die doch staatstragende bürgerliche Opposition zu nötigen. Bis in den Vorabend der Revolution hinein beschränkte sich die Behandlung der 'sozialen Frage' in der Hauptsache auf ihre bloß instrumentale Verwendung für die Zwecke des liberalen Konstitutionalismus.[331]

Ganz Ähnliches meinte Welcker mit seiner wiederholt in der zweiten Auflage des Staatslexikons vorgebrachten Einlassung, die britische Verfassung werde die "große

---

328 JORDAN, Grundsätze, S. 212 f.; irrig oder zumindest irreführend ist die Darstellung bei BULLIK, Staat, S. 63, wenn dort Jordans Position so wiedergegeben wird, als bräuchte bei "den Wahlmännern ... nicht nach Geburt, Stand und Vermögen gefragt zu werden". Was deren passives Wahlrecht anlangte, war solche Frage nach dem Zusammenhang bei JORDAN, Grundsätze, S. 212 f. sehr wohl angezeigt, nur deren aktive Wahl war hinsichtlich qualifizierender Bedingungen lediglich auf die 'staatsbürgerliche Selbständigkeit' der zu wählenden Abgeordneten beschränkt. Hier irrt BULLIK, Staat, S. 63 ebenfalls, wenn er mit Blick auf das passive Wahlrecht der Deputierten die völlige Bedeutungslosigkeit des Vermögens annimmt, denn die Staatsbürgerqualität setzte ja ein Mindestvermögen schon voraus.

329 Vgl. JORDAN, Wanderungen, S. 53−55.

330 Vgl. JORDAN, Wanderungen, S. 304 f.

331 In JORDAN, P. Gespräche, S. 229 formuliert der an seiner liberal-konstitutionellen Haltung wie auch an dem Anagramm unschwer als Sylvester Jordan erkennbare J. Steverlys die Erwartung, daß "der immer mehr anschwellende Strom des socialen Elends und Jammers, ... welcher bereits die morschen Stüzen des alten historischen Staatsbaues theils eingerissen und theils bis zum drohenden Einsturze unterwühlt ... (habe), ... dem etwa fehlenden oder schwankenden Willen der Fürsten (zur monarchisch-konstitutionellen Verfassung, F.N.) den nöthigen Impuls geben" werde. Zur Datierung vgl. ebd., S. III−V.

Schwierigkeit einer ganz außerordentlichen Blüthe der Fabrikation und des Welthandels ... unschädlich ... machen".[332] Was die englische politische Kultur in so vorbildlicher Weise "unschädlich" werden ließ, war nicht das die Menschen im Zuge der Industrialisierung angehende Leid – dies war dafür eben ein wenig zu euphemistisch umschrieben worden, und Welcker leugnete es hier ohnehin implizit mit dem Hinweis auf die nach seiner Auffassung ungemessene materielle und politische Besserstellung des englischen Arbeiters im Vergleich zu allen anderen Armen Europas[333] –, nein, was vermieden werden konnte und sollte, war lediglich die drohende Folge des sozialen Elends: die mit der Chartistenbewegung etwa sich abzeichnende Gefahr des politischen Umsturzes.[334]

Indes wäre es verfehlt, dieses nur indirekte Eingehen auf die soziale Frage – obendrein im Sinne ihrer Abwehr auf der bloß (verfassungs-)politischen Ebene – vor dem Hintergrund des beibehaltenen liberalen Wirtschaftsverständnisses als eine einfache Rücknahme des emanzipativen Anspruches auf den Besitzbürger verstehen zu wollen. Vieles spricht nämlich dafür, daß die für die anfangs vertretene Utopie abträglichen Implikationen der wirtschaftlich-gesellschaftlichen Entwicklung gar nicht so recht in den Blick geraten waren. So ließe sich Jordans

---

332 WELCKER, Art. "Englands Staatsverfassung. Nachtrag", StL. IV², S. 413; vgl. auch WELCKER, Anmerkung zu SCHULZ, Art. "Englands Statistik", StL. IV², S. 443, wo Welcker die ebd., S. 428 von Schulz vorgetragene Analyse der sozialen Mißstände Englands, deren Beseitigung die Bildung genossenschaftlicher Betriebsformen voraussetzen würde, mit dem redaktionellen Hinweis auf die (verfassungs-)politische Reformbereitschaft der englischen Eliten korrigiert.

333 Vgl. WELCKER, Art. "Englands Staatsverfassung. Nachtrag", StL. IV², S. 412: "Da spricht man ferner von der entsetzlichen Armuth des englischen Volks im Gegensatz einiger wenigen Ueberreichen, ohne zu erwägen, daß nach unverwerflichen statistischen Nachrichten von den bessern Lebensmitteln ... das Zehn- und Zwanzigfache in einem Jahre auf einen englischen Volksmann kommt, als auf einen deutschen, und daß durch die vollkommenste Volksfreiheit und die lebendige, meist volksfestlich ausgeübte Theilnahme am vaterländischen Gemeinwesen auch ungleich ... höherer Lebensgenuß den englischen Bürgern zu Theil wird, als jeder Willkür preisgegebene gedrückte Regierungs- und Polizeisklaven nur ahnen können." Vgl. auch WELCKER, Art. "Bürgertugend", StL. II², S. 767.

334 Vgl. WELCKER, Art. "Jüstemilieu", StL. IX¹, S. 19; nahezu gleichlautend StL. VII², S. 804; WELCKER, Art. "Association", StL. II¹, S. 44–53; besonders S. 47–49; in erweiterter Fassung StL. I², S. 740–746, besonders S. 742 f.; WELCKER, Art. "Bürgertugend", StL. II², S. 767; WELCKER, Art. "Englands Staatsverfassung. Nachtrag", StL. IV², S. 413.

Sprachlosigkeit deuten, die er Mephi gegenüber eingestand, als dieser ihn mit dem Fabrikarbeiterelend konfrontiert hatte,[335] und Welckers immerhin auf 24 Seiten ausgedehnter Beitrag über die 'Assoziationen' verriet nicht eben sozialpolitische Sensibilität, wenn er dort das Verhältnis Fabrikant-Arbeiter selbst 1845 noch nicht einmal streifte.[336] Vor allem der Mitherausgeber des Staatslexikons schien jene Widersprüche nicht erfaßt zu haben, die sich zwischen der propagierten Freisetzung des besitzbürgerlichen Interesses und deren Rückbindung an die vorindustrielle Bürgergesellschaft aufgetan hatten. Wie anders wäre es zu erklären, daß am Ende des Vormärz Unvermitteltbares nebeneinander bestehen blieb? Nicht wenig irritierend mußten Welckers Erklärungen in der zweiten Auflage der Enzyklopädie gewirkt haben: Da standen einmal die rapide Industrialisierung wie auch der unermeßliche Welthandel Englands "als wohlthätige Gegengewichte gegen die Gutsungleichheit" eindeutig unter der Sanktion des Rechts — die "freie englische Verfassung" 'schaffe' und 'schütze' jene Errungenschaften,[337] und was das Muster aller Ordnungen hervorgebracht haben sollte, wie konnte das Unrecht sein? Um dies behaupten zu können, mußte Welcker jedoch seine Leser gleichsam vergessen machen, was er andernorts in demselben Bande 1846 eingeräumt hatte: Daß mit "den neueren Geschäfts- und Erwerbsverhältnissen" eine "ungerechte und unbillige" Bereicherung zu Lasten der Arbeiter — also doch das Unrecht — einhergehe.[338] Konsequent bestritt er, der England 1836 bereist

335 Vgl. JORDAN, Wanderungen, S. 55: Auf die Erklärungen Mephis zu dem Elend und dem sozialrevolutionären Potential, das sich in den Fabriken angesammelt habe, weiß Jordan ein wenig hilflos zunächst nur zu bemerken: "Ich konnte hiergegen nichts einwenden und drückte bloß mein Bedauern darüber aus, daß man bei dem Fabrikwesen nur die eine Seite in's Auge faßt, die andere aber zu wenig beachtet."

336 Vgl. WELCKER, Art. "Associationen", StL. I², S. 723—747.

337 WELCKER, Art. "Englands Staatsverfassung. Nachtrag", StL. IV², S. 413.

338 WELCKER, Art. "Erbrecht". Neufassung, StL. IV², S. 472.

hatte,[339] für diesmal ein englisches Fabrikarbeiterelend.[340] Mochte hier noch einiges auf die Rechnung der notorisch anglophilen Haltung Welckers gegangen sein — immerhin kleidete er ebenfalls das auch von List, Mathy und Schulz vorgesehene Palliativ der Einkommensteuer in eine besondere, eben der Peelschen Taxe von sieben Pence in einem Pfund nachgebildete Forderung ein —[341], so konnte dies nicht mehr für die grundlegende Ungereimtheit in Anspruch genommen werden. Denn gleichermaßen geriet er in Widersprüche, wenn er einerseits auch 1846 noch seine Verpflichtung gegenüber dem Konzept der vorindustriellen Bürgergesellschaft durchschimmern ließ, indem er in einem Nachtrag nochmals die Maxime formulierte, eine nach "V e r d i e n s t ... u n d ... B e d ü r f n i ß   v e r h ä l t n i ß m ä ß i g   g l e i c h e E i g e n t h u m s v e r t h e i l u n g ... für **alle** Familienväter" zu gewährleisten;[342] andererseits aber trotz seiner hier bereits zitierten Erkenntnis, daß Industrialisierung und freier Wettbewerb diese traditionelle Selbständigkeit bedrohten,[343] nicht von dem Prinzip einer interventionsfreien Wirtschaft abrückte.[344] Wohlgemerkt: Dieser Widerspruch zwischen der propagierten Freisetzung des besitzbürgerlichen Interesses und dem mitgedachten Kontext einer eher 'klassenlosen Bürgergesellschaft', in welchem jene Entfesselung zunächst entwickelt worden war, ist von einer anderen Qualität als der bei den Protagonisten der Industrialisierung — namentlich bei Friedrich List — vorgefundene. Es gab zwar nicht zu übersehende Gemeinsamkeiten zwischen beiden Politikern. So trug nach Welckers Aussagen von 1837 wie auch von 1846 das alte Privileg die Hauptverantwortung für die soziale Not, die sich "selbst in England ... trotz (!) ... Welthan-

339 Vgl. WELCKER, Art. "Englands Staatsverfassung. Nachtrag", StL. IV², S. 412; ferner WILD, Welcker, S. 165.

340 Vgl. WELCKER, Art. "Englands Staatsverfassung. Nachtrag", StL. IV², S. 412. Zitiert o. Anm. 333.

341 Vgl. WELCKER, Art. "Erbrecht". Neufassung, StL. IV², S. 472.

342 WELCKER, Art. "Eigenthum. Nachtrag", StL. IV², S. 216 f.

343 Siehe oben S. 237 f.

344 Siehe oben S. 239 f.

del und ... Industrie" eingestellt habe.[345] Nur diese Adelskritik in den Blick genommen, liegen die Positionen von List und Welcker nicht allzuweit auseinander, wie überhaupt auf die vorzüglich hierin liegenden Übereinstimmungen die Rede wird noch kommen müssen. Aber: Während bei dem einen das Programm einer wirtschaftlichen Liberalisierung von vornherein auf die gesellschaftliche Differenzierung hin angelegt war, ja mit voller Absicht der Bruch mit der egalitären Bürgergesellschaft vorindustriellen Zuschnitts betrieben wurde, galt für den anderen das genaue Gegenteil.[346] Das Nebeneinander der Unvereinbarkeiten – egalitäre, vorindustrielle Maximen einerseits, Hinnahme und Förderung des Strukturwandels andererseits – läßt den Widerspruch bei Welcker und – wenn auch nicht mit solcher Eindeutigkeit – bei Jordan als ein Problem der Wahrnehmung erscheinen, nicht dagegen als eines der bewußt verkürzten Emanzipation. Daß ihnen subjektiv trotz vereinzelt aufscheinender Bekundungen des Gegenteils die Integration des sich anbahnenden Strukturwandels in die vorindustrielle Lebenswelt mit deren Zielvorstellungen noch gelingen konnte, läßt sich freilich nicht allein auf das fortgeschrittene Lebensalter und den frühen Zeitpunkt der Theoriebildung zurückführen. Dies reichte nicht aus, um eine solche Bewußtseinshaltung auch als glaubwürdig darzutun. Von wesentlicher Bedeutung dürfte hierfür indessen die im ganzen konservativere Eigenart ihrer Programme sein, was nur auf den ersten Blick paradox wirkt.

---

345 WELCKER, Art. "Erbrecht", StL. V^1, S. 238 f.; ebenso StL. IV^2, S. 470. Vgl. auch WELCKER, Art. "Bürgertugend", StL. II^2, S. 767; WELCKER, Art. "Eigenthum. Nachtrag", StL. IV^2, S. 216 f.; WELCKER, Art. "Englands Staatsverfassung. Nachtrag", StL. IV^2, S. 413.

346 Folgte man der bei LENZ, List/Marx, S. 75–78 (Zitat) geäußerten Auffassung, daß es angesichts des in der ersten Jahrhunderthälfte in Deutschland erreichten wirtschaftlichen Entwicklungsstandes "zweifelhaft" sei, "ob List den Widerspruch zwischen kleinbürgerlicher und großgewerblicher Produktionsweise als solchen empfunden" habe, dann ließe sich freilich kein wesentlicher Unterschied zwischen der Gesellschaftsutopie Lists und derjenigen Welckers entdecken. Gegen diese frühe Vermutung Lenz' sprechen indes nicht nur die oben angeführten Zeugnisse Lists, sondern auch die späteren Urteile Friedrich Lenz', nach welchen List durchaus die der industriellen Wirtschaft eigene Tendenz zur Monopol- und Klassenbildung gesehen habe. Vgl. LENZ, List/Werk, S. 388 und LENZ, Lists Staatslehre, S. 17, S. 36–39.

Die gesellschaftlichen Leitbilder Jordans und Welckers waren zwar auf die vorindustrielle Gesellschaft unter sich möglichst gleicher Familienväter bezogen. Von Anfang an aber ließen sie erhebliche Toleranzen zu. Denn beide nahmen die Existenz eines begüterten Adels nicht nur hin, sondern sie begrüßten auch dessen politische Privilegierung im Rahmen ihres Modells der allein für erstrebenswert erachteten konstitutionellen Monarchie. In dem diese Verfassung historisch begründenden Teil der Staatslehre Jordans, der trotz der behaupteten Nachordnung nicht minder bedeutsam war als die vernunftrechtliche Grundlegung,[347] wurde dem Erbadel eine stabilisierende Aufgabe zugesprochen, die in einer ersten Kammer institutionalisiert werden sollte.[348] Und da die für seine politische Funktion erforderliche Unabhängigkeit des Adels ihrerseits seinen Reichtum voraussetzte, verstand sich Jordan sogar dazu, eine begrenzte Zahl von Stammgütern von der prinzipiellen Verkehrsfreiheit des Bodens auszunehmen.[349] Ebenso plädierte Welcker ganz im Banne seines britischen Vorbildes für ein Oberhaus, demzufolge auch, trotz der gegen "E r s t g e b u r t s r e c h t e und F a m i l i e n f i d e i c o m m i s s e " erhobenen Vorwürfe[350], für die Pflege und Erhaltung der großen Güter und, soweit dazu erforderlich, für deren

---

347 Vgl. JORDAN, Versuche I, § 6, S. 11. Dort bestand Jordan zwar darauf, "daß ... der Geschichte eben so wenig die Herrschaft über die Philosophie gebühre, als dem Körper über die Vernunft, daß vielmehr die Philosophie eben so über der Geschichte stehe, wie die Vernunft über dem Körper". Gleichwohl aber sollten beide — unerachtet des Primates der Philosophie — der reformerischen Stetigkeit und Ordnung halber "Hand in Hand gehen". Zu der im Rahmen der historischen Argumentation begründeten konstitutionellen Monarchie vgl. ebd. III, § 8, S. 79 f. im Zusammenhang mit ebd. VI, § 7, S. 177.

348 Vgl. JORDAN, Versuche VIII, § 10, S. 350—353 und ebd. VII, § 4, S. 224 f.; vgl. auch JORDAN, Lehrbuch, § 74, S. 98 f.

349 Vgl. JORDAN, Versuche IX, § 22, S. 480—482; vgl. auch ebd. VII, § 4, S. 231 Anm. 4; ebenso JORDAN, Lehrbuch, § 74, S. 98 f.; daß Jordan in seinem Entwurf für die kurhessische Verfassung eine gesonderte Adelskammer ablehnte — vgl. JORDAN, Grundsätze, S. 213 f. —, stand, wie es BULLIK, Staat, S. 65 f. zu Recht im Anschluß an KAISER, Jordan, S. 30 f. und gegen WIEBER, Jordan, S. 49 f. betont, durchaus im Einklang mit seiner bisherigen Zweikammertheorie, zumal die Voraussetzung des Reichtums in Jordans Augen für Kurhessen nicht gegeben war.

350 WELCKER, Art. "Erbrecht", StL. V^1, S. 238 f.; ebenso StL. IV^2, S. 470.

Absicherung durch Majorate nach englischem Muster.[351] Die wegen seiner vermittelnden Stellung zwischen der Krone und dem Abgeordnetenhaus notwendige Unabhängigkeit des hohen Adels rechtfertigte den besonderen Schutz des "e r e r b t e n bedeutenden G r u n d b e s i t z (e s)", wie umgekehrt dieser große Besitz zur "B e d i n g u n g" der politischen Privilegierung geriet.[352]

Es ist zwar zutreffend bemerkt worden, daß Welcker gegen Ende des Vormärz zu einer deutlich schärferen Adelskritik gefunden hatte;[353] dabei blieb aber die mit einem Oberhaus einhergehende politische Bevorzugung des großen Grundbesitzes unverändert, die in dem Maße, wie mit der Erblichkeit auch die bevorrechtende Besitzstandswahrung zur Zielscheibe der Kritik geriet, den bürgerlichen Großgrundbesitz privilegierte. Indem Welcker die englische Pairie weiterhin gerade deswegen als vorbildlich herausstellte, weil sie bürgerlichen Eliten gegenüber offen sei[354], gab er zu erkennen, worauf es hier nur ankommt und was als Wechselspiel von Theorie und Wahrnehmung gesellschaftlicher Veränderungen auch für Jordan angenommen werden kann: daß nämlich eine nichts weniger als grundsätzliche Adelskritik den Rahmen gesetzt hatte, in welchem die Vermögensdifferenzierung innerhalb des 'Dritten Standes' hingenommen werden

---

351 WELCKER, Art. "Erbrecht", StL. V[1], S. 241; ebenso StL. IV[2], S. 472; WELCKER, Art. "Adel", StL. I[1], S. 331 f., S. 345—347; nahezu unverändert WELCKER, Art. "Adel. (Im Mittelalter)", "Adelstheorie (praktische)", StL. I[2], S. 313, S. 325.

352 WELCKER, Art. "Adel", StL. I[1], S. 346 f.; ebenso WELCKER, Art. "Adelstheorie (praktische)", StL. I[2], S. 325.

353 Vgl. dazu DRÜCK, Ausgewählte Fragen, S. 126 f., S. 129—134. So fanden 1848 in der zweiten Auflage des Staatslexikons die "w e s e n t l i c h e n Grundsätze des englischen Oberhauses" nicht mehr dieselbe enthusiastische Aufnahme wie noch fünf Jahre zuvor — vgl. WELCKER, Art. "Staatsverfassung", StL. XV[1], S. 82 mit der Neufassung StL. XII[2], S. 386 f. Parallel dazu erfuhr das Unrecht des adligen Privilegs eine stärkere Betonung: Vgl. die Neufassung in WELCKER, Art. "Adel. (Im Allgemeinen)", StL. I[2], S. 256: "Erst durch Sünde und Unrecht, durch Entartung, Unterdrückung und Erniedrigung ganzer Völker oder ganzer Classen desselben Volkes oder Staats können Adelsvorrechte entstehen." Diese Passage findet sich nicht in dem entsprechenden Abschnitt bei WELCKER, Art. "Adel", StL. I[1], S. 274.

354 Vgl. WELCKER, Art. "Englands Staatsverfassung. Nachtrag", StL. IV[2], S. 413.

konnte, ohne darum sogleich den Bruch zu der nach wie vor zugrunde gelegten mehr egalitären Bürgergesellschaft vorindustrieller Prägung erkennen zu müssen. In einem derartigen Modell zeugte der Aufstieg Bürgerlicher in das von Anfang an vorgesehene adlige Privileg nicht notwendig von einer revolutionären Umgestaltung der Gesellschaftsverfassung, vielmehr konnte dieser Vorgang innerhalb hergebrachter Vorstellungen begriffen werden, deren Fundament, die tragende Schicht der selbständigen 'Familienväter', von solchem Geschehen scheinbar unberührt blieb. Die Struktur einer Sozialutopie, die herausgehobene Positionen zugelassen hatte, ließ als Kontinuität erscheinen, was keine mehr war. Darum bedurfte es auch keiner tiefgreifenden Überprüfung jener Ordnungsmuster, die gerade auf die Entfaltung einer, eben weit gefaßten, 'klassenlosen Bürgergesellschaft' hin angelegt waren, die aber tatsächlich das genaue Gegenteil davon bewirkten. Denn die monopolistische Tendenz des kapitalistischen Wettbewerbs mit der ihr eigenen Ausbildung neuer Herrschaftsverhältnisse brauchte unter dem Schein solcher Kontinuität Welcker und Jordan keineswegs in den Blick zu geraten. Ähnlich scheinen die Dinge bei Kolb zu liegen.

Ganz im Gegensatz zu seinem oben angeführten frühen Bekenntnis zur vorindustriellen Bürgergesellschaft hatte der Pfälzer sich spätestens um die Mitte der dreißiger Jahre dem gesellschaftlichen Wandel verschrieben und die Bindung an die egalitären Maximen zunächst einmal gelöst: Bereits 1836 machte er auf eine neuartige "Vermögensungleichheit" aufmerksam, "die vormals in den bürgerlichen Ständen nicht vorhanden" gewesen sei.[355] Während er dieses Phänomen auf das Wirken der freien Konkurrenz zurückführte[356], bemerkte er gleichzeitig, daß die fortschreitende Einführung maschineller Produktionsverfahren "in der Regel ... Leute um ihren bisherigen Lebensunterhalt bringen = sie brodlos machen" könne[357]. Ungeachtet solcher Beobachtungen feierte er hier wie auch später in

---

355 KOLB, Klage, S. 25.
356 KOLB, Klage, S. 24 f.
357 KOLB, Klage, S. 50.

den 1840er Jahren diese Veränderungen zusammen mit dem Prinzip des freien Wettbewerbs unbeschwert als Fortschritt: 'Keineswegs' " mit Bedauern und Klagen, vielmehr mit Freude und Stolz" dürfe man diese Entwicklung, die dem Erfolgreichen zu seiner "wohlbegründete(n), wohlverdiente(n) Superiorität" verhelfe, aufnehmen[358], und nachgerade "überflüssig" – weil eben so selbstverständlich – sei es, "nun noch die technischen Verbesserungen, die riesenmäßigen materiellen Gewinne der Neuzeit hervor(zu)heben"[359]. Gleichwohl war für ihn mit alledem keine Einschränkung der Emanzipation gegeben, die vom Staat zuerst zu gewährleistende "Freiheit und Sicherheit der Personen und des Eigenthums"[360] mündete noch nicht in einen Zielkonflikt. Was es dem Pfälzer ermöglichte, den Übergang von der vorindustriell geprägten Maxime der Egalität zu der geradezu emphatischen Bejahung des Wandels in Richtung auf die industrielle Gesellschaft hin mehr oder minder bruchlos zu vollziehen, war – die Fiktion. Nur mit ihr konnte die Zukunft in dem Wunschbild eines sich zwar unter dem Einfluß des freien Wettbewerbs differenzierenden, die Extreme aber immer noch integrierenden "Mittelstandes" aufgehen[361].

Wie kein anderer der hier abzuhandelnden Autoren leugnete Kolb schlichtweg die drückende Einseitigkeit der neu entstehenden Abhängigkeiten. Selbst unter englischen Verhältnissen gelte: "Der reichste Fabrikbesitzer bedarf unbedingt auch des geringsten Arbeiters".[362] Zu solch apodiktischer Verneinung eines sozialen Problems hatten sich weder die publizistischen Verfechter der Industrialisierung

---

358 KOLB, Klage, S. 24 f.

359 KOLB, Art. "Menschheit", StL. X^1, S. 505; ebenso StL. IX^2, S. 55; vgl. auch KOLB, Geschichte, II, S. 364 f.; zur Wettbewerbsfreiheit vgl. ferner KOLB, Art. "Menschheit", StL. X^1, S. 498 f.; ebenso StL. IX^2, S. 51 f.; vgl. auch KOLB, Art. "Baiern (Rheinbaiern)", StL. II^1, S. 171 f.; ebenso StL. II^2, S. 147 f.

360 KOLB, Art. "Menschheit", StL. X^1, S. 503; ebenso StL. IX^2, S. 54.

361 KOLB, Art. "Menschheit", StL. X^1, S. 484 f. (Zitat S. 484); ebenso StL. IX^2, S. 41: "Der Mittelstand schließt eben sowohl den Uebermuth aus, den der Reichthum so häufig hervorruft, als hinwieder die Abhängigkeit, die gewöhnlich an die Armuth sich anknüpft. Beiden Classen tritt der Mittelstand keineswegs schroff entgegen, sondern er strebt vermittelnd deren verschiedenartige Interessen auszugleichen." Vgl. auch KOLB, Geschichte, I, S. 350.

362 KOLB, Geschichte, I, S. 305.

noch Welcker und Jordan verstanden. Mit jener nicht eben wirklichkeitsnahen Behauptung, die konsequent die Verelendung des Proletariats bestritt[363], blieb die 'Unschuld' der liberalisierten Wirtschaft auch unter den Bedingungen der sich ankündigenden Industriegesellschaft gewahrt. Wenngleich von einer egalitären Gesellschaft der 'Familienväter' nicht mehr die Rede sein konnte, vermittelte eine derartige Glättung der Wirklichkeit immerhin den Anschein, als ob " J e d e r etwas erwerbe"[364], oder anders gewendet: daß der Unbemittelte sich keineswegs dem Reichen im freien Wettbewerb auf Gedeih und Verderb ausgeliefert sehen müsse, der Gleichheit mithin kein Eintrag geschehe. Denn die Unterschiede des Vermögens begründeten demnach nicht ein Herrschaftsverhältnis. Also schienen auch staatliche Eingriffe in den Verkehr der Eigentümer nicht vonnöten zu sein. Nach wie vor genügte es, die im Zeichen der Emanzipation gebotene Gleichheit auf ihre formale Seite zurückzunehmen. Und die Einschränkung der Politikfähigkeit konstituierte solange kein Unrecht, wie die von Kolb nachdrücklich vertretene Wettbewerbsfreiheit in seinen Augen genau das leistete, was er mit Mignet an der französischen Verfassung von 1791 hervorgehoben hatte: nämlich einen zivilisatorischen Fortschritt, der den Kreis der politischen Nation stetig ausweitete[365].

Bei aller Zurückhaltung, die dort am Platze ist, wo Perzeptionen zur Sprache gebracht werden, lassen sich auch hier begünstigende Umstände angeben, die Kolb es zumindest erleichtert haben mochten, die heraufziehenden gesellschaftlichen Veränderungen in einer im Ergebnis ähnlich beschönigenden Weise wahrzunehmen wie Welcker und Jordan. Im Falle Kolbs dürfte eine Besonderheit des lebensweltlichen Rahmens von nicht unerheblicher Bedeutung gewesen sein. Im Unterschied zu der Heimat aller anderen Autoren war in seinem Lande die Freisetzung der Wirtschaft schon vorlängst erfolgt. Dementsprechend konnte sie Kolb auch nicht mehr als der mit allen Ambivalenzen belastete Bruch mit dem

363 Vgl. mit Blick auf England KOLB, Klage, S. 83 f.

364 KOLB, Geschichte, I, S. 350.

365 KOLB, Darstellung, I, S. 210 f. Vgl. zu Kolbs harmonisierender Wahrnehmung des Strukturwandels auch HAAN, Gesellschaftstheorie, S. 82–84, S. 86.

Hergebrachten erscheinen – diese Revolution lag vor seiner Zeit. Statt dessen mochte die wirtschaftsliberale Praxis als ein erprobtes Kontinuum angesehen werden, das zudem für lange Zeit noch von vorindustriellen Strukturen begleitet worden war. Freilich: Die Wirkung eines solchen Zusammenhanges läßt sich nur schwer abschätzen. Dessenungeachtet zeugt Kolbs Schrifttum davon, daß ihm die herrschaftsbildenden Implikationen des freien Wettbewerbs ebensowenig aufgefallen waren wie Welcker und Jordan. Insofern empfanden diese drei Publizisten die Entfaltung des besitzbürgerlichen Interesses keineswegs als Einrede gegen ihr universal ausgerichtetes Programm der Emanzipation.

Als Ergebnis dieses Teilabschnittes, der bei den einzelnen Autoren das Verhältnis von gesellschaftlichem Strukturwandel, freigesetztem bürgerlichen Egoismus und Emanzipation klären wollte, lassen sich nunmehr drei Gruppen unterscheiden: Eine erste, welche die Entfesselung des besitzindividualistischen Interesses unter Preisgabe der universalen Dimension der Emanzipation betrieb, eine zweite, die umgekehrt dazu die Sphäre der Eigentümer der staatlichen Kontrolle unterwerfen wollte, um darüber die ursprüngliche Breite des emanzipativen Anliegens zu erhalten, und schließlich eine dritte Gruppe, die augenscheinlich zwischen den Polen Besitzindividualismus und Emanzipation keine Vereinbarungsprobleme sah. Mit ihren unterschiedlichen gesellschaftlichen Leitbildern, die eine ebenso voneinander verschiedene Aufnahme des wirtschaftlich-sozialen Wandels bedingten, wurde dem künftigen Frieden auch eine je anders gestaltete innenpolitische Begründung zuteil. Vermutet werden muß, daß solche Unterschiede nicht ohne Rückwirkungen auf die gedachten Vermittlungsebenen zum Frieden geblieben sind. Im nächsten Teilabschnitt werden nun diese Vermittlungsebenen näher unter dem Gesichtspunkt betrachtet, inwieweit sie Andersartigkeiten aufweisen, die sich eindeutig den Unterschieden in den gesellschaftlichen Leitbildern zuordnen lassen. Insbesondere verdient dabei die Frage Beachtung, ob der Widerstreit zwischen dem besitzbürgerlichen Interesse als dem hergebrachten Mittelstück einerseits und der Emanzipation andererseits zu einem Ausweichen auf andere Vermittlungsebenen gezwungen hat. Trotz der vorwiegend innenpolitischen Orientierung der anzustellenden Untersuchung gerät über den in diesem Zusammenhang wieder bedeutsamen Begriff der Nation auch eine außenpolitische und außenwirtschaftliche Dimension ins Blickfeld, ohne daß darum freilich schon der innenpolitische Bezug verlorengehen muß. Die Tragfähigkeit der alternativen Mittelstücke wäre dann in einem abschließenden Vergleich der jeweiligen Gesellschaftsutopien und Vermittlungsebenen mit den Positionen Rottecks zu diskutieren, um nicht nur dartun zu können, wie es den acht Verfassern im Gegensatz zu dem Freiburger Gelehrten möglich war, an der innenpolitischen Begründung des Friedens festzuhalten, sondern um auch diese Möglichkeiten bewerten zu können.

III.

Wenn es im folgenden um die Frage geht, ob sich eine eindeutige Beziehung zwischen einer erkannten desintegrativen, klassenbildenden Dynamik des freigesetzten Besitzindividualismus einerseits und dem Ausweichen auf andere Vermittlungsebenen andererseits nachweisen läßt, so liefert die Zusammenschau des Bisherigen hierfür bereits bemerkenswerte Anhaltspunkte: Auffällig ist doch, daß sich unter jenen vier Autoren, die an der innenpolitischen Begründung des Friedens ohne eine weitere Zusatzbedingung festgehalten hatten, auch Jordan, Kolb und Welcker befanden, denen die entstehende Unvereinbarkeit von bürgerlichem Egoismus und 'klassenloser Bürgergesellschaft' letztlich verborgen geblieben war.

Näher betrachtet, spiegelten die Schriften dieser drei Publizisten auch sonst den hergebrachten Gemeinplatz, zumal ihnen übereinstimmend das Interesse des Besitzes als das friedliche Mittelstück schlechthin zum künftigen Frieden galt.

Nachdem Jordan von der überstaatlichen Begründung des Friedens abgekommen war, ließ er die "Völkervereinigung" aus jenen "materielle(n) Interessen" neben den "geistige(n)" hervorgehen, die er andernorts schon zur Bedingung der innerstaatlichen Politikfähigkeit erklärt hatte.[366] Und daß Welcker mit starken Worten gegen den "Materialismus" zu Felde zog[367], braucht hier keineswegs zu irritieren. Beachtet man, daß der Materialismusvorwurf gerade auch auf die "revolutionären" Feinde des Privatrechts – die " J a c o b i n e r , R o u s s e a u " , später noch die Junghegelianer – gemünzt war[368] und daß spiegelbildlich dazu sich "Tüchtiges und Großes" mit der " F r e u d e " an Besitz und Eigentum verbunden hatten[369], so wird die positive Wertung des "Egoismus" der Eigentümer sichtbar, den Welcker vor allem in der zweiten Auflage des Staatslexikons als "unzertrennlich von allem Rechte" verteidigen sollte[370]. Dementsprechend bereitete es dem Mitherausgeber der Enzyklopädie keine Schwierigkeiten, den Frieden auf eine politische Öffentlichkeit zurückzuführen[371], welche die "freie Stimme aller selbstständigen Staatsbürger und Familienväter", also die der Besitzenden, repräsentierte[372]. Und gleich Jordan stellte er die "Freiheit des Handels" als eine zentrale Mittlerin des Friedens vor.[373] Auch Kolb hatte mehr als einmal das besitzbürgerliche Interesse als Friedenswahrer gefeiert: Das " S t a a t s - s c h u l d e n w e s e n (sei zwar) ... ein arges Uebel", die Abhängigkeit der modernen Kriegführung von großen Geldsummen habe aber "den nur im Frieden

---

366 Vgl. JORDAN, Art. "Gesandter", StL. VI¹, S. 613; ebenso StL. V², S. 643; vgl. auch JORDAN, Art. "Gastrecht", StL. VI¹, S. 316; ebenso StL. V², S. 376.

367 Vgl. WELCKER, Art. "Moral", StL. X¹, S. 704–755; ebenso StL. IX², S. 186–221.

368 Vgl. im Zusammenhang WELCKER, Art. "Moral", StL. X¹, S. 704–707, S. 755; ebenso StL. IX², S. 187 f., S. 221; WELCKER, Art. "Infamie", StL. VII², S. 390; WELCKER, Art. "Lehrfreiheit", StL. VIII², S. 486; WELCKER, Art. "Erbrecht", StL. V¹, S. 230; ebenso StL. IV², S. 464.

369 Vgl. WELCKER, Art. "Association", StL. II¹, S. 41 f.; ebenso StL. I², S. 738.

370 Vgl. WELCKER, Art. "Griechische und altgriechische Volksansichten von Recht und Staat", StL. VI², S. 147–157 (Zitat S. 154); WELCKER, Art. "Eudämonismus", StL. IV², S. 522.

371 WELCKER, Art. "Censur der Druckschriften", StL. III¹, S. 335 f.; ebenso StL. III², S. 119.

372 WELCKER, Art. "Censur der Druckschriften", StL. III¹, S. 332; ebenso StL. III², S. 117.

373 WELCKER, Art. "Völkerrecht", StL. XV¹, S. 735; ebenso StL. XII², S. 792. Vgl. JORDAN, Art. "Gesandter", StL. VI¹, S. 612 f.; ebenso StL. V², S. 643, wo sich unter der Maxime der Friedenssicherung ein Plädoyer für den möglichst freien materiellen Verkehr der Völker untereinander findet. Vgl. auch JORDAN, Art. "Gastrecht", StL. VI¹, S. 316; ebenso StL. V², S. 376.

sich wohl befindenden G e l d b e s i t z e r n die Möglichkeit gegeben, durch Verweigerung ihrer Kapitalien gleichsam ein Veto einzulegen" – ein Umstand, der, wie Kolb 1836 und nochmals 1843 meinte, selbst den schwerwiegendsten Nachteil der Staatsanleihen mehr als nur aufwiege.[374] Daß das besitzbürgerliche Streben nach "verfassungsmäßige(r) Sicherheit für Leben, Eigenthum und ... Cultur" seit 1815 kriegsverhindernd gewirkt habe, bezeichnete der Pfälzer 1841 vorbehaltlos als einen politischen Fortschritt[375], wie es überhaupt den Mittelstand auszeichne, an der "Ruhe" interessiert zu sein, weil "die Gewerbsindustrie nur in Zeiten der Ruhe und Ordnung blühen" könne[376].

Derselbe Zusammenhang zwischen der politischen Qualität des Besitzes, dem erwarteten Interesse der Eigentümer und der ihnen nachgesagten Eignung zur Wahrung des inneren wie des äußeren Friedens tritt überdies augenfällig in den Vorstellungen zur Wehrverfassung zutage, die sich besonders Welcker angelegen sein ließ[377]. Welcker hatte zwar die Einebnung der Standesschranken als einen Vorzug des von ihm verfochtenen 'Landwehrsystems' gepriesen: "Auch die Officiere und die Gemeinen aus den höheren Ständen lern(t)en jetzt in ihren Waffengenossen aus dem niederen Stande ihre Mitbürger achten"[378]. Dieses gleichheitliche Moment tastete aber die prominente Stellung des Eigentümers nicht an. Während auf der einen Seite die alten Standesschranken fielen, indem etwa dem vielfach noch adligen Linienoffizier[379] jede bessere militärfachliche Kompetenz bestritten wurde, schlugen die bürgerlichen Unterschiede des Besitzes sehr wohl trennend in den politischen, hier: militärischen Raum durch. Welcker begrüßte es in seinem

---

374 KOLB, Geschichte, II, S. 361 (Zitat); KOLB, Klage, S. 47 f.

375 KOLB, Art. "Natürliche Grenze", StL. XI^1, S. 154; ebenso StL. IX^2, S. 404 f.

376 KOLB, Geschichte, I, S. 350; hier allerdings mit Blick auf den inneren Ordnungserhalt formuliert. Vgl. auch KOLB, Art. "Menschheit", StL. X^1, S. 484 f.; ebenso StL. IX^2, S. 41.

377 Vgl. WELCKER, Wehrverfassung, passim; WELCKER, Art. "Heerwesen: Landwehrsystem", StL. VII^1, S. 589–607; ebenso StL. VI^2, S. 594–606.

378 WELCKER, Art. "Heerwesen: Landwehrsystem", StL. VII^1, S. 598; ebenso StL. VI^2, S. 600. Zur Einebnung der Standesschranken durch das System allgemeiner Wehrpflicht vgl. auch SCHUMACHER, Gesellschaftsbegriff, S. 149 f.

379 Vgl. MESSERSCHMIDT, PETTER, MATUSCHKA, Militärgeschichte, S. 60–64, S. 265 f.

Konzept ausdrücklich, wenn "die Gebildeteren und Wohlhabenderen ... lieber selbst die möglichst hohen Officierstellen verwal(te)ten, als sich ... von ihren bürgerlich Untergebenen befehligen (zu) lassen", wobei er mit dem Grundsatz eines im Frieden nicht besoldeten Dienstes die entscheidende Voraussetzung für derlei Ordnung vorgesehen hatte.[380] In Übereinstimmung mit dieser herausgehobenen Position des Besitzbürgers verfolgte die Forderung nach einer konsequent durchzuführenden Wehrpflicht, die keinerlei Befreiung oder Stellvertretung gestatten dürfe,[381] den ausgesprochenen Zweck, die Eigentumsordnung zu schützen. Bei dem drohenden "Krieg der Armen gegen die Reichen" komme es ja gerade darauf an, "die wohlhabenden Bürger" zu bewaffnen,[382] und ebendiesem Ziel diente die radikale Beseitigung der nur dem Vermögenden offenstehenden Möglichkeiten der Freistellung. Nicht anders als für den Erhalt der inneren Ordnung bürge eine solche Landwehr zudem − wie Welcker seine schon 1814 angestellten Überlegungen präzisierte − für den Bestand des äußeren Friedens: Lebe in ihr doch jene "Gesinnung", die "verderbliche(n) und ehrgeizige(n) Eroberungskriege(n)" entgegenstehe, während das vorzüglich die Unbemittelten konskribierende Militärsystem genau diese "Schutzwehr" nicht aufbaue.[383] Ähnlich hatte Kolb das besitzbürgerliche Interesse als friedenssichernde Kraft auch im Wege eines verbürgerlichten Heeres wirksam gesehen, das − weil "weniger blos der Auswurf des Volkes" − sich seltener dazu verstehe, "andere Nationen zu unterjochen".[384] Nur Jordan formulierte den Zusammenhang zwischen besitzbürgerli-

---

380 WELCKER, Art. "Heerwesen: Landwehrsystem", StL. VII[1], S. 599 f.; ebenso StL. VI[2], S. 600 f.

381 Vgl. WELCKER, Art. "Heerwesen: Landwehrsystem", StL. VII[1], S. 590; ebenso StL. VI[2], S. 594.

382 WELCKER, Art. "Heerwesen: Landwehrsystem", StL. VII[1], S. 596; ebenso StL. VI[2], S. 599.

383 WELCKER, Art. "Heerwesen: Landwehrsystem", StL. VII[1], S. 595 f.; ebenso StL. VI[2], S. 598; vgl. WELCKER, Deutschlands Freiheit, S. 44.

384 KOLB, Darstellung, II, S. 34.

chem Interesse, Bürgerbewaffnung und Friedenswahrung minder deutlich, obwohl auch er die Aufstellung eines Bürgerheeres forderte.[385]

Bei jenen Verfassern, für die eine Freisetzung des besitzbürgerlichen Interesses noch keine Einrede gegen die umfassende Emanzipation bedeutete, blieb dieses Interesse als traditionelle Vermittlungsebene mithin ungeschmälert erhalten. Demgegenüber weisen die Konzepte der fünf anderen Autoren durchaus Abweichungen auf.

Gewiß − List, Mathy und Schulz, die publizistischen Vorreiter der sich zur Industriegesellschaft entwickelnden bürgerlichen Gesellschaft also, wußten sehr wohl das Vorteilsstreben des Besitzbürgers als Gewährleistung des Friedens zu würdigen. Auf die tragende Rolle des besitzbürgerlichen Interesses − wenn auch nur in seiner besonderen, industriellen Gestalt − im Friedensdenken Lists ist oben bereits hingewiesen worden. Ebenso hatte Mathy die in der heraufziehenden industriellen Welt wirkenden Interessen als Triebkräfte des Friedens bezeichnet.[386] In diesem Sinne sprach er auch 1847 noch von der kriegsverhindernden Wirkung der "G e l d m a c h t" und wertete dies als "gute Folge" ihres gewachsenen Einflusses.[387] Für beide Politiker war der bewaffnete Eigentümer integraler Bestandteil einer friedlicheren und gleichzeitig durch das industrielle Bürgertum beherrschten Welt. Der stets zum Kriege bereite Miles perpetuus solle − so List − "beerbt ... werden von dem Bürger-Militair", wobei es kennzeichnend für die durch eine industrielle Elite geprägte Zukunftsperspektive Lists war, daß er einerseits bei dem 'Bürgermilitär' vorrangig an die "wissenschaftlich gebildeten Officiere" dachte, die "alsdann den Charakter des Bürgers mit dem des Militairs vereinigen" sollten, und daß er andererseits die Kasernen in Fabrikgebäude

---

385 Vgl. JORDAN, Grundsätze, S. 216 f.

386 Zu List und Mathy siehe oben S. 149−151, S. 169−172, S. 175.

387 MATHY, Art. "Nationalökonomie", StL. IX², S. 360: Die zu ihrer Herrschaft gelangte
     " G e l d m a c h t ... (hat) die gute Folge, daß die K r i e g e , welche bei der
     antiken Staatsidee und der mittelalterlichen Grundmacht ohne Umstände begonnen wurden,
     schon darum seltener werden, weil sie ungeheure Kräfte und Werthe zerstören."

verwandeln wollte.[388] Nicht weit davon entfernt hatte Mathy im Staatslexikon die defensive Qualität des Bürgerheeres an dem Gegenstück, der Eignung des stehenden Heeres zum Angriffskrieg, hervortreten lassen.[389] Andernorts gab er zudem als ein mögliches Muster für ein solches Bürgerheer die englische Yeomanry an[390], deren zweifelhafte Berühmtheit wegen des 'Massakers von Peterloo' ihm nicht entgangen sein dürfte; und so deuten auch seine Vorstellungen auf die Verklammerung von innerem Ordnungserhalt und äußerer Friedenswahrung durch das besitzbürgerliche Interesse. Daß Mathy, nachdem er die kriegsverhindernde Neigung des Besitzers und die Disposition des Bürgerheeres für den Verteidigungskrieg betont hatte, auf derselben Seite des Staatslexikons die Fähigkeit der nordamerikanischen Milizen zum Angriffskrieg rühmte[391] und damit seine vorangegangene Argumentation wieder umstieß, soll hier nur eine vorläufige Erwähnung finden, um in einem späteren Zusammenhang noch einmal aufgegriffen zu werden.

Schulz schließlich ließ ebensowenig die friedensfördernde Funktion des Besitzers unerwähnt. Im Staatslexikon bemerkte er, daß im Maße der Industrialisierung und der internationalen wirtschaftlichen Verflechtung "die Politik einen friedlicheren Charakter annehmen" müsse.[392] Und seine im zeitlichen Umkreis der Julirevolution vorgetragene Konzeption der "Volksbewaffnung"[393], die an seine früheste

388 LIST, Art. "Eisenbahnen", StL. IV^1, S. 664; ebenso StL. IV^2, S. 237.

389 MATHY, Art. "Nationalökonomie", StL. IX^2, S. 360; vgl. auch MATHY in: 'Der Zeitgeist', Nr. 8, 28.07.1832.

390 Beitrag Mathys in der Sitzung vom 29. 07. 1846, Verhandlungen der zweiten badischen Kammer 1846, sechstes Protokollheft, S. 290.

391 MATHY, Art. "Nationalökonomie", StL. IX^2, S. 360.

392 SCHULZ, Art. "Frieden. Friedensschlüsse", StL. VI^1, S. 132 f.; ebenso StL. V^2, S. 227 f., dort besonders: "... in dem Maße, wie die Herrschaft des Geistes über die äußere Natur zunimmt, wie die Verhältnisse des Besitzes und Erwerbes vielfacher sich verschlingen und die materielle und intellektuelle Production sich vergrößert, in dem Maße also, wie bei jeder Störung dieser Verhältnisse für eine größere Mehrheit mehr auf dem Spiele steht, muß auch die Politik einen friedlicheren Charakter annehmen".

393 SCHULZ, Bürgergarden, S. 6.

politische Publizistik anknüpfen konnte[394], spiegelte ebenfalls den Rückgriff auf die besitzindividualistische Vermittlungsebene des inneren und äußeren Friedens: "Ein bewaffnetes Volk" – so Schulz 1833 – lasse "sich nicht so leicht zu ungerechten Angriffen ... verhetzen und dadurch in Noth und Schaden bringen".[395] Das in dieser Formulierung noch nicht erkennbare besitzbürgerliche Motiv erhellt aus der vorgesehenen Struktur der 'Volksbewaffnung'. Denn keineswegs verstand Schulz damals darunter die Bewaffnung des ganzen Volkes, vielmehr war lediglich die der Eigentümer gemeint. Unverkennbar war der konzeptionelle Ausschluß unterbürgerlicher Schichten, als Schulz angesichts "einer stets zunehmenden Pöbelmenge" das 'gesicherte Auskommen' aus Gründen der inneren Stabilität zu der für die Waffenfähigkeit qualifizierenden Bedingung erhob.[396] Mit dieser besitzbürgerlich geprägten Militärorganisation verband sich denn auch nahtlos das friedenswahrende Argument: Ebenso wie der zu erwartende "Schaden" den bewaffneten Eigentümer vor einem Angriffskrieg zurückschrecken lasse, begründe nicht zuletzt dessen "Vermögen" den entschlossenen Willen zur Verteidigung, welcher wiederum die Kriegsbereitschaft eines potentiellen Aggressors dämpfe.[397]

---

394 Vgl. SCHULZ, Frag- und Antwortbüchlein (1819), S. 765 f.

395 SCHULZ, Bürgergarden, S. 7.

396 Vgl. SCHULZ, Ueber den Charakter der letzten Unruhen in einigen Theilen Deutschlands, in: Allgemeine politische Annalen, Bd. 4 (1830), S. 238–249, dort S. 242: Die letzten Unruhen hätten "die Nothwendigkeit" bewiesen, "einer stets zunehmenden Pöbelmenge gegenüber die innere Sicherheit der Staaten auf die Wehrkraft aller derjenigen Bürger ... (zu stützen) ..., welche durch ein gesichertes Auskommen bei der Erhaltung der Ordnung betheiligt" seien. Die Schrift wird zukünftig zitiert 'Charakter'. Vgl. auch SCHULZ, Deutschlands Einheit, S. 271, S. 286, S. 301 f.; SCHULZ, Bürgergarden, S. 8, S. 12. Die Abgrenzung gegen Unterschichten wird auch von FERNKORN, Schulz, S. 107 f. und KÖHLER, Schulz, S. 93 f., S. 164 betont.

397 SCHULZ, Bürgergarden, S. 7. Besonders deutlich auch SCHULZ, Volk, S. 38. Nach einer Schilderung der volkswirtschaftlichen Vorteile, die eine mit der "militärischen Jugendbildung" anhebende "Volksbewaffnung" gegenüber den "stehenden Heere(n)" habe, heißt es ebd.: "Endlich vermag erst die Einführung einer allgemeinen Volksbewaffnung ... den F r i e - d e n und den Glauben an die E r h a l t u n g desselben zu sichern und zu befestigen; weil man nun keine anderen Kriege, als im Einklange mit der öffentlichen Meinung und zum Schutz der Volksrechte und Volksehre wird beginnen können, und weil der bewaffnete Bürger, der nur zur Vertheidigung seiner friedlichen Eroberungen im Gebiete des Ackerbaus, der Gewerbe und des Handels geneigt seyn wird, nicht zum blinden Werkzeug der Launen und des Ehrgeizes sich herabwürdigen läßt."

Indes — so offenkundig auch immer die Bezüge zu der traditionellen Vermitt-lungsebene waren, bei allen drei Publizisten trat doch die Nation regelmäßig als eine einschränkende Zusatzbedingung und zuweilen als das überragende Mittel-stück zum äußeren Frieden hinzu. Von besonderem Interesse ist hieran nun die Frage, ob sich nicht eine Beziehung zwischen der von List, Mathy und Schulz im Gegensatz zu Jordan, Welcker und Kolb ja erkannten monopolistischen und darum herrschaftsbildenden Tendenz des kapitalistischen Wettbewerbs einerseits und der beobachteten Erweiterung des Friedensdenkens um die nationale Dimen-sion andererseits nachweisen läßt.

Schon ein Blick auf die jeweiligen Interpretationen internationaler Politik legt grundlegende Verknüpfungen offen: Mehr oder minder deutlich hatten Mathy, List und Schulz dem Verkehr der Staaten untereinander das Modell der kapitali-stischen Konkurrenz unterlegt und dabei die Macht des einzelnen Staates nach dem Stand seiner industriellen Entwicklung bestimmt. Nach Mathy zwinge in der gegenwärtig anhebenden Epoche weltweiter wirtschaftlicher Expansion der inter-nationale Wettbewerb zur Industrialisierung, fiele doch eine "Nation, welche die Anwendung der Maschinen ausschließen wollte, ... (und damit) die mit Hilfe derselben betriebenen Gewerbe dem Auslande überlassen (würde), ... an Macht und Wohlstand hinter den Nachbarn zurück(...)".[398] Schulz verglich in jener oben bereits zitierten Schrift von 1832, mit der er erstmals vor einem breiten Publikum auf die einschneidenden sozialen Folgekosten des freigesetzten Besitzindividualis-mus aufmerksam machte[399], die der industriell überlegenen Nation unter der Bedingung der Handelsfreiheit gegenüber allen anderen Nationen zufallende Position mit der Monopolstellung des Fabrikbesitzers, der — die Wettbewerbsfrei-heit vorausgesetzt — die selbständige Existenz der kleinen, einfachen Mitbewerber vernichte. Somit 'nötige' die interstatale Konkurrenz zur Anlage einer heimischen

---

398 MATHY, Art. "Nationalökonomie", StL. IX^2, S. 386 f.; zur Zeitdiagnose vgl. ebd., S. 359 f.
399 Vgl. SCHULZ, Deutschlands Einheit, S. 59; siehe oben S. 202 f.

Industrie.[400] Aus derselben Perspektive urteilte der Apologet des den Fortschritt vorantreibenden kapitalistischen Wettbewerbs, Friedrich List, für den das industrielle Zeitalter eben wesentlich von jener einzigartigen Rastlosigkeit geprägt war, mit welcher der einzelne auf die Verdrängung seines Konkurrenten hinarbeite[401]: Wie der bürgerliche Unternehmer unter derartigen Umständen um seiner Selbsterhaltung willen stets darauf bedacht sein müsse, besser zu sein als seine Mitbewerber, könne auch eine Nation nur bei Gefahr ihres eigenen Unterganges es sich leisten, hinsichtlich ihrer industriellen Entwicklung hinter den anderen Nationen zurückzufallen.[402]

Deutlich verrieten diese Wendungen, daß in den Augen von List, Mathy und Schulz sich auch auf internationaler Ebene unter dem Regime der freien Konkurrenz recht drastische herrschaftliche Konsequenzen einstellten. Die heimische Industrialisierung mußte vorangetrieben werden, wenn für die Nation nicht alles verloren sein sollte! Damit stand am Anfang jedoch die Nation. Allein diese Argumentation in den Blick genommen, wird sich der kapitalistische Wettbewerb mit seinen Auswirkungen schwerlich als die Ursache für die Erweiterung des Friedensdenkens um die nationale Dimension angeben lassen. Unabhängig von jenem mochte die Nation gar ihren ganz eigenen Grund in der Friedensutopie gehabt haben. Nur umgekehrt ließe sich sagen, daß der Nation wegen auf den Wettbewerb reagiert worden sei.

---

400 Vgl. SCHULZ, Deutschlands Einheit, S. 82: "... indem sie (die Nation, F.N.) die im Welthandel eingekauften Producte aller Zonen zu Hause verarbeitet, kann sie zugleich zum monopolistischen Fabrikanten sich erheben und die schwächere Industrie der anderen Nationen, die sich in freien Verkehr mit ihr setzen, immer tiefer herabdrücken; so wie auch in jedem einzelnen Lande der reiche Fabrikinhaber, durch das Zusammenwirken zahlreicherer Menschen- und Maschinenkräfte, die Bemühungen des einfacheren Gewerbsbetriebs zu nichte macht." Ebd., S. 72 bemerkt darum Schulz, daß ein "industrielles Uebergewicht" des einen Volkes "den anderen Völkern den besonderen Schutz der eigenen Industrie zur Pflicht der Selbsterhaltung" mache. Vgl. auch ebd., S. 61, S. 80.

401 Vgl. LIST, Das nationale System, S. 229 f., S. 314; siehe oben S. 209, S. 215 f.

402 Vgl. LIST, Das nationale System, S. 39: "... je rascher der Geist industrieller Erfindung und Verbesserung, der Geist gesellschaftlicher und politischer Vervollkommnung vorwärts schreitet, desto größer wird der Abstand zwischen den stillstehenden und den fortschreitenden Nationen, desto gefährlicher das Zurückbleiben". Vgl. auch ebd., S. 58 f. und LIST, Allianzdenkschrift, S. 277.

Nun spiegelte sich in den Warnungen vor dem drohenden nationalen Niedergang im Grunde aber das positive Gegenbild: die auf die industrielle Zukunft gerichtete Utopie. Schließlich wurde diese Zukunft ja gewollt, trotz aller Gravamina auch von Schulz. Stand doch das anbrechende Industriezeitalter für die Verwirklichung von so fundamentalen Zielvorstellungen wie dem 'Prinzip der Arbeit' oder der 'Herrschaft des Geistes'! Vor dem Hintergrund dieser Utopie sollte sich das soeben angedeutete Verhältnis wiederum umkehren, die Nation also eher das Mittel als den Zweck verkörpern.

Den augenfällig im wirtschaftlichen Wettbewerb gelegenen Ausgangspunkt für die Einbeziehung der Nation in das Friedensdenken bildete für Schulz, Mathy und List die auf den aktuellen Fall bezogene Analyse: Unter dem allerdings unterschiedlich stark ausgeprägten Eindruck der vermeintlich drohenden britischen Weltherrschaft[403] wollten die drei Verfasser für die Gegenwart keineswegs den Grundsatz der Handelsfreiheit zugeben, denn dessen Einführung laufe nur auf das britische Industriemonopol und die eben darauf gegründete 'Pax Britannica' hinaus[404]. Statt dessen sollte mit dem staatlichen Eingriff in den internationalen Verkehr der Eigentümer – dem eigens auf die industrielle 'Erziehung' abzielenden nationalen Schutzzoll[405] – das sich abzeichnende Monopol unterlaufen werden.

Eine derartige Maßnahme – so ließen die drei Publizisten in diesem Zusammenhang allerdings durchblicken – stelle die bloße Korrektur eines historisch einmali-

---

403 Besonders deutlich bei LIST, Das nationale System, S. 39 f.; siehe oben S. 195 f. Vgl. aber auch MATHY, Art. "Geldumlauf. Nachtrag", StL. V², S. 473; MATHY, Zolltarif, S. 173; SCHULZ, Deutschlands Einheit, S. 72 f., S. 82–84. Zu Mathy vgl. auch ANGERMANN, Mathy, S. 600 f.

404 Als Schreckbild entwickelt eindrücklich bei LIST, Das nationale System, S. 49, S. 56, S. 167.

405 Vgl. LIST, Das nationale System, S. 54: "Das D o u a n e n s y s t e m , als Mittel (,) die ökonomische Entwicklung der Nation vermittelst Regulierung des auswärtigen Handels zu fördern, muß stets das Prinzip der i n d u s t r i e l l e n E r z i e h u n g d e r N a t i o n zur Richtschnur nehmen." Zu den ebenfalls ausdrücklich auf die industrielle Entwicklung bezogenen Schutzzollforderungen Mathys und Schulz' vgl. MATHY, Art. "Nationalökonomie", StL. IX², S. 388 und SCHULZ, Deutschlands Einheit, S. 69–74, S. 78 f. Zur Übereinstimmung Mathys und Lists vgl. ANGERMANN, Mathy, S. 510 f., S. 572.

gen Übergewichtes dar, das am Ende noch durch illiberale Maßregeln entstanden sei und auf dessen Einebnung dereinst die Handelsfreiheit werde folgen können[406]. Damit war die Nation nun zwar in den Kontext der Industrialisierung einbezogen. Als die den bloß temporären Schutzzoll gegen geschichtlich gewachsene Verzerrungen durchsetzende Anstalt kann die Nation aber immer noch nicht als eine Antwort auf die strukturell im freien Wettbewerb angelegten herrschaftlichen Implikationen begriffen werden. Obwohl die drei für die Industrialisierung auftretenden Werber der mit einem freien Markt verglichenen internationalen Ökonomie doch ganz allgemein den Charakter eines Wettlaufes um die Überlegenheit attestiert hatten[407] und obgleich ihre Forderung nach dem nationalen Schutzzoll bereits anzeigt, daß ihnen die Nation als das unentbehrliche politische Hilfsmittel des eigenen industriellen Fortschritts galt, fehlt soweit noch die gedankliche Verbindung zwischen der grundsätzlich dem freien Wettbewerb nachgesagten herrschaftlichen Folge und der Einführung des nationalen Mittelstücks, weil der Schutzzoll als ein zeitlich begrenzter, in erster Linie auf die aktuelle britische Drohung bezogener Eingriff vorgestellt wurde.

Indessen umfaßte der Bedeutungsgehalt der Nation letztlich mehr als das, was bei einer den lediglich zeitweiligen Schutzzoll durchsetzenden Instanz gedacht werden konnte. Und an diesem Bedeutungsgehalt endlich sollte erkennbar werden, daß die der freien Konkurrenz zugeschriebenen herrschaftlichen Folgen den eigentlichen Grund für die nationale Weiterung des Friedensdenkens ausmachten, obschon — so in erster Linie bei Schulz — das mit der Legitimität der Nation zu überwindende Wiener Vertragssystem diesen Vorgang mitverursacht haben mochte[408].

---

406 Vgl. LIST, Das nationale System, S. 47—50, S. 164—168; SCHULZ, Deutschlands Einheit, S. 72 f.; MATHY, Art. "Zoll", StL. XV[1], S. 841 f.; ebenso StL. XII[2], S. 840 f.; MATHY, Art. "Nationalökonomie", StL. IX[2], S. 388.

407 Vgl. dazu auch die Aussage von SCHULZ, Deutschlands Einheit, S. 72: Selbst "wenn von jeher allgemeine Handelsfreiheit geherrscht hätte ..., (könnte) ein Volk ein plötzliches industrielles Uebergewicht erhalten" haben.

408 Siehe dazu unten S. 267 f., S. 304—306.

Näher betrachtet, setzte die Industrialisierung sowohl als die sie bezweckende Schutzzollpolitik nicht irgendeine, sondern eine ganz bestimmte Nation voraus, worunter diese deutschen Schriftsteller ein staatliches Gebilde von der Größenordnung des Deutschen Bundes verstanden[409]: Ohne den ausgedehnten, eben nationalen Binnenmarkt mit der dazugehörigen Infrastruktur und Macht wie auch ohne die einschlägigen liberalen Institutionen, was zusammen den gleichermaßen erforderlichen nationalen Schutzzoll erst wirksam werden lasse, könne an eine industrielle Entwicklung nicht gedacht werden. Vor allem Seemacht sei sodann erforderlich, um als Industrienation weiterhin im industriellen Wettkampf zu bestehen.[410] Daß etwa Mathy einer "Nationalindustrie" das Wort redete, veranschaulicht schon an der Begriffsbildung, wie sehr 'Industrie' und 'Nation' ineinander übergingen, daß das "Heil der Industrie" mit der "Größe der Nationen" zusammenfiel.[411] Nach diesem Verständnis war eine Nation aufgrund des industriellen Wettbewerbs dazu gezwungen, sich auch staatlich zu einer solchen zu bilden, versehen mit bestimmten Qualitäten und hoheitlichen Attributen wie der Seemacht, wollte sie nicht wegen der ihr sonst fehlenden Möglichkeit industrieller Entfaltung vor den anderen Konkurrenten in 'Bedeutungslosigkeit' verschwinden[412], in immer

---

409 Vgl. unten S. 297–302.

410 MATHY, Art. "Nationalökonomie", StL. IX[2], S. 388 f.; zum großen Nationalstaat als Vorbedingung von Schutzzollpolitik und Industrialisierung sowie zu der in diesem Zusammenhang geforderten Repräsentation vgl. ferner SCHULZ, Deutschlands Einheit, S. 66–68, S. 70, S. 78. LIST, Das nationale System, S. 210 f. führt hier den Begriff der "normalmäßige(n) Nation" ein (siehe unten S. 264 f.); erst die zivilisatorischen und territorialen Eigenschaften einer solchen 'Normalnation' ermöglichten eine sinnvolle Schutzzollpolitik und damit auch die Industrialisierung; vgl. ebd., S. 53, S. 55. Zu der den Industriestaat voraussetzenden und zugleich dessen Überleben im industriellen Wettkampf ermöglichenden Seemacht vgl. im Zusammenhang ebd., S. 210 f., S. 238, S. 288–290; nicht ganz so deutlich MATHY, Art. "Nationalökonomie", StL. IX[2], S. 360 und SCHULZ, Denkschrift, S. 11. Die weitgehende Übereinstimmung der drei Verfasser dürfte nicht zuletzt auf das die Grundlagen seiner späteren Theorie vorwegnehmende frühe publizistische Wirken Friedrich Lists zurückgegangen sein. Vgl. dazu LIST, Denkschrift (1820), S. 528–545 (siehe oben S. 195 f.).

411 Vgl. MATHY, Art. "Nationalökonomie", StL. IX[2], S. 388 f.

412 Vgl. MATHY, Art. "Nationalökonomie", StL. IX[2], S. 360, wo Mathy im Zusammenhang mit der von der Industrialisierung getragenen wirtschaftlichen Expansion die Notwendigkeit einer Seemacht betont und dabei bemerkt: "... keine Nation war noch jemals von Bedeutung in der Geschichte, wenn sie das Meer nicht erreichte". Vgl. auch MATHY, Art. "Activhandel", StL. I[2], S. 238 und MATHY, Art. "Absatz", StL. I[2], S. 138, wo der Bedarf "einer schützenden

größere Abhängigkeit geraten[413] oder gar den "Nationaltod" erleiden[414].

Angesichts solcher herrschaftlichen Konsequenzen der kapitalistischen Wirtschaftspraxis derart einheitlich geformt unter dem Gesichtspunkt der Macht, verkörperte die auf das Industriezeitalter hin entworfene Nation demnach das Prinzip der materialen Gleichheit. Friedrich List hatte diese wesentlich egalitäre Qualität der Nation mit der von ihm eingeführten "normalmäßige(n) Nation", die − unter anderem nach territorialen Kriterien und eben solchen der Macht definiert − im Grunde das britische Muster abbildete, auf den Begriff gebracht;[415] und die nationalen Modelle von Mathy und Schulz unterschieden sich kaum von diesem Leitbild[416]. Zudem hatten List und Schulz im Hinblick auf den industriellen Wettlauf jenen Grundsatz explizit formuliert, der bei Mathy allerdings nur implizit vorhanden war: daß nämlich im industriellen Zeitalter die Nationen einander in einem durchaus materialen Sinne gleichen sollten.

Schulz rechtfertigte 1832 seine Forderung nach einem nationalen Schutzzoll mit dem Argument, die "wahre Freiheit, auch die des Völkerverkehrs", bestehe "nur zwischen selbstständigen Nationen, zwischen S t a r k e n und G l e i - c h e n ".[417] In die "normalmäßige Nation" einführend, bemerkte List − hier in unzweideutig universalistischer Wendung −, es sei "Aufgabe der Politik ... (wie

---

Kriegsmarine" erklärt wird. Siehe ferner ANGERMANN, Mathy, S. 585 f.

413 Vgl. SCHULZ, Deutschlands Einheit, S. 80.

414 LIST, Das nationale System, S. 38.

415 LIST, Das nationale System, S. 210: "Die normalmäßige Nation besitzt eine gemeinschaftliche Sprache und Literatur, ein mit mannigfaltigen natürlichen Hilfsquellen ausgestattetes, ausgedehntes und wohl arrondiertes Territorium und eine große Bevölkerung. Ackerbau, Manufakturen, Handel und Schiffahrt sind in ihr gleichmäßig ausgebildet; Künste und Wissenschaften, Unterrichtsanstalten und allgemeine Bildung stehen bei ihr auf gleicher Höhe mit der materiellen Produktion. Verfassung, Gesetze und Institutionen gewähren ihren Angehörigen einen hohen Grad von Sicherheit und Freiheit ... Sie besitzt eine zureichende See- und Landmacht, um ihre Selbständigkeit und Independenz zu verteidigen und ihren auswärtigen Handel zu schützen. Ihr wohnt die Kraft bei, auf die Kultur minder vorgerückter Nationen zu wirken und mit dem Überschuß ihrer Bevölkerung und ihrer geistigen und materiellen Kapitale Kolonien zu gründen und neue Nationen zu zeugen." Zur Vorbildfunktion des gefürchteten Großbritannien vgl. SOMMER, Friedrich Lists System, S. 156 f.

416 Siehe unten S. 297−302.

417 SCHULZ, Deutschlands Einheit, S. 72.

auch) der Nationalökonomie", "allen" Nationen die je gleiche Selbständigkeit zu sichern und so "die künftige Universalgesellschaft", den 'ewigen Frieden' also, anzubahnen: "die kleinen und schwachen" sollten, wie es hieß, "groß und stark" gemacht werden.[418] Ganz in diesem Sinne wies das 'Nationale System' auch den das industrielle Wachstum fördernden Schutzzoll als den unabdingbaren Wegbereiter des 'ewigen Friedens' aus, denn sein Einsatz erst verbürge die mit dem 'ewigen Frieden' mitgedachte industrielle Unabhängigkeit und darum eben materiale Gleichheit der Nationen[419] ebensowohl wie deren darauf gegründete Friedfertigkeit — und wieder scheint hier die Forderung nach materialer Gleichheit auf: Friede wurde nach List im Maße der 'Gleichmäßigkeit' (!), mit der die Industrialisierung weltweit vollzogen wurde, zumal es gerade die industrialisierten Nationen seien, in denen die Besitzbürger von einem gegenseitigen Kriege nur Nachteile würden hinnehmen müssen[420]. Schulz wiederum unterstrich mit seinen ab Mitte der dreißiger Jahre immer stärker in den Vordergrund tretenden Vorstellungen vom 'organischen Gleichgewicht' einmal mehr dieses egalitäre Moment, als er den zukünftigen Frieden auf die mit den Herrschaftsräumen konkretisierte "G l e i c h h e i t   d e r   N a t i o n e n" stellte.[421]

---

418 LIST, Das nationale System, S. 210 (Zitate), S. 41, S. 47 f.; vgl. auch das Zitat oben S. 192.

419 Vgl. LIST, Das nationale System, S. 167 f.: "Die Universalrepublik ..., das heißt ein Verein der Nationen der Erde, wodurch sie den Rechtszustand unter sich anerkennen und auf die Selbsthilfe Verzicht leisten, kann nur realisiert werden, wenn viele Nationalitäten sich auf eine möglichst gleiche Stufe der Industrie und Zivilisation, der politischen Bildung und Macht emporschwingen. ... Das Schutzsystem, insofern es das einzige Mittel ist, die in der Zivilisation weit vorgerückten Staaten gleichzustellen mit der vorherrschenden Nation, welche von der Natur kein ewiges Manufakturmonopol empfangen, sondern vor andern nur einen Vorsprung an Zeit gewonnen hat — das Schutzsystem erscheint, aus diesem Gesichtspunkt betrachtet, als das wichtigste Beförderungsmittel der endlichen Union der Völker, folglich der wahren Handelsfreiheit." Vgl. auch ebd., S. 48—50.

420 Vgl. LIST, Das nationale System, S. 166: "Je höher aber die Industrie steigt, je gleichmäßiger sie sich über die Länder der Erde verbreitet, um so weniger wird der Krieg möglich sein." Siehe auch oben S. 169—171.

421 Vgl. im Zusammenhang SCHULZ, Der Bund, S. 7—9, S. 26, S. 31 (Zitat). Zu der damit verbundenen Vernachlässigung des Selbstbestimmungsrechtes kleiner Nationen zugunsten großer nationaler Blöcke, welche anzeigt, daß es Schulz mit dem nationalen Gedanken nicht bloß um die Überwindung der Ordnung von 1815 zu tun war, sondern daß von ihm vielmehr mit der Nation die Schaffung und machtmäßige Absicherung von einander möglichst gleichen Großwirtschaftsräumen verfolgt wurde, was im Zeitalter der unterschiedlich rasch

Während der Schutzzoll vordergründig als eine vorübergehende Maßnahme ausgegeben wurde, wohnte demgegenüber der Nation das Moment der Unvergänglichkeit inne. Indem also mit der Nation die materiale Gleichheit als Bedingung einer jeden kommenden Friedensordnung erschien, wurde dieses egalitäre Prinzip für alle Zukunft festgeschrieben. Die je gleiche Macht der Staaten war aber ebenso Voraussetzung wie Ergebnis von deren industrieller Parität, die der Handelsfreiheit immanente Tendenz zur Ungleichheit wurde damit auf Dauer verneint. Als das egalitäre Strukturelement der Utopie war die Nation sonach darauf berechnet, den eigenen industriellen Fortschritt ständig vor den herrschaftlichen Risiken des freien Wettbewerbs zu bewahren. Mithin wird umgekehrt in diesen auch der eigentliche Grund für die nationale Weiterung des Friedensdenkens erkennbar.

Denn angesichts der mit der Nation mitgedachten Fortdauer ging es bei dem ihr zugeschriebenen Wirken keineswegs nur – wie angeblich beim Schutzzoll – um eine einmalige Korrektur. Ebensowenig sollte vor dem Hintergrund der politischen Folgen des industriellen Wettbewerbs einer schon in sich selbst begründeten Nation wegen bloß die heimische Industrialisierung vorangetrieben werden. Vielmehr wurde die 'normalmäßige' Nation konzipiert, um die eigene industrielle Zukunft gegen die mit dem freien Wettbewerb einhergehende monopolistische Gefahr absichern zu können. Mochte immerhin der friedensutopische Rückgriff auf das nationale Motiv in anderen, älteren Überlegungen seinen Ursprung gehabt haben – zu denken wäre hier wenigstens an Schulz –; entscheidend ist im vorliegenden Zusammenhang nur, daß die als Nation bezeichnete Bedingung unter dem leitenden Prinzip industrieller und damit zugleich machtpolitischer Gleichheit entworfen wurde. Weil im Rahmen einer auf die Industriegesellschaft gerichteten und dabei den Wettbewerb voraussetzenden Utopie die nationale Vermittlungsebene eben so und nicht anders gestaltet, gleichsam zu einem fortwährenden

---

vollzogenen industriellen Revolution ihm zu einem unabdingbaren Erfordernis geworden war, siehe unten S. 304–306. Für List verband sich mit der Heiligen Allianz bereits ein überlebter Gegensatz. Vgl. LIST, Das nationale System, S. 408.

statischen Korrektiv entwickelt wurde, ist der Schluß erlaubt, daß zu der Einführung dieser nationalen Bedingung die Erkenntnis der in dem freien Wettbewerb
angelegten herrschaftlichen Konsequenzen gezwungen hatte.

Daß genau diese Wahrnehmung der im freien Wettbewerb gelegenen monopolistischen Tendenz zu der Ausbildung einer tragenden 'nationalen' Grundlegung der
Friedensentwürfe führte, erhellt überdies aus der bei Schulz zu beobachtenden
schrittweisen Verdrängung des besitzindividualistischen durch das nationale
Mittelstück zum Frieden, daneben aber auch aus Seitenbegründungen des künftigen Friedens wie dem besonders von Friedrich List bemühten technizistischen
Argument.

Nur auf den ersten Blick scheint es der hier vorgelegten Interpretation zu widersprechen, daß das nunmehr in seiner zeitlichen Entwicklung zu betrachtende
nationale Denken Schulz' unverkennbar ebenfalls im Banne geistesgeschichtlicher,
vor allem durch die Herdersche Kulturnation geprägter Traditionen stand.[422] So
galt ihm die Nation als das natürliche politische Ordnungsprinzip bereits zu
Zeiten, da er noch keineswegs den kapitalistischen Wettbewerb mit einer sozialen
Deklassierung in Verbindung gebracht hatte. Schon 1825 sprach er von einer "in
der Natur begründet(en)" internationalen "Ordnung", die zum Ausdruck gelange
in den "natürlichen Gränzen" sowie in der "Selbstständigkeit und (in den) Eigenthümlichkeiten der Völker".[423] Und von Anfang an polemisierte Schulz mit
diesem Modell gegen das 'mathematische' Gleichgewichtssystem des 18. Jahrhunderts, als dessen Fortsetzung die europäische Friedensordnung des Wiener Kongresses begriffen wurde.[424] Andererseits schrieb der ehemalige Offizier noch 1829
die Armut in dem industriell führenden Großbritannien allein dem großen Grund-

---

422 Siehe oben S. 175—178.

423 SCHULZ, Irrthümer, S. 39.

424 Vgl. SCHULZ, Irrthümer, S. 38 f.; SCHULZ, Mißbrauch, Allgemeine politische Annalen,
     Bd. 2 (1830), S. 43—46; SCHULZ, Der Bund, S. 6 f., S. 25; SCHULZ, Art. "Gleichgewicht,
     völkerrechtliches", StL. VII[1], S. 51—56; ebenso StL. VI[2], S. 34—36.

besitz zu[425], während Industrie und Handel in seinen Augen trotz gewisser temporärer Schwankungen nur zum nationalen Wohlstand beitrügen[426]. Und die schon anklingende Schutzzollforderung stand – sehr allgemein gehalten – damals noch nicht in einem nahezu ausschließlichen Bezug zu der Industrialisierung[427].

Alsbald indessen wurde die Nation von Schulz in den wirtschafts- und sozialpolitischen Zusammenhang seiner auf die Industriegesellschaft abzielenden Politik gestellt und damit tiefer begründet, was die bisherige Deutung wiederum stützt. Aus dem anfänglichen Nebeneinander von Besitzindividualismus und Nation wurde die zunehmende Unterordnung jenes unter diese: In dem Maße, als Schulz das Wechselverhältnis zwischen der Proletarisierung und dem freien Wettbewerb bewußt wurde, geriet die Nation zur einschränkenden Bedingung des besitzbürgerlichen Interesses, um es schließlich als Mittelstück zum äußeren Frieden nahezu gänzlich zu verdrängen.

Eingeleitet wurde diese Entwicklung mit der besagten Abhandlung aus dem Jahre 1832. Im Hinblick auf den innerstaatlichen Bereich plädierte Schulz damals zwar noch nicht für die nachhaltige staatliche Intervention in die Sphäre der Eigentümer, was schließlich im Einklang stand mit der zu jener Zeit noch hervorgehobenen friedensfördernden Disposition des bewaffneten Besitzers;[428] wohl aber sollte diese Dazwischenkunft in Gestalt des fortan deutlicher auf die Industrialisierung bezogenen Schutzzolles[429] im zwischenstaatlichen Verkehr Platz greifen. Indem die Nation unter egalitärem Vorzeichen den Freiraum des Besitzbürgers einschränkte, wurde die an dem Wettbewerb wahrgenommene Tendenz zur

---

425 SCHULZ, Almanach, S. 201; zur Datierung vgl. die Vorbemerkung ebd., S. XIV.

426 SCHULZ, Almanach, S. 206; vgl. allgemein dazu auch SCHULZ, Irrthümer, S. 47, S. 77 f., wo das Prinzip der Arbeitsteilung mit den daraus erwachsenden Unterschieden sowohl als der technische Fortschritt vorbehaltlos verteidigt und begrüßt werden.

427 Vgl. SCHULZ, Almanach, S. 497 f.

428 Siehe oben S. 257 f.

429 Zu der mit Blick auf die Industrie erhobenen Schutzzollforderung vgl. SCHULZ, Deutschlands Einheit, S. 69–74, S. 78 f.; SCHULZ, Bewegung, S. 56.

Ungleichheit als der eigentliche Grund für diese beginnende Überordnung offenkundig, wiewohl gleichzeitig dem besitzbürgerlichen Interesse im innerstaatlichen Raum gerade wegen der eigenen Industrialisierung noch kaum Zügel angelegt werden sollten. Die sich hier vor dem Hintergrund der egalitären Maxime auftuende Diskrepanz überbrückte Schulz 1832 allerdings mit der Annahme, daß eine Einebnung des durch die maschinelle Produktionsweise entstandenen Herrschaftsgefälles zwischen den Nationen auch eine entscheidende Linderung der sozialen Abhängigkeiten im innerstaatlichen Bereich bewirken werde.[430]

Diese Überordnung der nationalen Bedingung über das besitzbürgerliche Interesse, mit der Schulz zuerst im außenwirtschaftlichen Bereich den herrschaftlichen Implikationen des kapitalistischen Wettbewerbs Rechnung getragen hatte, zeichnete sich sodann noch schärfer ab in seinen aus den späten 1830er Jahren stammenden Beiträgen zum Staatslexikon. Mit dem dort entwickelten Konzept des Sozialstaates trat die Regelungsbedürftigkeit der freien Konkurrenz nur noch augenfälliger hervor, zumal nun auch der innerstaatliche Raum erfaßt wurde[431]. Dementsprechend stellte Schulz in diesen Artikeln als Vermittlungsebene zum äußeren Frieden nicht das Interesse der Eigentümer vor — obschon dieses durchaus noch Erwähnung fand[432]. Statt dessen galt nunmehr als das wesentliche Mittelstück zum Frieden das zu seiner Befriedigung gelangte nationale Interesse. Nicht die weltwirtschaftliche Verflechtung etwa, sondern die am Ende ihres "physischen Wachsthums" angelangte Nation, oder anders: die Übereinstimmung der "politischen Grenzen mit den Naturgrenzen", verbürgte jenen Zustand des Friedens, in welchem "der in jedem besonderen Staate herrschende Gesammtwille ... (seine) Grenzen eben so wenig zu überschreiten geneigt sein   k ö n n e " ,

---

430 Vgl. SCHULZ, Deutschlands Einheit, S. 79 f., S. 83—85.
431 Vgl. dazu oben S. 221—224.
432 Siehe oben S. 177.

wie eine einzelne Person sich zu einer fremden wandeln mochte.[433] Wenige Jahre
später sollte jener durch die klassenbildende Tendenz des kapitalistischen Wettbewerbs verursachte Prozeß, mit dem das nationale Motiv das besitzbürgerliche
Interesse aus der Mittlerrolle zum Frieden verdrängte, seinen vorläufigen Abschluß und Höhepunkt erreichen.

Aus Anlaß der Rheinkrise erörterte Schulz in einer 1841 veröffentlichten Schrift
die Entwicklungslinien der europäischen Politik, wobei er zugleich die Umrisse der
künftigen internationalen Friedensordnung skizzierte. Hier nun wurde zwar der
Welthandel in das Wunschbild des Friedens mit eingebracht[434], vor dem Hintergrund der für immer drängender gehaltenen sozialen Frage[435] wie auch des nach
wie vor für unabdingbar erachteten nationalen Zollschutzes[436] — beides verwies
auf die Notwendigkeit einer Kontrolle des besitzbürgerlichen Interesses —, vor
solchem Hintergrund also blieb aber die internationale Ökonomie an die Voraussetzung des 'organischen Gleichgewichtes' gebunden[437], und als alleinige Vermittlungsebene zum äußeren Frieden erschien die "Bruderliebe von Volk zu Volk":
Diese müsse auf die   "G l e i c h h e i t   d e r   N a t i o n e n"   hinwir-
ken[438], auf daß mit den zu ihren 'natürlichen Grenzen' aufgewachsenen Nationalstaaten der Zustand eines dauerhaften Friedens verbürgt werden könne[439].
Ergänzend wies Schulz noch am Rande auf die in der föderativen Struktur

---

433 SCHULZ, Art. "Gleichgewicht, völkerrechtliches", StL. VII^1, S. 56 (zweites und drittes
    Zitat), S. 60; ebenso StL. VI^2, S. 36, S. 39; vgl. auch SCHULZ, Art. "Frieden. Friedens-
    schlüsse", StL. VI^1, S. 89 (erstes Zitat); ebenso StL. V^2, S. 198. Vgl. oben S. 157 f., S. 175 f.

434 SCHULZ, Der Bund, S. 9: "In stets sich erweiternden Kreisen muß endlich der wachsende
    Strom europäischer Bildung auch die Völker des Orients erfassen; und zwischen der alten
    und neuen Welt wird ein Verkehr der geistigen und körperlichen Güter entstehen, großarti-
    ger und in reicherer Fülle, als ihn bis jetzt die Geschichte gekannt hat." Vgl. ferner auch die
    Entgegensetzung des "materielle(n) Weltverkehr(s) des Friedens" zu dem   " k r i e -
    g e r i s c h e (n)   Weltverkehr" in SCHULZ, Bewegung, S. 153. Auf die imperialisti-
    schen Implikationen dieser Prognose wird unten noch eingegangen werden.

435 Vgl. SCHULZ, Der Bund, S. 12 f.

436 Vgl. SCHULZ, Der Bund, S. 11 f.

437 SCHULZ, Der Bund, S. 7—9.

438 SCHULZ, Der Bund, S. 31.

439 SCHULZ, Der Bund, S. 7, S. 26.

begriffene besondere Friedensfähigkeit des gewünschten deutschen Nationalstaates hin.[440] Das Interesse der Eigentümer jedoch, das noch 1833 trotz der schon vorhandenen nationalen Bindung im Rahmen einer 'bürgerlichen' Militärorganisation eigens als friedensstiftend ausgewiesen worden war, hatte diese positive Rolle nunmehr eingebüßt. Gerade auch Schulz' spätere Ausführungen zur Wehrverfassung bestätigen diese Veränderung.

In dem einschlägigen Beitrag für das Staatslexikon vertrat er 1843 das Konzept einer die Unterschiede des Besitzes nicht achtenden und während der allgemeinen Schulzeit durchzuführenden militärischen Ausbildung der Jugend, auf welcher ein dann kostensparendes — weil nur mit dem Führungskorps und den Spezialdiensten stets präsentes — nationales Wehrsystem aufbauen müsse.[441] Der vormals noch für den Verteidigungs- sowohl als den Friedenswillen geltend gemachte Vorteil des Besitzbürgers traf hier auf die entschiedene Verneinung: Als Grundlage "siegreiche(r) Kämpfe" — die Kriegsverhinderung war Schulz augenscheinlich aus dem Blick geraten (!) — taugten einzig die idealen Motive "der Freiheit und Volksehre", und mit einem deutlich spürbaren sozialkritischen Unterton fuhr Schulz fort: " N u r um des materiellen Wohls willen, n u r um der Batzen und Thaler willen, die etwa der deutsche Fabricant erwirbt und wovon dem deutschen Soldaten wenig genug zufließt, wird sich dieser schwerlich noch zu besonderen Großthaten anregen lassen".[442]

---

440 SCHULZ, Der Bund, S. 14.

441 Vgl. SCHULZ, Art. "Taktik und Strategie", StL. XV^1, S. 333 f.; ebenso StL. XII^2, S. 544 f. Siehe ferner die aus dem Jahre 1842 stammende Forderung bei SCHULZ, Art. "Revolution", StL. XIII^1, S. 733; ebenso StL. XI^2, S. 557: Der "wahrhaft nationalen Kriegsverfassung" entspreche eine Organisation, "die sich einerseits auf allgemein militärische Jugendbildung stützt, andererseits aber, für die Führung des Heeres und für die Specialwaffen, auf eine hinlänglich zahlreiche und berufsmäßig ausgebildete Classe militärischer Staatsbeamten". Der Plan einer militärischen Erziehung der Jugend fand sich zwar schon 1832 bei Schulz — vgl. SCHULZ, Deutschlands Einheit, S. 154 f. —, dort ging er aber noch in einer besitzbürgerlich geprägten Militärkonzeption auf.

442 SCHULZ, Art. "Taktik und Strategie", StL. XV^1, S. 335; ebenso StL. XII^2, S. 546. Im Wortlaut beginnt das Zitat: "Aber für siegreiche Kämpfe gibt es nur noch e i n mögliches Princip: das der Freiheit und Volksehre, die in der Freiheit ihren Boden hat. N u r ...".

Noch auf einem anderen, nämlich dem um die Technik kreisenden Argumentationsstrang wurde 1842 die aus den Folgen des freien Wettbewerbs entspringende zunehmende Ausgrenzung des besitzbürgerlichen Interesses vom Weg zum Frieden sichtbar. Damals hob Schulz zwar wie schon 1829 die kriegs- wie revolutionsmindernde, eben verteidigende Qualität der modernen industriellen Technik hervor – neben dem Einsatz "des schweren Geschützes" war die Rede von "Telegraphen, Eisenbahnen" –, er sanktionierte sie auch als "Bewältigung der Masse durch den Geist"; im Gegensatz zu früher aber zeigte die gleichzeitige Zuordnung dieser Technik des bürgerlichen Zeitalters zur "conservative(n) Kraft des Staats", wo es doch dem Verfasser um die Veränderung dieses Staates ging, jene Ambivalenz der industriellen Technik, die an ihr wegen der nunmehr sichtbar gewordenen Klassengegensätze wahrgenommen wurde.[443] Erst nach der deutschen Revolution sollte das besitzbürgerliche Interesse wieder zu einem – diesmal sogar zu dem – zentralen Medium des Friedens werden.[444]

In einem zeitlichen Längsschnitt durch Schulz' vormärzliches Schrifttum ist somit einmal mehr der aufgrund der herrschaftlichen Implikationen des freien Wettbewerbs erfolgende Ersatz der besitzbürgerlichen durch die nach außen egalitäre nationale Friedensvermittlung sichtbar geworden, wobei die innenpolitische Seite

---

443 SCHULZ, Art. "Revolution", StL. XIII[1], S. 737–739; ebenso StL. XI[2], S. 560 f. (Zitate S. 560); vgl. dazu SCHULZ, Almanach, S. 498 f.

444 Vgl. die beiden großen militärpolitischen Schriften: SCHULZ, Militärpolitik (1855), S. 58 f.: "Die Zeit k a n n nicht mehr sehr ferne sein, in der sich durch die reichere Entfaltung des Welthandels und der Weltindustrie, durch die fortschreitende Vervollkommnung des militärischen Maschinenwesens und durch die allgemeinere Einführung des Volkswehrsystems, die gründliche Heilung der noch kranken Menschheit vom Wahnsinne der Offensivkriege, und darum der Kriege überhaupt vollenden muß." Ebd., S. 309 f.: "Welche Nachtheile, welche Vortheile haben wir von unserm Thun und Lassen zu erwarten? Dies ist die immer sich erneuernde Frage, welche die Menschen an sich selbst richten. Aus ihrer Beantwortung entspringen die Triebfedern, welche der Weltgeschichte stille zu stehen verbieten. Alle Begeisterung für eine Idee, alle edlen und selbst alle unedlen Leidenschaften, wodurch die Menschen augenblicklich den Rücksichten des persönlichen Vortheils enthoben wurden, waren doch stets nur das Theil weniger Einzelner ... Für alle Politik hat die Frage nach der Möglichkeit von Zuständen, worin selbst die Mehrheit der Menschen höheren Triebfedern, als nur denen des persönlichen Vortheils und Nachtheils folgen könne, gar keinen Sinn." SCHULZ, Rettung (1859), S. 162, wo unter bewußter Anlehnung an Richard Cobden die Gleichung aufgestellt wird: "Der f r e i e Welthandel ist auch der Weltfrieden."

dieses Vorganges sogleich noch interessieren wird. Zuvor sei ein Blick auf Lists technizistisches Seitenargument für den Frieden geworfen, das der Eisenbahn eine tendenziell die Abschaffung des Krieges bewirkende militärische Qualität zuschrieb. Denn der soeben dargetane Zusammenhang sollte sich auch hierin entdecken lassen.

Daß die Eisenbahn – wie List schrieb – "die Völker ... von der Plage des Kriegs" schließlich befreien werde[445], wurde zunächst damit begründet, daß sie dem Verteidiger auf seinem eigenen Gebiet zu einer überlegenen Beweglichkeit gegenüber jedem Angreifer verhelfe[446]. Angesichts solcher eindeutig die Defensive begünstigenden Technik[447] könnten " I n v a s i o n s k r i e g e " nicht mehr erfolgreich geführt werden, und infolgedessen werde der Krieg als ein 'zwecklos' gewordenes Institut endlich der Vergangenheit anheimfallen[448]. Parallel zu dieser Entwicklung werde sich die Ablösung des Miles perpetuus durch eine weniger präsente Nationalmiliz vollziehen[449], zumal die durch das Eisenbahnsystem gegebene Mobilität es dem Verteidiger künftig erlaube, auf die aufwendige Unterhaltung stehender Verbände weitgehend zu verzichten[450]. Bewegte sich

---

445 LIST, Art. "Eisenbahnen", StL. IV^1, S. 655; ebenso StL. IV^2, S. 231.

446 LIST, Art. "Eisenbahnen", StL. IV^1, S. 662 f.; ebenso StL. IV^2, S. 236; vgl. auch LIST, Deutschlands Eisenbahnsystem (1836), S. 265 f.

447 LIST, Art. "Eisenbahnen", StL. IV^1, S. 662; ebenso StL. IV^2, S. 236: "Im schönsten Lichte stellen sich uns aber diese Wirkungen dar, wenn wir bedenken, daß die angeführten Vortheile f a s t a u s s c h l i e ß l i c h d e r V e r t h e i d i g u n g z u S t a t t e n k o m m e n , indem es ohne Vergleich leichter sein wird, d e f e n - s i v , und ohne Vergleich schwerer als bisher, o f f e n s i v , zu agiren." Ähnlich LIST, Deutschlands Eisenbahnsystem (1836), S. 266.

448 LIST, Art. "Eisenbahnen", StL. IV^1, S. 663; ebenso StL. IV^2, S. 236 f.; ähnlich LIST, Deutschlands Eisenbahnsystem (1836), S. 266 f.

449 LIST, Art. "Eisenbahnen", StL. IV^1, S. 664; ebenso StL. IV^2, S. 237; LIST, Eisenbahnsystem, S. 566.

450 LIST, Art. "Eisenbahnen", StL. IV^1, S. 662; ebenso StL. IV^2, S. 236; ähnlich LIST, Deutschlands Eisenbahnsystem (1836), S. 265 f.; Zusammenfassung des Argumentes bei LIST, Eisenbahnsystem, S. 566: "Einer der wichtigsten Vorteile eines ganzen Systems von Eisenbahnen wird darin bestehen, daß es die stehenden Heere überflüssig machen, oder doch ihre unendliche Verminderung ermöglichen wird, während das Land, durch die Möglichkeit, in wenigen Tagen Millionen von Nationalgarden auf den bedrohten Punkt zu versammeln ..., sich unangreifbar macht. Invasionskriege werden aufhören."

somit dieser Teil der Listschen Argumentation ebenso wie der Hinweis auf das Interesse der für den Eisenbahnbau zu gewinnenden "Kapitalisten", denen daran gelegen sei, "d e n K r i e g s e l b s t t o t z u m a c h e n"[451], noch in den Bahnen des traditionellen Gegensatzes, so wendete sich ein darüber hinausgreifender zweiter Argumentationsstrang bereits in egalisierender Absicht gegen die kapitalistische Praxis im internationalen Verkehr. Denn die Eisenbahn wurde nicht einfach nur als "eine Maschine, die den Krieg" 'zerstöre', vorgestellt, sie sollte vor allem auch gleichzeitig "der Industrie der Continental-Nationen dieselben Vortheile" verschaffen, "welche England seit vielen Jahrhunderten aus seiner insularischen Lage erwachsen (seien) ... und denen jenes Land zum großen Theil den jetzigen hohen Stand seiner Industrie zu verdanken" habe.[452] Nicht nur die Verwirklichung einer gleichen Sicherheit, sondern auch die industrielle, materiale Gleichheit mit dem großen Konkurrenten war mithin der Eisenbahn als eine in ihr Friedenswerk integrierte Aufgabe zugedacht. So stellte sich diese technische Friedensvermittlung, die wie selbstverständlich mit der 'normalmäßigen' "großen Nation" gekoppelt wurde[453], wiederum wesentlich als ein egalitäres Korrektiv dar, das aus dem Zwang geboren wurde, der monopolistischen Tendenz des freien Wettbewerbs im zwischenstaatlichen Raum entgegenzuwirken.

Ebenso wie die oben skizzierte Entwicklung in Schulz' Denken lassen sich also auch die von List formulierten und von Schulz überdies übernommenen Überlegungen zur friedensvermittelnden Rolle der Technik[454] als Reaktion auf das kapitalistische Wirtschaftsgeschehen begreifen. Derartige Gedankengänge bestäti-

---

451 LIST, Deutschlands Eisenbahnsystem (1836), S. 269.

452 LIST, Art. "Eisenbahnen", StL. IV[1], S. 663; ebenso StL. IV[2], S. 237; LIST, Deutschlands Eisenbahnsystem (1836), S. 267. Vgl. auch LIST, Das nationale System, S. 166.

453 LIST, Deutschlands Eisenbahnsystem (1836), S. 264; LIST, Art. "Eisenbahnen", StL. IV[1], S. 661; ebenso StL. IV[2], S. 235.

454 Die über weite Strecken nachweisbare Übereinstimmung von Schulz mit List umfaßt auch das Argument der technischen Friedensvermittlung. Ein von Schulz für die zweite Auflage des Staatslexikons überarbeiteter Artikel aus der Feder Lists gab diesen Gedankengang unverändert wieder. Vgl. LIST/SCHULZ, Art. "Asien", StL. I[2], S. 710 mit LIST, Art. "Asien", StL. I[1], S. 719.

gen indes nur noch die eigentümliche und grundlegende Bedeutung der Nation für das hier in Rede stehende Friedensdenken: Mit der Einsicht in die im freien Wettbewerb angelegten Möglichkeiten, Herrschaft auszuüben, entstand in dem Begriff der Nation dessen Einschränkung, die hinsichtlich der internationalen Ökonomie unter einer egalitären Zielsetzung eingeführt wurde, um der eigenen Gesellschaft die industrielle Zukunft erschließen zu können. Im Hinblick auf den Weg zum Frieden führte dies eine Modifizierung, bisweilen sogar eine Mediatisierung des besitzbürgerlichen Interesses durch das nationale Motiv herbei. Freilich war jener Zusammenhang, demzufolge die Erweiterung des Friedensdenkens um die nationale Dimension ursächlich auf die Erkenntnis der herrschaftlichen Konsequenz des freien Wettbewerbs zurückging, auch bei dem dritten Protagonisten der Industrialisierung, bei Mathy, gegeben.

Wie die gegen eine mächtige internationale Konkurrenz auftretenden Verfechter der Industrialisierung zumindest im außenwirtschaftlichen Bereich, so mochten auch deren rückwärtsgewandte Gegner Grund haben, die dem besitzbürgerlichen Interesse zugedachte Mittlerrolle zum Frieden in Anbetracht der klassenbildenden Konsequenzen des freien Wettbewerbs einzuschränken oder gänzlich zu verwerfen. Mit Blick auf die darin gelegene Funktion der Nation lassen sich in Grenzen auch Parallelen entdecken. Von den beiden im Sinne des hergebrachten Handwerks sozial-konservativ denkenden Publizisten – Abt und Struve – hatte immerhin letzterer nicht anders als Mathy, List und Schulz den dauerhaften Frieden von der vorgängigen Bildung des nationalen Staates abhängig gemacht und so die innenpolitische Voraussetzung der Partizipation ergänzt.[455] Wenngleich Struve dabei wie kein anderer die nationale Bedingung auf die Verwandtschaft des 'Blutes' stellte,[456] um mit solchem Nationenbegriff den Unterschied festzuhalten

---

455 Siehe oben S. 165, S. 178 f.

456 Vgl. STRUVE, Grundzüge, IV, S. 193, S. 196 f., wo zwar die Freundschaft zwischen den Völkern von deren 'geistiger Verwandtschaft' abhängig gemacht (S. 193), diese letztere aber wiederum auf die Zugehörigkeit zu einem gemeinsamen "Stamme" gegründet wurde: "... eine Blutsvermischung führt nothwendig immer zu einer Vermischung der Ansichten, der Gefühle und des Ausdrucks des geistigen Lebens" (S. 196 f.).

zu den als bedrohlich angesehenen kontinentalen Flügelmächten – dem romanischen Frankreich auf der westlichen Seite, dem slawischen Rußland auf der östlichen –[457], wurde die Nation doch darüber hinaus auch hier mit der Notwendigkeit einer egalitären Korrektur des in der internationalen Wirtschaft angelegten Herrschaftsgefälles begründet. Wieder erschien der große Nationalstaat als Conditio sine qua non des wirtschaftlichen und damit auch politischen Überlebens einer Nation, denn: "Ohne Kriegsflotten, ohne ausgedehnten Schutz für Handel und Industrie, ohne Credit, ohne die Mittel, großartige Wasser- und Eisenstraßen zu schaffen, ... (gehe) ein Staat auch im Frieden nach und nach zu Grunde".[458]

Bei näherem Hinsehen jedoch lassen sich die in der Sozialutopie verankerten tiefgreifenden Unterschiede kaum mehr verkennen. Vor dem grundlegenden Leitbild einer Gesellschaft kleinerer und mittlerer Eigentümer erwies sich das wiederholt abgelegte Bekenntnis zur Industrialisierung als ein oberflächliches, grundloses; das Gegenteil war gemeint.[459] Daraus folgte für den zwischenstaatlichen Verkehr, daß die Nation zwar immer noch ein gleichheitliches Regulativ im internationalen Wettbewerb bildete; und insofern war der Rückgriff auf diese politische Größe veranlaßt auch durch die im zwischenstaatlichen Bereich erkennbare Dynamik des kapitalistischen Wettbewerbs. Dabei blieb aber das gedachte Wettbewerbsverhalten der Nation ganz dem kleinbürgerlich geprägten Zukunftsentwurf verhaftet.

So gehörte zum Überleben im wirtschaftlichen "Wettkampfe" der Staaten[460] die Übertragung des im innergesellschaftlichen Bereich erwünschten Prinzips der

---

457 Vgl. zur angenommenen und in den 'Grundzügen' schon deutlich auf rassische Eigenarten verweisenden Gegnerschaft Rußlands und Frankreichs STRUVE, Das öffentliche Recht, I, S. 11; STRUVE, Grundzüge, IV, S. 155 f., S. 185 f., S. 195–205.

458 STRUVE, Grundzüge, II, S. 243. Einführend bemerkt Struve ebd.: "Unsere Zeit mit ihren sich mehr und mehr vergrößernden Staaten verlangt mächtige Reiche. Kleine können sich weder im Kriege, noch im Frieden unter günstigen Bedingungen entwickeln."

459 Vgl. STRUVE, Grundzüge, III, S. 62–70; siehe oben S. 227–230.

460 STRUVE, Grundzüge, I, S. 68.

"Mäßigkeit"[461] auf die Regeln der internationalen Konkurrenz. Die nationalökono-
mische Maxime, "nicht allzusehr den Neid" der anderen Staaten "und deren
Habsucht rege" zu machen, verneinte das stets um die wirtschaftliche Expansion
besorgte Konkurrenzverhalten mächtiger, industrialisierter Nationen, wie es Mathy,
Schulz und List zugrunde gelegt hatten.[462] Dementsprechend verfolgte die Schutzzollforderung Struves auch ein gänzlich anderes Ziel. Statt dem Aufbau einer
heimischen Industrie sollte der zollpolitische Eingriff dem Kleingewerbe dienen,
das es wie im Inneren gerade gegen den einheimischen Fabrikanten, so auch nach
außen gegen die ausländische industrielle Konkurrenz abzuschirmen galt.[463] Nicht
zuletzt zeigte sich der grundlegende Unterschied zu der Interpretation industrie-
freundlicher Publizisten darin, daß es aus der Sicht Struves dieselben "bevorzugten
Stände" waren, die auf der einen Seite − nur ihren Vorteil bedenkend − "die
Handelsfreiheit dem Schutzzollsysteme vor(zögen)"[464], die gleichzeitig auf der
anderen Seite im bloß innerstaatlichen Wettbewerb die Existenz "des Mittelstandes" ruinierten, indem sie die kapitalintensive Fabrikation einsetzten[465].

---

461 Vgl. unter vielen Belegen die Apologie des Mittelstandes bei STRUVE, Grundzüge, III,
S. 62.

462 Vgl. STRUVE, Grundzüge, I, S. 68: "Die wesentlichen Bestandtheile eines Staats sind
übrigens mehr oder weniger bedingt durch die Beschaffenheit der Nachbarstaaten. Nur
derjenige Staat wird längere Zeit bestehen und glücklich sein, welcher so beschaffen ist, daß
er in dem Wettkampfe mit den benachbarten Staaten, selbst bei den friedlichen Bestrebungen
der Landwirthschaft, der Gewerbe, des Handels u.s.w. nicht überflügelt wird, allein auch
nicht allzusehr den Neid derselben und deren Habsucht rege mache."

463 Vgl. STRUVE, Grundzüge, IV, S. 79−88.

464 STRUVE, Grundzüge, III, S. 64 f.: "Das Interesse des Handels- und Gewerbestandes wird
dem Auslande gegenüber niemals mit Nachdruck vertreten ... Handel und Gewerbe finden
keinen Schutz gegen auswärtige Concurrenten, während die auswärtigen Waaren den inländischen Markt verderben. Die bevorzugten Stände ziehen die Handelsfreiheit dem Schutzzollsysteme vor, denn dem Gelehrten scheint das System der Handelsfreiheit großartiger und
kosmopolitischer, die Angestellten, der Geburts- und Geldadel kaufen ihre Lebens- und
Luxusbedürfnisse gern so wohlfeil als möglich und denken nicht daran, ob der Handels- und
Gewerbestand bei so wohlfeilen Preisen, wie sie sie haben wollen, bestehen kann oder nicht."
Vgl. zu der kleinbürgerlich akzentuierten Schutzzollforderung auch STRUVE, Grundzüge,
IV, S. 86−88.

465 STRUVE, Grundzüge, III, S. 65 f.: "Die nothwendige Folge einer derartigen Stellung des
Mittelstandes ist, ... daß er in seinen pecuniären Verhältnissen zurückkommt und daß
folgeweise diejenigen Geschäfte, welche er, der Natur der Sache nach, zu machen berufen
ist, von den bevorzugten Ständen oder vom Staate selbst unter deren Leitung gemacht

Zwischen der ausländischen und der heimischen industriellen Konkurrenz bestand sonach kein prinzipieller Unterschied: Unter binnen- sowohl als außenwirtschaftlichem Aspekt erwuchs dem 'Mittelstand' – so Struve – nur der eine Gegner: der im freien Wettbewerb seine Überlegenheit ausspielende und darum privilegierte Reichtum.

Von daher liegt es bereits nahe, daß Struve dem als Mittelstück zum Frieden ausgegebenen besitzbürgerlichen Interesse gänzlich abschwor, während demgegenüber Mathy, List und besonders anfänglich ebenso Schulz dieses Medium, obschon nur unter der nationalen Bedingung, immerhin fortbestehen ließen. Statt auf solchen bürgerlichen Egoismus verlegte sich Struve auf das Gestaltungsprinzip der künftigen demokratischen und damit schon für versöhnt ausgegebenen Gesellschaft: die Tugend. Sie galt als die Grundlage der Demokratie[466]. Diese zumal für Deutschland[467] am Zielpunkt einer 'natürlichen' Verfassungsentwicklung stehende 'Volksherrschaft'[468] verwirklichte nach Struve durch die Partizipation aller die Freiheit[469], was gleichzeitig auch die Ablösung der drückenden Konkurrenz und des Konfliktes durch die Harmonie der Tugendhaften bedeutete.[470] Ebenjene

werden. Mit den, dem Staate oder den bevorzugten Ständen zu Gebote stehenden Mitteln kann der Mittelstand um so weniger concurriren, als dieselben ihre Geschäfte fortsetzen können, auch wenn diese gar keinen Gewinn abwerfen, als dieselben über Kapitalien zu gebieten haben, welche der Mittelstand nicht auftreiben kann ... Auf diese Weise wird natürlich der Geschäftskreis des Mittelstandes beschränkt. Wir erinnern z.B. nur an die Seehandlung in Berlin, welche mit vielen Gewerben der preußischen Monarchie in Concurrenz getreten ist und ihnen dadurch großen Schaden zugefügt hat." Nach STRUVE, Grundzüge, III, S. 43 begründeten — kaum weiter differenziert — "Geburt und Geld" die "bevorzugten Stände" in den gegenwärtigen Monarchien. Vgl. auch die Definition im Unterschied zum Mittelstand — den arbeitenden Besitzern — ebd., S. 70: "... wer besitzt, ohne zu arbeiten, gehört dem Geburts- oder Geldadel ... an".

466 Vgl. als nur einen Beleg unter vielen den Abschnitt über die "Volksherrschaft (Demokratie)" in: STRUVE, Grundzüge, II, S. 176–219.

467 STRUVE, Grundzüge, II, S. 289 f.

468 Vgl. STRUVE, Grundzüge, II, S. 220–225, passim; daneben auch STRUVE, Kritische Geschichte, S. 352 f.

469 Vgl. STRUVE, Grundzüge, II, S. 191–203.

470 Vgl. wiederum unter einer Vielzahl von Belegen STRUVE, Grundzüge, II, S. 191, S. 193, S. 212; STRUVE, Kritische Geschichte, S. 355; vgl. auch die Zustandsbeschreibung des noch zu schaffenden Staates bei STRUVE, Art. "Menschenrechte", StL. IX[2], S. 71 f.: "Er wird zu Freunden machen, die früher sich feindlich gegenüber standen, er wird versöhnen die

selbstredend für die eigene Partei reklamierte Tugend sollte als "That" aus der kranken Gegenwart in diese gerechte, friedvolle Zukunft führen[471], sie war es, welche im Verein mit der Nation anstelle des besitzbürgerlichen Interesses den künftigen Frieden vermittelte: Man müsse "zur Natur, zur Einfachheit, Mäßigkeit, Anspruchslosigkeit zurück(kehren)! Nur ... im Besitze dieser Tugenden" gelinge es einem Volk, den "Rechten ... Anerkennung und Geltung zu verschaffen".[472] Und: Die innenpolitische Bedingung des Friedens — die "Demokratie" — 'beruhe' "auf der Tugend, ohne diese (könne) ... sie nicht erstehen und nicht bestehen".[473]

In solchem Ersatz der Neigungen des Besitzers berührten sich die Vorstellungen Struves wiederum mit jenen des späteren Schulz: Wie im Hinblick auf die Außenpolitik im Schrifttum des ehemaligen Offiziers die erfüllte nationale Idee, ja die "Bruderliebe von Volk zu Volk"[474] mehr und mehr dem Interesse des Eigentümers die friedensstiftende Rolle nahmen, so trat auch innenpolitisch an dessen Platz eine Größe, die — ähnlich der 'Tugend' Struves — die augenscheinliche Negation jeglichen wirtschaftlichen Interesses darstellte: Die christliche Liebe — vor allem verstanden als ein Appell an das Christentum der Herrschenden — sollte den Ausbruch der Gewalt verhindern und wesentlich zur Entschärfung der sozialen Konflikte beitragen. Nur dort würde der soziale Konflikt nicht in einer revolutionären Zerstörung sich entladen, also dem friedlichen Wandel eine Möglichkeit bewahrt bleiben, "wo die Machthaber selbst ihr Christenthum nicht

---

aufgeregten Gemüther und Verzeihung schaffen selbst allen Denjenigen, welche sich mit dem Raube der Armen bereichert und mit dem Leiden der Machtlosen ihr Spiel getrieben haben." Zur "Tugend" als einer politischen Maxime vgl. ferner STRUVE, Grundzüge, I, S. 145 f.

471 STRUVE, Grundzüge, III, S. 155.

472 STRUVE, Grundzüge, III, S. 155; vgl. auch ebd., III, S. 140.

473 STRUVE, Grundzüge, II, S. 227. Mit Blick auf die eigene Partei fährt Struve ebd. fort: "Wer die Tugend nicht liebt über alles, wer ihr nicht mit Freudigkeit Leib und Leben zum Opfer bringt, der ist kein Mann der Freiheit, kein wahrer Demokrat. Gott behüte ... uns vor einer Demokratie von Trinkern, Fressern und Wollüstlingen, von Räubern, Betrügern und Fälschern, von Ehrgeizigen, Uebermüthigen und Herrschsüchtigen, von Feiglingen, Dummköpfen und Spitzbuben."

474 SCHULZ, Der Bund, S. 31.

blos als tönende Schelle tragen, sondern es in Wort und That als ... die Religion der Freiheit bekennen" würden.[475] Oder wie Schulz es in der zweiten Auflage des Staatslexikons 1847 formulierte, könne allein noch "die fortgesetzte That der lebendigen Liebe und Gerechtigkeit ... den Staat und die Gesellschaft läuternd durchdringen".[476] Mit jener Grundsatzerklärung von 1832, wonach es keine Politik sei, mit der "G r o ß m u t h " zu rechnen, gebe es doch "so gut eine Selbstsucht der Nationen ... als ... eine Selbstsucht der Einzelnen", hatte dieser Weg zum Frieden nichts mehr gemein. Hierbei kennzeichnete es freilich die Mittelstellung des sozial engagierten Werbers für die Industrialisierung, daß die besagte Rechnung mit dem Interesse wie in den Beiträgen zur ersten Auflage des Staatslexikons, so auch in jenen der zweiten noch durchschimmerte.[477] Solches war im Rahmen der von Struve vertretenen rückwärtsgewandten Utopie nicht mehr möglich. Desungeachtet läßt sich bei dem einen nicht weniger deutlich als bei dem anderen nicht nur eine Parallelität gewahren, insofern der Verzicht auf das besitzbürgerliche Mittelstück einherging mit der Einführung der 'Tugend' oder der 'Liebe', sondern darüber hinaus kann bei den beiden Autoren auch die ursächliche Beziehung zwischen den genannten Vorgängen nachgewiesen werden. Wie fest und ausschließlich der politische Rückgriff auf die Liebe und die Tugend in der Sorge vor dem Unrecht der freien Konkurrenz wurzelte, geht aus der stellenweise schon angedeuteten Gegenüberstellung hervor: Als das zu Überwin-

---

475 SCHULZ, Art. "Revolution", StL. XIII[1], S. 740; ebenso StL. XI[2], S. 562. Vgl. auch SCHULZ, Bewegung, S. 178.

476 SCHULZ, Art. "Frieden. Friedensschlüsse. Nachtrag", StL. V[2], S. 235.

477 SCHULZ, Deutschlands Einheit, S. 74: "Es gibt so gut eine Selbstsucht der Nationen, als es eine Selbstsucht der Einzelnen gibt, und die eine und die andere muß die Politik in Rechnung ziehen; denn in den gegenseitigen Verhältnissen der Völker läßt sich ein wahrhaft r e c h t l i c h e r Zustand so wenig auf die G r o ß m u t h der Völker und Staaten bauen, als im einzelnen Staate von einem rechtlichen Zustand die Rede ist, wenn man nur von der Großmuth und der Gnade eines Monarchen sich abhängig macht." Vgl. dazu auch SCHULZ, Art. "Frieden. Friedensschlüsse", StL. VI[1], S. 132; ebenso StL. V[2], S. 227: "Wenn erst der Egoismus jedes Einzelnen das Recht behauptete, auch politisch sich geltend zu machen, ... so würde die Politik nicht mehr nöthig haben, aus der Noth ihre Tugend zu machen, sondern die Gerechtigkeit gegen Alle würde zur Nothwendigkeit werden." Ebd. [1], S. 132 f.; ebd. [2], S. 227 f. folgt darauf der Hinweis auf die kriegsverhindernde Wirkung der entstehenden Weltwirtschaft.

dende bildete nach Schulz der Grundsatz "der s.g. freien Concurrenz" mit der nur
'abstrakten' Rechtsgleichheit das zur ausbeuterischen Unterwerfung ausgeartete,
'anarchische', "blos negative Princip",[478] angesichts dessen "einer thätig hinge-
benden, einer freudig opfernden Liebe" die Aufgabe der Versöhnung zufiel; "der
Schrecken unserer trostlosen Vereinzelung" war die Aufforderung "zur Welt
überwindenden That der Liebe"[479]. In dem schieren Gegensatz des freigesetzten
bürgerlichen Egoismus als der Negation[480] zu der positiven, schaffenden Kraft des
Christentums wird jener als die Ursache für den Rückgang auf diese Friedensvermittlung der Liebe erkennbar.[481]

Ebenso konnte in Struves Weltsicht die nachgerade als verhängnisvoll wahrgenommene Entfesselung des bürgerlichen Vorteilsstrebens allenfalls noch als Negativfolie einen Beitrag in Richtung auf die harmonische, friedliche Gesellschaft der
Zukunft leisten, eine Gesellschaft, in der unter weitgehendem Verzicht auf
Gewaltmittel "Ordnung, Frieden und Zufriedenheit" herrschen würden[482]. Dieses
Interesse war hoffnungslos diskreditiert, zumal die liberalen "Worthelden ... mit
den alten Pensionärs und Geschäftsleuten" ihre 'Freisinnigkeit' nur vorgäben,

---

478 SCHULZ, Bewegung, S. 173; vgl. auch ebd., S. 57–74 die Kritik an der kapitalistischen
Wirtschaftspraxis.

479 SCHULZ, Bewegung, S. 178.

480 Vgl. dazu auch SCHULZ, Art. "Fourier", StL. V^1, S. 659; ebenso StL. V^2, S. 17, wo allerdings dem freien Wettbewerb immerhin noch das Recht einer historischen Notwendigkeit
zuerkannt wird: Gerade weil "blos negativer Natur", sei gewesen und bleibe "die Idee einer
freien Concurrenz ... heilsam und nothwendig im Verhältnisse zu den veralteten, feudalistischen Formen". Vgl. auch SCHULZ, Art. "Communismus", StL. III^2, S. 292, S. 295.

481 Daß Schulz über weite Strecken das Christentum als Gegensatz zur Philosophie Hegels
vorstellt — vgl. SCHULZ, Art. "Psychologie und Philosophie der Offenbarung", StL. XIII^1,
S. 306–321; ebenso StL. XI^2, S. 259–269 — muß dabei nicht irritieren. Gilt doch diese als
die philosophische Entsprechung gesellschaftlicher Zustände: "Wie wir uns überhaupt in
dieser kritischen Zeit noch in einer auflösenden und zersetzenden Durchgangsperiode
befinden, so ist auch die Idee des christlichen Gottes zersetzt und zerstückt worden.
Während uns die Philosophen das liebeleere und willenlose Denken zum Gott machen
wollten, schwelgt ein markloser verweichter Pietismus in gedankenlos trübseligen Gefühlen"
(SCHULZ, Bewegung, S. 171). Wie die Hegelsche Philosophie einen "horror vacui" hinter-
läßt (ebd., S. 170), so herrscht in der Gegenwart die "negative Tendenz in der Behandlung
der Staatswissenschaften" (ebd., S. 173).

482 STRUVE, Grundzüge, IV, S. 151.

während sie tatsächlich doch ihres eigenen Vorteils halber der antiemanzipativen Stabilitätspolitik allererst zum Erfolg verhülfen oder gar selbst, als Fabrikherren, zu Unterdrückern würden.[483] Gerade auf diese Fehlentwicklung, die durch solche selbstische Veräußerung an materiale Bestimmungsgründe verursacht worden sei[484], war die 'Tugend' als die alternative Vermittlungsebene zum Frieden mit ihren nicht selten recht skurril wirkenden Enthaltsamkeitsvorschriften[485] gemünzt.

Denn näher betrachtet, ging die 'Tugend' in jener "Einfachheit oder Mäßigkeit" auf, die, von Struve als der genaue Gegensatz zu dem "Haschen nach Geld" und zu bürgerlichem "Eigennutz" bestimmt, allein die für den Frieden der Demokratie vorausgesetzte materiale Gleichheit zu verwirklichen versprach, welche umgekehrt

---

483 Vgl. STRUVE, Taschenbuch, S. 198 f. (Zitat). Die Verbindung von antiemanzipativer Stabilitätspolitik, besitzbürgerlichem Interesse, Unterdrückung und leerer Rede ist bei Struve vielerorts als Vorwurf aufzufinden. Vgl. STRUVE, Grundzüge, II, S. 187–190, S. 199; ebd., III, S. 4–6, S. 54–61, S. 221; ebd., IV, S. 249 f. Vgl. auch STRUVE, Art. "Proletariat", StL. XI², S. 211 und STRUVE, Grundzüge, III, S. 84–86, wo die kaum verhohlene Gleichsetzung des liberalen Besitzbürgers mit den verhaßten Bürokraten deutlich wird.
      Ein frühes Zeugnis für Struves damals allerdings noch recht unscharfe Einsicht in das Auseinander von Moral und 'Erwerbstrieb' findet sich bei STRUVE, Strebungen (1843), S. 117: "Die von der österreichischen Regierung ... so sehr gepriesenen materiellen Interessen lassen sich von den intellektuellen und moralischen nicht trennen. ... Nur unter der Leitung der höheren Kräfte können die niedrigeren gedeihen. Nicht der Trieb zu erwerben, nicht der brutale Muth des Gladiators, nicht der Ehrgeiz und nicht die Ruhmsucht bilden die edleren, moralischen Kräfte des Menschen. Die sprechen sich vielmehr aus durch die Gewissenhaftigkeit, das Wohlwollen, die Ehrerbietung und eine erleuchtete Intelligenz. Wo nur jene Kräfte gehegt werden, müssen diese leiden, und mit ihnen jedes tiefere, durch die Stürme des Schicksals nicht sofort niedergebeugte Gefühl."

484 Vgl. STRUVE, Grundzüge, II, S. 187: "Jedes, durch die Natur uns nicht gegebene, sondern durch die äußeren Verhältnisse uns anerzogene Bedürfniß ist ein Ring für die Sklavenkette des Lebens, und an diesem befestigt der Tyrann die seinige und macht so ... den freien Mann zum Knechte. Wenn wir nach den Ursachen fragen, welche alle die Menschen ... zu Werkzeugen der Tyrannen machen, so ist die Antwort: ihre unnatürlichen Bedürfnisse. Weil sie modisch gekleidet sein, gut essen und trinken, mit Ehrenzeichen und Titeln geschmückt, in kostbar ausgestatteten Wohnungen leben ... wollen, verkaufen sie sich mit Leib und Seele dem lauernden Tyrannen."

485 So traf das Verdikt über die unfrei machenden materialen Bestimmungsgründe nicht allein die modische Kleidung, den Alkohol- und Tabakgenuß; auch galt die auf Fleischspeisen beruhende Ernährung als Ursache der Dekadenz, was umgekehrt zu einer auf Abstinenz und vegetativer Kost gegründeten Lebenshaltungs- und Nahrungsanweisung für die der Demokratie Würdigen führte. Vgl. STRUVE, Taschenbuch, S. 154–158; STRUVE, Grundzüge, II, S. 206–211.

durch die Freisetzung des bürgerlichen Egoismus zerstört werde.[486] Auch hier
erscheint das Vorteilsstreben des Besitzbürgers als der Stein des Anstoßes, der
mit Rücksicht auf die Utopie einer 'klassenlosen Bürgergesellschaft' zur Betonung
der dieses Streben negierenden tugendhaften 'Mäßigkeit' und 'Einfachheit' zwingt
und so den Rückgriff auf den Weg der Tugend begründet.

Was Struve die Tugend und Schulz die Liebe gewesen, war dem hier noch
abzuhandelnden letzten unter den fünf schärfer blickenden Zeitgenossen, Abt, die
Vernunft. Einmal abgesehen davon, daß er die Nation als Bedingung des Friedens
nicht bemüht hatte, lagen die Dinge bei ihm ähnlich wie bei den eben genannten
Autoren, vornehmlich wie bei Struve. Nicht beirren lassen darf sich der Leser
durch den bisweilen ziemlich eigenwilligen Sprachgebrauch Abts. Wenn er in der
Hauptsache den "Absolutismus" als den Gegenstand seiner vernichtenden Kritik
ansprach[487], so meinte dies — worauf oben schon hingewiesen werden konnte —
keineswegs bloß die in staatsrechtlichen Begriffen zu fassende politische Herrschaftsform. Verstanden als die 'Entfremdung' der Herrschaft von dem 'Selbst-

---

486 Vgl. grundlegend STRUVE, Grundzüge, I, S. 162 f.: "Die Menschen haben sich in ein Meer
von künstlichen, dem Körper und dem Geiste verderblichen Bedürfnissen gestürzt, diese zu
befriedigen, halten sie für das größte Glück, und um dazu in den Stand gesetzt zu werden,
streben sie nach Reichthum. So theilt sich ihr ganzes Leben in unnatürliches Haschen nach
Geld und Geldeswerth und unnatürliche Genüsse, welche sie mit ihrem Mammon bezahlen.
(Dagegen:) Die erste Tugend des Menschen ist Einfachheit oder Mäßigkeit." Weiteres Zitat
STRUVE, Grundzüge, III, S. 135 f.; dazu ferner: STRUVE, Grundzüge, II, S. 205: "Im
Privatleben der Demokratie muß nothwendig Einfachheit herrschen. Wer mehr Glücksgüter
besitzt als seine Mitbürger, mag seinen Ueberschuß zum Besten des Staats aufwenden. Der
Staat allein mag Luxus treiben. ... Allein der einzelne Bürger soll einfach und nüchtern
leben, und sich nicht durch Pracht und Aufwand über seine Mitbürger erheben." STRUVE,
Grundzüge, III, S. 71: "Ein mäßiges, durch die Arbeit des Besitzers ausgebeutetes und
verwaltetes Vermögen gewährt jene unschätzbare Unabhängigkeit. Ein kolossales Vermögen
dagegen, ... gewährt eine solche Unabhängigkeit keineswegs. Im Gegentheile macht es seine
Besitzer abhängig von dem guten Willen ... seiner Verwalter, es stellt ihn blos nicht nur dem
Neide der Bösen, sondern auch dem gerechten Unwillen der Armen und Nothleidenden ...".
Vgl. auch STRUVE, Grundzüge, II, S. 187—190 und oben S. 224—230.

487 Vgl. hierzu die bezeichnende Wendung bei ABT, Zeitung, S. 165: "Der Absolutismus muß
diese heillose Wirkung hervorbringen, denn er, ein Sohn des Egoismus, ist es ja, der die
sittlich vernünftige Gesellschaft, das harmonische Zusammenleben der Einzelnen, den
vernünftigen Sozialzustand, in welchem die einzelnen Interessen ... harmonisch in einander
greifen ..., auflöst in lauter vereinzelte einander entgegenstrebende Richtungen und Interessen, in ein disharmonisches soziales Conglommerat, in welchem die einzelnen Interessen
feindlich sich durchkreuzend einander gegenüberstehen".

zweck' der Gesellschaft, beschrieb dieser Begriff feudalistische, staatlich-absolutistische und hierarchisch-kirchliche Strukturen gleichermaßen wie die Ausbeutung des Lohnempfängers durch den Besitzbürger.[488] Nach Abts Diktion vereinigten sich alle diese Erscheinungen "corrumpirt(er)" Herrschaft in dem einen Prinzip des "materielle(n) Egoismus", unter dessen Regime die "Gesammtheit" dem "Privatinteresse" einzelner oder anders: dem Diktat des Zufalls preisgegeben und darüber von dem Antagonismus der Interessen durchdrungen sei.[489] Daß sich Abt dabei im Zuge seiner sogar mit ungestümer Polemik vorgetragenen Abwehr kommunistischer Entwürfe[490] zu einer Rechtfertigung des in dem privaten Eigentum sich äußernden "natürlichen Egoismus" herbeiließ[491], kann nicht darüber hinwegtäuschen, daß nämliches Interesse des Besitzbürgers seiner gefährlichen, durch die Industrialisierung verschärften Aktualität wegen unter die ärgsten Feinde der Freiheit gerechnet[492] und daß darum dessen Prinzip der "freie(n)

---

488 Vgl. als Beispiele für die in immer neue Formulierungen gekleidete These Abts: ABT, Zeitung, S. 148: "Unter dem Absolutismus ..., unter einem außer dem Volke stehenden ..., für sich bestehenden Willen, ist das Volk nicht selbstständig, nicht sich selbst Zweck, nicht frei." Ebd., S. 233 die Zusammenfassung seiner vorgängigen Argumentation: "Unfreiheit bestehe darin, daß sich mitten in der Gesellschaft absolute, von der Gesammtheit unabhängige Gewalten gebildet, welche in politischer, kirchlicher und sozialer Beziehung Einzelne mit demjenigen ausstatten, was der Gesammtheit gehört, und so die Gesammtheit zum Mittel für Einzelne zufällig Bevorzugte und Privilegirte herabwürdige. Dieß geschehe dadurch, daß diejenigen Begriffe und Einrichtungen, welche an sich vernünftig und nothwendig seien, in dieser unnatürlichen Form der Gesellschaft ihrer ursprünglichen Form entfremdet, corrumpirt werden und ausarten." Vgl. ferner ohne Anspruch auf Vollzähligkeit der Belege die Definition des "Absolutismus" bei ABT, Zeitung, S. 226; ABT, Art. "Bestimmung des Menschen", StL. II², S. 456 und oben Anmerkung 271 f.

489 Vgl. ABT, Zeitung, S. 165, S. 233 (erstes Zitat), S. 145 (folgende Zitate), passim.

490 Vgl. ABT, Art. "Eudämonismus und Egoismus", StL. IV², S. 523−526; ferner den Aufsatz über "Die soziale Frage", in: ABT, Zeitung, S. 203−240.

491 ABT, Art. "Eudämonismus und Egoismus", StL. IV², S. 525 f.; ferner ABT, Zeitung, S. 216 f., S. 234 f.

492 Nicht umsonst fand Abt hier zu den schärfsten Anklagen und zu der Einordnung des Besitzbürgers in die Kontinuität absolutistischer Unterdrückung. Vgl. ABT, Zeitung, S. 164 f.: "Absolutismus erzeugt daher jene Hundsdemuth, jene Lakaiengesinnung, jenes Filisterthum, in welchen alle mannhafte Gesinnung verschwindet. In absolutistisch regirten Ländern tritt an die Stelle jener vaterländischen Männergesinnung ... ein elender, feiger, niederträchtiger, materieller Egoismus, der einzig und allein auf Erwerb bedacht, jede Handlung nur nach dem Vortheile berechnet, den sie ihm bringt. ... Der Absolutismus, seinem Ursprung nach ein Sprößling des rohesten Egoismus, der blinden Rücksichtslosigkeit für fremde Interessen, der Unterdrückung des Schwächeren durch den Stärkeren, muß wieder

Concurrenz" wie schon von Schulz, so auch von Abt mit dem zur Überwindung auffordernden Stigma der "reinste(n) Negation" bedacht wurde[493]. Derart quer auf dem Weg zu einem Frieden liegend, der an die Stelle des Streites die Harmonie der unter der Autonomie der Vernunft Handelnden setzte[494], verwies dieses Interesse auf das unmittelbare Wirken der Vernunft zurück. Denn es stand unter der Bedingung einer Vernunft[495], die nach Abts Konzept dadurch unvermittelt politisch wurde, daß sie – nicht zufällig mit dem Wollen gerade der Besitzlosen, der "Proletarier", gleichgesetzt – in deren Entscheidungen "sich von selbst" machte[496]; "sich selbst überlassen" bringe dagegen der "Egoismus" nur das alte Unrecht, "die Ungleichheit der Macht und des Besitzes", hervor[497]. So stellte sich auch dem rückwärts blickenden Abt das Interesse des Besitzbürgers als wesentliches, den vernünftigen Staat "ausschließen(des)" Element der negativen Gegenwart dar[498], dessentwegen nur noch der in die Mitte der Gesellschaft verlegten

---

Egoismus erzeugen, muß Filister hervorbringen ...". Systemstabilisierend auf der einen Seite, brachte der Besitzbürger auf der anderen also wiederum Unterdrückung hervor – eine mörderische sogar, denn unter den Bedingungen von industrieller Produktion und freiem Wettbewerb verübe das "Capital ... gewisser Maßen einen socialen Mord". ABT, Art. "Handwerker- und Arbeitervereine", StL. VI[2], S. 431–433 (Zitat). Es verwundert daher keineswegs, daß Abt die Macht des "Geldabsolutist(en)" als "das Haupthinderniß, welches der einzigen Möglichkeit einer vernünftigen Gesellschaft entgegen(stehe)", bezeichnete. ABT, Art. "Bestimmung des Menschen", StL. II[2], S. 456.

493 ABT, Art. "Handwerker- und Arbeitervereine", StL. VI[2], S. 431.

494 Vgl. im Zusammenhang ABT, Zeitung, S. 144, S. 165, S. 233–237; ABT, Art. "Chiliasmus", StL. III[2], S. 210; ABT, Art. "Gültigkeit", StL. VI[2], S. 267 f.

495 Vgl. ABT, Art. "Eudämonismus und Egoismus", StL. IV[2], S. 525: "Die Aufgabe des Staates besteht ... darin, ... den rohen, natürlichen Egoismus auf das vernünftige Maß zurückzudrängen"; vgl. ABT, Zeitung, S. 234 f.

496 Vgl. ABT, Zeitung, S. 236 f.: "Wenn die äußeren Hindernisse wegfallen, so werden die Proletarier schon selbst den rechten Weg einschlagen, den Verkehr und die Arbeit zu organisiren. ... Theilnahme Aller an der Gesetzgebung wird ganz gewiß es verhüten, daß Gesetze geschaffen werden zu Gunsten Einzelner ... Wenn die Masse diese Freiheit erlangt hat, dann wird die vernünftige, die organisirte Gesellschaft sich von selbst machen, und diese wird darin bestehen, daß jeder Einzelne seiner Individualität, seiner geistigen Beschaffenheit gemäß existire und arbeite." Vgl. auch ABT, Art. "Bestimmung des Menschen", StL. II[2], S. 456.

497 ABT, Zeitung, S. 235.

498 Vgl. ABT, Art. "Dynastische Interessen u.s.w.", StL. IV[2], S. 159.

Vernunft selbst die Verwirklichung des vernünftig Gesollten — des Friedens — vermittels der "That des Selbstbewußtseins"[499] angetragen werden konnte.

Der Überblick über die von den acht Verfassern verwandten Vermittlungsebenen hat sonach deutlich werden lassen, daß die je unterschiedliche Ausgestaltung der Wege zum Frieden an zentraler Stelle abhängig war von der jeweiligen Wahrnehmung und Bewertung der in einem freigesetzten Besitzindividualismus angelegten Herrschaftsbildung. Dies schließt ein, daß in erster Linie bei List und Mathy, in Grenzen auch beim frühen Schulz mit Blick auf den innenpolitischen Bereich die bewußte Rücknahme der Emanzipation der fortgesetzten Verwendung des besitzindividualistischen Mittelstücks entsprach. Dies heißt aber vor allem, daß die Einführung aller alternativen Vermittlungsebenen ihre Ursache in dem erkannten Unrecht der freien Konkurrenz hatte: Ob in der bestimmten Gestalt der Nation, die — sei es mit oder ohne ein technizistisches Seitenargument — im Hinblick auf den außenpolitischen, genauer: außenwirtschaftlichen Bereich den Frieden anbahnen sollte, oder ob als Tugend, Liebe oder Vernunft, denen dieselbe Aufgabe vorzüglich für den innenpolitischen Raum zugedacht wurde — regelmäßig ging die Einbringung solcher Mittelstücke zumindest auch auf die Erkenntnis der antiemanzipativen Konsequenzen einer besitzbürgerlich geprägten Ordnung zurück, mochte jene Einsicht — wie etwa bei List — die allein ausschlaggebende Ursache darstellen oder doch wenigstens — wie selbst bei Struve — eine, wenn nicht sogar die wesentliche. Umgekehrt korrespondierte die unveränderte Fortführung der tradierten besitzbürgerlichen Vermittlungsebene mit dem Ausbleiben dieser Wahrnehmung: Kolb, Welcker und Jordan verharrten trotz oder gerade wegen bemerkenswerter Toleranzen im Grunde in der kleinbürgerlich geprägten Vorstellungswelt des ausgehenden 18. Jahrhunderts.

Nach derart eindeutiger Zuordnung kann nunmehr in den Vergleich mit den Positionen Rottecks eingetreten werden. Wie im zweiten Kapitel dargelegt, hatte

---

499 ABT, Art. "Dynastische Interessen u.s.w.", StL. IV^2, S. 159; ABT, Zeitung, S. 235.

der Freiburger Professor das am Ende des 18. Jahrhunderts von Kant formulierte Friedensdenken vorerst in zumindest groben Zügen rezipiert. Jene Utopie ruhte auf der einen grundlegenden Annahme, daß die formalen Prinzipien Freiheit und Gleichheit mit dem Geschehen innerhalb einer aus herrschaftlicher Willkür entlassenen Sphäre der Eigentümer zusammen bestehen könnten und daß darum der politikfähig gesprochene Besitzbürger wegen seiner Interessen als eine zum Frieden treibende Kraft vorstellbar sei. Es war dies eine vorzüglich innenpolitische Begründung des Friedens, entworfen vor dem Hintergrund einer mehr egalitären, kleinbürgerlichen Gesellschaft. In dem Maße, als das besitzbürgerliche Interesse sich sichtlich gegen die ursprünglich mit ihm mitgedachte emanzipative Vorstellung kehrte, geriet es im Lichte des überkommenen Entwurfs nicht zu einem Überwinder des Krieges, sondern zu dessen Fortsetzer — einem ärgeren zudem zumindest in der Sicht Rottecks, denn die Auswirkungen des friedlichen Wettbewerbs ließen den Freiburger Professor den Krieg der Waffen herbeisehnen. Derselbe Vorgang nun, der Rotteck an einem künftigen Frieden verzweifeln ließ, nötigte die demgegenüber an einer Friedensutopie festhaltenden Publizisten zur Verwendung ergänzender oder alternativer Vermittlungsebenen, so nicht ihre Vorstellungswelt den hergebrachten Mustern verhaftet blieb. Gleichzeitig waren ihre Deutungen der Gegenwart ebenso wie die von ihnen aufgebotenen Vermittlungsebenen ursächlich mit jeweils anders konzipierten Gesellschaftsentwürfen verbunden.

Mit diesen gesellschaftlichen Leitbildern und den dazugehörenden Vermittlungsebenen dürften also jene Abweichungen vorliegen, auf deren Grundlage es im Gegensatz zu Rotteck noch möglich war, den künftigen Frieden zu denken. Der hier gefolgerte Zusammenhang ist indessen erst noch in einer Zusammenschau zu verdeutlichen: Wenn die Verankerung des Friedens in einer gesellschaftlichen Zielvorstellung für alle Autoren gleichermaßen grundlegend war, dann müßten sich die Wege, auf denen die acht Verfasser die bei Rotteck auf die Zerstörung der Friedensutopie hinauslaufende Entwicklung vorderhand erfolgreich umgingen, auch alle als spezifische Differenzen zu Rottecks Gesellschaftsutopie darstellen lassen. Zugleich müßte sich in jenen Unterschieden der von den acht Autoren etwa zu entrichtende 'Preis' für die Beibehaltung einer Friedensutopie spiegeln, betreffe dieser nun die Realitätsnähe der gewählten Vermittlungsebenen, die Hinlänglichkeit traditioneller Deutungsmuster oder die Folgerichtigkeit gegenüber dem verkündeten emanzipativen Anspruch. Mit der Höhe dieses 'Tributes' ließe sich wiederum die Bedeutung des bürgerlichen Egoismus, die dieser für das Friedensdenken der vormärzlichen 'Bewegungspartei' gehabt haben mochte, genauer abschätzen.

IV.

Wird gefragt nach einer Reaktion überhaupt auf die sich anbahnenden Veränderungen, so mochte es keine größeren Unterschiede gegeben haben als die, welche zwischen der Verhaltensweise Rottecks und den Positionen jener bestanden, die den sich auftuenden Widerspruch offenkundig nicht wahrgenommen hatten. Auffällig genug kontrastiert denn auch hier die Bewertung Kolbs mit der Kritik Rottecks an der Industrialisierung. Gleichsam als sein Vermächtnis hatte Rotteck 1840 im Staatslexikon geschrieben, daß mit der Einführung der industriellen Technik das für die Sanktion des Privateigentums vorausgesetzte Gleichgewicht einer wechselseitigen Abhängigkeit zwischen Arbeiter und Besitzer aus den Fugen zu geraten drohe. In dem Maße, wie die Maschinen die menschliche Arbeitskraft ersetzten, verschiebe sich die Balance zugunsten der Eigentümer, genauer: zum Vorteil der nunmehr ohne die Teilhabe der Besitzlosen ihren Reichtum vermehrenden Fabrikherren, und es entstehe "jetzt erst ... eine feindselige Spaltung in der Nation zwischen den beneideten und gehaßten Reichen einerseits und den verachteten und gefürchteten Armen anderseits". Rotteck beklagte nicht nur, daß vormals Selbständige zu einem maschinellen " K n e c h t s d i e n s t " herabsänken,[500] vielmehr warnte er auch eindringlich davor, "daß bei jener angedeuteten maßlosen Ausdehnung des Maschinenwesens die Arbeit wenigstens der Hälfte der Menschen überflüssig ... werden" könne.[501] Demgegenüber behauptete sich bei Kolb das von Rotteck ja gerade bestrittene Trugbild einer stets wechselseitigen und gleichgewichtigen Abhängigkeit zwischen Arbeiter und Fabrikant, das den Schein eines kaum veränderten Fortbestehens vorindustrieller sozialer Beziehungen aufrechterhielt. Anders als bei Rotteck erschienen hier die Industrialisierung und der freie Wettbewerb nicht als Einrede gegen ein Programm, das den Kreis der Emanzipierten stets erweitern wollte; Kolbs Gesellschaftsutopie glaubte beides noch vereinen zu können – eine harmonisierende Sichtweise also, die oben in erster Linie auf jene schon lange in der kleinbürgerlichen Lebenswelt geübte Praxis des freien Wettbewerbs zurückgeführt wurde, die Rotteck wiederum so nicht erfahren hatte.

Auch im Verhältnis zu Welckers Vorstellungen spiegelt die voneinander abweichende Haltung zur Industrialisierung das je andere Zeitempfinden. Nicht erst die Artikel und öffentlichen Voten Welckers aus den 1840er Jahren[502] legen die Differenz zu Rottecks gesellschaftlichem Leitbild offen, vielmehr läßt sich diese noch in die Zeit des gemeinsamen politischen Wirkens im badischen Landtag zurückverfolgen. Denn cum grano salis klang die unterschiedliche Beurteilung des Fabrikwesens schon in der Zollvereinsdebatte von 1835 an.

Beide Politiker stützten zwar ihre Erklärung gegen den Zollvereinsbeitritt in der Hauptsache auf die politische Befürchtung, der heimische Konstitutionalismus könne durch die im Beitrittsfalle dem preußischen Vertragspartner zuwachsende Macht gefährdet werden; daneben aber kam den volkswirtschaftlichen Erwägungen ein durchaus eigenes Gewicht zu. Und hier zeichneten sich signifikante Unterschiede ab. So argumentierte der Spätgeborene des 18. Jahrhunderts mit

---

500 Zu dem ganzen Zusammenhang vgl. ROTTECK, Art. "Maschinenwesen", StL. X^1, S. 380 f.; ebenso StL. VIII^2, S. 733; (wegen Satzanfang: "Jetzt erst ...").

501 ROTTECK, Art. "Maschinenwesen", StL. X^1, S. 383; ebenso StL. VIII^2, S. 734 f.

502 Vgl. oben S. 239 f.

dem für vorrangig erkannten Interesse der bäuerlichen Bevölkerung, mit der gebotenen Rücksicht auf die Ärmeren, und er ergänzte in bezeichnender Weise die Kritik am politischen Absolutismus Preußens um die an dessen Industrialisierung, an den "zum Theil künstlich gehobenen Fabriken". Dagegen machte sich Welcker in seinen Ausführungen keineswegs zum Anwalt eines bäuerlich-handwerklichen Kleinbürgertums, vielmehr optierte er zwischen den Zeilen für die industrielle Zukunft Badens.[503] Freilich gründete Welckers Gesellschaftsutopie darum nicht weniger in dem tradierten Leitbild einer 'klassenlosen Bürgergesellschaft', von dem auch Rottecks Politik ausging.[504] Daß Welcker jedoch im Gegensatz zu seinem Freiburger Amtsbruder den Aufbruch in die Industriegesellschaft darin noch zu integrieren vermochte, liegt an der von ihm vorgesehenen größeren Toleranzbreite gegenüber Eliten, die Rotteck mit vernunftrechtlicher Gründlichkeit verwarf. Ein knapper Vergleich, bei dem die Adelskritik Welckers als Kritik der Eliten auch genommen werden darf für diejenige Jordans, zumal dessen gesellschaftliches Modell mit Welckers Vorstellungen weitgehend übereinstimmte, kann den hier entscheidenden Unterschied illustrieren: Was Rotteck von dem Boden der vernunftrechtlichen Gleichheit aus als eine "für den w a h r e n R e c h t s s t a a t ... b e l e i d i g e n d e Einsetzung" verwarf — den

---

503 Zu den Beiträgen Rottecks und Welckers vom 1. Juli 1835 sowie zu deren Voten vom 02.07.1835 — Welckers Entscheidung fand dabei in der Literatur eine widersprüchliche Wiedergabe (vgl. H.P. MÜLLER, Zolleinigung, S. 235 und Anm. 212, ebd., S. 357, mit WILD, Welcker, S. 164) — vgl. Verhandlungen der zweiten badischen Kammer 1835, 4. Protokollheft, S. 80–86, S. 92–99, S. 166 (Zitat S. 84). Welckers Parteinahme für die industrielle Zukunft läßt sich seinen folgenden Ausführungen entnehmen: Man habe infolge des Anschlusses an den Zollverein "in Würtemberg wegen der Theuerung des Arbeitslohnes auf größere Industrie und Fabrikunternehmungen ... verzichten müssen". Angesichts dieses Befundes sinke ihm — Welcker — "vollends der Muth", und er wolle "wissen, wie es in unserem viel wohlhabenderen Baden werden soll(e), wo der Arbeitslohn bedeutend theurer ... als in Würtemberg" sei (ebd., S. 97). So bruchstückhaft diese Äußerungen sind, so läßt sich doch aus der offensichtlich als düster empfundenen Aussicht auf eine Zukunft ohne Fabriken unschwer die Befürwortung solcher Unternehmungen schließen.

504 Vgl. dazu auch SEDATIS, Liberalismus, S. 40 f., der zwischen Welcker und Rotteck keinen Unterschied sieht im Hinblick auf die von beiden verfolgte Gesellschaftsutopie "einer verhältnismäßig egalitären bürgerlichen Gesellschaft, in der die Mittelklasse sozial und politisch dominiert".

politisch privilegierten "G e b u r t s a d e l " – [505], galt Welcker mit Blick auf den hohen Adel als "naturrechtliches und politisches Ideal"[506]. Wollte jener die Fideikommisse vom Standpunkt der vernunftrechtlichen Erwerbsfreiheit aus "als Kriegserklärungen gegen das ewig heilige Princip der gesellschaftlichen Gleichheit" verstanden wissen[507] und lediglich für den englischen Verfassungstyp eine Ausnahme gelten lassen[508], so dienten diesem die britischen Adelsinstitute – zumindest anfänglich unter Einschluß des Majorats – als Muster und Vorbild[509]. Im Gegensatz zu Rotteck, der grundsätzlich eine erste Kammer neben der Kammer der Abgeordneten als "wider die v e r n u n f t r e c h t l i c h e F o r d e r u n g der bürgerlichen und politischen G l e i c h h e i t " mißbilligte[510], qualifizierte Welcker unter verfassungspolitischem Blickwinkel die erbamtliche " P a i r i e " und das Oberhaus als "heilsam"[511].

Bedeutsam an diesem in der Literatur oftmals betonten Unterschied[512] sind die daraus folgenden Konsequenzen hinsichtlich der Wahrnehmung des gesellschaftlichen Strukturwandels, die trotz einer prinzipiell gleichartigen Verankerung des gesellschaftlichen Leitbildes in der vorindustriellen Bürgergesellschaft unterschiedlich ausfiel. Während Jordan und Welcker mit einer solchen für die Elitebildung offenen Perspektive die anhebende Desintegration des 'Dritten Standes' wenigstens für eine geraume Zeit gleichsam noch übersehen und so zumindest länger festhalten konnten an der traditionellen Vereinbarkeit von besitzbürgerlichem

---

505 ROTTECK, Art. "Aristokratie", StL. I¹, S. 678 f.; ebenso StL. I², S. 632 f.

506 WELCKER, Art. "Rotteck", StL. XIV¹, S. 169; ebenso StL. XI², S. 662.

507 ROTTECK, Art. "Agrarische Gesetze", StL. I¹, S. 428; ebenso StL. I², S. 403; vgl. auch ROTTECK, Art. "Eigenthum", StL. IV¹, S. 635; ebenso StL. IV², S. 215.

508 ROTTECK, Art. "Agrarische Gesetze", StL. I¹, S. 429; ebenso StL. I², S. 404.

509 Vgl. WELCKER, Art. "Adel", StL. I¹, S. 331 f., S. 345–347; nahezu unverändert WELCKER, Art. "Adel. (Im Mittelalter)", "Adelstheorie (praktische)", StL. I², S. 313, S. 325.

510 Vgl. ROTTECK, Lehrbuch, II, § 92, S. 261.

511 WELCKER, Art. "Adel", StL. I¹, S. 345 f.; ebenso WELCKER, Art. "Adelstheorie (praktische)", StL. I², S. 325.

512 Vgl. hierzu u.a. DRÜCK, Ausgewählte Fragen, S. 135; SCHMITT, Staatsdenken, S. 49 f.; WILD, Welcker, S. 171.

Interesse, Freiheit und Gleichheit, war dies Rotteck wegen seiner Gesellschafts-utopie, die − weil vernunftrechtlich begründet − eben eine konsequentere Kritik jedweden Privilegs enthielt, nicht mehr möglich.[513] Im Rahmen einer durchweg vergleichbaren Rückbindung an egalitäre, vorindustrielle Leitbilder brachten also diese größeren Spielräume − mochten sie mit der gemäßigteren Adelskritik oder mit der Erfahrung einer noch lange Zeit die kleinbürgerliche Gesellschaft ordnend begleitenden Wettbewerbsfreiheit vorgelegen haben − doch eine Weiterung gegenüber Rottecks gründlicherer Gesellschaftskritik mit sich, auf deren Grundla-ge Kolb, Welcker und Jordan die bruchlose Einbeziehung des freien Wettbewerbs und der Industrialisierung in den Weg zum künftigen Frieden auch im Hinblick auf das emanzipative Anliegen weiterhin möglich war, während dies Rotteck angesichts desselben Phänomens verwehrt blieb.

Freilich veranschaulichte die aus sozialkonservativer Orientierung heraus formu-lierte mißtrauische Distanz Rottecks zu der modernen Technik einen mindestens ebenso einschneidenden, wenn nicht noch tiefer reichenden Graben zwischen seinen Positionen und jenen der für die Industrialisierung werbenden Publizisten. Mathy, der frühe Schulz und List lösten sich mit ihrem eindeutigen Bekenntnis zum wirtschaftlich-gesellschaftlichen Strukturwandel von jener Utopie einer 'klassenlosen Bürgergesellschaft', die Rotteck mit seinem 'Erhaltungsinterventionis-mus' gerade zu bewahren suchte und die er im Grunde mit Welcker und Jordan, in Grenzen auch noch mit dem eine harmonisierende Mittelstandsideologie verbreitenden Kolb teilte.

Besonders deutlich zeigte sich dabei an dem Gegensatz zwischen Rotteck und List, daß bei einer gegebenen Einsicht in die soziale Dimension der Industrialisie-rung der besitzbürgerlich begründete Frieden nur noch auf dem Hintergrund der 'bürgerlichen Klassengesellschaft', nicht aber mehr auf dem des egalitären Vor-

---

513 In diese Richtung weist auch die Feststellung bei SCHUMACHER, Gesellschaftsbegriff, S. 209, "daß Welcker in seinen Gedankengängen ... den Folgen der industriellen Entwicklung innerlich viel ferner ... als etwa Mohl, aber auch als Rotteck" gestanden habe. Vgl. auch ebd., S. 51; ferner WILD, Welcker, S. 311 und SCHÖTTLE, Politische Freiheit, S. 44.

bildes erreichbar zu sein schien. Hinter dem rücksichtslosen Eintreten für den Übergang zur Industriegesellschaft verbarg sich das Programm einer Aristokratisierung des Bürgertums, welches die alles andere denn grundsätzliche Adelskritik mit Welckers politischer Theorie gemein hatte, ohne jedoch dessen Rückbindung an die vorindustrielle Gesellschaft aufzunehmen, und welches damit eine noch krassere Gegenposition zu Rottecks Sozialutopie aufbaute.

Fraglos wurde die Aristokratie wie zuvor schon 1820, so auch im 'Nationalen System' von List umworben.[514] Nach eigener Aussage auch ein Anwalt der Sache des grundbesitzenden Adels,[515] verwandte List einen nicht eben kleinen Teil seines Hauptwerkes auf den Nachweis, daß das Emporkommen eines einheimischen industriellen Bürgertums durchaus im Interesse der Aristokratie liegen müsse.[516] Indes war die dem Adel unter der Bedingung seiner " p a r l a - m e n t a r i s c h (e n) " und " n a t i o n a l (e n) " Politik angebotene Führungsrolle[517] ein wahres Danaergeschenk. Wäre er doch — so er dieses Angebot angenommen hätte — gleichzeitig fast aller ihn als Adel auszeichnenden Besonderheiten verlustig gegangen — sei es, daß keine Privilegien mehr seine Kultur und seinen Besitz vor dem kapitalistischen Wettbewerb schützen sollten[518], oder sei es, daß er in unterstellter Abhängigkeit von der industriellen Prosperität[519] seine ökonomischen Interessen den zollpolitischen Maximen der Industrie

---

514 Für die Frühzeit — um 1820 — vgl. LIST, Grundbesitzer, S. 585—589.

515 LIST, Das nationale System, S. 36 f.

516 Vgl. LIST, Das nationale System, S. 273 f., dort als Summe seiner Bemühungen der Satz: "Ja es muß den Agrikulturisten, und insbesondere den Rentenbesitzern und Gütereigentümern eines Landes, nunmehr einleuchten, daß es in ihrem Interesse liege, eine inländische Manufaktur zu pflanzen und zu erhalten".

517 LIST, Das nationale System, S. 37.

518 Zur geforderten Einführung des freien Grundeigentums vgl. LIST, Das nationale System, S. 178, S. 237. Zudem bemühte List das englische Beispiel, um den Adel auf das bürgerliche Arbeitsethos mit dem diesem innewohnenden Konkurrenz- und Leistungsdruck zu verpflichten. Vgl. ebd., S. 104 f., S. 272. Treffend bemerkte LENZ, List/Werk, S. 47, List habe "die älteren monarchisch-feudalen Schichten gelten (lassen), falls sie nur ihr konstitutionelles Bündnis mit dem bürgerlichen Erwerbsinteresse vollziehen" würden.

519 Vgl. LIST, Das nationale System, S. 36—38, S. 51 f., S. 57, S. 266.

unterzuordnen hatte[520]. Umgekehrt meinte diese Verbürgerlichung des Adels auch die Aristokratisierung des Bürgertums. Zu einer zuweilen eigens betonten Elite[521] vereint, sollten sich "Adel und Bürgertum" in den Dienst der nationalen Größe stellen.[522] Eine derartige "Einheit der Interessen" machte im innerstaatlichen Bereich bereits den "ewigen Frieden" aus.[523] Den Frieden mit der verwirklichten Emanzipation einmal gleichgesetzt — was schließlich der Anspruch des 'Friedens durch Arbeit' gewesen —, ging die innerstaatliche Emanzipation vollends in solcher Verbürgerlichung der Eliten auf. Der innerstaatliche Friede herrschte in dem Maße, wie der Adel sich den Gesetzen der Konkurrenz unterwarf und den bürgerlichen Unternehmer als die Voraussetzung seiner schon nicht mehr besonderen eigenen Existenz anerkannte. Darüber geriet die Emanzipation des Proletariers ebenso wie die Depravation des Handwerkers gänzlich aus dem Blick — kurz: List verfolgte das schiere Gegenteil von Rottecks gesellschaftspolitischer Utopie, deren selbstgenügsamen kleinbürgerlich-bäuerlichen Grundzug er als Ursache von "Nationalschwäche" verächtlich abtat[524].

Ein ähnlicher Unterschied läßt sich im Verhältnis zu den beiden anderen Verfechtern der Industrialisierung beobachten, wenngleich die Zielvorstellung der durch eine bürgerliche Elite dominierten Gesellschaft von Schulz und Mathy keineswegs mit so unverhohlener Offenheit vertreten wurde wie von List: Solange Mathy und Schulz mit der Industrialisierung zugleich auch den durch Kapitalkonzentration und Vermehrung der Lohnabhängigen gekennzeichneten Wandel wollten, blieben ihre Leitbilder genausoweit von Rottecks Entwurf entfernt wie dasjenige Lists. Mit

---

520 Vgl. LIST, Das nationale System, S. 57—59.

521 Vgl. LIST, Das nationale System, S. 104 f.

522 LIST, Das nationale System, S. 37.

523 LIST, Das nationale System, S. 292. Vgl. dazu auch ebd., S. 52: "A g r i k u l t u r - k r a f t (d.i. in Lists Verstande zumeist der adlige Großgrundbesitz, F.N.) u n d M a n u f a k t u r k r a f t i n e i n e r u n d d e r s e l b e n N a t i o n , u n t e r d e r n ä m l i c h e n p o l i t i s c h e n G e w a l t v e r e i n i g t , l e b e n i m e w i g e n F r i e d e n . " Vgl. auch ebd., S. 218.

524 LIST, Das nationale System, S. 58 f. (Zitat S. 59).

dieser den emanzipativen Anspruch zurücknehmenden Differenz zu Rottecks Utopie bot es sich für die drei industriefreundlichen Politiker geradezu an, weiterhin das Interesse des Besitzbürgers – den eigentlichen Motor der sich entfaltenden Industriegesellschaft – als eine Vermittlungsebene zum Frieden einzusetzen, also anders als Rotteck den Frieden auf der besitzbürgerlichen Grundlage zu konzipieren.

Inwieweit Schulz mit seinem später entwickelten Plan eines Sozialstaates, mit welchem solche Verkürzung der Emanzipation rückgängig gemacht werden sollte, sich Rottecks Position wieder näherte, soll sogleich nach einem Blick auf den zwischenstaatlichen Raum interessieren. Wenigstens hier nämlich – im interstatalen Bereich – schien das von Rotteck mit Nachdruck behauptete Prinzip der Emanzipation neben Schulz auch von Mathy und List vertreten worden zu sein. Hatten doch diese drei Verfasser die Friedensvermittlung der Nation gerade darum vorgesehen, weil im Verkehr der Staaten der freie Wettbewerb unter der Maxime universaler Befreiung und Gleichheit nach ihrer Auffassung der egalitären Korrektur bedurfte. Auch Struve hatte diese emanzipative Richtigstellung mit seiner nationalen Bedingung des Friedens verbunden, so daß unter solcher Perspektive sein Konzept den Vorstellungen jener hier an die Seite gestellt werden kann. Aber bahnte die von Rotteck unbeachtet gelassene Nation mit Blick auf die Staaten untereinander diesen glücklichen Ausweg in die umfassende Emanzipation, wo sie doch ihre friedensvermittelnde Rolle demselben Prozeß verdankte, über dem Rotteck am Frieden verzweifelte? Ließ sich mit ihr und den ihr bisweilen angeschlossenen technizistischen Seitenargumenten der künftige Friede zumindest auf internationaler Ebene als die verwirklichte Emanzipation denken, wenn gleichzeitig und keineswegs unabhängig davon im innerstaatlichen Raum der Widerstreit zwischen Emanzipation und besitzbürgerlichem Interesse entschieden werden mußte?

Aus der Rückschau, welche die Kriege ebenjener Nationalstaaten zu übersehen nicht mehr erlaubt, wird solche Frage vorderhand eine schnelle Verneinung finden. Und selbst die damaligen Zeitgenossen wußten um das ebenso Gefährliche wie Trügerische eines gedachten Friedens, dessen wesentliche Voraussetzung die auf ihre 'natürlichen Grenzen' ausgedehnte Nation ausmachte. Um nur ein Beispiel aus der noch vor dem Staatslexikon liegenden Zeit zu nennen, sei hier an den 1800 verfaßten Essay 'Über den ewigen Frieden' aus der Feder Friedrich (v.) Gentzens erinnert.

Nicht zuletzt als eine Antwort auf die zeitgenössischen Friedensschriften gedacht, setzte sich dieser Aufsatz auch mit Fichtes 'Geschlossenem Handelsstaat' aus demselben Jahre auseinander. In seiner Schrift hatte Fichte unter egalitären Maximen einen in das Wirtschaftsgeschehen nachhaltig eingreifenden Staat entworfen[525], dessen Intervention auch die strikte Unterbindung jeglichen Außenhandels einschloß. Im Interesse des geforderten "Gleichgewicht(es)" bei der Versorgung aller sollte jede Einflußnahme, die sich staatlicher Kontrolle noch entziehen mochte, verhindert werden.[526] In der Konsequenz der hierin enthaltenen Forderung nach wirschaftlicher Autarkie lag die Notwendigkeit eines für die Selbstversorgung hinreichend ausgedehnten Staatsgebietes, was in Fichtes Augen den eigentlichen Begriffsinhalt der "natürlichen Grenzen" ausmachte.[527] Mit dem Erreichen dieser Grenzen sich selbst genügend, begründeten – so Fichte – die derart beschaffenen "Nationen" den "ewige(n) Friede(n)".[528] Die Schwäche dieses Entwurfes – nämlich das trotz aller Definitionsbemühungen Fichtes letztlich doch der einzelstaatlichen Willkür gegenüber stets offene Prinzip der 'natürlichen Grenzen' – geißelte nun Gentz in seiner Betrachtung als "eine Maxime, welche die Raubsucht erfunden und der nachher die Sophisterei der Zeiten ein ehrbares

525 Vgl. FICHTE, Handelsstaat, S. 77–88, passim. Zur vorindustriellen, kleinbürgerlichen Sozialutopie in Fichtes Staatstheorie, die gegen wirtschaftsliberale Vorstellungen den zum Zwecke allgemeiner Daseinsvorsorge in die Sphäre der Eigentümer intervenierenden Staat vorsah, vgl. auch im Zusammenhang BATSCHA, Einleitung, S. 14, S. 25, S. 28–31, S. 34, S. 41. Vgl. zum 'Geschlossenen Handelsstaat' auch FETSCHER, Modelle, S. 47–52.

526 Vgl. FICHTE, Handelsstaat, S. 88 f.

527 FICHTE, Handelsstaat, S. 140, S. 142.

528 Vgl. im Zusammenhang FICHTE, Handelsstaat, S. 167 (Zitate), S. 142 f., S. 130 f., S. 163.

Gewand angezogen" habe.[529] Mit bitterer Ironie legte er die in dieser Utopie des Friedens angelegte Zukunft des ewigen Krieges offen: So die "Nachbarn (sich) nicht gutwillig" in ihre 'natürlichen Grenzen' schickten, bedurfte es des auch von Fichte ausdrücklich in Kauf genommenen "letzten Krieg(es), welcher" indessen – wie Gentz bemerkte – "von nun an nötig sein" werde.[530]

Einmal abgesehen von der später noch zu behandelnden kriegerischen Folge hatte Gentz hier auf den grundlegenden Mangel eines jeden damaligen Friedensdenkens aufmerksam gemacht, welches – wie das Fichtesche – gegen die Dynamik des Wettbewerbs den Frieden wesentlich auf ein statisches System der in ihre 'natürlichen Grenzen' eingefaßten Nationen zurückführte: Regelmäßig mußte die so im Wege politischer Herrschaft gegen das 'Unrecht' der freien Konkurrenz abgesicherte Egalität neuerliches Unrecht hervorbringen. Dabei dürfte es im Grunde auch belanglos gewesen sein, ob diese im Zeichen der materialen Gleichheit und des 'Gleichgewichtes' vorgesehene Friedensvermittlung der Nation auf einer kleinbürgerlichen Sozialutopie beruhte, was den 'Geschlossenen Handelsstaat' Fichtes mit den Vorstellungen Struves verband, oder ob sie ihre Entstehung dem Ziel einer besitzbürgerlich geprägten Industriegesellschaft verdankte. Schließlich ging es doch in beiden Fällen um dieselbe staatenübergreifende kapitalistische Wirtschaftspraxis, gegen welche die Nation aufgeboten wurde. Kaum etwas freilich sollte besser geeignet sein, diesen Zusammenhang zu illustrieren, als ebenjene nationalen Konzeptionen selbst, die List, Mathy und Schulz einerseits wie auch Struve andererseits vorlegten.

Betrachtet man die territorialen Implikationen des von List bis hin zu Struve politisch gewendeten Begriffes der Nation zunächst einmal nur im Hinblick auf die innereuropäischen Verhältnisse, so fällt – was das die vier Verfasser zuerst interessierende Deutschland anlangt – die durchweg mitteleuropäische und zugleich maritime Dimension des geforderten 'großen' Wirtschaftsraumes ins Au-

---

529 GENTZ, Frieden, S. 474.

530 GENTZ, Frieden, S. 474 f.; zu Fichtes Akzeptanz des 'letzten Krieges' vgl. FICHTE, Handelsstaat, S. 130 f., S. 158 f.

ge.[531] Leitmotivisch schon durchdringt als konkrete Bestimmungsgröße die List-sche Grundannahme, nach welcher eine wettbewerbsfähige Nation notwendig "die Mündungen ihrer Ströme" kontrollieren und als "Seemacht" auftreten müsse[532], das nationale Denken auch der drei anderen Autoren. Nachdem er ähnliches bereits 1829 angedeutet hatte[533], bekannte sich Schulz 1848 abermals zu dieser aussenpolitischen Leitlinie, indem er die wahre "Volkssouveränität" vom Zugang zum "Länder verknüpfenden Weltmeer" abhängig machte und seine Gleichge-wichtsidee an die Kriterien maritimer Macht knüpfte[534]. Für Mathy war "keine Nation ... noch jemals von Bedeutung in der Geschichte, wenn sie das Meer nicht erreichte"[535], und in diesem Sinne formulierte er sein "vorwärts an die Mündun-gen der deutschen Ströme!"[536]. In gleicher Weise äußerte sich Struve[537], der

---

531 Prägend dürften hierbei die schon früh formulierten Mitteleuropavorstellungen Lists gewesen sein. Zu der über die innen- und verfassungspolitischen Fronten hinwegreichenden, nahezu einmütigen, breiten Rezeption der Gedanken und Konzeptionen Lists zu einem Mitteleuropa unter deutscher Hegemonie und zu einer deutschen Seemacht vgl. mit Blick auf die Pauls-kirche WOLLSTEIN, Das 'Großdeutschland', S. 256, S. 270–273, S. 287. Zu dem von allen Richtungen der Nationalversammlung getragenen Verlangen nach einer deutschen Seemacht vgl. ferner ebd., S. 255–265; dort auch Angaben zur weiterführenden Literatur.

532 LIST, Das nationale System, S. 211: "Eine Nation, die keine Küstenländer, keine Schiffahrt und Seemacht besitzt oder die Mündungen ihrer Ströme nicht in ihrer Gewalt hat, ist in ihrem fremden Handel von anderen Nationen abhängig; sie kann weder eigene Kolonien anlegen noch neue Nationen hervorbringen; aller Überfluß an Bevölkerung, an geistigen und materiellen Mitteln, der aus einer solchen Nation nach nichtkultivierten Ländern fließt, geht ihrer ... Zivilisation und Industrie zum Vorteil anderer Nationalitäten verloren."

533 Vgl. SCHULZ, Almanach, S. 24: "... jeder Binnenstaat (müsse) nach einer Verbindung mit dem weltverknüpfenden Meere streben".

534 SCHULZ, Denkschrift, S. 10 f.: "die Idee der Nothwendigkeit eines politischen Gleichge-wichts ... (:) Alle Nationen, die das Bewußtsein ... der Selbstständigkeit lebendig in Kopf und Herzen tragen, wollen nach Verhältniß ihrer Größe und ihrer Bildungsstufe Theil nehmen am Welthandel und am Länder verknüpfenden Weltmeer. Der Wellenschlag des Meers ist der sichtliche Pulsschlag des neuen Völkerlebens; und die Volkssouveränität bleibt nur ein leerer Name für d a s Volk, das sich ganz oder unverhältnißmäßig davon absperren läßt. Es wird verkümmern und versiegen müssen. Darum wird bald die Frage des neuen und wahren politischen Gleichgewichts auf dem Meere und in den Küstenländern entschieden werden."

535 MATHY, Art. "Nationalökonomie", StL. IX[2], S. 360.

536 MATHY, Zolltarif, S. 188.

537 Vgl. STRUVE, Grundzüge, IV, S. 152: "Eine Nation ohne Seemacht gleicht einem Vogel ohne Schwingen, einem Roße ohne Füße, einem Fische ohne Flossen. Die Seemacht bildet die festeste Stütze des Handels, der Gewerbe und Landwirthschaft, die kräftigste Waffe des Angriffes und der Vertheidigung einer Nation. ... Nur diejenigen Nationen, deren Gebiete

Deutschland damit kurzerhand ein "gutes Recht" auf den Sund, den Rhein und die Donau zubilligte[538]. Die mit derlei Richtmarken verbundenen Gebietsvorstellungen – stellenweise wurden sie eben schon sichtbar – waren nun nichts weniger als deckungsgleich, übereinstimmend aber wiesen sie dem künftigen deutschen Reich eine Stellung an, die dieses fraglos in die Nähe eines kontinentaleuropäischen Hegemon hätte rücken lassen.

List beanspruchte für das mit Österreich vereinte Deutschland nicht allein "die gesammten Uferstaaten der niedern Donau bis zu ihrer Ausmündung in das schwarze Meer", die aus der Erbmasse des seiner "Auflösung" nahe gewähnten Osmanischen Reiches zufallen sollten[539]; vielmehr gliederte er neben der Schweiz unter Berufung auf ebenjene Notwendigkeit einer Herrschaft über die Küsten auch Belgien, die Niederlande und Dänemark in den geplanten nationalen deutschen Bundesstaat ein[540]. Gleichermaßen schien Mathy wenigstens als Fernziel einen wirtschaftlich-politischen Verband angestrebt zu haben, der das Gebiet von den Küsten des Schwarzen Meeres bis zu denen der Nordsee unter einer deutschen Führung zusammengeschlossen hätte.[541] Vielfach auch mit ethnischen

---

von Meeren umspült waren, haben daher eine höhere Stufe der Bildung zu erreichen vermocht."

538 STRUVE, Grundzüge, I, S. 356: "Die Donau mag der Russe, den Rhein der Holländer, den Sund der Däne sperren. Früher oder später wird doch der Deutsche sein gutes Recht auf jene Ströme und diesen Meeresarm geltend machen." Vgl. auch ebd., S. 72, S. 93.

539 LIST, Art. "Asien", StL. I^1, S. 720 f.; ebenso LIST/SCHULZ, Art. "Asien", StL. I^2, S. 711. Vgl. auch LIST, Ackerverfassung, S. 499 f.

540 LIST, Das nationale System, S. 211, S. 409. Diese Vorstellungen lassen sich – mit Modifikationen freilich – im Grunde bis in die Frühschriften zurückverfolgen; vgl. dazu LIST, Denkschrift (1820), S. 528–530.

541 Vgl. MATHY, Zolltarif, S. 186 f.: "Eben der Umstand aber, daß Deutschland, welchem Holland auf dem Rheine, Rußland auf der Donau sitzt, auch die Weser und die Elbe nicht bis zur Mündung gegen fremden Einfluß gesichert weiß, beweist zur Genüge die unerläßliche Nothwendigkeit, dafür zu sorgen, daß ihr (sic) ganzes Stromgebiet dem Zollverbande einverleibt werde." Vgl. auch ebd., S. 170. Daß damit zugleich eine wie auch immer geartete politische Einheit gemeint war, geht aus der ebenfalls 1843 veröffentlichten Erklärung Mathys hervor, daß ein Zollschutz ohne die politische Einheit letztlich wirkungslos bleiben müsse. Vgl. MATHY, Art. "Zoll", StL. XV^1, S. 842; ebenso StL. XII^2, S. 841. HOCHSCHILD, Mathy, S. 256–265 hebt unter Hinweis auf Mathys Beiträge in der Frankfurter Oberpostamts-Zeitung zu Recht dessen großdeutsche Zielvorstellung hervor, die erst im Frühjahr 1849, als eine baldige Verständigung mit der Politik Schwarzenbergs unerreichbar

Zusammenhängen argumentierend, schwärmte Struve von der Wiederkehr der idealisierten und in nationaler Perspektive Deutschland zugeschriebenen mittelalterlich-kaiserlichen Machtposition, deren Grundlage ein deutsches Reich bilden sollte, das neben den deutschen Gebieten des Deutschen Bundes die deutsche Schweiz, Elsaß und Lothringen, Schleswig, Ost- und Westpreußen sowie die baltischen Länder umfaßt haben würde.[542] Damit nicht genug, richtete er den Blick auf eine spätere Ausdehnung, die sich zum einen auf die "stammverwandten" Gebiete "Friesland, Holland und Belgien" erstreckt[543], die zum anderen aber auch die nichtdeutschen Gruppen der Habsburger Monarchie unter deutsche

---

geworden zu sein schien, einer kleindeutschen Orientierung wich. Demgegenüber irrt ANGERMANN, Mathy, S. 579 — hierin BECKER, Mathys Einheitsgedanken, S. 122 vergleichbar —, wenn er Mathy ein grundsätzlich kleindeutsches Programm unterstellt und ihn damit von List abzugrenzen sucht: "Offensichtlich besteht ein krasser Gegensatz zwischen dieser (Mathys, F.N.) kleindeutschen Konzeption und der eines großdeutschen, ja mitteleuropäischen Wirtschaftsraumes, wie sie besonders List vertrat ...".

542 Vgl. STRUVE, Grundzüge, IV, S. 197 f.: "Die nächste, die innigste Wahlverwandtschaft verbindet ... die deutsche Nation mit den deutschen Schweizern, den Elsäßern und Lothringern, den Schleswigern, den Ost- und Westpreußen, den Liefländern, Kurländern und Esthländern ... Ungeachtet diese Deutschen zum Theil seit Jahrhunderten vom deutschen Stammlande losgerissen wurden, so haben sie doch ihren deutschen Charakter nicht verloren. ... Die Erinnerung an die glorreiche Zeit, da Deutschland das erste Reich der Welt war, ist bei ihnen noch nicht ausgestorben, und eben deßhalb kann es nicht schwer sein, die Hoffnung auf eine ähnliche, schönere Zukunft anzuregen." Vgl. auch ebd., S. 136 und ebd., I, S. 355 f.

543 STRUVE, Briefe über Kirche und Staat, S. 122, 39. Brief: Gustav an Waldemar; vgl. auch STRUVE, Grundzüge, IV, S. 198: "In zweiter Linie stehen die Flamänder Belgiens, die Holländer, die Dänen, die Schweden und die Norweger, welche alle rein germanischen Ursprungs sind und sich daher zu der großen deutschen Völkerfamilie verhalten, wie die Zweige zu dem Stamme eines und desselben Baumes." Vgl. dazu auch ACKERMANN, Struve, S. 79 f.

Botmäßigkeit gebracht hätte[544]. Die eigentümliche, rassistisch gefärbte Begründung einmal beiseite gelassen, kam mithin bei Struve kaum anders als bei List und Mathy das Anliegen zum Vorschein, eine deutsche Herrschaft von den Küsten Österreichs bis hin zur Nord- und Ostsee zu errichten.[545] Schulz hingegen ließ die für Deutschland vorgesehene Großmachtstellung nicht aus geplanten Grenzverschiebungen im Norden und im Westen hervorgehen. Im Gegensatz zu List etwa respektierte er augenscheinlich die Eigenstaatlichkeit der Schweiz, der Niederlande und Belgiens.[546] Auch machte er sich im Interesse der deutsch-französischen Verständigung anders als Struve letztlich nicht zum Anwalt deutscher Forderungen auf das Elsaß, wiewohl dies seinem vorgestellten Nationenbegriff entsprochen hätte.[547] Deutliche Konturen gewinnt das Großmachtkonzept indessen mit den Plänen Schulz' zu Südosteuropa. Gewiß – 1840 hatte der damals von den Bundesbehörden Verfolgte Ungarn eine solche Selbständigkeit zugesprochen, daß die dem Land zugedachte Vormachtstellung auf dem Balkan – wie der Verfasser des 'Bundes der Deutschen und Franzosen' meinte – keineswegs als "Ausdehnung Deutschlands" verstanden werden könne.[548] Allerdings täuschte diese Selbstbeschränkung oder blieb doch allenfalls Episode.

---

544 Vgl. STRUVE, Briefwechsel, S. 147 f., 30. Brief: Gustav an Waldemar. Nach einer Betrachtung des "unermeßlich(en) ... Gewinn(es)" einer Vereinigung von "der Nordsee bis zum adriatischen Meere, vom Bodensee bis an die türkische Grenze" (ebd., S. 147) fährt Struve ebd., S. 148 unter Hinweis auf die Emanzipationsbestrebungen der nichtdeutschen Völkerschaften Österreichs fort: "In Verbindung mit dem ganzen Deutschland werden das slavische, magyarische und italienische Element aufhören (,) für Österreichs deutsche Elemente bedrohlich zu sein. Sie werden dann sich nicht mehr dem deutschen Elemente gleich oder gar überlegen achten, sondern früher oder später erkennen, daß ihnen die innige Verbindung mit demselben, ihren eigenthümlichen Verfassungs- und Sprachverhältnissen unbeschadet, eine Zukunft eröffnet, welche eine starre Abschließung ihnen niemals versprechen kann." Dem steht allerdings die Erklärung bei STRUVE, Grundzüge, IV, S. 200 entgegen, nach der es das Ziel deutscher Politik sei, "die nichtdeutschen ... Provinzen abzustoßen".

545 Vgl. STRUVE, Grundzüge, IV, S. 155.

546 Vgl. SCHULZ, Denkschrift, S. 25.

547 Vgl. im Zusammenhang SCHULZ, Deutschlands Einheit, S. 2; SCHULZ, Der Bund, S. 7, S. 19 f.; SCHULZ, Denkschrift, S. 27.

548 SCHULZ, Der Bund, S. 18 f.

Im Zeichen einer "politischen und handelspolitischen" deutschen Hegemonie "von den Küsten der Ostsee bis zu denen des adriatischen Meeres ..., von den Mündungen des Rheins bis zu denen der Donau"[549] identifizierte Schulz 1848 schlechtweg das ungarische Interesse mit dem deutschen und konzipierte zur Abwehr eines befürchteten panslawistischen, russischen Vordringens "die engere commerzielle Verbindung Deutschlands mit Ungarn und seinen Nebenländern" zusammen mit einer allerdings behutsam zu steuernden deutschen Kolonisation der östlichen Donaugebiete. Als politisches Seitenstück hierfür war die bis auf weiteres beizubehaltende Mediatisierung Ungarns durch den österreichischen Gesamtstaat vorgesehen.[550] Solche Überfremdung ließ das nochmals abgegebene Versprechen der künftigen Unabhängigkeit Ungarns[551] letzten Endes zu einem Lippenbekenntnis geraten. In konsequenterer Ausformulierung seiner außenpolitischen Konzeption verzichtete Schulz 1849 dann auch darauf, um der machtpolitisch-ökonomischen "Konkurrenz" Rußlands nur noch die "kompakte Masse" eines "Mittel-Europa" entgegenzustellen, das als ein politischer Verband alle Länder des Habsburger Kaiserhauses der großdeutschen Vormacht unterordnen sollte.[552] Um einem möglichen Mißverständnis hier sogleich vorzubeugen: Diese nationalen Ziele Schulz' gewannen ebensowenig erst mit der Erfahrung des revolutionären Bürgerkrieges ihre bestimmte Gestalt, wie die schon deutlich vernehmlichen rassistischen Zwischentöne[553] Ausfluß einer unruhigen Zeit waren. Anders als sein jüngster Biograph es wahrhaben möchte, prophezeite Schulz am Ende des Vor-

---

549 SCHULZ, Denkschrift, S. 27: Es sei "Aufgabe des deutschen Bundesstaats ..., den politischen und handelspolitischen Kern einer Reihe freier und unabhängiger, aber natürlich verbundener Staaten zu bilden, die von den Küsten der Ostsee bis zu denen des adriatischen Meeres reicht, von den Mündungen des Rheins bis zu denen der Donau".

550 SCHULZ, Denkschrift, S. 19–23.

551 SCHULZ, Denkschrift, S. 18.

552 SCHULZ, Die österreichische Frage, S. 18 (Zitate) – 20, S. 30.

553 Schulz hatte im zweiten Revolutionsjahr das Szenarium von dem "großen, schon lange sich vorbereitenden Weltkampfe zwischen Germanenthum und Russenthum, zwischen Freiheit und Unterdrückung" entworfen (SCHULZ, Die österreichische Frage, S. 20), in dem Deutschland die zivilisatorische Mission der Slawen zufallen sollte (SCHULZ, Die österreichische Frage, S. 19).

märz zwar, aber nichtsdestoweniger bereits vor der Revolution die 'weltgeschichtliche' Auseinandersetzung des "Slaventhums" mit dem "Germanenthum, der Barbarei des Ostens ... (mit der) Civilisation der Mitte Europas", die sich an der Herrschaft über die Donaumündung entscheiden werde.[554] Und gleichermaßen hatte er Österreich diese Donaugebiete mehr als einmal seit 1829 angewiesen, ohne dabei einer künftigen Selbständigkeit Ungarns zu gedenken.[555] Die in

---

554 SCHULZ, Art. "Oesterreich seit 1841", StL. X^2, S. 383: "Die russische Alleinherrschaft auf dem schwarzen Meere muß durch die den freien Verkehr aller Nationen verbürgende Theilnahme Oesterreichs an dieser Herrschaft beseitigt werden. ... Es handelt sich an den Mündungen der Donau um kein gewöhnliches politisches Interesse ... Es gilt dort die Lösung einer weltgeschichtlichen Frage, die im schlimmeren Falle vielleicht auf Jahrhunderte lang das politische Uebergewicht des Slaventhums über das Germanenthum, der Barbarei des Ostens über die Civilisation der Mitte Europas entscheidet." Der Abschnitt erschien 1848 im zehnten Band des Staatslexikons und wurde mit 'O' gezeichnet (ebd., S. 389). Gleichwohl kann als gesichert gelten, daß er noch vor der Revolution verfaßt wurde und daß er aus der Feder Schulz' stammt. Denn noch richtet sich der Aufsatz gegen die fortdauernde Leitung der Wiener Politik durch den Staatskanzler Fürst Metternich (vgl. ebd., S. 386, passim), und bei aller Warnung vor der revolutionären Veränderung deutet nichts auf deren unmittelbares Bevorstehen (vgl. ebd., S. 386–389). Sodann erscheint die Verfasserschaft Schulz' unzweifelhaft. Ebenso wie der Ergänzungsartikel "Oesterreich seit 1841" ist der Hauptartikel "Oesterreich" mit 'O' gekennzeichnet (ebd., S. 341). Das Inhaltsverzeichnis nennt für diesen letzteren Schulz als den Autor und schließt daran eine weitere Erläuterung den Hinweis auf den Ergänzungsartikel an. Haupt- und Ergänzungsartikel erweisen sich darüber hinaus als eine aufeinander abgestimmte Überarbeitung des Artikels "Oestreich" aus der ersten Auflage, der nach Schulz' damaliger Übung mit 'S' gezeichnet wurde. Vgl. SCHULZ, Art. "Oestreich", StL. XII^1, S. 125–235 mit StL. X^2, S. 282–389. Und selbst ohne diese eindeutigen Zuordnungen bieten charakteristische Wendungen wie etwa die Rede von der 'Staatenkette' (vgl. SCHULZ, Art. "Oestreich", StL. XII^1, S. 234; SCHULZ, Art. "Oesterreich seit 1841", StL. X^2, S. 383; SCHULZ, Denkschrift, S. 16) eine ausreichende Gewähr für die Annahme, daß Schulz den Beitrag verfaßt hatte. Die sich auf die Schrift von 1849 beziehende Feststellung bei GRAB, Ein Mann, S. 312, es seien solche "Töne, die rassistische Klangfärbung verrieten, ... früher bei Schulz nie zu vernehmen gewesen", ist falsch. Ebenso irrt GRAB, Ein Mann, S. 311 f., wenn er Schulz' Mitteleuropakonzeption erst im Umkreis der Revolution ansiedelt. Diese Behauptung verwundert um so mehr, als GRAB, Ein Mann, S. 187 f. und S. 301–303 durchaus die Kontinuität eines ökonomisch begründeten Großmachtdenkens bei Schulz bis in den Vormärz zurückverfolgen kann. In seiner Neubearbeitung hält Walter Grab bei nur unwesentlichen stilistischen Veränderungen an seiner Darstellung fest; vgl. GRAB, Dr. Wilhelm Schulz, S. 231 f., S. 355–357, S. 368 f.

555 Vgl. SCHULZ, Almanach, S. 346; SCHULZ, Deutschlands Einheit, S. 251–254; SCHULZ, Art. "Italien. (Neueste Zeit)", StL. VII^2, S. 529. Eine Zusammenfassung der dortigen Vorstellungen Schulz' gibt SCHULZ, Art. "Oestreich", StL. XII^1, S. 234: Diskutiert wird die "Entschädigung" Österreichs für die durch die vorgesehene Herauslösung Italiens und Galiziens entstehenden Verkürzungen. "Eine solche Schadloshaltung kann ihm nur im Osten werden. Die Volksstämme, welche die Gebiete des Rheins, der Weser, Elbe und Oder, wie das Gebiet der Donau bewohnen, sind von Natur aus dazu bestimmt, eine eng verbundene Kette von Staaten zu bilden. Und dieser Ausdehnung über das östliche Donaugebiet kommt eben so sehr das ganze Streben der ungarischen Nation zu Hülfe, als sie im Interesse des

solcher Südostexpansion liegende Deckungsgleichheit seiner Ziele mit jenen Lists belegt augenfällig Schulz' Mitzeichnung jenes Artikels von List, der für das österreichisch-deutsche Reich die europäische Erbmasse der Pforte beansprucht hatte.[556] Unumwundener, so scheint es, als Mathy und Struve haben jene beiden Autoren überdies die mit ihren Großmachtplänen verbundene Beugung des gleichzeitig bemühten emanzipativen Anspruches zum Ausdruck gebracht und damit ihre politische Übereinstimmung ein weiteres Mal dokumentiert.

An dem Beispiel der beabsichtigten Eingliederung Dänemarks und der Niederlande demonstrierte List, wie wenig ihm an der verheißenen Unabhängigkeit aller Nationen — was doch auch die der andernorts ausdrücklich einbezogenen 'Schwachen' bedeutete — gelegen war, ja daß noch nicht einmal die stellenweise in der Theorie vollzogene Rücknahme der universalen Geltung auf "viele Nationalitäten"[557] Ziel seiner Bemühungen gewesen. Ethnisch obendrein "der deutschen Nationalität" zugerechnet, verloren diese Staaten, die immerhin auf eine lange Geschichte eigener souveräner Staatlichkeit zurückblicken konnten, in den Augen Lists eigentlich wegen ihrer geringen Ausdehnung jedes Recht auf eine selbständige politische Existenz: Diese "beide(n) Völkchen" — so List — bezahlten mit ihrer gegenwärtigen Verschuldung für die "unnatürlichen Bestrebungen, sich als selbständige Nationalitäten zu behaupten", was sie schließlich zum Anschluß an Deutschland nötigen werde.[558] Die politische und wirtschaftliche Macht erst begründete mithin das Recht auf die Selbständigkeit, was so freilich seines Eigenwertes beraubt wurde. Schulz seinerseits sprach 1840 zwar von einem Europa

---

gesammten Deutschlands liegt und aller anderen Staaten, die das steigende Uebergewicht Rußlands nicht gleichgültig betrachten können. Um so gewisser wird aber Oestreich auf die nachdrückliche Unterstützung der deutschen Nation zählen dürfen, wenn es seine geistige und commercielle Absonderung aufgibt".

556 Vgl. LIST/SCHULZ, Art. "Asien", StL. I², S. 711 (zitiert unten Anm. 566), S. 712.

557 LIST, Das nationale System, S. 167 f.: Auf den Weg zur "Universalrepublik" eingehend, spricht List von der notwendigen Voraussetzung, daß "viele Nationalitäten sich auf eine möglichst gleiche Stufe der Industrie und Zivilisation, der politischen Bildung und Macht emporschwingen" müßten. Vgl. auch ebd., S. 48; zu dem sonst erhobenen universalen Anspruch vgl. ebd., S. 41, S. 210, S. 215; siehe auch oben S. 192, S. 264 f.

558 LIST, Das nationale System, S. 211.

"unabhängiger Nationen und Staaten"[559] und deren "G l e i c h h e i t"[560], wobei die Staatenbildung sich nach den ethnisch-kulturellen Gegebenheiten richten sollte[561]; die Vordergründigkeit dieses Kriteriums und damit die Nichtigkeit der auch später wiederholten emanzipativen Bekundung[562] zeigte sich aber schon bei dem Problem der Minderheiten, die Schulz mit einem Federstrich in den "Hauptstaaten" aufgehen ließ. Davon waren gerade auch die "slavische(n) Stämme" im Osten Deutschlands betroffen, deren Entlassung aus deutscher Herrschaft nach den Begriffen Schulz' Gewalt antun hieße der "natürliche(n) Entwickelung des Völkerlebens". Hier wie ebenfalls in der politischen Gliederung Europas nach den drei "Hauptgruppen" — den romanischen, germanischen und slawischen Nationalverbänden — stellte sich als das eigentliche Einteilungsprinzip nicht die Kulturnation heraus: Die mochte, wie Schulz anläßlich der ethnischen Mischlage Frankreichs bemerkte, am Ende sogar mit ihren Eigentümlichkeiten "verschwinden". Belangvoll war lediglich das Kriterium wirtschaftlicher und politischer Macht! Was die Slawen im Osten Deutschlands ihr Selbstbestimmungsrecht einbüßen ließ, waren "der Lauf der Ströme, der Zug der Gebirge, alle Bedingungen des Verkehrs"; das einer französischen Führung nachgeordnete 'romanische Europa' war als Gegengewicht gegen die britische Expansion im mediterranen Raum ausgelegt, und als Ausgleich gegenüber der russischen Macht wurde neben Polen ein ungarischer Vielvölkerstaat (!) konzipiert, dessen Aufgabe es war, den Zugang zum "schwarzen Meere zu behaupten".[563] Also enthüllte der Essay von 1840, der doch — selten genug — immerhin in nachdrücklicher Weise die Unabhängigkeit wenigstens Ungarns einforderte, bereits jene Rangfolge der Kriterien,

559 SCHULZ, Der Bund, S. 9; vgl. auch ebd., S. 16.

560 SCHULZ, Der Bund, S. 31.

561 SCHULZ, Der Bund, S. 7 f.

562 Vgl. SCHULZ, Denkschrift, S. 3, wo die "Anerkennung der Unabhängigkeit aller Völker" gefordert wird, allerdings in bezeichnender Weise eingeschränkt durch den Nachsatz: "so weit dieselben die natürlichen und gesellschaftlichen Bedingungen der politischen Selbständigkeit in sich tragen".

563 SCHULZ, Der Bund, S. 7–9.

die Schulz nochmals während der Revolution in aller Deutlichkeit zugeben sollte: Sein Konzept eines 'organischen Gleichgewichtes der Nationen' konnte die vorgeblich entscheidenden "Sprachgrenzen und ein in leerer Allgemeinheit aufgefaßtes Prinzip der Nationalität" – wie es jetzt in entlarvender Diskreditierung hieß – durchaus vernachlässigen zugunsten der "materiellen Interessen" der nationalen Wirtschaft und der "strategischen Rücksichten" des politischen und militärischen Kräfteverhältnisses.[564] Die Berufung auf die Legitimität des ethnisch-kulturellen Zusammenhanges erwies sich damit ebenso als bloßer Schein wie der an ihrem Anfang stehende Gegensatz zum Wiener Vertragssystem als zweitrangig. Denn wäre es im Sinne einer universalen Emanzipation nur um dessen Überwindung gegangen, dann hätte dies die Einlösung des behaupteten Selbstbestimmungsrechtes für alle Nationen bedeutet. Schulz aber bedachte eine derartige Ausrichtung auf das Recht mit Blick auf die deutschen Slawen abfällig mit dem Vorwurf "einer bornirten Politik".[565] Indem so die Emanzipation den eigenen Machtinteressen untergeordnet wurde, blieb die nationale Bedingung des Friedens wesentlich an der internationalen Konkurrenzsituation orientiert, welche die Schaffung des Großwirtschaftsraumes erforderte.

Ob diese antiemanzipativen Implikationen nun so deutlich ausgesprochen oder von Mathy und Struve vielleicht eher bloß mitgedacht wurden, ist letzten Endes allerdings unerheblich. Denn eine solche Politik entbehrte keineswegs ihrer inneren, zwingenden Folgerichtigkeit, sobald sie nur ihren Ausgang von der Erkenntnis der im internationalen wirtschaftlichen Wettbewerb angelegten Abhängigkeiten nahm. In dem Bemühen, den als 'Unrecht' begriffenen Auswirkungen des demnach machtpolitischen Wettlaufes mit der mehr statischen Bedingung der Nation zu begegnen, lag die Notwendigkeit ihrer bestimmten Ausdehnung beschlossen, die den mächtigsten Mitbewerber zum Maßstab haben mußte; nachgerade zwangsläufig ging damit wiederum das Unrecht gegenüber anderen Natio-

---

564 SCHULZ, Denkschrift, S. 3 f.
565 SCHULZ, Denkschrift, S. 13.

nen einher, mochten auch die Gebietsvorstellungen von List bis Struve im einzelnen voneinander abweichen. Als Antwort auf das wahrgenommene Herrschaftsgefälle der internationalen Ökonomie brachte die politisch gewendete Nation eben von neuem Ungleichheiten und Abhängigkeiten hervor. Tendenziell verschärften sich diese sogar noch, wenn die Dynamik des kapitalistischen Wettbewerbs im Grundsatz akzeptiert wurde, wie ein Blick auf das über Europa hinausgreifende weltwirtschaftliche Denken von Schulz und Mathy, insonderheit jedoch von List zeigt.

Die Einbeziehung der Schwarzmeerküste in den von Deutschland beherrschten Großwirtschaftsraum bildete ein innereuropäisches Seitenstück der Reaktion auf die internationale Konkurrenz, welches zugleich hinwies auf die außereuropäischen Weiterungen jener Antwort: Hierfür nämlich war solche Herrschaft als notwendige Voraussetzung gedacht. Zumindest List und Schulz betrachteten die Verfügung über das Donaugebiet im Lichte der davon zu erwartenden Vorteile für die ökonomische Erschließung des Orients, die nach den Plänen Lists bis hin zu den Formen staatlicher Kolonialherrschaft gesteigert werden sollte. Als der 'natürliche' Verkehrsweg werde diese "Handelsstraße" — so List im Staatslexikon 1834 und Schulz 1845 in der Neubearbeitung — die koloniale Mission Deutschlands und dessen daraus entspringenden ökonomischen Gewinn ganz entscheidend befördern.[566] Mochte auch Schulz in seinen unabhängig von Listschen Textvorlagen

566 LIST, Art. "Asien", StL. I¹, S. 720 f.; ebenso LIST/SCHULZ, Art. "Asien", StL. I², S. 711: "Möchte Deutschland, das durch die Tüchtigkeit seiner Bewohner für die Anlegung von Colonien ... so sehr berufen ist, an dem Werk der Civilisation Asiens Theil zu nehmen, auch bei der Vertheilung der Vortheile, die es verspricht, als Nation nicht leer ausgehen, was übrigens um so weniger zu befürchten steht, als Oesterreich bei der bevorstehenden, ... nothwendig eintretenden Auflösung des türkischen Reiches die gegründetsten Ansprüche auf die gesammten Uferstaaten der niedern Donau bis zu ihrer Ausmündung in das schwarze Meer nachweisen kann, durch welche Erbschaft Deutschland endlich in den Besitz der ihm von der Natur angewiesenen und bis jetzt nur durch Mangel an Nationaleinheit von einer barbarischen Nation versperrten Handelsstraße nach Asien gelangen würde, der einzig directen, welche die Natur dem europäischen Continente verliehen hat, und die daher nicht nur Deutschland einen bedeutenden Eigenhandel, sondern auch einen großen Theil des Zwischenhandels anderer Continentalnationen mit dem Orient sichern würde." Zu der von List vorgesehenen deutsch-österreichischen Erschließung des Orients vgl. auch LIST, Das nationale System, S. 414: "Sämtliche Kontinentalmächte haben insbesondere darin ein gemeinschaftliches Interesse, daß die beiden Wege aus dem Mittelmeer nach dem Roten

gefertigten eigenen Abhandlungen diesen deutschen 'Beruf' zur Kolonisierung weniger betont haben[567], so läßt doch seine Verärgerung darüber, daß Deutschland bei der Ausbreitung der angelsächsisch-französischen Herrschaft über den fernöstlichen und pazifischen Raum "im besten Falle einige geringe Nebenvortheile zufallen dürften",[568] eine Haltung hinreichend deutlich werden, die eine deutsche Beteiligung beim Wettlauf um die koloniale Aufteilung der Welt durchaus anstrebte. Schließlich war dies auch in seinem Sinne eine naheliegende Konsequenz der mit der Industrialisierung einhergehenden wirtschaftlichen Expansion. Überschwenglich gefeiert mit Wendungen, welche "die vorwärts strebende Kraft" der Jugend beschworen, die "Stärke", "Entfaltung", "Bewegung ... und nach allen Richtungen ausströmendes Leben" zum Ausdruck brachten,[569] wurde die europäische Weltaneignung von Schulz auf den besonderen, zur Industrialisierung treibenden bürgerlichen "Unternehmungsgeist" zurückgeführt[570]. Ihre Rechtfertigung fand die dabei durchaus gesehene ökonomische und machtpolitische Ab-

---

Meer und nach dem persischen Meerbusen weder in den ausschließlichen Besitz von England kommen, noch durch asiatische Barbarei unzugänglich bleiben. Offenbar würde die Übertragung der Obhut über diese wichtigen Punkte an Österreich allen europäischen Nationen die besten Garantien gewähren."

567 Vgl. den Text der vorigen Anmerkung mit SCHULZ, Art. "Oesterreich seit 1841", StL. X^2, S. 383 (dort das folgende Zitat) und SCHULZ, Denkschrift, S. 15, S. 23, wo lediglich die "für ganz Mitteleuropa so wichtige Straße für den immer wichtiger werdenden orientalischen Verkehr" hervorgehoben wird.

568 SCHULZ, Art. "Sina", Zusatz, StL. XII^2, S. 190 f.

569 Vgl. SCHULZ, Art. "Europa", StL. V^1, S. 291; ebenso StL. IV^2, S. 527.

570 SCHULZ, Art. "Europa", StL. V^1, S. 298; ebenso, bei geänderter Zeichensetzung StL. IV^2, S. 532: "Hauptsächlich unter den Europäern, welche durch zahlreichere Bedürfnisse, wie durch einen regeren Unternehmungsgeist sich anspornen lassen, ist auch jene höhere Industrie zu Hause, die sich nicht blos auf die Verarbeitung der inländischen Erzeugnisse beschränkt, sondern diejenigen aller Zonen zusammenhäuft, um sie unter Benutzung aller heimischen productiven Kräfte ... zuzurichten und oft auf Tausende von Meilen hinaus in veränderter Gestalt an den Ort ihres Ursprungs zurückzusenden. Und wie diese höhere Industrie, so findet sich zumeist in den Händen der Europäer der eigentlich active Weltverkehr, der ... für die fernsten Unternehmungen sich des Weltmeers als Fahrstraße bedient, alle Erzeugnisse der Länder an ihrer Quelle aufsucht, auf die Bedürfnisse aller Nationen seine Berechnungen gründet und überall neue Bedürfnisse zu erwecken sucht, um sie befriedigen zu können." Vgl. auch SCHULZ, Der Bund, S. 9.

hängigkeit der nichtweißen Bevölkerung in "den weltgeschichtlichen Zwecken der europäisch-amerikanischen Culturvölker".[571]

Denselben Sachverhalt, den Schulz in naturbildlicher Metaphorik seinen Lesern darstellte – die außereuropäische Konsequenz des freigesetzten bürgerlichen Egoismus – hatte List ein wenig nüchterner analysiert: Es lag in dem Wesen der kapitalistischen Konkurrenz, in dem unausgesetzten Zwang zum 'Mehr', daß die "produktiven Kräfte" der "zivilisierte(n) Nationen ... notwendig in andere, minder kultivierte Länder überfließen müss(t)en".[572] Nur den Industrienationen eigen, begründete diese strukturell bedingte stete Expansion der "Production ..., ... der Capitale und ... der Bevölkerung"[573] das auch von List eingeräumte Machtgefälle zu den weniger entwickelten Staaten[574], welches indes ganz im Gegensatz zu dem vorgetragenen emanzipativen Anspruch ein dauerhaftes werden mußte, so nicht der notwendige Wachstumsprozeß zum Schaden der Industrienationen ein allzu-frühes Ende finden sollte. Denn die fortgesetzte Überproduktion, die "mit unwi-derstehlicher Gewalt" aus den eigenen, nationalen Märkten herausdränge[575], bedurfte des "wohltätigen Abfluss(es)", den gerade die Kolonien ermöglichen

---

571 SCHULZ, Art. "Sina", Zusatz, StL. XII[2], S. 190; dort mit Blick auf die Öffnung Japans und Chinas formuliert, die gezwungen würden, "den weltgeschichtlichen Zwecken der europäisch-amerikanischen Culturvölker dienstbar zu sein".

572 LIST, Das nationale System, S. 166 f.; vgl. auch ebd., S. 48, S. 210, S. 289 und die nachfol-gende Anmerkung.

573 LIST, Art. "Asien", StL. I[1], S. 718; ebenso LIST/SCHULZ, Art. "Asien", StL. I[2], S. 709 f.: "Aus dem Charakter des Fortschreitens, welcher der europäischen Cultur eigenthümlich ist, entspringen drei Hauptwirkungen, die ... dafür bürgen, daß die europäische Cultur sich über den ganzen Erdball verbreiten müsse, nämlich 1) die durch neue Erfindungen von Maschi-nen und Verfahrungsweisen und durch neue Entdeckungen sich fortwährend vermehrende Production an Lebensgütern, 2) die Vermehrung der Capitale und 3) die fortwährende Vermehrung der Bevölkerung. ... (Es) sind alle Anzeigen vorhanden, daß diese Vermehrung in Europa fortan in größerem Maßstabe von Statten gehen werde".

574 Vgl. LIST, Das nationale System, S. 54: "Man kann als Regel aufstellen, daß eine Nation um so reicher und mächtiger ist, je mehr sie Manufakturprodukte exportiert, je mehr sie Rohstoffe importiert und je mehr sie an Produkten der heißen Zone konsumiert." Vgl. auch ebd., S. 49, wo die entwickelte Industrienation als "ungleich ... mächtiger als die bloße Agrikulturnation" bezeichnet wird.

575 LIST, Das nationale System, S. 166 f.

sollten.[576] Damit kollidierte deren einzige unter den Prämissen der Listschen Theorie gegebene Möglichkeit, sich aus dem Stand der Abhängigkeit zu befreien, mit der Raison d'être der Industrienationen: Nur dann hätten sich die weniger entwickelten Länder der Vorherrschaft der industrialisierten Staaten entledigen können, wenn sie selbst zu Industriestaaten aufgestiegen wären, wenn also – wie List nun wieder im Blick auf den 'ewigen Frieden' schrieb – "die Industrie" sich tatsächlich "gleichmäßiger ... über die Länder der Erde verbreitet(e)"[577]. Die Industrialisierung bisheriger Absatzmärkte für Fabrikwaren aber hätte mit dem industriellen Wachstum das Lebensgesetz der entwickelten Listschen Industrienation selbst gefährdet. Folglich entwarf List das Modell einer "internationale(n) Arbeitsteilung", welches die Kolonien für immer auf die Rolle bloßer Rohstofflieferanten und Abnehmer für Fabrikerzeugnisse beschränkte und darüber den wirtschaftlichen Aufschwung der Industrieländer sicherte.[578] Was diese Arbeitsteilung dabei zementierte, war die Fiktion einer 'naturgegebenen' Schranke, welche "die L ä n d e r   d e r   h e i ß e n   Z o n e" wegen vermeintlicher klimatischer Hemmnisse auf Dauer von der industriellen Stufe ausschloß und so deren "Abhängigkeit" von den in der "gemäßigten Zone" beheimateten Industriestaaten verewigte.[579] Nicht die verkündete Emanzipation aller Nationen, sondern

---

576 LIST, Das nationale System, S. 289: "Die höchste Blüte der Manufakturkraft, des daraus erwachsenden innern und äußern Handels ... und endlich einer ansehnlichen Seemacht, sind die K o l o n i e n . Die Mutternation versorgt die Kolonie mit Manufakturwaren und bezieht dagegen ihren Überfluß an Agrikulturprodukten und Rohstoffen. ... Die überschüssige Kraft der Mutternation an Bevölkerung, Kapital und Unternehmungsgeist erhält durch die Kolonisation einen wohltätigen Abfluß, der mit Interessen wieder dadurch vergütet wird, daß ein ansehnlicher Teil derjenigen, welche sich in der Kolonie bereichert haben, seine dort gesammelten Kapitale in den Schoß der Mutternation zurückbringt oder seine Renten in ihrer Mitte verzehrt."

577 LIST, Das nationale System, S. 166.

578 Vgl. LIST, Das nationale System, S. 52, S. 198 (Zitat); ebd., S. 289 wird das von dem kolonialen Handel ausgehende Wachstum der Industrienationen ausdrücklich betont, denn dieser 'belebe' "ihre Manufakturen, ('vermehre') ... dadurch ihre Bevölkerung ... und ('vergrößere') ... ihre Seeschiffahrt und Seemacht".

579 LIST, Das nationale System, S. 52 f. Ebendiese auf Dauer angelegte, nachgerade naturgesetzlich begründete Abhängigkeit übersieht GOLLWITZER, Geschichte, S. 513 f., wenn er List wohlwollend unterstellt, er habe gemeint, "schließlich die Gleichberechtigung der in Frage stehenden Bevölkerungen (Südamerikas, Afrikas und Asiens, F.N.) herbeizuführen". Treffen-

die bleibende Herrschaft weniger über viele war mithin als Konsequenz im 'Nationalen System' angelegt. Darüber hinaus erwies sich das Argument, mit dem List dieses Abhängigkeitsverhältnis als "unschädlich" hatte darlegen wollen, als ein gar zu schwacher Trost. Derselbe Mechanismus, der laut List den 'Mißbrauch' der "heißen Zone" durch die "Manufakturnationen" verhindere – nämlich deren "Gleichgewicht" untereinander –[580], war als Konkurrenz weit eher dazu angetan, das genaue Gegenteil hervorzurufen. Denn trotz der von List im 'Nationalen System' beschworenen solidarischen Gemeinsamkeit der Industrienationen bei deren kolonialer Aufgabe[581]: Was sollte nach den Vorgaben der Listschen Theorie letztlich dagegen sprechen, daß die "normalmäßige Nation" den Schutzzoll auf die schließlich von ihr gegründeten und 'gezeugten' "Kolonien ... und ... Nationen" ausdehnte – gewiß nicht, um dort den Industrialisierungsprozeß in Gang zu bringen, wohl aber, um den eigenen "Überfluß" gegen die Einflußnahme der industrialisierten Konkurrenz absichern zu können[582]? Indem es durchaus der Ratio des 'Nationalen Systems' entsprach, den internationalen Wettbewerb auch in den Kolonien zu beschränken, wurde zugleich selbst deren angebliche Möglichkeit beschnitten, im Wege des Handels zu einer noch so begrenzten Aufwertung ihrer Position als Rohstofflieferanten zu gelangen.[583] Die Wendungen, mit denen List im Fortgange seines Werkes dieses Verhältnis zwischen weniger entwickelten Ländern und Industriestaaten beschrieb, redeten hier eine überaus deutliche Sprache: So etwa, wenn der Nationalökonom prophezeite, daß die "für alle Zeiten in der Natur begründet(e)" Tauschbeziehung "alle asiatischen Länder der heißen

---

der urteilt hier eine Vielzahl anderer Beobachter. Vgl. STRÖSSLIN, Friedrich Lists Lehre, S. 23; LENZ, List/Marx, S. 64; LENZ, List/Werk, S. 44; ALBRECHT, Lists Lehre, S. 19 f.; MEUSEL, List und Marx, S. 54.

580 LIST, Das nationale System, S. 53.

581 Vgl. LIST, Das nationale System, S. 166.

582 Vgl. LIST, Das nationale System, S. 210 f.

583 So arbeitete auch SOMMER, Friedrich Lists System, S. 197, S. 214–229 zutreffend heraus, daß in dem Begriff der 'Normalnation' bereits die in den Spätschriften Lists anzutreffende Teilung der Welt "in handelspolitisch (voneinander) radikal getrennte wesentlich verkehrslose Einzelimperien" (ebd., S. 225) angelegt war.

Zone ... in die Botmäßigkeit der Manufaktur-Handelsnationen der gemäßigten Zone" bringen werde, um daran anschließend die "europäischen Nationen" dazu aufzufordern, nächst Großbritannien "an dem gewinnreichen Geschäft teilzunehmen";[584] oder wenn er an anderer Stelle das Vermögen der industrialisierten Staaten hervorhob, "die minder kultivierten Nationen sich gewisserart tributbar zu machen", was er dann in die 'Berufung' der ersteren ummünzte, "die internationale Arbeitsteilung zu ihrer Bereicherung zu benützen"[585].

Obwohl nun Mathy sich nicht in derart eindeutiger Weise zu einer imperialistischen Politik bekannte, übernahm doch auch er die Listsche 'Zonentheorie', welche die Länder der Erde in die überlegenen Industriestaaten und die unterlegenen Kolonialgebiete teilte.[586] Lediglich Schulz wich hiervon ab und dies auch nur insofern, als er dem geöffneten China eine industrielle Zukunft einräumte.[587] In der kolonialen Weiterung steigerte sich somit die mit der Friedensvermittlung der Nation einhergehende Mißachtung der emanzipativen Ansprüche anderer bis zu der unverhohlen geäußerten Absicht der Ausbeutung.

Entscheidend blieb bei alledem die vorausliegende Einsicht in die herrschaftlichen Implikationen des besitzbürgerlichen Interesses. Darüber können auch Berührungspunkte mit jenen Publizisten nicht hinwegtäuschen, die sich solcher Einsicht verschlossen. Allerdings waren auch Welcker und Kolb großdeutschen Plänen gegenüber offen. Beide Verfasser hatten die Trennung Belgiens, der Niederlande, Lothringens, des Elsaß und der Schweiz von Deutschland beklagt und den Wunsch nach einer Angliederung dieser Gebiete angedeutet.[588] Kolb nannte mit

---

584 LIST, Das nationale System, S. 290.

585 LIST, Das nationale System, S. 198. Vgl. auch ebd., S. 286 f.

586 Vgl. MATHY, Art. "Handel", StL. VI², S. 399. Vgl. dazu ANGERMANN, Mathy, S. 572.

587 SCHULZ, Art. "Sina", Zusatz, StL. XII², S. 189 f.

588 Vgl. WELCKER, Art. "Deutsche Staatsgeschichte", StL. IV¹, S. 286; ebenso StL. III², S. 734; WELCKER, Art. "Ostseeprovinzen. Nachtrag", StL. X², S. 240; vgl. auch WOLLSTEIN,Das 'Großdeutschland', S. 324, Anm. 43; KOLB, Art. "Natürliche Grenze", StL. XI¹, S. 157–159; ebenso StL. IX², S. 407 f.; KOLB, Art. "Rheinlande", StL. XIII¹, S. 756 f.; ebenso StL. XI², S. 573 f.

der Freiheit der Rheinschiffahrt auch wirtschaftliche Gründe für dieses Bestreben.[589] Zusammen mit Welcker begrüßte er überdies ausdrücklich die Europäisierung der Erde selbst um den Preis des Absterbens fremder Kulturen.[590] Schließlich lassen sich sogar koloniale Ambitionen bei beiden Publizisten entdecken, obschon sie diese nicht gerade zielstrebig verfolgten.[591] Und ob Welcker mit seiner Anregung, die Gründung "eines christlichen Kaiserthums" auf dem Boden der europäischen Türkei anzubahnen, sich wirklich nur die propagierte Selbständigkeit der dortigen Völker angelegen sein ließ[592], mag hier einmal dahingestellt bleiben. Aber: Diese nationalen Ziele galten eben weder Welcker noch Kolb als Bedingungen des Friedens. Die bürgerliche Partizipation behauptete hier noch unangefochten die tradierte überragende Position. Wie sich der eine durchaus die − allerdings vertane − Möglichkeit vorstellen konnte, durch liberale Institutionen etwa "die Herzogthümer Schleswig-Holstein ... für die dauernde Vereinigung mit der dänischen Monarchie ... zu gewinnen",[593] entschied auch bei dem anderen das Maß der bürgerlichen Freiheit − "die S y m p a t h i e e n der Nationen" − ganz selbstverständlich über die Zugehörigkeit zu den jeweiligen Staaten[594]. In gleichem Sinne sollte am Ende der europäischen Weltaneignung − wie es besonders Kolb betonte − wiederum die Selbständigkeit aller Völker stehen.[595] Nur insofern wurde dem britischen Imperialismus die apologetische Behandlung zuteil,

589 KOLB, Art. "Rheinlande", StL. XIII¹, S. 754; ebenso StL. XI², S. 572; vgl. auch KOLB, Art. "Rheinschiffahrt; Rheinhandel", StL. XIII¹, S. 781−806; ebenso StL. XI², S. 591−609.

590 WELCKER, Art. "Mittelalter", StL. X¹, S. 621 in Verbindung mit ebd., S. 618; ebenso StL. IX², S. 136, S. 134; KOLB, Art. "Racen der Menschen", StL. XIII¹, S. 405 f.; ebenso StL. XI², S. 288 f.

591 Vgl. WOLLSTEIN, Das 'Großdeutschland', S. 249; FENSKE, Südwesten, S. 55. Vgl. zu Kolb allerdings auch dessen Ablehnung deutscher Kolonien und deutscher Seemacht in der 'Neuen Speyerer Zeitung', wiedergegeben bei KRAUTKRÄMER, Kolb (1959), S. 76 f.

592 WELCKER, Art. "Mittelalter", StL. X¹, S. 625 (Zitat); ebenso StL. IX², S. 138 f.; WELCKER, Art. "Völkerrecht", StL. XV¹, S. 735; ebenso StL. XII², S. 792.

593 WELCKER, Art. "Dänemark. Nachtrag", StL. III², S. 685 f.

594 Vgl. KOLB, Art. "Natürliche Grenze", StL. XI¹, S. 158 f. (Zitat S. 159); ebenso StL. IX², S. 407 f.; KOLB, Art. "Rheinlande", StL. XIII¹, S. 756−758; ebenso StL. XI², S. 573−575.

595 KOLB, Art. "Racen der Menschen", StL. XIII¹, S. 407 f.; ebenso StL. XI², S. 290.

als er nach aufgeklärtem, liberalem Verständnis zugleich auch das Selbstbestimmungsrecht jeder Nation förderte.[596] Kolb zumal mahnte in diesem Zusammenhang am Beispiel Ostindiens konsequent die Rücksichtnahme auf die wirtschaftlichen Interessen der Kolonien an, die erst mit dem Verzicht auf herrschaftliche, hier: zollpolitische Willkür verwirklicht werde.[597] Wie innerhalb der Gesellschaft, so war auch in deren Außenverhältnis die Vereinbarkeit von besitzbürgerlichem Interesse, Freiheit und Gleichheit in den Augen Welckers sowohl als Kolbs noch gegeben. Und gerade darum konnten sie sich mit der bürgerlichen Partizipation als Bedingung des Friedens begnügen und auf die weitere Bedingung der Nation verzichten. Ihre nationalen Ziele mochten zwar jenen von List bis Struve mitunter gleichen, diese Übereinstimmung aber war mithin nur zufällig. Denn beiden Verfassern mangelte es im Gegensatz zu List, Mathy, Schulz und Struve – aber auch im Gegensatz zu Rotteck – an jener Einsicht in die antiemanzipative Folge des kapitalistischen Wettbewerbs, welche die Notwendigkeit der nationalen Friedensvermittlung für deren Verfechter begründete. Wie an den Programmen von List bis Struve indessen gezeigt, beschwor die gegen das 'Unrecht' der freien Konkurrenz eingebrachte nationale Vermittlung des Friedens abermals Unrecht herauf. Gemessen an dem beanspruchten emanzipativen Erbe erwies sich so die ökonomisch bestimmte Nation für die Aufgabe der Friedensvermittlung als untauglich, mochte sie nun mit der gleichzeitigen Rücknahme oder der Bekräftigung der Emanzipation innerhalb der Gesellschaft einhergehen. Daß die nationale Bedingung in den Gegensatz zur Emanzipation geriet, lag dabei an derselben Erkenntnis, die Rotteck von der Friedensutopie Abschied nehmen ließ.

Mit der Untauglichkeit des nationalen Mittelstücks war aber auch die der technischen Friedensvermittlung gegeben. Setzte die Technik doch, so sie als Wegbereiterin des Friedens ausgewiesen wurde, mit der Industrialisierung gleichermaßen

---

596 WELCKER, Art. "Bürgertugend", StL. II², S. 768; KOLB, Art. "Ostindien", StL. XII¹, S. 98; ebenso StL. X², S. 216 f.; KOLB, Art. "Niederlassungen", StL. IX², S. 603 f.

597 KOLB, Art. "Ostindien", StL. XII¹, S. 98 f.; ebenso StL. X², S. 217 f.

die 'große Nation' voraus.[598] Darüber hinaus wies die mit dem technischen Fortschritt argumentierende Konzeption des Friedens Ambivalenzen auf[599], die sich parallel zu der Entfaltung der 'bürgerlichen Klassengesellschaft' einstellten. Ein Vergleich der Gedankengänge Lists und Kants mag dies verdeutlichen.

Beide rechneten mit dem Rüstungswettlauf, der mit der fordernden Indienstnahme der bürgerlichen Kultur zugleich auch die den Krieg überwindenden Kräfte befördere.[600] Aber: Bei dem Königsberger Philosophen wurde dieser Prozeß über die "G e l d m a c h t" vermittelt[601], wodurch die bürgerliche Kultur selbst

---

598 Siehe oben S. 263 f.

599 Vgl. hierzu auch LENZ, List/Werk, S. 216 f. und LENZ, Lists Staatslehre, S. 85—87, wo treffend auf die bei List bereits erkennbare Ambivalenz der Technik mit Blick auf Krieg und Frieden hingewiesen wird.

600 Vgl. LIST, Art. "Eisenbahnen", StL. IV^1, S. 663 f.; ebenso StL. IV^2, S. 237. Unter Hinweis auf die nur im Falle des Gleichgewichtes kriegsverhindernde militärische Qualität der Eisenbahnen führte List dort aus: "Aus diesem Grunde liegt es eben so wenig in unserer freien Wahl, ob wir uns der von den Fortschritten der Zeit gebotenen neuen Vertheidigungsmittel bedienen wollen oder nicht, als es in der freien Wahl unserer Vorväter lag, ob sie Pfeil und Bogen mit dem Feuergewehr vertauschen wollten oder nicht. ... Jede Meile Eisenbahn, die eine benachbarte Nation früher fertig hat als wir, jede Meile, die sie mehr besitzt als wir, gibt ihr in militärischer Hinsicht ein Uebergewicht über uns. So will es das Schicksal der stehenden Heere: sie sollen erst wetteifern mit einander im Bau der Maschine, durch welche sie allesamt dermaleinst den Todesstoß empfangen, sollen mit dem Handel, den Gewerben und dem Ackerbau gemeinschaftlich Hand an's Werk legen ..., sollen mit Hülfe dieser großen Schöpfung zum höchsten Grad ihrer Ausbildung gelangen, dann aber ... sich zu ihren Vorgängern ... in's Grab legen." Vgl. dazu KANT, Menschengeschichte, S. 121: "Man muß gestehen: daß die größten Übel, welche gesittete Völker drücken, uns vom K r i e g e und zwar nicht so sehr von dem, der wirklich oder gewesen ist, als dem nie nachlassenden und sogar unaufhörlich vermehrten Z u r ü s t u n g zum künftigen zugezogen werden. Hiezu werden alle Kräfte des Staats, alle Früchte seiner Cultur, die zu einer noch größeren Cultur gebraucht werden könnten, verwandt; ... Allein würde wohl diese Cultur, würde die enge Verbindung der Stände des gemeinen Wesens zur wechselseitigen Beförderung ihres Wohlstandes, würde die Bevölkerung, ja sogar der Grad der Freiheit ... wohl angetroffen werden, wenn immer jener gefürchtete Krieg selbst den Oberhäuptern der Staaten diese A c h t u n g   f ü r   d i e   M e n s c h h e i t   nicht abnöthigte? ... Auf der Stufe der Cultur also, worauf das menschliche Geschlecht noch steht, ist der Krieg ein unentbehrliches Mittel, diese noch weiter zu bringen; und nur nach einer (Gott weiß wann) vollendeten Cultur würde ein immerwährender Friede für uns heilsam und auch durch jene allein möglich sein." Vgl. auch KANT, Idee, S. 27 f.; KANT, Kritik der Urtheilskraft, § 83, S. 432 f.; KANT, Frieden, S. 368. Siehe dazu ferner oben S. 109 f. S. 113 f.

601 Vgl. im Zusammenhang KANT, Frieden, S. 368 (Zitat), S. 345 f. (vierter Präliminarartikel) und KANT, Idee, S. 28.

– Handel und Gewerbe zählten dazu –[602] als das grundsätzlich Andere vom Kriege getrennt gehalten werden konnte. In der Partizipation der Steuerzahler mochte daher der verfassungspolitische Beitrag zur Stiftung des Friedens gesehen werden. Dagegen trat in Lists Entwurf die bürgerliche Kultur – vor allem in Gestalt der Eisenbahn als des glänzenden Meisterwerks bürgerlicher Schaffenskraft – aus dem nur mittelbaren Verhältnis zum Kriege in ein unmittelbares: Sie wurde selbst zur Waffe, deren einseitige Verfügbarkeit den Besitzer nicht allein in den Stand unüberwindlicher Verteidigungsfähigkeit versetzte, sondern vielmehr noch ihm die erfolgversprechende Angriffsoption eröffnete.[603] Der Krieg war damit nichts Fremdes mehr. Im Zuge der aufkommenden industriellen Technik wuchs der bürgerlichen Kultur also die Qualität einer unmittelbar politischen Macht und Herrschaft zu. Wie im innerstaatlichen Wettbewerb die Maschinen dem Unternehmer die Überlegenheit gegenüber den Mitbewerbern und den Lohnabhängigen verschaffen konnten, so entschieden sie als das wirksamste militärische Instrument den Staatenwettbewerb. Nach der Nation zeigte sich an der industriellen Technik ein weiteres Mal, daß die als Antwort auf den freigesetzten bürgerlichen Egoismus im Unterschied zu Rotteck eingebrachten Vermittlungsebenen den sie begründenden emanzipativen Anspruch eher verkehrten denn erfüllten. Obendrein verriet der technische Fortschritt, dessen emanzipative Funktion schon am Beispiel des Schießpulvers von Rotteck so heftig bestritten, wie von List und Schulz gerade bekräftigt wurde,[604] ähnlich wie die Nation eine

---

602 KANT, Idee, S. 27 f.; KANT, Frieden, S. 368.

603 Vgl. LIST, Art. "Eisenbahnen", StL. IV^1, S. 663; ebenso StL. IV^2, S. 237: "Anders stellten sich freilich die Verhältnisse, wenn nur eine einzige Nation auf dem europäischen Continent sich dieser mächtigen Vertheidigungs-Maschine versicherte. Zehn Mal stärker als zuvor in ihrer Vertheidigung ..., wäre sie zehn Mal furchtbarer in ihren Angriffen." Vgl. auch LIST, Deutschlands Eisenbahnsystem (1834/36), S. 267.

604 Vgl. ROTTECK, Art. "Buchdruckerkunst", StL. III^1, S. 37; ebenso StL. II^2, S. 681: "Bereits war dem Despotismus durch die ... Erfindung des S c h i e ß p u l v e r s eine furchtbare Waffe verliehen worden ..." mit LIST, Art. "Asien", StL. I^1, S. 719; ebenso LIST/SCHULZ, Art. "Asien", StL. I^2, S. 710: "Dazu kommt, daß die Vervollkommnung der Kriegskunst und der Kriegsmaschinen die Vernichtung des Kriegs selbst vorbereitet. Es ist bereits nachgewiesen worden, daß ganze Eisenbahnsysteme Invasionen derjenigen Länder, die damit versehen sind, unmöglich machen. Dieselben Riesenkräfte des Dampfes, der Gase, der

deutliche Nähe zum Krieg, die Zweifel aufkommen läßt an dessen Verträglichkeit mit der grundlegenden friedenspolitischen Maxime. Nochmals sei jedoch die Betrachtung des Verhältnisses zur Gewalt zurückgestellt, um auf jene Vermittlungsebenen einzugehen, die – anders als Technik und Nation wieder mehr auf den innergesellschaftlichen Raum bezogen – unter dem Eindruck der sich entwikkelnden 'bürgerlichen Klassengesellschaft' für die Einlösung der normativen Grundlagen Freiheit und Gleichheit bürgen sollten: Tugend, Liebe, Vernunft.

Während bei den einen die beibehaltene Rückführung des Friedens auf das besitzbürgerliche Interesse mit der gleichzeitigen Orientierung auf die Industriegesellschaft hin zu der bewußten Rücknahme der Emanzipation auf die Besitzenden führte, sollten im Sinne der anderen die alternativen Vermittlungsebenen Liebe, Tugend und Vernunft gerade zur Umkehrung solcher Verkürzung dienen. Organisatorisches Komplement war hierfür der Sozialstaat, wie ihn Schulz, Abt und Struve konzipierten: In dem Maße, als Tugend, Liebe oder Vernunft den Egoismus des Besitzers aus dessen Mittlerrolle zum Frieden verdrängten, schränkte jener Staat der Utopie die Sphäre der Eigentümer ein. Auch hierbei läßt sich mit Blick auf die Denkbarkeit des gewollten Friedens eine spezifische Differenz zu Rottecks Gesellschaftsentwurf angeben, die diesmal nicht in der Breite der Emanzipation zu finden ist, sondern die in den Bereich von deren Verwirklichung fällt.

Auch bei Rotteck wird zwar kaum von einer Staatsferne der Wirtschaft die Rede sein können. So hatte der Freiburger Gelehrte zur Schaffung der nämlichen egalitären mittelständischen Gesellschaft, die neben Abt vor allem Struve anstrebte, dessen Konzept einer progressiven Einkommensteuer im Grunde schon

---

gepreßten Luft u.s.w., die jetzt schon in den Gewerben und im menschlichen Verkehr so Großes leisten, wird man auch zur Verfertigung kolossaler Zerstörungsmaschinen benutzen lernen, und so wird derselbe Erfindungsgeist, der schon einmal durch die Erfindung des Feuergeschosses zum Vortheil der Cultur den Charakter der Kriege so wesentlich verändert hat, sie auch vernichten." Vgl. auch SCHULZ, Irrthümer, S. 77 f.; SCHULZ, Almanach, S. 454 f.; SCHULZ, Deutschlands Einheit, S. 30; SCHULZ, Veränderungen, S. 35 f.

vorweggenommen.[605] Darüber hinaus sollte nach dem Willen Rottecks zum Schutze des Kleingewerbes die industrielle Fertigung bestimmter Produkte vom Staate verboten werden.[606] Dem frühliberalen Politiker zu unterstellen, er habe im Gegensatz etwa zu Schulz keine "staatliche(n) Eingriffe in den Wirtschaftsprozeß" vorgesehen, ist daher eine grobe Verfälschung des historischen Befundes.[607] Das interventionistische Konzept Rottecks stieß aber dort an seine Grenzen, wo die Sphäre der Eigentümer mit der positiven Leistungspflicht des Sozialstaates belastet zu werden drohte. Mit dem Grundsatz, daß die "Privatwohlfahrt" prinzipiell "natur- und rechtsgemäß der selbsteigenen Anstrengung der Einzelnen (zu) überlassen" sei, hatte Rotteck ein eigenständiges Recht der Armen auf staatliche Daseinsvorsorge, geschweige denn Arbeitsgarantie verworfen[608], um der nichtöffentlichen Initiative das Wort zu reden, an deren Stelle der Staat lediglich subsi-

---

605 So sieht HAFERLAND, Mensch, S. 132 f. in Rottecks Forderungen sowohl nach Freistellung der Armen von der Besteuerung (vgl. ROTTECK, Art. "Abgaben", StL. I[1], S. 78 f.) als auch nach der höheren Besteuerung des ertragreichen Kapitals im Vergleich zu der des Arbeitslohnes (ebd. [1], S. 85 f.) einen Bruch mit dem Prinzip der Proportionalität der Steuer, der zu dem von Struve nur noch konsequenter ausgeführten Grundsatz der Steuerprogressivität hinführe.

606 Siehe oben S. 99.

607 Wie FENSKE, Südwesten, S. 81 f. zeichnet auch GRAB, Dr. Wilhelm Schulz, S. 73 (Zitat, zusammen mit dem Folgenden nahezu wortgleich aus GRAB, Ein Mann, S. 66 übernommen) ein irreführendes Bild von Rotteck. Ebd. unterlaufen Grab noch weitere Fehler bei der Gegenüberstellung der Positionen Schulz' und Rottecks: "Dieser radikale Demokrat (gemeint ist Schulz, F.N.) drang auf politische Gleichberechtigung für alle Staatsbürger und negierte jeden Wahlzensus; er forderte staatliche Sozialleistungen für Bedürftige, Kranke und Alte, Volksbewaffnung, um die gerechten Forderungen der Bevölkerung von den traditionellen Machthabern notfalls zu erzwingen, und staatliche Eingriffe in den Wirtschaftsprozeß, um die Kluft zwischen arm und reich nicht zu tief werden zu lassen. All diese Forderungen suchte man in Rottecks Programm vergeblich."
Der im Hinblick auf Schulz' Publizistik aus der Zeit der Julirevolution angestellte Vergleich übersieht zum einen den in der Staatsbürgerqualität enthaltenen Zensus, wobei Schulz sich von Rotteck nicht unterschied, zum anderen nimmt er nicht die Militärkonzeption Rottecks zur Kenntnis. Vgl. oben Anm. 211; zur Militärkonzeption vgl. ROTTECK, Heere, Sammlung, II, S. 204, S. 201 wie auch ROTTECK, Lehrbuch, IV, § 52, S. 424, wo es als Vorzug der vorgestellten Nationalmiliz hervorgehoben wird, daß sie sich nicht gegen Willen und Recht des Volkes einsetzen lassen werde.
Anders als Grab betont KÖHLER, Schulz, S. 91 f., S. 107 die Gemeinsamkeiten zwischen den Vorstellungen von Schulz und Rotteck.

608 ROTTECK, Art. "Armenwesen", StL. II[1], S. 9 f., vgl. auch ebd., S. 11; ebenso StL. I[2], S. 672 f.

318

diär treten könne[609]. Zu jener sozialstaatlichen Dazwischenkunft, wie sie Schulz, Struve und Abt entwarfen, mochte sich der in der Auseinandersetzung mit dem absolutistischen Wohlfahrtsstaat Herangewachsene nun doch nicht verstehen. Dieser Unterschied schlug sich indessen auch auf die Vermittlungsebenen zum Frieden nieder, denn das Denken, welches grundsätzlich das individuelle Vorteilsstreben zu einem Problem des einzelnen erklärte, blieb bei aller Nähe zu ebenso radikalen wie harmonisierenden Vorstellungen letztlich dem Theorem des zum Staate nötigenden 'bellum omnium contra omnes' verhaftet: Keineswegs bloß als historische Begebenheit gedacht, stellte der 'vorstaatliche' Krieg als das aktuelle Abbild einer antagonistischen Wettbewerbsgesellschaft wie bei Kant das grundlegende Konstrukt dar, dem die Staatstheorie Rechnung zu tragen hatte.[610] Nicht nahm diese ihren empirischen Ausgang von dem aus Vernunft oder tugendhaft Handelnden, sondern von dem in seiner "Begierlichkeit" auf seinen Vorteil Bedachten[611]. Damit wurden die in die Utopie des Sozialstaates gleichermaßen führenden wie in demselben wirkenden Triebkräfte verneint, mochten sie nun als Tugend, Liebe oder Vernunft bezeichnet worden sein.

Besonders deutlich zeigte sich diese Differenz dort, wo allem Anschein nach noch die größte Übereinstimmung zu verzeichnen war: in der Rezeption kantischer Gedankengänge durch Abt. Prima facie schienen die Gemeinsamkeiten im Hinblick auf den Staat der Friedensutopie von grundlegender Natur gewesen zu sein. So wie für Kant nur unter dem Beding der Selbstgesetzgebung "des Volkes" − verstanden als "der übereinstimmende und vereinigte Wille Aller" − das zwingende Recht dem einzelnen nicht als ein Unrecht gegenübertrat[612], lag auch für Abt in der "Autonomie des Volkes, durch welche die Freiheit der Einzelnen verbürgt"

---

609 Vgl. ROTTECK, Art. "Armenwesen", StL. II^1, S. 11−16; ebenso StL. I^2, S. 673−677.

610 Vgl. ROTTECK, Art. "Naturrecht", StL. XI^1, S. 167−170 (Nr. 4−8); ebenso StL. IX^2, S. 502−504.

611 ROTTECK, Art. "Naturrecht", StL. XI^1, S. 168; ebenso StL. IX^2, S. 502 f.

612 Vgl. KANT, M.d.S., Rechtslehre, § 46, S. 313 f.

sei, die allein vernunftgemäße Herrschaft — "das Wesen der Republik"[613]. Alsbald wird indessen der wesentliche Unterschied offenbar, wenn der Blick auf das Verfahren fällt, mit welchem die Fremdheit des Zwanges aufzuheben sei. Das Strukturprinzip, durch das "der allgemein vereinigte Volkswille"[614] die rechtliche (nicht die moralische!) Autonomie im Gegensatz zu der despotischen Herrschaft eines "Privatwille(ns)"[615] begründete, war im Kantschen Modell die Gewaltentei-lung, hatte Kant sie nun — wie in der Friedensschrift von 1795 — als "das Staats-princip der Absonderung der ausführenden Gewalt ... von der gesetzgebenden" eingeführt[616], oder — wie später in der Rechtslehre — als die seit Montesquieu klassische Trennung in Legislative, Exekutive und Judikative entwickelt[617]. Aus-drücklich hatte der Königsberger Philosoph betont, daß in dieser Gewaltenteilung die staatlich-rechtliche "Autonomie", mithin die Aufhebung des durch die Herr-schaft eines Privatwillens gegebenen fremden Zwanges liege.[618] Und wenngleich wiederum Rotteck sich nicht eng an den Kantschen Gedankengang anlehnte, bürgte doch auch ihm die Gewaltenteilung für "die Herrschaft des   w a h r e n ... G e s a m m t w i l l e n s " .[619]   Ohne Gewaltenteilung degeneriere jede Staatsform zur Herrschaft der privaten Willkür. Dies galt auch und nach der Friedensschrift Kants sogar strukturell notwendig für die Demokratie.[620] So war im Kantschen Verstande die Partizipation der Staatsbürger zwar ein integraler Bestandteil der die rechtliche Autonomie verbürgenden Republik. Auch wurde

---

613 ABT, Zeitung, S. 137.

614 KANT, M.d.S., Rechtslehre, § 46, S. 314.

615 KANT, Frieden, S. 352.

616 KANT, Frieden, S. 352.

617 KANT, M.d.S., Rechtslehre, §§ 45, 47—49, S. 313, S. 315—318.

618 KANT, M.d.S., Rechtslehre, § 49, S. 318: "Also sind es drei verschiedene Gewalten (potestas legislatoria, executoria, iudiciaria), wodurch der Staat ... seine Autonomie hat, d.i. sich selbst nach Freiheitsgesetzen bildet und erhält."

619 ROTTECK, Art. "Constitution", StL. III^1, S. 766 f. (Nr. 3); ebenso StL. III^2, S. 522 f. Ferner: ROTTECK, Heere, Sammlung, II, S. 227.

620 Vgl. KANT, Frieden, S. 352.

diese Teilhabe zuweilen als konkrete und bestimmende Einflußnahme auf die Politik ausgelegt.[621] Wie es aber die mehrfache Zurücknahme der Forderung nach tatsächlicher Partizipation auf die kritische Norm, die es ermöglichte, die republikanische Regierung im Gehäuse einer absolutistischen Staatsverfassung vorzustellen,[622] schon anzeigt, war die bürgerliche Teilhabe keineswegs die allein entscheidende Bedingung der vernunftgemäßen Republik. Diese Position nahm vielmehr das Prinzip der Gewaltenteilung ein, das dadurch, daß es die Herrschaft eines Privatwillens ausschloß, die Allgemeinheit des Willens gewährleistete. Darin lag das Vernunftgemäße der Republik und nicht etwa in der Vernünftigkeit der durch ihren Besitz zur Partizipation qualifizierten Staatsbürger. Ganz anders dagegen der Entwurf Abts. Hier bedurfte der Egoismus des Besitzes einer engen 'demokratischen' Überwachung, die Gesamtheit hatte ihn "auf das vernünftige Maß zurückzudrängen".[623] Indem es so die Kontrolle der Vernunft verwirklichte, handelte das Volk nicht als Vertreter eines Interesses, sondern als Vertreter der Vernunft. Vernunftgemäß war Abts Republik nicht deswegen, weil ein Gewaltenteilungsprinzip die Herrschaft des Privatwillens verhinderte, sondern weil den zum unterdrückten Volk vereinigten Individuen der vernünftige Wille attestiert wurde. Aus einer Konzeption, die das vernünftig Gesollte als mit dem Widerstreit der Interessen kompatibel und gleichsam durch ihn unbeabsichtigt ins Werk gesetzt sah, war ein Entwurf geworden, nach dem die Vernunft durch den vernünftigen Menschen unmittelbar praktisch werden sollte.

---

621 Sonst ließe sich nicht die 'natürliche' Friedensfähigkeit der Republik mit der subjektiven materiellen Interessenlage der Besitzbürger (wie bei KANT, Frieden, S. 351) erklären. Vgl. auch die zum Abschluß des Staatsrechts formulierte Grundsatzerklärung, KANT, M.d.S., Rechtslehre, § 52, S. 341: "Alle wahre Republik ... ist und kann nichts anders sein, als ein r e p r ä s e n t a t i v e s   S y s t e m   des Volks, um im Namen desselben, durch alle Staatsbürger vereinigt, vermittelst ihrer Abgeordneten ... ihre Rechte zu besorgen."

622 Vgl. KANT, Frieden, S. 352 f. und ebd., Anhang, S. 372; KANT, Gemeinspruch, S. 297; KANT, M.d.S., Rechtslehre, § 52, S. 340.

623 ABT, Art. "Eudämonismus und Egoismus", StL. IV², S. 525; vgl. auch ABT, Zeitung, S. 234 f.

Der durch die antiemanzipative Wirkung des besitzbürgerlichen Interesses erzwungene Rückgang auf idealistische, von Egoismen absehende Vermittlungsebenen, der von Rotteck im Horizont seines Gesellschaftsverständnisses nicht mitvollzogen werden konnte, warf hinsichtlich der Wirklichkeitsnähe allerdings nicht geringe Probleme auf. Waren denn die bemühten Motive Liebe, Vernunft und Tugend geeignet, aus der zerrissenen Gegenwart in die versöhnte Zukunft in dem Sinne einer kritischen Utopie zu führen, die nach "der Möglichkeit einer Weiterbildung des Bestehenden" sucht[624]? Schon die chiliastischen Wendungen, die kaum durch den Hinweis auf das Erfordernis eines gewissen Restes herrschaftlichen Zwanges getrübt waren[625] und mit welchen die Zukunft der schlechten Gegenwart entgegengehalten wurde, lassen hieran Bedenken aufkommen: Struve verkündete "das goldene Zeitalter ..., von welchem die Dichter des Alterthums sangen"[626], Schulz sprach von der " g ö t t l i c h e n   Ordnung im Leben der Menschheit"[627] und Abt beschwor eine "Menschheit (,die) ... nur thätig (sein werde) ..., um die Menschen glücklich zu machen"[628]. Wieder tut es nicht not, sich der Erfahrung des später Geborenen zu bedienen, der die utopischen Entwürfe mit dem vergleichen kann, was bis jetzt daraus geworden ist. Argumentative Brüche innerhalb der jeweiligen Theorie zusammen mit dem wohl eher unfreiwilligen Eingeständnis, daß die Entwicklungslinien der Gegenwart wider den eigenen Entwurf gekehrt seien, ergeben Aufschlüsse genug über die Qualität der reklamierten Vermittlungsebenen.

Was vor allem den späteren Schulz mit Rotteck verband, war das nachdrückliche Beharren auf den normativen Leitbegriffen Freiheit und Gleichheit. Dies anders

---

624 HOMMES, Utopie, S. 1575.

625 Vgl. STRUVE, Grundzüge, I, S. 24: "... und auch in dem reinsten und bestorganisirten Staate können die auf die niederen Triebe der Menschen berechneten Maaßregeln nicht ganz entbehrt werden". Vgl. auch ABT, Art. "Glaubensfreiheit", StL. VI², S. 16 und ABT, Zeitung, S. 228.

626 STRUVE, Art. "Menschenrechte", StL. IX², S. 72.

627 SCHULZ, Art. "Gleichgewicht, völkerrechtliches", StL. VII¹, S. 61; ebenso StL. VI², S. 39.

628 ABT, Art. "Chiliasmus", StL. III², S. 210.

als Rotteck gleichzeitig mit der vom Wettbewerb getragenen Industrialisierung zu wollen setzte ihn jedoch unlösbaren Widersprüchen aus. Auf der einen Seite als Befreiung gedacht, brachte der wirtschaftlich-technische Wandel eine immer härter werdende Unterdrückung hervor[629]. Seine These von dem notwendig sich verschärfenden Gegensatz begründete Schulz dabei mit einem Erklärungsmodell, das nach Grab schon "wesentliche Züge des historischen Materialismus aufwies"[630]. Dessen Fortschreibung über die Gegenwart hinaus hätte indes den proletarischen Angriff auf das Privateigentum als in der geschichtlichen Entwicklung gelegen ausgewiesen. Von diesem Privateigentum aber, welches wie der Wettbewerb in Schulz' Sozialutopie ja nicht vernichtet, sondern mit den normativen Grundsätzen Freiheit und Gleichheit harmonisiert werden sollte, wollte er auf keinen Fall lassen. In den 1840er Jahren sah er sich darum zu einer vehementen Verteidigung des privaten Eigentums gegen die kommunistische Kritik veranlaßt.[631] Also brach der Protagonist der industriellen Entwicklung – wie Walter Grab zu Recht hervorgehoben hat – die bis zur Gegenwart reichende materialistische Argumentationslinie ab, um recht unvermittelt den Sozialstaat der Zukunft aus gänzlich von dem ökonomischen Basischarakter absehenden Triebkräften hervorgehen zu lassen.[632]

Fast schärfer noch kehrten sich die von Abt sowohl als Struve für ihre bessere Welt bemühten Triebkräfte gegen die gleichzeitig gesehenen Tendenzen der Gegenwart. Denn beide wußten um die Rückwärtsgewandtheit ihrer Vorstellungen. Daß jene Schicht, auf die sie ihre Sozialutopie bauten – der kleingewerbliche Mittelstand – im Abnehmen begriffen war, hatten Abt und Struve deutlich

---

629 Siehe oben S. 218–222.

630 GRAB, Ein Mann, S. 211; ebenso GRAB, Dr. Wilhelm Schulz, S. 259; vgl. die These bei SCHULZ, Veränderung, S. 35, "wonach die Veränderungen im Betrieb der Arbeit zum Zwecke der materiellen Produktion zugleich Veränderungen in der intellektuellen und politischen Kultur nothwendig beding(t)en". 1840 noch Grundlage der überraschend optimistischen Analyse, wurde diese These drei Jahre später zum Ausgangspunkt für den Befund des sich stets ausweitenden Antagonismus. Siehe oben S. 218 f., S. 221 f.

631 Vgl. SCHULZ, Art. "Communismus", StL. III^2, S. 290–339.

632 Vgl. GRAB, Ein Mann, S. 226 f.; GRAB, Dr. Wilhelm Schulz, S. 274 f., S. 289.

gesehen.[633] Und wie sollte dann noch die Tugend oder die Vernunft als wirksames Motiv gelten, wenn Struve obendrein selbst im Volke die "immer zunehmende Sittenlosigkeit" als Folge der wirtschaftlichen Depravation bemerken mußte[634]? Was die Berufung auf Liebe, Vernunft und Tugend zu leisten vermochte, war nichts als die einfache Negation der erklärtermaßen durch Egoismen zerrissenen Gegenwart. Einer Vermittlung derselben mit der Zukunft des Friedens versagten sich diese Motive. Und abermals war mit dem insofern wirklichkeitsfremden Sprung aus der Gegenwart − sinnfällig als "That" umschrieben[635] −, mit der bloßen Verneinung der gegenwärtigen Bewegungskräfte zugunsten der Gestaltungsprinzipien der Zukunft die Frage der Gewalt aufgeworfen.[636]

Es läßt sich nunmehr die grundsätzliche und wahrhaft zerstörerische Bedeutung abschätzen, die dem sich entwickelnden Besitzindividualismus durch seine desintegrative Wirkung für das Friedensdenken im Umkreis des Staatslexikons zukam. Derselbe Prozeß, welcher mit der entstehenden Unvereinbarkeit des bei Kant

---

633 Vgl. ABT, Art. "Handwerker- und Arbeitervereine", StL. VI², S. 432 und STRUVE, Grundzüge, III, S. 113 (zitiert oben S. 224−226).

634 STRUVE, Grundzüge, IV, S. 77; vgl. auch ebd., III, S. 105.

635 Vgl. STRUVE, Grundzüge, III, S. 155; ABT, Zeitung, S. 235; SCHULZ, Bewegung, S. 178.

636 An dieser Stelle soll nicht verschwiegen werden, daß auch das Friedensdenken Kants Vermittlungsschwierigkeiten aufwies. Diese hingen jedoch nicht mit einem Überschreiten der in seiner Gegenwart angelegten Möglichkeiten zusammen, sondern sie entstanden mit dem engen legalistischen Rahmen, der allein den Weg der Reform zuließ − vgl. KANT, M.d.S., Rechtslehre, Allgemeine Anmerkung § A, S. 321 f.; ebd., § 52, S. 339 f.; KANT, Frieden, S. 353; ebd., Anhang, S. 372 f. Denn Kant hatte die Rechtssystematik mit einer solchen Konsequenz entwickelt, daß der bruchlose, den Rahmen der Legalität nie verlassende Übergang von dem absolutistisch verfaßten Staat zum 'repräsentativen System' kaum noch denkbar gewesen wäre. Bei entsprechend starker Gewichtung der Legislative, (vgl. KANT, M.d.S., Rechtslehre, § 49, S. 317 in Verbindung mit § 46, S. 313 f.: Absetzungsrecht des Gesetzgebers gegenüber dem Regenten, wobei die Gesetzgebung durch die Repräsentanten des Volkes wahrgenommen wird, während die strikte Gewaltenteilung gegen eine Teilnahme des Monarchen an der Gesetzgebung spricht) war dieses 'repräsentative System' zwar noch im weitesten Sinne als konstitutionelle Monarchie vorstellbar, keinesfalls aber hätte es den Forderungen des monarchischen Prinzips genügen können. Der Übergang wäre gleichbedeutend mit der Stiftung einer neuen Verfassung gewesen. Dazu aber war der notwendig nur einseitig handelnde Autokrat ebensowenig befugt wie das Volk zur Revolution. Vgl. KANT, M.d.S., Rechtslehre, § 52, S. 340. Dazu: KRIEGER, German Idea, S. 124 f.; HENRICH, Über den Sinn, S. 29. Dagegen allerdings LANGER, Reform, S. 70−75. Nochmals sei betont, daß dies nicht die Wirklichkeitsnähe der Utopie berührt.

aufgrund des besonderen historischen Ortes noch als vereinbar Gedachten im Falle Rottecks zu einem Verlust der Friedensutopie führte, stellte sich bei den an dem Friedensziel der Geschichte festhaltenden Verfassern als eine Aufspaltung dar, sofern jene Autoren diese Desintegration des 'Dritten Standes' überhaupt zur Kenntnis genommen hatten: auf der einen Seite die fortgesetzte Friedensvermittlung durch das besitzbürgerliche Interesse, auf der anderen die Weiterführung der universal gedachten Emanzipation. Die je spezifischen Unterschiede, die das Friedensdenken Lists, Schulz', Mathys, Abts und Struves von dem auf Kant zurückgehenden und um die teleologische Spitze gekürzten Modell Rottecks trennten, bezeichneten zugleich auch den Preis, der in der ersten Hälfte des 19. Jahrhunderts für die Beibehaltung einer bürgerlichen Friedensutopie entrichtet werden mußte. Während im Außenverhältnis der bürgerlichen Gesellschaft die Friedensvermittlung der Nation, wie sie der Einsicht in das 'Unrecht' des Besitzindividualismus entsprungen, im Gegensatz zu dem bekundeten emanzipativen Anliegen neue Unterdrückung erzeugte, blieb innergesellschaftlich nur die Alternative zwischen der besitzbürgerlichen Vermittlung des Friedens, welche wiederum die Emanzipation verleugnete, und dem Gleichheit und Freiheit vorstellenden Gesellschaftsentwurf, dessen realitätsferne 'Vermittlungsebenen' die Friedensutopie als Chiliasmus entwerteten. Ein Friedensdenken, das nur die Wahl ließ zwischen einer beschnittenen Emanzipation und dem bloßen Wunschbild, besaß nicht eben viel Anziehungskraft und trug damit das Seine dazu bei, die Maxime des Friedens im öffentlichen Bewußtsein zu diskreditieren.

Darum freilich war das Friedensdenken Kolbs, Jordans und Welckers, welches an dem traditionellen Friedenskonzept noch festzuhalten vermochte — der Unterschied zu Rottecks Entwurf lag in den Toleranzbreiten —, nicht weniger wirklichkeitsfremd wie zugleich in seinem Ergebnis nicht minder verkürzend. Die den Staat des Wirtschaftsliberalismus rechtfertigende Rede Kolbs von der stets gleichgewichtigen Abhängigkeit zwischen Unternehmer und Lohnarbeiter mag beide Momente illustrieren. Allemal forderte die beibehaltene bürgerliche Friedensutopie ihren Preis. Allerdings: Indem Welcker, Kolb und Jordan die gesellschaftliche

Entwicklung als einen nach wie vor von dem besitzbürgerlichen Interesse getragenen und noch von keinen Ambivalenzen belasteten Fortschritt deuteten, blieben sie der Notwendigkeit enthoben, die als Korrektur des Besitzindividualismus gedachten alternativen Wegbereiter des Friedens einzuführen. Wiederum war es deren dargetane Untauglichkeit, an der im Grunde statt der Möglichkeit die Unmöglichkeit offenkundig wurde, im Gegensatz zu Rotteck an der innenpolitischen Begründung des Friedens festzuhalten. Wenn aber die vordergründig doch friedlichen alternativen Vermittlungsebenen nicht die Erfüllung der vorgestellten Utopie zu leisten vermochten, lag dann nicht der Umschlag in die Gewalt nahe? Es belegte die schlechthin entscheidende Bedeutung der Dynamik des besitzbürgerlichen Interesses nicht nur für das bürgerliche Friedensdenken überhaupt, sondern auch für die Haltung zu Krieg und Revolution im besonderen, wenn sich der Einsicht in das 'Unrecht' des besitzbürgerlichen Egoismus ein aus der eigenen Friedensutopie heraus entwickelter Rückgriff auf die Gewalt eindeutig zuordnen ließe, wenn also umgekehrt die Politik des friedlichen Wandels wesentlich davon abgehangen hätte, daß die traditionelle Vereinbarkeit noch gedacht und somit auf die Versatzstücke der Friedensvermittlung noch verzichtet werden konnte. Mit dem Verhältnis des Friedensdenkens zur Gewalt ist die zweite Seite des Verfalls der Friedensutopie angesprochen. Die Frage ist aufgeworfen, ob der durch die Bewegung des Besitzindividualismus vorangetriebene Übergang zu Krieg und Revolution, wie er bei Rotteck zunächst in der (indes nicht konsequent durchgeführten) Stufe des revolutionären Krieges zu beobachten gewesen, sich in dem Friedensdenken der acht anderen Autoren spiegelte; oder anders formuliert: Ob sich zum einen hinter dem beibehaltenen Friedensziel der Geschichte die Aufforderung zum Einsatz der Gewalt verbarg und ob zum anderen die Entscheidung für den kriegerischen Weg oder für den friedlichen Wandel wesentlich von der Einschätzung des Besitzindividualismus abhing? Daß der bei Rotteck sichtbar gewordene Prozeß sich allerdings durchaus auch noch im Rahmen des Gegensatzes zum alten Privileg bewegt hatte, deutet auf die im nächsten Kapitel anstehenden Einzelprobleme hin.

3.1.3 Das besitzbürgerliche Interesse: von der Vermittlungsebene der Friedensutopie zur Ursache der Gewalt

Wenn im Hinblick auf den Umkreis des Staatslexikons behauptet wird, der Wechsel von der überkommenen Maxime des Friedens zu einer Orientierung an der Gewalt sei ursächlich zurückgegangen auf die Einsicht, daß der besitzbürgerliche Egoismus eine Klassenbildung hervorrufe, so läßt sich diese These auf zweierlei Weise an den Quellen messen: Zunächst einmal muß überhaupt eine Zuordnung möglich sein. Während auf der einen Seite sich bei Welcker, Jordan und Kolb als jenen Autoren, welchen Emanzipation und besitzbürgerliches Interesse noch als zusammengehörig galten, eine Festlegung auf den friedlichen Wandel entdecken lassen müßte, sollte auf der anderen Seite der Nachweis stehen, daß die übrigen Publizisten mit ihren Utopien bereits den Weg der Gewalt mitgedacht hatten. (I.) Mit solcher Differenzierung, so sie überhaupt geleistet werden könnte, wäre freilich noch keine Eindeutigkeit erreicht. Selbst wenn es sich herausstellte, daß der Krieg mit jenen alternativen Vermittlungsebenen verbunden war, die ihre Einführung in das Friedensdenken gerade auch der Erkenntnis über das im Besitzindividualismus angelegte 'Unrecht' verdankten, ließe sich immerhin noch nicht der Gedanke von der Hand weisen, daß andere Umstände als ausgerechnet die Bewertung des besitzbürgerlichen Interesses ebensogut zu der aufgetanen Parteiung hätten führen können. Dieser Verdacht erschiene jedoch dann als hinreichend entkräftet, wenn in der Einschätzung des Besitzindividualismus das eigentlich Trennende läge; wenn sich also die beiden Lager genau entlang dieser und keiner anderen Linie unterscheiden ließen. Dies schlösse zweierlei ein: Während einerseits zwischen den beiden Gruppen eine Vielzahl von Gemeinsamkeiten bestehen müßte, sollte sich andererseits innerhalb der zwei Lager eine Reihe von sonst bedeutsamen Unterschieden etwa auf politiktheoretischem Gebiet oder hinsichtlich konkreter verfassungspolitischer Zielsetzungen ausmachen lassen.

Hierher gehörte auch die Untersuchung möglicher 'Störgrößen' wie vor allem die der Rheinkrise, die im Gegensatz zu der mit der Julirevolution verbundenen umfassenden politischen Dimension auf national- und außenpolitische Inhalte beschränkt blieb, also eines unmittelbaren Bezuges zu innergesellschaftlichen Entwicklungen weitgehend entbehrte. (II.)

I.

Zweifellos bewegte nach 1830 die Frage, ob die Geschicke Europas auf den Ausbruch der Gewalt zutrieben, viele aufmerksame Zeitgenossen. So bildeten Revolution und Krieg auch für die Schriftsteller des Staatslexikons thematische Fixpunkte ihres politischen Denkens. Trotz der selbstverordneten publizistischen Zurückhaltung[637] verglich Rotteck im Vorwort zum Staatslexikon noch deutlich genug seine Gegenwart mit dem Vorabend des Dreißigjährigen Krieges[638]. In seinen Augen bahnte die repressive Politik der Kabinette den " V e r t i l - g u n g s k a m p f ... zwischen A b s o l u t i s m u s und R e - p u b l i k , zwischen U n t e r d r ü c k u n g und U m w ä l - z u n g " an. Immer schmaler werde der Spielraum für den friedlichen Weg der gemäßigt-liberalen Richtung.[639] Auf denselben Zusammenhang zielte Kolbs Bemerkung, mit der er 1832 seine vernichtend kritische Betrachtung der Bundespolitik von den 'Karlsbader Beschlüssen' bis zu den 'Sechs Artikeln' schloß: Aus "der Gewalt hervor(gegangen), ... ('dauere' dieses 'Recht') nicht länger, als die

637 Vgl. Rotteck an Freiherrn von Wessenberg, 20.11.1836, ROTTECK, Nachgelassene Schriften, V, S. 231; zitiert oben S. 125.

638 ROTTECK, "Vorwort", StL. I¹, S. XVI f.; ebenso StL. I², S. XII: "Ein neuer d r e i ß i g - j ä h r i g e r K r i e g ... wird möglicherweise noch durchzukämpfen sein, um die endliche B e f e s t i g u n g des constitutionellen Princips durch einen n e u e n F r i e d e n s s c h l u ß ... zu erringen."

639 ROTTECK, "Vorwort", StL. I¹, S. XIX—XXI; ebenso StL. I², S. XIV f. (Zitat S. XV).

Gewalt selbst!"[640] Jordan wiederholte um die gleiche Zeit seine frühere Mahnung, "daß als die eigentlichen Urheber der Revolutionen, diesem größten der Uebel," die reformfeindlichen Regierungen zu gelten hätten, welche durch die Unterdrückung gebotener Änderungen die 'anschwellenden' "Wasser eines Stromes" zwängen, "sich ... selbst ein neues Flußbett ... (unter) Verheerungen" zu schaffen.[641] Nämliches Bild von der Naturgewalt der Revolution, deren Freisetzung das Werk herrscherlicher Verblendung sei, schwang auch in Welckers Rede mit: "Wehe Denen", drohte er einmal, "welche den natürlichen Entwickelungsgang in den großen Angelegenheiten der Menschheit gewaltsam hemmen zu wollen sich vermessen (würden)! Nur Unheil für sie und Andere" könne daraus erwachsen.[642] Dabei ließ er andernorts keinen Zweifel an seiner Überzeugung vom endlichen 'Sieg' der "Freiheit". Die bange Frage war eben nur, ob "sie ... siegen (werde) auf dem Wege der ruhigen Entwickelung ... oder aber auf dem stürmischen Wege der blutigen Revolution".[643] Struve hingegen wurde nicht müde, den Ausbruch revolutionärer und kriegerischer Gewalt zu prophezeien. Über weite Strecken endete nahezu jedes Kapitel seiner 'Grundzüge' mit der Voraussage des Umsturzes.[644] Gleichermaßen erklärte Abt, daß "der politische Absolutismus stets eine politische Revolution zu erwarten" habe.[645] Schulz wiederum sah nach seinen Ausführungen im Staatslexikon künftige kriegerische Verwicklungen vor dem Hintergrund ihrer revolutionären Triebkräfte − der politischen, sozialen und nationalen Emanzipa-

---

640 KOLB, Die Rechte, S. 28−55 (Zitat S. 55). Vgl. auch den früheren kleinen Beitrag 'Erprobte Mittel(,) den Thron zu verlieren', in: KOLB, Schriften, S. 369 f.

641 JORDAN, Grundsätze, S. 197; vgl. dazu JORDAN, Versuche VI, § 6, S. 172 f.; JORDAN, Wanderungen, S. 324.

642 WELCKER, Art. "Gallicanische Kirche", StL. VI^1, S. 247; ebenso StL. V^2, S. 319.

643 WELCKER, Art. "Censur der Druckschriften", StL. III^1, S. 366; ebenso StL. III^2, S. 140.

644 Vgl. STRUVE, Grundzüge, I, S. 281, S. 356 f.; ebd., II, S. 20 f., S. 95−98, S. 161, S. 173−175, S. 327−329; ebd., III, S. 242 f., S. 252; ebd., IV, S. 37, S. 130, S. 206, S. 212, S. 221, S. 226, S. 251 f., passim.

645 ABT, Art. "Gültigkeit", StL. VI^2, S. 274.

tion − als eine naturgemäße Wachstumskrise an.[646] Lediglich in einem Ergänzungsbeitrag von 1847 minderte er diese Zwangsläufigkeit, indem er die "Liebe"
der Mächtigen beschwor, um wenigstens für den Augenblick die Gefahr des
revolutionären Umsturzes zu bannen.[647] Ein Jahr zuvor hatte List die Prognose
gewagt, daß die imperiale Konkurrenz der Großmächte auf einen kriegerischen
Zusammenstoß hinauslaufen werde.[648] Und schließlich notierte Mathy 1843, die
Frage, wem die Herrschaft über die Donaumündungen zustehe, werde "schwerlich
auf diplomatischem Wege erledigt werden".[649]

Alle Autoren stimmten in ihrer Sicht der Gegenwart mithin insofern überein, als
sie es zumindest für möglich hielten, daß die europäischen Entwicklungslinien auf
einen Ausbruch der Gewalt zuliefen. Hieran entscheidend ist indessen, inwieweit
sie solchem vorgezeichneten Geschehen im Rahmen ihrer Utopie Notwendigkeit
beimaßen. Denn nur im Falle solcher Notwendigkeit ließe sich sagen, daß das
utopische Denken auf die Gewalt rekurrierte. Diese Notwendigkeit zuzugestehen
hätte zugleich bedeutet, die Entscheidung der Waffen auch zu wollen, zumal die
Verfasser nach ihrem Selbstverständnis für die Veränderung eintraten. Es wird
daher im folgenden zwar vorzüglich die auf die Zukunft gerichtete Sicht der
einzelnen Autoren interessieren unter dem Gesichtspunkt der mit ihr möglicherweise vorgestellten Zwangsläufigkeit des gewaltsamen Weges; daneben aber liegt
es nahe, das Augenmerk auch auf eine korrespondierende Haltung zum Recht
der Gewalt sowie auf entsprechende Äußerungen der Revolutions- und Kriegsbereitschaft zu richten.

Ein starkes Argument für die Unausweichlichkeit einer gewaltsamen Entwicklung
ist die Berufung auf eine dem geschichtlichen Prozeß vermeintlich zugrunde
liegende 'Natur'. Ist doch nach einem verbreiteten Weltbild jener Zeit die Natur

---

646 SCHULZ, Art. "Frieden, Friedensschlüsse", StL. VI[1], S. 133; mit einer deutlichen Akzentuie-
     rung der sozialen Emanzipation StL. V[2], S. 228 (s.u. Anm. 652).

647 SCHULZ, Art. "Frieden, Friedensschlüsse. Nachtrag", StL. V[2], S. 235.

648 LIST, Allianzdenkschrift, S. 282.

649 MATHY, Zolltarif, S. 170.

das Reich, in dem nicht die Freiheit der Selbstbestimmung, sondern die fremdverursachte Notwendigkeit herrscht. Wie eben schon angedeutet, hatte sich Schulz in seinen Beiträgen zum Staatslexikon eine derartige Argumentation zu eigen gemacht.

Für diesen Autoren gab es die Notwendigkeit des Krieges. Er stellte sie vor auf der Grundlage eines Geschichtsverständnisses, welches in der Menschheitsentwicklung die Zwänge des natürlichen Reifungsprozesses eines Jugendlichen wirksam sah: Der Krieg sei wenigstens in "einer e r s t e n Periode der Menschengeschichte ... nothwendig ..., wie auch in der Jugend der Einzelnen, vor dem Eintritte des ruhigen Mannesalters und des friedlichen Greisenalters, schon darum die Kräfte sich bestreiten m ü s s (t) e n , um sich wetteifernd zu stärken und auszubilden". In bezeichnender Weise verzichtete Schulz darauf, die in diesem Vergleich gelegene Möglichkeit des 'ewigen Friedens' schon der Gegenwart einzuräumen. Mit der positiv gedeuteten Jugendkraft verklammert, geriet der demnach 'natürliche' Krieg zur zeitgeschichtlichen Prognose und fiel als solche zusammen mit dem politischen Wollen. Denn wie "sich ... schwerlich voraussetzen (lasse), daß jetzt schon das Schwert in der Scheide rosten werde", so "soll(e) (der Zeitgenosse) nicht einmal hoffen, daß auf der Grundlage der bestehenden politischen Verhältnisse der Friede dauernd sich befestige".[650] Um im Bild zu bleiben: Noch befand sich die europäische Kultur − ganz entsprechend dem um Wachstum und Bewegung kreisenden Fortschrittsdenken − im Stadium der

---

650 Das Vorstehende bei SCHULZ, Art. "Frieden. Friedensschlüsse", StL. VI[1], S. 133; ebenso StL. V[2], S. 228: "Wenn wir indessen, ohne von einem Utopien der Gerechtigkeit und Tugend im öffentlichen Leben zu träumen, nach dem an höhere Gesetze gebundenen Gange der geschichtlichen Entwickelung erwarten dürfen, daß in der fortschreitenden Bewegung des Völkerlebens selbst auch die Politik mehr und mehr von ihrem Schlamme sich reinige, wenn selbst der Gedanke in uns aufdämmern mag, daß überhaupt der Zustand des Krieges vielleicht nur einer e r s t e n Periode der Menschengeschichte als nothwendig angehört, wie auch in der Jugend der Einzelnen, vor dem Eintritte des ruhigen Mannesalters und des friedlichen Greisenalters, schon darum die Kräfte sich bestreiten m ü s s e n , um sich wetteifernd zu stärken und auszubilden − so läßt sich doch schwerlich voraussetzen, daß jetzt schon das Schwert in der Scheide rosten werde. Man soll nicht einmal hoffen, daß auf der Grundlage der bestehenden politischen Verhältnisse der Friede dauernd sich befestige." Daran schließt sich der in Anm. 652 zitierte Text an.

konfliktträchtigen 'Jugend'. An anderer Stelle sprach Schulz darum auch von dem Kriege als der "noch nicht durchlaufene(n) Schule des Völkerlebens".[651]

Daß in Schulz' Ausführungen immerhin die Wünschbarkeit des Friedens auf einer anderen Basis enthalten war, stellte hierbei keine Einrede gegen die proklamierte Notwendigkeit des Krieges dar. Denn jenes künftige Fundament war für ihn eben nur auf diesem kriegerischen Wege erreichbar. Waren es doch gerade die Vermittlungsebenen des Friedens, die 'Nation' und die kaum mehr besitzbürgerlich gedeutete innergesellschaftliche Emanzipation also, die – wie Schulz befand – als die tragenden "Inhalte dieses Völkerlebens" unaufhaltsam zum bewaffneten Kampf drängten. Hinter der als naturnotwendig ausgegebenen Unausweichlichkeit des kriegerischen Fortschreitens auf die Utopie hin stand dabei die angenommene Unvermittelbarkeit der Positionen im säkularen Streite. Dessen Fronten schienen Schulz so verhärtet zu sein, daß in seinen Augen jeder Versuch friedlicher Versöhnung die Spannung lediglich vergrößerte und den "nächsten Kriege(n)" ein nur noch folgenreicheres Ausmaß verliehe. Unter Anspielung auf den Dreißigjährigen Krieg bemerkte Schulz, daß der kommende "Kampf um so allgemeiner und entscheidender" werde, "je länger es gelinge ... (möge), die widerstreitenden Kräfte zu beschwichtigen und die feindlichen Principien zeitweise zu vermitteln".[652]

---

651 SCHULZ, Der Bund, S. 30: "Wie nun der Pflug die Erde aufreißt, damit sie neue Saaten gedeihen lasse, so muß von Zeit zu Zeit das Schwert des Krieges den Geist der Völker durchfurchen, um das wuchernde Unkraut des Friedens auszurotten, um ihre schlummernden Kräfte zu wecken, um sie über die gemeine, selbstsüchtige Sorge des täglichen Treibens hinaus für Höheres empfänglich zu machen. Das ist die Erziehung des Menschengeschlechts, die noch nicht durchlaufene Schule des Völkerlebens".

652 SCHULZ, Art. "Frieden, Friedensschlüsse", StL. V^2, S. 228: "In einer erhabenen Eingebung flehete ein edler polnischer Dichter den Himmel um die Gewährung des allgemeinen Krieges an. Wenn bei der Ermattung, die auf eine Zeit der Aufregung gefolgt ist, in dieses Gebet nur Wenige einstimmen mögen, so werden doch früher oder später die heranwachsenden Nationen die beengenden politischen Formen wieder schmerzlicher empfinden. Wie könnte es anders sein, da eine willkürliche Politik seit Jahrhunderten darauf hingearbeitet hat, die wahrhaft naturgemäßen Verhältnisse des Völkerlebens zu verwirren? Nach dem Inhalte dieses Völkerlebens dürften aber die nächsten Kriege ... hauptsächlich einen dreifachen (erste Auflage: "doppelten") Zweck haben: die Geltendmachung gerechter Ansprüche der niedergehaltenen ärmeren Classen auf gesicherten Besitz und Erwerb; die Ausdehnung der Befugnisse des öffentlichen Rechtes auf eine größere Menge im Inneren der Staaten und die Erweiterung oder Beschränkung der politischen Einheiten, unter der Form des Staates,

Gegen Ende des Vormärz sollte Schulz zwar in einer eher gegenrevolutionären Wendung "die fortgesetzte That der lebendigen Liebe" der Mächtigen beschwören und in Anlehnung an eine 1832 entwickelte Vorstellung den "Beruf" Deutschlands betonen, auch den gegenwärtigen "Frieden des Welttheils zu bewahren und zu gebieten";[653] desungeachtet aber verband sich in seinem vorrevolutionären Schrifttum etwa ab Mitte der dreißiger Jahre mit den alternativen, vor allem nationalen Vermittlungsebenen der Utopie durchgängig und untrennbar deren Verwirklichung durch den Krieg. Im Zeichen der eigenen Utopie als naturgesetzliche Notwendigkeit vorgestellt, wurde dieser revolutionäre Krieg darüber hinaus sogar zu einem gottgewollten Heilsgeschehen überhöht: Wie selbstverständlich verkündete Schulz, "daß die Kriege der Zukunft (auch) der Herstellung dieses o r g a n i s c h e n Gleichgewichts, als der wahrhaft g ö t t l i c h e n Ordnung im Leben der Menschheit, zumeist und wesentlich gelten" würden.[654]

---

auf die durch Abstammung und Sprache gezogenen V ö l k e r -Gränzen. Und wohl dürfte der Kampf um so allgemeiner und entscheidender werden, je länger es gelingen mag, die widerstreitenden Kräfte zu beschwichtigen und die feindlichen Principien zeitweise zu vermitteln. Nur langsam entrollen sich von Periode zu Periode die Loose des Völkerschicksals. Noch ist seit dem Anfange der französischen Revolution nicht viel über ein (erste Auflage: "kein") halbes Jahrhundert verflossen, und fast anderthalb Jahrhunderte hatte es gedauert, als nach dem Beginne der Reformation und nach manchen Zwischenräumen der Ruhe und des Friedens der dreißigjährige Krieg ausbrach, der endlich die streitenden Parteien zu einem nothdürftigen Vergleiche sich vereinigen ließ." Ähnlich StL. VI[1], S. 133, wobei die von mir unterstrichenen Passagen dort noch nicht abgedruckt sind.

653 Vgl. SCHULZ, Art. "Frieden, Friedensschlüsse. Nachtrag", StL. V[2], S. 235 und SCHULZ, Art. "Guizot", StL. VI[2], S. 293, wo der deutsche 'Beruf, den Frieden zu gebieten', besonders betont wird. Diese Vorstellung findet sich zwar schon in der frühen Publizistik Schulz' – vgl. SCHULZ, Deutschlands Einheit, S. 205 –, sie tritt aber hinter der propagierten Notwendigkeit des Krieges in den Beiträgen zur ersten Auflage des Staatslexikons zurück. Vgl. SCHULZ, Art. "Frieden. Friedensschlüsse", StL. VI[1], S. 87–133 und SCHULZ, Art. "Guizot", StL. VII[1], S. 304–310, die im Gegensatz zu den überarbeiteten Artikeln der zweiten Auflage das Erfordernis des europäischen Friedens nicht betonen.

654 SCHULZ, Art. "Gleichgewicht, völkerrechtliches", StL. VII[1], S. 61; mit dem von mir in Parenthese gesetzten 'auch' und ohne die von mir unterstrichenen Worte auch StL. VI[2], S. 39. Vgl. auch SCHULZ, Der Bund, S. 9, wo Schulz zu seinem Projekt eines 'organischen Gleichgewichts' der Nationalstaaten bemerkt: "Das ist der Gedanke Gottes für die Ordnung des europäischen Völkerlebens! Schon ist er von Vielen in allen Ländern erkannt; er wird in Erfüllung gehen, er wird, weil er muß. Die Bahn, worauf Europa seinem Ziele entgegenschreitet, wird nicht immer die der friedlichen Entwicklung sein. Aber die Deutschen hoffen, daß es der erste Krieg diesem Ziele näher führe ..., ... sich dann Frankreich und Deutschland nicht feindselig gegenüber stehen." Ebd., S. 10 konkretisierte Schulz unter Hinweis auf eine von ihm angenommene politische Trägheit der Deutschen das revolutionäre Moment, das

Diesem Verständnis von Politik, das den Frieden aus der Gewalt hervorgehen ließ, entsprach die spätestens seit der Julirevolution nachweisbare, mitunter offene Revolutionsbereitschaft Schulz'. Angeregt und entfesselt durch die von Frankreich ausgehende Bewegung, legitimierte sein Schrifttum den "Kampf" gegen das Bestehende mit der Berufung auf das Recht des geschichtlichen Wandels.[655] Unverhüllt drohte seine damalige Hauptschrift über 'Deutschlands Einheit' mit der "Brandfackel" der Revolution.[656] Und nachdem die Pressepolitik des Bundes die im Dienste der Veränderung betriebene Agitation mehr und mehr in die Illegalität abgedrängt hatte, verkündete Schulz 1833 ein nicht in der Disposition des Staates stehendes "Recht aller Staatsbürger (,) sich mit Waffen zu versehen; sich in Gesellschaft mit Andern in den Waffen zu üben; und von den Waffen ernstlichen Gebrauch zu machen, wenn es darum gilt, Gewalt mit Gewalt zu vertreiben".[657] Auch wenn Schulz noch auf den Weg einer durch landständische Propositionen zu erzwingenden staatlichen Sanktion und Ordnung der 'Bürger-garden' setzte[658]: Die behauptete Unantastbarkeit des bürgerlichen Waffen- und

sich bei ihm mit der Notwendigkeit des Krieges verband: "So wird Deutschland schwerlich von innen heraus in eine umwälzende Bewegung gerathen; nur die Wirbel eines europäischen Kriegs können es seiner Bestimmung rascher entgegenreißen." Zur politischen Konstellation und Unausweichlichkeit des "heiligen Kriege(s)" (ebd., S. 28) siehe ferner ebd., S. 25 f., S. 28—31.

655 Vgl. SCHULZ, Mißbrauch, Allgemeine politische Annalen, Bd. 2 (1830), S. 48 (zitiert unten Anm. 916).

656 Vgl. SCHULZ, Deutschlands Einheit, S. 36 f.: "Der Geist der Nationen ... ist der immer bildende, der sich immer verjüngende Prometheus. Er wird auch im deutschen Vaterlande sein Werk vollenden ...Wehe unserm Vaterlande und wehe Euch, wenn Ihr in diesem Werke ihn hindert, wenn Ihr nicht mit der unverkümmerten Freiheit der Presse das Licht der Wahrheit freiwillig ihm reicht, wenn Ihr thöricht ihn zwingt, sich das Feuer vom Himmel zu rauben. Es wird zur Brandfackel werden". Vgl. ferner ebd., S. 154, wo Schulz nach einer Anspielung auf die unerfüllten Hoffnungen aus der Zeit der Befreiungskriege mit Blick auf die Ereignisse im Gefolge der Julirevolution bemerkt: "In dem Kampfe für die Befreiung Deutschlands vom e i n h e i m i s c h e n Joche hat sich die Flamme der Begeisterung von Neuem entzündet. Wagt es, die Stimme des Volkes zu überhören, ... zu träumen von einem göttlichen Rechte und schlafend werdet Ihr zu Grunde gehen!" Zu der Drohung mit der Revolution für den Fall, daß die Herrschenden sich nicht dem 'Willen des Volkes' unterordnen würden, siehe ferner ebd., S. 108—113, S. 207 f., passim.

657 SCHULZ, Bürgergarden, S. 11.

658 Vgl. SCHULZ, Bürgergarden, S. 11—16.

Selbstorganisationsrechtes – der Staat dürfe es "den Bürgern ohnehin nicht entziehen"[659] – zusammen mit der abschließend an "Soldaten, Bürger und Bauern"
ergangenen Aufforderung zu solidarischem Handeln[660] ließ dennoch den kaum
noch versteckten Aufruf zur revolutionären Beseitigung des staatlichen Gewalt-
monopols erkennbar werden. Ganz zutreffend urteilt daher der Historiker Walter
Grab über die damalige Publizistik Schulz', daß aus ihr der "Appell ..., sich die
Rechte selbst mit Gewalt zu nehmen", herausgelesen werden könne. Schließlich
wurde der ehemalige Offizier wegen seiner Veröffentlichungen 1833 unter Anklage gestellt und im Jahr darauf von den hessischen Kriegsgerichtsbehörden in
erster und zweiter Instanz unter Hinweis auf seine 'hochverräterischen' Praktiken
zur Festungshaft verurteilt.[661]

Indessen bediente sich Schulz auf eine eher subtile Weise jener Argumentations-
technik, mit der die Unvermeidbarkeit des bewaffneten Kampfes vorgeblich aus
einer Betrachtung der Zeitgeschichte gefolgert, auch dessen Recht behauptet
wurde, um mit beidem zugleich den Eintritt der gewaltsamen Veränderung zu

---

659 SCHULZ, Bürgergarden, S. 11.

660 SCHULZ, Bürgergarden, S. 24: "Darum muß es mit den Einrichtungen im Militär anders
werden ... Und damit endlich Hand an's Werk gelegt werde, sollten sich immer Soldaten,
Bürger und Bauern recht brüderlich die Hände reichen. Es liegt ja auf flacher Hand, daß
Solches der gemeinsame Vortheil der Einen, wie der Anderen, ist."

661 Zu der damaligen Agitation Schulz' und seinem Prozeß vgl. GRAB, Dr. Wilhelm Schulz,
S. 101–105, S. 124–126, S. 138–145; nahezu unverändert übernommen aus GRAB, Ein
Mann, S. 92–95, S. 118–120, S. 127–133. Angesichts der ebd., S. 95 (Zitat) eingeräumten
Deutung ist es jedoch irreführend, wenn Grab ebd., S. 128–133 die Substanz des auf
'Hochverrat' zielenden gerichtlichen Vorwurfes in Zweifel zieht und ebd., S. 95 einen
"Trennungsstrich" gelten lassen will zwischen Schulz' Aufruf "zum Massenkampf" und dem
Vorgehen der "Ultraradikalen, die die deutsche nationale Frage mit Waffengewalt lösen
wollten". Was Schulz von den "Ultraradikalen" unterschied, war nicht die Frage des von
beiden akzeptierten Gewaltweges, sondern das Ausmaß der hierbei für erforderlich gehalte-
nen Verankerung der Gewaltlösung in einer Massenbasis. Ebenso verfehlt und zudem
widersprüchlich ist die Darstellung bei KÖHLER, Schulz, S. 104, S. 153 f., S. 160–162, die
Schulz von jeglicher Umsturzabsicht freispricht, dagegen aber ebd., S. 154 f., S. 158 f. eine
von Schulz verfaßte Flugschrift als Anstiftung zu Aufruhr und Bürgerkrieg begreift. FERN-
KORN, Schulz, S. 24 übersieht vollends die revolutionären Implikationen von Schulz'
Kriegsprophezeiungen, wenn er mit Blick auf Schriften aus den frühen 1840er Jahren meint,
"Schulz (sei) nichts weniger" als "revolutionär" gewesen.

fördern. Ganz unverstellt und offen tritt dagegen dieser Zusammenhang in der Publizistik von Struve wie auch von Abt zutage.

Struve bündelte seine Gedankenführung in den 'Grundzügen' immer wieder zu dem einen Schluß, daß nunmehr der revolutionäre Krieg unumgänglich geworden sei. Der Skandal, daß "32 Millionen Deutsche" Not litten, "damit eine Million prassen und schwelgen könne", die hiermit verbundene Sittenverderbnis, die religiöse Verunsicherung durch kirchlichen Zwist, die Unterdrückung freier Verfassungen, die Zerrüttung und Unhaltbarkeit des europäischen Staatensystems von 1815 infolge des Widerstreites von dynastischem Unrecht und nationalem Recht – kurz: alle diese der 'monarchisch-aristokratischen' Verfassung zur Last gelegten Mißstände drängten nach Struves Worten zur gewaltsamen Entladung.[662] Die Gelegenheit friedlichen Ausgleichs sei unwiederbringlich vorübergegangen: "fast aller Orten" habe "das Volk ... die Hoffnungen, welche es früherhin auf die Ständeversammlungen gesetzt ..., verloren", seien die "Sicherheits-Klappen ... in dem monarchisch-aristokratischen Europa verstopft".[663] Ohnehin lehre die Vergangenheit, daß der "Uebergang von der Einherrschaft und Mehrherrschaft zur Volksherrschaft ... nicht ohne blutige Kämpfe statt(finde)",[664] und überhaupt sei die Revolution bereits eingetreten, indem die Regierungen die freiheitlichen Zusagen der Bundesakte widerrechtlich umgestoßen hätten[665]. Ähnlich wie Schulz begründete Struve die Unvermeidbarkeit der revolutionären Gewaltanwendung mit der Unvermittelbarkeit der Gegensätze, die im letzten darauf zurückging, daß

---

662 Vgl. zur sozialen, sittlichen und religiösen Seite der Krise STRUVE, Grundzüge, III, S. 16–21, S. 29, S. 94–99, S. 118 f.; zur verfassungspolitischen Seite ebd., II, S. 86–98, S. 173–175; ebd., III, S. 132–134; zur außenpolitischen, europäischen Seite der Krise siehe ebd., IV, S. 160–182; neben einer Vielzahl von Revolutions- und Kriegsprognosen vgl. vor allem auch ebd., II, S. 316–342, wo in einem Panorama der Zeit der Zwang zur Gewaltanwendung ausgeführt wird.

663 STRUVE, Grundzüge, IV, S. 230.

664 STRUVE, Grundzüge, II, S. 221.

665 STRUVE, Grundzüge, II, S. 336–338.

derselbe "Luxus", welcher "so nothwendig ... der Monarchie" sei, "so verderblich ... in der Demokratie" wirke.[666]

Obschon Abt nicht in der Art Struves die Prognose noch mit einer propagierten naturhaften Eigentümlichkeit nationaler Entwicklungen untermauerte[667], war das Grundmuster bei ihm doch dasselbe: Jene Notwendigkeit der kriegerischen Lösung ließ er aus der Annahme eines alle Lebensbereiche durchdringenden, grundlegenden und unvermittelbaren Gegensatzes hervorgehen. Welcher Themen er sich auch annahm, regelmäßig prägte das Bild einer wesentlich zweigeteilten Welt seine Darstellung. Ob in Kirche, Gesellschaft oder Staat — immer stand das Volk der um ihr Recht Betrogenen den herrschenden Ausbeutern gegenüber.[668] Dieser Gegensatz war nach Abt nicht nur unüberbrückbar, sondern er wurde darüber hinaus auch durch die Bewegung des Fortschritts immer schärfer ausgebildet: Denn "die Parteien der Privilegien" — hier werden "Bourgeoisie", "politischer Absolutismus und Kirche" genannt — seien zu keiner Reform fähig; "diese Parteien" — so Abt — seien "u n b e d i n g t conservativ, d.h. sie such(t)en das Bestehende zu erhalten, auch wenn es noch so widersinnig, corrupt und unnatürlich, dem Interesse der Gesammtheit widersprechend wäre". Untereinander "niemals principiell" verfeindet, seien sie durch das Aufkommen der "demokratische(n) Partei", deren "P r i n c i p ... dem Ihrigen w e s e n t l i c h entgegengesetzt" sei, zur Vereinigung genötigt worden. Die "demokratische Partei", welche im Sinne der "Menschheitsinteressen" den Fortschritt verwirkliche, dränge

---

666 Vgl. STRUVE, Grundzüge, II, S. 52: "Die Tugenden, auf welchen die Demokratie allein beruhen kann, sind ... in der Monarchie unbekannt. ... So verderblich der Luxus in der Demokratie, so nothwendig ist er der Monarchie." Vgl. zur Unvermeidbarkeit der gewaltsamen Auseinandersetzung zwischen den Prinzipien ebd., S. 234 f.; ferner ebd., IV, S. 164 f.: "Nachdem der Kampf zwischen den dynastischen und den nationalen Bestrebungen drei Jahrzehnde hindurch im ganzen Gebiete des europäischen Continents fast ununterbrochen fortgekämpft worden, ist die Kluft, welche die beiden feindlichen Heereslager trennt, so weit und so tief geworden, daß es sich kaum mehr erwarten läßt, sie werde sich jemals schließen."

667 Vgl. STRUVE, Grundzüge, I, S. 355—357 und ebd., II, S. 220—225, wo der Übergang zur Demokratie verglichen wird mit dem Aufkeimen der Natur unter der brechenden Eisdecke.

668 ABT, Art. "Parteien", StL. X^2, S. 493—496. Vgl. auch im einzelnen ABT, Art. "Glaubensfreiheit", StL. VI^2, S. 15—27; ABT, Art. "Handwerker- und Arbeitervereine", StL. VI^2, S. 430—435; ABT, Art. "Dynastische Interessen u.s.w.", StL. IV^2, S. 159—167.

als "das dirigirende Princip in den politischen Kämpfen" das ihr widerstreitende
privilegierte Lager "auf dessen Consequenzen", also zu einer fortschreitenden
Steigerung der Unterdrückung zugunsten der "Sonderinteressen". Daß mit solcher
unaufhebbaren, grundsätzlichen und obendrein noch zunehmend sich verschärfenden Unversöhnlichkeit sowie mit der Schlußerklärung, "factisch ... (könne) jede
Partei herrschen, rechtlich nur die demokratische",[669] die Notwendigkeit der
Revolution ausgesprochen und dies zugleich als Aufruf zur revolutionären Aktion
gemeint war, hat Abt an anderer Stelle gänzlich unbefangen und unzweideutig
zum Ausdruck gebracht: Wegen seiner Stellung gegen "das Princip des Fortschreitens" führe der von Friedrich Julius Stahl theoretisch gerechtfertigte "christliche
Staat" der Gegenwart "nothwendig zur Revolution".[670] Und in einer anonymen,
jedoch m.E. unverkennbar aus seiner Feder stammenden Abhandlung über den
'gesetzlichen Fortschritt' legte Abt im Grunde die Unmöglichkeit eines legalen,
gewaltfreien Überganges von den 'absolutistischen' Herrschaftsstrukturen zu den
Formen 'demokratischer' Selbstbestimmung dar mit der Folgerung, daß der
Fortschritt zur Freiheit das "Recht" zur revolutionären Erhebung "um jeden Preis"
begründe.[671]

---

669 ABT, Art. "Parteien", StL. X², S. 494–496. Wegen Satzanfang: "Factisch".

670 ABT, Art. "Glaubensfreiheit", StL. VI², S. 20: "Der auf 'Offenbarung' basirte 'christliche
     Staat' repräsentirt ... das Princip der Stabilität, ... er schließt Reformen, er schließt das
     Princip des Fortschreitens aus und ist somit unverträglich mit dem ersten und höchsten
     Naturgesetz des Lebens, mit dem Gesetz der Bewegung. Der 'christliche Staat' führt daher
     nothwendig zur Revolution, er hat dazu geführt und wird dazu führen."

671 ABT, Art. "Gesetzlicher Fortschritt", StL. V², S. 717–727. Der Stil und die charakteristische
     Teilung der politischen Welt in die Verfechter der 'absolutistischen Fremdbestimmung' und
     die Vertreter der 'demokratischen Selbstbestimmung' lassen keinen Zweifel an der Urheber-
     schaft Abts für die mit 'A.' gekennzeichneten Artikel aufkommen. Dieser schließt ebd.,
     S. 727: "Ob ein Volk das Recht habe, sich für frei zu erklären und sich frei zu machen um
     jeden Preis, das ist die Frage, diese aber soll unbedingt bejaht werden." Vgl. auch ferner
     ABT, Zeitung, S. 169: "Darum ist auch Gewaltthat stets das Ende des Absolutismus.
     Regierer und Regierte sind auf Gewalt angewiesen, wenn daher die letzteren nicht ganz
     demoralisirt sind, greifen sie am Ende zum Schwerdt. Man nennt dieß gewöhnlich Revolu-
     tion ... Der Gefangene muß factisch so lange das Recht seines Freiheitsberaubers anerken-
     nen, als dieser die Macht dazu hat, es ihm zu beweisen. Wird der Gefangene stärker, so hat
     das Recht seines Zwingherren ein Ende, und jener setzt sich in Freiheit."

Nicht anders hatte Struve mit seinem Grundsatz, daß "alles recht (sei), was den Entwickelungsgang der Menschen ... ('fördere'), und alles unrecht, was denselben" 'hemme'[672], angesichts des friedlich nicht mehr lösbaren Widerstreites nicht nur das Recht, sondern auch die "Bürgerpflicht" zum "offenen Krieg mit den Machthabern" verkündet[673] und unzweideutig "zu einem thätlichen Kampfe" aufgerufen[674]. Abts Verbitterung über die "Appellationswuth an das positive Recht" – nach seiner Auffassung ein Ausweis für den "Mangel an Freiheitsgefühl, welcher der Feigheit oft nahe verwandt" sei – [675]ebenso wie Struves wütender Spott über die liberalen "Wortheld(en)", die "Parade-Deputirte(n)", die nur redeten und nicht begriffen, daß das "Parteileben" in " t h ä t l i c h e m Kampfe", ja im "Kriege" bestehe,[676] ließ dabei deutlich werden, daß die Gewalt auf die Seite der 'Bewegungspartei' getreten war, daß die Utopie des Friedens des vorgängigen Krieges bedurfte. Indirekt wird dies auch daran erkennbar, daß Abt sowohl als Struve in den stehenden Heeren nicht mehr das Instrument des zwischenstaatlichen Krieges erkannten – dafür seien diese schlichtweg ungeeignet –, sondern nur noch das 'unterdrückende' Mittel zur Wahrung der "Ruhe" (!) sahen.[677]

---

672 STRUVE, Grundzüge, I, S. 36; vgl. auch ebd., S. 41 f.

673 STRUVE, Grundzüge, I, S. 314.

674 STRUVE, Grundzüge, III, S. 228; vgl. dazu den Abschnitt über das "Parteiwesen", ebd., S. 216–243 und ebd., II, S. 346, wo Struve es als Zweck seiner Publizistik bezeichnet, "uns der Stunde der Entscheidung näher zu führen".

675 ABT, Art. "Glaubensfreiheit", StL. VI², S. 23.

676 Vgl. STRUVE, Grundzüge, III, S. 216–223, S. 238–243.

677 Vgl. ABT, Zeitung, S. 197: "Das Kriegführen ist übrigens auch nur Nebenzweck der absolutistischen Soldateska. Absolutistische Heere sind nichts anderes, als Polizeianstalten im Großen, aufgestellt, um die Ruhe im Innern aufrecht zu erhalten." Die Kritik an den stehenden Heeren (ebd., S. 195–198 und ABT, Art. "Dynastische Interessen u.s.w.", StL. IV², S. 167), denen das Landwehrsystem als positives Muster entgegengestellt wird, verzichtet in bezeichnender Weise auf den Vorwurf der besonderen Eignung zum Angriffskrieg. Im gleichen Sinne äußert sich STRUVE, Grundzüge, IV, S. 131–151, der im stehenden Heer den zur Führung eines äußeren Krieges nachgerade ungeeigneten "Bundesgenossen der Polizei" (ebd., S. 131) sieht: "Ein freies Volk bedarf im gewöhnlichen Verlaufe der Zeit keines Heeres. Im Innern waltet Ordnung, Frieden und Zufriedenheit. Gegen den innern und den äußern Feind aber ist ein freies Volk, sobald es gilt, auf den Ruf seiner Behörden jederzeit bereit, sich in Massen zu erheben. Anders verhält es sich aber mit einem zum Vortheil einer geringen Minderzahl regierten und folgeweise unfreien Volke. Ein solches bedarf eines stehenden Heeres, nicht um sich gegen den äußern Feind zu vertheidigen, denn

Über den notwendig 'blutigen' Charakter des durch das 'vernünftige' Volk, die 'Nation' oder die 'Tugendhaften' allein zu vollbringenden revolutionären Fortschritts[678] zum künftigen Frieden hatten Struve wie Abt ihre Leser ja auch keineswegs im unklaren gelassen: Mit Blick auf die inneren Verhältnisse im Deutschen Bund meinte Struve, daß "wohl ... noch kein Blut geflossen, allein die Saat des Bluts ... ausgestreut" sei. "Sie (werde) ... früher oder später aufgehen."[679] Was nun das umfassende, auch den äußeren Frieden einschließende Ziel der Geschichte anlangt, so hatte es Struve durch eine im "Blute" liegende, also doch unaufhebbare Feindschaft zwischen Deutschen und Russen relativiert.[680] Obwohl er schließlich an dem Bekenntnis zum Ziel des universalen Friedens festhielt, war es für ihn ausgemacht, daß im Zuge der Durchsetzung der 'Nationen' "Ströme von Blut ... ohne Zweifel fließen müss(t)en, bevor sich die widerstrebenden Elemente unseres Völkerlebens wieder zu vertragsmäßiger Einheit wechselseitig geeinigt haben" würden.[681] Abt schloß seinen 1845 verfaßten Aufsatz über die Bewegung der Deutschkatholiken mit den Worten: "Priester – einer selbstständigen Kirche sowohl, als einer Polizeistaatskirche – sind die gebornen und geschwornen Feinde der Volksfreiheit, das Haupthinderniß einer würdigen, selbstständigen Stellung der Nation, die gefährlichsten Feinde des Menschengeschlechts. – An die Wand mit ihnen!"[682] Wiederum waren so die alternativen Vermittlungs-

---

dazu reichen die stehenden Heere niemals aus, sondern um sich durch dieselben im Gehorsam gegen die Herrscher, in der Unterwürfigkeit gegen die Machthaber erhalten zu lassen." (S. 151).

678 Vgl. STRUVE, Grundzüge, II, S. 231 und ebd., III, S. 138–140, dort besonders S. 139 f.: "Ohne Kampf gibt es keine Freiheit. Nur im Kampfe kann sich die sittliche Kraft des Menschen stählen und heben... Dazu besitzt aber nur der sittliche Mensch die erforderliche Kraft ... Nur sittlich reine, edle Menschen werden ausharren im Kampfe der Freiheit... Nur von sittlich-reinen Menschen können wir die Wiedergeburt unseres deutschen Vaterlandes erwarten."

679 STRUVE, Grundzüge, II, S. 337 f. Wegen Satzanfang dort: "Wohl ...".

680 Vgl. dazu STRUVE, Grundzüge, IV, S. 195–207.

681 STRUVE, Grundzüge, IV, S. 181.

682 ABT, Zeitung, S. 133.

ebenen des Friedens – 'Nation', 'Vernunft' und 'Tugend' – untrennbar mit dem Kriege verwoben.

Bezog der Weg in die Utopie bei Schulz, Struve und Abt auch die innerstaatliche, revolutionäre Gewaltanwendung ein, so trat diese Seite des Krieges bei List und Mathy hinter der zwischenstaatlichen zurück. Ging es diesen beiden Autoren doch vornehmlich darum, die nationale Industrialisierung gegen die internationale Konkurrenz voranzubringen.

In der Einsicht, daß der industrielle Wettbewerb ein steter Wettlauf um die Monopolstellung sei, welche ihrerseits als politische Macht auftrete, hatten List und Mathy die mit bestimmten Qualitäten versehene Nation gleichsam als ein egalisierendes statisches Korrektiv dieser Konkurrenz entworfen. Dabei hatte List bereits im 'Nationalen System' keine Bedenken, den Krieg als legitimes, mitunter schon notwendiges Mittel für die Schaffung eines auf die wenigen 'normalmäßigen' Nationen zurückgehenden Friedens vorzusehen. Mit dogmatischer Gewißheit folgerte er aus dem machtpolitischen Zwang zur Industrialisierung, daß eine "Nation", welche weder "von großem Umfang" noch "im Besitz der Mündungen ihrer Ströme" sei oder auch nur die erforderlichen "natürliche(n) Hilfsquellen" entbehre, "allererst durch Eroberung oder Vertrag dergleichen Mängel zu heilen suchen" müsse.[683] Was hier ein wenig verschämt durch die Angabe der vertraglichen Alternative noch verschleiert wurde, war nichts Geringeres als die gründliche Abkehr von überkommenen Gemeinplätzen des 18. Jahrhunderts: Unter dem Imperativ des ökonomischen Weltgesetzes, 'Normalnation' zu werden oder 'unterzugehen', wurde der aus aufgeklärt-liberaler Sicht so verteufelte Eroberungskrieg in ein "legitimes" Mittel der Politik gewendet[684]: Der "Krieg, der den Übergang des Agrikulturstaats in den Agrikultur-Manufakturstaat" 'befördere',

---

683 LIST, Das nationale System, S. 55; vgl. auch ebd., S. 211.

684 Vgl. LIST, Das nationale System, S. 407: "Gleichwohl ist nicht zu verkennen, daß die Gebietsarrondierung unter die wesentlichsten (!) Bedürfnisse der Nation zu rechnen, daß das Streben nach derselben ein legitimes, daß sogar in manchen Fällen der Krieg dadurch zu rechtfertigen ist."

erschien nunmehr als "Segen für eine Nation".[685] Schier unbekümmert pries List zudem im Staatslexikon die militärischen Vorteile der Eisenbahn, die sich Rußland bei seinen mit England konkurrierenden "Eroberungsplänen in Asien" zunutze machen solle.[686]

Die gleiche Rehabilitierung des Eroberungskrieges betrieben auch die beiden anderen Verfechter der Industrialisierung. So schloß sich Schulz — wie seine Neubearbeitung des hier zitierten Listschen Artikels im Staatslexikon zeigt — nicht nur dessen Ideen an,[687] sondern er leitete auch aus seinem eigenen Gleichgewichtskonzept die 'Nötigung' etwa für Österreich ab, "an der Donau e r o b e r n d   aufzutreten".[688] Und Mathy, der wie Schulz noch zu Beginn der dreißiger Jahre eindeutig die Angriffs- und Eroberungskriege allein dem absoluten Staat und dessen Miles perpetuus zur Last gelegt hatte[689], griff diesen Gemeinplatz zwar Ende der vierziger Jahre wieder bekräftigend auf, im gleichen Atemzuge zerstörte er ihn aber auch: Nachdem er im Staatslexikon nochmals die vorzügliche Eignung der "stehenden Heere" zum   " A n g r i f f s k r i e g e " betont hatte, um die 'Unüberwindlichkeit' des bewaffneten Volkes im "Vertheidigungskriege" davon positiv abzuheben, nahm er die auch von List erwartete und begrüßte Eroberung mexikanischer Gebiete durch nordamerikanische Verbände zum Anlaß, in einer überraschenden Wendung die Brauchbarkeit der "Milizen" gleichermaßen "zum Angriffskriege" herauszustellen.[690]

---

685 LIST, Das nationale System, S. 216.

686 LIST, Art. "Asien", StL. I¹, S. 699 f.; ähnlich LIST/SCHULZ, Art. "Asien", StL. I², S. 698 f.

687 Siehe die vorstehende Anmerkung.

688 SCHULZ, Art. "Italien. (Neueste Zeit.)", StL. VII², S. 529: "Im höheren conservativen Interesse wird Oesterreich früher oder später zur Herstellung eines wahren europäischen Gleichgewichts sich genöthigt sehen, an der Donau   e r o b e r n d   aufzutreten, um e r h a l t e n d   zu sein; und erobernd kann es dort nicht werden, ohne daß es zuvor in Italien befreiend geworden ist."

689 Vgl. MATHY in: 'Der Zeitgeist', Nr. 8, 28.07.1832, zitiert oben Anm. 146 und SCHULZ, Bürgergarden, S. 7.

690 MATHY, Art. "Nationalökonomie", StL. IX², S. 360: "Man scheut mehr als in irgend einer früheren Zeit — A n g r i f f s k r i e g e , und zu diesen hauptsächlich bedarf man der stehenden Heere. Zum Vertheidigungskriege aber ist das ganze Volk bereit und, wenn in wehrhafter Verfassung, auch unüberwindlich. Selbst zum Angriffskriege sind, wie die Verei-

Freilich bedeutet die Auflösung des alten Gemeinplatzes bei Mathy noch nicht das Bekenntnis, daß zur Erfüllung der eigenen Utopie der Krieg schlechthin notwendig sei. Ebensowenig gestand dies schon das 'Nationale System' offen ein. Angesichts der immerhin eingeräumten vertraglichen Alternative wies List dort den gewaltsamen Weg noch nicht als zwingend aus. Indes darf der Weg der vertraglichen Einigung getrost als bloßes Feigenblatt angesehen werden.

Konzipiert war diese Alternative als eine Möglichkeit, die territorialen Voraussetzungen für den Übergang in den Industriestaat zu schaffen. In Anbetracht der unterschiedlich entwickelten Volkswirtschaften und im Lichte der als Existenzkampf der Nationen gedeuteten industriellen Konkurrenz hätte ihre Wahl jedoch für einen der Vertragspartner die Preisgabe der eigenen Selbständigkeit zur Folge gehabt, welche es gerade gegen ein drohendes Weltmonopol zu bewahren galt. Vor allem aber ging aus der als Vermittlungsebene des Friedens gedachten 'Normalnation' bereits jene in den Spätschriften Lists erscheinende Notwendigkeit des Krieges hervor, welche die im 'Nationalen System' vordergründig gewahrte historische Begrenzung der Gewaltanwendung auf den Übergang zum Industriestaat sprengte. Damit wurde die vertragliche Alternative gegenstandslos und darüber hinaus die Zukunft des 'ewigen Friedens' verkehrt in eine des 'ewigen Krieges' oder eine der im gewaltsamen Wege erlangten Weltherrschaft.

Nach dem 'Nationalen System' bestimmte der Stand der industriellen Entwicklung den Umfang der politischen Herrschaft. Umgekehrt war der industrielle Fortschritt aber auch vom Ausmaß der politischen Herrschaft abhängig. Der industriellen Wirtschaft wesentlich war der Zwang zur steten Weiterung. Die 'Normalnation' – in einem die politische Voraussetzung wie auch das Ergebnis des industriellen Fortschritts – mußte unter demselben Gesetz stehen. Augenfällig wurde dies an ihrem Übergreifen auf die Länder der 'heißen Zone'. Das statische Korsett untereinander gleicher 'Normalnationen' blieb so immer eine Chimäre, und selbst

---

nigten Staaten beweisen, die Milizen wohl zu brauchen." Vgl. ferner die Anmerkung Lists zum nordamerikanisch-texanischen Krieg gegen Mexiko: LIST, Das nationale System, S. 224, S. 286.

die Aneignung des letzten herrschaftsfreien Raumes setzte der bewegenden Dynamik des Wettbewerbs kein Ende. Demnach war der politische Zusammenstoß der 'Normalnationen' − der Krieg also − schon in deren industriellem Lebensgesetz enthalten. Der Krieg war nicht nur Entstehungsbedingung der 'Normalnation', sondern auch die mit ihr stets gegebene, im 'Nationalen System' nur noch nicht offen ausgesprochene Folge. Durchaus treffend hat darum Artur Sommer bemerkt, es erwachse aus der im 'Nationalen System' grundlegenden "Gleichartigkeit der Normalnationen und ihre(r) wirtschaftlichen Konkurrenz ... im Imperialhorizonte" der Spätschriften Lists die "Konsequenz, daß die Konkurrenz, d.h. das gleichgerichtete, gegenseitig störende Streben, in den politischen Machtkampf verlagert" werde.[691] Entgegen der Meinung Sommers hatte List diese "Konsequenz ... (auch) selbst ... gezogen".[692]

Wie ließe sich Machtpolitik deutlicher dokumentieren denn durch den Krieg: Als List in der 'Allianzdenkschrift' von 1846 seine Prognose eines sicher eintretenden Krieges erläuterte, baute er seine Argumentation trotz der nunmehr vollzogenen Hinwendung zur britischen "Welthegemonie" und trotz aller sonst bedeutenden Unterschiede zum 'Nationalen System' immer noch auf demselben fundamentalen ökonomischen Gesetz auf, wonach "im Machtverhältnis der (modernen) Nationen das 'Stehenbleiben' gleichbedeutend ... mit dem Rückwärtsgehen" sei.[693] Obwohl List den Franzosen und den Russen inzwischen eine in deren Natur begründete Disposition zum Kriege unterstellte[694] und diese als Argument für seine Kriegsprophezeiung bemühte, war dies sonach nicht die eigentliche Triebfeder zum unausbleiblichen Kriege. Hierzu nötigte vielmehr das imperiale Wachstum der vier indes schon zu Weltmächten aufgewachsenen 'Normalnationen', dessen Fortset-

---

691 SOMMER, Friedrich Lists System, S. 221.
692 SOMMER, Friedrich Lists System, S. 221.
693 LIST, Allianzdenkschrift, S. 271−283 (Zitate S. 272, S. 277).
694 LIST, Allianzdenkschrift, S. 272−274.

zung ungeachtet des erreichten Standes für das jeweilige politische Überleben dieser Nationen nach wie vor als unabdingbar galt.

Nicht zuletzt wird dies auch an den gezeichneten Konfrontationslinien erkennbar: Allen voran konkurrierten nämlich im Verständnis Lists die Vereinigten Staaten und Großbritannien um die globale Vormachtposition, Nationen also, denen ja im Gegensatz zu den beiden anderen Nationen eine im 'Nationalcharakter' liegende, autochthone Neigung zum Kriege nicht nachgesagt wurde. Nach der 'Allianzdenkschrift' waren es diese angelsächsischen Staaten, welche die Strukturen des zum Kriege zwingenden Konfliktes prägten: Die hier geltenden und in dem Begriff der 'Normalnation' vereinigten Maximen − industrieller Aufschwung, Seemacht und Kolonialerwerb − mußten Frankreich und Rußland notgedrungen übernehmen.[695] Die diesen beiden Staaten unterstellte Neigung zu kriegerischer Expansion spiegelte so lediglich den im 'Nationalen System' bereits angelegten Zwang, sich im unausgesetzten Wettlauf mit den anderen schließlich unter Anwendung von Waffengewalt zu behaupten.

Also war es nur eine Konsequenz der in der 'Normalnation' kulminierenden politischen Vorstellung, wenn List am Ausgang des Vormärz schrieb, daß "es selbst Engeln ... nicht mehr möglich sein dürfte, den Frieden zu erhalten": "Die wachsende Macht der Vereinigten Staaten, die für England daraus erwachsende Notwendigkeit, außerordentliche Anstrengungen zu machen, um seinen Reichtum und seine Macht zu vermehren, die Vergrößerungssucht und der kriegerische Geist von Rußland und Frankreich, und endlich der herannahende ... Verfall des türkischen Reichs, müss(t)en zuletzt Verwicklungen herbeiführen, die nicht mehr auf friedlichem Wege zu lösen sein" würden.[696]

Daß aus dem Denken in den Begriffen der 'Normalnation' nicht der Friede, sondern − wenn nicht überhaupt, so doch wenigstens zunächst − der Krieg folgte, daß somit die gedachte Vermittlungsebene des Friedens die notwendige Gewaltan-

---

695 Vgl. LIST, Allianzdenkschrift, S. 272−282.
696 LIST, Allianzdenkschrift, S. 282.

wendung enthielt, läßt sich bei Mathy allerdings nicht so deutlich belegen wie bei List. Aber auch in seiner Vorstellungswelt ökonomisch begründeter Nationen nötigte die wirtschaftliche Konkurrenz vorerst einmal zum Kriege. So läßt sich jedenfalls seine Bemerkung von 1843 verstehen, daß der russisch-deutsche Streit um den Handel am "Unterlaufe der D o n a u ... schwerlich auf diplomatischem Wege erledigt" werde.[697] Wird zudem noch beachtet, daß Mathy die gewaltsame Öffnung Chinas durch England als Vollstreckung eines letztlich ökonomischen Weltgesetzes betrachtete,[698] und ferner an die schon erwähnte Aushöhlung des aufgeklärten Gemeinplatzes erinnert, so zeichnet sich, wenngleich nur in Umrissen, auch bei Mathy jene Listsche Ablösung der "Normalnation" von der "Aufklärungshülle"[699] ab, in deren Vollzug mit dem vermeintlichen Mittelstück zum Frieden erst einmal der notwendige Krieg vor das Friedensziel der Geschichte rückte, sofern dieses nicht schon gänzlich jenem gewichen war.

Hier läßt sich nun eine erste Zwischenbilanz ziehen. Einleitend ist die Frage nach dem Verhältnis von Utopie und Gewalt sowie damit auch nach möglichen Parallelen zu Rottecks Publizistik gestellt worden. Als vorläufige Antwort kann festgestellt werden, daß jene Autoren, denen wie Rotteck die Einsicht in die herrschaftlichen Konsequenzen eines besitzbürgerlichen Egoismus nicht verborgen geblieben war, ebenso wie der Freiburger Gelehrte den Fortschritt an den Einsatz von Gewalt banden. In den jeweiligen Vermittlungsebenen zum Frieden war der Krieg bereits enthalten. Für Schulz, Struve, Abt und List, nicht ganz so auffällig auch für Mathy, schloß das Denken der Utopie den Gedanken an deren Verwirklichung durch den notwendigen Krieg mit ein.

---

697 MATHY, Zolltarif, S. 170: "Gefährlicher noch als in der Türkei wird die Zukunft des deutschen Handels an dem Unterlaufe der D o n a u bedroht, an deren Mündung sich die Russen festgesetzt haben, an deren Ufer sie sich, bis herauf an Oesterreichs Grenzen, immer unmittelbarer zu Herren und Gebietern aufwerfen. Indessen ist diese Frage, welche schwerlich auf diplomatischem Wege erledigt werden wird, nicht dem deutschen Zollvereine zunächst, sondern Oesterreich in Obhut gegeben, welches England durch den Schiffahrtsvertrag mit in sein Interesse gezogen hat."

698 MATHY, Art. "Sperre", StL. XIV[1], S. 674 f.; ebenso StL. XII[2], S. 269.

699 SOMMER, Friedrich Lists System, S. 225.

Mit diesem Befund sind im folgenden die Zeugnisse von Kolb, Jordan und Welcker zu vergleichen. Bei einer derartigen Aufgabe ist es nicht ohne Reiz, vor allem die Aussagen des Letztgenannten gegen die seines Freiburger Mitstreiters Rotteck zu halten. Indem Welcker und Rotteck oftmals Seite an Seite in der Öffentlichkeit wirkten, bildeten die jeweils gleichen Situationen, in welche die beiden Politiker sich gestellt sahen, den Hintergrund, vor dem ihre unterschiedlichen Reaktionen auf die Herausforderungen der Gegenwart deutlich erkennbar wurden. Dies konnte oben schon einmal für die Darstellung genutzt werden.[700] Ebenso könnten Welckers und Rottecks Veröffentlichungen aus dem Jahre 1832 in solcher Weise augenfällig die Unterschiede zwischen ihren Vorstellungen belegen. Gerade der Publizistik dieses Jahres kommt eine herausgehobene Bedeutung zu. Konnten die Verfasser seinerzeit doch für einen kurzen historischen Augenblick weitgehend frei von Zensurrücksichten an die Öffentlichkeit treten. Darum dürfen die damaligen Äußerungen auch als authentische Zeugnisse des jeweiligen politischen Denkens angesehen werden. Jedenfalls gehören die im Jahre 1832 von Rotteck zum Thema der Gewaltanwendung niedergeschriebenen Sätze mit zu den deutlichsten, die überliefert worden sind.

Etwa ein halbes Jahr nach dem Fall von Warschau wurde im Großherzogtum Baden ein liberales Pressegesetz erlassen, unter dem Welcker und Rotteck mit der Herausgabe des 'Freisinnigen' begannen. Rotteck verfaßte für die erste Nummer einen "Blick auf die gegenwärtige Weltlage". In dem namentlich zwar nicht gezeichneten, mit Hilfe charakteristischer Wendungen und anhand eines Textvergleiches mit einem unter seinem Namen an anderer Stelle veröffentlichten Aufsatz aber m.E. eindeutig ihm zuzuschreibenden Artikel[701] entwickelte Rotteck einmal mehr sein Bild von dem zweigeteilten Europa, auf dessen einer Seite "das Prinzip des vernünftigen Rechts und der Freiheit" zur Macht gelangt sei, auf dessen anderer dagegen "jenes des historischen Rechts und der absoluten Gewalt"

---

700 Vgl. deren unterschiedliche Beiträge zur Zollvereinsdebatte, ausgeführt oben S. 289 f., Anm. 503 und Kap. 2, Anm. 281.

701 Vgl. die folgenden Zitate mit dem in Kap. 2, Anm. 254 wiedergegebenen Abschnitt.

herrsche. Quer "durch alle Länder" spalte dieser Gegensatz "mit Aufhebung fast aller alten ... National-Sympathien und Antipathien ... die europäische Menschheit ... in z w e i große ... Völker", die, "innig zusammengeschlossen in den eigenen Gliedern, ... sich abstossend und unversöhnlich", eben als " F e i n d e " gegenüberständen.[702] Mithin bestehe "ein wirklicher K r i e g s s t a n d " . Etwaige Zweifel daran, daß dieser Befund den tatsächlich mit Waffengewalt ausgetragenen Krieg beschrieb, wurden von Rotteck nach dieser Erklärung des 'Kriegszustandes' sogleich zerstreut. Denn jener "heftige(...) Kriegsstand" sei es, der nach zahllosen "in wirklicher T h a t " ausgeführten Kleinkämpfen "endlich ... u n a u s b l e i b l i c h ... in lichte Flammen über dem W e l t t h e i l ausbrechen", alle 'künstlichen' Friedensbemühungen der Diplomatie zunichte machen "und alle wahren Freunde und wahren Feinde in zwei grossen Massen einander zum großen Entscheidungskampf entgegen stellen" werde.[703] Als unzwei-

---

702 ROTTECK, Ein Blick auf die gegenwärtige Weltlage, in: 'Der Freisinnige', Nr. 1, 01.03.1832, S. 3: Man "sieht ... die Welt durch zwei sich feindselig entgegenstehende Prinzipien bewegt, und getheilt in die Herrschaft von beiden. Das eine ist das Prinzip des vernünftigen Rechts und der Freiheit; das andere jenes des historischen Rechts und der absoluten Gewalt. Die Grenzen der beiderseitigen Herrschaft sind nicht eigentlich nach den Ländern zu ziehen; ... Zwei große Bündnisse ... ziehen sich durch alle Länder und theilen, mit Aufhebung fast aller alten (meist nur noch bei der gedankenlosen M a s s e wirksamen) National-Sympathien und Antipathien, Verwandtschaften und Scheidewände, die europäische Menschheit blos in z w e i große, jedes in sich durch Gemeinschaft der Interessen und Gesinnungen oder sage man durch W a h l v e r w a n d t s c h a f t innig verbundene Völker, eines der F r e i e n und eines der K n e c h t e u n d H e r r e n . ... So innig zusammen-geschlossen in den eigenen Gliedern, so schroff sind die beiden großen Völker einander wechselseitig entgegenstehend, unter sich abstossend und unversöhnlich. Jedes fühlt sich in seinen theuersten Interessen und Besitzthümern, ja in seinem D a s e y n gefährdet durch das Gedeihen, durch das Erstarken des andern, und es ... unterordnet wenigstens alles nähere oder unmittelbare Interesse, alle sonst gehegte Neigung oder Abneigung, Wunsch und Leidenschaft dem als d a s H ö c h s t e betrachteten Interesse der wider den F e i n d zu befestigenden eigenen Stellung oder der dem F e i n d e zu raubenden Kraft."

703 ROTTECK, Ein Blick auf die gegenwärtige Weltlage, in: 'Der Freisinnige', Nr. 1, 01.03.1832, S. 3: "Ein wirklicher K r i e g s s t a n d also besteht, ein trotz der künstlichsten Bewahrung des äußern Friedens zwischen den Mächten oder Staaten nicht zu läugnender heftiger Kriegsstand zwischen den beiden Völkern; und wirklich ist's nur e r , welcher, da er alle H a u p t s o r g e auf sich zieht, seit einer Reihe von Jahren die Mächte so zurückbeben macht vor jedem Anlaß der Entzweiung unter sich selbst; e r ist's, welcher die Diplomatie fortwährend in ängstlichen Mühen erhält, ... e r ist's endlich, welcher so wie er schon Jahrelang selbst in wirklicher T h a t , d.h. in vielseitigen, wenn auch nur partiellen und mehr oder minder verschleierten Angriffen und Gegenwehren besteht,

deutige Prognose des notwendig eintretenden revolutionären Krieges diente dieser Beitrag von Rotteck zugleich zur aktiven Vorbereitung dieses Krieges. Denn er erklärte es zur "Aufgabe" des 'Freisinnigen', für den "endliche(n) Sieg" die "Gleichgesinnten" schon jetzt zusammenzuführen, wie auch "die Entschlossenheit zur Behauptung des Heiligthums allgemein zu entzünden".[704]

Demgegenüber ließ Welcker in seinem für die Gründungsnummer verfaßten Einführungsartikel, der das aus seiner Sicht vom 'Freisinnigen' zu verfolgende politische Programm vorstellte,[705] die Spaltung Europas hinter der Möglichkeit des friedlichen Ausgleichs auffällig zurücktreten. Um den Widerspruch "selbst ... (der) Allerlegitimsten" auszuräumen, knüpfte er an die Grundsatzerklärungen der Heiligen Allianz an, als er die Schaffung einer "dauernde(n) friedliche(n) Ordnung" in "die unwandelbaren Grundsätze des F r e i s i n n i g e n" einbezog.[706] Welcker sparte zwar nicht mit herber Kritik an den "unwürdigen, feigen

---

u n a u s b l e i b l i c h , sey es etwas früher oder später, auch in lichte Flammen über dem W e l t t h e i l ausbrechen, allen Künsteleien, Vorstellungen, kleinlichten Umtrieben ein Ende machen, und alle wahren Freunde und wahren Feinde in zwei grossen Massen einander zum großen Entscheidungskampf entgegen stellen wird."

704 ROTTECK, Ein Blick auf die gegenwärtige Weltlage, in: 'Der Freisinnige', Nr. 1, 01.03.1832, S. 3 f.: "Auf welche Seite der Sieg sich neige, er wird jedenfalls für die Geschichte der Menschheit von unermeßlichen Folgen seyn. Wer wagt es aber, mit Bestimmtheit vorauszusetzen, welche von beiden Parteien triumphiren werde? ... Von der Z a h l und der C h a r a k t e r s t ä r k e der Freunde der Wahrheit und des Lichts hängt ... der Erfolg ab. ... Inzwischen ist die Aufgabe für die Freunde des L i c h t s , dessen V e r - b r e i t u n g , so viel möglich, zu bewirken, die Liebe dafür eifrigst anzufachen, das gegenseitige Erkennen und Erklären der Gleichgesinnten zu befördern, und den Muth, die Entschlossenheit zur Behauptung des Heiligthums allgemein zu entzünden. Der endliche Sieg wird denjenigen werden, welche die Unerschütterlichsten, die Beharrlichsten, die moralisch Kräftigsten sind."

705 Der Artikel erscheint bei Heinz-Dietrich Fischer und Rainer Schöttle (Hrsg.), Kampf um publizistische Libertät. Schriften und Aktivitäten zu Konzeption, Realisierung und erneuter Einbuße von Pressefreiheit 1830 bis 1833 von Carl Theodor Welcker, Bochum 1981, S. 183–193 als die Schrift Welckers. Vgl. ferner die einleitende Wendung "Triumph! Triumph!", derer sich Welcker auch in seiner privaten Korrespondenz bedient hat (siehe ebd., S. XII).

706 WELCKER, Ueber den Geist und die Bestrebung des F r e i s i n n i g e n , in: 'Der Freisinnige', Nr. 1, 01.03.1832, S. 1: "Hier dürfen selbst die Allerlegitimsten nicht widersprechen. Namentlich dürfen es nicht die Fürsten Europas". Es folgt das Friedensbekenntnis der Heiligen Allianz. Danach heißt es: "Ja: Wahrheit, das Grundgesetz jener heiligen Lehre, Brüderlichkeit und Gerechtigkeit zwischen alle(n) Menschen und Völkern, zwischen Regent und Bürger, und durch sie wahre Vervollkommnung und dauernde friedliche Ordnung, das

und wortbrüchigen ... Mittel(n), womit man zum Theil gegen die ... unabwendbare Reformation von Europa" angehe; auch sah er schon ein "Gewitter" aufziehen, welches "der Sache der Fürsten in Deutschland und Europa die gefährlichsten Wunden schlagen" könne. Letztlich aber ließ Welcker die Alternative zwischen revolutionärem Krieg und friedlichem Wandel offen. Abschließend formulierte er sogar ein Bekenntnis zur "Möglichkeit der friedlichen Vereinbarung und der billigen Ausgleichung entgegenstehender Ansprüche", wobei dem Großherzogtum Baden der Vortritt auf dem Musterweg zur Reform zufalle.[707]

Eine solche Sicht der Zeitgeschichte, die ganz anders als Rotteck auf Versöhnung und Vermittlung der Gegensätze den Akzent legte, sah zur Erfüllung des eigenen Leitbildes den Einsatz von Gewalt keineswegs als unumgänglich an. Welckers Beiträge zu den beiden vorrevolutionären Auflagen des Staatslexikons sollten denn auch die grundsätzliche Entscheidung für den friedlichen Wandel erkennen lassen. Indes ist diese Option Welckers dort nicht ohne weiteres nachvollziehbar. Denn gewiß warnte auch er vor dem drohenden Unheil einer Revolution und eines Prinzipienkrieges. Vordergründig las sich die Botschaft bei ihm nicht viel anders als etwa bei Rotteck, Schulz, Abt oder Struve: Eröffneten die Regierungen vor allem der "öffentlichen Meinung" den Raum freier Entfaltung, so werde diese "den Staatsorganismus in gesunder Lebensthätigkeit erhalten". Im Falle der Unterdrückung hingegen seien "zuerst Stockungen, alsdann plötzliche An-

---

sind die erschöpfenden und unwandelbaren Grundsätze des F r e i s i n n i g e n . "

707 Vgl. WELCKER, Ueber den Geist und die Bestrebung des F r e i s i n n i g e n , in: 'Der Freisinnige', Nr. 1, 01.03.1832, S. 2 f., dort S. 3: Es muß eingesehen werden, "daß wirklich die Z e i t d e r p o l i t i s c h e n R e f o r m a t i o n f ü r D e u t s c h l a n d u n d f ü r E u r o p a g e k o m m e n i s t , und daß nur allein die Frage zu entscheiden übrig bleibt, ob sie auf dem Wege blutigen Umsturzes, in oder ohne dieselben (!) ins Leben treten soll? Noch giebt es eine Möglichkeit der Rettung vor dem unglückseligen Wege des blutigen Umsturzes, eine Möglichkeit der friedlichen Vereinbarung und der billigen Ausgleichung entgegenstehender Ansprüche ... Mögen anderwärts unglückselige Rathschläge und Regierungs-Maßregeln immer aufs Neue alles Rechts- und Ehr- und Freiheits-Gefühl verletzen, endlich alle Hoffnungen trüben, die gefährlichste Stimmung erzeugen, und auch harte Aeusserungen, welche sie hervorruft, entschuldigen! Uns aber in unserem glücklichen Baden ist es erlaubt, und uns ziehmt es, den Glauben an den nicht revolutionären Weg zu hegen und zu nähren."

strengungen und Explosionen und Revolutionen oder der Tod unvermeidlich".[708] Gleichermaßen richtete Welcker sein Augenmerk auf die europäische Weiterung solcher innenpolitischen Konfliktlage. Hinter seinem Appell an das französische Julikönigtum, die innere wie die äußere Politik grundlegend zu ändern, stand dräuend das Schreckbild des "allgemeine(n) europäische(n) Principienkrieg(es)"[709]: "Soll(e) es denn auf dem bisherigen Wege noch einmal enden mit einer neuen furchtbaren Explosion für Frankreich und Europa?"[710] Und in den späten vierziger Jahren klangen Welckers Mahnungen kaum weniger beunruhigend, als er angesichts der "unvermeidliche(n) politische(n) Entwickelungsperiode der deutschen Nation" es einer reaktionären Verblendung vorwarf, "selbst den g e - w a l t s a m e n Durchbruch" herbeizuführen,[711] oder als er an anderer Stelle das "täglich(e)" Anwachsen "negirender, excentrischer, revolutionärer, namentlich auch communistischer ... Kräfte ... (den) hartnäckige(n) Wahrheits- und Rechtsbedrückungen von der Gegenseite" anlastete[712]. Aber: Während die anderen Autoren die Möglichkeit des friedlichen Weges — so sie diese überhaupt eingeräumt hatten — zu einer Scheinalternative verkommen ließen, indem sie in ihren zeitgeschichtlichen Prognosen der Unausweichlichkeit der bewaffneten Auseinandersetzung das Wort redeten, sprach Welcker allenfalls von einer bedingten Notwendigkeit der Gewalt.

---

708 WELCKER, Art. "Oeffentlichkeit", StL. XII^1, S. 299; ebenso StL. X^2, S. 275.

709 WELCKER, Art. "Jüstemilieu", StL. IX^1, S. 10; ebenso StL. VII^2, S. 797 f.

710 WELCKER, Art. "Jüstemilieu", StL. IX^1, S. 23—26 (Zitat S. 24); ebenso StL. VII^2, S. 807—809 (Zitat S. 808).

711 WELCKER, Art. "Erfahrung. Nachtrag", StL. IV^2, S. 493.

712 WELCKER, Art. "Hampden", StL. VI^2, S. 388. Zu der indes immer wieder nur bedingten Prognose von Revolution und Prinzipienkrieg vgl. ferner WELCKER, Art. "Censur", StL. III^1, S. 366; ebenso StL. III^2, S. 140; WELCKER, Art. "Familienherrschaft", StL. V^1, S. 428 f.; ebenso StL. IV^2, S. 622; WELCKER, Art. "Gallicanische Kirche", StL. VI^1, S. 247; ebenso StL. V^2, S. 319; WELCKER, Art. "Gesetzlichkeit", StL. VI^1, S. 758; ebenso StL. V^2, S. 716 f. In der Neuauflage sind neben WELCKER, Art. "Eudämonismus", StL. IV^2, S. 521 f. vor allem beachtenswert die Artikel WELCKER, Art. "Erfahrung. Nachtrag", StL. IV^2, S. 488—496; WELCKER, Art. "Frankreich, politische Systeme u.s.w. Nachtrag", StL. V^2, S. 156—167 und WELCKER, Art. "Hampden", StL. VI^2, S. 383—394.

Freilich ist darin noch viel Doppeldeutiges enthalten. Welckers Auseinandersetzung gerade mit der Revolutionsproblematik erlaubt keine raschen, bündigen Erklärungen zu der Position des friedlichen Wandels in seiner Politik. In Ermangelung eindeutiger Aussagen über die Notwendigkeit der Revolution wird die Untersuchung darum vorerst einmal Welckers Haltung zu deren bloßer Berechtigung zu beschreiben versuchen, um sich von dort aus dem umfassenden politischen Problem der Revolution zu nähern. Gleichwohl werden davon schon sehr aussagekräftige Hinweise erwartet. Denn im Lichte der von Welcker zumindest auf den ersten Blick kaum anders als von Rotteck, Schulz, Struve oder Abt zum Ausdruck gebrachten Einsicht in das tendenziell sich verhärtende Gegeneinander von Fortschritt und Beharrung dürfen Welckers Ausführungen zum 'Recht' der Revolution, genauer: zur Legitimierung der revolutionären Initiative, zugleich auch als Bekundungen seines auf den Fortschritt gerichteten politischen Wollens gelesen werden. Wie bei den anderen die Notwendigkeit des revolutionären Krieges oder der Revolution mit deren 'Recht' korrespondierte, so liefert umgekehrt Welckers Stellung zur Legitimität der Revolution ein wesentliches Indiz für das Urteil, welches er über die Notwendigkeit des Einsatzes von Gewalt im Rahmen der Verwirklichung seiner Idealvorstellung gefällt hatte. Ein nochmaliger Vergleich seiner Schriften mit den Zeugnissen Rottecks, die hier stellvertretend für die Aussagen der eben genannten Autoren herangezogen werden, kann bereits grundlegende Unterschiede erhellen.

Richtet sich das Augenmerk zunächst auf Welckers "Vertragstheorie", so scheint seine Ablehnung jedweden Revolutionsrechtes vorderhand schon eindeutig zu sein. Sein Staatsdenken ließ keine "juristische Rechtfertigung der zu unternehmenden Revolution" zu, zumal "eine rechtsgültige Vollmacht im Namen der Gesammtheit, ... (das) Gemeinwesen zu ändern oder umzustürzen", nicht vorhanden sei[713] oder – wie Welcker bereits in seiner Dissertation ausführte – "weil das Volk dazu gänzlich eines Organs für den Willen Aller" 'ermangele', "wofür weder der einzelne Rebell, noch die rebellirende Pluralität angesehen werden" könne[714].

Daß in den späten 1840er Jahren diese prinzipielle Verneinung eines 'juristischen Revolutionsrechtes' in der Wendung des bloß "gewöhnlichen M a n g e l (s) e i n e r V o l l m a c h t , im Namen des Gemeinwesens revolutionäre Gewalt anzuwenden",[715] scheinbar abgeschwächt erschien, verrät – wie sich noch zeigen wird – keinen Gesinnungswandel Welckers.

Allerdings ließ solches Versagen eines Revolutionsrechtes immer noch Raum für andere Rechtfertigungsgründe des Umsturzes; dies erkannte auch schon die akademische Arbeit von 1813 an.[716] Die bei allen liberalen Bemühungen um die Verhinderung der 'Umwälzungen' möglicherweise immer noch nötigen und damit gerechtfertigten Revolutionen – nämlich die durch "empörte Nothwehr ...", allgemeine Verzweiflung oder moralische Empörung ... unwiderstehlich hervorgerufen(en)" – galten Welcker jedoch als die "unentbehrlichen (,) unvermeidlichen

---

713 WELCKER, Art. "Grundvertrag", StL. VII[1], S. 282; ebenso Art. "Grundgesetz, Grundvertrag", StL. VI[2], S. 201: "Ja, die Vertragsgrundsätze gerade z e r s t ö r e n selbst bei sehr schweren drückenden Verletzungen j u r i s t i s c h e R e c h t f e r t i - g u n g s g r ü n d e ... Sie (die "Vertragstheorie", F.N.) verweiset die Unzufriedenen ... auf die G e s a m m t h e i t ... Sie fordert von ihnen, ... ehe sie selbst auch b e i g r o ß e m U e b e l des Regierungsunrechts durch Revolution ihr noch viel größere Gefahren bereiten, als vielleicht die gesetzlichen Wege oder die vorübergehende Duldung begründen – e i n e r e c h t s g ü l t i g e V o l l m a c h t i m N a m e n d e r G e s a m m t h e i t , i h r G e m e i n w e s e n z u ä n d e r n oder u m z u s t ü r z e n . Und an diesem Mangel scheitert die juristische Rechtfertigung der zu unternehmenden Revolution." Vgl. dazu auch WELCKER, Art. "Nothwehr und Selbsthülfe", StL. XI[1], S. 682; ebenso StL. X[2], S. 29.

714 WELCKER, Gründe, S. 105 f. Vgl. auch Welckers Selbstbekenntnis in WELCKER, Art. "Beschlagnahme", StL. II[1], S. 461; ebenso StL. II[2], S. 374: Er sei ein "Schriftsteller ...", der von seiner Jugend an unwandelbar die erbmonarchische Verfassung mit aristokratischen und demokratischen Ständen sogar als sein politisches Ideal vertheidigte und der stets entschieden und öffentlich gegen die ... Schriftsteller stritt, welche Volkssouverainetät im gewöhnlichen Sinne und die juristische Sanction eines Revolutions- R e c h t s in das System der Staatsverfassung aufnehmen."

715 WELCKER, Art. "Hampden", StL. VI[2], S. 389.

716 WELCKER, Gründe, S. 106.

Heilmittel im Plane der Vorsehung".[717] Darin lag nun zweierlei: einmal, daß man an solcher Revolution unschuldig, zum zweiten, daß sie gleichwohl notwendig sei. Zunächst soll hier nur der erste Teil der Aussage weiterverfolgt werden.

Die Entlastung der Handelnden von ihrer Verantwortung präzisierte Welcker mit seiner Wendung, daß die Aufständischen "ohne Absicht" verführen.[718] Selbst dann erklärte Welcker die etwa noch mögliche Revolution für "nicht absichtlich" unternommen, wenn die Umstände sogar die Fiktion einer 'gemeinschaftlichen Vollmacht' zuließen.[719] Kurz vor der deutschen Revolution sollte er die darin zum Ausdruck gelangende Distanz zur revolutionären Initiative noch schärfer hervortreten lassen und folgerichtig seine Ablehnung jeder Erstanwendung von Gewalt unterstreichen: "Die rechtschaffenen (,) aufrichtigen Freunde des Vaterlandes und seiner Freiheit ... (würden) alle Wege gesetzlicher Freiheitsbestrebungen ... so lange anwenden, bis friedlich die Gerechtigkeit ... ('siege'), wenn nicht, ohne ihre Schuld, die Gegner der Freiheit das furchtbare Mittel der Revolution für diesen unvermeidlichen Sieg selbst herbeiführ(t)en."[720] Allenfalls entgehe die "Betheiligung an einem durch die Unterdrückung selbst hervorgebrachten Rettungsfieber der Revolution" seinem Verdammungsurteil.

Wohlgemerkt — nur von einer 'Beteiligung' war die Rede. Selbst bei der durch herrschaftliches Unrecht nachgerade erzwungenen Revolution bedurfte es im Bilde Welckers immer noch einer von seiner eigenen unterschiedenen Partei, in der das 'Fieber' allererst zum Dasein gelangte, die als Vorreiter sich wirklich gegen die Willkür empörte. Denn mit der in demselben Text an die "Regierungen" gerichteten Aufforderung, deutlich zwischen seiner Oppositionsbewegung und den von der "Entbehrlichkeit der Revolution (nicht) überzeug(t)en ... Freiheitsfreunden" zu

---

717 WELCKER, Art. "Grundvertrag", StL. VII¹, S. 282 f.; ebenso Art. "Grundgesetz, Grundvertrag", StL. VI², S. 201 f.

718 WELCKER, Art. "Grundvertrag", StL. VII¹, S. 282; ebenso Art. "Grundgesetz, Grundvertrag", StL. VI², S. 201.

719 Vgl. WELCKER, Art. "Nothwehr und Selbsthülfe", StL. XI¹, S. 682 f.; ebenso StL. X², S. 29 f.

720 WELCKER, Art. "Hampden", StL. VI², S. 393.

unterscheiden, womit umgekehrt das Bekenntnis zur 'Entbehrlichkeit' des Umsturzes als wesentliches Merkmal der eigenen Gruppierung ausgewiesen wurde, gab Welcker zu verstehen, daß die revolutionäre Gewalt von seiner Partei niemals zuerst angewendet werde. Die hier wie stets vorgestellte Verantwortlichkeit anderer für den revolutionären Impuls bezog sich konsequent nicht nur auf die Repression, sondern gleichermaßen auf deren Antwort, welche Welcker als "revolutionäre(n) Fanatismus" qualifizierte. Mochte immerhin der revolutionäre Krieg von der Unterdrückung, von ihrem radikalen Gegenspieler oder durch beider Widerstreit einmal ausgelöst werden, auf keinen Fall − so darf hier der Text paraphrasiert werden − stehe an seinem Anfang die streng 'gesetzliche' Bewegung Welckers.[721] Jede unmittelbare Urheberschaft des bewaffneten Aufstandes wurde von Welcker verneint, was anders gewendet bedeutete: Die öffentliche Ordnung mußte bereits revolutioniert worden sein, bevor der liberale Parteigänger zu den Waffen greifen sollte: Es müsse "das Gute auf gesetzlichem Wege zum Ziele geführt werden. ... Nur erst wenn die Gewalt selbst Revolution und Auflösung der gesetzlichen Zustände" 'herbeiführe' "oder wenn die Nation wegen Mangels der Ausbildung im gesetzlichen Kampfe sich den Gesetzlosen ganz in die Arme würfe und so der Krieg ausbräche, alsdann würden die Letzteren Einfluß bekommen und die Gesetzlichen in dem Kriege ihr Mitstreiten natürlich nicht zurückweisen können".[722]

Gegenüber einer derartig auf die Beobachtung des positiven Rechtes fixierten[723] Ablehnung des eigenen Anstoßes zum Umsturz hatte sich Rotteck durchaus mit

---

721 WELCKER, Art. "Erfahrung. Nachtrag", StL. IV², S. 493 f. Dort distanzierte sich Welcker von dem "Verdammen j e d e s unvermeidlichen Widerstandes, ... oder jeder Betheiligung an einem durch die Unterdrückung selbst hervorgebrachten Rettungsfieber der Revolution". (Unterstreichung im Text von mir.) Nach wiederholter Bekundung der eigenen Gesetzestreue fuhr Welcker ebd. fort: "Lassen sich aber ... nicht alle Freiheitsfreunde von der Entbehrlichkeit der Revolution überzeugen, so wäre der Fehler Einzelner aus den Millionen von Freiheitsfreunden nicht der ganzen Partei aufzubürden."

722 WELCKER, Art. "Hampden", StL. VI², S. 388 f.

723 Bei WELCKER, Art. "Hampden", StL. VI², S. 387 wird die bindende Grundlage für das eigene Verfahren in den "bisherigen Gesetzen" gesehen, "welche die Nation als die allgemeine Form und Regel für das Handeln der Bürger aufstellte".

dem revolutionären Vorgehen identifiziert. Anders als Welcker propagierte er nämlich das Recht zur revolutionären Initiative, das jener im Zuge seiner Verneinung jedweden intentionalen Momentes bestritt. Für Rotteck waren es "die höchsten Interessen", die den sonst staatstragenden Besitzbürger "zur Anwendung revolutionnairer Mittel auffordern" konnten.[724] Soweit etwa "das positive oder historische Recht, oder die factische Gewalt dem Armen unmöglich" 'mache', den seiner "Anlage" entsprechenden "Grad des Wohlstandes zu erschwingen", habe dieser "ein Recht auf gewaltsame Wiederherstellung des durch tyrannische Gesetze unterdrückten Rechtszustandes".[725] Mußte für Welcker die revolutionäre Zerstörung des Staates bereits eingetreten und somit der Krieg schon ausgebrochen sein, bevor die 'gesetzlichen' Bürger sich an ihm beteiligen durften, so konnte nach Rotteck die in ihrem Naturrecht verletzte rechtschaffene Gesellschaft selbst diesen Krieg beginnen. Während dementsprechend Rotteck seinen Lesern auseinandersetzte, daß eine Revolution keineswegs notwendig in eine "Schreckensherrschaft" münden müsse[726], ja daß selbst die revolutionäre Anarchie mit ihren Schrecken "weit weniger grausenvoll und weit weniger trostlos (sei) als die D e s p o t i e "[727], und während dieser Verfechter des Naturrechts den Terror der französischen Revolutionsregierungen im Verhältnis zu dem der nachfolgenden Restauration und Reaktion mit unverkennbarem Wohlwollen beurteilte[728], setzte Welcker die Akzente genau umgekehrt: "Revolutionärer und

---

724 ROTTECK, Art. "Aristokratie", StL. I[1], S. 685; ebenso StL. I[2], S. 637.

725 ROTTECK, Art. "Armenwesen", StL. II[1], S. 11; ebenso StL. I[2], S. 673.

726 ROTTECK, Art. "Berg", StL. II[1], S. 388; ebenso StL. II[2], S. 316.

727 ROTTECK, Art. "Anarchie", StL. I[1], S. 548; ebenso StL. I[2], S. 518: "Die Anarchie ... ist eine acute Krankheit, welche baldigst geheilt werden oder den Untergang hervorbringen muß, den Untergang der G e s e l l s c h a f t nämlich, und als s o l c h e r , nicht eben jenen ihrer einzelnen Mitglieder. Sie ist hiernach weit weniger grausenvoll und weit weniger trostlos als die D e s p o t i e , welche nicht nur die Gesellschaft (mittels Erdrückung des gesellschaftlichen Gesammtwillens durch den herrischen Einzelwillen) tödtet, sondern auch alle einzelnen Mitglieder der unters Joch gebrachten Gesellschaft rettungslos, weil wehrlos, der unersättlichen Gewalt Preis giebt."

728 Vgl. ROTTECK, Art. "Duldung", StL. IV[1], S. 549; ebenso StL. IV[2], S. 149: "Solche (revolutionären, F.N.) Greuel ... sind ... bis zu einem gewissen Grade selbst entschuldbar ... Der Selbsterhaltung willen, der Erhaltung der mit fanatischer Inbrunst verehrten Idole willen,

republicanischer Machiavellismus ... (sei), wo möglich, noch verderblicher als der der Könige"[729], hieß es bei ihm. Und an anderer Stelle enthüllte sein über " R o u s s e a u und die J a c o b i n e r " gesprochenes Verdikt, wonach "regierender Pöbel ... oft noch ein ärgerer Tyrann als alle anderen vor ihm" geworden sei[730], den der Bewertung Rottecks genau entgegengesetzten Tenor seiner Einschätzung.

Für sich genommen, zeigen diese Unterschiede zu Rottecks Äußerungen allesamt eine entschieden gegenrevolutionäre, reformerische Tendenz an: Die Verneinung eines 'juristischen Revolutionsrechtes' zusammen mit dem erklärten unbedingten Verzicht auf die Erstanwendung von Gewalt, die zumindest in der ersten Auflage des Staatslexikons unzweideutige Stigmatisierung des revolutionären Aktivisten, dazu noch das werbende Bekenntnis zur 'Entbehrlichkeit' des Umsturzes – dies alles konnte doch nur den Ausschluß der Gewalt auf dem Wege in die eigene Utopie signalisieren. Indessen war der Krieg in Welckers Weltsicht so gänzlich wiederum auch nicht gebannt. Obwohl als eigenes, 'absichtsvolles' Unternehmen brüsk abgelehnt, konnte die Revolution im Zeichen des 'Fortschrittes' doch immerhin 'notwendig' sein. Als vermeintliches Schicksal fand sie also durchaus

---

greift man v o r ü b e r g e h e n d wohl auch zum S c h r e c k l i c h s t e n . Etwas Anderes aber wäre zu sagen, wenn irgendwo solche maaßlose politische Intoleranz ... als b e h a r r l i c h e s Princip aufgestellt ... würde, blos um ... zum Vortheil privilegirter Kasten die Verwirklichung verhaßter vernunftrechtlicher Ideen abzuwenden." Vgl. dazu auch ROTTECK, Art. "Fanatismus", StL. V[1], S. 437; ebenso StL. IV[2], S. 628: "Im Allgemeinen wird unser Urtheil über den Fanatiker in dem Grade milder sein, als die ihm die Richtung gebenden Motive oder Ideen entfernter von Selbstsucht sind. Wer aus schwärmerischer Liebe für's Gemeinwohl, für Freiheit und Vaterland oder Menschheit ... zum Fanatiker wird; der ist, ob auch sein Wahn schrecklich ... sei, wohl ein f u r c h t b a r e r , doch kein persönlich s c h l e c h t e r Mensch. Wer aber mit seinem fanatischen Eifer blos um sein eigenes Interesse oder das seiner Kaste förderndes Ziel verfolgt, der ist zwiefach verdammungswerth ..." (Die von mir unterstrichenen Worte nur in der zweiten Auflage).

729 WELCKER, Art. "Moral", StL. X[1], S. 755; ebenso StL. IX[2], S. 221.

730 WELCKER, Art. "Oeffentlichkeit", StL. XII[1], S. 297; ebenso StL. X[2], S. 274: "Das a t h e n i s c h e Volk und nach ihm R o u s s e a u und die J a c o b i n e r suchten eine andere Garantie in der unbedingtesten Volkssouveränetät ... Aber das Verderbniß und die Versuchungen der Gewaltausübung ergriffen auch diese kleinen Könige und ihre Mehrheiten. Regierender Pöbel wurde oft ein noch ärgerer Tyrann, als alle anderen vor ihm, mochte er nun ... raubgierige ... Beschlüsse gegen die Reichen ... decretiren, oder mochte er in ungeregeltem souveränen Pöbelhaufen seine Gewaltthaten vollziehen."

Eingang in Welckers politisches Kalkül. Die hierin begriffene Ambivalenz der Revolution wurde ein weiteres Mal an jener partiellen Rehabilitierung des Radikalismus deutlich, zu der sich Welcker in der zweiten Auflage des Staatslexikons herbeigelassen hatte. "Mindestens e n t s c h u l d b a r , oft u n v e r - m e i d l i c h " , ja sogar dort, wo keine friedliche Alternative mehr bestanden habe, "für das alsdann allein rettende revolutionäre Fieber auch h e i l s a m " seien die "revolutionären Richtungen eines R o u s s e a u und ... der ... J a c o b i n e r " gewesen.[731] Gleichzeitig aber blieb derselbe "revolutionäre Fanatismus" mit dem Odium "absichtlicher, gemachter Revolutionen" behaftet, galt die revolutionäre Initiative für "den Knalleffect einer Emeute", ja rückten die Empörer als "eigenwillige (,) egoistische Separatisten und unberufene Dictatoren und Umstürzer" auf eine Stufe "mit absoluten Fürsten, Höflingen und Höflings-ministern".[732] Um angesichts dieses Zwiespaltes den Stellenwert des friedlichen Wandels bei Welcker dennoch bestimmen zu können, muß also in einem nächsten Schritt hinter die augenscheinlich gegenrevolutionäre Seite in Welckers Programm der 'Gesetzlichkeit' zurückgegangen und das darin verborgene revolutionäre Moment dargetan werden.

Denn die von Welcker immer und immer wieder geforderte Gewaltfreiheit des eigenen Weges bedeutete ja keineswegs ein untätiges Warten oder gar ein quietistisches Stillhalten. Vielmehr fügt sich sein in fünf Artikeln ausgebreitetes Konzept[733] fast schon paradigmatisch ein in den von Michael Neumüller für die liberale Politik als charakteristisch bezeichneten "Dualismus von Reform und

---

731 WELCKER, Art. "Erfahrung. Nachtrag", StL. IV², S. 493. Dort wegen Stellung im Satz: "mindestens...".

732 WELCKER, Art. "Erfahrung. Nachtrag", StL. IV², S. 493 und WELCKER, Art. "Hampden", StL. VI², S. 387 f.

733 Vgl. WELCKER, Art. "Bauernkrieg", StL. II¹, S. 269—286; ähnlich Art. "Bauernkriege", StL. II², S. 228—239; WELCKER, Art. "Gesetzlichkeit", StL. VI¹, S. 755—758; ebenso StL. V², S. 715—717; WELCKER, Art. "Erfahrung. Nachtrag", StL. IV², S. 488—496; WELCKER, Art. "Frankreich, politische Systeme u.s.w. Nachtrag", StL. V², S. 156—167; WELCKER, Art. "Hampden", StL. VI², S. 383—394.

Revolution"[734]. Nach Neumüller prägte dieser 'Dualismus' alle Erscheinungsformen der liberalen 'Revolutionslehre', von denen er vier besonders unterschied:
Da war einmal die "Reform-Revolution", welche "im Falle der Revolution" ebensowohl "die machtpolitische Ausnutzung der liberalen Chance durch die Revolution" einschließe wie "die Politik der ... gegenrevolutionären Bekämpfung und
Schließung der Revolution". Des weiteren erscheine der besagte 'Dualismus' als
"Gegensatz von revolutionärem Inhalt ... und evolutionärer Form". Sodann kenn-
zeichne er das eigentümliche Zusammenwirken von einer moralisch akzentuierten
"revolutionären Kritik" mit der "im praktisch-politischen Bereich" bekundeten
"Ablehnung jeglicher revolutionären Auflehnung". Und schließlich würden seine
"Widersprüche ... in der Revolution von oben aufgehoben".[735] Alle genannten
Elemente sind auch in Welckers Verfahren enthalten, die Unschuld für sich in
Anspruch zu nehmen und gleichzeitig die Losung von der möglichen 'Unvermeid-
barkeit' der Revolution zu verbreiten.

Was die 'liberale Chance' nach dem Eintritt der Revolution angeht, so hatte sie
Welcker sogar überaus deutlich formuliert, als er die oppositionellen Kräfte dazu
aufforderte, "bereit zu sein für jede günstige Gelegenheit, welche den Vorbe-
reiteten nie fehlen" könne. In dem ausgeprägten Wissen um die Mittelstellung der
Liberalen, die "Schmähungen von beiden Seiten" mit sich bringe, "hier daß sie die
Bundesgenossen der Revolutionäre, dort daß sie die der Macht seien", in diesem
Wissen also galt ihm dabei als alleiniger "Gegner ... der Despotismus ..., so lange
er die Uebermacht" habe. Die qualifizierende Einschränkung benannte schon den
im Verlaufe der Revolution folgenden nächsten Gegner – die "Gesetzlosen"
nämlich –, womit nach der emanzipativen die gegenrevolutionäre Seite der
'Reform-Revolution' angesprochen war.[736] Gleichermaßen findet sich bei Welcker
der in die 'Revolution von oben' mündende Lösungsansatz. Seine Darstellung des

---

734 NEUMÜLLER, Liberalismus, S. 219.
735 NEUMÜLLER, Liberalismus, S. 219 f.
736 WELCKER, Art. "Hampden", StL. VI^2, S. 388 f.

deutschen Bauernkrieges, die er als Mahnung zu einer nicht-revolutionären Politik angelegt hatte,[737] kritisierte die Erhebung der Bauern gerade auch deswegen, weil die Aufständischen es versäumt hätten, sich der Führung wenigstens "eines großen Theils der Gebildeten und auch nur einiger Fürsten" zu unterstellen. Hinter der für wesentlich erachteten Mitwirkung der herrschenden Elite – der "Besten unter den Fürsten, unter den Adeligen und Geistlichen" – schien als akzeptiertes Muster für die Veränderung die gleichsam legale 'Revolution von oben' auf.[738] Das Auseinander von revolutionärer Forderung und strikt reformgebundenem Weg, das Neumüller als weiteres konstitutives Moment ansah, taucht ebenfalls in Welckers Schrifttum auf, wenngleich in Anbetracht seiner Vorstellung von einer konstitutionellen Monarchie und der in Baden eingeführten Verfassung Abstriche an dem revolutionären Charakter seines Programmes vorgenommen werden dürfen. Um so gewisser aber bekräftigten Welckers Beiträge zur Neuauflage des Staatslexikons – wie eben schon gezeigt – den Abstand zur revolutionären Initiative, der fraglos als eine Festlegung auf den Weg der Reform verstanden werden konnte und verstanden werden kann.

So wie diese drei Erscheinungsformen des liberalen 'Dualismus' sich bei Welcker darstellten, waren sie allerdings nur insofern von revolutionärem Charakter, als sie das revolutionäre Handeln anderer bereits voraussetzten. Wurde das Reformbekenntnis wörtlich genommen, so war der revolutionäre Wandel ohnehin blockiert. Und die 'Revolution von oben' sowohl als die 'Wahrnehmung der liberalen

---

737 Vgl. WELCKER, Art. "Bauernkrieg(e)", StL. II^1, S. 269–286; ähnlich StL. II^2, S. 228–239. Dort vor allem ebd. ^{1}, S. 285 und ebd. ^{2}, S. 238 f. die von Welcker gezogene "theure Lehre ... für die Bürger", einmal durch das Festhalten an einer aktiven politischen Mitwirkung und durch die Übernahme der Wehrpflicht das Aufkommen der Unterdrückung zu verhindern, indes zum anderen – und hierin steckte der zweifellos aktuelle Teil von Welckers Mahnung – im Falle der bereits eingetretenen Unterdrückung "zwar von beharrlichem (,) aufopferndem Eifer auf jedem gesetzlichen Wege, nicht aber von Bauernaufständen Heil (zu) erwarten". Siehe ferner auch ebd. ^{1}, S. 280 und ebd. ^{2}, S. 235: "Mögen nie arme Landleute sich verleiten lassen, in blutigen Aufständen, in rebellischen Angriffskriegen gegen ihre Regierungen Heil und in ihren unorganisirten großen Massen und leidenschaftlichen Unternehmungen Hoffnung des Erfolgs zu suchen."

738 WELCKER, Art. "Bauernkrieg(e)", StL. II^1, S. 280–286 (Zitate S. 284, S. 282); ebenso StL. II^2, S. 235–239 (Zitate S. 238, S. 236).

Chance in der Revolution' boten lediglich reaktive Handlungsmöglichkeiten. Jener von Neumüller herausgearbeiteten liberalen Haltung zur Revolution, welche "ein Recht auf Revolution erst in der Revolution" gekannt habe, entsprach darum auch die Publizistik Welckers weit eher als diejenige Rottecks, dem eine Identifikation mit der revolutionären Initiative durchaus möglich war.[739]

Indessen barg diese Betonung der Gewaltfreiheit endlich auch die letzte Erscheinungsform des besagten 'Dualismus': den Widerspruch von moralischer Kritik und politischer Praxis. Hierin lag das eigentlich offensive Element und — ipsissimis verbis — der revolutionäre Kern in Welckers Doppelstrategie. Die politischen Handlungsanweisungen, die der Herausgeber des Staatslexikons aufstellte — Beteiligung der unverdächtigen "Corporationen" am politischen Tagesgeschehen, "patriotisches Zusammenwirken mit achtbaren Mitbürgern", "gesetzlicher Widerspruch ... bei rechtswidrigen Zumuthungen", taktvolle und zugleich eindeutige öffentliche "Sprache gegen das Unrecht ... und da endlich, wo Reden unmöglich oder unschicklich wäre, wenigstens ... ausdrucksvolles Schweigen"[740] — sie alle verfolgten in ihrer offenkundigen Harmlosigkeit ein ausgesprochen revolutionäres Ziel. Durch die strikte Beobachtung der Legalität — " w i e   e n g der Raum des Gesetzes auch sei"[741] — sollte das Unrecht der Unterdrückung vor aller Augen bloßgestellt und so vor dem Forum einer zunehmend informierten Öffentlichkeit der Herrschaft die Legitimation entzogen werden. Dies nötige die Kabinette entweder zur gewünschten Reformpolitik oder schließlich zu der vermeintlich eigenhändigen 'Herbeiführung' der Revolution: Es komme vor allem darauf

---

739 NEUMÜLLER, Liberalismus, S. 273. Während Welcker in der Studie Neumüllers allenfalls am Rande Erwähnung findet, erscheint dort Rotteck als einer der Kronzeugen für die Revolutionsdoktrin des Liberalismus. Augenscheinlich hat Neumüller die eindeutige Kriegsprognose Rottecks ebenso wie dessen Rechtfertigung der revolutionären Initiative unberücksichtigt gelassen. Darum geht er in seiner sehr engagiert geführten Auseinandersetzung mit dem Forschungsstand ebd., S. 28 zu weit, wenn er die Behauptung eines Rotteck eigenen revolutionären Aktionismus — einer "revolutionär-liberale(n) Doktrin" — für "vollkommen aus der Luft gegriffen" ausgibt und abtut.

740 WELCKER, Art. "Hampden", StL. VI^2, S. 390—392.

741 WELCKER, Art. "Hampden", StL. VI^2, S. 391. Wegen Satzanfang dort: "W i e ...".

an, "dem Feinde oder der despotischen Willkür gegenüber im Rechte zu sein und in der ganzen öffentlichen Meinung des Volks und selbst der Gegner den Vortheil der reinen unbefleckten guten Sache zu haben. In solcher Lage (werde) ... bei beharrlicher Energie des Rechtskampfes die Willkür von Unrecht zu Unrecht, ... zuletzt zur völligen moralischen Ohnmacht, und entweder zum Nachgeben oder zum eigenen Beginne der für sie verderblichen Revolution gedrängt, oder es ... ('mache') sich doch d i e s e   n u r   d u r c h   i h r e   S c h u l d   u n d o h n e   S c h u l d   d e r   F r e i h e i t s f r e u n d e ".[742] Das bis zum Übermaß bekundete Bemühen, "jedenfalls die heilige Sache der Freiheit ... rein zu erhalten und zur einzigen Rache die Schuld ganz auf die Seite der Gegner hinüberzuwälzen"[743], unterstrich nicht zuletzt durch die Penetranz derartiger Unschuldsbeteuerungen, daß die 'gewaltlose' und nichtsdestoweniger offensive Politik Welckers durchaus auch eine Vorbereitung der Revolution darstellte.[744] Derlei Agitation schuf geradezu jene Situation, in welcher dann die 'Revolution von oben' oder das 'Ausnutzen der liberalen Chance' möglich werden konnten. Hierin lag die vermeintliche Schicksalhaftigkeit der Revolution, der selbstgeschaffene Grund dafür, daß deren Ausbruch notwendig werden konnte.

Derselbe Text — begriffen als beschwichtigende Vertröstung radikaler Kräfte — ließ sich freilich auch unter das strikt reformorientierte, gegenrevolutionäre Vorzeichen stellen. Um zu entscheiden, ob der demonstrative Rückgang auf die 'Gesetzlichkeit' und Gewaltfreiheit mehr der Schaffung einer revolutionären Krise diente oder eher in gegenrevolutionärer Absicht unternommen wurde, ist also ein nochmaliger Blick auf Welckers Verhältnis zum Radikalismus vonnöten. Denn allemal spielte dieses Verhältnis die ausschlaggebende Rolle. Ohne die Mitwirkung der Radikalen blieb nach dem Konzept Welckers selbst in der krisenhaften Zuspitzung die revolutionäre Initialzündung aus, zumal die liberale Mitte seinem

742 WELCKER, Art. "Erfahrung. Nachtrag", StL. IV², S. 493.
743 WELCKER, Art. "Hampden", StL. VI², S. 393.
744 Vgl. zu dieser Seite der 'liberalen Revolutionslehre' NEUMÜLLER, Liberalismus, S. 204.

Selbstverständnis gemäß den Aufstand eben nicht beginnen durfte. In dem Wechselspiel von Repression und Revolution fehlte mit ihnen zudem jener Widerpart, der allererst den zerstörerischen Einsatz von gouvernementaler Gewalt – jedenfalls in der Regel – hätte provozieren können. Von entscheidender Bedeutung ist sonach die Frage, ob die Publizistik Welckers auf die Mobilisierung oder auf die Entmachtung des Radikalismus abzielte. Hierbei ist auch die Würdigung seiner editorischen Praxis erforderlich.

Eine Betrachtung sowohl der Herausgebertätigkeit Welckers als auch seiner eigenen politischen Feder läßt alsbald das bestimmende Gewicht des gegenrevolutionären Anliegens deutlich werden. In der erklärten Absicht, das gesamte oppositionelle Lager auf den gewaltfreien Weg einzuschwören,[745] verfolgte er mit der assimilierenden Integration radikaler Strömungen in die liberale Mitte gleichzeitig die zunehmende Isolierung der verbleibenden extremen Kräfte. Während er auf der einen Seite als Herausgeber der zweiten Auflage die Spalten des Staatslexikons radikalen Autoren tatsächlich öffnete, dabei indes deren Beiträge entschärfend kommentierte[746] und somit die publizistische Wirkung in integrierender und harmonisierender Absicht kontrollierte[747], ließ er als Autor des Staatslexikons an der inhaltlichen, nämlich strikt reformorientierten Vorgabe solcher Kontrolle keinen Zweifel, indem er die radikale, gewaltsame Politik nicht nur als eine andere darstellte, sondern sie zugleich auch als einen Verrat an der Sache der Freiheit brandmarkte. Den schon in den dreißiger Jahren gebrauchten Vergleich der politischen Parteien mit den "Kriegsheer(en)" aufgreifend, der ausschließlich

---

745 Vgl. dazu u.a. WELCKER, Art. "Erfahrung. Nachtrag", StL. IV², S. 494: "Wollten nur immer mehr alle achtbaren Männer unserer Nation von 40 Millionen sich für das Rechte und Unvermeidliche a u s s p r e c h e n : die Entfernung der Revolution, die Rettung der Freiheit und des Friedens wäre sicher!"

746 Vgl. u.a. die redaktionellen Anmerkungen Welckers zu ABT, Art. "Dynastische Interessen u.s.w.", StL. IV², S. 160, S. 162 und zu SCHULZ, Art. "Englands Statistik", StL. IV², S. 443 oder etwa seinen Ergänzungsbeitrag WELCKER, Art. "Eudämonismus", StL. IV², S. 520–523 zu ABT, Art. "Eudämonismus und Egoismus", StL. IV², S. 523–526.

747 ZEHNTNER, Staatslexikon, S. 49 spricht in diesem Zusammenhang von einem "letzten Versuch, die nach links Abgetriebenen in den politischen Rahmen des Lexikons hineinzuspannen".

dazu diente, der "A c h t u n g d e r G e s e t z l i c h k e i t ... im bürgerlichen Kampfe" denselben Charakter eines unbedingten Erfordernisses zu geben, wie er der Einhaltung der militärischen "D i s c i p l i n" im wirklichen Kriege zukam, stellte Welcker den gegen das positive Recht zur Waffe greifenden Revolutionär als einen eigensüchtigen Querkopf dar, dessen "undisciplinirte (,) eigenwillige Kriegsunternehmungen" die Partei der 'Freiheitsfreunde' nur der Niederlage zuführten.[748] All dies konnte nur dazu angetan sein, den Radikalismus zu schwächen, so dem revolutionären Impuls von vornherein die Basis zu entziehen und damit einer 'Revolution von unten' vorzubeugen.

Um den von der Literatur herausgearbeiteten und dabei mitunter auch gegen die Positionen Rottecks abgehobenen ausgeprägt gegenrevolutionären Akzent seiner Publizistik darzulegen[749], bedarf es demnach nicht erst eines Blickes auf Welckers Verhalten nach dem Ausbruch der deutschen Revolution, wo er sogleich als badischer Bundestagsgesandter gegen deren Fortschreiten wirkte, sich von radikaler Seite einen Wechsel in das Lager der Reaktion vorhalten lassen mußte und im Gegenzug dann heftig gegen die "frevelhaften catilinarischen Pläne" der "neueren Republikaner" polemisierte.[750] Welckers vormärzliche editorische Praxis, die

---

748 WELCKER, Art. "Erfahrung. Nachtrag", StL. IV², S. 493. Dort wegen Satzanfang: "Undisciplinirte ...". Dazu vor allem auch WELCKER, Art. "Hampden", StL. VI², S. 387: "... der Gesammtwille des Volkes spricht sich soweit möglich in seinen bisherigen Gesetzen aus, welche die Nation als die allgemeine Form und Regel für das Handeln der Bürger aufstellte. Deshalb ist ... der gesetzliche Weg für bürgerliche Kämpfe gerade dasselbe für das Volk, was die Disciplin für ein Kriegsheer. Dieses ist verloren, wenn jeder Krieger nach seinem Eigendünkel ... auf eigene Faust losschlagen will. Durch diesen gesetzlichen Weg ... vereinigt man leicht ... Mitbürger, macht sie zu Mitstreitern ... mit unüberwindlichen sittlichen Kräften. Alles dieses verhält sich anders ... bei eigenmächtiger revolutionärer Aufhebung gesetzlicher Wege und Verhältnisse. So ... ist es auch ganz unvermeidlich, daß ... in dem eigenwilligen, eigenmächtigen Aufgeben der Gemeinschaft mit dem Volk, und in der Anmaßung, seine Gesetze zu brechen, seine Schicksale beliebig zu bestimmen ..., hochmüthiger, selbstsüchtiger Kastengeist wuchert." Vgl. dazu eine ähnliche Passage aus den 1830er Jahren in WELCKER, Art. "Gesetzlichkeit", StL. VI¹, S. 756; ebenso StL. V², S. 715.

749 Vgl. dazu WILD, Welcker, S. 302 f.; MÜLLER-DIETZ, Welcker, S. 35, S. 93; SCHÖTTLE, Politische Freiheit, S. 62. SCHMITT, Staatsdenken, S. 27 hebt hierbei die Politik Welckers stärker als FENSKE, Südwesten, S. 79 von derjenigen Rottecks ab.

750 Vgl. VALENTIN, Geschichte, I, S. 383, S. 474 und WELCKER, Art. "Republik. Nachtrag", StL. XI², S. 525 f.; vgl. auch WILD, Welcker, S. 302 f.

radikale Ansätze in den Rahmen seiner prinzipiell legalistischen Politik einband, der den oppositionellen Spielraum auf das von Abt und Struve so bitter verhöhnte 'Aussprechen' verengte, bestätigte bereits eine Grundhaltung, die in dem "Drang zur Revolution" bestenfalls eine "heilsame Mahnung für ungerechte Bedränger" erblicken mochte[751], ohne darum Umsturzbewegungen fördern oder am Ende sich — wie Rotteck — für eine revolutionäre Initialzündung erklären zu wollen. Demnach war die Publizistik Welckers eine wesentlich gegenrevolutionäre.

Der tragende Eckstein hierfür war freilich die Annahme, daß der friedliche Wandel möglich bleibe. Und in der Tat beschwor Welcker seine Leser unausgesetzt, doch an ebendieser Möglichkeit des friedlichen Wandels nicht zu verzweifeln.[752] Wie in den dreißiger Jahren, als es nach Welckers damaliger Einlassung schon des "Kriegsstand(es) auswärtiger Eroberung und militärischer Besetzung" — also der Bundesintervention — bedurfte, um die Möglichkeit eines "auf den gesetzlichen Wegen" vorankommenden Fortschrittes abzuschneiden,[753] so verteidigte Welcker auch kurz vor der deutschen Revolution den "Glauben, daß das unvermeidliche Ziel noch auf unblutigem Wege möglich" sei[754]. Für seine Sicht bezeichnend war dabei sein Argument, daß "durch Einwirken volksmäßiger Ständekammern" die von ihm angestrebte liberale, mäßigende Kontrolle über radikale Strömungen mehr und mehr verwirklicht werde.[755] Freilich lag darin auch viel Zweckoptimismus. Denn wie anders sollten die Kräfte der Veränderung für den friedlichen Wandel gewonnen werden, wenn nicht zugleich dieser Weg als ein aussichtsreicher dargestellt wurde? Desungeachtet aber war die Behauptung der Möglichkeit des friedlichen Wandels nicht nur das publizistische Instrument einer

---

751 WELCKER, Art. "Erfahrung. Nachtrag", StL. IV², S. 493.

752 Vgl. WELCKER, Art. "Erfahrung. Nachtrag", StL. IV², S. 493 f.; WELCKER, Art. "Hampden", StL. VI², S. 393.

753 WELCKER, Art. "Gesetzlichkeit", StL. VI¹, S. 758; ebenso StL. V², S. 716.

754 WELCKER, Art. "Erfahrung. Nachtrag", StL. IV², S. 494.

755 WELCKER, Art. "Hampden", StL. VI², S. 388.

Politik, vielmehr gehörte sie auch zu deren wesentlichem Inhalt, wie es Welckers Umgang mit dem Problem der Revolution erkennen ließ. In diesem Zusammenhang spricht nicht zuletzt das tatsächlich unternommene Wagnis der glättenden Integration radikaler Strömungen für die Erwartung Welckers, daß dem Balanceakt zwischen Revolution und Repression schließlich der Erfolg in Gestalt der friedlichen Reform beschieden sein werde.[756]

Dasselbe prinzipiell auf den friedlichen Wandel ausgerichtete Denken der Zukunft zeigte sich auch bei Welckers Behandlung außenpolitischer Themen, was nicht verwundert, zumal dieser Publizist sein Zeitalter ganz durch den Gegensatz von Fortschritt und Beharrung bestimmt sah: Was innerstaatlich galt, mußte so gleichermaßen für den zwischenstaatlichen Bereich gelten. Wiederum bestätigen die aus seiner Feder stammenden Artikel des Staatslexikons den im Eröffnungsbeitrag zum 'Freisinnigen' erkennbar gewordenen Ansatz.

Für Welcker als einen südwestdeutschen Anhänger der konstitutionellen Monarchie ging die Beschäftigung mit außenpolitischen Fragen vorwiegend in der Auseinandersetzung mit dem Problem Frankreich auf. Denn das infolge der geographischen Lage schon gegebene Interesse gewann durch das Anliegen des konstitutionellen Parteigängers eine überragende Bedeutung. Nach der Julirevolution wurde jede Schwächung der liberal-konstitutionellen Position in Frankreich zugleich auch als deren Beeinträchtigung im eigenen Lande wahrgenommen. Jede innenpolitische Krise der aus einer Revolution hervorgegangenen kontinentalen Vormacht des konstitutionellen Lagers geriet in der nur zwischen 'Stillstand' und 'Bewegung' unterscheidenden Weltsicht darüber hinaus zu einer außenpolitischen. Der Fortschritt wie auch die Frage von Krieg und Frieden waren damit abhängig von der innenpolitischen Entwicklung in Frankreich.

Mithin war es für Welcker gleich in zweifacher Hinsicht beklagenswert, daß das Julikönigtum — wie er meinte — von den an seinem Ursprung stehenden liberalen

---

756 Insofern trifft auf Welckers Politik nicht die von NEUMÜLLER, Liberalismus, S. 219 f. als Bestandteil der 'liberalen Revolutionslehre' hervorgehobene "Erwartung der Revolution" zu.

Grundsätzen abgerückt war.[757] Einmal sei überhaupt durch Maßnahmen, wie die der Beschränkung des Wahlrechtes auf die Reichen oder die der Duldung der Interventionen in Polen und Italien, der politische Fortschritt in Frankreich wie in Europa beeinträchtigt worden. Durch solche Rücknahme liberaler Prinzipien habe die Julimonarchie die Reaktion gegen die Bewegungspartei gestärkt: "Hätte wohl im Inneren und Aeußern der größte Absolutist sich feindlicher gegen die neue Freiheit zeigen können, als das Julikönigtum?"[758] Mehr noch aber als der Machtgewinn der 'Legitimisten' versetzte Welcker in Sorge die daraus entstehende Radikalisierung der französischen Politik, die revolutionäre Krise, welche schließlich als Krieg ganz Europa erfassen könne. Denn selbst der "beschränkteste politische Verstand ... (müsse) es vollends einsehen, daß, bei einem durch Nichtbefriedigung der französischen Nation herbeigeführten Sturz der gegenwärtigen Dynastie und Verfassung in Frankreich, wenigstens vorübergehend die Republicaner oder die Napoleonisten die Nation mit sich fortreißen und sich wie ein Lavastrom auf die benachbarten Länder stürzen würden. Alsdann stünde endlich doch der so lange gefürchtete ... europäische Principienkrieg bevor, mithin zehnmal Schlimmeres, als alle zunächst im Interesse Frankreichs und der gegenwärtigen Dynastie angerathenen Mittel für sie etwa besorgen ließen."[759] Wieder wird der grundlegende Unterschied zu Rotteck erkennbar. Denn während dieser den 'Prinzipienkrieg' sogar publizistisch vorbereitete und allenfalls vor einem eventuellen Sieg der Reaktion warnte[760], ließ Welcker sich bestimmen von der

---

757 Vgl. dazu WELCKER, Art. "Jüstemilieu", StL. IX[1], S. 9—28; ebenso StL. VII[2], S. 797—811; ferner WELCKER, Art. "Frankreich, politische Systeme u.s.w. Nachtrag", StL. V[2], S. 156—167.

758 Vgl. WELCKER, Art. "Jüstemilieu", StL. IX[1], S. 17—21; ebenso StL. VII[2], S. 803—806; ferner WELCKER, Art. "Frankreich, politische Systeme u.s.w. Nachtrag", StL. V[2], S. 157—160 (Zitat S. 160).

759 WELCKER, Art. "Jüstemilieu", StL. IX[1], S. 10; ebenso StL. VII[2], S. 798.

760 Siehe oben S. 347—349; zur Befürchtung eines möglichen Sieges der Reaktion vgl. ROTTECK, Art. "Intervention (völkerrechtlich)", StL. VIII[1], S. 382; ebenso StL. VII[2], S. 426: "Was wird nun die Folge eines wechselseitig zugestandenen Interventionsrechtes sein? Ein ewiger Widerstreit ... der Waffen, ein nur durch Vertilgung des einen Theils zu endender Krieg zwischen den Völkern, welche verschiedenen politischen Systemen huldigen, dann aber, wenn einmal eines dieser Systeme die entschiedene Oberhand erhalten hat, die

Furcht vor einem 'republikanischen' Frankreich, das, entstanden aus dem Wechselspiel von fortschreitender Unterdrückung und um sich greifendem Aufruhr, vielleicht sogar hervorgegangen aus einer sozialen Revolution, durch einen missionarischen Krieg den Umsturz über ganz Europa bringen könnte[761]. Demgemäß handelte es sich kaum um ein prognostisches Erschließen der Zukunft, als Welcker seine beschwörende Mahnung formulierte, daß die französische Politik "des Friedens u m   j e d e n   P r e i s ", welche im Innern die revolutionäre Gärung vorantreibe, "auch für die übrigen Fürsten und Länder nicht ... (den) Weg zum Frieden, sondern ... (den) Weg zum Kriege" verheiße;[762] vielmehr

---

völlige Vernichtung des anderen; und wenn es das   a b s o l u t i s t i s c h e   war, welches solchen Triumph errang ..., eine traurige Einförmigkeit des politischen Lebens, ein trostloser Stillstand oder wohl gar Rückgang der Civilisation, ein allgemeines Versinken in unheilbares Verderbniß oder in chinesischen Stupor."

761 Vgl. WELCKER, Art. "Jüstemilieu", StL. IX[1], S. 21–26; ebenso StL. VII[2], S. 806–809; besonders ebd. [1], S. 25 f. und ebd. [2], S. 809: Das Juste-milieu wirke "leider! nur zu Gunsten der   R e p u b l i c a n e r , welche in einer neuen französischen Krise, und vollends bei auswärtiger Einmischung, fast unvermeidlich obenhin kommen müssen ... Freilich die rohen Ideen der meisten französischen Republicaner waren lange Zeit gerade die besten Alliirten des   J ü s t e m i l i e u . Aber dieses hat in dankbarer Erwiderung dieser Hülfeleistung durch seine fortgesetzten Fehler auch diese seine Alliirten auf's Kräftigste unterstützt. Den Hunderttausenden bereits mehr oder minder entschiedenen   R e p u b l i c a n e r n würden in solcher großen Erschütterung sogleich neue Hunderttausende sich anschließen. Die noch keineswegs sich mindernden oder versöhnten   L e g i t i m i s t e n   und die immer mehr hervortretenden   N a p o l e o n i s t e n   ... arbeiten ihnen bereits kräftig in die Hände. 'A l l g e m e i n e s   S t i m m r e c h t , ein roher Eroberungs- und Kriegsruhm, der Raub   u n s e r e s   d e u t s c h e n   W e s t e n s , ...' – dieses sind jetzt in allen französischen Parteiblättern die täglichen Loosungsworte für den sich immer mehr vorbereitenden Ausbruch des Kampfes. Die Republicaner selbst denken sogar noch an allgemeine Socialrevolutionen. Ueberhaupt aber, im Uebrigen uneinig, werden   a l l e   Parteien jetzt immer mehr   e i n i g   in jenem neuen Programme, in der Feindschaft gegen die neue Regierung und gegen den Frieden der Welt, und die innere Gährung wächst täglich." Vgl. ferner den allerdings etwas weniger dramatisierenden Abschnitt bei WELCKER, Art. "Frankreich, politische Systeme u.s.w. Nachtrag", StL. V[2], S. 158–164, der ebd., S. 164 gleichwohl warnt: "Und gewißlich könnten ... unerwartete Ereignisse, namentlich auch Mangeljahre bei der stets anwachsenden Bevölkerung und der Ausdehnung des Proletariats und der communistischen und socialen Bestrebungen, in der so leicht entzündbaren Nation größere Gefahren für die neue Dynastie und für den bürgerlichen wie für den äußeren Frieden erwecken, als die, welche man bisher so überängstlich zu bekämpfen suchte."

762 WELCKER, Art. "Jüstemilieu", StL. IX[1], S. 21–23; ebenso StL. VII[2], S. 806 f.

war dies ein Teil des offenen Appells an die Verantwortlichen, durch eine liberale Politik dem vorgezeichneten Verhängnis doch noch zu wehren.[763]

Darin war abermals die Annahme enthalten, daß der friedliche Wandel eine realistische Alternative darstelle. Schließlich bescheinigte Welcker selbst dem korrumpierten französischen Juste-milieu, daß es die Voraussetzungen für die friedliche Reform aufweise, "daß die dringenden Bedürfnisse und Wünsche für das Heil und die Sicherheit" der Nation "auf friedlichem Wege ihre Erledigung finden" würden.[764] Aus der Rückschau auf die außenpolitischen Krisen der frühen dreißiger Jahre erklärte er zudem im Staatslexikon, er sei "weit entfernt zu glauben, daß, wenn man das wahre völkerrechtliche Princip der N i c h t - i n t e r v e n t i o n ... hätte behaupten wollen, dazu große, für Frankreich gefährliche Kriege nöthig gewesen wären. Wahrlich, Frankreich ... (sei) damals in der Lage (gewesen), anderen Monarchieen das Kriegführen sehr bedenklich zu machen!"[765] Auch im Blick auf spätere internationale Konfrontationen betonte Welcker, daß "die Zurücknahme schimpflicher Zugeständnisse gegen das Ausland" − verstanden als Hinwendung zu liberaler Prinzipientreue − vollzogen worden sei, "ohne daß dadurch selbst auch nur 'der Friede um jeden Preis' wirklich irgend gefährdet" gewesen sei.[766]

Selbst der orientalische Krisenherd, auf den Welcker hier mit angespielt hatte, bildete für ihn keinen Anlaß, den Fortschritt als durch kriegerische Verwicklungen

---

763 Zum Appellcharakter von Welckers Ausführungen vgl. WELCKER, Art. "Jüstemilieu", StL. IX[1], S. 9 f., S. 24, S. 28; ebenso StL. VII[2], S. 797, S. 808, S. 810 f.

764 WELCKER, Art. "Frankreich, politische Systeme u.s.w. Nachtrag", StL. V[2], S. 165.

765 WELCKER, Art. "Jüstemilieu", StL. IX[1], S. 25; ebenso StL. VII[2], S. 808; vgl. auch ebd. [1], S. 27 und ebd. [2], S. 810.

766 WELCKER, Art. "Frankreich, politische Systeme u.s.w. Nachtrag", StL. V[2], S. 162: "Und wiederholt zwangen dem unwandelbaren Gedanken widerstrebende Kammermajoritäten reactionäre Ministerien zum Rücktritt. Auch nach Außen hin erzwang, so wie bei Belgien, wie bei dem ebenfalls gegen die französische Nationalehre bereits eingegangenen Vertrag über das D u r c h s u c h u n g s r e c h t, oder wie nach T h i e r s ' doppeltem Rücktritt in Beziehung auf Spanien und in Beziehung auf Egypten, ähnlich auch in Beziehung auf A l g e r i e n, die empörte Nationalstimme mehr oder minder die Zurücknahme schimpflicher Zugeständnisse gegen das Ausland, ohne daß dadurch selbst auch nur 'der Friede um jeden Preis' wirklich irgend gefährdet wurde."

gefährdet oder umgekehrt gar ins Werk gesetzt darzustellen. An anderer Stelle räumte er zwar ein, "daß die Politik unserer jetzigen christlichen Alliance ... uns den Gefahren allgemeiner Kriege" 'preisgebe'. Diese Wendung gebrauchte er aber im Zusammenhang einer Schutzrede für die mittelalterlichen Kreuzzüge. Diese wiederum zielte darauf ab, für die damalige "schwärmerische ... Verkehrtheit" dadurch ein milderes Urteil zu erwirken, daß deren Verwerflichkeit in dem möglichst grellen Gegenlicht der Irrungen einer "hochaufgeklärten" neuzeitlichen Politik gleichsam überblendet erschien. Wurde damit bereits die beschworene Kriegsgefahr relativiert, so sprach Welcker im Hinblick auf die gebotene Neuordnung der nahöstlichen Verhältnisse schon nicht mehr vom 'Kriege', sondern nur noch von einer "Einschreitung" der Mächte. Wie wenig ihm dabei der Gedanke an einen bewaffneten Zusammenstoß in den Sinn kam, wird nicht zuletzt daran deutlich, daß er sein Projekt "eines christlichen Kaiserthums" am östlichen Mittelmeer "durch die Meinung der Welt" verwirklicht wissen wollte.[767]

Weder mit Blick auf den innerstaatlichen Fortschritt noch hinsichtlich des zwischenstaatlichen Verhältnisses setzte Welckers Weg in die Utopie den Krieg voraus. Hier wie dort ruhte sein Entwurf auf der friedlichen Alternative. Dagegen mag vielleicht noch angeführt werden, daß Welcker in einer seiner frühesten Schriften 1814 eingeräumt hatte, "Gottes lebendiger Odem ... (werde), ... wenn es Noth ... (tue), auch durch Krieg und Zerstörung die Menschen erneuern". Indes braucht dies nicht als eine Einrede aufgefaßt zu werden. Denn die im Rahmen einer Theodizee bekundete Skepsis gegenüber der Möglichkeit eines 'ewigen Friedens' schloß diesen keineswegs gänzlich aus. Vielmehr bekräftigte Welcker bei dieser Gelegenheit entschieden die Maxime, die "möglichste Verminderung ... der Kriege" anzustreben. Gleichzeitig sah er in dem friedlichen Wetteifer eine hinreichende Bürgschaft gegen die "Erschlaffung", also für den Fortschritt.[768] Darüber

---

767 WELCKER, Art. "Mittelalter", StL. X^1, S. 623—625; ebenso StL. IX^2, S. 137—139.

768 Vgl. WELCKER, Deutschlands Freiheit, S. 45—48. Dort besonders auch: "Um des Lebens willen, und damit Kraft und Tugend stets neu geübt ... werden, ist alles Böse da. Alles (,) auch jede Zerstörung und Krankheit kann nutzen, und nutzt wirklich. Bleibt es darum minder des Menschen höchste Aufgabe, dasselbe zu entfernen? ... Solches aber und die

hinaus blieb der skeptische Vorbehalt auf dieses frühe Zeugnis beschränkt, was Welckers Biograph zum Anlaß nahm, einen Realitätsverlust des südwestdeutschen Liberalen zu beklagen[769]. In seinem späteren Schrifttum hatte Welcker die Verbindung zwischen dem Fortschritt und der durch den "Krieg" herbeigeführten "erhebende(n) Bewegung" auf die Vergangenheit begrenzt und solche Verschränkung für die Gegenwart sowohl als für die Zukunft eindeutig gelöst durch das Bekenntnis zu der Politik des friedlichen Voranschreitens: Im Dienste "der großen Sache des Jahrhunderts, der Freiheit", mochte sich — da Welcker deren 'fernere' "Siege ohne blutigen Krieg zu gewinnen" 'wünschte' — der Kriegsheld zu dem Diplomaten des Friedens wandeln. Damit war in einer säkularen Zeitvorstellung

Entfernung des Bösen geschieht ... durch möglichste Verminderung des Unrechts, des Zustandes roher, mehr als thierischer Gewalt unter den Menschen, kurz der Kriege ... Leer bleibt nach dem Ausgeführten der Einwurf, der Erschlaffung in dem durch jene Einrichtung (gemeint ist der 'Völkersenat', F.N.) geschaffenen Frieden. Schon durch die Kraft der, Jahrhunderte lang friedlichen Spanier und anderer, durch Frieden und Wohlstand gebildeter, ... Völker, ... wie durch die Erschlaffung der, bis zum Ende stets kriegenden Römer ist diese Ansicht von anderer Seite hinlänglich widerlegt".

769 Vgl. WILD, Welcker, S. 110, Anm. 2; auch KRAEMER, Wirksamkeit, S. 58 verfehlt den Sachverhalt, wenn er Welcker nachsagt, er habe "einen allgemeinen, ewigen Völkerfrieden ... für ausgeschlossen" gehalten und "die guten Seiten eines Krieges" nicht 'verkannt'. Welckers gerade auch gegen die stete 'Unvollkommenheit' des 'Menschenwerkes' hochgehaltene Maxime des Friedens geht in einer solchen Wiedergabe unter. Vgl. dazu auch ROSEN-THAL, Friedensgedanke, S. 46—49.

der durch den friedlichen Fortschritt gekennzeichnete Abschnitt der Geschichte bereits angebrochen.[770]

Die Verknüpfung von Fortschritt und Krieg aus der Feder des gerade 24jährigen Welcker kann darum – wenn dieses Zeugnis überhaupt für eine solche angesehen werden muß – als eine vereinzelte und keineswegs signifikante Aussage unberücksichtigt bleiben. Wie also die Bereitschaft Rottecks, Schulz', Struves und Abts zur Gewaltanwendung sich in deren Vorhersage der 'unaufhaltsamen' kriegerischen Auseinandersetzung spiegelte, so fand umgekehrt die auf die friedliche Lösung gerichtete Disposition Welckers ihren Niederschlag in dessen Prognose des künftig gewaltfreien Ganges der europäischen Geschichte. Selbstredend unterschied sich Welckers Weltsicht darum ebenfalls von derjenigen Lists und Mathys. Obwohl diese beiden Autoren nicht einer kommenden Revolution das Wort redeten, lag doch auch bei ihnen anders als bei Welcker die noch bevorstehende kriegerische Durchsetzung der Nation vor dem Eintritt in das friedliche Zeitalter, sofern dieses überhaupt noch den Zielpunkt der Entwicklung darstellte.

Ähnlich wie Welcker hatte auch Jordan allenfalls eine bedingte Notwendigkeit der Revolution gelten lassen wollen. Bei aller Fortschrittsgewißheit, die Jordan an den Tag legte, wenn er im Staatslexikon etwa die endliche Verwirklichung des "constitutionellen Systeme(s)" voraussagte, weil die "große Idee" sich schließlich doch

---

770 WELCKER, Art. "Blücher", StL. II[1], S. 614 (erstes Zitat, bezogen auf den Siebenjährigen Krieg), S. 648; ebenso StL. II[2], S. 545, S. 569.
Es mag ferner gegen die hier vertretene Annahme einer prinzipiell friedlichen Disposition Welckers eine Passage seiner für Schleswig und Holstein am 7. Februar 1845 gehaltenen Rede angeführt werden. In den Verhandlungen der zweiten badischen Kammer 1843/45, 11. Protokollheft, S. 343 heißt es: "... wahrlich, wenn wir nicht mit gleicher Schmach uns neue Provinzen entreißen lassen wollen, wie die Alten, so wird der Tag kommen, wo man gemeinschaftlich die Waffen zu erheben hat gegen den Feind". Indes ist diese Kriegsprophezeiung nicht so eindeutig, wie es auf den ersten Blick erscheinen mag. Denn der Redner fuhr mit einer erläuternden Analogie fort, dem Hinweis auf das Beispiel der Rheinkrise nämlich, die eben nicht in einen Krieg mündete: "Was vor wenigen Jahren galt, als die Fürsten uns Alle gegen den Uebermuth Frankreichs aufriefen, als sie unsere Begeisterung zu wecken suchten, Dieß , meine Herren, gilt jetzt vielleicht (sic !) gegen einen noch mächtigeren Feind." Davon abgesehen, daß der Zusatz 'vielleicht' die vermeintliche Kriegsprophezeiung noch zusätzlich abschwächte, wiegt das Zeugnis einer Rede, die in der patriotischen Erregung eines sogar zur Einmütigkeit bewegten Landtages gehalten wurde, überdies geringer als die überlegte schriftliche Ausführung.

gegen sämtliche Widerstände behaupten werde,[771] blieb die Unabwendbarkeit der revolutionären Durchsetzung gebunden an das Ausbleiben der "z e i t i - g e (n) und z e i t g e m ä ß e (n) R e f o r m e n". Mit diesen nämlich gelinge es, "den Revolutionen sicher und dauerhaft vorzubeugen".[772] Daß dahinter mehr als die Banalität des Gemeinplatzes stand, daß also darin zugleich ein Bekenntnis zur aktuellen Möglichkeit des friedlichen, "allmälig(en)" Wandels zum Ausdruck gelangte, hatte der kurhessische Politiker dadurch zu verstehen gegeben, daß er ebendiese Reformpolitik auch als seine eigene Handlungsmaxime wählte: Zwischen den Polen einer revolutionären Negation historischer Bedingtheiten einerseits und der reaktionären Vernunftwidrigkeit andererseits bleibe "das allein wahre S y s t e m d e r R e f o r m a t i o n" die politische Leitlinie.[773] Keine Prognose des sicheren Gewaltausbruches entwertete in diesen Zeugnissen aus dem Umkreis der Julirevolution den verkündeten friedlichen Weg zu einem bloßen Schein.

Auch spätere politische Rückschläge und persönliche Verfolgung[774] taten der prinzipiellen Orientierung an der Reformpolitik keinen Abbruch. Wie eine einzige, großflächige Illustration zu dieser politischen Grundentscheidung wirken die Anfang 1840 niedergeschriebenen 'Wanderungen' Jordans. Dort ließ er zwar 'Mephi' mit Blick auf das 'System Metternich' ausführen, daß "diese pentarchische Hegemonie ... gerade durch die Mittel, durch welche sie den allgemeinen Frieden zu erhalten ... ('strebe'), nothwendig zu einem allgemeinen Kriege führen" müsse; beständen doch diese "Mittel, welche zur Erhaltung des Friedens angewendet" würden, in der "Unterdrückung der ... ('unabweisbaren') Principien" wie auch in

---

771 JORDAN, Art. "Cassel", StL. III^1, S. 307 f.

772 JORDAN, Versuche VI, § 6, S. 172 f.; vgl. auch JORDAN, Grundsätze, S. 197.

773 JORDAN, Lehrbuch, § 13, S. 15.

774 Der unbequeme Oppositionspolitiker wurde von der kurhessischen Regierung zum Rückzug aus der Kammer genötigt und unter dem "absurd(en)" Vorwurf revolutionärer Absichten erst einmal verurteilt, bevor die Berufungsinstanz ihn freisprach. Vgl. Wolfgang KLÖTZER, Jordan, in: NDB 10 (1974), S. 603 f.

der "materielle(n) Entkräftung der Staaten durch die großen Kriegsrüstungen".[775] — Aber selbst dieser Teufel mußte in Jordans Bericht einräumen, daß dem revolutionären Gewaltausbruch durch "energische Thatkraft" 'vorgebeugt' werden könne.[776] Mehr noch indes verriet die von Jordan dort vorgetragene eigene Position, daß der friedliche Wandel nach wie vor eine realistische Alternative darstellte, daß es mithin des Einsatzes von Gewalt auf dem Wege in die Utopie nicht bedurfte.

Im Rahmen der abschließenden Abgrenzung gegen die ob ihrer 'Selbstsucht' gleichermaßen verderbten Parteien der Revolution und der Reaktion[777] war es gerade die Frage der Gewalt, die Jordans Politik der Reform von den beiden anderen Richtungen unterscheiden sollte. Während "Revolutionäre" wie "Reactionäre" sich gleicherweise "d e s t r u c t i v" gebärdeten, während beide in ihrem wechselseitig sich befördernden Gegeneinander den inneren Krieg heraufbeschwüren, zeichneten sich die "Reformer" dadurch aus, daß "sie nicht zu roher physischer Gewalt ihre Zuflucht " 'nähmen', seien allein sie es, welche — 'über die Extreme erhaben' — für den bislang allerdings von der "Reaction" zugunsten der Revolution vereitelten "Versuch" ständen, "die Völker mit den Fürsten auszusöhnen und in einen (sic) dauerhaften Frieden zu verbinden".[778]

Freilich schloß bei Jordan wie bei Welcker die Behauptung der eigenen Gewaltlosigkeit und der Unschuld an einem etwa doch noch ausbrechenden Kriege die Drohung ein, daß dieser zu einer "nothwendige(n) Folge" gerate, so eine reaktionäre Politik die gebotenen Reformen verweigere.[779] Indes wird man darin noch

---

775 JORDAN, Wanderungen, S. 284.

776 JORDAN, Wanderungen, S. 286: "Ereignisse ..., welche die ewigen Gesetze der physischen und geistigen Natur erzeugen ..., lassen sich weder durch protokollarische Erklärungen ..., noch durch schöne Reden, noch durch ausgerüstete Kriegsheere, die unthätig bleiben, in ihrem Fortgange aufhalten ... Energische Thatkraft allein kann den Ereignissen vorbeugen".

777 Vgl. JORDAN, Wanderungen, S. 302—325; dort besonders S. 303—306.

778 JORDAN, Wanderungen, S. 309—313, S. 317—321, S. 324 f. (Zitate nach der Reihenfolge im Text ebd., S. 318, S. 320, S. 309).

779 JORDAN, Wanderungen, S. 325.

weniger als in Welckers Schriften die publizistische Vorbereitung der Revolution erkennen dürfen. Jordan berief sich zwar auf eine drohende revolutionäre Instabilität, als er bei den Regierungen für die konstitutionelle Monarchie warb;[780] damit blieb aber die instrumentale Verwendung der Revolution auf deren Vorhof beschränkt, die revolutionäre Krise selbst verharrte außerhalb der Reichweite von Jordans Konzept. Wie sehr sich sein Schrifttum mit dem Appell an die Mächtigen begnügte, was wiederum das Vertrauen in den Weg einvernehmlicher Reform spiegelte, wird schließlich augenfällig an der quietistischen Haltung, die er mitunter in seinen Schriften anempfahl. Aus der durch die "philosophische Geschichtsforschung" aufgedeckten "innere(n) Nothwendigkeit der geschichtlichen Ereignisse" schöpfte er für sich   " B e r u h i g u n g ,   G o t t v e r t r a u e n   und   E r g e b e n h e i t   mitten in den Stürmen des politischen Lebens".[781] Mehr als die Sanktion der Veränderung, die gewiß auch darin begriffen war, stellte dies die Apologie des Bestehenden dar: "Darum ... (führe) das Studium der Geschichte uns ... zur   Z u f r i e d e n h e i t   m i t   d e n   b e s t e h e n d e n   ö f f e n t l i c h e n   V e r h ä l t n i s s e n ,   weil in ihrem Bestande allein schon der Grund ihrer Nothwendigkeit ... (liege), und ein Anstreben gegen dieselben nicht nur vergeblich, sondern zugleich ein Eingriff in die sittliche Ordnung Gottes wäre."[782]

---

780 Zuletzt JORDAN, P. Gespräche, S. 229 f.

781 JORDAN, Studium, S. 278 f.

782 JORDAN, Studium, S. 280. Davor heißt es ebd.: Das Gewitter des Kampfes weist der "Menschheit ... einen hehren erfrischenden Morgen", die "in solchen Zeitverhältnissen an dem Vorabend eines neuen Umschwunges zum Bessern steht ... Und ziehen die Gewitter ruhig vorüber, so bleiben sie doch als Warnungszeichen nicht ohne wohlthätigen Einfluß auf die sittliche Stimmung ...; immer aber ein Beweis, daß das Bestehende noch nicht veraltet und das Neue noch nicht reif zur Geburt sey, daß daher auch jedes Bemühen, jenes mit Gewalt einzureißen oder dieses mit Gewalt in's Dasein zu bringen, vergeblich, eitel, thöricht, vermessen und frevelhaft sey. Denn umgestaltende Katastrophen können, wenn sie nicht schon völlig ausgebildet im Schooße der Zeit ruhen, nicht künstlich herbeigeführt, aber auch ebensowenig künstlich verhindert werden, wenn ihre Ausbildung vollendet, und so ihr Eintritt ein nothwendiges Glied in der großen Kette der Begebenheiten geworden ist." Zu Jordans Ablehnung eines revolutionären Vorgehens vgl. WIEBER, Jordan, S. 37, S. 78.

Nicht ganz so abgewandt von der Gewalt gab sich Kolb in seinen Äußerungen zu den Zeitläuften. Anders als es Jordan in seinen 'Wanderungen' abschließend formuliert hatte, betonte Kolb die geschichtliche Notwendigkeit der Französischen Revolution einschließlich des sie begleitenden Terrors und Krieges. Und wegen der ihr zukommenden entscheidenden Bedeutung für den Fortschritt der Menschheit schloß Kolb die in ihrem Fortgange nach seiner Darstellung zwangsläufig geübte Gewalt mit in seine Lobrede auf die Umwälzung von 1789 ein.[783] Auch im Hinblick auf seine Gegenwart war für Kolb wenigstens in einem Falle der Fortschritt notwendig mit dem Kriege verbunden. Indes bezog sich diese eine Zwangsläufigkeit der Gewaltanwendung mehr nur auf das ferne Japan. Gegen das dortige "Stabilitätswesen" werde der "Seeverkehr der civilisirten Völker" die Öffnung schließlich mit "Waffengewalt" erzwingen "müssen". "Und wenn auch vorerst an eine E r o b e r u n g der japanesischen Inseln ... nicht zu denken (sei) ..., so (werde) ... schon der erste Kampf ... die Aufnahme der Japaner in den großen Kreis der ... voranschreitenden Nationen" bewirken.[784]

Ob diese Sätze als Zeugnis imperialistischen Denkens gelesen werden müssen, bleibe hier einmal dahingestellt.[785] Für die demgegenüber interessierende Frage nach der kriegerischen Durchsetzung des Fortschritts soll nur der Ort — also der

---

783 Vgl. KOLB, Geschichte, II, S. 344—347; dort besonders S. 344 f.: Man müsse die "französische Revolution ... als eines der größten und glücklichsten (Ereignisse) in der Geschichte der Menschheit ... achten"; "wie bedauernswürdig Viele der auf der Guillotine ... Umgekommenen allerdings erscheinen (mögen) ..., (so sei) leider n u r auf diesem Wege d a s zu erlangen ... (gewesen), was die Menschheit auf dem Kulturgrade, auf welchem sie angelangt, n a t u r g e m ä ß (hätte) erstreben" müssen. Siehe auch ebd., S. 347, wo Kolb in Anbetracht des durch die Revolution bewirkten Fortschritts "gerne alle Opfer, mit denen solch' hoher Gewinn erkauft ward (und theilweise ... es werden m u ß t e) " der Vergessenheit anheimfallen lassen wollte. Siehe ferner dazu KOLB, Darstellung, I, S. 221, S. 258, S. 272 f.; KOLB, Geschichte, I, S. 12 f.; KOLB, Art. "Menschheit", StL. X[1], S. 498 f.; ebenso StL. IX[2], S. 51; zu Jordans Haltung vgl. JORDAN, Wanderungen, S. 325: "Die französische Revolution hat allerdings mehr bewirkt als bloße Reformen thun können; aber diese würden, zeitig und zeitgemäß durchgeführt, die Revolution selbst, und alle jene Gräuelscenen, die mit ihr verbunden waren, verhindert haben, und das wäre gewiß noch mehr, besser und heilsamer gewesen."

784 KOLB, Art. "Nipon", StL. XI[1], S. 316 f.; ebenso KOLB, Art. "Japan", StL. VII[2], S. 546.

785 Siehe oben S. 313 f.

ostasiatische Schauplatz – gewürdigt werden. Unter Berücksichtigung des euro-zentrisch gedeuteten Weltgeschehens war damit nämlich allenfalls noch an der Peripherie der Krieg vonnöten. Sobald aber die europäischen Mächte miteinander in Konflikt zu geraten drohten, entwarf Kolb das Bild einer trotz aller dräuenden Kriegsgefahr am Ende doch friedlichen Zukunft, in dem sich eine entsprechende politische Maxime spiegelte.

So bahnte sich aus seiner Sicht im Frühjahr 1840 an der afghanischen Grenze ein Zusammenprall der beiden ersten Großmächte an: "Die beiden gewaltigsten, colossalsten Reiche ... – Britanien (sic) und Rußland – ... (schienen dort) einen Riesenkampf um die Oberherrschaft der Erde vorzubereiten". Nach Abwägung aller Umstände gelangte er indessen zu dem "Schluß ..., daß ein gegen Indien unternommener Heereszug ... Rußland keinen Vorteil, sondern nur Schaden und allgemeine Schmach bereiten würde, ... darum aber auch zur Ausführung durchaus nicht geeignet wäre".[786] Nochmals wandte Kolb sich im Sommer desselben Jahres dem englisch-russischen Gegensatz zu. Während er angesichts der Orientkrise "fest auf der Ansicht ('beharrte'), daß der Friede im Abendlande nicht gestört" werden würde, stellte er jenes fernöstliche Gegeneinander der europäischen Flügelmächte als den Grund hin, weswegen er "vorerst (sic!) noch nicht an einen e w i g e n Frieden glauben" könne. Aber auch hier wich dieser Vorbehalt schließlich einer Perspektive, in der die rivalisierenden Staaten zu einem friedlichen Wettbewerb finden würden, weil "jeder Theil durch einen Krieg an sich schon die größten Verluste zu erleiden fürchten" werde.[787] Im Verlaufe der Rheinkrise notierte

---

786 KOLB in: 'Neue Speyerer Zeitung', Nr. 61 f. (1840), S. 265 f., S. 273 f. vom 25. und 27. 03.1840; KRAUTKRÄMER, Kolb (1959), S. 90 f. gibt die Haltung Kolbs ein wenig verkürzt wieder, wenn er dessen Befürchtung eines englisch-russischen Zusammenstoßes zitiert, ohne die schließliche Auflösung der düsteren Vision in Kolbs Erwartung, daß der Krieg ausbleiben werde, zu erwähnen.

787 Vgl. KOLB in: 'Neue Speyerer Zeitung', Nr. 165 (1840), S. 733 vom 19.08.1840: "So kriegerisch auch die Verhältnisse allerdings mehrfach scheinen, so beharren wir doch noch fest auf der Ansicht, daß der Friede im Abendlande nicht gestört werden wird. ... Allerdings können wir vorerst noch nicht an einen e w i g e n   Frieden glauben. Vielmehr bereitet sich allerdings unverkennbar eine gewaltige politische Umgestaltung vor. Aber – Frankreich ist in erster Linie dabei gar nicht betheiligt. – England und Rußland sind es, die wegen der Oberherrschaft über A s i e n   streiten. – ... Erfreulich ist für den Freund der Humanität

Kolb zwar einmal, daß "der früher (mehr praktisch als theoretisch) verbreitete Glaube an eine Art e w i g e n F r i e d e n s ... als vernichtet" 'erscheine'. In bezeichnender Weise versicherte er seine Leser aber gleichzeitig der "Fortdauer des Friedens". Die von Kolb im Zusammenhang mit dem beobachteten Vertrauensschwund genannte "schlimme Nachwirkung" erschöpfte sich bei ihm in der mittelfristigen englisch-französischen Verstimmung und in den "namentlich (in) commercieller Rücksicht" zu befürchtenden "nachtheilige(n) Folgen".[788] Überhaupt bewies Kolb in der publizistischen Auseinandersetzung mit der Krise seine "Ueberzeugung", daß die "Verhältniße ... im heutigen Socialleben" nachgerade mit " N o t h w e n d i g k e i t " den Frieden bewahrten.[789] Unentwegt warb er

hiebei zunächst dies: mit einer bloßen Ausdehnung seines Gebietes ist für keinen der rivalisirenden Staaten etwas Wesentliches erreicht: wäre auch Chiwa heute schon der russischen Macht unterlegen, so vermöchte diese doch noch keineswegs kurzweg von da aus ein Heer bis nach Indien vorzuschieben: die angränzenden eigenen und die zwischenliegenden Länder müssen c i v i l i s i r t und c u l t i v i r t sein, um den angeführten Gegnern die Mittel zu einem Angriffe, oder überhaupt irgend einen reellen Nutzen gewähren zu können. Bis es aber gelungen sein wird, ganz Centralasien auch nur ein wenig cultivirt zu machen, werden noch viele Jahrzehnte erforderlich, bis dahin aber vielleicht solche Veränderungen in den politischen Verhältnissen eingetreten sein, daß alsdann jeder Theil durch einen Krieg an sich schon die größten Verluste zu erleiden fürchten wird."

788 KOLB in: 'Neue Speyerer Zeitung', Nr. 225 (1840), S. 1001 vom 11. 11.1840: "Obwol (!) man aber sonach mit vielem Vertrauen auf Fortdauer des Friedens rechnen mag, so werden doch die Vorkommniße während der jüngsten vier Monate eine entschieden schlimme Nachwirkung zurücklassen, selbst wenn man (was nach unserer Ansicht ohne Zweifel bald eintrit (!)) entwaffnet haben wird: das unbedingte Vertrauen in die Fortdauer des Friedens ist erschüttert; man hat, was schon so lange her nicht mehr der Fall war, sich wieder mit dem Gedanken der Möglichkeit eines Kriegsausbruchs nur allzusehr vertraut gemacht; der früher (mehr praktisch als theoretisch) verbreitete Glaube an eine Art e w i g e n F r i e d e n s erscheint als vernichtet. Dadurch, daß man den Krieg nun wieder mehr wahrscheinlich als sonst hält, ist allein schon manche Stockung und Hemmung im Verkehre herbeigeführt. Des Damocles Schwert schwebt uns im Geiste immer über dem Haupte. Dies aber kann in mannichfacher, namentlich commercieller Rücksicht, nicht ohne nachtheilige Folgen bleiben." Vgl. auch KOLB in: 'Neue Speyerer Zeitung', Nr. 192 (1840), S. 855 vom 26.09.1840 und Nr. 205 (1840), S. 911 vom 14. 10. 1840.

789 Vgl. KOLB in: 'Neue Speyerer Zeitung', Nr. 153 (1840), S. 679 vom 02.08.1840: "Mit der nemlichen Zuversicht, die wir seit zehn Jahren jederzeit bezüglich der Erhaltung des Friedens aussprachen, wiederholen wir unsere Ueberzeugung, daß es auch jetzt noch keinen Krieg geben wird. Die Nationen wollen Frieden. In constitutionellen Staaten, wozu ja namentlich England und Frankreich gehören, wird gegen den entschiedenen Volkswillen schwerlich eine Kriegserklärung erfolgen. Alle Verhältniße aber im heutigen Socialleben tragen bei zur Forterhaltung des Friedens. Derselbe ist meist selbst in d e m Maße eine N o t h w e n d i g k e i t , daß man sich fast überall nur in wahrhaft dringenden Fällen zur Appellation an die rohe Waffengewalt verstehen könnte."

in der 'Neuen Speyerer Zeitung' für die Möglichkeit des bleibenden Friedens, bis er Ende März 1841 mit Befriedigung feststellen konnte, das "Vertrauen auf fernere Erhaltung des Friedens in Europa und Amerika ... (habe) sich ... merklich erhöht".[790] Mochte Kolb auch beifällig und interessiert das bewaffnete französische Vorgehen in Nordafrika oder die englische Expansion in China verfolgt haben,[791] der eigentliche, europäische Krieg galt ihm dagegen selbst in der Form des Verteidigungskrieges bestenfalls als eine vielleicht noch einmal eintretende "traurige N o t h w e n d i g k e i t " [792] . Mit aller Schärfe wies er dementsprechend Vorstellungen zurück, die den Krieg als den Erfüllungsgehilfen oder gar Wegbereiter des Fortschritts ausgaben: "Wann und wo (habe) ... es Kriege (gegeben), durch welche die Menschheit nicht in ihrer naturgemäßen Entwicklung — der geistigen wie der materiellen — gestört und z u r ü c k g e w o r f e n , statt darin befördert worden wäre? ... Daß die Kriege den Geist der Menschen überhaupt erheben und veredeln, sie nicht vielmehr verschlechtern ... (würden),

790 Vgl. KOLB in: 'Neue Speyerer Zeitung', Nr. 153 (1840), S. 679 vom 02.08.1840; Nr. 154 (1840), S. 683 vom 04.08.1840; Nr. 155 (1840), S. 687 vom 05.08.1840; Nr. 156, Beilage (1840), S. 695 vom 07.08.1840; Nr. 161 (1840), S. 717 vom 14.08.1840; Nr. 165 (1840), S. 733 vom 19.08.1840; Nr. 169 (1840), S. 751 f. vom 25.08.1840; Nr. 179 (1840), S. 795 vom 08.09.1840; Nr. 185 (1840), S. 823 vom 16.09.1840; Nr. 192 (1840), S. 855 vom 26.09.1840; Nr. 200 (1840), S. 889 f. vom 07.10.1840; Nr. 201 (1840), S. 895 vom 09.10.1840; Nr. 202 (1840), S. 899 vom 10.10.1840; Nr. 204 (1840), S. 907 vom 13.10.1840; Nr. 205 (1840), S. 911 vom 14.10.1840; Nr. 206 (1840), S. 919 f. vom 16.10.1840; Nr. 210 (1840), S. 935 vom 21.10.1840; Nr. 225 (1840), S. 1001 vom 11.11.1840; Nr. 236 (1840), S. 1051 vom 27.11.1840; Nr. 257 (1840), S. 1145 vom 27.12.1840; Nr. 5 (1841), S. 17 vom 06.01.1841; Nr. 23 (1841), S. 103 vom 02.02.1841; Nr. 51 (1841), S. 227 vom 13.03.1841; Nr. 62 (1841), S. 275 vom 28.03.1841; Nr. 64 (1841), S. 283 vom 31.03.1841, dort das Zitat im Text.

791 Vgl. KOLB in: 'Neue Speyerer Zeitung', Nr. 2 (1841), S. 5 vom 02.01.1841 und Nr. 111 (1841), S. 497 vom 06.06.1841; vgl. dazu auch KRAUTKRÄMER, Kolb (1959), S. 88.

792 Vgl. KOLB in: 'Neue Speyerer Zeitung', Nr. 192 (1840), S. 855 vom 26.09.1840: "Somit wäre denn auch, wie wir immer prophezeiten, die Fortdauer des Friedens in Mitteleuropa gesichert, und hiedurch die Menschheit in diesen Gegenden vor einer Geisel bewahrt, welche so oft die aufblühende Cultur vernichtet; ihr fast jederzeit unmittelbar unendlich geschadet hat. — So manche wesentliche Verbesserung wir auch zunächst in Mitteleuropa eingeführt zu sehen wünschten, so möchten wir doch in keiner Beziehung an die (ohnehin stets unsichere) Entscheidung durch die rohe Gewalt appelliren, obwol(!) wir darum keineswegs verkennen wollen, daß es Fälle gibt, zumal wo es im eigentlichen Sinne der 'Vertheidigung des Vaterlandes' gilt, wo selbst der Krieg als unabwendbares Uebel, als traurige N o t h - w e n d i g k e i t , angesehen werden muß." Vgl. auch Nr. 236 (1840), S. 1051 vom 27.11.1840 und Nr. 257 (1840), S. 1145 vom 27.12.1840.

– dies könn(t)en nur Unwissende oder Schlechte behaupten, und zwar Solche, welche ... die Lehren der gesammten Geschichte nicht kennen (würden), oder nicht kennen woll(t)en."[793] In bestimmtester Weise lehnte Kolb wie hinsichtlich der europäischen Politik, so auch mit Blick auf die Innenpolitik den Einsatz von "rohe(r) Gewalt" im Dienste des Fortschritts ab,[794] obwohl er in der Art von Welcker mitunter sein Drängen nach Reform mit dem warnenden Hinweis auf die Möglichkeit künftiger revolutionärer Unruhen unterstützte[795]. Im Grundsatz bedurfte es nach den Ausführungen Kolbs in Europa keiner neuerlichen gewaltsamen Auseinandersetzung, um die Entwicklung hin zur eigenen Utopie voranzutreiben. Die große Französische Revolution mit ihren Kriegen brauchte nicht noch einmal wiederholt zu werden.

---

793 Vgl. KOLB in: 'Neue Speyerer Zeitung', Nr. 236 (1840), S. 1051 vom 27.11.1840 (Zitat) und Nr. 206 (1840), S. 919 vom 16.10.1840.

794 Vgl. KOLB in: 'Neue Speyerer Zeitung', Nr. 192 (1840), S. 855 vom 26.09.1840 (zitiert o. Anm. 792) und Nr. 206 (1840), S. 919 vom 16.10.1840: "Die Rheinlande haben schon viel zu viel durch die Verwüstungen des Krieges eingebüßt, ... als daß wir das Wiederentflammen von Bellona's mordbrennerischer Fackel gar noch selbst wünschen möchten. Und wenn wir auch allerdings verschiedenen unserer Einrichtungen eine weitere Entwickelung wünschen, so wünschen wir diese auf ruhige, friedliche Weise, nicht auf eine Art, durch welche selbst das erlangte Gute gefährdet werden könnte."
Im Lichte dieser Zeugnisse, die am konkreten Fall die Maxime des friedlichen Wandels verdeutlichen, erscheint die Feststellung bei HAAN, Gesellschaftstheorie, S. 85 f., Kolb habe bei der "Durchsetzung des repräsentativen Verfassungsstaates" auf eine im Bedarfsfalle vornehmlich auch von Frankreich unterstützte, revolutionäre "Volksbewegung" gesetzt, als unzutreffend. Die bei KOLB, Geschichte, II, S. 316 nachlesbare Option für die ausländische Intervention im Falle eines sonst unüberwindlichen "einheimischen Chinathume(s)" (zit. o. Anm. 105) mag als Warnung gelten, ihr darüber hinaus aber eine aktuelle Bedeutung für Kolbs Fortschrittskonzeption zuzuweisen geht in Anbetracht des dem entgegenstehenden publizistischen Wirkens von Kolb während der Rheinkrise nicht an.
Ebenso bleibt das bei KOLB, Geschichte, I, S. 12 und ebd., II, S. 344 mit Blick auf den nicht ausschließlich evolutionären, sondern zuweilen auch revolutionären Fortschrittsverlauf angeführte Wort Herders, "so ein stiller Fortgang des menschlichen Geistes zur Verbesserung der Welt ... (sei) nie Gang Gottes in der Natur", eindeutig auf die freilich gefeierte, aber eben schon geschehene Französische Revolution bezogen. Die Notwendigkeit eines weiteren revolutionären Fortschritts geht daraus nicht hervor. Zudem hat KOLB, Geschichte, I, S. 12 die Wendung Herders als "im Uebrigen allerdings zu unbedingt" 'ausgesprochen' selbst eingeschränkt. Zu Kolbs Distanzierung von der revolutionären Gewalt etwa während der im Gefolge der Julirevolution ausbrechenden Unruhen oder während der deutschen Revolution vgl. KRAUTKRÄMER, Kolb (1959), S. 43–45, S. 121–156.

795 Vgl. KOLB, Art. "Repräsentatives, constitutionelles und landständisches System", StL. XIII[1], S. 690; ebenso StL. XI[2], S. 521; KOLB, Zustand, S. 125 f., S. 171–177; KOLB, Der Baierische Landtag, II, S. 252, S. 259; KOLB, Staatsschulden, S. 110, S. 113.

Gleich Rotteck bemerkte der Pfälzer im Staatslexikon zwar, daß "man, aus Furcht vor dem Erwachen des Volksgeistes, seit einem Vierteljahrhunderte" in Europa "Frieden" gehalten habe. Während aber hinter den Worten Rottecks Groll und Enttäuschung sich verbargen, war dieser Zustand für Kolb ein Anlaß zu besonderer Genugtuung. Hierin wieder mit Welcker übereinstimmend, betrachtete er den wenngleich legitimistischen "Frieden" gerade als die Voraussetzung der gewünschten Entwicklung: Würden doch "dessen materielle Segnungen mit der Zeit wohl sehr wesentlich beitragen ... zur Erlangung vernunftgemäßer Reformen".[796] So nur der Friede gewahrt blieb, bot mithin schon die wirtschaftliche Entwicklung eine 'sehr wesentliche' – also doch hinreichende – Gewähr für die Erfüllung der eigenen Zielvorstellung, und dies eben machte den alles entscheidenden Unterschied zu Rotteck aus: Derselbe friedliche Wettbewerb und materielle Aufschwung, auf dessen Kraft sich Kolb berief, um die Befürchtung, die Zukunft bringe eine "Stagnation", "ein Verschlammen und Versumpfen", als unbegründet hinzustellen,[797] geriet für Rotteck gerade zur Ursache solcher

---

796 KOLB, Art. "Menschheit", StL. X[1], S. 504; ebenso StL. IX[2], S. 55. Vgl. auch KOLB, Geschichte, II, S. 362 f. und KOLB, Art. "Natürliche Grenze", StL. XI[1], S. 154; ebenso StL. IX[2], S. 404 f.; ferner: KOLB, Staatsschulden, S. 106 den Hinweis, daß " E r o b e - r u n g s k r i e g e (Dank der allseitigen Furcht vor Volksbewegungen!) in unserer Zeit in Europa gleichsam zur U n m ö g l i c h k e i t geworden" seien. Zu ROTTECK vgl. Art. "Kriegsschaden, Kriegslasten u.s.w.", StL. IX[1], S. 509; ebenso StL. VIII[2], S. 382: "Wir sind durch den beispiellos langen Frieden, welchen wir der Furcht der Großmächte vor allen Volksbewegungen verdanken, ..." Zu WELCKER siehe Art. "Frankreich, politische Systeme u.s.w. Nachtrag", StL. V[1], S. 165: Zu den Umständen, die den friedlichen Wandel ermöglichten, zählte Welcker ebd. "vor allem ... die Wirkungen des Friedens und ... (den) in ihm natürlich e i n e l ä n g e r e Z e i t h i n d u r c h wachsende(n) materielle(n) Wohlstand". Wegen Satzanfang: "Vor allem".

797 Vgl. KOLB, Art. "Menschheit", StL. X[1], S. 506; ebenso StL. IX[2], S. 56: "Oder fürchtet man etwa ein Verschlammen und Versumpfen, ein Zugrundegehen der Gesittung in Folge i n n e r e r Stagnation? Man blicke hin auf das immer mehr sich entwickelnde, immer weiter sich ausbildende rege Leben und Treiben der Völker unter sich, zwischen ihren einzelnen Theilen und Gliedern, und mit anderen Nationen. Man betrachte diesen Völker-, diesen eigentlichen Weltverkehr ...; man beachte insbesondere aber das immer allgemeiner werdende Streben nach Verbesserung, nach Voranschritten, nach Vervollkommnung. ... Die M a s s e n schreiten voran; sie werden für das höhere, geistigere Leben mehr und mehr gewonnen, und s i e sind es, aus deren Mitte vorzugsweise die Kräfte zum Voranschreiten stets erneut und verjüngt hervorgehen, die jede Stagnation verhindern". Vgl. auch KOLB, Geschichte, II, S. 367 f.

schließlich nur noch durch den Krieg zu überwindenden 'Stagnation'. Darum konnte jener auch auf den revolutionären Gewaltakt verzichten. Die fortschrittsfördernde Rolle der Revolution erschöpfte sich bei ihm in der von ihr ausgehenden bloßen Drohung, die, weil sie der herrscherlichen "Kriegs- und Eroberungssucht" entgegenstehe, sich friedenssichernd auswirke. Der die Reform ermöglichende Friede ruhte auf der bei jedem einzelnen Machthaber wachgehaltenen " F u r c h t vor den Folgen der durch einen ... muthwillig begonnenen Kampf ... voraussichtlich sich erhebenden Stimmung der Nationen"[798].

Von einem Nebenschauplatz der Geschichte einmal abgesehen, lag sonach die Gewalt sowenig auf Kolbs Weg in die Utopie, wie sie auf den Wegen Welckers und Jordans anzutreffen war. Die bei allen drei Publizisten zu beobachtende Festlegung auf den friedlichen Wandel fand nicht zuletzt auch ihren Niederschlag in deren einschlägigen Ausführungen zum Militärwesen. Wo immer auch bei ihnen vom Miles perpetuus die Rede war, prägte noch unangefochten die hergebrachte Einheit von Absolutismus, stehendem Heer und Krieg den Tenor. Weder gerieten die stehenden Heere zu nicht mehr kriegstüchtigen reinen Polizeiapparaten, wie bei Abt und Struve, noch machte das Bürgerheer des republikanischen Staates, wie bei Mathy, dem stehenden Heer die Position des Aggressionsinstrumentes par excellence schon streitig.[799]

---

798 KOLB, Art. "Natürliche Grenze", StL. XI[1], S. 154; ebenso StL. IX[2], S. 404 f.

799 Vgl. JORDAN, Wanderungen, S. 116—119, wo Mephi, ohne auf ernsthaften Widerspruch zu stoßen, von den "königlichen oder Staatssöldlingen" als bloßen "Bandit(en)" redet, weil diese Fremdenlegionäre des Bürgerkönigs "für Lohn" 'mordeten' und 'eroberten', wo ferner noch der Unterschied zwischen dem Recht der "Vertheidigungs-" und dem Unrecht der "Angriffs und Eroberungskriege" deutlich erscheint und wo schließlich der letzteren Ursache noch darin gesehen wird, daß "irgend ein Herrscher einmal Lust ... (bekommen habe), eine große Menschentreibjagd zu unternehmen, und seine Unterthanen an ein fremdes Volk zu hetzen". Mochten auch zuletzt in Mephis Philippika gleichermaßen die 'Untertanen' in Erscheinung getreten sein, so zeigt das hier entscheidende Moment herrscherlicher Willkür ebenso wie die in die Thematik einführende Kritik an den "Söldlinge(n)", daß nach wie vor das tradierte Modell in dem Denken Jordans vorherrschte.
Siehe weiterhin KOLB, Art. "Menschheit", StL. X[1], S. 494 f., ebenso StL. IX[2], S. 48: Mit der "Einführung der stehenden Söldnerheere, die zu jeder Gewaltthat stets bereit" gewesen, sei es zu den "furchtbar ausgedehnten E r o b e r u n g s - und E r b f o l g e - k r i e g e n " gekommen. "Die ganze Menschheit mußte sich unausgesetzt selbst zerfleischen ..., damit dieser oder jener herrschsüchtige Despot, dem der blinde Zufall der Geburt ... die Macht zur Anwerbung und Unterhaltung eines aus dem Auswurfe der bürgerlichen

In der Frage, ob die Gewaltanwendung zur Erfüllung des eigenen Leitbildes notwendig sei, hat es also eine Aufteilung in zwei Lager gegeben, die jener Gruppierung entsprach, welche über der unterschiedlichen Einschätzung des besitzindividualistischen Interesses entstanden war. Eine derartige Parallelität erscheint auch schlüssig: Daß Welcker, Jordan und Kolb an der Möglichkeit des friedlichen Wandels festhalten konnten, setzte die Annahme der prinzipiellen Gemeinsamkeit und Integrationsfähigkeit der oppositionellen Bewegung voraus.

Diesen grundlegenden Ausgang von der noch möglichen Einheit der 'Bewegungspartei' bezeugte auch ihre Publizistik, wenn etwa Kolb sein Anliegen mit dem Fortschritt der "M a s s e n" identifizierte[800], Jordan die "revolutionären Jakobiner" gleichsam als eine Randgruppe deutlich vom 'Volk' unterschieden wissen wollte[801] und Welcker die Existenz dieses irrenden, abweichenden Radikalismus allein den unterdrückenden Regierungen anlastete[802]. In solcher Perspektive war das oppositionelle Lager noch nicht durch einen strukturellen Antagonismus gespalten. Mit anderen Worten: Die desintegrative Wirkung des besitzbürgerlichen Interesses, die mit dem tradierten Modell einer 'klassenlosen Bürgergesellschaft' das Fundament des friedlichen Wandels zu zerstören geeignet war, hatte in dieser Sicht der Dinge noch keine Berücksichtigung gefunden. Umgekehrt war es vor allem auch die Einsicht in jenes unter dem Einfluß des Besitzindividualis-

---

Gesellschaft gebildeten Söldnerheeres gegeben, über ein oder das andere Land ... seine Gewalt und seine Launen auszudehnen vermöge." Zur epochenübergreifenden Generalisierung dieses Gemeinplatzes vgl. ebd. [1], S. 467; ebd. [2], S. 30 und KOLB, Darstellung, II, S. 34. Vgl. ferner KOLB, Art. "Friedrich II.", StL. VI[1], S. 150; ebenso StL. V[2], S. 246 f.; KOLB, Art. "Menschheit", StL. X[1], S. 497; ebenso StL. IX[2], S. 50; KOLB, Geschichte, II, S. 314 f., S. 320—323, S. 334, S. 338—341.
Zu Welcker vgl. exemplarisch WELCKER, Art. "Heerwesen: Landwehrsystem", StL. VII[1], S. 589—607, dort besonders S. 592; ebenso StL. VI[2], S. 594—606, S. 596: Mit der "Gestaltung und Richtung stehender Heere" sei die Eigenschaft einer "despotischen Waffe der Willkür nach Außen und gegen das eigene Volk" verbunden. Vgl. ferner oben S. 189—191.

800 Siehe oben Anm. 797.

801 JORDAN, Wanderungen, S. 325.

802 Vgl. WELCKER, Art. "Familienherrschaft", StL. V[1], S. 428 f.; ebenso StL. IV[2], S. 622; WELCKER, Art. "Eudämonismus", StL. IV[2], S. 522; WELCKER, Art. "Hampden", StL. VI[2], S. 388.

mus entstehende neue System von Herrschaftsbeziehungen, die List, Mathy, Schulz, Struve und Abt dazu brachte, alternative Vermittlungsebenen des Friedens einzuführen, mit denen wiederum die Notwendigkeit des Krieges verbunden war. Das besitzbürgerliche Interesse erschien diesen Verfassern nicht mehr als der gleichsam herrschaftsneutrale Garant des Rechts, sondern als die wirkungsmächtige Quelle politischer Macht, welche ihrerseits – bei dem einen mehr auf die Innenpolitik, bei dem anderen eher auf den internationalen Bereich bezogen – als 'Unrecht' begriffen wurde. Und weil sich dieses Interesse als die schlechthin bestimmende politische Kraft darstellte, bargen die gegen es aufgebotenen Vermittlungsebenen auch das schärfste politische Mittel: den Krieg. Die Beziehung zwischen besitzbürgerlichem Interesse und Gewalt, die bei Rotteck offen zutage trat, war bei diesen Publizisten in ihrer grundlegenden Struktur gleichermaßen gegeben. Daß die Vollstrecker des gewaltsamen, kriegerischen Fortschritts – die Nation, die Vernunft und die Tugend – als Vermittlungsebenen zu einem vordergründig noch angestrebten Frieden vorgestellt wurden, konnte diesen Umstand nur notdürftig verschleiern. Vielmehr zeigte sich in ihrer gewaltsamen Konsequenz abermals die Untauglichkeit derartiger Mittelstücke.

Allein – so augenfällig nun auch diese Zuordnung wirken mag, erscheint sie doch nicht hinreichend eindeutig, um schon jetzt die These rechtfertigen zu können, daß in der überkommenen besitzbürgerlichen Vermittlungsebene des Friedens zugleich auch die eigentliche Ursache für die spätere Hinwendung zum Kriege gelegen habe. Um diese im Umkreis des Staatslexikons aufkommende Neigung zur Gewalt im letzten auf den gesellschaftlichen Strukturwandel zurückführen zu dürfen, bedarf es zuvor noch einer Art 'Gegenprobe': Es muß geprüft werden, ob nicht noch andere Unterschiede jener Parteiung zugrunde lagen, die sich nach dem Bisherigen an der Gewaltfrage aufgetan hatte.

II.

Ungeachtet dessen, was die folgende Untersuchung ergeben wird, kann schon jetzt als gesichert gelten, daß die Einsicht in die antiemanzipativen Folgen des sich selbst überlassenen besitzbürgerlichen Interesses in einem erheblichen Maße zu der Entscheidung für die gewaltsame Veränderung beigetragen hat. Als eine, wenn nicht sogar als die Entstehungsbedingung der alternativen Vermittlungsebenen wirkte sich der negativ wahrgenommene Besitzindividualismus entscheidend auf deren Ausprägung aus. Er führte damit ursächlich auch zu den revolutionären, kriegerischen Implikationen dieser alternativen Vermittlungsebenen. Aber darf jene Einsicht darum schon als der eigentliche Grund angesehen werden dafür, daß sich die eine Gruppe im Unterschied zu der anderen nur noch eine gewaltsame Verwirklichung ihrer Utopie vorstellen konnte? Heißt dies nicht, die mit dem alten Gegensatz gegebenen Bedingungen zugunsten derer des neuen ungebührlich zu vernachlässigen? Gab es nur diesen einen an dem Widerstand gegen das besitzindividualistische 'Unrecht' beginnenden und über die alternativen Vermittlungsebenen führenden Weg in die Gewalt, oder bot nicht schon unabhängig von den so bestimmten Vermittlungsebenen das Beharrungsvermögen des 'Systems Metternich' genug Grund, den Einsatz von Gewalt zur notwendigen Vorbedingung für die Realisierung des eigenen Zieles zu erklären?

Im folgenden geht es also darum, inwieweit bereits die Position der beiden Autorengruppen innerhalb des alten Gegensatzes, also im Spannungsfeld zwischen der 'bürgerlichen Bewegungspartei' und der feudalen wie auch der absolutistischen Reaktion, für die unterschiedliche Haltung zur Gewaltfrage entscheidend gewesen ist. Abwegig erscheint eine solche Vermutung nach dem Bisherigen nicht. Schließlich verfolgten die acht Verfasser die Überwindung der hergebrachten absolutistischen und feudalen Strukturen in einem durchaus ungleichen Maße. Überdies gingen die nationalen Inhalte zumindest der Politik von Schulz und Struve auch auf die Auseinandersetzung mit dem Wiener Vertragssystem zurück. Eine Antwort auf die vorliegende Frage läßt sich einmal von der Betrachtung bloßer zeitlicher

Zusammenhänge, des weiteren von der nochmaligen Gegenüberstellung der einzelnen Programme erwarten. Beide Wege sollen hier beschritten werden.

Es wäre freilich eine schwerwiegende Einrede gegen die bislang sich abzeichnende prominente Rolle des besitzbürgerlichen Interesses, wenn sich bei einzelnen Autoren die Festlegung auf den Weg der Gewalt bereits für einen Zeitraum nachweisen ließe, in welchem ihnen die herrschaftlichen Folgen des besitzbürgerlichen Vorteilsstrebens noch nicht bewußt geworden waren. Denn dann müßten andere, vermutlich in dem alten Gegensatz verwurzelte Ursachen von wenigstens ebenso erheblichem Gewicht gewesen sein.

Nun hatte List kaum Gelegenheit, sich bei seiner schriftstellerischen Tätigkeit dem Eindruck solcher herrschaftlichen Implikationen des besitzbürgerlichen Wettbewerbs zu entziehen. Bereits seine frühen ökonomischen Schriften warnten zu Beginn der zwanziger Jahre ebenso vor den wirtschaftlichen wie vor den politischen Konsequenzen eines englischen Industriemonopols,[803] dem durch zollpolitische Maßnahmen – zu jener Zeit noch in Gestalt der Retorsionszölle –[804] und durch politisches Handeln entgegengetreten werden müsse. Schon damals drängte List auf die Einrichtung eines mitteleuropäischen Großwirtschaftsraumes und forderte den Aufbau einer deutschen Seemacht, um mit der industriellen auch die politische Selbstbehauptung Deutschlands gegen den mächtigen englischen Konkurrenten zu ermöglichen.[805] Für dieses Ineinander von politischem Vormachtstreben und industriellem Wettlauf war es bezeichnend, daß List 1827 im Blick auf den Fortschritt den kriegerischen Wettbewerb gleichsam als austauschbar der industriellen Konkurrenz an die Seite stellte.[806]

---

803 Vgl. LIST, Denkschrift (1820), S. 528, S. 531–535, S. 537, S. 540.

804 Vgl. LIST, Denkschrift (1820), S. 538–540.

805 Vgl. LIST, Denkschrift (1820), S. 528–530, S. 545 und LIST, Ertrag (1820), S. 593–595.

806 Vgl. LIST, Outlines, S. 131: "... it is ... true that the contests between nation and nation, often pernicious and destructive to civilization, were as often causes of its promotion, as a people was struggling for its freedom and independence ...; and that as often as this happened, it produced an elevation of all its faculties, and thereby an advancement of the whole human race towards greater perfection. The same may be said of the industrial

Auch die erst um die Mitte der vierziger Jahre einsetzende politische Publizistik Struves[807] stand nach mehr nur versteckten Andeutungen im 'Briefwechsel' alsbald mit dem 'Politischen Taschenbuch' von 1846 im Zeichen einer deutlichen Wendung gegen das besitzbürgerliche Interesse, das als Hemmnis und Gefahr für die Verwirklichung der eigenen Utopie angesehen wurde[808]. Läßt sich seine damals schon erkennbare Gewaltbereitschaft[809] somit schwerlich von dem Widerstand gegen das Vorteilsstreben des Besitzbürgers trennen, so gilt dies erst recht für die in den 'Grundzügen' propagierte Notwendigkeit des gewaltsamen Fortschritts, die mit einer Präzisierung des dem Besitzbürger angelasteten 'Unrechts' einherging. Ebenso wandte sich der um die gleiche Zeit mit der 'Zeitung' und den Beiträgen zum Staatslexikon an die Öffentlichkeit tretende Abt von Anfang an gegen den als Gefährdung des eigenen Leitbildes empfundenen Besitzindividualismus. Schon eher wird dagegen bei Schulz und cum grano salis auch bei Mathy eine Entwicklung sichtbar.

Schulz hatte sich bereits vor 1830 bellizistischer Wendungen bedient, welche die Verknüpfung von Fortschritt und revolutionärer Gewalt spiegelten. Zumeist aber waren derlei Aussagen entweder lediglich auf die Vergangenheit bezogen[810], oder

---

contest between nations." Der Unterschied zu dem Fortschrittsmodell Kants besteht in der Vergleichbarkeit beider Wettbewerbsarten hinsichtlich ihrer herrschaftlichen Implikationen.

807 Vgl. dazu PEISER, Gustav Struve, S. 237, der von einem "um 1844 plötzlich für die Politik" sich interessierenden Struve spricht. Vgl. auch ACKERMANN, Struve, S. 36 f., S. 59.

808 Vgl. STRUVE, Briefwechsel, Gustav an Waldemar, 16. Brief, S. 59 (Vorwegnahme des 'Worthelden'), 33. Brief, S. 165 (Ungenügen der materiellen Triebfeder), 34. Brief, S. 190 (Rechtsbeugung durch die "Reichen"); siehe ferner STRUVE, Taschenbuch, S. 28–30, S. 35–39, S. 198 f., wo der auf seinen Geldvorteil bedachte Besitzbürger als das eigentliche 'Hemmnis' des Fortschritts erscheint. Vgl. dazu auch die von ACKERMANN, Struve, S. 40–42, S. 56–62 skizzierte Entwicklung; ferner DEUCHERT, Hambacher Fest, S. 178.

809 Vgl. STRUVE, Briefwechsel, 42. Brief, Gustav an Waldemar, S. 217 f. und 'Schreiben an Metternich', ebd., S. 256 f. Andere Interpretationen bei PEISER, Gustav Struve, S. 20, der den 'Briefwechsel' als "harmlos" bewertet, was Peisers ebd., S. 15–64 unternommenen Versuch, die späten 40er Jahre als eine Periode der fortschreitenden Radikalisierung der Struveschen Politik darzutun, als ein wenig zu glatt geraten erscheinen läßt. Immerhin drohte Struve in dem angeführten 'Schreiben an Metternich' von 1845 dem Staatskanzler damit, "daß das rollende Rad der Zeit über Ihren Leib hinweg sich Bahn brechen werde".

810 Vgl. bei SCHULZ, Vorwort (1827 f.), S. V die Metapher für die Französische Revolution: "Wenn eine Zeit ihre Vollendung erreicht hat — und wie dieß im Völkerleben nicht anders zu geschehen pflegt — mit blutiger Morgenröthe ein neuer Tag anbricht ...". Ähnlich

ihnen kam eine mehr nur übertragene Bedeutung zu[811], oder ihre Form des unbestimmten Gemeinplatzes ließ die Frage der Notwendigkeit des Krieges für Gegenwart und Zukunft offen[812]. Nur in einem Fall — nämlich im Hinblick auf den in dem europäischen Teil des Osmanischen Reiches geführten Freiheitskampf — galt der auf historische Beispiele gemünzte Satz, daß "jedes werdende Volk ... des Kriegs zur Uebung der Kräfte" schlechthin 'bedürfe', unzweideutig auch in einem aktuellen Sinne.[813] Indes zeigt die Begrenzung auf die am Rande Europas

---

SCHULZ, Almanach, S. 102: Die Revolution habe in Frankreich "zu reicher Saat tiefe Furchen gerissen"; vgl. auch ebd., S. 106.

811 Vgl. die Ausführungen zu dem in Frankreich beobachteten 'demokratischen' Trend gegen die aristokratische Mode bei SCHULZ, Almanach, S. 105: "Nur zerstörend und im steten Kampfe gegen das Alte ringt das Neue sich hervor."

812 Vgl. neben den in den letzten beiden Anmerkungen zitierten Stellen SCHULZ, Almanach, S. 64: "Der Friede, der Befestiger dessen, was der Krieg wankend gemacht hat, pflegt zugleich der Wiederhersteller alter Vorurtheile und spießbürgerlicher Ansichten zu werden." Mit dieser Formulierung kritisierte Schulz "ein Ueberhandnehmen des Kastengeistes und eine größere Scheidung des Adels, der Bürger und des Militärs". Vgl. auch ebd., S. 298: "... der Krieg, welcher die schlummernden Kräfte zum Sturme aufwühlt, hat zugleich die Eigenschaft, den zu erheben, der dem Sturme gewachsen ist"; siehe ferner ebd., S. 120 f.: "So möchte auch die Schlacht von Navarin der wachsenden, (sic) französischen Seemacht ... eine neue, glänzende Weihe für künftige Erfolge ertheilt haben." Bei aller spürbaren Wertschätzung für den Krieg erscheint dieser in den angeführten Wendungen nicht als eine notwendige Bedingung des Fortschritts.

813 Vgl. SCHULZ, Almanach, S. 347 (Zitat), S. 350, S. 361, S. 367. Dies schließt die Anerkenntnis, daß in der Gegenwart mit weiterem gewaltsamen Geschehen zu rechnen sei, nicht aus, wie darüber hinaus die Gewalt und der als Emanzipation verstandene Fortschritt nach diesen Zeugnissen Schulz' auch in anderen Zusammenhängen nicht gänzlich beziehungslos nebeneinander stehen. So wird ebd., S. 183 von der "englische(n) Politik" behauptet, " i m   V e r h ä l t n i s s e   z u m   A u s l a n d e (würde sie) ..., immer eigennützig und öfters gewaltsam und hinterlistig seyn". Auch würde — wie ebd., S. 225 ausgeführt wird — die irische Emanzipation "schwerlich ... ohne den Krieg der Russen gegen die Türken schon jetzt erfolgt seyn" (wegen Satzanfang: "Schwerlich ..."). Vor allem die Schilderung Mittel- und Südamerikas (ebd., S. 283—313) berichtet von gewaltsamen Auseinandersetzungen. All diesen Darstellungen und Deutungen der Zeitgeschichte fehlt indessen das Moment der Notwendigkeit des künftigen kriegerischen Fortschritts. Wenn überhaupt einem Volke die Emanzipation zugetraut wird, handelt es sich bei der Verbindung von Fortschritt und Gewalt entweder, wie bei den lateinamerikanischen Wirren, lediglich um die späten Nachwirkungen der schon erkämpften Unabhängigkeit — die Gewalt ist dann mehr nur Ausweis dafür, daß "der Abgrund der (bereits vollzogenen) Revolution (eben 'noch') nicht geschlossen" sei (vgl. ebd., S. 283 f.); oder der Abschluß des emanzipativen Vorganges ist — wie im englisch-irischen Beispiel — unlängst erfolgt. Allein für das 'Werden' der unter türkischer Herrschaft stehenden christlichen Nationen ist in dieser Phase der Publizistik Schulz' der Krieg eine im wesentlichen noch unerfüllte Notwendigkeit: Denn es sei "nur der Kampf gegen die Unterdrückung ... das Gottesurtheil über den Werth der Unterdrückten ..., in der Reihe der Völker zu zählen"; und jetzt erst breche jene stets "mit

liegenden türkischen Besitzungen schon an, daß Schulz noch weit davon entfernt war, für den künftigen europäischen, mithin menschheitlichen Fortschritt den noch auszufechtenden großen Krieg in der Art seiner späteren Beiträge vorauszusetzen. Wie wenig sein Denken vor 1830 die Utopie aus einem etwa dem Dreißigjährigen Krieg vergleichbaren Gewaltakt hervorgehen ließ, wird an dem Urteil erkennbar, das in Schulz' 'Almanach' auf jene eben zitierte, bloß am christlichen, griechischen Freiheitskampf aktualisierte Verklammerung von Krieg und Fortschritt folgte: "Die Erde" — bemerkte Schulz — befinde sich "jetzt unter der Herrschaft ruhig ordnender Gesetze". Die "Zeit ihrer gewaltigsten Revolutionen (scheine sie) überstanden zu haben". "Auch die Nationen", deren Wachstum später in den Spalten des Staatslexikons als treibende Kraft zum Kriege ausgewiesen werden sollte, waren nach dem Zeugnis von 1829 noch Bürgen dieser 'geordneten', 'ruhigen' Entwicklung, hätten sie doch bereits ihre "feste(n) Sitze gewonnen".[814]

Zu Beginn der dreißiger Jahre, als Schulz sich zunehmend für die vom "monopolistischen Fabrikanten" auf nationaler wie internationaler Ebene ausgehenden Gefahren[815] interessierte, kam es zu Überschneidungen. Neues kündigte sich an, wenn die Rede von dem "Krieg" als dem "Beweger des Menschengeschlechts"[816] durch die unüberhörbaren Revolutionsdrohungen eine umfassende Bedeutung für die Gegenwart gewann. Altes wirkte aber auch noch fort, zumal das Interesse des

---

Blut" 'gefärbte' "Dämmerung eines neuen Tages" an, in deren Verlaufe sich diese "unterjochten christlichen Völker ... nach und nach ... ihre Freiheit verdienen und erkämpfen" müßten. Vgl. ebd., S. 361, S. 367.
Was nun wiederum die Behauptung eines sogar strukturell gewaltsamen Momentes in der englischen Politik angeht, so wird diese durch die ebd., S. 183 unmittelbar im Anschluß betonte kosmopolitische Gemeinverträglichkeit des hierfür verantwortlichen kalkulierenden Eigennutzes nachgerade aufgehoben: 'Glücklicherweise' habe "die Natur selbst die Interessen der Menschen so weise verschlungen, daß wir mit Besorgung unserer eigenen Wohlfahrt nicht selten die fremde mitbesorgen müssen". Bezeichnend, daß allenfalls im Hinblick auf ein peripheres Geschehen, nämlich mit der Einlassung ebd., S. 405, das ferne "P e r s i e n bedürfte zu neuer Spannung der erschlafften Glieder einer stärkeren Aufregung", eine Einschätzung gegeben wird, die sich cum grano salis als eine weitere aktuelle Verklammerung von Fortschritt und notwendiger Gewalt interpretieren ließe.

814 SCHULZ, Almanach, S. 454.

815 Vgl. SCHULZ, Deutschlands Einheit, S. 82.

816 SCHULZ, Deutschlands Einheit, S. 93.

bewaffneten Besitzbürgers nach wie vor als die Garantie des Friedens ausgegeben wurde. Und noch kam das Denken der Utopie ohne die Bedingung des großen, notwendig gewaltsamen Schrittes aus. Bis zur Wiederherstellung Polens – hieß es zwar 1832 – hänge "das Schwert der Nemesis an dünnem Haare über" der europäischen Menschheit[817], wie überhaupt "ernstere Verwickelungen ... bei dem unnatürlichen Zustande Europa's auf die Dauer nicht ausbleiben könn(t)en"[818]. Jenes Haar aber mußte nach damaliger Einschätzung noch ebensowenig zwangsläufig reißen, wie dem europäischen und deutschen "Mittelzustand von Krieg und Frieden"[819] das gewaltsame Ende vorherbestimmt erschien. Denn zwei Jahre nach der Julirevolution nahm die im Vordergrund stehende Vision eines deutschen Berufes, durch nationale Einheit den "wahre(n) Frieden" Europas 'gebietend' zu sichern[820], dem kriegerischen Fortschritt mit der herausgehobenen Stelle gleichzeitig die Notwendigkeit, zumal bei aller Revolutionsbereitschaft auch der gewaltfreie Weg zu solcher den "dauernden" Frieden ermöglichenden Einheit – die "Reform" also – noch nicht als gänzlich aussichtslos vorgestellt wurde[821]. Während Schulz wenige Jahre danach das Kommen des künftigen Krieges für derart gewiß ausgeben sollte, daß nach seinen Ausführungen im Staatslexikon alle "beschwichtigen(den)" Vermittlungsbemühungen nur auf eine um so folgenschwerere kriegerische

---

817 SCHULZ, Deutschlands Einheit, S. 198: "Bis das Schicksal Polens versöhnt ist, bleibt das Schwert der Nemesis an dünnem Haare über den Thronen der Fürsten hängen, aber es wird in seinem Falle auch in das Fleisch der Völker sich bohren."

818 SCHULZ, Deutschlands Einheit, S. 200.

819 SCHULZ, Deutschlands Einheit, S. 205.

820 Vgl. SCHULZ, Deutschlands Einheit, S. 205 f.; dort besonders S. 205: "Erst wenn das deutsche Volk zu dieser Einheit sich erhoben, steht es stark und kräftig in der Mitte Europa's; und indem es mit der einen Hand die anschwellende Macht Rußlands in seine Gränzen zurückweist und mit der andern Hand den Ehrgeiz Frankreichs in Schranken hält, sichert es den Frieden unseres Welttheils, weil es den Frieden gebietet. ... Der wahre Frieden ist nur bei der Sicherheit, die Sicherheit ist nur bei der Stärke und die Stärke ist nur bei der Einheit."

821 Vgl. SCHULZ, Deutschlands Einheit, S. 238 die Grundsatzerklärung, "daß ... die Behauptung eines dauernden Friedenszustandes erst möglich wird, wenn diese Reform vorangegangen und durch dieselbe die Herrschaft eines deutschen Nationalwillens begründet worden ist. Die Basis derselben kann nur durch Herstellung deutscher Nationalrepräsentation gebildet werden." (Unterstreichung von mir, F.N.).

Entladung hinausliefen, ließ er sich um 1832 noch zu der Erwägung herbei, "daß das uralte Schicksal (der gewaltsamen Entwicklung, F.N.) ... bereits versöhnt (sein könne) ... durch jene zahlreichen Umwälzungen und blutigen Kämpfe ... der letzten Jahrzehnte".[822]

Gewiß war damals schon jenes Konzept in seinen Grundzügen vorhanden, das die Nation als Korrektiv gegen das internationale Monopolstreben aufbot. Aber dies war eben nur der Anfang einer fortschreitenden Abwendung vom besitzbürgerlichen Interesse. Erst als in den späten dreißiger Jahren das besitzindividualistische Vorteilsstreben wegen des diesem zugeschriebenen 'Unrechts' als Mittelstück zum Frieden mehr und mehr ausfiel, der Prozeß jener Abkehr also seinem Höhepunkt entgegenstrebte, spiegelte Schulz' Schrifttum die Festlegung auf den gewaltsamen Weg in die eigene Utopie. Daß diese harte Notwendigkeit des Krieges nach dem Verlaufe von weiteren fünf Jahren um die Mitte des letzten vorrevolutionären Jahrzehnts durch die abermalige Betonung des 'deutschen Berufes' zur Friedenswahrung wiederum tendenziell aufgeweicht werden sollte, wird später noch zu erläutern sein, braucht hier aber nicht zu irritieren. Denn Schulz' Publizistik läßt zunächst einmal den zeitlichen Zusammenhang recht deutlich werden, welcher zwischen der Entscheidung für die Notwendigkeit des kriegerischen Fortschritts und der dieser vorausliegenden Einsicht in die herrschaftlichen Folgen des sich selbst überlassenen besitzbürgerlichen Interesses bestand.

Obwohl nicht ganz so augenfällig, zeugt auch das Schrifttum Mathys von diesem Zusammenhang. In den Jahren unmittelbar nach der Julirevolution schien der friedliche Weg in die friedliche Zukunft im wesentlichen bereits gebahnt zu sein. Die "Völker (seien) nicht feindlich gegeneinander gesinnt, ... weil sie alle die nämlichen Interessen" hätten.[823] Der Handel als Ausdruck dieser Gemeinsamkeit bestehe, so Mathy 1833, nur zusammen mit der "Rechtlichkeit", weshalb "er auch

822 SCHULZ, Deutschlands Einheit, S. 242; vgl. zum Staatslexikon oben Anm. 652.
823 MATHY in: 'Der Zeitgeist', Nr. 8, 28.07.1832; zitiert oben Anmerkung 146.

die Liebe zum Frieden" hervorbringe und das Weltbürgertum befördere.[824] Und was die freilich noch zu überwindenden absolutistischen und feudalistischen Hemmnisse anlangte, so begnügte sich Mathy zu jener Zeit mit der Steuerverweigerung als der Ultima ratio des Widerstandes, die geeignet sei, die Revolution zu vermeiden.[825]

Gut zehn Jahre später – 1843 – war der Widerspruch zwischen den Interessen der 'Völker' offenkundig geworden. Das dem "Handel" zugeschriebene 'Weltbürgertum' deckte sich nicht mehr mit den Zwecken des "Patriot(en)".[826] Und die Sorge um die Existenz der heimischen Industrie, die bei einem freien Spiel der Kräfte durch die 'Übermacht' der internationalen Konkurrenz bedroht sei, wuchs sich zu der Angst vor der politischen 'Vernichtung' Deutschlands aus.[827] Nicht von ungefähr verband sich daher mit der Selbstbehauptung im wirtschaftlichen Wettstreit die Notwendigkeit des Krieges.[828]

Sonach erschien bei allen fünf Autoren die Festlegung auf den Weg der Gewalt nicht vor jener Zeit, in der sie zu ihrer Einsicht in die herrschaftlichen Folgen des besitzbürgerlichen Interesses gelangt waren. Ein solcher zeitlicher Zusammenhang legt es nur noch näher, in der Erkenntnis über die antiemanzipativen Konsequenzen des besitzbürgerlichen Interesses den eigentlichen Grund für die beobachtete Hinwendung zur Gewalt zu sehen. Indes mag selbst hier der Zufall noch eine Rolle gespielt haben. Die These von dem bestimmenden Gewicht des gesellschaftlichen Strukturwandels erschiene jedoch in dem Maße zwingender, wie das Vorliegen jener Einsicht auch als das maßgebende Kriterium für die Unterschei-

---

824 Vgl. MATHY in: 'Der Zeitgeist', Nr. 68, 11.06.1833.

825 Vgl. MATHY in: 'Der Zeitgeist', Nr. 9, 01.08.1832. Vgl. dazu SCHOCH, Analyse, S. 28 und HOCHSCHILD, Mathy, S. 232 f., S. 238 f., passim.

826 MATHY, Zolltarif, S. 154: "Der H a n d e l an sich will überall keine Zölle, denn sie hindern ihn bei seinem Streben, die Waaren da einzukaufen, wo sie am wohlfeilsten zu haben sind und dort hinzuführen, wo sie am theuersten verkauft werden können. Der Handel ist kein Patriot, er ist Weltbürger."

827 Vgl. MATHY, Zolltarif, S. 173 und MATHY, Art. "Zollverein", StL. XV^1, S. 848.

828 Vgl. MATHY, Zolltarif, S. 170; zitiert oben S. 346.

dung der beiden Autorengruppen erachtet werden müßte. Anders gewendet, muß, um sich der Eindeutigkeit soweit als möglich zu nähern, ergänzend nach etwa gegebenen anderen Unterschieden in den Programmen der beiden Autorengruppen gefragt werden. Dabei versteht es sich, daß die aufzusuchenden Unterschiede nicht in Belanglosigkeiten bestehen dürfen. Denn wegen einer Nebensache entscheidet der eine sich nicht für die Gewalt, während der andere noch ohne diese auszukommen glaubt.

Noch einmal also sollen die von den acht Mitarbeitern des Staatslexikons vorgestellten Leitbilder miteinander verglichen werden. Aber nur ein begrenzter Vergleich kann das Thema dieses Abschnittes sein. Denn das, was sich auf den gesellschaftlichen Strukturwandel beziehen lassen könnte, muß unter der vorliegenden Fragestellung, die ja den von diesem unterschiedenen Ursachen nachgeht, ausgeklammert werden. Demnach kann es nicht mehr um eine Gegenüberstellung der jeweiligen Sozialutopien gehen, in deren Zeichen jener Wandel umgekehrt oder vorangetrieben werden sollte oder unter denen er nicht wahrgenommen wurde. Auch bleiben nationale und verfassungspolitische Zielvorstellungen unberücksichtigt, soweit sie auf das Problem der wirtschaftlich-gesellschaftlichen Veränderung zurückgingen. In welchem Maße jene ihren Grund in dieser hatten, ist im bisherigen Verlaufe der Arbeit deutlich geworden. Darüber darf freilich nicht die Möglichkeit außer acht gelassen werden, daß den verfassungspolitischen und nationalen Zielen im Rahmen des alten Gegensatzes und unabhängig von der Frage des sozialen Wandels durchaus ein Eigengewicht zugekommen sein mochte. Gemeinhin hatten sich ja die Bestrebungen nach 'Einheit und Freiheit' bereits gegen das 'System Metternich' gerichtet, bevor sich die Auflösung herkömmlicher Gesellschaftsstrukturen abzuzeichnen begann. Als den herausragenden Themen des alten Gegensatzes kam der Verfassungs- und der nationalen Frage auch genug Bedeutung zu, um — je nach Ausprägung — den Rückgang auf die gewaltsame Lösung nahezulegen oder nicht.

Indes kann hier sogleich auf die weitere Erörterung der nationalen Ziele verzichtet werden. Denn die Nation erschien nicht nur bei den Vertretern der friedlichen

Entwicklung, sondern auch bei einem Verfechter des gewaltsamen Weges nicht als ein konstitutives Merkmal der Utopie: Für Abt war ebensowenig wie für Welcker, Jordan oder Kolb die 'Nation' eine Bedingung des Friedens. Mithin sind nationale Inhalte kaum geeignet, einen signifikanten Unterschied zwischen den beiden Autorengruppen zu begründen.

Richtet sich das Augenmerk demzufolge auf das andere große Thema der Epoche — auf die Verfassungsfrage —, so gilt es, vor einem Vergleich diesen Bereich im Sinne der Fragestellung aus dem möglichen Zusammenhang mit dem Problem des gesellschaftlichen Strukturwandels zu lösen. Dies ist ein recht künstlich anmutendes Unterfangen, und auf manchen Gebieten wird sich schwerlich die angestrebte Isolierung erreichen lassen. So mochte die Forderung aller Autoren nach einer Teilhabe der Bürger an der politischen Macht in ihrer allgemeinen Form auf ältere Wurzeln zurückgegangen sein; der jeweils konzipierte Umfang der politischen Nation zeigte jedoch wiederum die unterschiedlichen Reaktionen auf die sich anbahnenden wirtschaftlich-gesellschaftlichen Veränderungen.[829] Ebenso spiegelten sich diese in der wirtschaftsliberalen oder eben sozialstaatlich-interventionistischen Ausgestaltung der jeweils angestrebten Verfassung.[830] Darum wird das mit beiden Problembereichen angesprochene Verhältnis zwischen Staat und Individuum, der gesamte Kreis der individuellen Leistungs-, Teilhabe- und Abwehrrechte, hier im wesentlichen unbeachtet gelassen.

Schon eher läßt sich dagegen die Frage nach der Organisation der staatlichen Herrschaft als ein von dem Wandel hin zur Industriegesellschaft unabhängiges Problem denken. Dieser Übergang wurde gleichermaßen unter konstitutionellen oder parlamentarischen Monarchien vollzogen wie unter republikanischen oder bonapartistischen Herrschaftsformen. Umgekehrt reichte das parlamentarische Regierungssystem in Großbritannien mit seinen charakteristischen Vorformen — so Kluxen — bereits in eine Zeit vor der industriellen Revolution zurück, und es

---

829 Siehe oben S. 211 f., S. 228 f., S. 240 f.

830 Siehe oben S. 207–252.

hat diese bislang überdauert[831]. Auf das Herrschaftssystem also wird sich der Blick zunächst richten. Darüber hinaus war die Auseinandersetzung der Zeit doch auch ein Streit der Denkrichtungen. Seit dem Versuch von 1789, die politische Welt nach einem rationalen Entwurf zu gestalten, und der darauf antwortenden, musterhaft durch die Feder Edmund Burkes repräsentierten konservativen Entgegnung wurde um philosophische Letztbegründungen mit durchaus politischen Folgen gestritten. Die an dieser Stelle nicht zu entscheidende Frage nach dem 'Überbaucharakter' des Denkens einmal beiseite gelassen, wird deshalb darauf zu achten sein, ob nicht vielleicht die Position im Streit der politischen Philosophie bedeutsam werden konnte für die Haltung zu Krieg und Frieden.

Bei einer Betrachtung der von den einzelnen Verfassern angestrebten Regierungssysteme fällt zunächst die dezidierte Parteinahme Welckers und Jordans für die konstitutionelle Monarchie ins Auge. Welcker beschrieb sich selbst als einen "Schriftsteller ..., der von seiner Jugend an unwandelbar die erbmonarchische Verfassung mit aristokratischen und demokratischen Ständen sogar als sein politisches Ideal vertheidigt(...)" habe.[832] Nicht ganz so enthusiastisch, verstand sich Jordan immerhin noch zu der Grundsatzerklärung, daß für   " d i e d e u t s c h e n   V ö l k e r   ...   d i e   e r b l i c h e   E i n - h e r r s c h a f t   m i t   r e p r ä s e n t a t i v e r   R e g i e - r u n g s f o r m   ...   d i e   r e l a t i v   b e s t e   S t a a t s f o r m " sei[833]. Getreu solchem Bekenntnis räumten beide Autoren mit ihren Verfassungsmodellen dem Monarchen eine keineswegs unerhebliche Stellung ein. Ohne die "Anerkennung eines   s e l b s t s t ä n d i g e n   p e r s ö n l i c h e n Willens und Rechts des Regenten", führte Welcker aus, büße die Monarchie ihr Prinzip ein; "kein wirkliches Mitregierungsrecht" der Stände solle die monarchi-

---

831 Vgl. KLUXEN, Geschichte, S. 115.

832 WELCKER, Art. "Beschlagnahme", StL. II^1, S. 461; ebenso StL. II^2, S. 374.

833 JORDAN, Versuche VI, § 7, S. 177, vollständig zitiert oben Anm. 139. Vgl. ferner ebd., S. 185 und JORDAN, Lehrbuch, § 42, S. 49; JORDAN, P. Gespräche, S. 229.

sche Prärogative mindern.[834] Nach seiner Vorstellung von der "b e s t e (n) V e r f a s s u n g" konnte es "kein tauglicheres Organ" zur Gewährleistung der notwendigen staatlichen "E i n h e i t" geben "als ... (den) möglichst s e l b s t s t ä n d i g e (n) ... e r b l i c h e n Monarchen". Billig falle dem Fürsten die vollziehende Gewalt zu.[835] In diesem Sinne sollte etwa die Entscheidung bei "Bündnissen und Kriegen" — also die Außenpolitik — (obschon unter "mittelbarer Mitwirkung" der steuerbewilligenden Stände) "der Krone ... allein" überlassen bleiben.[836] Und wenngleich Welckers Modell bei der ebenfalls als "Regierungsthätigkeit" vorgestellten "G e s e t z g e b u n g" die Kammern beteiligte, verfügte der Monarch auch hier über den vorerst sogar größeren Handlungsspielraum: Sollte doch "die Nationalrepräsentation (lediglich! F.N.) zu ihrer Prüfung und Zustimmung berufen" werden.[837] Auf den ersten Blick blieb demnach der Krone die gesetzgeberische Initiative vorbehalten. Allerdings redete Welcker einem ständischen Petitionsrecht das Wort, welches er neben dem Recht "der Steuerbewilligung", der schon erwähnten "Gesetzeszustimmung", "der Verwaltungscontrole ... (und) der Ministeranklage" in seinen Forderungskatalog aufgenommen hatte.[838]

In ähnlicher Weise rückte Jordan die Krone zunächst in den Mittelpunkt der Verfassung. Erklärtermaßen bildete sie als die "regierende Gewalt ... das z u - e r s t und z u l e t z t w i r k s a m e P r i n c i p im

---

834 WELCKER, Art. "Deutsches Landes-Staatsrecht", StL. IV¹, S. 365, S. 380, S. 384 f.; ebenso StL. III², S. 789, S. 799 f., S. 802 f.

835 WELCKER, Art. "Staatsverfassung", StL. XV¹, S. 80; ebenso StL. XII², S. 385: " D i e b e s t e V e r f a s s u n g" bestimmt mit Blick auf die "Regierung ...: I. Sie soll als s e l b s t s t ä n d i g e Behörde die E i n h e i t, also die harmonische Ordnung des Staates erhalten. Dazu gibt es an sich kein tauglicheres Organ als die möglichst s e l b s t s t ä n d i g e und e i n h e i t l i c h e Behörde, als einen e r b - l i c h e n Monarchen. Er ist auch das beste Organ für die ... R e g i e r u n g i m e n g e r e n S i n n e, o d e r d i e s o g e n a n n t e V o l l z i e h u n g."

836 Vgl. WELCKER, Art. "Grundgesetz, Grundvertrag", StL. VI², S. 241.

837 WELCKER, Art. "Staatsverfassung", StL. XV¹, S. 80; ebenso StL. XII², S. 385.

838 Vgl. WELCKER, Art. "Deutsches Landes-Staatsrecht", StL. IV¹, S. 384; ebenso StL. III², S. 802 (Zitate); WELCKER, Art. "Grundgesetz, Grundvertrag", StL. VI², S. 181, S. 242; WELCKER, Art. "Staatsverfassung", StL. XV¹, S. 76; ebenso StL. XII², S. 382.

S t a a t e ", lag bei ihr "auch eigentlich die M a c h t v o l l k o m m e n - h e i t ". [839] Dem Entwurfe Jordans gemäß teilte sich der Monarch zwar die Gesetzesinitiative mit den Kammern;[840] zudem blieben seine Regierungsakte an die Gegenzeichnung des strafrechtlich verantwortlichen Ministers gebunden[841]. Das zu einem Wesensmerkmal der konstitutionellen Monarchie erklärte absolute Veto der Krone[842] ebenso wie ihre kaum angetastete Prärogative hinsichtlich der Außenpolitik[843] verliehen dem Fürsten aber noch ein beachtliches Gewicht gegenüber den Kammern, deren Spielraum im ganzen jener Kompetenz entsprach, die Welcker für sie vorgesehen hatte[844].

Obgleich Welcker sowohl als Jordan sich schließlich dem Modell eines parlamentarischen Regierungssystems näherten, insofern ihre Konzepte am Ende auf die politische Ministerverantwortlichkeit vor den Ständen hinausliefen,[845] bildete das

---

839 Vgl. JORDAN, Versuche VII, § 3, S. 221 (Zitate), § 2, S. 215 und § 4, S. 224, S. 229 f.; siehe ferner auch JORDAN, Lehrbuch, §§ 46 f., S. 53 f.

840 Vgl. JORDAN, Versuche VIII, § 11, S. 355–357; JORDAN, Lehrbuch, § 61, S. 71; JORDAN, Grundsätze, S. 201. Unrichtige Darstellung bei KAISER, Jordan, S. 35.

841 Vgl. JORDAN, Versuche VII, § 4, S. 229 f.; ebd. VIII, § 9, S. 346; JORDAN, Grundsätze, S. 202, S. 206.

842 Vgl. JORDAN, Versuche VIII, § 11, S. 358: "Das Recht des Veto darf, dem Wesen der Einherrschaft zufolge, nicht bloß a u f s c h i e b e n d (suspensiv), sondern es muß u n b e d i n g t sein ..."; siehe ferner JORDAN, Lehrbuch, § 61, S. 71.

843 Vgl. JORDAN, Versuche VIII, § 9, S. 346 f.; JORDAN, Lehrbuch, §§ 50, 60, 73, S. 57, S. 70, S. 97.

844 Vgl. neben dem erwähnten ständischen Recht der Gesetzesinitiative das Recht der gerichtlichen Klage gegen die Minister, das Steuerbewilligungsrecht, die Zustimmungskompetenz zur Gesetzgebung sowie mit Blick auf die Außenpolitik das Vorschlags- und Informationsrecht der Kammern bei JORDAN, Versuche IX, § 21, S. 477 f.

845 Vgl. WELCKER, Art. "Staatsverfassung", StL. XV[1], S. 80; ebenso StL. XII[2], S. 385, wo die " c o n s t i t u t i o n e l l e   V o l k s r e p r ä s e n t a t i o n " − wenn auch offensichtlich nur im Zusammenhang mit der Gesetzgebung − als " B e s t a n d t h e i l   d e r   R e g i e r u n g " erscheint. Vgl. in Verbindung damit WELCKER, Art. "Grundvertrag", StL. VII[1], S. 263; ebenso WELCKER, Art. "Grundgesetz, Grundvertrag", StL. VI[2], S. 189, wo die Möglichkeit vorgesehen ist, im Rahmen der "Ministerverantwortlichkeit ... über jede Vertragswidrigkeit der Regierung" zu richten. Diese vordergründig juristische Verantwortung wandelt sich zu einer politischen, wenn es ebd.[2], S. 182 in Anlehnung an das britische Vorbild heißt, daß sich gemäß dem "Vertragsprincip ... kein Ministerium ... halten (könne), das nicht aus den geachtetsten Patrioten" bestehe, und daß "sich ... ein solches ... Nationalministerium nur so lange halten (könne), als es sich in solcher Weise als übereinstimmend mit der Nationalvernunft" erweise. Vgl. ferner JORDAN, Art. "Cassel", StL. III[1], S. 307; ebenso StL. III[2], S. 96: "Das constitutionelle System kann nur da sich kräftig

Erfordernis monarchischer 'Selbständigkeit' fortgesetzt einen zentralen und charakteristischen Bestandteil ihres staatstheoretischen Denkens[846].

Gegenüber solcher ausgesprochenen Werbung für das konstitutionelle Königtum, das nach dem Vorgeben ihrer Verfechter der Krone ein durchaus substantielles politisches Gewicht verbürgen sollte, waren sich Abt und Struve in der deutlichen Ablehnung einer derartigen Herrschaftsform einig. Bestenfalls sprachen sie der konstitutionellen Monarchie eine vorübergehende Daseinsberechtigung zu, insofern es deren 'Aufgabe' sei, den möglichst bruchlosen 'Übergang' zur Demokratie zu 'vermitteln'.[847] Aber selbst in dieser Funktion hatte die konstitutionelle Monarchie in den Augen der beiden Autoren versagt, seien deren Zusicherungen "blos auf dem Papiere" geblieben. Was Struve aus der zeitgeschichtlichen Erfahrung ableitete, daß nämlich "von einem ordnungsmäßigen Entwickelungsgang des konstitutionellen Lebens in Deutschland ... die Rede nicht sein" könne,[848] begründete Abt mit der strukturellen Unversöhnlichkeit der "beiden heterogenen Elemente, Königthum und Volksthum": Welche Gestalt auch immer die "constitutionelle Monarchie" annehme, stets bleibe sie "ein innerer Widerspruch, eine Halbheit" mitten zwischen demokratischer Selbstbestimmung und der Entfremdung durch

---

ausbilden, wo keine äußere Gewalt hemmend einzuwirken vermag, und darum kein Ministerium sich halten kann, welches die Majorität der Deputirtenkammer gegen sich hat."

846 Vgl. JORDAN, Versuche VIII, § 9, S. 346 f., wo sich Jordan für eine Selbständigkeit des Monarchen ausspricht, die ihn davor bewahre, "zum bloßen Vollziehungsbeamten" herabzusinken. Vgl. auch JORDAN, P. Gespräche, S. 229, wo die konstitutionelle Verfassung als eine "Erhöhung" monarchischer "Macht" ausgegeben wird. Vgl. ferner die Zuordnung von 'selbständigem' Regierungsrecht und Königtum bei WELCKER, Art. "Staatsverfassung", StL. XV[1], S. 80; ebenso StL. XII[2], S. 385; WELCKER, Art. "Grundvertrag", StL. VII[1], S. 280 f.; ebenso WELCKER, Art. "Grundgesetz, Grundvertrag", StL. VI[2], S. 200 f.; vgl. auch ebd.[2], S. 184 f.

847 Vgl. STRUVE, Grundzüge, II, S. 94: "Die Aufgabe einer gemischten Staatsverfassung besteht hauptsächlich darin, die Gefahren zu beseitigen, welche mit dem Uebergange von der Monarchie zu einer demokratischen Verfassung unausbleiblich verbunden sind." Struve umschrieb die konstitutionelle Monarchie in der Regel mit Wendungen wie 'gemischte' oder 'landständische' oder 'konstitutionelle' Verfassung. Vgl. ebd., II, S. 80—98. Vgl. ferner ABT, Zeitung, S. 200: "Uebergangszustand von der absoluten zur volksthümlichen Regierung, von dem Königthum zum Freistaate, ist die constitutionelle Monarchie. In ihr werden beide Elemente, Königthum und Republik, zu vermitteln gesucht."

848 Vgl. STRUVE, Grundzüge, II, S. 89 f.

"eine(n) selbstständige(n), isolirte(n)" Willen. Darum führe sie "am Ende entweder zum reinen Absolutismus zurück oder zur reinen Volksherrschaft vorwärts".[849] Die nach solchem Urteil von Struve wie von Abt kompromißlos geforderte Verfassung war die 'Volksherrschaft'. Obwohl dieser "Staat in seiner Vollendung"[850] auch repräsentative Züge aufwies, war die Orientierung an basisdemokratischen Modellen unverkennbar. Gewiß wollte Struve die "Gesetzgebung" − in großen Staaten zumal − dem "Prinzipe der Stellvertretung" gemäß eingerichtet wissen.[851] Und Abt erklärte zumindest, wenngleich hierin sehr viel unbestimmter, daß entsprechend der "Idee des Freistaates ... alle Einzelnen an der ... Bethätigung und Ausübung des Gesammtwillens mittelbar Theil nehmen" sollten.[852] Die Konzeption der vollziehenden Gewalt jedoch verriet nur zu deutlich die Struktur einer mehr direkten denn repräsentativen Herrschaftsform.

So gehörte die schroffe Wendung gegen jegliches Berufsbeamtentum zu den Eigentümlichkeiten der Programme von Abt und Struve. Weil jedes öffentliche Amt "mit einer Besoldung versehen" werde, gerate es "zu einer Kunst ..., welche der Einzelne als L e b e n s b e r u f e r w ä h l t (habe), um durch ihre Betreibung seinen Lebensunterhalt zu verdienen". Eben hierin entdeckte Abt jene "Unabhängigkeit ... von der Gesammtheit, ... (die) das ganze Wesen des politischen Absolutismus" ausmache. Geradezu musterhaft spiegele sich in der Einrichtung des Berufsbeamtentums die mit dem "Freistaate" unvereinbare Entfremdung,

---

849 ABT, Zeitung, S. 200; vgl. auch ebd., S. 151−154 und ABT, Art. "Dynastische Interessen u.s.w.", StL. IV², S. 162 f., wo die konstitutionelle Monarchie unter Einschluß des von Welcker so gepriesenen englischen Musters als "Absolutismus, freilich verbrämt, auch theilweise gemildert durch etwas constitutionelle Spiegelfechterei" (Staatslexikon, S. 163, ähnlich Zeitung, S. 154) 'enttarnt' wird.

850 STRUVE, Grundzüge, II, S. 195.

851 STRUVE, Grundzüge, II, S. 217: "Ist ... der Staat groß, ... so wird es in der That zu einer Unmöglichkeit, das Volk unmittelbar die Gesetzgebung ausüben zu lassen. Daher beruhen sämmtliche tüchtige Demokratien der neueren Zeit auf dem Prinzipe der Stellvertretung."

852 ABT, Art. "Bestimmung des Menschen", StL. II², S. 457; vgl. auch ABT, Art. "Gültigkeit", StL. VI², S. 267; ABT, Art. "Dynastische Interessen u.s.w.", StL. IV², S. 159 f. und ABT, Zeitung, S. 137 f. An diesen Stellen beschränkte sich Abt darauf, die 'Abhängigkeit' der 'Regierung' vom 'Volk' im Grundsatz zu fordern.

also die von Abt in ihren vielfältigsten Erscheinungsformen angeprangerte "politische Unsittlichkeit, ... daß Institute, die der Allgemeinheit gehör(t)en und ihren Zwecken gewidmet ... (seien), als Mittel für Privatzwecke ... benutzt" würden.[853] Struves Verdikt zielte in dieselbe Richtung: Er wandte sich gegen den "verderblichen Kastengeist", der mit dem besoldeten und auf Lebenszeit übertragenen öffentlichen Amt entstehe.[854] Mit seinen Worten gab er Abts Entfremdungsvorwurf wieder, als er die 'Volksherrschaft' vorstellte ohne ein "stehendes Heer von Soldaten, Polizisten und Staatsdienern, welche von dem Marke der Nation leb(t)en, um sie in Ketten zu schlagen".[855] An die Stelle der auf Lebenszeit in den Dienst genommenen, professionellen Beamtenschaft solle auf allen Ebenen − von dem Gemeindeamt bis hin zum Staatsamt − der gewählte Beamte treten, der bei einer Amtsdauer von höchstens acht Jahren allenfalls nach Maßgabe seiner 'Bedürftigkeit' für den ihm entstandenen Verdienstausfall aus der Staatskasse entschädigt werden dürfe.[856] Gleichermaßen strebte Abt nach einer radikalen Form des "selfgovernment", in welchem alle staatlichen Funktionen ausschließlich durch die "Volksbeamten"[857] wahrgenommen würden. Seine Forderung, "daß

---

853 ABT, Art. "Bestimmung des Menschen", StL. II², S. 457; vgl. dort besonders den Vorwurf: "In dieser Unabhängigkeit der Besetzung der Staatsämter von der Gesammtheit ... liegt das ganze Wesen des politischen Absolutismus so sehr, daß es noch gar keinen Freistaat gegeben hat, in welchem mit Besoldung dotirte Staatsämter existirten, deren Functionen von Einzelnen als Lebensberuf behufs der Erwerbung ihres Lebensunterhaltes erlernt und betrieben wurden." Vgl. ferner das bei ABT, Zeitung, S. 194 f. und bei ABT, Art. "Dynastische Interessen u.s.w.", StL. IV², S. 163—165 gefällte vernichtende Urteil über das Berufsbeamtentum.

854 Vgl. STRUVE, Grundzüge, I, S. 270 (Zitat), S. 296.

855 STRUVE, Grundzüge, II, S. 193.

856 Vgl. STRUVE, Grundzüge, I, S. 270: "Um einen ... verderblichen Kastengeist nicht aufkommen zu lassen, sollten aller Orten folgende Bestimmungen getroffen werden: 1) daß kein Bürger länger, als etwa 8 Jahre ununterbrochen Staatsämter bekleiden könne, 2) daß kein Staatsbeamter so vom Staate für seine Dienstleistungen bezahlt werde, daß er im Stande wäre, von seiner Besoldung Ersparnisse zu machen, daß vielmehr jeder Staatsdiener nach seinem Bedürfniß ... für seinen Zeitverlust entschädigt werde ...". Vgl. ferner ebd., II, S. 194: "Wer durch die Wahl seiner Mitbürger beauftragt wird, ein Staatsamt auf einige Zeit zu bekleiden, der fühlt sich dadurch geehrt und ist zufrieden, wenn er dafür eine mäßige Entschädigung für seinen Zeitverlust erhält, ... insofern er auf seine Arbeit für seinen Lebensunterhalt angewiesen ist." Vgl. auch ebd., I, S. 293 f., S. 296.

857 ABT, Art. "Dynastische Interessen u.s.w.", StL. IV², S. 165.

jedem Einzelnen Theilnahme an der Staatsverwaltung verbürgt" sein müsse[858], war hierbei wörtlich gemeint. Denn nach seiner "Idee des Freistaates" besorgten "die Bürger selbst ... mit Abwechselung und ohne andern Lohn als den der Pflichterfüllung ... und der patriotischen Dankbarkeit ihrer Mitbürger d i e A l l e n g e m e i n s a m e n A n g e l e g e n h e i t e n ".[859] Ebenso wie Struve sah Abt lediglich eine Art Aufwandsentschädigung – die "Schadloshaltung" – als die einzige Möglichkeit vor, die Übertragung eines öffentlichen Amtes mit finanziellen Leistungen aus der Staatskasse zu verbinden.[860] Dieses Programm, nach dem alle öffentlichen Ämter nur auf Zeit und unter grundsätzlicher Beibehaltung des privaten Berufes eben nicht als eine eigene 'Kunst' versehen werden sollten, verfolgte den Zweck, die Bildung eigenständiger herrschaftlicher Funktionsträger – eines staatlichen 'Apparates' – zu verhindern. Von Anfang an sollte jeder Absonderung gewehrt werden, die den mit der Durchsetzung des politischen Willens Beauftragten von dem Beherrschten trennen mochte und die unter dem Eindruck des 'Beamtenabsolutismus'[861] gerade auch in der Professionalisierung von Politik angelegt erschien. Es lag nur in der Konsequenz des damit angestrebten Modells einer unmittelbaren Demokratie, daß Struve wie Abt – der eine allerdings deutlicher noch als der andere – sich für die möglichst direkte Wahl aller Staatsbeamten erklärten.[862] Zudem zeigte sich der

---

858 ABT, Art. "Eudämonismus und Egoismus", StL. IV², S. 526.

859 ABT, Art. "Dynastische Interessen u.s.w.", StL. IV², S. 163, S. 165; ABT, Art. "Bestimmung des Menschen", StL. II², S. 457.

860 ABT, Art. "Dynastische Interessen u.s.w.", StL. IV², S. 163.

861 Zur politisch bestimmenden Rolle der Beamtenschaft im vormärzlichen Großherzogtum Baden vgl. FISCHER, Staat und Gesellschaft, S. 144–155.

862 STRUVE, Grundzüge, I, S. 293 f.: "Der beste Wille zu einer tüchtigen Besetzung kann immer von Denjenigen erwartet werden, ... über welche das Amt ausgeübt werden soll ... Je höher ein Volk in intellectueller und moralischer Beziehung steht, desto ausgedehnter muß seine Betheiligung bei der Besetzung der Beamten sein ... Die Gemeindebeamten wählen übrigens immer die Gemeindebürger am besten ... Handelt es sich dagegen um die Wahl eines Bezirks-(,) Kreis-(,) Provinzial- oder gar Centralbeamten, so können unmöglich alle Einwohner des Amtsbezirkes, des Kreises, der Provinz oder des Landes direct selbst wählen ... Es ist daher in diesen Fällen ein mehr oder weniger indirecter Wahlmodus erforderlich, je nachdem der in Rede stehende District größer oder kleiner, und die Bildung des Volkes geringer oder größer ist. Nur in dem vollkommenen Freistaat ist eine durchaus freie Wahl

mehr unmittelbare denn repräsentative Grundzug der von Abt und Struve angestrebten demokratischen Verfassung in der von ihnen geplanten Wehrorganisation.

Auch in diesem extremen Sonderfall herrschaftlich-staatlicher Tätigkeit verschmolzen das Volk und die bewaffnete Gewalt des Staates derart zu einer Einheit, daß jegliche Besonderung in Gestalt eines noch so rudimentären Berufsmilitärs ausgeschlossen blieb. Solche Identität der Beherrschten mit der staatlichen Gewalt war dem politischen Entwurf der beiden Publizisten eigentümlich. Alle anderen Autoren nämlich nahmen einen Stamm von Berufssoldaten durchaus noch in ihre Zielvorstellungen auf. Sei es, daß das Linienmilitär zuweilen in ausdrücklicher Anlehnung an das idealisierte preußische Vorbild als Kern- und Ausbildungstruppe gewünscht wurde, sei es, daß man im Zuge der als Fortschritt begriffenen Technisierung des Krieges die Forderung nach militärischen Spezialisten implizit oder explizit erhob, oder sei es, daß die Existenz eines stehenden Heeres einfach hingenommen wurde – in den Konzepten von Welcker, Mathy, Schulz, List, Kolb und Jordan behauptete das Berufsmilitär eine mitunter sogar recht unangefochtene Stelle neben der freilich allenthalben vorgesehenen Landwehr.[863] Demgegen-

---

sämmtlicher Staatsbeamten möglich." Vgl. auch ebd., II, S. 192–194, S. 203, S. 215 f.; ebd., IV, S. 21. Abt spezifizierte seine Vorstellungen von der angestrebten Demokratie nicht in dem Maße wie Struve. Aber auch seine Formulierungen, wenn er etwa von "der patriotischen Dankbarkeit ihrer Mitbürger" als dem "Lohn" der Beamten spricht (ABT, Art. "Dynastische Interessen u.s.w.", StL. IV², S. 163), lassen erkennen, daß mit "Mitwirkung und Zuthun der Gesammtheit" bei der Besetzung der Beamtenstellen (ABT, Art. "Bestimmung des Menschen", StL. II², S. 457) die direkte Wahl der 'Volksbeamten' gemeint ist.

863 Vgl. WELCKER, Art. "Heerwesen: Landwehrsystem", StL. VII¹, S. 589–592; ebenso StL. VI², S. 594–596: Konzept einer am preußischen Modell orientierten Wehrverfassung, die das stehende Heer als "den Kern, die Direction und die Schule für die gesammte Nationalwehr" bezeichnet. Die Option für ein "wehrhaftes Volk ..., dessen Schule das stehende Heer bildet und zugleich der (!) Kern, in welchem zur Kriegszeit die Bürger einrücken", wird auch von Mathy vertreten. Vgl. die Rede Mathys vom 29. Juli 1846, Verhandlungen der zweiten badischen Kammer 1846, 6. Protokollheft, S. 289. Vgl. dazu auch ANGERMANN, Mathy, S. 535 f. Bei Schulz wirkt sich die Technisierung des Krieges auf die Wehrverfassung aus. So wäre nach SCHULZ, Art. "Revolution", StL. XIII¹, S. 737 f.; ebenso StL. XI², S. 560 "in j e d e m künftigen Kriege ... die Menge und bessere Bedienung des schweren Geschützes, dieser eigentlichsten S t a a t s w a f f e ", entscheidend. Nicht von ungefähr findet sich daher ebd.¹, S. 733 und ebd.², S. 557 das Konzept einer "wahrhaft nationalen Kriegsverfassung", in dem "die Führung des Heeres und ... (die Handhabung der) Specialwaffen" einer "berufsmäßig ausgebildete(n) Classe militärischer Staatsbeamten" zufällt. Vgl. auch SCHULZ,

über lehnten Abt und Struve die Professionalisierung auch der bewaffneten Form von Politik ab. Alle Rücksichten auf die 'Kriegskunst' und auf die Erfordernisse eines sich unter dem Einfluß der Technik wandelnden Kriegsbildes beiseite lassend, setzten beide Autoren auf eine wirkliche Volksbewaffnung, deren Aufleben überdies – von Übungen einmal abgesehen – erst für den Fall des Krieges vorgesehen war. Allein die dann aufgebotenen "Massen" sollten die militärische Seite des sonst jeglicher Streitkräfte baren Staates ausmachen. Denn im Frieden könne auf das Militär gänzlich verzichtet werden. Die extreme Form staatlicher Gewalt gerät so zur unmittelbaren Tätigkeit der von staatlicher Herrschaft auch Betroffenen. Zusammen mit der angestrebten direkten Demokratie wurde der Bezug zur rückwärtsgewandten Utopie sichtbar, wenn Abt den "Vaterlandsvertheidiger von Profession" rigoros verneinte und Struve das Bild des bewaffneten Volkes zeichnete, welches ohne "künstlich gebaute Festungen" den Krieg allein gestützt auf die natürliche Umgebung des Dorfes führe.[864]

Art. "Taktik und Strategie", StL. XV[1], S. 334 f.; ebenso StL. XII[2], S. 545 f. Ebenso sah List "Physik, Mechanik und Chemie fast allen persönlichen Mut (im Militärwesen) ersetzen" und wünschte sich darum die "wissenschaftlich gebildeten Officiere"; vgl. LIST, Das nationale System, S. 37; LIST, Art. "Eisenbahnen", StL. IV[1], S. 664; ebenso StL. IV[2], S. 237. Auch Kolb feierte die hochentwickelte europäische " W i s s e n s c h a f t " vom Kriege, die gerade wegen der ebenso gefeierten Kriegstechnik ein militärisches Spezialistentum voraussetzt: "Ein einziges Linienschiff, eine einzige Dampffregatte hätte die ganze Flotte von Salamis ... in den Grund gebohrt!" KOLB, Art. "Griechenland, althellenisches", StL. VII[1], S. 120 f.; ebenso StL. VI[2], S. 85; vgl. auch KOLB, Geschichte, II, S. 362. JORDAN, Grundsätze, S. 216 f. akzeptierte wenigstens das stehende Heer neben der Nationalmiliz.

864 Vgl. ABT, Zeitung, S. 197: "Vaterlandsvertheidiger von Profession zu sein, widerspricht der Idee des Freistaates ebenso sehr, als das Institut der handwerksmäßigen Richter, Beamten und Priester. — Ein freies Volk vertheidigt sich selbst, ein freies Volk ist selbst waffengerecht und weiß seinen Heerd selbst zu schützen. ... Ein freies Volk bedarf deßhalb auch keiner besondern Vaterlandsvertheidiger, die im Kriege um Sold sich todtschießen lassen, im Frieden in Kasernen eingepfercht sind." Vgl. auch ABT, Art. "Dynastische Interessen u.s.w.", StL. IV[2], S. 167. Vgl. STRUVE, Grundzüge, IV, S. 131–151, wo im Rahmen der Kritik des Militärwesens für eine Miliz nach schweizerischem Muster geworben wird. Vgl. dort besonders S. 150 f.: "Wenn wir die schweizerische Wehrverfassung mit derjenigen Deutschlands vergleichen, so können wir nicht umhin (,) offen zu gestehen, daß wir uns mit den Schweizern in keiner Beziehung messen können. Wenn wir die unermeßlichen Summen erwägen, welche im Laufe der letzten zwei und dreißig Friedensjahre, auf die stehenden Heere Deutschlands verwendet wurden, so ist dieses Resultat ein für uns im höchsten Grade beschämendes. Die Schweiz hat nicht Hunderte von Millionen auf ihre Heere und auf künstlich gebaute Festungen verwendet ... Ein freies Volk bedarf keiner künstlichen Festun-

Daß ein solcher Entwurf in einem viel schärferen Maße die bestehende Gewalt des Staates negierte als die demgegenüber behutsamen Angleichungsversuche im Rahmen des Programmes der konstitutionellen Monarchie[865], bedarf keiner weiteren Erläuterung. Im Lichte eines derart unterschiedlichen Gegensatzes zu den Inhabern gerade der staatlichen Gewalt erscheint auch die Entscheidung der einen für die gewaltsame Vollstreckung des Fortschritts ebenso nachvollziehbar, wie die Option der anderen für den friedlichen Wandel verständlich ist. Nur: Weder umfaßte das eine Lager allein Struve und Abt, noch wurde die andere Gruppe ausschließlich durch Welcker und Jordan gebildet. Und was die Anmerkungen zur Wehrverfassung schon vermuten lassen mochten, wird bei einem näheren Blick auf die Parteinahmen der anderen Autoren augenfällig: Keineswegs legte die Frage nach der Herrschaftsverfassung den bezeichnenden Unterschied zwischen den beiden Lagern offen.

So hatte List im 'Nationalen System' seine frühe, eindeutige Entscheidung für das Modell der konstitutionellen Monarchie bestätigt,[866] was ihn als einen Parteigänger Welckers und Jordans erscheinen läßt. In seinem staatstheoretischen Schrift-

---

gen, denn jedes Dorf(,) jeder Berg, jeder Wald wird durch die freien Männer, welchen sie gehören, gleich einer Festung vertheidigt. Ein freies Volk bedarf im gewöhnlichen Verlaufe der Zeit keines Heeres. Im Innern waltet Ordnung, Frieden und Zufriedenheit. Gegen den innern und den äußern Feind aber ist ein freies Volk, sobald es gilt, auf den Ruf seiner Behörden jederzeit bereit, sich in Massen zu erheben." Vgl. auch ebd., II, S. 194: "Alle Bürger (in der Demokratie, F.N.) üben sich gleichmäßig in den Waffen, um im Falle der Noth bereit zu sein, für das Vaterland in Kampf und Tod zu gehen. Allein zur Aufrechthaltung der Ordnung im Innern sind keine Soldaten erforderlich. Sie werden daher außer den jährlichen Uebungen nur zusammengezogen, wenn es gilt, dem äußeren Feinde entgegenzutreten."

865 Vgl. dazu auch SCHÖTTLE, Politische Freiheit, S. 67, der für Welcker ausdrücklich die bei BRANDT, Landständische Repräsentation, S. 162 formulierte These bestätigt, wonach das liberal-konstitutionelle Programm "mehr Spiegelbild als Infragestellung der landständischen Verhältnisse Deutschlands nach 1815" gewesen sei. Zu den Merkmalen der vormärzlichen Verfassungen vgl. BRANDT, Landständische Repräsentation, S. 41—46, besonders S. 45.

866 Vgl. LIST, Das nationale System, S. 37: "Unserer Ansicht nach würde den Deutschen eine andere als die konstitutionell-monarchische Regierungsform nicht minder Unheil bringen als den Vereinigten Staaten von Nordamerika die monarchische, als den Russen die konstitutionelle." Zu List als dem der politischen Revolution abgeneigten Anhänger der konstitutionellen Monarchie vgl. auch LENZ, List/Werk, S. 47, S. 51 f., passim; LENZ, Lists Staatslehre, S. 69, S. 74 f., S. 89.

tum pries List die "k o n s t i t u t i o n e l l e M o n a r c h i e " als "das Muster einer Gesetzesherrschaft" an, welches "die Bedürfnisse der menschlichen Gesellschaft am meisten" 'befriedige'.[867] Zu seinem Verfassungsentwurf gehörten die Beteiligung der Kammern an der Gesetzgebung und die gleichermaßen den 'Repräsentanten' wie dem Regenten zukommende Gesetzesinitiative[868] ebenso wie das ständische Steuerbewilligungsrecht[869] und die Kontrasignatur des der Krone und den Kammern verantwortlichen Ministers. Auch hier waren bereits Ansätze erkennbar, die über die strafrechtliche Ministerverantwortlichkeit hinaus zu der politischen, parlamentarischen Verantwortlichkeit führten.[870] Einmal mehr traten überdies die Unterschiede zu den Entwürfen Abts und Struves zutage, als List auch das Berufsbeamtentum zu den "Grundbedingungen" der angestrebten "konstitutionellen Monarchie" zählte[871]

---

867 LIST, Verfassung, §§ 27 f., S. 370.

868 Vgl. LIST, Verfassung, § 5, S. 354 f., § 28, S. 370 f., § 59, S. 408 f.

869 Vgl. LIST, Verfassung, § 38, S. 379: "Das Staatsbudget kann die Regierung nur mit Einwilligung der Volksrepräsentation festsetzen".

870 Zur politischen Verantwortlichkeit des Ministers gegenüber dem Monarchen, zum Erfordernis ministerieller Gegenzeichnung und zu der strafrechtlichen Verantwortung des Ministers gegenüber der 'Repräsentation' vgl. bei LIST, Verfassung, §§ 32 f., S. 373—375 die Anklagebefugnis der Stände vor Gericht, das unbeschränkte Ernennungs- und Entlassungsrecht der Krone und die Bedingung der "Mitunterschrift"; vgl. daneben auch ebd., § 9, S. 356. Daß die ebd., § 28, S. 370 f. auch betonte Verantwortung des Ministers vor dem 'repräsentierten Volke' schon als eine parlamentarische, politische Verantwortung gedeutet werden kann, erhellt aus ebd., § 32, S. 374, wo List aus einer Abstimmungsniederlage des Ministeriums "in der Kammer der Repräsentanten" eine 'Nötigung' für die Krone ableitet — "sie würde sich genötigt sehen" —, "das Ministerium zu verändern". Ebenso werden die Ansätze zu einem parlamentarischen Regierungssystem im 'monarchisch-konstitutionellen' Gewande erkennbar bei ebd., § 53, S. 402, wo List die Selbstbehauptung des Ministers an die ihm zuteil werdende Zustimmung im Parlament bindet und zugleich die "Repräsentantenkammer (als) ... die Pflanzschule großer Staatsbeamter" bezeichnet.

871 LIST, Verfassung, § 40, S. 380: "Als Grundbedingungen ... haben wir kennengelernt: Die Verantwortlichkeit des Prinzipalministers gegen den Regenten und das Volk, einen dem Regenten zur Seite stehenden Staatsrat, eine feststehende, von dem Regenten nach dem Prinzip des Talents und der Verdienste angestellte Staatsdienerschaft"; vgl. auch ebd., § 35, S. 377 f.

und prinzipiell "das Volk in Masse" nur mittelbar über eine "Volksrepräsentation" an der Politik beteiligte[872].

Wie List mithin hinsichtlich der Regierungsverfassung sich auf der Seite Welckers und Jordans unter Gleichgesinnten wähnen mußte, so befand sich umgekehrt Kolb keineswegs unter den begeisterten Anhängern der konstitutionellen Monarchie. Sein mit den Vorstellungen Schulz' weitgehend übereinstimmendes Konzept einer künftigen Verfassung läßt sich vielmehr zwischen den bisher umrissenen Positionen ansiedeln.

Gleich Schulz bekannte sich Kolb nachdrücklich zu dem Prinzip der 'Repräsentation'.[873] Dies schloß zwar die Möglichkeit einer monarchischen Spitze ein, bedeutete aber nicht, daß die konstitutionelle Monarchie für eine dauernde oder gar ideale Vermittlung von Absolutismus und Volkssouveränität gehalten wurde. Denn unter den "Verfassungsformen" gab es für Kolb nur den einen " G r u n d - u n t e r s c h i e d " : Entweder sei der herrschende "Einzelne ... nimmermehr ... dem Volke verantwortlich ... und eben so wenig (könne er) von der Nation in Uebung seiner Machtvollkommenheit beschränkt werden", oder die Staatsverfassung beruhe auf dem Grundsatz, "daß das Wohl der Gesammtheit ... nicht nur an sich als höchstes Gesetz gelte, sondern auch daß die Mittel zur möglichsten Erreichung dieses Wohles durch die G e s a m m t h e i t selbst auszuwählen, und nach den Ansichten und Beschlüssen der Mehrheit festzusetzen seien". Das " c o n s t i t u t i o n e l l e   S y s t e m " , das "man (als) ... M i t t e l - s y s t e m   zu bilden gesucht" habe, sei im Lichte dieses 'Fundamentalgegen-

---

872 Vgl. LIST, Verfassung, §§ 7 f., S. 355 f., § 52, S. 397 f., § 54, S. 403–405, § 60, S. 409; passim.

873 Vgl. KOLB, Art. "Menschheit", StL. X[1], S. 503; ebenso StL. IX[2], S. 54: Es "fordert die Neuzeit gebieterisch Verwirklichung eines wahren R e p r ä s e n t a t i v s y s t e m s " . Vgl. auch KOLB, Geschichte, II, S. 360. Vgl. ferner SCHULZ, Deutschlands Einheit durch Nationalrepräsentation (!), passim. Bezeichnend sind dabei nicht nur die verschiedenen Organisationsentwürfe, die das politische Zentrum in die 'Repräsentation' verlagerten, signifikant ist auch die Grundsatzerklärung ebd., S. 248, daß unerachtet ihrer unitarischen oder föderativen, republikanisch-demokratischen oder monarchischen Orientierung die "warhaft (!) k o n s t i t u t i o n e l l e n Freunde einer deutschen Nationalsache" sich in dem Ziel einer 'Nationalrepräsentation' vereinigten.

satzes' "an sich nichts unbedingt Selbstständiges". Immer werde eines "jener beiden ... Grundprincipien" 'vorherrschen' "und sich vor dem andern, ja dieses verdrängend, geltend zu machen" 'suchen'.[874] Mit anderen Worten: In der langfristig den Kompromiß ausschließenden prinzipiellen Alternative zwischen Volks- und Fürstensouveränität, die einem eigenständigen Konstitutionalismus keinen Raum beließ, geriet die konstitutionelle Monarchie bestenfalls zu einer unbedeutenden Form für das eigentlich Wesentliche – die Volkssouveränität, in der "nun einmal so Viele das Heil der Staaten erblick(t)en".[875]

In ähnlicher Weise schloß Schulz von seinen frühesten Publikationen an das Königtum zwar nicht gerade aus – zuweilen wurde sogar eine gewisse Werbung für den "Begriff einer constitutionellen und gemäßigten Monarchie" erkennbar[876] –, im Grunde aber sollte die Krone bar jeder Selbständigkeit auf die Stufe eines "bloße(n) Vollstrecker(s) des wahren Nationalwillens" gestellt werden: Die "Fürsten (müßten) aufhören, ihren besonderen Willen dem Nationalwillen entgegenzustellen," sie dürften "nichts Anderes seyn wollen und in Wahrheit (seien sie) nichts Anderes ... als die Unterthanen der Nation, welchen – nach dem Willen der Nation ... – ein streng begränzter Kreis von Pflichten und Rechten zugemessen" würde.[877] Von der Idee einer monarchischen Eigenständigkeit, zu der sich Welcker und Jordan noch ausdrücklich bekannt hatten und die auch von List in

---

874 KOLB, Art. "Repräsentatives, constitutionelles und landständisches System", StL. XIII[1], S. 688 f.; lediglich in der Zeichensetzung geringfügig verändert auch StL. XI[2], S. 519 f.

875 KOLB, Art. "Repräsentatives, constitutionelles und landständisches System", StL. XIII[1], S. 690; ebenso StL. XI[2], S. 521. Siehe ferner KOLB, Würdigung (1845), S. 28–56, dort besonders S. 30–38, S. 55, wo Kolb recht absprechend über die englische Verfassung urteilt: Trotz der tatsächlichen Machtfülle des englischen Parlaments bestehe das Ärgernis, daß der Schein königlicher Gewalt noch gewahrt werde. Vgl. dazu auch DRÜCK, Ausgewählte Fragen, S. 65 und SCHMITT, Staatsdenken, S. 36; im Urteil ein wenig abweichend KRAUT-KRÄMER, Kolb (1959), S. 130 f.

876 Vgl. SCHULZ, Mißbrauch, Allgemeine politische Annalen, Bd. 2 (1830), S. 51.

877 SCHULZ, Deutschlands Einheit, S. 108–112 f. (Zitate); vgl. auch ebd., S. 132 f. die Forderung nach der "unumwundene(n) Anerkennung der Souveränität der Völker". Vgl. auch die offenkundige Parteinahme Schulz' für die 'Demokratie' in SCHULZ, Art. "Demokratie", StL. IV[1], S. 241–252; ähnlich StL. III[2], S. 705–712. Zu der frühen Publizistik vgl. SCHULZ, Frag- und Antwortbüchlein, S. 765 f.

seinen staatstheoretischen Schriften aufgegriffen wurde[878], war bei Schulz und Kolb kaum mehr etwas zu spüren. Nicht von ungefähr schloß sich Kolb 1848 dem 'Deutschen Hof' an[879] und trat Schulz zu Beginn der Revolution für die Republik ein. Nur unter dem Druck seiner Wählerschaft erklärte sich letzterer als Abgeordneter der Nationalversammlung später auch für die konstitutionelle Monarchie.[880]

Wenn hiernach List zusammen mit Welcker und Jordan unter den Anhängern der konstitutionellen Monarchie zu finden war, Kolb hingegen gemeinsam mit Schulz eher dem Modell einer repräsentativen Demokratie den Vorzug gab, so bedarf es zur Klärung der vorliegenden Frage nicht erst noch einer näheren Betrachtung des von Mathy geforderten 'repräsentativen', "konstitutionellen System(s)"[881]. Denn bereits jetzt kann gesagt werden, daß trotz der zwischen Jordan und Welcker einerseits sowie Abt und Struve andererseits zu beobachtenden Polarisierung die Haltung zur Regierungsverfassung keinen signifikanten Unterschied begründete im Hinblick auf die Scheidung in die Befürworter des gewaltsamen Weges und die Verfechter des friedlichen Wandels. Hier lagen die Trennlinien eher quer denn parallel zueinander.

Weder die gegensätzlichen Positionen in der Verfassungsfrage noch die unterschiedlichen Auffassungen zum nationalen Problem erlauben mithin eine Einteilung der acht Autoren, die sich mit der in Rede stehenden Parteiung decken könnte. Allerdings sind damit die Einteilungsmöglichkeiten noch nicht erschöpft. Fraglos darf auch von einander widerstreitenden politischen Letztbegründungen eine nachgerade polarisierende Wirkung erwartet werden. Was das Lager der

---

878 Vgl. LIST, Verfassung, § 32, S. 374 die 'uneingeschränkte' Befugnis des Monarchen, seine Minister zu ernennen und zu entlassen.

879 Vgl. VALENTIN, Geschichte, II, S. 20 f.

880 Vgl. GRAB, Ein Mann, S. 287 f. und GRAB, Wilhelm Schulz — Ein bürgerlicher Demokrat, S. 18.

881 Vgl. MATHY in: 'Der Zeitgeist', Nr. 49, 19.12.1832 (Zitat) und MATHY, Art. "National-ökonomie", StL. IX[2], S. 391. Vgl. dazu ferner und zu der mehr pragmatisch denn prinzipiell begründeten Option Mathys für die konstitutionelle Monarchie HOCHSCHILD, Mathy, S. 232—247; SCHOCH, Analyse, S. 29.

'Bewegungspartei' anging, so konnten die Vertreter der rein rational, vertragstheoretisch argumentierenden politischen Aufklärung sich schon lange nicht mehr einer unbestrittenen Vorherrschaft erfreuen. Vor allem in der bereits um die Jahrhundertwende an Einfluß gewinnenden historistischen Grundströmung war ihnen ein wirkungsmächtiger Konkurrent erwachsen. Denn das historistische Denken blieb ja keineswegs auf die konservative Seite der politischen Gruppierungen beschränkt. Trotz der gemeinsamen Ablehnung des abstrakten Entwurfes, die den Konservativismus mit dem Historismus verband, ließen sich auch liberale, mitunter selbst demokratische Forderungen im Rahmen einer historistisch geformten Weltsicht begründen.[882]

Die angedeutete Konkurrenzsituation stellte freilich nur ein Moment aus der Vielfalt des damaligen geistigen Lebens dar. Zwei Überlegungen aber geben gleichwohl Anlaß, unerachtet anderer möglicher Argumentationsmuster die Suche nach einem Zusammenhang zwischen Politikbegründung und Gewaltentscheidung mit einem Blick auf den Historismus und die radikale Vernunftkritik zu beginnen: Einmal ist es die dem historistischen Denken nachgesagte Tendenz, die staatliche Macht und also auch deren kriegerische Durchsetzung auf den bloßen Erfolg hin als ein sittliches Wirken zu rechtfertigen,[883] welche es nahelegt, den Grund für die gegensätzlichen Auffassungen über die Notwendigkeit des gewaltsamen Fortschritts in dem Unterschied zwischen einer unverkennbar historistischen und einer eher dem rationalen Entwurf verpflichteten Politikbegründung zu suchen. Im gegebenen Falle entstünde allerdings noch das weitere Problem, die Bereitschaft zur Anwendung revolutionärer Gewalt mit der dem Historismus zugeschriebenen Affirmation staatlicher Macht zu vereinbaren. Eine solche Schwierigkeit käme im

---

882 Vgl. zum konservativen, gegen die moderne Rationalität und deren Anspruch auf universelle Geltung gekehrten Grundzug des Historismus MANNHEIM, Konservatismus, S. 52, S. 132—135 und IGGERS, German Conception, S. 8—11, der jedoch auch die liberale, demokratische Strömung im deutschen Historismus ebd., S. 11, S. 14, S. 271 f. betont; ganz zu Recht, denkt man etwa nur an die Positionen von Georg Gottfried Gervinus (vgl. ebd., S. 92 f., S. 102 f., S. 109, S. 121; dazu auch KRIEGER, German Idea, S. 371 und RÜSEN, Historiker, S. 77—124).

883 Vgl. IGGERS, German Conception, S. 7—9, S. 40, S. 47, S. 53 f., S. 82.

Rahmen der zweiten Überlegung vermutlich nicht auf. Nicht ohne Grund wurde soeben zurückhaltend von einer 'eher' dem rationalen Entwurf folgenden Politik gesprochen. Denn es ist hier ebensowenig die Vermutung von der Hand zu weisen, daß ein radikales natur- oder vernunftrechtliches Denken gleichermaßen zu Gewaltlösungen neigt. Unter diesen Annahmen erheischen bei beiden Argumentationstypen zuerst die reinen Formen oder die Extreme Beachtung.

Der folgenden Betrachtung liegt ein Verständnis des Historismus zugrunde, das sich sowohl bei dessen Verfechtern als auch bei dessen Kritikern nachweisen läßt. Sieht man einmal von dem Moment des als 'Selbstzweck' begriffenen "Machtstaat(es)" ab, so hätte sich Georg G. Iggers zweifellos über weite Strecken auf Erich Rothacker berufen können, als er das eigenartige Denken des Historismus mit dessen eigentümlicher "Antinormativität" und dessen "Anti-Begrifflichkeit" schlagwortartig umschrieb: Alle Erscheinungen in der Geschichte haben bereits aufgrund ihres Daseins einen Eigenwert, der sich der Beurteilung durch ein immer und überall gültiges Normensystem entzieht. Auf eine rationale Methode der Erkenntnis wird zwar nicht verzichtet, deren Anwendbarkeit aber erfährt angesichts der irrationalen Momente des wirklichen Lebens, der Mannigfaltigkeit und Individualität aller geschichtlichen Phänomene eine erhebliche Einschränkung. Die Konstruktion der Geschichte nach einem allgemein gültigen und rational nachvollziehbaren Gesetz, das alles politische, kulturelle und gesellschaftliche Geschehen in einen strukturell gleichen Entwicklungsgang bringt, hat hier keinen Platz.[884] Oder um es mit den Worten der geläuterten Parteinahme Friedrich Meineckes für den Historismus auszudrücken: Die geistesgeschichtlich 'revolutionäre' Tat des Historismus bestehe "in der Ersetzung einer generalisierenden Betrachtung geschichtlich-menschlicher Kräfte durch eine individualisierende Betrachtung". Dies schließe zwar "das Suchen nach allgemeinen Gesetzmäßigkeiten" nicht aus, wohl aber entziehe der Historismus "die innersten bewegenden

---

884 Vgl. ROTHACKER, Logik, S. 108 f., S. 115—119, S. 129—131, S. 147—149, S. 168—171 mit IGGERS, German Conception, S. 7—11 (Zitate); dort auch die weiter unten für das historistische Denken angegebenen Leitbegriffe.

Kräfte der Geschichte" dem von der "naturrechtliche(n) Denkweise" herrührenden "Banne eines generalisierenden Urteils". Die ehedem "als ewig und zeitlos angenommene menschliche Vernunft" entdecke der Historismus als "eine geschichtlich wandelbare, sich immer wieder neu individualisierende Kraft". Der für die grundlegende "entwickelnde und individualisierende Denkweise" geltende "Entwicklungsbegriff des Historismus mit seinem größeren Maße von Spontaneität, plastischer Wandlungsfähigkeit und Unberechenbarkeit" sei dementsprechend unterschieden "einmal von dem ihn verengernden Gedanken einer bloßen Entfaltung gegebener Keime und sodann von dem ... Perfektionsgedanken der Aufklärung", der "zum, sei es vulgären, sei es sublimierten Fortschrittsgedanken" geworden sei.[885]

Der Widerpart zum historistischen Denken orientiert sich strikt an den Normen und Gesetzmäßigkeiten der in allen Zeiten gleichermaßen verpflichtenden einen Vernunft. Nicht nur die Gegenwart und die Zukunft, sondern auch die Vergangenheit werden dabei an den Geboten der für die eigene Partei reklamierten Ratio gemessen. In einem ersten Schritt wird also gefragt, ob sich auf der Seite der Befürworter der Gewalt eine von den Vertretern des friedlichen Wandels eindeutig unterscheidbare Affinität zu Legitimationsmustern entdecken läßt, innerhalb derer entweder auffällig mit dem 'Lebendigen', 'Eigentümlichen' und 'Irrationalen' eben der 'Geschichte' argumentiert wurde oder umgekehrt nur die rationale Konstruktion mit ihrem Anspruch auf universale Geltung Anerkennung fand. Die mit den einzelnen Legitimationsmustern verbundenen politischen Modelle, die Gegenstand der vorherigen Betrachtung waren, werden bei dieser Fragestellung außer acht gelassen.

Für den vermuteten Zusammenhang zwischen einer 'extremen' Politikbegründung und der Neigung zur Gewaltlösung lassen sich zunächst die Positionen Abts anführen. Ganz ohne Zweifel vertrat er eine rigoros rationale Rechtfertigung von Politik. Seine Theorie nahm ihren Ausgang von der "Freiheit", die im kantischen Sinne als die Autonomie der Vernunft verstanden wurde. Auf dieser "Freiheit"

---

885 MEINECKE, Entstehung, S. 1–5.

'beruhe' die "Idee der Menschheit". Allein deren Verwirklichung machte die Legitimität des Staates aus.[886] Bei seiner Verteidigung des Privateigentums gegen kommunistische Angriffe berief sich Abt zwar auf die "Individualität": Als physische Grundlage des menschlichen Daseins wurde diese "Individualität" von ihm der "natürliche(n) Seite des Menschen" gleichgesetzt, deren Schutz zu der "Aufgabe des Staates" gehöre. Nichtsdestoweniger aber stand besagte "Individualität" unter dem Vorbehalt des "vernünftige(n) Maß(es)".[887] Wenn auch diese existentielle Voraussetzung der Freiheit des Menschen als solche von der auf die Freiheit gestellten politischen Philosophie Abts nicht übergangen werden konnte, so zielte desungeachtet gerade jene Freiheit auf die Lösung der natürlichen Bindung, "auf die Emancipation von dem blinden Naturgesetz(,) ... von der blinden Naturnothwendigkeit".[888] Wie im Grunde kompromißlos dabei die Politik der Vernunft allem Nicht-Vernünftigen die Rechtfertigung bestritt, wird augenfällig an Abts

---

886 Vgl. u.a. ABT, Art. "Gültigkeit", StL. VI², S. 267: "Der Staat ist diejenige Form der menschlichen Gesellschaft, in welcher der Mensch zu seinem Wesen gelangt, in welcher er zu dem wird, was er werden muß, um seiner Idee zu entsprechen. Die Idee der Menschheit beruht auf der Freiheit. Frei ist der Mensch, wenn er sich selbst durch das Sittengesetz zum Handeln bestimmt, und diese Selbstbestimmung besteht darin, daß sie ebensowohl von äußerer Gewalt als von der Natürlichkeit, d.h. den sinnlichen Trieben unabhängig ist."

887 Vgl. ABT, Art. "Eudämonismus und Egoismus", StL. IV², S. 525: "Dieser physiologische Egoismus (wenn man unrichtig alles individualistische Streben so nennen will) ist eine so wesentliche Grundbedingung alles menschlichen Lebens in der Natur, daß er überall da hervortritt, wo organische Entwickelung, organisches Leben ist. ... Seiner natürlichen Seite nach ist auch der Mensch von jenem physiologischen, rohen Egoismus durchdrungen und ihm unterthan, so lange er im Zustande der Natürlichkeit sich befindet. Der Mensch entwickelt sich aber, eben weil er Mensch ist, auch noch nach einer andern Seite. Er beruhigt sich nicht bei seiner natürlichen Existenz, sondern entrückt sich nach und nach dem Zustande der Natürlichkeit, er kommt zum Bewußtsein. ... Die Aufgabe des Staates besteht eines Theils darin, die natürliche Seite des Menschen, seine Individualität, seinen Egoismus sich geltend machen und entwickeln zu lassen, so weit es die Idee der persönlichen Freiheit erfordert, anderntheils aber den rohen, natürlichen Egoismus auf das vernünftige Maß zurückzudrängen, neben welchem auch die übrigen Individuen Platz greifen können." Sehr ähnlich auch ABT, Zeitung, S. 234 f.

888 ABT, Art. "Bestimmung des Menschen", StL. II², S. 455 und die beiden vorstehenden Anmerkungen. Weil Abt die Freiheit auch als Unabhängigkeit von natürlichen Bestimmungsgründen versteht, kann mit ihr nicht die Freiheit zur naturgegebenen 'Eigenthümlichkeit' gemeint sein, obwohl der Satz bei ABT, Art. "Bestimmung des Menschen", StL. II², S. 455: "Der Einzelne bethätigt seine Individualität, seine menschliche Freiheit durch seine eigenthümliche Lebensthätigkeit, indem er die Anlagen der Gattung ... seiner Natur gemäß entwickelt", hier zu anderen Interpretationen führen mag.

412

Kritik der geschichtlichen Entwicklung. "Die Idee, welche jedem Institute zu Grunde" 'liege', meinte Abt, 'müsse' "sich den Durchgang durch viele unstatthafte Formen gefallen lassen, bis sie sich vernünftig" verwirkliche.[889] Mit dieser knappen Bemerkung hatte Abt seine Haltung gegenüber jeder anderen als der vernünftigen Legitimation bereits hinreichend deutlich gekennzeichnet.

Das Vernünftige 'realisiere sich vernünftig'! Welchen Beitrag konnten demnach noch 'Natur' und 'Geschichte' für den Fortschritt leisten, wenn sie als das Andere der Vernunft − weit entfernt davon, mit einem eigenen Recht versehen zu sein − nur den gegebenen, 'unstatthaften' Zustand verursachten? Die "Geschichte" mochte zwar "als das Zeugniß ... (einer) fortschreitenden Entwicklung" gelten, die "aus dem Zustande der bewußtlosen Natürlichkeit ... zur ... politischen Selbstständigkeit der Völker" führe. Damit war aber nicht gemeint, daß sich der Fortschritt als ein Kontinuum aus den in der Geschichte wirksamen Kräften ergebe. Denn was bis zum unvermittelten 'Eintritt' des "Gedanken(s) ... in die Wirklichkeit", bis zur 'Überwindung' der "historische(n) Unvernunft", als Geschichte erschienen war und diese bestimmt hatte, war das genaue Gegenteil des Vernünftigen: Am Anfang der Geschichte stand nach Abt der naturgegebene "Zustand, welcher die Unfreiheit der Völker erzeugt" habe und eben auch 'erzeuge'. Hinter der angeblichen deutschen "Urfreiheit" verberge sich nichts als eine "brutale Wildheit", die Herrschaft "des Zufalls, der Unvernunft, des Ungeistes", aus der zwangsläufig der 'Absolutismus' hervorgegangen sei. Vernunft war in einem solchen Gang der Geschichte nicht zu entdecken. Gänzlich ungelöst blieb, wie sie sich aus der von ihrem Gegenteil bestimmten Welt heraus hätte 'entwickeln' können. Zwischen ihrem 'Eintritt' und dem davor liegenden Geschichtsverlauf klaffte eine unüberbrückbare Lücke. Daß alle Völker wegen ihrer "Selbstbewußtlosigkeit und Natürlichkeit" die Phase der "Unfreiheit ... zu erleiden" hätten, daß also alle Geschichte vor dem plötzlichen 'Erwachen' des "Selbstbewußtsein(s)" eine naturbedingte Leidensgeschichte sei, zeigt an, daß sich die Vernunft keineswegs in 'Natur' oder

---

889 ABT, Art. "Bestimmung des Menschen", StL. II², S. 456.

'Geschichte' auslegte, um diese am Ende auf solche Weise noch zu rechtfertigen. Im Gegenteil verweigerte die Vernunft als die einzige und eben ahistorisch konzipierte normative Grundlage dem in 'Natur' und 'Geschichte' bloß aufscheinenden Unvernünftigen schonungslos jede Berechtigung.[890]

Eine so radikale Berufung auf die Vernunft findet sich weder bei Struve noch bei Schulz. Eher schienen diese Verfasser sich mit ihren Schriften der historistisch geprägten Variante von Politikbegründung genähert zu haben. Fünf Jahre vor der Julirevolution kritisierte Schulz die "Einseitigkeit" und "Verkehrtheit" der naturrechtlichen Vertragstheorie, die verkenne, "daß der Staat ein lebendiges Produkt der allmähligen Entfaltung des Wesens der Nationen sey". Einmal mehr trat in der Veröffentlichung von 1825 die antirationalistische Spitze mit dem Hinweis auf das 'Leben' hervor, da nach der dort gegebenen Auskunft "ein lebendiger und eigenthümlicher Geist" den Motor der Geschichte darstellte. Der rationalen Rechtfertigung von Politik hielt Schulz die "Eigenthümlichkeiten der Völker" entgegen, wobei er die Verpflichtung einer "Ordnung" bemühte, "welche in der Natur begründet (sei) ... und in der Geschichte sich entwickelt" habe. Dementsprechend wurde das Naturrecht der Aufklärung durch ein "Volksnaturrecht" gestürzt.[891]

Ähnliche Wendungen konnten die Zeitgenossen bei Struve nachlesen. "Jeder Staat" − schrieb er − habe "seinen eigenthümlichen Entwickelungsgang, ... und jede kräftige Nation ... (werde) ihren Entwickelungsgang trotz aller ihr entgegengesetzten Hindernisse doch gehen".[892] Gleich Schulz machte auch Struve kein Hehl aus seiner Ablehnung des aufgeklärten Naturrechts. Vertragstheoretische Ansätze wurden von ihm als die geschichtlich wie philosophisch unbegründeten "Produkte der individuellen Gemüthsstimmungen" abgetan.[893] Dementsprechend

---

890 Vgl. ABT, Zeitung, S. 138 f., S. 144−147, S. 198 f.
891 Vgl. SCHULZ, Irrthümer, S. 20 f., S. 38−40, S. 72 f., passim.
892 STRUVE, Grundzüge, I, S. 355. Ausführlicher zitiert oben S. 178.
893 STRUVE, Grundzüge, I, S. 31−34 (Zitat S. 34).

war es für Struve nunmehr an der Zeit, "ein philosophisches System besser zu begründen, als durch einen kategorischen Imperativ, ein Postulat der gesunden Vernunft, eine Definition, oder den Autoritäts-Glauben geschehen" könne. Schließlich habe "eine Spekulation ohne thatsächlichen Grund und Boden, eine Deduction ohne geschichtliche Wahrheit keinen Werth".[894] Das Herdersche Stichwort, welches diese auf die Lebensferne zielende Kritik am abstrakten Entwurf stützte, hatte Struve an anderer Stelle aufgegriffen: In den 'Grundzügen' erklärte er, "eben so mannigfaltig als die Altersstufen und die besonderen Eigenschaften der Individuen ... (seien) die Altersstufen und die besonderen Eigenschaften der Staaten". Schlichtweg "thörigt wäre es (darum), Völker von verschiedenem Alter und Völker von verschiedenen Anlagen und von verschiedenen geschichtlichen Erinnerungen unter dieselben Formen beugen zu wollen".[895] Somit schien sich auch Struve historistischem Denken zu nähern, wenn er seine "Philosophie" in bewußter Abgrenzung vom tradierten Rationalismus "wesentlich auf Geschichte und Naturbeobachtung" gegründet wissen wollte.[896]

Indes mußten diese Formulierungen nicht gleich die kritiklose Rechtfertigung des Naturhaften oder in der Geschichte sich Durchsetzenden bedeuten. Nicht wenig hing davon ab, welche Seite des damals schon schillernden, vielgestaltigen Naturbegriffes der 'Beobachtung' zugrunde lag; ob nicht vielleicht das eben fraglos angeklungene 'Mannigfaltige' und 'Unendliche' am Ende aufgehoben war in dem

---

894 STRUVE, Briefe über Kirche und Staat, 26. Brief, Gustav an Waldemar, S. 78.

895 STRUVE, Grundzüge, II, S. 2. Dort wegen Satzanfang: "Eben so ...". Vgl. auch STRUVE, Politische Briefe, 30. Brief, Gustav an Waldemar, S. 62: "So wenig der Erzieher eines Menschen-Individuums, ganz eben so wenig kann der Erzieher einer Nation die natürlichen Anlagen des Gegenstandes seiner Bestrebungen willkürlich verändern. Wie jedes Menschen-Individuum, so hat auch jede Nation ihre eigenthümlichen Anlagen." Zum Aufscheinen des Herderschen Denkens vgl. WENDE, Radikalismus, S. 142.

896 STRUVE, Briefe über Kirche und Staat, 26. Brief, Gustav an Waldemar, S. 78. Seine antirationalistische Haltung unterstreichend, fuhr Struve ebd. fort: "Ich bestreite jeder Philosophie ihren praktischen Werth, welche nicht auf dem festen Grund und Boden der Naturbeobachtung beruht und halte jede Anschauungsweise des Völkerlebens für unsicher, welche nicht die Geschichte der Völker zu ihrem Hintergrunde hat."

festen, geordneten, zwingenden Zusammenhang der Naturgesetzlichkeit?[897] Überdies hatte Struve im Staatslexikon eine an naturrechtlich-überzeitliche Normen erinnernde Theorie der "ewigen und unveräußerlichen Menschenrechte" vorgelegt,[898] und Schulz wies in derselben eben zitierten frühen Publikation hin auf das "im Völkerleben mit natürlicher Nothwendigkeit sich geltend machende Prinzip der Theilung der Arbeit"[899], was doch wieder auf einen rationalen Grundzug seiner Weltsicht deutet. Allerdings steht mit dieser offenbaren Mehrschichtigkeit die genauere Einordnung des politischen Denkens von Struve und Schulz noch aus. Es bedarf mithin einer näheren Betrachtung des vorrevolutionären Schrifttums beider Verfasser, um über das Verhältnis von rationalen, ahistorischen Vorgaben zu den angedeuteten irrationalen Momenten in der politischen Theorie beider Autoren und damit auch über die ihr jeweils innewohnende 'Radikalität' ein Urteil bilden zu können.

Verfolgt man den oben zuerst angeführten Argumentationsstrang von Schulz durch seine vormärzlichen Publikationen, dann verstärkt sich der Eindruck historistischer Denkmuster. Fortgesetzt kehrte Schulz in charakteristischer Weise die Verheißung "eines lebendigen Christenthums" gegen "inhaltleere Abstractionen"[900]. Allenfalls kam es zu geringfügigen Akzentverlagerungen. Fiel die Kritik etwa an Hegel anfangs eher zurückhaltend aus,[901] so prangerte Schulz nach dem Aufkommen der junghegelianischen Schule spürbar nachdrücklicher die Hegel angelastete Vergottung des 'reinen Denkens' an, wobei seine Argumentation die als 'göttliche Offenbarung' begriffene 'Eigentümlichkeit' oder 'Individualität' auffällig in den Vordergrund stellte.[902] Mit Blick auf eine mögliche Historisierung oder gar

---

897 Zum zeitgenössischen Naturbegriff vgl. SCHIPPERGES, Natur, S. 235–238.

898 Vgl. STRUVE, Art. "Menschenrechte", StL. IX², S. 64–72.

899 SCHULZ, Irrthümer, S. 47.

900 SCHULZ, Almanach, S. 35.

901 Vgl. SCHULZ, Almanach, S. 44–48.

902 Vgl. SCHULZ, Art. "Psychologie und Philosophie der Offenbarung", StL. XIII¹, S. 306–321; ebenso StL. XI², S. 259–269.

Relativierung aller Normen barg der durchaus in politischer Absicht vorgenommene Rückgriff auf die letztlich irrationale Größe des sich 'offenbarenden Gottes'
dabei nicht unerhebliche Gefahren. Dies nicht so sehr, weil sich Schulz damit den
Standpunkt einer "christlichen Sittenlehre" zu eigen machte, nach welchem "jedes
Einzelne ein Nichtiges" sei, das sich nur "als That Gottes im Zusammenhange mit
dem Unendlichen" befinde.[903] Allein darum, "daß das menschliche
Selbstbewußtsein einen ewig selbstbewußten Weltgeist als Quelle voraussetzen
müsse"[904], daß also erst durch die Rückbeziehung auf Gott der einzelne seinen
Wert erlange, geschah dem Individuum noch kein Eintrag. Im Gegenteil: Als
Emanation des Göttlichen begriffen, konnte es an dessen Unantastbarkeit teilha-
ben. An einer Stelle hieß es deswegen sogar, "daß ... noch jedes Individuum
reicher ... (sei) als jeder Staat".[905] Der solcherart sich abzeichnenden, scheinbar
unerschütterlichen normativen Schranke drohte aber die sofortige Zerstörung,
sobald nur das an den Streit um den Historismus gemahnende Problem der
Bestimmung dessen, was für 'göttlich' zu gelten habe, in den Blick geriet. Denn
auf der hier zuerst vorzustellenden Argumentationsebene von Schulz schienen sich
die Maßstäbe in den Bereich des nur zu 'ahnenden Unergründlichen' zu verflüch-
tigen[906] — zugunsten der Affirmation des Geschehenden.

An die Stelle des reinen "Denken(s)", welches "den ganzen Menschen, sein
Denken, Lieben u n d Wollen", verfehle, habe nach Schulz als Wegweiser zum
Ursprung aller Norm − als "der Weg zu Gott" − "das Leben" zu treten, "das ...

---

903 Vgl. SCHULZ, Art. "Psychologie und Philosophie der Offenbarung", StL. XIII^1, S. 317 f.;
     ebenso StL. XI^2, S. 267.

904 SCHULZ, Art. "Communismus", StL. III^2, S. 335.

905 SCHULZ, Art. "Psychologie und Philosophie der Offenbarung", StL. XIII^1, S. 318; ebenso
     StL. XI^2, S. 267.

906 Vgl. hierzu die bezeichnenden Formulierungen bei SCHULZ, Art. "Psychologie und Philoso-
     phie der Offenbarung", StL. XIII^1, S. 317 f.; ebenso StL. XI^2, S. 267: Für "die Philosophie
     des Christenthums (ist) jedes Einzelne ein Nichtiges, aber zugleich als That Gottes im
     Zusammenhange mit dem Unendlichen ..., das kein beschränkter Geist ergründet ... Damit
     hängt auch der unbefangene Volksglauben zusammen, der gerade im Einzelnsten ... die
     Gottheit ahnt ... Und ... diese christliche Lebensansicht (sieht) die Individualität als höchste
     That und heiligstes Geheimniß Gottes" an.

d u r c h l e b t werden (müsse) ..., um das endliche Individuum zum unendlichen zurückzuführen".[907] Dieses "ganze und volle Leben (sei) als Lehrmeister anzuerkennen". Schließlich finde sich allein "in der Wirklichkeit ... die Wahrheit", und "das tausendfach bewegte Leben selbst (habe bereits) in den Thatsachen und Zuständen unserer Zeit eine Staatslehre geschaffen, die den Bedürfnissen dieser Zeit" entspreche.[908] Für die Individuen wie die "Collectivwesen" − die Staaten also − bildete mithin der Prozeß der Geschichte die richtungweisende Leitlinie:[909] "nicht blos in den Gesetzen der Körperwelt, sondern zugleich in der Weltgeschichte und in der Ordnung des Völkerlebens" 'offenbare' sich der "Gott, an den wir glaub(t)en".[910] Wollte die 'wahre Politik' ihrer "Aufgabe" gerecht werden, so hatte sie "den Entwicklungsgang des öffentlichen Lebens in's Auge zu fassen, aus der zurückgelegten Bahn ihre weitere Richtung zu erkennen und diese Bahn zu ebenen".[911]

Wenn so dem einstweilen nur Tatsächlichen und dessen Wandel die wegweisende Qualität zukam, waren dann nicht alle Werte und Normen dem Erfolg anheimgegeben, standen dann nicht einem bodenlosen Relativismus Tür und Tor offen? Eine ganze Reihe der aus Schulz' Feder stammenden Wendungen scheinen diese Vermutung zu bestätigen. Schulz mochte zwar "auf ein heilig unantastbares Vernunftrecht" pochen[912], für "vernünftig" galt ihm aber wiederum "stets nur das

---

907 SCHULZ, Art. "Psychologie und Philosophie der Offenbarung", StL. XIII[1], S. 309 f.; ebenso bei geringfügig veränderter Zeichensetzung StL. XI[2], S. 261.

908 SCHULZ, Bewegung, S. 7.

909 Vgl. SCHULZ, Art. "Psychologie und Philosophie der Offenbarung", StL. XIII[1], S. 315; ebenso bei geringfügig veränderter Zeichensetzung StL. XI[2], S. 265: "Wie sich das Individuum bestimmt f i n d e t ..., so der Staat. In allen politischen Neuerungen b r i c h t er darum nie mit seiner Vergangenheit a b , sondern er geht auf die Wurzeln seines Daseins und Werdens zurück, und kommt dadurch zur reicheren Entwickelung."

910 Vgl. SCHULZ, Der Bund, S. 6−9, S. 14 f. (Zitat S. 6); ferner SCHULZ, Art. "Gleichgewicht, völkerrechtliches", StL. VII[1], S. 60 f.; kaum verändert StL. VI[2], S. 39.

911 SCHULZ, Deutschlands Einheit, S. 266; vgl. auch ebd., S. VI−VIII; SCHULZ, Irrthümer, S. 38 f.; SCHULZ, Art. "Staats- (und Welt-) Geschichte, als politische Wissenschaft", StL. XIV[1], S. 792 f.; ebenso StL. XII[2], S. 342.

912 SCHULZ, Art. "Frieden. Friedensschlüsse", StL. VI[1], S. 87; ebenso StL. V[2], S. 198.

Zeitgemäße"[913]. Und auch daß Schulz die "F r e i h e i t" als "die tiefste treibende Wurzel des Menschenlebens" wiederholt in den Mittelpunkt rückte,[914] errichtete zunächst keine zuverlässige Schranke gegen die blinde Rechtfertigung alles tatsächlich Werdenden. Denn der von ihm gebrauchte Freiheitsbegriff implizierte vorderhand nicht einen festen Kanon von Rechten. Vielmehr begründete eine Freiheit zur "Eigenthümlichkeit" die Möglichkeit, ja sogar die Verpflichtung eines jeden, seine 'Bestimmung' zu erfüllen, die sich aus den vorausliegenden 'natürlichen' Bedingungen und aus dem geschichtlichen Wandel ergebe.[915] Solche Koppelung der 'Freiheit' an das historische Geschehen mit dem daraus hervorgehenden 'Eigentümlichen' eignete sich zwar durchaus für eine Rechtfertigung emanzipativer Absichten. Hierher gehörte die Indienstnahme der 'Geschichte' für das Ziel einer Repräsentativverfassung[916] ebenso wie jenes Programm der 'nationalen' Gestaltung der Welt, der Befreiung von den Zwängen der bloß 'mechanischen', 'mathematischen' Gleichgewichtspolitik der Kabinette, dessentwegen Schulz sich immer wieder auf den in der 'natürlichen', 'organischen' Ordnung oder in der "Weltgeschichte" zu erkennen gebenden "Gott" berief[917]. Umgekehrt ließ sich

---

913 SCHULZ, Art. "Staats- (und Welt-) Geschichte, als politische Wissenschaft", StL. XIV[1], S. 793; ebenso StL. XII[2], S. 342.

914 Vgl. SCHULZ, Art. "Communismus", StL. III[2], S. 338 (Zitat); SCHULZ, Der Bund, S. 6, S. 31; SCHULZ, Art. "Psychologie und Philosophie der Offenbarung", StL. XIII[1], S. 316; ebenso StL. XI[2], S. 265; SCHULZ, Vorwort, S. 12; SCHULZ, Almanach, S. 179, S. 361; SCHULZ, Deutschlands Einheit, S. 176.

915 Vgl. hierzu u.a. SCHULZ, Art. "Communismus", StL. III[2], S. 337 f.

916 Vgl. die besonders augenfällige Formulierung bei SCHULZ, Mißbrauch, Allgemeine politische Annalen, Bd. 2 (1830), S. 48: "Dem Begriffe der Stabilität tritt die Zeit selbst, und ihr ewiger Wechsel, mit immer siegreicherer Kraft entgegen. Durch die Zeit wird die Gewalt nur legitimirt, wenn diese den gerechten Forderungen der Gegenwart zu genügen weiß. Durch die Zeit wird aber auch der Kampf hervorgerufen und gerechtfertigt, wenn die zur Legitimität gewordene Gewalt, bei dem Wechsel der Bedürfnisse, ihrer wechselnden Bestimmungen vergißt." Ebd., S. 55 die Aufzählung dessen, wozu die Zeit mit ihrem Wandel 'verpflichtet': nationale Einheit zum Schutz und zur Förderung des Handels, Repräsentativverfassung, Geschworenengerichte, Öffentlichkeit der Politik, Volksbewaffnung. Vgl. auch SCHULZ, Irrthümer, S. 72–74; SCHULZ, Art. "Psychologie und Philosophie der Offenbarung", StL. XIII[1], S. 309, S. 314 f., S. 318 f.; ebenso StL. XI[2], S. 261, S. 264 f., S. 267.

917 Vgl. SCHULZ, Der Bund, S. 6–9 (Zitate), S. 20; vgl. auch SCHULZ, Art. "Gleichgewicht, völkerrechtliches", StL. VII[1], S. 46–61; mit unwesentlichen Änderungen StL. VI[2], S. 30–39; SCHULZ, Irrthümer, S. 38 f.; SCHULZ, Mißbrauch, Allgemeine politische Annalen, Bd. 2

damit aber auch eine weitergehende Emanzipation blockieren: Von dem durch den Prozeß der Geschichte Gerechtfertigten ausgehend, kritisierte Schulz den "Begriffs-Fanatismus in der Frei- und Gleichmacherei", die angeblich in der Französischen Revolution kulminierende "oberflächliche Aufklärungssucht", was der kurz zuvor vorgetragenen pragmatischen Verteidigung des Wahlzensus im Nachgang die tiefere Begründung verlieh.[918] Später gerieten die "Autorität der Geschichte" und der "Individualismus" zu den zentralen Argumenten gegen "das communistische Abstractum der 'Menschheit'" mit dessen Ansprüchen.[919]

Über eine derartige Doppeldeutigkeit hinaus brachte diese Berufung auf die Geschichte auch eine Nachordnung des einzelnen hinter überindividuelle Größen mit sich. So bedeutete die Legitimation durch "das Leben, das in sich selbst das Gesetz seiner Entwickelung" trage, für den einzelnen die Nötigung, "am Leben ... (seines) Volks mit lebhafter Liebe, mit lebhafterem Haß" teilzunehmen.[920] Die "Freiheit" war Schulz eben "noch ein Höheres als der todte Buchstabe einer Verfassung; sie ist uns die Seele ... des Volkslebens, das Recht und die Macht der fessellosen Entwicklung als Menschen, als Volksstämme, als Nation, in der von den Gesetzen der Natur und den Einflüssen der Geschichte zugleich bedingten Mannichfaltigkeit". Daß in dieser Bindung der Freiheit die von "einem großen Ganzen" ausgehende Mediatisierung des einzelnen enthalten war, kam an gleicher Stelle auch unzweideutig zum Ausdruck: "Erst in zweiter Linie ... (sei die) politi-

---

(1830), S. 43—46.

918 Vgl. im Zusammenhang SCHULZ, Almanach, S. 127 f., S. III f., S. 52; vgl. dazu auch SCHULZ, Irrthümer, S. 48 sowie SCHULZ, Das Eine, was Deutschland Noth thut, in: Allgemeine politische Annalen, Bd. 7 (1831), S. 3—44, dort S. 8 f., wo von dem "inhalt-leere(n) Klang der Worte F r e i h e i t und G l e i c h h e i t" die Rede ist. Zur Verteidigung des Wahlzensus durch Schulz vgl. oben Anm. 211.

919 Vgl. SCHULZ, Art. "Communismus", StL. III², S. 326—339 (Zitate S. 327, S. 336).

920 SCHULZ, Art. "Communismus", StL. III², S. 337 f., vgl. dort besonders S. 337: "Die natür-liche Basis des besonderen Staats ist die Gemeinschaft des L e b e n s im Vaterlande, wie sie in Volksgeschichte, Sprache und Sitten sich offenbart. ... Die Schicksale, Sitten und Sprache meines Volks haben auch mich und meine Individualität v o r den Schicksalen anderer Völker bestimmt. Ich m u ß also theilnehmen am Leben meines Volks mit lebhafterer Liebe, mit lebhafterem Haß; und es ist nur eine widerliche Ausnahme, wo dies nicht geschieht."

sche Freiheit" gefordert, Vorrang habe die Verteidigung des "deutsche(n) Land(es), ... (des) Haus(es), das uns Gott gegründet" habe.[921] Andernorts formulierte Schulz noch schärfer: In der Heimsuchung durch blutige Wirren wollte er "nur jene strenge Gerechtigkeit erkennen, welche den Nationen nach ihrem Werthe ihr Schicksal" 'zumesse'. Diese treffe "auch den schuldlosen Einzelnen mit schwerer Hand, doch nur um Alle zu mahnen, sich dem Volke und dessen Ehre, Freiheit und Bildung zu weihen".[922] Und von der aus der Geschichte herausgelesenen, vermeintlich durch Gott sanktionierten 'Bestimmung' der Individuen wie des Staates war es schließlich kein großer Schritt mehr hin zu der von Schulz dann auch vorgenommenen Apologie der kriegerischen Gewalt: Der bloße 'blutige' Waffengang barg in sich bereits die Legitimation, "denn nur der Kampf gegen die Unterdrückung ... (sei) das Gottesurtheil über den Werth der Unterdrückten".[923]

Handelt es sich bei Schulz somit um den extremen Vertreter einer historistischen Variante von Politikbegründung, der im Vertrauen auf einen in der Weltgeschichte sich offenbarenden Gott die rationale Grundlegung von Politik dezidiert zurückwies, nur um letztlich in die normative Orientierungslosigkeit abzugleiten? Solange der Mitarbeiter des Staatslexikons auf der eben dargestellten Ebene blieb und die Freiheit aufging in der Übereinstimmung mit einem historischen Prozeß, dessen Verlauf keine andere Gesetzmäßigkeit enthielt als das durch den Willen Gottes mit Sinn erfüllte und zugleich in das Unerklärbare entrückte tatsächliche Geschehen, konnte solche Frage mit 'ja' beantwortet werden. Freilich wird sich noch zeigen müssen, welche Auswirkungen das schon erwähnte Arbeitsteilungsprinzip auf die von Schulz vorgestellte Bewegung der Geschichte hatte, die nach dem Bisherigen für sein politisches Denken von grundlegender Bedeutung war

---

921 SCHULZ, Der Bund, S. 14 f., Unterstreichung von mir.

922 SCHULZ, Almanach, S. 178; vgl. auch ebd., S. III f.

923 SCHULZ, Almanach, S. 361: "Jeder neue Tag der Freiheit färbt mit Blut sein Morgenroth, denn nur der Kampf gegen die Unterdrückung ist das Gottesurtheil über den Werth der Unterdrückten."

und auf deren Struktur es darum in entscheidendem Maße ankommt. Desungeachtet berechtigen die angeführten Gedankengänge hier schon zu der Feststellung, daß sich Schulz dem Einfluß einer historistischen Grundströmung nicht gänzlich entziehen konnte und daß er hierbei mehr als einmal zumindest in die Gefahr geriet, unkritisch den Erfolg für die Rechtfertigung zu nehmen und wenigstens dem ersten Anschein nach normative Leitlinien, wie die individuelle Emanzipation, aus dem Blick zu verlieren. Bevor nun aber die Untersuchung sich dem Stellenwert des Arbeitsteilungsprinzips bei Schulz zuwendet, sei ein Blick auf das politische System von Struve geworfen, das – obschon es von anderen Grundlagen ausgehen sollte – ein ähnliches Problem normativer Unsicherheit aufwies.

Im Gegensatz zu dem Eindruck, den die eingangs zitierte Wendung Struves bei seinen Lesern anfänglich hinterlassen haben mochte, zeigten seine Veröffentlichungen keineswegs in dem Maße eine Anlehnung an historistische Denkmuster, wie dies bei Schulz der Fall gewesen. So wird sich zwar noch erweisen, daß in Struves Theorie die Betrachtung der geschichtlichen Entwicklung für die Rechtfertigung politischer Zustände und Forderungen eine nicht unerhebliche Rolle spielte[924]; um aber "den Staat in seiner Wesenheit zu erfassen", erwies sich der "geschichtliche Standpunkt" nach Struves Worten als unzureichend: Solches lasse sich "nur auf dem Wege der Schlußfolgerung aus thatsächlich feststehenden Prämissen ermitteln".[925] Einmal mehr unterstrich Struve die zunächst von allen geschichtlichen Bedingungen absehende Erklärung des Staates mit seiner Aussage, daß das "Wesen, das Lebensprinzip des Staats ... sich niemals verändern (könne), so wenig als das Wesen (,) das Lebensprinzip des Menschen".[926] Mit diesem Vergleich hatte Struve zugleich das Feld angegeben, auf welchem die "feststehenden Prämissen" aufzusuchen seien: Weil schließlich der Staat Menschenwerk sei,

---

924 Zur Verpflichtung des vormärzlichen Radikalismus und so auch Struves gegenüber dem zeittypischen Entwicklungsdenken vgl. WENDE, Radikalismus, S. 130–153, passim.

925 STRUVE, Grundzüge, I, S. 1.

926 STRUVE, Grundzüge, I, S. 3 f.

könne man "nur aus den dem Menschen angeborenen Bestrebungen und Neigungen ... den Staatsorganismus in seiner Wesenheit ableiten". Und da "als Zweck des menschlichen Lebens nur die Entwickelung der demselben anvertrauten Kräfte zu erkennen" sei, bleibe als einziger Staatszweck "die harmonische Entwickelung der Gesammtheit der ... (dem Staate) anvertrauten Kräfte" der einzelnen.[927]

In ein Gebot gewendet, ergab diese Beschreibung die von Struve in Anspruch genommene grundlegende, überall wie auch allezeit verbindliche Norm, den "Zielpunkt aller Staatsmänner", dessentwegen "das Volk" sogar zur Anwendung revolutionärer Gewalt befugt sei: "Nach den ewigen Gesetzen Gottes ... (sei) nur recht, was dem Zwecke des menschlichen Daseins, d.h. der harmonischen Entwikkelung seiner Kräfte förderlich ... (sei), unrecht ... (sei) alles, ... was eine Störung in diesen Entwickelungsgang" 'bringe'.[928] Unerachtet der bislang noch offenen Implikationen des 'Entwicklungsganges' hatte Struve mit einem derartigen Rechtsfundament doch wenigstens die Bedingung einer jeden Entwicklung überhaupt — nämlich das "Leben" oder die "Selbsterhaltung" — als "das höchste und heiligste Recht" im Kreis der "ewigen und unveräußerlichen Rechte der Menschheit" noch

---

927 STRUVE, Grundzüge, I, S. 6: "Das Wesen des Staats muß im Verhältniß stehen zu dem Wesen des Menschen. Die Zwecke des Staatslebens müssen abgeleitet sein aus den Zwecken des Menschenlebens. Denn Menschen sind es, welche den Staat bilden, deren Lebenszwecke sollen durch denselben gefördert werden. Nur aus den dem Menschen angeborenen Bestrebungen und Neigungen können wir daher den Staatsorganismus in seiner Wesenheit ableiten. Wenn wir dem Menschen von seiner Geburt bis zum Grabe folgen, wenn wir sein Dasein ... in Verbindung bringen mit den in seine Brust gelegten Trieben ..., so vermögen wir als Zweck des menschlichen Lebens nur die Entwickelung der demselben anvertrauten Kräfte zu erkennen. Der Zweck des Staats kann daher kein anderer sein, als von seinem Standpunkte aus den Lebenszweck der Gesammtheit seiner Mitglieder zu fördern." Nach der Unterscheidung des Staates von der Kirche und von den abhängigen Gebieten formulierte Struve ebd., S. 7 seine "Begriffsbestimmung vom Staat. Er ist derjenige selbstständige Verein von Menschen, dessen Zweck die harmonische Entwickelung der Gesammtheit der ihm anvertrauten Kräfte zu seinem Gegenstande hat, insofern sie sich auf das Verhältniß des Menschen und auf irdische Bestrebungen beziehen." Vgl. auch ebd., I, S. 59.

928 STRUVE, Grundzüge, I, S. 41–43; zum darauf gegründeten Revolutionsrecht des 'Volkes' siehe ebd., I, S. 301–303; vgl. ferner ebd., I, S. 35 f. und STRUVE, Art. "Menschenrechte", StL. IX², S. 64–72, dort besonders S. 69–72.

vor den liberalen Freiheits- und Eigentumsrechten bezeichnet und festgestellt.[929] Darüber hinaus öffnete sich allerdings mit dem Ausgang von einem 'Recht der Entwicklung' ein Spielraum, den definitorische Willkür nutzen konnte, um in jenes normative Fundament beträchtliche Lücken zu reißen.

Zunächst aber kam dem Aufbau und der gedachten Abfolge des Entwicklungsprozesses, der von Struve "nach Verschiedenheit des Alters, der äußeren Verhältnisse und ... (der) ursprünglichen Anlagen" differenziert wurde[930], eine ahistorisch-allgemeine, die universale Breite der emanzipativen Zielsetzung am Ende gewährleistende Geltung zu. Die 'natürliche' Grundlage des Staates sah Struve in den "Seelenkräften seiner Bürger". Auf diesen 'beruhe' sein "eigentliche(r) Organismus". Zu ihnen rechnete Struve ganz allgemein die "Kinderliebe", "den Anschließungstrieb ... (wie) den Abschließungstrieb", den "Erwerbtrieb", "das Rechtsgefühl", den "Bekämpfungstrieb und die Festigkeit" — auch der "Geschlechtstrieb" blieb nicht unerwähnt. Aus deren Wirken gingen die "Familien-Verbindung", die "Gemeinde-Verbindung" und der als "Stammes-Einheit" vorgestellte "Staat" hervor, und die Weiterentwicklung dieser 'Verbindungen' befördere die "höhere(n) Kräfte" unter Einschluß "sämmtliche(r) intellektuellen Kräfte".[931] In unmittelbarer Beziehung zu der jeweils erreichten Ausprägung dieser 'Seelenkräfte' stand in Struves System die 'Reife' des Volkes mit deren politischen Implikationen. Hier griff der Verfasser der 'Grundzüge' die gängige, auch von Welcker strapazierte Analogie zu den Entwicklungsstadien des individuellen Menschenlebens auf. 'Bedürfe' der am Anfang seiner Geschichte stehende Staat wie das "Kind ... eine(r) patriarchalische(n) ... Leitung", so entspreche dem aus solcher Vormundschaft ungestüm herausdrängenden "Jünglings-Staat" die "Form ... eines Mitteldings zwischen der patriarchalischen und der demokratischen" Herrschaft. Der Staat des selbstbewußten, selbstbeherrschten und vernünftig urteilenden Mannes endlich — der

---

929 STRUVE, Grundzüge, III, S. 27 f.; vgl. dazu auch STRUVE, Art. "Menschenrechte", StL. IX^2, S. 69.

930 STRUVE, Grundzüge, I, S. 4.

931 Vgl. STRUVE, Grundzüge, I, S. 38 f., S. 131—135.

"männliche Staat" also – 'regiere' "sich selbst, d.h. jeder einzelne Bürger (sei) ... nur denjenigen Beschränkungen seiner Freiheit unterworfen, zu welchen er selbst direkt oder indirekt ... seine Zustimmung ertheilt" habe.[932]

Mit einem derartigen Entwicklungsgang erschien Struves politisches System geradezu naturgesetzlich strukturiert. Aber so eindeutig damit die Menschheit auf den einen, einheitlichen Prozeß des Fortschritts festgelegt sein mochte – es war diese Naturgesetzlichkeit eben nur ein Analogon, noch dazu ein willkürlich gebildetes. Und darum konnte das Gesetzmäßige dieses Entwicklungsmodells auch unterlaufen werden durch die Einführung einer wiederum willkürlich gewählten Mannigfaltigkeit. Denn was bürgte zumal für die vielberufene Wirklichkeit von solcher "Vorsehung" oder "Natur"[933]? Gegen ein derartiges Modell läßt sich nicht nur das Problematische des Anthropomorphismus, sondern auch die Fragwürdigkeit von Struves politisch gewendeter Trieblehre einwenden. Nach Auskunft eines modernen Lexikons ist die Unterscheidung der Triebe eben "willkürlich".[934] Struve von der Warte des durch die Erkenntnisse des 20. Jahrhunderts Belehrten somit des wissenschaftlichen Dilettantismus zu bezichtigen geriete allerdings in den Verdacht bloßer Beckmesserei, gingen aus diesen unscharfen natur- und geschichtsphilosophischen Grundlagen nicht auch handfeste politische Konsequenzen hervor. Denn im Rahmen eines der Willkür zugänglichen bloßen biologistischen Konstruktes ließ sich das 'Recht' der dem geschichtlichen Reifegrad gemäßen Entwicklung aller 'naturgegebenen Anlagen' – nun unter Hinweis auf die Eigentümlichkeit – unschwer auch in einem einschränkenden Sinne gebrauchen.

Dies freilich ging die deutsche Nation kaum etwas an. Sie gehörte mit den Worten Struves zu jenen "kräftige(n) Nation(en) ... (, die) ihren Entwickelungsgang trotz aller ... entgegengesetzten Hindernisse doch gehen" und so die nationa-

932 STRUVE, Grundzüge, I, S. 12 f.

933 STRUVE, Grundzüge, I, S. 38 f., S. 43 (Zitat); vgl. auch ohne Anspruch auf die Vollzähligkeit einschlägiger Belegstellen ebd., I, S. 59, S. 130, S. 349, S. 355; ebd., II, S. 208–211, S. 220 f.

934 Vgl. Meyers kleines Lexikon Psychologie, hrsg. von der Redaktion Naturwissenschaften und Medizin des Bibliographischen Institutes, Mannheim, Wien, Zürich 1986, S. 388.

le Einheit wie die politische Freiheit erringen würden.[935] Und fraglos war nach den 'Grundzügen' mit Blick auf Deutschland die Zeit auch schon reif für die Demokratie: "Das deutsche Volk (sei) ... tugendhaft und insofern" 'besitze' "es die Elemente der Demokratie". Darum müsse es nunmehr "zu einem Kampfe auf Leben und Tod" kommen, zumal die von dem erreichten Entwicklungsgrad her gebotene Integration der "demokratische(n) Elemente" in den 'monarchisch-aristokratischen' "Staatsorganismus ... sich als nichtdurchführbar erwiesen" habe.[936] Anderen Völkern hingegen erteilte Struve eine Prognose, die weniger Freiheit verhieß. So begründeten die mit der "Abstammung" gegebenen Naturbedingungen nicht allein die fortwährende vermeintliche Überlegenheit der weißen Rasse über farbige Erdbewohner.[937] Vielmehr konnten auch Deutschlands europäische Nachbarn unter jene "gewisse(n) Völker" fallen, die wegen ihrer "Anlagen" nach Struves Verdikt "gleich manchen Individuen ... immer in Abhängigkeit verbleiben" würden[938]. So wurde den Franzosen mit dem "rastlose(n) Streben nach äußerer Ehre" ein im Nationalcharakter liegender niedrigerer Beweggrund attestiert als den von der "Tugend" geleiteten Deutschen. Deswegen werde "Deutschland ... einst auf eine höhere Stufe im politischen Leben gelangen" als Frankreich.[939] Mehr noch erwies sich solche Rückführung der Politik auf "verschiedene Naturanlagen ... (und) einen wesentlich verschiedenen Entwickelungsgang" als eine Einrede gegen den mit der allgemeinen Emanzipation verbundenen zwischenstaatlichen Frieden.[940] Indem die "dauernde Freundschaft der Völker" nach Struve "namentlich eine gewisse Aehnlichkeit der Staats- und Kirchenverfassung" — die "geistige Wahlverwandtschaft" — 'voraussetzte' und diese wiederum abhing von

---

935 Vgl. STRUVE, Grundzüge, I, S. 355 (Zitat) — 357; ebd., II, S. 104 f.

936 Vgl. STRUVE, Grundzüge, II, S. 268—279 (Zitate S. 269, S. 271).

937 Vgl. STRUVE, Grundzüge, I, S. 98.

938 STRUVE, Grundzüge, II, S. 5 f.

939 Vgl. im Zusammenhang STRUVE, Grundzüge, II, S. 54—56 (Zitate); ebd., II, S. 22—32; ebd., II, S. 104—106 und STRUVE, Handbuch, S. 327.

940 Vgl. STRUVE, Grundzüge, IV, S. 193—207 (Zitat S. 196).

dem Grad der jeweiligen "Blutsvermischung", schien die bleibende Feindschaft zwischen "Russen" und Deutschen vorprogrammiert zu sein. Denn neben den "Türken" hätten sich jene "von einer Vermischung mit deutschem Blut so gut als gänzlich frei gehalten".[941] Folgerichtig befand der Verfasser der 'Grundzüge' denn auch, "daß beide Nationen (die deutsche sowohl als die russische, F.N.) sich nothwendig mit mißtrauischem Auge bewachen, und einer immer näher rückenden blutigen Lösung eines Bandes entgegensehen (würden), in welchem die deutsche Nation die unerträglichste Hemmniß ihrer natürlichen Entwickelung ... ('erkenne'), während die Dynastien ... darin die Garantie des Fortbestandes ihrer Hausmacht zu finden glaub(t)en".[942] Einerseits rief diese Bezugnahme auf die polnische Teilung zusammen mit der abschließenden Vision eines Friedenszustandes, den die Demokratisierung "alle(r) Nationen Europa's" herbeiführen werde,[943] wieder den universalen Anspruch des normativen Fundamentes in Erinnerung; anderer-

---

941 STRUVE, Grundzüge, IV, S. 195–197. Dort grundlegend S. 196 f.: "Der deutschen Nation
    stehen gegenüber Nationen von 2 verschiedenen Arten: 1) solche, welche einem ganz andern
    Stamme als sie selbst, 2) solche, welche einem mit deutschem Blute vermischten Stamme
    angehören. Die ersteren stehen der deutschen Nation ferne, nicht blos weil sie wesentlich
    verschiedene Naturanlagen besitzen, sondern auch weil sie einen wesentlich verschiedenen
    Entwickelungsgang hinter sich haben. Eine Wahlverwandtschaft, eine geistige Verbrüderung
    ist zwischen solchen Nationen unmöglich, man mag sich noch so sehr bemühen, sie mit
    einander zu befreunden. Jede derartige Bemühung wird nur das gegenseitige Gefühl der
    Antipathie verstärken.
    Schon näher steht die deutsche Nation denjenigen Völkern, welche eine Beimischung
    deutschen Bluts besitzen, zumal diese Beimischung einerseits beweist, daß freundschaftliche
    Beziehungen mit der deutschen Nation der Natur dieser Völker nicht widerstreben, denn
    sonst hätte keine Vermischung stattfinden können, und ferner, daß in Folge dieser Vermi-
    schung eine Annäherung an deutsches Wesen stattgefunden habe; denn eine Blutsvermi-
    schung führt nothwendig immer zu einer Vermischung der Ansichten, der Gefühle und des
    Ausdrucks des geistigen Lebens."

942 STRUVE, Grundzüge, IV, S. 201 f.

943 Vgl. STRUVE, Grundzüge, IV, S. 206; siehe auch ebd., IV, S. 203, wo es unter Verweis auf
    französisch-russische Absprachen hinsichtlich einer deutschen Teilung heißt: "Unter diesen
    Umständen ist nicht zu erwarten, daß die deutsche Nation in Rußland und Frankreich
    Freunde haben könne, wenigstens so lange nicht, als in beiden Staaten die dynastischen
    Interessen allein dem Auslande gegenüber vertreten werden, während die nationalen und die
    freiheitlichen Bestrebungen der Völker von ihren Herrschern mit Füßen getreten werden."
    Daraus ließe sich schließen, daß lediglich die bislang verweigerte Emanzipation das Hinder-
    nis der Völkerverständigung ausgemacht habe, nicht aber der Unterschied der 'natürlichen
    Anlagen'.

seits aber kündigte sich in Struves ausdrücklich wiederholter Rückführung der russisch-deutschen Unverträglichkeit auf die Stammesunterschiede[944] jene gegenläufige antiemanzipative Tendenz an, die seiner Berufung auf eine die Politik bestimmende 'Natur' innewohnte.

Allerdings wird gerade an diesem schließlich doch in der Demokratiefähigkeit aller Völker endenden Beispiel auch sichtbar, daß Struve die Konsequenzen des auf die Mannigfaltigkeit abhebenden Teils seiner 'natur-' oder 'geschichtsphilosophischen' Prämissen nicht immer durchhielt. Gerieten sie in einen offensichtlichen Konflikt mit der implizierten Allgemeinheit des einheitlichen, gesetzmäßigen Ganges zur Freiheit, dann mochte sich Struve durchaus für diese und gegen jene entscheiden. Darum blieben die mitunter unüberhörbaren rassistischen und nationalistischen Zwischentöne trotz aller Widersprüche immer noch eingebettet in einen nach ahistorischen Vorgaben konstruierten Geschichtsverlauf allgemeiner Gültigkeit, der vor einem unwiderruflichen Verlust der von ihren Grundlagen her universal angelegten emanzipativen Zielsetzung bewahrte.[945] Nicht die irrationale Mannigfaltigkeit der Natur mit ihren Folgen, sondern die Gesetzmäßigkeit einer allgemeinen Menschennatur stand im Vordergrund. Ein ähnlicher 'Sicherheitsrahmen' darf auch in Schulz' Arbeitsteilungsprinzip vermutet werden.

Als ein Element rationaler Geschichtsauffassung bereits in den frühen Schriften angedeutet, sollte die fortschreitende Arbeitsteilung zusammen mit der zunehmenden 'Bewältigung der Natur durch den Geist' von Schulz zu dem umfassenden Weltgesetz während des Vormärz entwickelt werden.[946] In einem 1840 veröffent-

---

944 Vgl. STRUVE, Grundzüge, IV, S. 201: "Die russische Nation gehört einem andern Stamme an, als die deutsche. Ihre natürliche Beschaffenheit, ihr Entwickelungsgang, ihre Bildungsstufe, ihre kirchliche und staatliche Verfassung ... sind so beschaffen, daß beide Nationen sich nothwendig mit mißtrauischem Auge bewachen ...".

945 Vgl. dazu auch WENDE, Radikalismus, S. 182 f.

946 Vgl. SCHULZ, Irrthümer, S. 47; SCHULZ, Mißbrauch, Allgemeine politische Annalen, Bd. 2 (1830), S. 53. Der mit dem Arbeitsteilungsprinzip in Verbindung stehende Satz von der zunehmenden Weltaneignung durch den menschlichen Geist kündigte sich ebenfalls bereits in den frühen Schriften an — vgl. SCHULZ, Irrthümer, S. 19 f., S. 77 und SCHULZ, Almanach, S. 454 f. — und erschien in den Beiträgen zum Staatslexikon in klarer Formulierung. Vgl. SCHULZ, Art. "Revolution", StL. XIII[1], S. 737; ebenso StL. XI[2], S. 560: "Eine fortschreitende Bewältigung der Masse durch den Geist ist das Gesetz der Geschichte"; oder

lichten Aufsatz gelangte Schulz aufgrund der Auswertung eines beeindruckend umfänglichen statistischen Materials zu seiner Kernaussage, das die Welt bewegende "Gesetz des Fortgangs ... (sei) das der ... sogenannten T h e i l u n g d e r A r b e i t ". [947] Da nach seiner Beobachtung "die Veränderungen im Betrieb der Arbeit zum Zwecke der materiellen Produktion zugleich Veränderungen in der intellektuellen und politischen Kultur nothwendig beding(t)en",[948] galt dieses Gesetz für alle Bereiche des menschlichen Schaffens. Allerdings war diese auch im Staatslexikon bemerkte universale Geltung der fortschreitenden Arbeitsteilung als das "Gesetz der Bewegung" schlechthin gemäß dem Stand der wegweisenden Abhandlung von 1840 mehr nur eine Behauptung. Denn Schulz hatte sich dort vornehmlich dem wirtschaftlichen Bereich zugewandt. In seinem wenig später erschienenen ökonomischen Hauptwerk – der 'Bewegung der Produktion' – meinte er indessen, dem Mangel weitgehend abgeholfen zu haben, zumal er sich hier um den ausgedehnten Nachweis bemüht hatte, daß der "intellectuellen Production" ebenso wie der "materiellen Production" das nämliche Entwicklungsprinzip zugrunde liege. Lediglich die Beweisführung für seine gleichwohl abermals bekräftigte Feststellung, "auch das Staatsleben, oder die gesammte politische Production, (müsse) den allgemeinen Productionsgesetzen folgen", mußte Schulz

---

SCHULZ, Art. "Europa", StL. V[1], S. 298; ebenso StL. IV[2], S. 532.

947 SCHULZ, Veränderungen, S. 20 f.: "Die Menschen w e r d e n , was sie t h u n . Wie von Einzelnen, so gilt das von Nationen. ... (Darin) läßt sich ... (bei aller) Mannichfaltigkeit eine Einheit und ein Zusammenhang, so wie ein g e s e t z m ä ß i g e r Fortgang deutlich gewahren, dessen Erkenntniß zur Würdigung der socialen Zustände für Gegenwart und Zukunft einen Maßstab und eine Richtschnur an die Hand gibt. Dieses Gesetz des Fortgangs ist das der ... sogenannten T h e i l u n g d e r A r - b e i t . Es kommt keineswegs n u r im Gebiete der materiell produciren den Thätigkeiten zur Anwendung; sondern nicht weniger in dem der geistig schaffenden Kräfte, namentlich auch auf dem Gebiete der Politik. Richtiger wird man indeß von einer G l i e d e r u n g , als nur von einer Theilung der Arbeit reden, weil jede weitere Entfaltung der produciren den Thätigkeiten neue Verbindungen derselben voraussetzt und erzeugt, so daß mit der Einsicht in dieses Verhältniß die Idee eines fortschreitenden socialen O r g a n i s m u s d e r A r b e i t in's Bewußtseyn tritt."

948 SCHULZ, Veränderungen, S. 35; vgl. auch ebd., S. 98.

wiederum einer späteren Arbeit vorbehalten.[949] "Sprache ...(,) Religion, Kunst und Wissenschaft, sodann Literatur, Erziehung und Unterricht" 'entfalteten' sich demnach gemäß dem "Gesetz" der fortschreitenden Arbeitsteilung.[950] Die grundlegende Rationalität dieses umfassenden Bewegungsgesetzes erhellt dabei aus der angewandten statistischen Methode.

Als die "Basis der stets auf die Z u k u n f t gerichteten Politik, welche diese Gesetze der Bewegung des Völkerlebens zu vollstrecken" habe, müsse die Statistik sich den "Staatskräfte(n)" zuwenden und die " G e s e t z e i h r e r W i r k s a m k e i t " aufsuchen. Zu diesem Zwecke müßten "ältere mit jüngeren Zuständen v e r g l i c h e n " sowie "die G e g e n w a r t aus der V e r g a n g e n h e i t , d.h. aus der Geschichte, erklärt werden". Es ging hierbei um die Betrachtung des " w e s e n t l i c h G l e i c h - a r t i g e (n) nach allgemeinen Gesichtspuncten", also doch um die Abstraktion von allem 'Besonderen', 'Individuellen' oder 'Mannigfaltigen'.[951] 'Erklärung' anstelle des 'Verstehens' wie auch der Ausgang von einem "gesetzmäßigen Verlauf", der sich über das "Verhältniß von Ursache und Wirkung" erschließen lasse,[952] offenbaren ein Geschichtsmodell von geradezu naturwissenschaftlicher

---

949 Vgl. SCHULZ, Bewegung, S. 9 (dort auch die Zitate). Das Buch war im wesentlichen eine um die Betrachtung der 'intellektuellen Produktion' erweiterte Fassung des Aufsatzes von 1840. Zum Staatslexikon vgl. SCHULZ, Art. "Psychologie und Philosophie der Offenbarung", StL. XIII[1], S. 313 f., S. 320; ebenso StL. XI[2], S. 264, S. 268; SCHULZ, Art. "Communismus", StL. III[2], S. 338.

950 Vgl. SCHULZ, Bewegung, S. 75–121, dort besonders S. 79 f. (Zitat S. 79).

951 SCHULZ, Art. "Staatskunde, Statistik", StL. XIV[1], S. 828 f.; ebenso StL. XII[2], S. 343 f.

952 Vgl. SCHULZ, Art. "Staatskunde, Statistik", StL. XIV[1], S. 838; ebenso StL. XII[2], S. 350: "Endlich ist es die höhere Aufgabe einer Statistik, der Staatsverfassung, Gesetzgebung und Verwaltung, nicht blos den momentan vorhandenen status quo aufzufassen, sondern den gesetzmäßigen Verlauf der ganzen politischen Production und ihr Eingreifen in die Zustände der Gesellschaft deutlich zu machen. Eine in das Verhältniß von Ursache und Wirkung tiefer eindringende Wissenschaft wird hiernach auch im Gebiete der publicistischen Verhältnisse ein Gesetz der Bewegung und Entwickelung zu erkennen wissen, und darum die Reihenfolge der politischen Organisationen nicht mit dem Kreise der jetzt bestehenden Staatsformen für geschlossen halten. Gehört doch die eigentlich repräsentative Monarchie erst der neueren Weltgeschichte an, und ist doch die repräsentative Demokratie ... erst ein Erzeugniß der allerneuesten Zeit."

Rationalität. Und in diesem Lichte geriet die Berufung auf die Geschichte auch zu der Konstruktion des eindeutig festgelegten politischen Fortschritts.

Als besondere Form der Arbeitsteilung galt Schulz die "fortschreitende Unterwerfung der verstandeslosen Naturkräfte unter den Willen des Menschen".[953] Aus der Zerlegung in immer kleinere Arbeitsschritte folge die Einführung von Maschinen, vermittels derer der Mensch mit seinem Geist sich zum Beherrscher der äußeren Natur erhebe.[954] Und weil die gesellschaftlichen, politischen Zustände abhängig seien von dem Entwicklungsstand der wirtschaftlichen Produktionsformen, der sich seinerseits "nach dem unabänderlichen Gesetze der Bewegung der Production" einstelle, verwirklichte sich für Schulz die "Idee einer allgemeinen staatsbürgerlichen Freiheit und Gleichheit" mit naturgesetzlicher Notwendigkeit; gewinne doch "ein Volk mit (nicht zuletzt wiederum wegen des aufkommenden Maschinenwesens, F.N.) wachsender politischer Intelligenz" durch die Übertragung der schweren körperlichen Arbeit auf die Maschinen auch die für eine demokratische Politik "erforderliche Zeit". Raum für die Gestaltung des Fortschritts gab es lediglich noch bei den in Frage kommenden Wegen der politischen Realisierung. Dagegen waren das Ziel der Entwicklung und dessen schließliche Verwirklichung gewiß.[955] Was — um das Nicht-Historistische eines solchen Entwicklungs-

953 Vgl. SCHULZ, Veränderungen, S. 64; SCHULZ, Bewegung, S. 40; wegen Satzanfang: "Fortschreitende ...".

954 Vgl. SCHULZ, Veränderungen, S. 61 f.: "Endlich führt die fortgesetzte Theilung der Arbeit zur Anwendung eines vollkommeneren M a s c h i n e n w e s e n s und damit zu ... der eigentlichen F a b r i k a t i o n durch Maschinen. D u r c h jene Theilung der Arbeit werden nämlich die verschiedenen Arten der Gewerbsthätigkeit in ihre einfachsten Operationen zerlegt und so wird es möglich, die rein mechanischen ... Beschäftigungen den verstandeslosen Kräften der äußeren Natur zuzuweisen; wogegen sich der Mensch die höheren Arbeiten der Industrie vorbehält und der verständige, geistig thätige Lenker und Leiter dieser Naturkräfte wird." Vgl. auch SCHULZ, Bewegung, S. 37 f.

955 Vgl. SCHULZ, Bewegung, S. 73 f., besonders S. 74: "Für die Zukunft des Völkerlebens aber werden die in den Maschinen wirkenden, verstandeslosen Naturkräfte unsere Sklaven und Leibeigenen sein. Nur unter dieser Voraussetzung kann die Idee einer allgemeinen staatsbürgerlichen Freiheit und Gleichheit, die übrigens fernab von jedem Gedanken an eine verflachende Gleichmacherei liegt, mehr und mehr ins Bewußtsein und Leben treten. Aber sie m u ß auch ins Leben treten, weil sich jene Voraussetzung selbst nach dem unabänderlichen Gesetze der Bewegung der Production immer mehr verwirklicht. Auf der unzeitigen Hemmung dieses organisch nothwendigen Verlaufs von Seite der Machthaber, auf dieser Sünde gegen den heiligen Geist der Weltgeschichte, in dem sich Gottes Geist

denkens im Gegenlicht zu dem einleitend vorgestellten Historismusbild Meineckes zu illustrieren – enthielte (nach einem auch den Weg der Verwirklichung einbeziehenden Modell) mehr 'Berechenbarkeit' als diese Fortschrittskonzeption? Angesichts der demnach dem Arbeitsteilungsprinzip zugedachten Funktion, die Festlegung und Berechnung des Fortschritts mit dem Anspruch auf allgemeine Geltung zu ermöglichen, bietet sich dem auf das Verhältnis von rationalen zu irrationalen Anteilen in den politischen Letztbegründungen von Struve sowohl als Schulz achtenden Betrachter ein im Grunde recht einheitliches Bild. Gewiß waren irrationale Größen bei beiden Verfassern keineswegs unbedeutend. Ein vorgeblich naturhaftes 'Werden' in der Geschichte wurde zur Rechtfertigung herangezogen für so Einschneidendes wie Krieg und Frieden oder die politische Entmündigung anderer Völker. Auf die hierbei herausragende Rolle der 'Nation' ist oben mehrfach hingewiesen worden. Indes hat die bereits bei früherer Gelegenheit in dieser Arbeit vorgenommene Betrachtung des Nationenbegriffes doch auch gezeigt, daß dessen auf die ethnisch-kulturelle 'Eigentümlichkeit' abhebende Seite durchaus zurücktreten konnte hinter dem mathematisch-nüchternen Kalkül politischer, militärischer und wirtschaftlicher Macht. Schon dies läßt sich verstehen als ein deutlicher Hinweis darauf, daß sich die Argumentationsgrundlage beider Autoren nicht in der einfachen, unkritischen Berufung auf die mannigfaltige 'Natur' oder die 'Geschichte' erschöpfte. Dem Argument des 'lebendigen', 'naturhaften' Geschehens lag voraus die Geschichtskonstruktion nach einem explizit als solchem ausgewiesenen und rational erklärenden Regelwerk. Was bei Struve der feste Grundriß wenn auch nicht eben sehr überzeugender, so doch klar gegliederter und allgemein anwendbarer Entwicklungsgesetze gewesen, war bei Schulz die Idee einer von dem Prinzip der Arbeitsteilung bewegten Geschichte, die er im Laufe des Vormärz zum Kerngedanken seiner Publizistik entwickelt hatte. Selbst ein so

---

offenbart, steht die S t r a f e d e r R e v o l u t i o n , ob sie nun früher ob sie später zur Vollstreckung komme." Vgl. auch SCHULZ, Veränderungen, S. 97 f.; dort S. 98 ist das sonst weitgehend deckungsgleiche Zitat allerdings um den letzten Abschnitt gekürzt. Zur eindeutig emanzipativen Zielrichtung vgl. auch SCHULZ, Art. "Staatskunde, Statistik", StL. XIV[1], S. 838; ebenso StL. XII[2], S. 350; zitiert oben Anm. 952.

komplexes gesellschaftliches Phänomen wie der Krieg wurde von ihm im Zusammenhang der 'arbeitsteiligen' Ausbildung eigentümlicher "Nationalitäten" unter dieses Bewegungsprinzip gebracht.[956] Weil diesen Gesetzen die schließlich universale Geltung eignete, büßten die irrationalen Anteile der Politikbegründungen beider Autoren ihre vordergründig dominierende Stellung ein und sanken zu Momenten einer von ihrer Anlage her rational verfahrenden Geschichtsdeutung herab. Auf eine Kurzformel gebracht, vertraten Schulz und Struve auf je unterschiedliche Weise ein auf das Entwicklungsdenken gestütztes Legitimationsmuster, in dessen Mittelpunkt nicht die unberechenbare Individuation, sondern der im Prinzip einheitliche, rational überprüfbare und darum auch als Prognose verwertbare Gang des Fortschritts stand.

Ein derartiges Modell vereinigte in charakteristischer Weise zwei Konsequenzen. Trotz des auch bei Schulz und Struve nachweisbaren Abbruches der Kontinuität an der Übergangsstelle zur besseren Welt der Zukunft bildete sich diese anders als bei Abt zusammen mit Vergangenheit und Gegenwart nach einem einheitlichen Bewegungsgesetz.[957] Da das die ganze politische Welt regierende Entwick-

---

956 Vgl. SCHULZ, Bewegung, S. 153: "Und ... wie gerade im lebhaftesten geselligen Verkehr und durch die Reibung des Einen am Andern diese Eigenthümlichkeit voll und rund sich herausbildet, während immerhin die zufälligen Ecken der besonderen Existenz sich gegenseitig abschleifen; wie die zeitweise Durchmischung der europäischen Nationen durch die Kriege der Revolution und des französischen Kaiserreichs, wie also der k r i e g e - r i s c h e Weltverkehr gerade dadurch das lebendige Gefühl der Volksthümlichkeit geweckt hat, daß er die Nationalitäten in feindseligen Zusammenstoß brachte; wie nicht weniger der materielle Weltverkehr des Friedens zum vielseitigeren Wetteifer, zur Anstrengung und Ausbildung aller productiven Kräfte zwingt: so ist es auch mit dem artistischen Weltverkehr ...". Zu dem Zusammenhang mit dem Prinzip der Arbeitsteilung vgl. ebd., S. 9, S. 122—124. Die Übertragung ökonomischer Produktionsverhältnisse auf den Krieg findet sich auch im Staatslexikon. Vgl. die Anspielung bei SCHULZ, Art. "Bevölkerung", StL. II², S. 486 und SCHULZ, Art. "Communismus", StL. III², S. 292.

957 Siehe oben S. 322—324. Der Kontinuitätsbruch bei Schulz und Struve ergab sich nicht aufgrund eines Wechsels der Bewegungsgesetze — diese wurden beibehalten. Unvermittelt ausgetauscht wurden indes die unter diesen Gesetzen wirkenden Bewegungskräfte. Struve setzte für die Zukunft auf die 'Tugend', obschon sich der materielle Eigennutz aus seiner Sicht als bis zur Gegenwart bestimmend erwiesen hatte und er mitunter einräumen mußte, daß die soziale Basis seines Leitbildes wie auch deren 'Tugend' im Abnehmen begriffen sei. An der fortgesetzten Gültigkeit des Arbeitsteilungsprinzipes nicht rüttelnd, hatte Schulz die "Liebe" einer abgehobenen 'geistigen Production' als Vermittler der Zukunft eingesetzt, obwohl er den Basischarakter der materiellen Production ausdrücklich hervorhob und dabei sehr scharf den daraus hervorgehenden gegenwärtigen Antagonismus der "ökonomischen

lungsgesetz gleichermaßen die Zustände der Vergangenheit hervorgebracht haben mußte, waren diese auch gerechtfertigt. Von solcher Warte aus war es möglich, der Vergangenheit ihre 'Rückständigkeit' im Unterschied zu Abt gleichsam zu 'verzeihen'. Besonders deutlich wird dies bei Struve: Jener "Entwicklungsgang", der mit dem Einteilungsprinzip nach der "Anzahl der Männer im Volke ...", welche an den Angelegenheiten des Vaterlands thätigen Antheil zu nehmen im Stande" seien, "von der Einherrschaft und Mehrherrschaft (schließlich) zur Volksherrschaft" hinführte, folgte "unwandelbare(n) Gesetze(n)". Konsequent legitimierte Struve darum ausdrücklich selbst den "Despotismus" durch die mit dem jeweils erreichten Reifegrad verbundene "Nothwendigkeit".[958] Mit Blick auf die Zukunft verhinderte aber auch zweitens dasselbe letztlich ahistorisch angelegte und überzeitlich gültigen Normen verpflichtete Entwicklungsgesetz das Abgleiten in die Affirmation alles Werdenden. Mochten beide Verfasser durch die ebenso unbekümmerte wie rücksichtslose Eingliederung fremder Staaten und Völkerschaften in einen großräumigen Nationalverband die emanzipative Leitvorstellung nicht eingelöst haben, so blieben sie – wenn es nur die Innenpolitik und hier vor allem das eigene Volk anging – dieser andererseits auch wieder treu.

Von einer historistischen Politikbegründung konnte sonach weder bei Schulz noch bei Struve die Rede sein. Darum freilich läßt sich die Untersuchung hier noch nicht beenden. Denn hinter der Suche nach historistischen Denkmustern stand die übergeordnete Frage nach einem Zusammenhang zwischen den jeweiligen politischen Letztbegründungen und der Entscheidung für den gewaltsamen oder den friedlichen Fortschritt. Eine entsprechend eindeutige Zuordnung bestimmter Argumentationsmuster ist soweit noch nicht ausgeschlossen. Und immerhin ließ sich anhand von Abts kompromißloser Argumentation mit dem Vernünftigen das vermutete Wechselverhältnis bestätigen, während Struve und Schulz sich doch gemeinsam insofern auf den Zeitgeist einließen, als sie den vom Rationalismus

---

Interessen zwischen Capitalisten und Arbeitern" sah. Vgl. SCHULZ, Bewegung, S. 51–59, S. 74 (zitiert oben Anm. 253) und S. 178 (Zitate S. 58, S. 178).

958 Vgl. STRUVE, Grundzüge, II, S. 1–21, S. 220 f. (Zitate S. 1, S. 4, S. 13, S. 221).

des 18. Jahrhunderts unterschiedenen Entwicklungsgedanken zum Ausgangspunkt ihrer politischen Theorien machten. Und da sie hierin eben übereinstimmten, ist im Hinblick auf die unterschiedliche Haltung zur Gewalt der Zusammenhang mit spezifischen politischen Letztbegründungen nach wie vor naheliegend. Erst der Vergleich mit dem Denken Jordans, Welckers und Kolbs kann diese Annahme falsifizieren. Einmal also nur das argumentative Verfahren von Schulz, Struve und Abt betrachtet, deren weiterreichende Gemeinsamkeit mit gewissen bei Schulz vorzunehmenden Abstrichen darin bestand, daß sie im Unterschied zu List und Mathy sich auch zu der Notwendigkeit revolutionärer, innerstaatlicher Gewaltanwendung bekannten, wird die ursprüngliche Frage nunmehr verändert und damit auch präzisiert: Unterschieden sich ihre Politikbegründungen signifikant von den bei Kolb, Jordan oder Welcker anzutreffenden Rechtfertigungsmodellen, heißt: Gab es hier die eindeutige Beziehung zwischen dem Propagieren der gewaltsamen Lösung und Letztbegründungen, die zum einen in der radikalen Berufung auf die Vernunft aufgingen, die zum anderen sich als die wenngleich nicht historistisch konzipierte, so doch eindeutig auf das Entwicklungsdenken abhebende Inanspruchnahme eines geschichtlichen Prozesses darstellten, in dessen Rahmen der Gang der Geschichte einem allgemeinen Gesetz folgte?

Einen deutlichen Unterschied mochte der Leser immerhin gewahren: Anders als in den Publikationen von Schulz und Struve konnte er in Jordans Schriften die von der Aufklärung tradierte Vertragstheorie weitgehend unverändert fortwirken sehen.[959] Grundlegend war ein Menschenbild, nach welchem der Mensch als Vernunft- und zugleich als geschichtliches Naturwesen zwei voneinander verschiedenen Gesetzgebungen unterworfen war.[960] Aus der in der Vernunft begründeten "Pflicht" eines jeden zur "Selbstbestimmung", was die Verpflichtung zu dem "hierzu nöthigen Gebrauch der Außenwelt" einschloß, folgte hinsichtlich des damit

---

959 Vgl. zu dem Folgenden trotz mancher Ungereimtheiten auch die älteren Ergebnisse bei KAISER, Jordan, S. 20—24 und WIEBER, Jordan, S. 24—42, S. 72—84, die beide den bestimmenden Einfluß der natur- oder vernunftrechtlichen Tradition betonen.

960 JORDAN, Versuche II, § 3, S. 18—20. Vgl. auch JORDAN, Lehrbuch, §§ 12 f., S. 14 f.

gegebenen "Anspruch(es)" auf die äußere Natur die 'völlige Gleichheit' der Menschen untereinander.[961] Angesichts der — bedingt durch die Natur des Menschen — zwangsläufig dabei eintretenden "Collision" der Gesellschaftsglieder entstand die "Vernunftpflicht" zu dem die gleiche Freiheit sichernden "Recht", das seinerseits "nur durch Gewalt in der That behauptet werden" könne.[962] Die Pflicht zum Recht enthielt demnach bereits die Pflicht zu dem das Recht über den äußeren Zwang durchsetzenden Staat, der nach Art der aus dem 18. Jahrhundert überkommenen Theorie dem "Naturstand" als dem "Stand des Krieges der Einzelnen gegen den Einzelnen" entgegengesetzt wurde.[963] Insonderheit waren es hier kantische Denkmuster, die Jordan mehr oder minder getreu in seine noch ganz im Banne der Aufklärung abgefaßte politische Philosophie hatte einfliessen lassen. Diese fanden sich nicht nur in der deontologischen Rechtfertigung des Staates, sondern auch darin, daß das "allgemeine Staatsrecht" und folglich auch der vertragstheoretisch angelegte Staat selbst als kritische Norm vorgestellt wurden.[964]

---

961 Vgl. JORDAN, Versuche II, § 6, S. 28: "Jeder Mensch hat dieselbe Selbstbestimmung zu verfolgen, mithin dieselbe Pflicht, die Vernunftherrschaft über die Außenwelt mittels seines Körpers soweit auszudehnen, und diese zu gebrauchen, als es seine physische Erhaltung und die Verwirklichung seiner Selbstzwecke nöthig machen. Alle Menschen stehen demnach zu einander i m V e r h ä l t n i s s e v ö l l i g e r G l e i c h h e i t : gleich ist ihre von der Vernunft gebotene Bestimmung, gleich also auch ihr Anspruch auf den hierzu nöthigen Gebrauch der Außenwelt."

962 Vgl. JORDAN, Versuche II, §§ 7—9, S. 29—37; dort besonders §§ 8 f., S. 34: "Dem allen zufolge ist es folglich Vernunftpflicht für die Menschen, 1) die Collision, welche durch ihr Zusammenleben im gegenseitigen Gebrauche der Außenwelt nothwendig entsteht, gütlich und dauerhaft auszugleichen, und 2) dieses nach dem Principe der Gleichheit, d.i. nach der Vernunft, und nicht nach ihren physischen Kräften (durch Gewalt) zu bewirken. Hieraus folgt aber auch 3) von selbst, daß sie zugleich verpflichtet seien, dasjenige Mittel zu ergreifen, durch welche (!) eine s o l c h e Ausgleichung a l l e i n oder wenigstens a m B e s t e n zu Stande gebracht werden kann. ... Das Recht kann ebenfalls nur durch Gewalt in der That behauptet werden, weil es eben bloß die äußere Berührung der Menschen, welche innerlich oder geistig in gar keine Collision miteinander kommen können, zu seinem Objecte hat".

963 Vgl. JORDAN, Versuche II, §§ 10—14, S. 37—54 (Zitate ebd., § 12, S. 46 f.); ebd. III, § 7, S. 73 und JORDAN, Lehrbuch, §§ 15—21, S. 17—23.

964 Vgl. JORDAN, Versuche I, §§ 3 f., S. 4, dort § 4: "Das allgemeine Staatsrecht ... hat den Z w e c k , ein Musterbild und zugleich einen Prüfstein für das positive Staatsrecht aufzustellen". Ferner ebd. III, § 2, S. 55 f.: "Der Staat in dem Sinne der unbedingten Abhängigkeit der Menschen hinsichtlich ihres Rechtsverhältnisses ..., somit als Gegensaz der

Innerhalb dieser kritischen Grundlegung maß Jordan den gegebenen, geschichtlich begründeten Verhältnissen allerdings ein keineswegs geringes Gewicht bei, was ihn wiederum von Abt unterscheiden sollte. Schließlich könne "der Mensch, welcher durch seinen Körper und mit diesem der Zeit- und Raumwelt ('angehöre',) ... die Geschichte (nicht) von sich weisen".[965] Daher habe auch die vernunftrechtliche Kritik politischer Systeme die jeweilige "Bildungsstufe der Völker" bei ihrem Urteil in Rechnung zu ziehen.[966] Mit Blick auf Deutschland wies das demzufolge auch am Entwicklungsstand orientierte Rechtfertigungsmodell die konstitutionelle Monarchie als "d i e r e l a t i v b e s t e Staatsform" aus.[967] Der geschichtliche Vorbehalt wurde hierbei nicht so sehr wegen der monarchischen Spitze eingeführt, denn die galt "nach Vernunft und Erfahrung" gleichermaßen als "die vollkommenste Beherrschungsform"[968]. Eher schon mußte die politische Privilegierung des begüterten Erbadels, die Jordan aus pragmatischen, auf die

---

unbedingten äußern Eigenherrschaft der Einzelnen aufgefaßt, ist kein Staat der Erfahrung, d.i. kein solcher, welcher in der Zeit- und Raumwelt wirklich je vorhanden gewesen wäre, oder überhaupt je vorhanden je vorhanden sein könnte, sondern nur die Vernunftvorstellung von demjenigen äußern Zustande der Menschen, in welchem die vollendete Herrschaft des Rechtsgesezes unter ihnen allein möglich ist und als wirklich g e d a c h t werden kann, also die Vernunftvorstellung von der vollendeten Herrschaft des Rechtsgesezes auf Erden ..., d i e I d e e v o m S t a a t e ..., welche sonach ... zugleich Vernunftvorschrift für die Menschen ist, nach der sie ihr gegenseitiges Rechtsverhältniß in der Erfahrung reguliren, die wirklichen Staaten einrichten sollen." Oder vertragstheoretisch gewendet: "Sollten ... auch alle Staaten g e s c h i c h t l i c h nur durch Zufall, List oder Gewalt entstanden sein, so könnten sie auf r e c h t l i c h e Existenz doch immer nur dann und insofern Anspruch machen, wenn und inwiefern sie auf rechtsgültigen Verträgen beruhen." Vgl. ebd. IV, §§ 3 f., S. 97—103 (Zitat ebd., § 3, S. 101). Daneben JORDAN, Lehrbuch, § 4, S. 3—5, § 23, S. 23 f., §§ 31 f., S. 34—39.

965 JORDAN, Versuche I, § 6, S. 11.

966 Vgl. JORDAN, Versuche III, § 8, S. 79 f.: Man habe bei dem Vergleich der "wirklichen Staaten" mit der als " V o r s c h r i f t u n d M u s t e r " konzipierten 'Staatsidee' auf deren "Individualität ... Rücksicht zu nehmen, da die Menschen in ihrer geistigen Bildung nur allmälig vorwärtsschreiten und es daher nicht befremden kann, daß die Staaten roher Völker auch nur rohe Versuche sind, die aber in Rücksicht auf die Bildungsstufe der Völker, sobald sie nur dieser entsprechen, eben deßwegen nicht als vernunftwidrig getadelt und verdammt werden können".

967 JORDAN, Versuche VI, § 7, S. 177. Ausführlicher zitiert oben Anm. 130; vgl. ferner JORDAN, Lehrbuch, § 42, S. 49.

968 Vgl. JORDAN, Versuche VI, § 7, S. 185.

Wahrung innerstaatlicher Stabilität abzielenden Erwägungen heraus vorgesehen hatte, mit "dem relativen historischen Grunde" des "wirklichen Dasein(s)" legitimiert werden, zumal einer vernunftrechtlichen Begründung der mit dieser verbundene formale Gleichheitsgrundsatz im Wege stand.[969]

Fraglos nahm solcherart die Rücksicht auf das geschichtlich Gewordene der vernunftrechtlichen Begründung von Politik die revolutionäre Schärfe. Es ging eben nicht – so wie bei Abt – um die einfache Überwindung des Anderen der Vernunft. Daß die 'Geschichte' ein gleichsam retardierendes Moment gegenüber dem vernunftrechtlich Gesollten darstellte, war nach Jordans politischer Philosophie legitim. Zugleich hielt diese andererseits 'Geschichte' und 'Vernunft' auseinander. Abweichend von Schulz und Struve wurde das letztbegründende Gesetz nicht in den Gang der Geschichte integriert. Im Zentrum der politischen Argumentation stand kein wie ahistorisch auch immer angelegter geschichtlicher Entwicklungsprozeß, diese Stelle nahm vielmehr der hergebrachte vertragstheoretische Entwurf ein. Der Vorrang einer die Richtung des Fortschritts angebenden allgemeinen 'Vernunft' gegenüber der einer anderen Gesetzgebung zugeordneten 'Geschichte' blieb in Jordans "R e f o r m a t i o n s s y s t e m" von der Anlage her unangetastet, weil grundsätzlich "der Geschichte eben so wenig die Herrschaft über die Philosophie gebühre, als dem Körper über die Vernunft, ... vielmehr die Philosophie eben so über der Geschichte stehe, wie die Vernunft über dem Körper".[970] Nur in verstreuten kleineren Schriften der dreißiger Jahre

---

969 Vgl. JORDAN, Versuche VIII, § 10, S. 350–353 und ebd. IX, § 22, S. 480–482; dort besonders VIII, § 10, S. 350: "Die Politik kann die zu einer idealen Staatseinrichtung nöthigen Elemente eben so wenig aus dem Reiche der Ideale zum wirklichen Dasein hervorzaubern, als die wirklich vorhandenen vernichten; ihre Aufgabe ist, das Gegebene auf die zweckmäßigste Weise zu ordnen ... Nun läßt sich ... wohl nicht läugnen, daß das Zweikammersystem wenigstens unter gewissen geschichtlichen Voraussetzungen dem Einkammersysteme vorzuziehen sei, weil es allein vermag, die v o r h a n d e n e n Elemente des Volkes in ein ... für den Bestand ... des Staates gedeihliches Ganzes zu vereinigen." Die Entscheidung für "das Zweikammersystem ... geschah ... hauptsächlich noch aus dem relativen historischen Grunde, daß ein Erbadel in allen europäischen Staaten vorhanden und ein geschichtlich begründetes Element der europäischen Völker ist".

970 JORDAN, Versuche I, § 6, S. 10 f.; vgl. auch ebd. I, § 7, S. 15: "Soviel ist ... völlig klar, daß das allgemeine Staatsrecht das regelnde und leitende Princip im Staate sei, dem sich die Geschichte anschmiegen muß, soweit es ihre unabänderlichen Gesetze gestatten, und unter

wurde dagegen eine Tendenz spürbar, welche die Vernunft in der Geschichte sich entwickeln sah und welche die Verpflichtung durch eine a priori gesetzgebende Vernunft in Frage stellte.[971] Von diesen Zeugnissen abgesehen, ließe sich also durchaus hinsichtlich der jeweiligen Argumentationsweisen behaupten, daß zwischen Jordan als einem Vertreter des friedlichen Wandels und Abt, Schulz wie auch Struve als den Propagandisten des gewaltsamen Fortschritts eine signifikante Andersartigkeit bestand. Aber schon Welckers politisches Denken trägt dazu bei, die eben gezogene Scheidelinie wieder zu verwischen.

Nicht anders als Schulz und Struve wandte sich der Mitherausgeber des Staatslexikons gegen "eine leere und todte (K a n t i s c h e) Abstraction" bei der Behandlung des Staates.[972] Diejenigen, welche nur "aus rationalistischen formalen Sätzen und Abstractionen ... ihre luftigen Gerüste" 'konstruierten', 'vergäßen' "die lebendigen natürlichen, geschichtlichen sittlichen Kräfte, Gesetze und Aufgaben".[973] Mit Blick auf die zeitgenössische Diffamierung des Mittelalters hielt er den "einseitige(n) Anhänger(n) dürrer Abstractionstheorieen" vor, sie wollten "selbst die Fäden ihres eigenen Daseins zerreißen und ihre Mutter in's Gesicht schlagen". Dabei hänge "das R e c h t und die politisch h e i l s a m e Behandlung unserer Einrichtungen ... bei aller Heiligkeit praktischer Vernunft-

---

welches sich auch die Politik zu fügen hat."

971 Vgl. JORDAN, Studium, S. 277 f.: "Denn die P h i l o s o p h i e d e r G e - s c h i c h t e weis't nach, wie die Entfaltung und Ausbildung des Geistigen der letzte Zweck, aber dieser nur erreichbar sey durch den Gegensatz" gegen die "Sinnlichkeit ...; wie also dieser Kampf die eigentliche Rotation bilde, durch welche sich das Geistige von Stufe zu Stufe ... ('emporbewege') zu immer größerer Vervollkommnung ...; und wie endlich eben dadurch der Gegensatz in Harmonie sich auflöse". Daneben JORDAN, Nutzen, S. 289: "Alle, denen das wahre Bedürfniß der Zeit klar geworden ist, kamen ... zu der Ueberzeugung, ... daß insbesondere die Philosophie, in Bezug auf Staats- und Rechtswissenschaft, nicht sofort von aprioristischen Sätzen ausgehen dürfe, als vielmehr die den positiven Normen zum Grunde liegende Rechtsansicht zu erforschen, und nachzuweisen habe, daß und wie diese Ansicht das positive Recht als Geist durchdringe und belebe".

972 WELCKER, Art. "Allgemeine encyklopädische Uebersicht", StL. I[1], S. 12; ebenso StL. I[2], S. 45.

973 WELCKER, Art. "Staatsverfassung", StL. XV[1], S. 21 f.; ebenso StL. XII[2], S. 363.

ideen ... doch theilweise davon ab, wie diese Einrichtungen entstanden, wie und was sie geschichtlich geworden" seien.[974]

Gleich Struve und Schulz zielte Welcker auf die Integration von Vernunft, Natur und Geschichte: Alles Sein − Natur ebenso wie der Mensch und die sozialen Gebilde − sei einem dreifach gliedernden "allgemeinste(n) Gesetz" unterworfen, das als "G r u n d g e s e t z des menschlichen Lebens" und demnach auch "für das Staatsleben" den Zusammenhang "v o n G e i s t , L e i b u n d S e e l e " vorschreibe.[975] Und ähnlich wie bei den beiden anderen Autoren legte sich dieses 'organische' Ineinander in einem einheitlichen, gesetzlichen Entwicklungsgang aus.

Kaum von Struves Verfahren unterschieden, ging Welckers Modell von einem dem menschlichen Reifungsprozeß analogen Entwicklungsverlauf aus, der in "e i n e (r) n a t u r g e s e t z l i c h e (n) , h i s t o r i s c h e (n) F o r t b e w e g u n g " von "der Kindheit" über die Stufe "des Jünglingsalters" zur "Männlichkeit" aufsteige[976]. Der in der "K i n d h e i t ... ü b e r - w i e g e n d e n Herrschaft der n i e d e r e n N a t u r " entspreche −

---

974 WELCKER, Art. "Mittelalter", StL. X^1, S. 605 f.; ebenso StL. IX^2, S. 125.

975 WELCKER, Art. "Allgemeine encyklopädische Uebersicht", StL. I^1, S. 11; ebenso StL. I^2, S. 43 f.: Man habe "in dem uralten einfachen G r u n d g e s e t z des menschlichen Lebens, nämlich in dem: der a n g e m e s s e n e n H a r m o n i e v o n G e i s t , L e i b u n d S e e l e , bei richtiger Auffassung dieser d r e i G r u n d e l e m e n t e und ihres Verhältnisses, das lehrreichste Grundgesetz für das Staatsleben und seine Hauptverhältnisse (gefunden). Jenes Grundgesetz ist wirklich nur die höchste, die menschliche, Erscheinung der a l l g e m e i n e n n a t u r g e - s e t z l i c h e n G r u n d f o r m für a l l e (ihrem besonderen I n h a l t e nach freilich sehr verschiedene) D i n g e , welche ein irdisches Dasein behaupten sollen. In j e d e m irdischen Dasein müssen nämlich − dieses ist jenes allgemeinste Gesetz −: a) eine a l l g e m e i n e i n n e r l i c h e U r k r a f t und b) ä u ß e r - l i c h e b e s o n d e r e B e s t a n d t h e i l e , a l s e i n a n g e - m e s s e n e r l e i b l i c h e r T r ä g e r d e r s e l b e n , c) eine i n d i - v i d u e l l e , s e l b s t s t ä n d i g e , h a r m o n i s c h e V e r b i n d u n g u n d V e r m i t t e l u n g unter sich und mit der stets wechselnden Außenwelt stattfinden." Vgl. auch WELCKER, Art. "Staatsverfassung", StL. XV^1, S. 51; ebenso StL. XII^2, S. 365.

976 Vgl. WELCKER, Art. "Staatsverfassung", StL. XV^1, S. 24; ebenso StL. XII^2, S. 365. Daran mochte sich die Periode des "Greisenalters" anschließen, deren Eintritt erfolgte aber nicht zwangsläufig.

weil es sich auf dieser Stufe um ein Volk von "lauter Kindern" handele – " d a s d e s p o t i s c h e   G r u n d g e s e t z ". Die im 'Jünglingsalter' sich durchsetzende "Vorherrschaft des Gefühls und der Phantasie und des auf ihr beruhenden b l i n d e n   G l a u b e n s " begründe im "gesellschaftlichen Verhältnisse ... d a s   t h e o k r a t i s c h e   o d e r   g ö t t l i c h g e o f f e n b a r t e   R e c h t s -   u n d   V e r f a s s u n g s g e - s e t z ". Schließlich folge der " R e c h t s s t a a t " aus der "Vorherr-schaft der reflectirenden prüfenden sittlichen Vernunft".[977]

Die Abfolge der drei Stufen wie auch deren jeweilige politisch-rechtliche Gestalt wurden so aus ahistorisch ermittelten anthropologischen Gesetzmäßigkeiten abgeleitet. " N a t u r g e s e t z l i c h " allemal schon "bewiesen", sollte das Entwicklungsschema " h i s t o r i s c h " nur noch "nachgewiesen" werden. Die Geschichte geriet somit zur bloßen Beispielsammlung einer genau bezeichne-ten Naturgesetzlichkeit, die – weil "die Quelle und der Erklärungsgrund aller Erscheinungen des Staatslebens" – allgemeine Geltung beanspruchte. " I n d i - v i d u a l i t ä t " gab es hier nur " i n n e r h a l b   d e r   n a t u r g e - s e t z l i c h e n   G r u n d f o r m   d i e s e r   S t u f e n f o l g e ", deren detaillierte Ausführung die Grenzen als sehr eng gesteckt erscheinen ließen.[978] Über die in der Berufung auf einen anthropomorph gebildeten Ent-wicklungsgang gelegene Gemeinsamkeit hinaus wurde damit die Ähnlichkeit zu der Vorgehensweise vor allem Struves noch augenfälliger, insofern beide Autoren

---

977 Vgl. in der Reihenfolge der Stufen WELCKER, Art. "Staatsverfassung", StL. XV[1], S. 24 f., S. 30, S. 33.

978 Vgl. WELCKER, Art. "Staatsverfassung", StL. XV[1], S. 24–51 (Zitate S. 28 f.); dort wegen Satzanfang: " H i s t o r i s c h ... ". Welcker hat seine Staatstheorie und sein Entwicklungsschema im Staatslexikon mit mehreren ausgedehnten Beiträgen veröffentlicht. Vgl. neben den hier zitierten Artikeln u.a.: WELCKER, Art. "Grundvertrag", StL. VII[1], S. 235–289; WELCKER, Art. "Grundgesetz, Grundvertrag", StL. VI[2], S. 161–250; WELCKER, Art. "Mittelalter", StL. X[1], S. 604–637; ebenso StL. IX[2], S. 124–147; WELCKER, Art. "Deutsche Staatsgeschichte", StL. IV[1], S. 281–337; ebenso StL. III[2], S. 731–769; WELCKER, Art. "Natürliche Grundlagen", StL. IX[2], S. 410–498; WELCKER, Art. "Naturrecht. Nachtrag", StL. IX[2], S. 533 f. Zu Welckers theoretischer Grundlegung vgl. zunächst SCHÖTTLE, Politische Freiheit, S. 27–41, wo auch die Verweise auf einschlägige ältere Literatur gegeben werden.

die dem rationalistischen Denken übereinstimmend angelastete Vernachlässigung des Geschichtlichen und Eigentümlichen mit der beide Male doch gerade als Korrektur hierzu gemeinten naturphilosophischen Argumentation nur unter einem anderen Vorzeichen wiederholten: In Struves Darstellung des trotz mancher nationalistischer Einschübe prinzipiell für alle Völker gültigen Entwicklungsganges wurde der demokratische Endzustand selbst mit seinen institutionellen Strukturen festgelegt.[979] Und daß die behauptete Ablösung des 'abstrakten' Regelwerks durch die mit dem 'Lebendigen' argumentierende Theorie auch bei Welcker lediglich auf den inkriminierten 'lebensfremden' Schematismus hinauslief, verdeutlicht ein Blick auf die einzelnen Stufen seines Entwicklungsmodells, deren letzte – der 'vernunftgemäße Rechtsstaat' – an dieser Stelle als Beispiel dienen soll.

Welckers Erkenntnisinteresse galt hier den "a l l g e m e i n e n   o b -
j e c t i v e n   p r a k t i s c h e n   G e s e t z e (n)   ...   f ü r   d a s
H a n d e l n   a l l e r   f r e i e n   B ü r g e r ". Darin war vorderhand
sogar mehr Raum für das 'Besondere' vorhanden, als es prima facie scheinen mag. Denn da in diesem Zusammenhang neben den   " l o g i s c h e n ,
m a t h e m a t i s c h e n "   auch die   " E r f a h r u n g s w a h r -
h e i t e n   und   e r f a h r u n g s m ä ß i g   ...   a n e r k a n n t e
m o r a l i s c h e   W a h r h e i t e n " Verbindlichkeit entfalten sollten,[980]
wurde die Politik nicht nur auf eine von allem 'Besonderen' absehende Vernunft zurückgeführt. Nach Welcker entsprach zwar der geforderte   " R e c h t s -
s t a a t " der "Bildung des vernunftrechtlichen Gesetzes und Gesellschaftsver-
hältnisses".[981] Durch die Einbeziehung der auch das Einmalige und Unberechen-
bare erfassenden 'Erfahrungswahrheiten' aber nahm Welckers Argumentation mit der 'Vernunft' eine Wendung zur Eigentümlichkeit, die scheinbar um so nachhalti-

---

979 Vgl. dazu den Abschnitt über die 'Volksherrschaft' bei STRUVE, Grundzüge, II, S. 176–219
sowie in dieser Arbeit oben S. 399–403.

980 WELCKER, Art. "Staatsverfassung", StL. XV[1], S. 22 f.; ebenso StL. XII[2], S. 363 f.

981 WELCKER, Art. "Staatsverfassung", StL. XV[1], S. 33.

ger ausfiel, als sich die Bedeutung des empirischen Anteils vorerst einmal als grundlegend erwies.

Nach Welcker hätte eine auf die rationalistische Deduktion beschränkte Begründung des Staates diesen um nichts Geringeres als dessen in "Moral, Religion und Cultur" aufscheinenden 'gemeinschaftlichen' "Endzweck" gebracht.[982] Denn die darin begriffenen " m e t a p h y s i s c h e n und p r a k t i s c h e n G r u n d s ä t z e " würden sich wegen ihres immer gegebenen Bezuges zum je Individuellen nicht für die a priori alle gleichermaßen verpflichtende Verallgemeinerung eignen.[983] Das Allgemeine des 'Vernünftigen' erstreckte sich daher in Welckers Rechtsstaat zunächst bloß auf das Urteilsverfahren, insofern die "Vorherrschaft ... des Göttlichen in vernünftig geprüfter ... Auffassung" die selbständige Prüfung durch die 'Vernunft' eines jeden meinte. Diese Beschränkung des 'Vernünftigen' auf das Prinzip des immer nur individuellen Zugangs zu den letzten Dingen war für den Aufbau des Welckerschen Systems schlechthin entscheidend, zumal dies das Fundament bildete, auf dem sich in einer vermeintlich historischen Weise die Vertragstheorie begründen ließ: Die " i n n e r e   e i g e n e V e r n u n f t " des einzelnen sei diesem " l e t z t e   s o u v e r ä n e G e s e t z g e b u n g   u n d   R i c h t e r i n ".[984] Da somit die oberste Prüfungsinstanz im Bewußtsein eines jeden einzelnen angesiedelt war, ohne daß eine bei allen notwendig gleiche und a priori verallgemeinerungsfähige Erkenntnis des Gesollten vorausgesetzt werden konnte, erschien als "Strukturprinzip" des

---

982 WELCKER, Art. "Allgemeine encyklopädische Uebersicht", StL. I[1], S. 11 f.; in erweiterter Fassung StL. I[2], S. 43–46. Vgl. auch WELCKER, Art. "Staatsverfassung", StL. XV[1], S. 21 f.; ebenso StL. XII[2], S. 363.

983 WELCKER, Art. "Allgemeine encyklopädische Uebersicht", StL. I[1], S. 14; ebenso StL. I[2], S. 47: Die " m e t a p h y s i s c h e n und p r a k t i s c h e n G r u n d s ä t z e ... sind ... wegen ihres Zusammenhanges mit s u b j e c t i v e n Gefühlen und der unvollkommenen(,) also s u b j e c t i v   v e r s c h i e d e n e n , Auffassung des Uebersinnlichen ... s o   h u n d e r t f a c h   s u b j e c t i v   v e r s c h i e d e n u n d   b e s t r i t t e n , daß sie in f o l g e r i c h t i g e r Entwickelung zu ganz v e r s c h i e d e n e n   praktischen Gesetzen führen." Vgl. auch WELCKER, Art. "Staatsverfassung", StL. XV[1], S. 34.

984 WELCKER, Art. "Staatsverfassung", StL. XV[1], S. 33 f.

Rechtsstaates der 'Vertrag'[985]. Näher betrachtet, stellte sich dieser dar als ein eben "erfahrungsmäßig anerkanntes g e m e i n s c h a f t l i c h e s Grundgesetz der g l e i c h e n ä u ß e r e n F r e i h e i t", aus dem alle übrigen Gesetze dann allerdings wieder im Wege 'logischer' Konsequenz folgten. Durch das Prinzip des ständig gelebten und sich auf mehrfache Weise äußernden "freien Volksconsenses" 'objektivierten' die "Völker ... ihre s u b j e c t i v e n i n n e r e n Vernunft- und moralischen Ueberzeugungen".[986]

Mit der also stets auf Empirisches zurückgreifenden Konsensbildung als der eigentlichen Grundlage des 'Rechtsstaates' schien Welckers politische Theorie nachgerade darauf angelegt zu sein, für das Individuelle und Besondere Raum zu schaffen. Indes zielten seine weiteren Ausführungen in die genau entgegengesetzte

---

985 Vgl. zu der Einordnung des Vertrags als 'Strukturprinzip' SCHÖTTLE, Politische Freiheit, S. 57—62.

986 WELCKER, Art. "Allgemeine encyklopädische Uebersicht", StL. I[1], S. 14—19; ebenso, mit unwesentlichen Änderungen, StL. I[2], S. 47—50; ebd.[1], S. 14 und ebd.[2], S. 47 schließt Welcker an die individuelle Bedingtheit höchster Normen an: "Um daher in f r i e d l i c h e r F r e i h e i t ... nach g e m e i n s c h a f t l i c h e m G e s e t z zu leben, begründen ... die gesitteten Völker ... durch eine freie e r f a h r u n g s m ä ß i g e Anerkennung ... ein erfahrungsmäßig anerkanntes g e m e i n s c h a f t l i c h e s Grundgesetz der g l e i c h e n ä u ß e r e n F r e i h e i t, woraus dann alle einzelnen nöthigen Rechtsgesetze, als allgemein erkenn- und beweisbare l o g i s c h e Folgesätze, sich ergeben. ... Die Völker suchen also durch solche Friedensverträge ... ihre s u b j e c t i v e n i n n e r e n Vernunft- und moralischen Ueberzeugungen ... zu vereinigen, jenes innerliche r e i n p h i l o s o p h i s c h e V e r n u n f t - g e s e t z durch die gemeinschaftliche ä u ß e r e oder o b j e c t i v e Anerkennung zu einer festen ä u ß e r e n Rechtsoffenbarung zu erheben." Zur Durchgängigkeit des Konsensprinzips als gelebte Praxis des 'Rechtsstaates' vgl. ebd.[1], S. 15—18; ebd.[2], S. 48 f.: "Jene Bedürfnisse ..., auch noch bei der Anwendung der anerkannten Grundsätze ... die Einmischung s u b j e c t i v e r Willkür auszuschließen, erzeugte vor allem gerade die, nun nicht mehr zufälligen, f r e i e n C o n s t i t u t i o n e n der Völker, ihre ... Volksversammlungen, Volksgesetzgebungen und Volksgerichte, also überall Ableitungen gemeinschaftlicher Gesetze, nicht aus i n d i v i d u e l l e n, s u b - j e c t i v e n Meinungen ..., sondern aus der g e m e i n s c h a f t l i c h e n V e r n u n f t und Anerkennung des Volks." Umgekehrt habe die "Vernachlässigung dieses G r u n d p r i n c i p s d e r O b j e c t i v i t ä t, oder des freien Volksconsenses ... zur Vernachlässigung der freien Staatsverfassungen, Volksgesetzgebungen, Volksgerichte und Volksrechte und ihres wahren Sinnes" geführt, in denen man "die vernünftigen nationalen Ideen, Bedürfnisse und Rechte des Volks" hätte erforschen und auf dieser Grundlage "die etwaigen neuen Fortschritte freier Philosophie wieder z u r V o l k s ü b e r z e u g u n g e r h e b e n, und so das Recht frei und national fortbilden sollen". Vgl. auch WELCKER, Art. "Staatsverfassung", StL. XV[1], S. 34. Vgl. dazu auch ZEHNTNER, Staatslexikon, S. 76.

444

Richtung, so daß die prinzipiell mögliche Vielfalt der 'Erfahrungswahrheiten' auf politischem Gebiet weitgehend vereinheitlicht wurde.

So sah Welcker aus "christlichen(,) ... classisch-alterthümlichen und deutschen Grundsätze(n) die unsichtbare geistige Macht" hervorgehen, "welche die aus ihr erwachsene europäische Freiheit und Bildung und die wesentliche Uebereinstimmung der staats- und völkerrechtlichen Verhältnisse der christlichen Staaten" 'erhalte'.[987] Diese Betonung der europäisch-christlichen Gemeinsamkeit konnte doch nur einen politischen Horizont anzeigen, vor dessen Hintergrund das 'Eigentümliche', das 'Unverwechselbare', sei es nationaler, sei es staatlicher Provenienz, kaum ins Auge fiel.[988] Folgerichtig verband Welcker den 'Grundvertrag' "mit denjenigen Volksrechten, welche a l l e freien Völker besitzen" würden, woran er einen bis in Einzelheiten reichenden Kanon von ständischen und bürgerlichen Rechten anschloß.[989] Entgegen dem Anschein, als sei für ihn die 'eigene Vernunft' tatsächlich eine wesentlich individuelle Größe, konkretisierte Welcker die Allgemeinheit und Einheit jedenfalls der politischen Vernunft durch die Entfaltung seines "fundamentalen triadischen Gesetzes"[990] zu einer 'besten Verfassung', in der so bestimmte Institutionen festgeschrieben wurden wie die erbmonarchische Spitze oder das in zwei Häuser geteilte Parlament.[991] So bestätigten diese Ausführungen zur letzten Stufe, was Welcker expressis verbis auch formuliert hatte: daß nämlich für ihn die "Verschiedenheit" der Staaten sich allernächst eben als

---

987 WELCKER, Art. "Deutsche Staatsgeschichte", StL. IV[1], S. 336; ebenso StL. III[2], S. 768.

988 Dagegen SCHÖTTLE, Politische Freiheit, S. 73 f., der m.E. sich den Blick von einer aus dem Umkreis der Befreiungskriege stammenden Quelle verstellen läßt. Siehe auch oben S. 181–187.

989 WELCKER, Art. "Grundgesetz, Grundvertrag", StL. VI[2], S. 180 f.

990 MÜLLER-DIETZ, Welcker, S. 29.

991 Vgl. WELCKER, Art. "Staatsverfassung", StL. XV[1], S. 51–82; weitgehend übernommen in StL. XII[2], S. 365–387.

eine Funktion unterschiedlicher Stufen in einem wiederum prinzipiell gleichen Entwicklungsgang darstellte.[992]

Wie Struve verneinte damit Welcker unter Verweisung auf Natur und Geschichte den rationalen Entwurf, nur um mit der naturphilosophisch begründeten Entwicklungstypologie zu einer kaum geringeren Negation des 'Besonderen' zu gelangen. Mit derselben bis ins Detail gehenden Ausführlichkeit und Genauigkeit, mit der jener das Ziel der Entwicklung als eine 'Volksherrschaft' auswies, identifizierte dieser den 'Rechtsstaat' als eine konstitutionelle Monarchie.

Kolb endlich verzichtete zwar auf die Ausarbeitung eines politischen Systems, gleichwohl aber zeugte seine Geschichtsschreibung augenfällig von der gegenüber Welckers, Schulz' und Struves Vorstellungen noch ungebrochenen Vorherrschaft aufgeklärt-naturrechtlicher Denkweisen.[993] Während diese Autoren im Rahmen ihrer Entwicklungsmodelle gegen das abstrakte, geschichtsferne Konstrukt zumindest vordergründig mit der Wirklichkeit und Verbindlichkeit von Natur und Geschichte argumentierten und dabei den einzelnen Stufen des geschichtlichen Prozesses das besondere Recht der jeweiligen 'Reife' zubilligten, legte Kolb ausdrücklich einen "u n i v e r s e l l (e n) " Maßstab als "stets leitendes und leuchtendes P r i n c i p " seiner Geschichtsbetrachtung "zum Voraus" — also doch zunächst einmal losgelöst von allem Geschichtlichen — zugrunde: Entscheidend für alle Beurteilungen müsse die Frage sein, inwieweit die "s ä m m t l i c h e n   s o c i a l e n   E i n r i c h t u n g e n " eines Volkes "d i e   E n t w i c k e l u n g ... a l l e r   v o r h a n d e n e n G e i s t e s -   u n d   K ö r p e r k r ä f t e   z u r   d a u e r n d e n B e g r ü n d u n g   u n d   v e r n u n f t g e m ä ß e n   B e n u t z u n g d e s   i n t e l l e c t u e l l e n   u n d   m a t e r i e l l e n   W o h l -

---

992 Vgl. WELCKER, Art. "Staatsverfassung", StL. XV^1, S. 21; ebenso StL. XII^2, S. 363: "Wie die Zustände der Völker überhaupt verschieden sind, bald mehr, bald weniger entwickelt, so haben natürlich auch ihre Staatsverhältnisse verschiedene Stufen der Entwickelung." Diesen Satz stellte Welcker als leitenden Gedanken seinem Artikel voran.

993 Zu Kolbs Verpflichtung gegenüber dem aufgeklärten, rationalistischen Denken vgl. auch KRAUTKRÄMER, Kolb (1959), S. 58, S. 96.

e r g e h e n s   d e r   G e s a m m t h e i t   ...   b e f ö r d e r n " würden.[994] Mochte sich dies auf den ersten Blick auch lesen wie ein fundamentaler
Leitsatz aus der Feder Struves, so löste die in der Tradition der Aufklärung
stehende Betonung des 'Vernunftgemäßen' eben konsequenter deren streng
universelle Orientierung ein, als es die in den 'Grundzügen' bemühte Naturphilo-
sophie zu leisten in der Lage war. Denn folgerichtiger als der zuweilen unter
Hinweis auf die je individuellen Naturanlagen und Entwicklungsgrade zu nationalistischen und rassistischen Gedankengängen neigende Struve verband Kolb mit den
von ihm eingeforderten 'unveräußerlichen Menschenrechten'[995] die Idee von der
einen "Menschheit", indem er alle Völker − unerachtet ihres kulturellen oder
geschichtlichen Ortes − auf denselben Fortschritt des "Geist(es) der Cultur, der
Humanität, der Aufklärung und der Freiheit"[996] verpflichtete.

So wurde die hinduistische Kultur an der dem bürgerlichen Gesellschaftsideal
innewohnenden prinzipiellen Chancengleichheit aller Individuen gemessen und
wegen der dazu entgegengesetzten starren ständischen Gebundenheit verdammt.
Die britische Herrschaft in Indien, die Kolb konsequent als temporäre Vormundschaft im Sinne einer Erziehung zur 'Selbständigkeit' aufgeklärt-europäischen Stils
deutete, rechtfertigte er eben damit, daß das "Bestehen der   w a h r e n   ...
nothwendig den Untergang dieser so furchtbaren   S c h e i n - C u l t u r "
'bedinge'.[997] Gleichermaßen wurde das antike Rom ausschließlich im Lichte der

---

994 KOLB, Art. "Menschheit", StL. X[1], S. 428; ebenso StL. IX[2], S. 4; zum Leitbild einer
     universellen Kultur vgl. auch ebd. [1], S. 438, S. 488; ebd. [2], S. 11, S. 44 und KOLB, Ge-
     schichte, I, S. 14 f.

995 Vgl. KOLB, Art. "Menschheit", StL. X[1], S. 471; ebenso StL. IX[2], S. 32 f.: Die "Römer"
     hätten "nicht einmal die   M ö g l i c h k e i t   ('geahnt'), daß das Gesetz für   a l l e
     Menschen das gleiche sein könne und solle, und daß es menschliche Vorrechte gebe, die,
     unveräußerlich und rechtlich unentreißbar, einem Jeden gebühr(t)en". Vgl. auch ebd. [1],
     S. 498 f. und ebd. [2], S. 51, wo die formale Rechtsgleichheit des   " M e n s c h e n "
     gegenüber seinen Mitmenschen als das "erste und heiligste seiner Rechte" bezeichnet wird.
     Vgl. auch KOLB, Geschichte, I, S. 276 und ebd., II, S. 346 f.

996 KOLB, Art. "Menschheit", StL. X[1], S. 427; ebenso StL. IX[2], S. 4; siehe auch KOLB, Ge-
     schichte, I, S. 4, S. 15.

997 Vgl. KOLB, Art. "Bramanen", StL. II[1], S. 691−704 (Zitat); ebenso StL. II[2], S. 590−598 in
     Verbindung mit KOLB, Art. "Ostindien", StL. XII[1], S. 70−99; ebenso StL. X[2], S. 197−218.

einen, für alle Gesellschaften geltenden bürgerlichen Utopie kritisiert. Demnach habe vor allem der "M a n g e l   e i n e s   M i t t e l s t a n d e s", welcher bei den "Römern ..., wie überhaupt (bei) so ziemlich allen Völkern des Alterthums" zu verzeichnen sei, den Untergang des Reiches verursacht, weil die im Verhalten des 'Mittelstandes' konkretisierte besitzbürgerliche Rationalität als der eigentliche Motor des Fortschritts damit ausgefallen sei.[998] Abermals schien diese alleinige Orientierung an der bürgerlichen Rationalität und 'Vernünftigkeit' auf, wenn Rom wie das alte Ägypten auch wegen religiöser Gebräuche dem Verdikt der 'Unvernünftigkeit' anheimfielen, weil etwa die einen die Lupercalia " n a c k t "   begangen oder die anderen "ungeheure Masse(n) von Zeit und Capitalien ..., die zu   N ü t z l i c h e m   hätten dienen können, ... allein für das Einbalsamiren der Thierleichen sinnlos vergeudet (hatten)!"[999]

Mit solcher an Abt erinnernden gründlichen Berufung auf die Vernunft unterschieden sich Kolbs Gedankengänge deutlich allernächst von Welckers und Struves Argumentationsweisen. Während Welcker etwa das Mittelalter vor der

---

998 Vgl. KOLB, Art. "Menschheit", StL. X[1], S. 484 f.; ebenso StL. IX[2], S. 41 f., dort besonders: "Es ist wahrhaft unberechenbar, wie gewaltig und ausgedehnt der Einfluß des Mittelstandes, wie groß demzufolge der Nachtheil des Mangels eines solchen ist. Der Mittelstand schließt eben sowohl den Uebermuth aus, den der Reichthum so häufig hervorruft, als hinwieder die Abhängigkeit, die gewöhnlich an die Armuth sich anknüpft. Beiden Classen tritt der Mittelstand keineswegs schroff entgegen, sondern er strebt vermittelnd deren verschiedenartige Interessen auszugleichen. Namentlich muß in politischer Beziehung sein Streben dahin gehen, weder die Uebel einer drückenden Aristokraten- noch die einer rohen Pöbelherrschaft aufkommen zu lassen. Bei Erhaltung der Ordnung im Staate ist aber diese Classe auf's Wesentlichste interessirt: alle Angehörigen derselben haben nicht nur ein Vermögen zu verlieren, sondern ihr gewöhnlicher Erwerb geräth auch durch politische Unruhen in's Stocken, da die Industrie nur in Zeiten der Ruhe und Ordnung blühen kann. — Aber noch mehr: aus dieser Classe geht in der Regel auch die geistige Entwickelung, geht das höhere Voranschreiten hervor, indem ihre Angehörigen weder durch übergroßen Reichthum schlaff gemacht, noch durch Armuth und Noth niedergedrückt, sonach nicht der Mittel zur Entwickelung in intellectueller wie in materieller Beziehung beraubt sind; vielmehr die fortdauernde gegenseitige Concurrenz und alle sonstigen Verhältnisse ein unausgesetztes Streben nach Vervollkommnung unterhalten, das auch zu geistigem Voranschreiten um so gewisser führen muß, als der Besitz von Kenntnissen sogar zur Bedingung des materiellen Wohlstandes geworden ist."

999 Vgl. KOLB, Art. "Menschheit", StL. X[1], S. 479, S. 446; ebenso StL. IX[2], S. 38, S. 16; vgl. auch KOLB, Geschichte, I, S. 310 f., S. 96 f.

rationalistischen Kritik in Schutz nahm[1000], Struve es sogar stellenweise glorifizier-
te[1001] und beide Autoren selbst die 'despotische' Herrschaft rechtfertigten, so
diese nur dem in ihren Entwicklungsschemata ausgewiesenen Entwicklungsstand
entsprach[1002], verdammte Kolb ähnlich Abt die das Zeitalter "des Mittelalters"
prägende "u n i v e r s e l l e , allenthalben g l e i c h a r t i g e B a r -
b a r e i ". [1003] Und wie dieser vermochte er ganz im Gegensatz zu Welcker
und Struve wenig Anziehendes in der ursprünglichen germanischen 'Freiheit' zu
entdecken, hätten "die Germanen" doch — ein schlimmeres Urteil läßt sich kaum
denken — "ihre Zeit in U n t h ä t i g k e i t zu(gebracht)".[1004] Wenn es
Berührungspunkte zwischen Kolbs Argumentation und dem bei Struve, Welcker
und Schulz zentralen Entwicklungsdenken gab, dann waren sie in erster Linie bei
dem letztgenannten Autor zu finden. Denn rationalistisch, wie Kolb seine Weltsicht gestaltet hatte, geriet ihm auch die Bewegung des Fortschritts zu einer
einfachen Rechnung: Von den "beiden bekannten Größen (den Zuständen in der
Vergangenheit und jenen in der Jetztwelt)" schloß er bedenkenlos "auf eine dritte
Größe — auf die Z u k u n f t ". Der dorthin führende Gang der Entwicklung schien durch eine mathematische Formel erfaßbar zu sein, wenn sich laut
Kolb "das Voranschreiten ... nach dem Naturgesetze der m a t h e -
m a t i s c h e n (,) also nicht blos der a r i t h m e t i s c h e n Pro-

1000 Vgl. hierzu besonders WELCKER, Art. "Mittelalter", StL. X^1, S. 604—637; ebenso StL. IX^2,
    S. 124—147.

1001 Vgl. STRUVE, Grundzüge, II, S. 106 f. und ebd., IV, S. 136, S. 197.

1002 Vgl. STRUVE, Grundzüge, II, S. 3 f. und WELCKER, Art. "Staatsverfassung", StL. XV^1,
    S. 24—26, S. 40 f.

1003 KOLB, Geschichte, I, S. 47. Vgl. insonderheit die ebd., II, S. 174—181, S. 207—214,
    S. 255—262 formulierte vernichtende Kritik an den Kreuzzügen, an dem Zunftwesen und am
    Glaubensfanatismus mit den um Verständnis nachgerade werbenden Ausführungen bei
    WELCKER, Art. "Mittelalter", StL. X^1, S. 618—626, S. 631; ebenso StL. IX^2, S. 134—139,
    S. 143.

1004 KOLB, Geschichte, I, S. 360 f.; zu Welcker und Struve, die demgegenüber in der 'germani-
    schen Urfreiheit' durchaus wesentliche Traditionsbezüge ausmachten, vgl. u.a. WELCKER,
    Art. "Mittelalter", StL. X^1, S. 634—637; ebenso StL. IX^2, S. 145—147 und STRUVE, Art.
    "Proletariat", StL. XI^2, S. 215 wie auch STRUVE, Grundzüge, III, S. 120 f. und ebd., IV,
    S. 146 f.

gression" vollzog. Daß der Pfälzer diese Berechenbarkeit des Fortschritts verband mit der erklärten Abhängigkeit der 'geistigen Kultur' von dem Grad der wirtschaftlichen Entfaltung und daß er gleichzeitig Geschichte und Zukunft als das ureigenste Werk des Menschen bezeichnete, zeigt dabei – wie es sein Biograph Elmar Krautkrämer schon betont hat – eine das rationalistische Denken ergänzende "materialistische Geschichtsauffassung". Und eben hierin – in dem Ausgang von einer bereits materialistische Züge aufweisenden schier mathematischen Berechnung der Zukunft – liegen durchaus Parallelen zu den Vorstellungen Schulz'.[1005] Allerdings hatte Kolb darum noch nicht dessen Entwicklungsdenken übernommen, das mit der Berufung auf ein sich entfaltendes Arbeitsteilungsprinzip eine Historisierung jedenfalls des vormals Gebotenen einschloß. Grundlegend blieb die Orientierung an der einen überzeitlichen Vernunft.

Die Betrachtung der politischen Letztbegründungen von sechs Autoren erlaubt nun folgende Einteilung: Auf der Grundlage einer alle Zeiten gleichermaßen verbindenden Vernunft argumentierten Abt, Kolb und Jordan, wobei letzterer in der verzögernden Wirkung der 'Geschichte' eine legitime Einschränkung anerkannte, was ihn in eine Außenseiterposition rücken ließ. Demgegenüber beriefen sich Welcker, Struve und Schulz auf einen grundlegenden Entwicklungsgedanken, der Natur, Geschichte und Vernunft in sich vereinigen sollte. Dabei waren die Grenzen zwischen den einzelnen Argumentationsweisen nicht immer scharf gezogen, was nicht verwundert, zumal die konkreten politischen Zielvorstellungen sich häufig überschnitten. Indessen ließ sich deutlich beobachten, daß Struves

---

1005 Vgl. KOLB, Art. "Menschheit", StL. X[1], S. 427–430; ebenso StL. IX[2], S. 4–6; zur Abhängig-keit des kulturellen Fortschritts von der materiellen Entwicklung vgl. auch ebd. [1], S. 488; ebenso ebd.[2], S. 44. Zur Ähnlichkeit der Argumentationen von Schulz und Kolb vgl. SCHULZ, Veränderungen, S. 20 (zitiert oben Anm. 947) mit KOLB, Art. "Menschheit", StL. X[1], S. 430; ebenso StL. IX[2], S. 6, wo es heißt: "Alles, was die Menschheit ist und sein wird, mußte sie und muß sie d u r c h   s i c h   s e l b s t ,   durch Entwickelung ihrer e i g e n e n   Kraft, ihrer   e i g e n e n   Anlagen werden". Vgl. ferner KOLB, Geschich-te, I, S. 4 f., S. 15–19. Zur Literatur vgl. KRAUTKRÄMER, Kolb (1959), S. 96 f. (dort auch das Zitat im Text).

System mit dem Anthropomorphismus eher Welckers Denken näher stand als etwa demjenigen Schulz' oder gar Abts. Nicht von ungefähr konnte Leonard Krieger die aus der Feder des nachmaligen badischen Revolutionärs stammende theoretische Grundlegung als von den gemäßigten Modellen kaum unterscheidbar bezeichnen.[1006] Umgekehrt hätte der im Grunde ähnlich wie Abt argumentierende Kolb allenfalls Teile des Entwicklungsdenkens von Schulz übernehmen können. Mit dem von materialistischen Denkweisen noch gänzlich unberührten Welckerschen Modell, das dem jeweiligen Stand der 'natürlichen' Entwicklung gegen die rationale Kritik das je eigene Recht attestierte, konnte Kolb hingegen keineswegs einverstanden sein. Von der gewissen Außenseiterposition Jordans einmal abgesehen, ließ sich demnach der Unterschied in der Haltung zum gewaltsamen Fortschritt nicht mit einem korrespondierenden Unterschied in den Argumentationsmustern in Verbindung bringen. Materialistische wie rationalistische Gedankengänge sowohl als die auf die organische Entwicklung abhebenden Systeme fanden sich in beiden Lagern.

An dem Ergebnis, daß sich die Differenz in der Einstellung zum gewaltsamen Fortschritt nicht in einer entsprechenden Andersartigkeit der jeweils bemühten politischen Letztbegründungen spiegelte, wird auch ein Blick auf die von List und Mathy verwandten Argumentationsmuster nichts ändern können, als so eigentümlich auch sich diese am Ende noch erweisen sollten. Aber vielleicht ist eine – freilich nur noch sehr begrenzt aussagekräftige – Zuordnung von Gewaltbereitschaft und einer bestimmten Politikbegründung dennoch möglich, vergleichbar etwa der, die sich im Rahmen der Verfassungsfrage an das Modell der direkten Demokratie anschließen ließe. Denn daß sich nach dem Bisherigen der Plan des friedlichen Wandels sowohl als die Politik des gewaltsamen Fortschritts mit gleichen Letztbegründungen vortragen ließen, schließt keineswegs aus, daß ein soweit noch nicht in Erscheinung getretenes Denken sich nur mit einer Option verband. Eine solch eindeutige Zuordnung konnte mit Abstrichen allerdings

---

1006 KRIEGER, German Idea, S. 324.

bereits im Falle der Theorie Jordans verzeichnet werden: Ohne schon das einzige Denkmuster zu sein, auf dessen Grundlage der friedliche Wandel propagiert wurde, war Jordans eigentümliche Verquickung von vernunftrechtlicher Kritik und geschichtlicher Rechtfertigung jedenfalls das einzige Legitimationsmodell, das nicht zugleich auch als Grundlage für das Programm des kriegerischen Fortschritts diente. Auf der Seite der Gewaltbefürworter war eine derartige Eindeutigkeit bislang noch nicht zu entdecken gewesen. Selbst Abts radikale Berufung auf die Vernunft ließ sich in Kolbs Schriften wiederfinden − wenngleich mit durchaus unterschiedlichen politischen Implikationen und ganz anderen Vorstellungen von dem, was für 'vernünftig' zu gelten habe. Hier also könnte das Denken von Mathy und List noch interessieren: Obwohl die Gewaltbereitschaft insgesamt sich nicht zurückführen läßt auf Denkmuster, die eindeutig von denjenigen der Friedfertigkeit unterscheidbar wären, können desungeachtet einzelne Argumentationsweisen immer noch ausschließlich für die Gewalt offen sein. Und vielleicht belegt die Publizistik dieser beiden Autoren doch noch die eingangs vermutete Affinität einer historistisch geprägten Weltsicht zu der auf die Gewalt abhebenden Politik.

Schon ein flüchtiger Blick auf das 'Nationale System' widerlegt indessen die Annahme, daß List sich eines in seinen Grundzügen besonderen oder sogar historistischen Argumentationsmodells bedient habe. Gewiß redete der National-ökonom dem Schutz der "Nationaleigentümlichkeiten" das Wort.[1007] In seiner Polemik gegen Adam Smith und Quesnay, deren " T h e o r i e " die "Existenz der Nation" und die "Geschichte" gleichermaßen mißachte, räumte er letzterer vordergründig die entscheidende Stelle ein: Weise die "Geschichte" doch "auf Vermittlung zwischen ... Philosophie und ... Politik". Denn sie berücksichtige und rechtfertige das "Interesse jeder besondern Nation", dazu die je "eigentümlichen Zustände" und die damit gebotenen "besondere(n) Maßregeln" ebenso wie

1007 LIST, Das nationale System, S. 48.

das der rationalen Theorie zugeschriebene kosmopolitische Ziel.[1008] Indes handelt es sich hier keineswegs um eine 'Nationaleigentümlichkeit', die sich im historistischen Sinne der rationalen Erschließung versagte. Vielmehr reduzierte die Listsche Theorie das 'Besondere' auf den jeweils erreichten Platz in dem für alle gleichen ökonomischen Stufengang. Treffend hat bereits Artur Sommer bemerkt, "daß die in Adjektiven dauernd betonte Besonderheit der Nation im Nationalen System fast gänzlich aufgehoben ... (sei) durch den Begriff der 'Normalmäßigkeit'". Eine "historische Singularität" sei daher im Listschen Nationenbegriff nicht enthalten.[1009] Wie Welcker unter verfassungspolitischem Vorzeichen die Geschichte aller Staaten einer überall gültigen Entwicklungstypologie unterworfen hatte, so preßte List alle "Nationen" in sein System der "H a u p t e n t w i c k l u n g s g r a d e ...: w i l d e r Z u s t a n d, H i r t e n s t a n d, A g r i k u l t u r s t a n d, A g r i k u l t u r - M a n u f a k t u r - s t a n d, A g r i k u l t u r - M a n u f a k t u r - H a n d e l s - s t a n d".[1010] Mit dem einen Unterschied, daß "die L ä n d e r d e r h e i ß e n Z o n e" von den letzten beiden Stufen ausgespart blieben,[1011] entwarf List im 'Nationalen System' einen für alle Länder einheitlichen, gleichen, rational überprüfbaren Entwicklungsgang, mit dem er — worauf wiederum schon Artur Sommer hingewiesen hat — die Negation des "historisch Gewordene(n)" so weit trieb, daß nicht einmal "der besonderen Verteilung der Rohstoffe und Naturvorteile wenigstens der Länder der gemäßigten Zone" Rechnung getragen wurde.[1012] Angesichts dieser rigiden Schematisierung erscheint Lists Denken lediglich als die diesmal in ökonomische Argumente gekleidete Variante des grundlegenden stufenförmigen Entwicklungsmodells, dessen verfassungspolitisches Abspiel nicht nur von Struve, sondern eben auch von Welcker vertreten wurde.

1008 LIST, Das nationale System, S. 41 f.; vgl. auch ebd., S. 8, S. 14, S. 34, passim.
1009 SOMMER, Friedrich Lists System, S. 92.
1010 LIST, Das nationale System, S. 49.
1011 LIST, Das nationale System, S. 52.
1012 SOMMER, Friedrich Lists System, S. 98.

Und Mathy? Dieser sehr 'pragmatisch' verfahrende politische Publizist[1013] hatte zwar auf die Entwicklung einer geschlossenen Theorie verzichtet, gleichwohl aber bereitet auch hier die Antwort auf die Frage nach den Grundlagen seines politischen Denkens keine allzu großen Schwierigkeiten. Wenn Mathy etwa Anfang der 1830er Jahre "die Freiheit, die von der Natur allen Geschöpfen auf der Erde gegeben" sei, in den Vordergrund rückte und dabei betonte, daß "jede Verfassung ... ein Vertrag" sei,[1014] dann schien darin unverkennbar die prägende Tradition der kontraktualistischen Theorie der Aufklärung auf. Dementsprechend hat die Literatur zu Recht das Fortwirken des aufgeklärten, an überzeitlichen Normen orientierten, vertragstheoretischen Denkens in Mathys Schriften hervorgehoben. Geistige Paten seien Rousseau, Montesquieu, Kant und Adam Smith gewesen.[1015] Mag im Gegensatz zu diesem einheitlichen Urteil der spätere Einfluß Mazzinis auf Mathys Anschauungen während des Schweizer Exils auch umstritten sein, so fand in dieser Zeit doch jedenfalls keine grundlegende Änderung im Hinblick auf das philosophische Fundament statt. Allenfalls gelangte die kosmopolitische Seite der aufgeklärten Tradition zu stärkerer Geltung.[1016] Und schließlich spiegelten Mathys Beiträge aus den 1840er Jahren, welche die Volkswirtschaft in den Mittelpunkt stellten, gleichermaßen die Orientierung an dem rationalen Erklärungsmodell: Ähnlich wie bei List war hier ein durch die Zonentheorie modifizierter 'gesetzmäßiger Stufengang' grundlegend. In diesem Zusammenhang beschränkte sich die "Eigenthümlichkeit" der Nationen auf deren durch den Stand der ökonomischen Entwicklung bedingten Ort in einem arbeitsteilig verfahrenden

---

1013 Vgl. dazu SCHOCH, Analyse, S. 25 und HOCHSCHILD, Mathy, S. 242.

1014 In der Reihenfolge der Zitate: MATHY in: 'Der Zeitgeist', Nr. 8 f., 28.07. und 01.08.1832; dort wegen Satzanfang: "Jede ...".

1015 Vgl. SCHOCH, Analyse, S. 28, S. 66, S. 75; HOCHSCHILD, Mathy, S. 232, S. 238.

1016 Vgl. hierzu SCHOCH, Analyse, S. 59 f., der die Prägewirkung Mazzinis sehr hoch veranschlagt. Dagegen HOCHSCHILD, Mathy, S. 245.

Weltverkehr.[1017] Damit verließ auch Mathy kaum die Bahnen des von den anderen Autoren schon bekannten politischen Denkens.

Genausowenig wie die nationale und die Verfassungsfrage erwies sich mithin der Bereich der politischen Letztbegründungen als entscheidend für die Haltung zur Gewalt. Was jetzt noch zu klären bleibt, ist die Wirkung der ereignisgeschichtlichen Zäsur von 1840. Daß Welcker und Kolb als die Vertreter des friedlichen Wandels die Rheinkrise zum Anlaß nahmen, auf den friedlichen Ausgleich zwischen Frankreich und Deutschland hinzuarbeiten,[1018] bedarf keiner weiteren Erörterung. Aber auch Mathy sah in der Erhaltung des Friedens einen Sieg der "Vernunft über die Unvernunft". Daß sich "ein dauernder Friede" für Mathy ebenso im Gefolge der Rheinkrise einstellen mochte wie ein deutsch-französischer Waffengang oder ein Koalitionskrieg der verbündeten Deutschen und Franzosen gegen eine englisch-russische Allianz[1019], läßt erkennen, wie weit der badische Politiker davon entfernt war, dieser Krise eine weichenstellende Wirkung zuzuschreiben. Ganz treffend hat darum Hildegard Müller gemeint, daß Mathy "die Rheinkrise nur als Ventil für die niedergedrückte öffentliche Meinung" gedient habe.[1020] Gleichermaßen bildete nach einer Beobachtung von Artur Sommer nicht die gespannte internationale Situation von 1840, sondern die englisch-franzö-

---

1017 Vgl. MATHY, Art. "Handel", StL. VI^2, S. 399; MATHY, Art. "Nationalökonomie", StL. IX^2, S. 355—361; MATHY, Art. "Sperre", StL. XIV^1, S. 674 f.; ebenso StL. XII^2, S. 269 (Zitat).

1018 Vgl. WELCKER, Art. "Frankreich, politische Systeme u.s.w. Nachtrag", StL. V^2, S. 156, S. 158 f.; WELCKER, Art. "Jüstemilieu", StL. IX^1, S. 10, S. 13, S. 20, passim; ebenso StL. VII^2, S. 798, S. 800, S. 805, passim; KOLB, Art. "Rheinlande", StL. XIII^1, S. 754—763; ebenso StL. XI^2, S. 572—578; KOLB, Art. "Natürliche Grenze", StL. XI^1, S. 154—162; ebenso StL. IX^2, S. 404—410. Kolb hatte sich im Verlauf der Rheinkrise nicht nur für die Wahrung des Friedens nachdrücklich eingesetzt — vgl. hierzu oben Anm. 794 —, sondern er hatte sehr eindringlich auch für die deutsch-französische und die deutsch-englische Freundschaft gewirkt. Vgl. KOLB in: 'Neue Speyerer Zeitung', Nr. 93 (1841), S. 415 f. vom 11.05.1840; Nr. 100 (1841), S. 445 vom 20.05.1841 und Nr. 115 (1841), S. 515 f. vom 12. 06.1841. Vgl. dazu auch KRAUTKRÄMER, Kolb (1959), S. 86—88.

1019 Vgl. MATHY in: 'National-Zeitung', Nr. 197, 16.07.1841.

1020 Vgl. H. MÜLLER, Liberale Presse, S. 101. MATHY, Zustände (1843), S. 73 f. prangerte denn auch das von seiten der "Kosacken der Reaktion" anläßlich der Rheinkrise erhobene, aufbauschende Verlangen "nach einem Kreuzzuge gegen Frankreich" an (Zitate S. 73).

sische Entfremdung von 1845 den Anlaß für die Allianzdenkschrift,[1021] in der sich List in aller Offenheit zu der in seinen vormaligen Schriften mehr nur impliziten Notwendigkeit des kriegerischen Fortschritts bekannte. Auch bei den anderen Verfassern spricht die Chronologie gegen eine von der Rheinkrise ausgehende Wendung zur Gewalt. Während Abt und Struve erst Mitte der vierziger Jahre als politische Publizisten in Erscheinung traten, reagierte Schulz zwar 1841 mit einer Flugschrift auf die Verschärfung der deutsch-französischen Beziehungen. Und in dieser Schrift propagierte er auch die Notwendigkeit des Krieges. Aber es war dies der von Frankreich und Deutschland gemeinsam zu führende revolutionäre Krieg gegen die Bewahrer des Wiener Vertragssystems.[1022] Und vor allem: Schulz hatte die Notwendigkeit des großen Krieges bereits vor der Rheinkrise 1838 im Staatslexikon formuliert.[1023]

Danach kam der Rheinkrise eine mehr nur nachgeordnete Bedeutung für das politische Denken der acht Autoren zu. Jedenfalls fiel diese weitaus weniger ins Gewicht als die von der Julirevolution ausgehende Wirkung. Denn noch vor 1840 wurde im Verlauf jener Entwicklungen, die auf das Ereignis von 1830 zurück- gingen, offenkundig, daß sich die Zielvorstellung der Emanzipation und das Interesse des Besitzbürgers nicht mehr widerspruchsfrei miteinander verbinden ließen. Und wie es die zurückliegende Betrachtung gezeigt hat, bildete ebenjene Erfahrung die eine Conditio sine qua non für die Hinwendung zur Gewalt. Man mochte sich für die 'Nation' begeistern oder nicht, man konnte die konstitutionelle Monarchie ablehnen oder mit Nachdruck verteidigen, man mochte schließlich sein politisches System um den Entwicklungsgedanken herum errichten oder strikt in der Tradition der Aufklärung argumentieren − es war dies alles möglich in Verbindung sowohl mit einer gewaltsamen als auch mit einer friedlichen Fort- schrittskonzeption. Augenscheinlich ausgeschlossen aber war die Rechnung mit

---

1021 SOMMER, Friedrich Lists System, S. 212.
1022 Vgl. SCHULZ, Der Bund, S. 25−32.
1023 Vgl. SCHULZ, Art. "Frieden. Friedensschlüsse", StL. VI^1, S. 133.

dem friedlichen Wandel bei gleichzeitiger Einsicht in die antiemanzipativen Konsequenzen eines freigesetzten besitzbürgerlichen Interesses; wie umgekehrt das Fehlen dieser Einsicht ein Festhalten an dem gewaltfreien Fortschrittsmodell erst ermöglichte. In diesem Sinne also darf das besitzbürgerliche Interesse, wenn auch nicht als die einzige, so doch als die eigentliche Ursache für die Hinwendung zur Gewalt gelten.

So spiegelten die Schriften der acht Autoren auch den zweiten Teil jenes Prozesses, der bei Rotteck aus der Friedensutopie in die Affirmation der Gewalt führte: Die entscheidende Voraussetzung der bürgerlichen Friedensutopie war die Vereinbarkeit von besitzbürgerlichem Interesse und Emanzipation. Löste diese sich auf, dann ging die Utopie nicht nur einfach verloren, sondern zugleich wurde auch die Gewaltanwendung zu einer Notwendigkeit erklärt. Damit war man allerdings noch nicht beim Bellizismus angelangt, dessen Erscheinungsformen in dem abschließenden Kapitel noch interessieren werden. Denn auf der Oberfläche blieb das jetzt nur noch gewaltsam zu erreichende Ziel des Friedens immer noch bestehen. Mit dem kriegerischen Fortschritt aber wurde eine entscheidende Hemmschwelle zu der Rechtfertigung des Krieges schlechthin überschritten.

3.2 Bellizismen im Staatslexikon und deren Erscheinungsformen

Anders als die bisherigen Ausführungen zum Staatslexikon nimmt dieses abschlie-
ßende Kapitel seinen Ausgang nicht von einem friedensutopischen Denken,
sondern von der Kriegsverherrlichung. Anzeichen für bellizistische Vorstellungen
schimmern im Staatslexikon an mehreren Stellen durch. So hatte selbst Welcker,
der doch 1814 so eindeutig jener Apologie eine Absage erteilt hatte, die dem
Krieg eine 'belebende' Wirkung attestieren wollte,[1024] im Staatslexikon das
Erscheinen der "nach langer Zerrüttung und Erschlaffung ... erste(n) erhebende(n)
Bewegung" dem "siebenjährigen Krieg" zugeschrieben.[1025] Allerdings blieben
solche Ansätze hier wie auch sonst unmißverständlich auf die Vergangenheit
begrenzt, zumal Welcker an gleicher Stelle erklärte, den weiteren Fortschritt
"ohne blutigen Krieg" erringen zu wollen.[1026] Neben Rotteck erhoben nur noch
zwei Publizisten den "Krieg" auch zum künftigen "Beweger des Menschengeschlechts": Wilhelm Schulz und Paul Achatius Pfizer.

Schulz gehört zwar zu den Autoren, die im Staatslexikon an einer Friedensutopie
festhielten. Sein gleichzeitiges Lob des Krieges aber − dieser wirke als "der
Schöpfer neuer und höherer Zustände" − konnte zuweilen den Frieden in weite
Ferne rücken lassen. Stand dahinter doch Schulz' damalige Auffassung, daß nur
der Krieg in die Welt des Friedens führe. Und wenn zudem − wie eben auch
mitunter im Staatslexikon − sich eine über die unmittelbare Zukunft hinausgreifende zeitliche Entgrenzung des kriegerischen Fortschritts in der zugegeben eher
seltenen Skepsis gegenüber der Realisierbarkeit des 'ewigen Friedens' spiegelte,
dann mochte solche Aufwertung des Krieges zur schieren Kriegsverherrlichung

---

1024 Vgl. WELCKER, Deutschlands Freiheit, S. 47; siehe oben S. 370 f., Anm. 768.
1025 WELCKER, Art. "Blücher", StL. II^1, S. 614; ebenso StL. II^2, S. 545.
1026 Vgl. WELCKER, Art. "Blücher", StL. II^1, S. 648; ebenso StL. II^2, S. 569.

geraten.[1027] Gewiß überwog in Schulz' vormärzlicher Publizistik das Bekenntnis zu dem wenn auch gewaltsam zu verwirklichenden Friedensziel der Geschichte. Die zeitweiligen Überlagerungen durch bellizistisches Gedankengut geben gleichwohl Anlaß, Schulz nicht nur als den Vertreter einer Friedensutopie, sondern auch als den, obschon nicht konsequenten, Verkünder des Bellizismus zu betrachten.

Eindeutiger ist demgegenüber der Befund bellizistischen Denkens bei Pfizers Ausführungen im Staatslexikon: Nachdem er die Kantsche Friedensutopie beifällig in groben Zügen referiert und mit eigenen Gedanken versetzt hatte, schloß er, daß "ohne Zweifel niemals ... auch alle Fortschritte des Staats- und Völkerrechts und der Humanität den Krieg ... ganz verbannen oder auf die Regeln eines Schachspiels reduciren könn(t)en". Es gebe "Zwiespalte und Verwickelungen, so tief und unauflöslich, daß die Entscheidung nur durch einen Kampf erfolgen ... (könne), in welchem alle Waffen, auch die vom Völkerrecht verbotenen, gelten" würden. Schließlich sei "die Natur ... nicht blos die zärtliche, allerhaltende Mutter, ... sie (sei) ... auch die Mutter des Kampfs und der Zerstörung, die im Tode" 'schwelge'. Und es werde die "Natur ... ihre Herrschaft der lichten, friedlichen Vernunft nie ganz abtreten, ... die Menschheit ... ihre Mutter niemals ganz verleugnen".[1028] War es bei Schulz die bloße Skepsis, die überdies nur stellenweise die Friedensutopie hinter einer Kriegsverherrlichung verschwinden ließ, so vollzog Pfizer hier eine definitive Abkehr vom Friedensziel, um daran anschlie-

---

1027 Vgl. SCHULZ, Art. "Frieden. Friedensschlüsse", StL. VI^1, S. 88 f.; ebenso StL. V^2, S. 198: "Blicken wir in die Geschichte zurück, so sehen wir, wie alle Entwickelung des Völkerlebens an die wechselnde Kette von Kriegs- und Friedenszuständen sich anknüpft; wie der Krieg, der Beweger des Menschengeschlechts, nicht blos zerstörend einherschreitet, sondern auch der Erwecker schlummernder Kräfte, der Schöpfer neuer und höherer Zustände wird, indem er seinen blutigen Samen über die Länder der Erde ausstreut. ... Der Gesichtskreis, den wir zur Zeit überblicken, reicht aber lange nicht in eine so tiefe Zukunft hinein, um die Frage zu beantworten, o b und w a n n ein solcher n a t ü r l i c h e r Beharrungszustand, welcher die p o l i t i s c h e Stabilität erst m ö g l i c h machen (und damit den 'ewigen Frieden' verbürgen, F.N.) würde, eintreten w e r d e und ob er jemals eintreten k ö n n e ? "

1028 PFIZER, Art. "Ewiger Friede", StL. V^1, S. 333—338 (Zitate S. 337); ebenso StL. IV^2, S. 560—564 (Zitate S. 563 f.).

ßend den Krieg in bellizistischer Manier zu feiern: Wenn "allseitige Entwickelung aller ihrer Kräfte und Vermögen der Menschheit letztes Ziel und wirkliche Bestimmung (sei), so ... ('gehöre') auch der Krieg mit zur Bestimmung des Menschengeschlechts. Der Krieg ... (sei) That und höchste Kraftentwickelung". Es gebe "im Menschen Eigenschaften und Vermögen, die ihre ganze Macht und Größe nur im Kampf entfalten (würden), und die höchste Bewunderung der Völker (sei) ... zu allen Zeiten dem Helden zu Theil" geworden. Der Krieg sei die Bedingung menschheitlichen Fortschritts, denn "ohne Krieg und Stürme (würde) ... der Druck der unbewegten Atmosphäre unvermerkt die Geister ('lähmen'), ohne eine thatenreiche Geschichte ... der Boden ('fehlen'), auf dem das Völkerleben in Kunst und Wissenschaften seine schönsten Blüthen" 'treibe'.[1029]

Die hier beabsichtigte Untersuchung, welche nach der Signifikanz der Rotteckschen Kriegsverherrlichung für das vormärzliche Denken fragen will, hat vor dem Hintergrund der vorherrschenden Bellizismusdeutung bei den beiden Bellizismen vier Grundprobleme zu erörtern: Wurzelte − erstens − der Bellizismus in dem Bestreben, eine rückwärtsgewandte, egalitäre Sozialutopie gegen die heraufziehende industrielle Klassengesellschaft zu konservieren; ging mit ihm − zweitens − der politische Rückgriff auf die Nation einher; stand er − drittens − im Kontext einer eher traditionell vernunftrechtlichen oder mehr historistischen Grundlegung von Politik und verband sich mit ihm − viertens − eine revolutionäre oder eine auf die Revolutionsvermeidung abzielende, etatistische Grundhaltung?

Was die aus Schulz' Feder stammende Kriegsverherrlichung anlangt, so braucht hier zumeist nur auf die Ergebnisse der vorangegangenen Abschnitte verwiesen zu werden. Schulz formulierte seine bellizistischen Wendungen im Rahmen einer Politik, die im Gegensatz zu Rotteck die Industrialisierung vorantreiben wollte, wenngleich er dabei mit Rotteck den antiemanzipativen Folgen des Wandels zu wehren suchte. Auch spielten nationale, mitunter sogar nationalistische Inhalte in

---

1029 PFIZER, Art. "Ewiger Friede", StL. V^1, S. 338; ebenso StL. IV^2, S. 564.

Schulz' politischem Denken eine erhebliche Rolle, was von der Ideenwelt des Freiburger Gelehrten nicht gesagt werden kann. Sich abermals von Rottecks System unterscheidend, begründete Schulz seine Politik nicht mit der vernunftrechtlichen Theorie, sondern er führte seine Vorstellungen letztlich auf den Entwicklungsgedanken zurück. Allerdings hatte er sich damit trotz mancher Anklänge nicht einem historistischen Denken verpflichtet. Ohne darum also schon als ein Kronzeuge für die gängige Bellizismusdeutung angesehen werden zu können, vereinigte demnach Schulz in seiner Kriegsverherrlichung unter dem Aspekt der Legitimations- wie auch zumindest vordergründig unter dem der Modernisierungsfrage nicht die Merkmale, die bei Rottecks Bellizismus vorgefunden werden konnten. Lediglich im Hinblick auf das Revolutionsproblem lassen sich größere Gemeinsamkeiten vermuten. Allerdings können manche Formulierungen Schulz' in diesem Zusammenhang für Verwirrung sorgen, so daß es hier mit dem bloßen Hinweis auf bereits vorliegende Ergebnisse nicht getan ist.

Nach dem Bisherigen ließe sich erwarten, daß der Bellizismus Schulz' ebenso wie derjenige Rottecks mit einer revolutionären Zielsetzung gekoppelt war. Dagegen mag jedoch eingewendet werden, daß Schulz durchaus den äußeren Krieg als einen vorderhand antirevolutionären Kunstgriff empfohlen hatte. In seiner 1841 veröffentlichten Werbung für ein deutsch-französisches Bündnis entwickelte er aus seiner Einsicht, daß "von Zeit zu Zeit das Schwert des Krieges den Geist der Völker durchfurchen (müsse), um das wuchernde Unkraut des Friedens auszurotten", den als ein Appell an Frankreich zu verstehenden Satz von der "Nothwendigkeit ... (, die kriegerische) Kraft gegen das Ausland (zu) wenden, ... um die Anarchie im Innern zu bändigen, oder um der drohenden Anarchie vorzubeugen".[1030]

[1030] SCHULZ, Der Bund, S. 30 f.: "Sprach doch selbst C h r i s t u s , der Bote der Liebe: 'Ich bin nicht gekommen, Friede zu bringen, sondern das Schwert.' Wie nun der Pflug die Erde aufreißt, damit sie neue Saaten gedeihen lasse, so muß von Zeit zu Zeit das Schwert des Krieges den Geist der Völker durchfurchen, um das wuchernde Unkraut des Friedens auszurotten, um ihre schlummernden Kräfte zu wecken, um sie über die gemeine, selbstsüchtige Sorge des täglichen Treibens hinaus für Höheres empfänglich zu machen. Das ist die Erziehung des Menschengeschlechts, die noch nicht durchlaufene Schule des Völkerlebens."

Indes muß diese Einlassung von Schulz nicht irritieren. Ausdrücklich hatte er seine Empfehlung an Frankreich gerichtet. Und der dort der inneren Stabilität wegen zu beginnende Krieg war der 'heilige Krieg'. Zu den Zielen dieses vor allem gegen die konservativen Ostmächte zu führenden europäischen Befreiungskrieges gehörte die Wiederherstellung Polens ebenso wie die Unabhängigkeit Italiens oder die auf einer mehr demokratischen Grundlage zu vollziehende nationale Einigung Deutschlands.[1031] Dessen für Deutschland revolutionäre Implikationen hatte Schulz wenige Seiten zuvor offengelegt, als er bekannte, daß "Deutschland schwerlich von innen heraus in eine umwälzende Bewegung geraten (würde); nur die Wirbel eines europäischen Kriegs könn(t)en es seiner Bestimmung rascher entgegenreißen".[1032] So diente das, was in Frankreich eine antirevolutionäre Funktion wahrnehmen sollte, im eigenen Land genau dem gegenteiligen Zweck: Die ersehnte "Sturmglocke zum heiligen Kriege", die "endlich die letzte, die entscheidende Stunde" einläuten sollte,[1033] signalisierte für Deutschland die revolutionäre Veränderung. In dieses Bild eines unter revolutionärem Vorzeichen stehenden Bellizismus fügt sich nicht zuletzt die von Schulz in emanzipativer Absicht wiederholt formulierte Gleichsetzung von "Leben" und "Kampf".[1034] Damit mag die Beziehung zwischen dem Bellizismus und dessen revolutionären Inhalten zwar noch nicht für eine eindeutige gelten. Soweit ist es immer noch denkbar, daß die Kriegsverherrlichung nicht ausschließlich auf dem

---

Aber dann sei es ein Krieg, von heiliger Nothwendigkeit geboten! ... Diese Nothwendigkeit wird früher oder später auch für Frankreich kommen. Wilde Leidenschaften gähren in eurer Mitte. Möchtet Ihr bewahrt bleiben vor den Wirren einer neuen Umwälzung ... Aber müßtet Ihr wieder eure Kraft gegen das Ausland wenden, sei es um die Anarchie im Innern zu bändigen, oder um der drohenden Anarchie vorzubeugen, Ihr würdet die niedern Leidenschaften nur durch eine höhere, edlere Leidenschaft (die des 'heiligen Krieges', F.N.) bewältigen können."

1031 Vgl. SCHULZ, Der Bund, S. 25—29.

1032 SCHULZ, Der Bund, S. 10.

1033 Vgl. SCHULZ, Der Bund, S. 28.

1034 Vgl. SCHULZ, Art. "Europa", StL. V^1, S. 313; ebenso StL. IV^2, S. 542: "wie das Leben nur im Kampfe sich vollendet ..."; vgl. auch SCHULZ, Art. "Demokratie", StL. IV^1, S. 243; ebenso StL. III^2, S. 707; SCHULZ, Art. "Psychologie und Philosophie der Offenbarung", StL. XIII^1, S. 321; ebenso StL. XI^2, S. 269; SCHULZ, Art. "Freiburg. Nachtrag", StL. V^2, S. 173.

Grunde einer revolutionären Politik entstanden war. Es lassen sich aber deutliche Anzeichen dafür gewahren, daß bei Schulz die Kriegsverherrlichung nicht nur mit einer Revolutionsbereitschaft zunahm, sondern daß sie auch umgekehrt in dem Maße einer ausgesprochenen Betonung des Friedenszieles wich, wie eine Abwendung vom Konzept des revolutionären Fortschritts vollzogen wurde. Angesichts des freilich erst noch nachzuweisenden Gleichlaufes liegt die Vermutung nahe, die gewandelte Haltung zur Revolution sei Ursache für die Betonung des friedlichen Wandels gewesen. Wenn sich ein solcher ursächlicher Zusammenhang herstellen ließe, wenn also die Maxime des gewaltfreien Weges als Folge einer Revolutionsangst erschiene, wie umgekehrt der Bellizismus bislang als Konsequenz revolutionärer Zielsetzungen erschienen ist, dann könnte davon ausgegangen werden, daß der Wechsel von einer bellizistischen zu der am Friedensziel orientierten Publizistik unmittelbar abhing von der Bejahung oder der Verneinung des revolutionären Weges. Eine derartige 'Gesetzmäßigkeit' vorausgesetzt, würde an dem in einer antirevolutionären Friedenspolitik aufscheinenden genauen Gegenteil sichtbar werden, daß das Ineinander von bellizistischen Argumenten und revolutionären Zielen keineswegs nur eine zufällige Parallele im Denken Schulz' ausmachte, sondern daß dies eine notwendige Verbindung war, daß die Kriegsverherrlichung also eindeutig in der revolutionären Absicht ihren Grund hatte.

Nach mehr nur versteckten Ansätzen[1035] gelangte das bellizistische Denken erst im Staatslexikon und in der Bündnisschrift zum Durchbruch. Zeitlich reichte diese Phase von der Mitte der 1830er Jahre bis 1841. Sie fiel also in einen Zeitraum, in dem sich Schulz recht unverhohlen zu der Notwendigkeit einer mit Waffengewalt herbeizuführenden innerstaatlichen wie 'nationalen' Emanzipation bekannt hatte. Schon 1842 bahnte sich indes eine gegenläufige Akzentsetzung an. Schulz' damaliger Revolutionsartikel im Staatslexikon endete mit einer Aufforderung an die Mächtigen, das versöhnende "Christenthum" zu praktizieren.[1036] Ein Jahr

---

1035 Siehe oben S. 387—391.
1036 Vgl. SCHULZ, Art. "Revolution", StL. XIII¹, S. 740; ebenso StL. XI², S. 562.

später nahm dieser Appell bereits die Gestalt einer Beschwörung an, als Schulz in seinem ökonomischen Hauptwerk abschließend dazu aufrief, "den in uns schlafenden Gott wieder zur Welt überwindenden That der Liebe zu wecken".[1037] Abermals betonte Schulz 1847 in einem Nachtrag für die zweite Auflage des Staatslexikons, angesichts drohender revolutionärer und kriegerischer Verwicklungen könne allein noch "die fortgesetzte That der lebendigen Liebe und Gerechtigkeit ... das Vertrauen auf die Zukunft des Vaterlands stählen, den Staat und die Gesellschaft läuternd durchdringen".[1038] Darüber hinaus griff er in dieser Neuauflage an zwei Stellen die Anfang der dreißiger Jahre schon einmal formulierte[1039], dann aber in den einschlägigen Artikeln zur ersten Auflage des Staatslexikons fallengelassene Maxime einer deutschen Friedenspolitik wieder auf: Wie er 1847 schrieb, sei es Deutschlands "Aufgabe ..., den Frieden des Welttheils zu bewahren und zu gebieten".[1040] Auch diese Rückbesinnung auf den 'deutschen Beruf' zur Friedenswahrung setzte augenscheinlich um 1842/43 ein. Jedenfalls deutete Schulz einen solchen Gedanken — soweit der Verfasser sehen kann — nach langer Zeit erstmals wieder in der 'Bewegung der Produktion' an.[1041] So wird zwar kaum von einer gänzlichen Neuorientierung gesprochen werden können, zumal Schulz die aus der ersten Auflage stammende Konzeption des gewaltsamen, kriegerischen

1037 SCHULZ, Bewegung, S. 178.

1038 SCHULZ, Art. "Frieden, Friedensschlüsse. Nachtrag", StL. V², S. 231—235 (Zitat S. 235).

1039 Vgl. SCHULZ, Deutschlands Einheit, S. 205.

1040 SCHULZ, Art. "Frieden, Friedensschlüsse. Nachtrag", StL. V², S. 235; vgl. auch SCHULZ, Art. "Guizot", StL. VI², S. 293, wo es abschließend heißt: "In allen Fällen wird aber Preußen nur im aufrichtigen Bunde mit der gesammten deutschen Nation die hohe Frieden gebietende Stellung, wozu es berufen ist, behaupten und die volle Reife der blutigen Saat verhindern können, die nach allen Anzeichen auch G u i z o t über Europa ausgestreut hat." Beide Male fehlt diese Betonung des deutschen 'Berufes' zur Friedenswahrung in dem jeweiligen Beitrag zur ersten Auflage. Vgl. SCHULZ, Art. "Guizot", StL. VII¹, S. 304—310 und SCHULZ, Art. "Frieden. Friedensschlüsse", StL. VI¹, S. 87—133.

1041 Vgl. SCHULZ, Bewegung, S. 123: "Nur Deutschland ist in der Lage, daß es den Gedanken des neuen Völkerlebens vollständig in sich aufnehmen und verarbeiten kann; und wie es hiernach die nothwendige Geburtsstätte des neuen Völkerrechts sein wird, so wird es auch — ein endlich entfesselter Prometheus, in dem wieder   e i n   Wille über alle Glieder gebietet — früher oder später richtend und vermittelnd unter den Nationen stehen."

Fortschritts auch in die Neuauflage des Staatslexikons übernahm.[1042] Desungeachtet ist aber ab 1842 die Verstärkung jener Denkhaltung unverkennbar, die –
ausgerichtet auf die Wahrung des inner- sowohl als zwischenstaatlichen Friedens
und damit das Friedensziel konsequenter akzentuierend – den Bellizismus nicht
nur abschwächte, sondern sogar aufhob. Revolutionsbereitschaft und Kriegsverherrlichung gingen offenkundig gemeinsam zurück: Wenn auch das 1841 im Sinne
des revolutionären europäischen Befreiungskampfes Frankreich so unbefangen
angeratene "Nothmittel der Politik, der aufkeimenden Zwietracht im Innern durch
einen Krieg gegen das Ausland Einhalt zu thun", im Staatslexikon von 1847
wieder erschien, so hatte Schulz dieses Konfliktlösungsmodell diesmal doch nicht
mehr als hoffnungsfrohen Appell an den westeuropäischen Nachbarn formuliert;
– im Gegenteil: Hier diente es zur Warnung vor einem Deutschland "gefährli-
ch(en) ... Verhängniß".[1043]

Diese Tendenz setzte sich nach dem Zwischenspiel der deutschen Revolution
verstärkt fort. Gewiß hatte Schulz in der Verbitterung über die liberale Kompro-

---

1042 Vgl. SCHULZ, Art. "Frieden. Friedensschlüsse", StL. VI^1, S. 88 f., S. 133 mit StL. V^2,
S. 198, S. 228.

1043 Vgl. SCHULZ, Art. "Frieden, Friedensschlüsse. Nachtrag", StL. V^2, S. 232 f.: "So ist es der
Pöbel der Fabriken und eine rohe, gedrückte Bauernmasse, die sich vom Westen und Osten
her in ihren Angriffen gegen die alte Gesellschaft die Hand bieten. Vor Allem kommt aber
hier die Lage Frankreichs in Betracht ... Von jeher war es ... ein nahe liegendes Nothmittel
der Politik, der aufkeimenden Zwietracht im Innern durch einen Krieg gegen das Ausland
Einhalt zu thun. So wird früher oder später die eine oder andere französische Regierung,
und es werden die besitzenden Classen Frankreichs durch dieselbe Furcht vor dem Proletariat, die den Frieden erhalten hat, um ihrer eigenen Existenz willen zum Friedensbruche
genöthigt sein. Wohl hat die a l t e abgenützte Propaganda ihre frühere Bedeutung,
wenn nicht für Italien, doch wohl für Deutschland verloren. ... Ob aber der nächste europäische Krieg von Westen oder Osten komme, für Deutschland ist er gleich gefährlich, wenn
es mit gebundenen Armen und geknebeltem Munde sein Verhängniß erwarten muß." Zum
ebenso gegenrevolutionären wie auf die Kriegsverhinderung abzielenden Tenor des Nachtrages vgl. die Schlußbemerkung ebd., S. 235: "Man fürchtet das Nahen einer europäischen
sozialen Umwälzung; und wer kann es leugnen, daß sie im Gefolge eines äußeren Kriegs mit
allen Gräueln und Verwüstungen hereinbrechen könnte? Der drohenden Revolution war
stets nur durch zeitige Reform zu begegnen und der Friede Deutschlands kann nur bewahrt
werden durch die Berufung der Nation zur schöpferischen Theilnahme am Staate, so wie
durch eine Reihe von Maßregeln, die über die Tyrannei der Reichen gegen die Armen, wie
über den Wahnsinn des Communismus zugleich den Stab brechen, indem sie endlich in
jedem Hause der Bürger und Bauern, in jeder Wohnung der Armen die Möglichkeit eines
freien und freudigen Lebens verbürgen."

mißbereitschaft, der in seinen Augen das Scheitern der Revolution anzulasten war,[1044] noch 1851 eine demokratische, soziale Revolution propagiert[1045] und dabei seine Hoffnungen auch auf einen zuerst von Frankreich oder von der Schweiz auszufechtenden europäischen Bürgerkrieg gesetzt: Fraglos hätten "die französischen Heere schon seit Februar 1848 die europäische Republik in ihren rothen Hosen stecken".[1046] Indes rechnete dieses nachrevolutionäre Zeugnis nicht – wie Walter Grab meint – zu den ersten, sondern eher zu den letzten Bekenntnissen Schulz' zur Notwendigkeit des kriegerisch-revolutionären Fortschritts.[1047] Denn die beiden letzten und gleichzeitig umfangreichsten Bücher von Schulz, die 'Militärpolitik' von 1855 und das vier Jahre später verlegte Werk über die 'Rettung der Gesellschaft aus den Gefahren der Militärherrschaft', dienten dem erklärten Ziel, den Krieg zugleich mit der Revolution durch eine Reform der Streitkräfte friedlich und endgültig zu überwinden.

Ausdrücklich wollte Schulz seine 'Militärpolitik' als eine "Schrift" verstanden wissen, welche zwar "über den Krieg" handele, aber "zugleich ... für den Frieden" wirke.[1048] Denn "die allgemeinere Einführung des (darin dargelegten) Volkswehrsystems" werde zusammen mit der "reichere(n) Entfaltung des Welthandels und der Weltindustrie ... (wie auch mit der) fortschreitende(n) Vervollkommnung des militärischen Maschinenwesens" schon in naher Zukunft "die gründliche Heilung der noch kranken Menschheit vom Wahnsinne der Offensivkriege, und darum der

1044 Vgl. SCHULZ, G. Büchner, S. 81 f.: "Wenigstens steht die Sache jetzt s o : im Jahre 1848 konnten noch die Constitutionell-Monarchischen die Volkssache am Fels ihres Vertrauens scheitern machen; für die nächste Erhebung dagegen ist es sehr wahrscheinlich, daß sie nur durch die Thorheit der Demokraten selbst scheitern könnte. Sein künftiges Schicksal in eigener Hand zu wissen, ist immer ein Trost".

1045 Vgl. SCHULZ, G. Büchner, S. 73–82; vgl. auch das in der vorstehenden Anmerkung zitierte Selbstbekenntnis.

1046 Vgl. SCHULZ, G. Büchner, S. 55–57 (Zitat S. 56).

1047 Vgl. GRAB, Wilhelm Schulz – Ein bürgerlicher Demokrat, S. 21 f.; Grab vernachlässigt gänzlich Schulz' vormärzliches Werben für den revolutionären europäischen Krieg.

1048 SCHULZ, Militärpolitik, S. 28.

Kriege überhaupt vollenden".[1049] Ebenso garantiere die im Übergang zum kosten-
sparenden Milizsystem zu vollziehende Ablösung der als "weiße Sklaverei" ge-
brandmarkten stehenden Heere den inneren Frieden, da mit den dabei frei
werdenden Mitteln der soziale Konflikt entschärft und so der "Abgrund der
Revolutionen .. ausgefüllt werden" könne.[1050] In gleichem Sinne faßte Schulz die
Ergebnisse seines zweiten militärpolitischen Werkes zusammen: "So möge man
endlich den Dämon des Kriegs und der Revolution zu fesseln wissen, durch die
frohe Kunde vom Ende der weißen Sklaverei."[1051] Es sei die "Umgestaltung des
Heerwesens ... zugleich die Lösung der politischen wie der socialen Frage".[1052]

Im Rahmen dieser Arbeit, welche die deutsche Revolution als eine Grenze ihres
Untersuchungszeitraumes gewählt hat, kann es hier nicht mehr darum gehen,
Schulz' Gedankengänge in seinen Spätwerken noch eingehender nachzuzeichnen.
Zwei Beobachtungen sollten gleichwohl hervorgehoben werden. Zum einen ist
dies die in auffällig ausgedehnter Weise auf das besitzbürgerliche Interesse
rekurrierende Argumentation. Nicht einmal in seinen Frühschriften (bis um 1830)
hatte es Schulz derart in den Mittelpunkt gerückt: Sei es, daß das mit dem
Milizsystem verbundene Konzept der materiellen Besserstellung der Dienstpflichti-

---

1049 SCHULZ, Militärpolitik, S. 58 f.: "Ihre friedlichen Zwecke verfolgend, schafft sich also
gleichzeitig die Kultur immer mächtigere Schutzmittel; und wie sie in ganzen Ländern die
Wölfe ausgerottet hat, so wird sie auch die ganze Race ehrgeiziger Eroberer und Weltstür-
mer von der Erde vertilgen. Die Zeit k a n n nicht mehr sehr ferne sein, in der sich
durch die reichere Entfaltung des Welthandels und der Weltindustrie, durch die fortschreitende Vervollkommnung des militärischen Maschinenwesens und durch die allgemeinere
Einführung des Volkswehrsystems, die gründliche Heilung der noch kranken Menschheit
vom Wahnsinne der Offensivkriege, und darum der Kriege überhaupt vollenden muß."

1050 Vgl. SCHULZ, Militärpolitik, S. 8 f.: "Ohne stehende Heere würden die Völker Europa's
... ihren Erwerb j ä h r l i c h um mehr als drei Milliarden Franken vermehren. Es ist
gerade so gewiß, daß diese Völker bei der Fortdauer der bisherigen Militärlast mehr und
mehr verarmen, als es gewiß ist, daß sich nach Beseitigung dieser Last ein v i e l f a c h
größerer Wohlstand über alle Klassen der Gesellschaft wachsend ausbreiten müßte. Das
bittere Gefühl aber, daß dies unter den noch bestehenden Verhältnissen nicht möglich ist,
weckt dem Bestehenden immer neue Feinde; es führt nach kurzen Pausen einer trügerischen
Ruhe zu abermaligen massenhaften Ausbrüchen der Unzufriedenheit. Der Abgrund der
Revolutionen k a n n nicht anders, als mit der den Völkern abgenommenen, oder von
ihnen abgeworfenen Militärlast ausgefüllt werden."

1051 SCHULZ, Rettung, S. 369.

1052 SCHULZ, Rettung, S. 5.

gen, das Schulz als den "geradezu ... wichtigste(n) Theil aller Militärpolitik" eigens herausstellte,[1053] den Proletarier " s e l b s t   B e s i t z e r " werden lassen, damit die "Emancipation der Arbeit" besorgen und so der Revolution jeglichen Nährboden entziehen sollte;[1054] sei es, daß die durch solche Wehrverfassung mit dem Interesse am Besitz zu höchster Wirksamkeit gesteigerte Verteidigungskraft die Überlegenheit des 'Volksheeres' im Verteidigungskrieg — aber auch nur in diesem Fall — verbürgen und also mit dem Angriffskrieg jedweden Krieg verhindern sollte;[1055] sei es, daß die Vermögenden im wohlverstandenen Eigeninteresse ihre Unterstützung dem System der stehenden Heere versagen und Zuflucht bei dem Schutz und Frieden verheißenden Milizsystem suchen sollten;[1056] oder sei es, daß freier Handel und Krieg als miteinander unvereinbar galten[1057] — regelmäßig bildete der nunmehr als Ausweis fortgeschrittener Kultur vorgestellte "Fanatismus des Eigenthums und Besitzes"[1058] die Grundlage aller Überlegungen. In deutlicher Abkehr von den vormals doch beschworenen "höheren Triebfedern" baute Schulz ausschließlich auf das besitzbürgerliche Interesse,[1059] wobei er mit seinem Entwurf

---

1053 SCHULZ, Militärpolitik, S. 12.

1054 Vgl. SCHULZ, Militärpolitik, S. 430–432 (Zitate); ferner im Zusammenhang SCHULZ, Rettung, S. 5, S. 8 f., S. 335–340.

1055 Vgl. SCHULZ, Militärpolitik, S. 9 f., S. 27 f., S. 430 f., S. 446–476; ferner im Zusammenhang SCHULZ, Rettung, S. 8 f., S. 238–245, S. 310–312, S. 319, S. 329–335.

1056 Vgl. SCHULZ, Rettung, S. 170 f., S. 222–225.

1057 Vgl. SCHULZ, Militärpolitik, S. 399 f. und SCHULZ, Rettung, S. 160–163.

1058 Vgl. SCHULZ, Militärpolitik, S. 295: Es "ist nicht abzusehen, warum nicht Schweizer und Völker ähnlichen Kulturgrads   a u c h   in der Vertheidigung von Städten ebenso viel, als etwa Spanier leisten sollten. Wurden die Letzteren durch eine Art Fanatismus gespornt, wie er nur bei roheren Naturen noch möglich ist, so kann doch bei den gebildeteren und wohlhabenderen Völkern der Fanatismus des Eigenthums und Besitzes zu einer nicht minder wirksamen Triebfeder werden."

1059 Vgl. SCHULZ, Militärpolitik, S. 309 f.: "Welche Nachtheile, welche Vortheile haben wir von unserm Thun und Lassen zu erwarten? Dies ist die immer sich erneuernde Frage, welche die Menschen an sich selbst richten. Aus ihrer Beantwortung entspringen die Triebfedern, welche der Weltgeschichte stille zu stehen verbieten. Alle Begeisterung für eine Idee, alle edlen und selbst unedlen Leidenschaften, wodurch die Menschen augenblicklich den Rücksichten des persönlichen Vortheils enthoben wurden, waren doch stets nur das Theil weniger Einzelnen ... Für alle Politik hat die Frage nach der Möglichkeit von Zuständen, worin selbst die Mehrheit der Menschen höheren Triebfedern, als nur denen des persönlichen Vortheils und Nachtheils folgen könne, gar keinen Sinn. Ob eine Politik konservativ

einer von den materiellen Anreizen ausgehenden Wehr- und Friedensorganisation auf Ansätze zurückgreifen konnte, die er bereits unmittelbar nach der Revolution 1850 entwickelt hatte[1060]. Darüber war Schulz zwar nicht entfallen, daß der "wirkliche und lebendige Gegensatz, um den sich im größten Theile Europa's der Kampf ... dreht(e), ... der des Reichthums und der Armuth" war.[1061] Aber − als wäre er nie in seinen vormärzlichen Analysen zu der Erkenntnis der "Entzweiung der ökonomischen Interessen zwischen Capitalisten und Arbeitern"[1062] vorgedrungen − unversehens reduzierte sich für ihn die soziale Frage auf das Problem der Rüstungslasten, welche "die Hauptquelle aller Unordnungen" darstellen würden.[1063] Vor diesem Hintergrund glaubte Schulz, das ungebundene, allein den Gesetzen des freien Marktes unterworfene Wirken des besitzbürgerlichen Interesses, "die freie Arbeit und den ungehemmten Wettstreit der gütererzeugenden Kräfte", als das wahrhaft christliche politische Gebot ausgeben zu können. Unter dessen uneingeschränkter Herrschaft dürften 'fast allgemeiner Wohlstand' und umfassender Friede erwartet werden. Alle wegen der sozialen Frage gegen "jene sogenannte Tyrannei der freien Concurrenz" vorgetragenen Angriffe würden das eigentliche Problem verfehlen.[1064]

Mit dieser im Vergleich zu seinen späteren vormärzlichen Zeugnissen überraschend bestimmten Parteinahme Schulz' für die freigesetzte kapitalistische Wirtschaft − vor der Revolution war die Rede gewesen gerade von dem "sogenannten

---

sei, oder ob sie aus der unbefriedigenden Gegenwart einer besseren Wirklichkeit zustrebe: sie muß die ihr g e g e b e n e n Motive zu verwenden wissen, oder sie wird so wenig ein Bestehendes erhalten, als ein Neues erreichen."

1060 Vgl. SCHULZ, Die ungarische und deutsche Revolution. Eine politische Parallele, in: Adolph Kolatschek (Hrsg.), Deutsche Monatsschrift für Politik, Wissenschaft, Kunst und Leben, Stuttgart, erster Jahrgang, Heft 11 (November 1850), S. 276−292 und Heft 12 (Dezember 1850), S. 344−367. Einschlägige Stellen zitiert und kommentiert bei GRAB, Wilhelm Schulz − Ein bürgerlicher Demokrat, S. 32−35.

1061 Vgl. SCHULZ, Militärpolitik, S. 431.

1062 SCHULZ, Bewegung, S. 58.

1063 SCHULZ, Militärpolitik, S. 9; vgl. auch ebd., S. 3.

1064 Vgl. SCHULZ, Rettung, S. 1−5.

System der freien Concurrenz"[1065] — mit dieser deutlichen Wendung zugunsten des Besitzbürgers also hängt auch jene zweite Beobachtung zusammen, auf die hier noch hingewiesen werden soll: Es ist dies eben die von Schulz betonte gewaltfreie Herbeiführung und Nähe des dauernden Weltfriedens. In erklärter Anlehnung an Richard Cobden galt ihm der " f r e i e Welthandel" bereits für den "Weltfrieden".[1066] In Anbetracht solcher den friedlichen Wandel hervorhebenden Erwartungshaltung verlor die immer noch virulente Idee einer diesmal unter englischer Führung stehenden bewaffneten europäischen Weltmission[1067] oder der Gedanke an einen möglichen 'letzten Krieg' gegen ein als Aggressor auftretendes 'barbarisches' Rußland[1068] an Gewicht. Und auch jene seltene Aufwertung des Krieges, die Schulz im Hinblick auf die durch den Kriegsdienst eintretende Kapitalbildung in den Händen der militärdienstpflichtigen Proletarier vornahm: " n u r " deswegen könne "sogar der Krieg noch zum Segen und zum Hebel eines erfreulichen Aufschwungs werden"[1069] — jene sehr bedingte Aufwertung also bildete gegen den Tenor der beiden Spätschriften einen gar schwachen Anklang an frühere Bellizismen.

Während Schulz sonach vorbehaltlos für ein kapitalistisches Wirtschaftssystem eintrat, das doch nach eigener Beobachtung durch die "eigentlich kommunistischen Tendenzen" kaum weniger bedroht war als in der vorrevolutionären Zeit,[1070] ließ er gleichzeitig die zuvor vorhandenen bellizistischen Gedankengänge nahezu gänzlich hinter dem Projekt eines gerade durch jenes Wirtschaftssystem zu ver-

---

1065 SCHULZ, Bewegung, S. 5. Unterstreichung von mir, F.N.

1066 Vgl. SCHULZ, Rettung, S. 160–163; dort S. 162: "Der f r e i e Welthandel ist auch der Weltfrieden." Vgl. auch SCHULZ, Militärpolitik, S. 399 f.

1067 Vgl. SCHULZ, Rettung, S. 8 f., S. 340, S. 345–349.

1068 Vgl. im Zusammenhang SCHULZ, Rettung, S. 334 f., S. 341, S. 349.

1069 SCHULZ, Militärpolitik, S. 430. Dort heißt es mit Blick auf die besagte Vermögensbildung: "Auf diese und n u r auf diese Weise kann sogar der Krieg noch zum Segen und zum Hebel eines erfreulichen Aufschwungs werden. Aber vergebens würden Diejenigen von socialen Fortschritten träumen, die nicht den Frieden zu erhalten und doch auch dem Uebel nicht zu steuern wüßten, womit der Krieg die arbeitenden Klassen heimsucht."

1070 Vgl. SCHULZ, Militärpolitik, S. 431.

wirklichenden dauernden Weltfriedens zurücktreten. Sein Programm eines allein im Wege der Militärreform zu erzielenden sozialen Ausgleichs verleugnete dabei die vordem erkannten Interessengegensätze. In solcher Ablenkung auf das Problem der Wehrverfassung läßt sich der Versuch erblicken, durch die einseitige Beeinflussung der öffentlichen Meinung der für den Besitzbürger bedrohlichen sozialen Umwälzung die Grundlage zu nehmen und so dessen Stellung zu sichern. Mithin zeichnet sich ein Zusammenhang ab zwischen einer wesentlich gegenrevolutionären und einer auf die Überwindung des Krieges abzielenden Politik, der gleichsam als Rückseite die bislang noch nicht eindeutige ursächliche Beziehung von revolutionärer Zielsetzung und bellizistischem Denken zu einer eindeutigen werden lassen kann. Sollte aber tatsächlich die Sorge um die eigenen Positionen hinter der beschriebenen Wendung zur ebenso gegenrevolutionären wie an der Friedenswahrung orientierten Politik gestanden haben, dann müßten sich angesichts der lediglich zeitweilig durch die deutsche Revolution unterbrochenen Kontinuität die Anzeichen hierfür bereits im Vormärz entdecken lassen. Im folgenden geht es also darum, über die eben skizzierte bloße Parallelität der auf den Friedenserhalt und auf die Revolutionsvermeidung zielenden politischen Maximen hinaus einen ursächlichen Zusammenhang zwischen beiden herzustellen. Unter umgekehrtem Vorzeichen würde dieser den Grund des Bellizismus als einen unzweideutig revolutionären ausweisen. Soll die veränderte Haltung zur Revolution aber allem anderen vorausgelegen haben, dann müssen die Gründe für den Wandel auf dem eigentlichen Feld der Revolution, mithin in der Innenpolitik zu finden sein.

Offensichtlich lag der Wendepunkt in der ersten Hälfte der vierziger Jahre. Um 1842/43 schwang das Pendel, das seit der ersten Hälfte der dreißiger Jahre deutlich zur Seite eines revolutionär getönten Bellizismus ausgeschlagen war, zurück in Richtung auf die Seite des friedlichen Wandels. Dabei hatten sich die Rahmenbedingungen auf den ersten Blick kaum verändert: Nach wie vor stellte Schulz in diesem vorrevolutionären Jahrzehnt die freie Wirtschaft wegen ihrer antiemanzipativen Konsequenzen an den Pranger — mehr noch: Eher verschärfte

Schulz sogar seine Polemik gegen "den Hohn ... jener w e r t h l o s e n Freiheit, jener s c h e i n b a r e n Gleichheit"[1071]. War ihm doch mit seiner Untersuchung zur 'Bewegung der Produktion' der Gegensatz zwischen den Besitzenden und den Vermögenslosen nur noch eindringlicher bewußt geworden. Bei näherem Hinsehen bahnte sich gerade damit indessen ein tiefgreifender Wandel an, der die etwa zeitgleich einsetzende Abkehr vom Bellizismus zu erhellen vermag. Denn mit der Anklage wurden zugleich auch die Warnungen vor der sozialen Katastrophe in immer schrilleren Tönen formuliert: Diese "Wunden ('rissen') ... tiefer und tiefer, und zwischen der proletarischen Masse und den höheren Ständen ... (würde) sich eine stets bedrohlicher werdende Kluft" 'öffnen'.[1072] Diese Entwicklung barg nun auch für Schulz zunehmende Risiken. Schon um 1842/43 konnte sich der 'Volkstribun' (Walter Grab)[1073] nicht mehr sicher sein, daß das 'Volk' ihm noch folgen, daß also nämliche Kluft nicht auch ihn vom 'Volke' am Ende trennen werde. Sein Mandat war keineswegs mehr unbestritten, seitdem er zur Kenntnis nehmen mußte, daß Proudhon 1840 mit dem Wort 'Eigentum ist Diebstahl!' im Verein mit deutschen "Handwerkern" (Weitling?) "dem Eigenthum bereits den Krieg erklärt" hatte. Diese "Drohung" – so Schulz – finde "bei einer ... mit sichtlichem Mißtrauen nach oben blickenden Menge immer mehr Verbreitung und Anklang".[1074] Nicht von ungefähr sah sich der zeitlebens an der Einrichtung des Privateigentums festhaltende Mitarbeiter des Staatslexikons 1846 zu einer Streitschrift gegen den "widerlichen Communismus" veranlaßt. Kennzeichnend für den eingetretenen Wandel war die darin zum Ausdruck gelangende äußerst scharfe Polemik, von der in Schulz' neun Jahre zuvor veröffentlichter Kritik frühsozialistischer Theorien noch kaum etwas zu merken gewesen war: Bei allem überlegenen Spott über den "burleske(n) Unsinn"

1071 SCHULZ, Art. "Communismus", StL. III², S. 293.
1072 SCHULZ, Bewegung, S. 3.
1073 Vgl. GRAB, Ein Mann, S. 8, passim; GRAB, Dr. Wilhelm Schulz, S. 10, passim.
1074 SCHULZ, Bewegung, S. 3 f.

hatte Schulz damals die Überlegungen namentlich Fouriers doch immerhin abschließend "als die Homöopathie der Staatswissenschaften" gewürdigt.[1075] Parallel zu der neuerlichen Akzentuierung des Friedenszieles wurde auch eine etwas größere Distanz zu der 'Menge' spürbar. Die in seinem Revolutionsartikel nachlesbare Rede von der "Masse", deren "fortschreitende Bewältigung ... durch den Geist ... das Gesetz der Geschichte" sei,[1076] erinnerte jedenfalls deutlich an die von Schulz während der Julirevolution vorgenommene Abgrenzung gegenüber "einer stets zunehmenden Pöbelmenge"[1077]. Und während er 1837 "die Führer der Partei der Bewegung" ermahnt hatte, "die Ansprüche und Interessen der eigentlich arbeitenden Classe und aller Hintangesetzten im Staate zu den ihrigen zu machen",[1078] warnte er 1842 davor, ein Bündnis der "Gebildeten und Wohlwollenden ... mit der unzufriedenen Masse" durch eine fortgesetzte Repressionspolitik herbeizuzwingen[1079].

Gewiß sollten solche Akzentverlagerungen nicht überbewertet werden, zumal Schulz den Aufruf an die 'Bewegungspartei', ihre Politik um das soziale Engagement zu erweitern, auch in die zweite Auflage übernahm. Gleichwohl wurde in den angeführten späteren Wendungen ein veränderter Zungenschlag erkennbar, der als unübersehbares Indiz darauf hinweist, daß aus innenpolitischen Gründen an die Stelle der Revolutionsbereitschaft von einst eine Haltung getreten war, die in dem revolutionären Fortschritt neben dem Gewinn deutlicher die Gefahr erkannte. So dürfte die Verbreitung kommunistischer Lehren zusammen mit der sich immer mehr verschärfenden sozialen Frage Schulz ab 1842/43 dazu bestimmt

---

1075 Vgl. SCHULZ, Art. "Communismus", StL. III², S. 290—339 (Zitat S. 339) mit SCHULZ, Art. "Fourier", StL. V¹, S. 637—660 (Zitate S. 656, S. 660); kaum verändert StL. V², S. 3—19, S. 16, S. 18.

1076 Vgl. SCHULZ, Art. "Revolution", StL. XIII¹, S. 737 f.; ebenso StL. XI², S. 560.

1077 Vgl. SCHULZ, Charakter, Allgemeine politische Annalen, Bd. 4 (1830), S. 242.

1078 SCHULZ, Art. "Europa", StL. V¹, S. 311; ebenso StL. IV², S. 540.

1079 Vgl. SCHULZ, Art. "Revolution", StL. XIII¹, S. 738 f.; ebenso StL. XI², S. 561: Das revolutionäre Potential muß dort anwachsen, "wo ... die Regierungen ... das Talent und die Vaterlandsliebe zurückgestoßen und endlich die Gebildeten und Wohlwollenden gezwungen haben, mit der unzufriedenen Masse gemeinschaftliche Sache zu machen".

haben, aus Sorge um den Erhalt des privaten Eigentums in seiner Publizistik den Akzent von dem revolutionären Bellizismus auf den friedlichen Wandel zu verlagern. Augenfällig zeigt sich dieser Zusammenhang an der von Schulz 1847 im Staatslexikon formulierten Warnung vor "einer europäischen socialen Umwälzung ... (, die) im Gefolge eines äußeren Kriegs mit allen Gräueln und Verwüstungen hereinbrechen könnte".[1080] Wenige Seiten davor mochte Schulz zwar die in der ersten Auflage entwickelte Vorstellung von der Notwendigkeit des revolutionären Krieges zusammen mit den damals implizierten bellizistischen Ansätzen durch die Wiederholung einmal mehr bekräftigt haben.[1081] Der diesem gewaltsamen Konzept zuwiderlaufende, die Angst vor der Revolution verratende Tenor des eben zitierten Nachtrages ließ aber deutlich werden, daß eine Abschwächung, wenn nicht sogar schon die Umkehrung der ebenso bellizistisch wie revolutionär auftretenden früheren Politik stattgefunden hatte. Demnach dämpfte die Furcht vor der Revolution den Bellizismus, wie umgekehrt dessen Aufleben durch die Revolutionsbereitschaft bedingt war. Anders gewendet, stand der Bellizismus auf einem eindeutig revolutionären Grund.

In seiner Verbindung mit einer revolutionären Zielsetzung glich also der aus Schulz' Feder stammende Bellizismus der von Rotteck vorgestellten Kriegsverherrlichung. Darüber hinaus stellte Schulz' Bellizismus damit ebenso wie derjenige Rottecks eine Reaktion auf den sich anbahnenden gesellschaftlichen Strukturwandel dar, obwohl die beiden Autoren voneinander abweichende gesellschaftliche Zielvorstellungen verfolgten. Schließlich ging Schulz' Kriegsverherrlichung gerade aus jenem im Zeichen der Friedensutopie formulierten Konzept des revolutionären Krieges hervor, an dessen Entstehung der Ausfall des besitzbürgerlichen Mittelstücks wesentlichen Anteil gehabt hatte. Gewiß unterschied sich Schulz mit seinem Leitbild einer politisch in große, ja sogar imperialistische Nationalstaaten

---

1080 SCHULZ, Art. "Frieden, Friedensschlüsse. Nachtrag", StL. V², S. 235. Zitiert oben Anm. 1043.

1081 Vgl. SCHULZ, Art. "Frieden. Friedensschlüsse", StL. VI¹, S. 88 f., S. 133 mit StL. V², S. 198, S. 228.

gegliederten industriellen Welt und mit seinem Rückgriff auf den Entwicklungsgedanken von Rotteck. Desungeachtet ähnelte sein Bellizismus demjenigen Rottecks in dessen tieferer Begründung.

Wie nun ist demgegenüber der Bellizismus Pfizers einzuordnen? Entsprachen seine Gedankengänge eher dem Bild, das die vorherrschende Bellizismusdeutung zeichnet, oder wiederholte sich hier die bei Rotteck oder die bei Schulz vorgefundene Erscheinungsform? Und überhaupt: War Pfizers Bellizismus nicht doch am Ende aufgehoben in einer Utopie des Friedens? Diese zunächst zu beantwortende, weil den Aufbau der Arbeit berührende Frage ist nicht ganz unbegründet. Denn fraglos wies Pfizers außerhalb des Staatslexikons vollständiger formuliertes politisches Denken mit dem idealen Staat – dem "Kirchenstaat" – auch utopische Züge auf,[1082] und nicht von ungefähr konnte eine jüngst erschienene Studie die Vision Pfizers unter dem Oberbegriff "Chiliasmus" bei allen Unterschieden der Utopie Abts an die Seite stellen[1083]. Täuschte also das unzweideutig bellizistische Zeugnis im Staatslexikon über das eigentliche politische Denken Pfizers? Soweit der Verfasser sehen kann, läßt sich in Pfizers Schrifttum an drei Stellen friedensutopisches Denken ausmachen: im 'Briefwechsel zweier Deutschen' von 1831/32, sodann in den aus dem gleichen Zeitraum stammenden 'Gedanken über das Ziel und die Aufgabe des deutschen Liberalismus' und besonders deutlich in den 'Gedanken über Recht, Staat und Kirche' von 1842. Im Sinne einer Untersuchung, die auch den möglichen Wandel des Pfizerschen Denkens in Rechnung zu stellen hat, müßten alle drei Zeugnisse näher betrachtet werden. Allerdings beschränkt sich die in der Schrift über die 'Aufgabe des deutschen Liberalismus' nachzulesende Belegstelle lediglich auf die vage Andeutung einer vielleicht einmal eintretenden politischen Einigung Europas. Diese Vision diente Pfizer einzig und allein als Gegenlicht, in dem er das "selbst dann noch" zutiefst Gegensätzliche und

---

1082 Vgl. PFIZER, Gedanken, II, S. 81–143; dazu KENNERT, Gedankenwelt, S. 89–97.
1083 Vgl. KENNERT, Gedankenwelt, S. 105 f.

Eigentümliche der Nationen in um so schärferen Konturen hervortreten lassen konnte.[1084] Angesichts der mithin bloß instrumentalen Rolle, die hier der noch dazu kaum entwickelten Vorstellung eines vereinten Europa zugedacht worden war, kann ein solches Zitat für die weitere Untersuchung beiseite gelassen werden. Zudem liegen durchaus substantiellere Ausführungen aus dem ebenfalls zu Beginn der dreißiger Jahre veröffentlichten 'Briefwechsel' vor. Mit der Einbeziehung des 'Briefwechsels' in eine daneben auf die 'Gedanken' zurückgreifende Betrachtung gerät auch die Zeitspanne von etwa einem Jahrzehnt in den Blick, was die Aufdeckung immerhin noch möglicher Entwicklungslinien erlaubt. Darüber hinaus bieten sich beide Quellen für das Vorhaben dieses Kapitels nachgerade an: Lassen sich doch beiden Schriften nicht nur Zeugnisse friedensutopischen Denkens, sondern zugleich auch Belege für bellizistische Vorstellungen entnehmen. Also können diese zwei Pole der politischen Theorie Pfizers in ihrer jeweiligen Gleichzeitigkeit gegeneinandergehalten werden.

In jenem Aufsehen erregenden 'Briefwechsel', durch den dessen Verfasser in den Augen Treitschkes zum "Prophet(en) des neuen preußischen Reiches deutscher Nation" avancierte,[1085] ließ Pfizer den Briefpartner 'Wilhelm' den Fortschritt betonen, der zwischen den Zeitaltern "des Heidenthums und des Christenthums" liege. Sei man im Altertum rücksichtslos nur auf die eigene "Machtvergrößerung"

1084 Vgl. PFIZER, Ziel, S. 340 f.: "Zwar glauben manche, mit dem Falle jener mittelalterlichen Art von Fürstenmacht müsse auch der Gegensatz der Länder und Völker seine Bedeutung verlieren, ein gemeinschaftliches Band werde künftig die gesammte Menschheit verknüpfen und so das goldene Zeitalter wiederkehren, wo kein Unterschied des Standes und der Abkunft mehr gelte, sondern an deren Stelle die absolute Freiheit und Gleichheit trete. Aber wie es zu einem vollkommenen Organismus gehört, daß jeder Körpertheil seine eigenthümliche Bestimmung, Bildung und Verrichtung habe, ... so gehört es auch zum Organismus der Menschheit, daß jede Nation ihre eigenthümliche Lebensaufgabe ... erfülle ... Deutschland ... wird ewig mit Frankreich ... einen Gegensatz bilden ...; und dieser Gegensatz wird, wenn auch gemildert und versöhnt, selbst dann noch fortdauern, wenn dereinst nicht mehr ein blos völkerrechtliches, sondern ein positiv staatsrechtliches Band alle Völker unseres Erdtheils vereinigen sollte."

1085 Vgl. TREITSCHKE, Geschichte, IV, S. 257 (Zitat) — 259. Zum Fortwirken dieser das politische Profil Pfizers verengenden historiographischen Tradition vgl. KENNERT, Gedankenwelt, S. 10—12. Eine ebenso knappe wie informative Diskussion von Inhalt und Anlage des 'Briefwechsels' findet sich bei KRIEGER, German Idea, S. 317—320. Zur Wirkung des 'Briefwechsels' vgl. KENNERT, Gedankenwelt, S. 20 f.

bedacht gewesen, so verbreite sich in der "neuere(n) Zeit" die "Erkenntniß des Zusammenhangs der ganzen Menschheit". Während es früher "für natürlich und für nothwendig (gegolten habe), daß ein Staat auf Kosten des andern bestehe; daß der stärkere den schwächern unterdrücke, beraube und von diesem Raube sich erhalte ... (, beruhe die) ganze heutige Cultur ... auf einer natürlichern und humanern Grundlage, auf dem Ertrag und der Benutzung des eigenen mütterlichen Bodens". Dies entspreche dem "Princip des Christenthums ..., daß kein Staat dem andern, kein Stand dem andern, kein Mensch dem andern aufgeopfert werden soll(e)".[1086] Mit einem solchen wenigstens die Bausteine einer möglichen Friedensutopie angebenden Fortschrittsbekenntnis antwortete 'Wilhelm' seinem Briefpartner 'Friedrich', der in seinem Schreiben unter anderem auch den Krieg mit Gedankengängen verklärt hatte, die aus einer gegen das bürgerliche Sicherheitsbedürfnis gerichteten Polemik hervorgingen und die im übrigen mit ihrem Tenor den später im Staatslexikon formulierten Bellizismus vorwegnahmen. Wieder stellte die Natur mit dem alles rechtfertigenden 'Leben' und dessen Offenbarung das Fundament dar, auf dem 'Friedrich' bei seiner Philippika gegen die "unfreien Ansichten einer beschränkten Moralphilosophie" das Lob des Krieges verkündete: "Damit der Menschheit ganze Fülle in den Auserwählten sich entfalten" 'könne', würden "überall nicht bloß Einzelne, sondern ganze Geschlechter und Nationen aufgeopfert"; und: "wo kein Gegensatz, keine Ungleichheit, keine Spannung mehr ... (sei), da (sei) ... auch kein Leben mehr".[1087]

1086 PFIZER, Briefwechsel [1/2], 21. Brief (Wilhelm), S. 259 f.; vgl. dazu auch ebd., S. 248: "... wenn eine kosmopolitische Nation, wie die Deutschen meinetwegen seyn mögen, ihrem Beruf auch wirklich Ehre machen und, indem das reine Urlicht der Menschheit sich in ihr verkörpert, als verbindendes Mittelglied die verschiedenartigen Völker durch allmähliche Verschmelzung einander menschlich näher bringen und zuletzt zu e i n e r Familie verbrüdern soll, wird dann der Zweck ihres Daseyns nicht um so vollständiger erreicht, je weiter ihr Einfluß sich erstreckt ..." In der Form des Konditionalsatzes, bei dem der Zusatz "meinetwegen" bereits Distanz, Zweifel und Gleichgültigkeit des Briefschreibers zu dem genannten Zweck hinreichend verdeutlicht, kann diese Textstelle allein jedoch kaum für den Ansatz einer Friedensutopie gehalten werden.

1087 PFIZER, Briefwechsel [1/2], 20. Brief (Friedrich), S. 235—241, dort besonders S. 239: Geleitet von "mißverstandener Philantropie" habe "man ein Ohr nur für den Klageruf der Individuen, Mitleid nur für die egoistischen Schmerzen und kleinliche Bedrängniß". Demgegenüber blieben die Zeitgenossen, wie Friedrich bemängelte, "ungerührt bei dem geistigen Verfall der

Nun ließe sich argumentieren, daß Pfizer nicht hinter den Ausführungen 'Friedrichs', sondern hinter den Worten 'Wilhelms' stand. Immerhin umriß Pfizer mit den von 'Wilhelm' vorgetragenen Gedankengängen jene politischen Grundsatzentscheidungen, die unerachtet mancher Modifikationen zu den wesentlichen Inhalten auch seines späteren politischen Denkens gehören sollten. Ließ Pfizer 1832 'Wilhelm' bekennen, "lieber wollte" er, da der Zug zur Konstitutionalisierung ohnehin unaufhaltsam sei, "den gewaltthätigsten Despoten zum Beherrscher Deutschlands, als die trefflichsten ... Verfassungen ohne nationalen Zusammenhang",[1088] so gab der württembergische Liberale andernorts im gleichen Jahr wie auch später unter eigenem Namen im Grundsatz dieselbe Prioritätenfolge zu erkennen.[1089] Ebenso entwickelte 'Wilhelm' 1831 in seinen Briefen jenen mit dem Einheitsstreben zusammenhängenden Plan eines preußischen "Protectorat(es) über Deutschland", der auch fürderhin − wenngleich mit dem zunehmenden Vorbehalt der vorgängigen Konstitutionalisierung Preußens − ein zentrales Thema in Pfizers Publizistik bilden sollte.[1090]

Massen, bei der sittlichen Entartung ganzer Geschlechter ... Um Bewegungen zu unterdrücken, welche die behagliche Ruhe und die träge Sicherheit der Einzelnen gefährden könnten, soll(t)en ganze Generationen verdumpfen und verkrüppeln; um einen Krieg zu verhüten, in welchem Menschenblut vergossen würde, ... ('halte') man es für billig, jede Schmach zu dulden. Und doch" − fuhr Friedrich fort − wer wolle "den Krieg verbieten oder für Sünde erklären, da die Natur in der Zerstörung ... ('schwelge'), da Gott selbst den Tod und die Vernichtung in Strömen über seine Schöpfung ... ('leite') und ewige Triumphe über das Leben feiern" 'lasse'. (Zitate im Text S. 237, S. 241).

1088 PFIZER, Briefwechsel², 17. Brief (Wilhelm), S. 163.

1089 Vgl. PFIZER, Ziel, S. 337 f., wo der Verfasser erklärte, es sei "zweifelhaft", ob "grössere persönliche Freiheit ... zur Einheit führen werde". Hingegen gelte fraglos, "daß, wenn einmal die Einheit vorhanden ..., die Freiheit nicht ausbleiben" könne. Vgl. auch ebd., S. 342. Und noch 1842 hieß es mit Blick auf das in der Bewegungspartei verbreitete Verlangen nach einer befreienden Dazwischenkunft auswärtiger Mächte bei PFIZER, Gedanken, II, S. 311 f., daß jenes "Volk, das ... fremde Einmischung ... herbei(rufe) ..., ... ohne Zweifel noch tiefer herabgekommen (sei), als ein Volk, das ... sich innerer Knechtschaft nicht " 'erwehre'. "Einheimischer Despotismus, wenn nur gepaart mit Kraft und Ehre gegen Außen, ('laste') ... minder drückend auf dem Geiste einer Nation, als die politische Ehrlosigkeit einer, wenn auch milden, Abhängigkeit von Fremden."

1090 Vgl. dazu vor allem PFIZER, Briefwechsel¹/², 15., 17., 19. Brief (Wilhelm), S. 131−145, S. 161−175, S. 199−217 (Zitat S. 174); ferner: PFIZER, Ziel, S. 360 f.; PFIZER, Entwicklung, S. 87−94, S. 372 f.; PFIZER, Gedanken, II, S. 287−341; PFIZER, Stimme, S. 101−121. Zu der Entwicklung des Pfizerschen Planes einer "Bundeshauptmannschaft für Preußen" (PFIZER, Gedanken, II, S. 341) vgl. MEINECKE, Weltbürgertum, S. 287−295 und

Von dieser Deckungsgleichheit mit wesentlichen und eigentümlichen Vorstellungen Pfizers ausgehend, könnte also gefolgert werden, daß auch die in dem Schreiben 'Wilhelms' enthaltenen Ansätze zu einer Friedensutopie das politische Denken Pfizers getreuer widerspiegeln als der unverkennbare Bellizismus des Briefpartners 'Friedrich'. Jedoch stößt dieser Schluß auf drei Einwände. Zum einen erweist sich die zugegeben wenigstens vordergründig auf eine friedlichere Zukunft abzielende Einlassung 'Wilhelms' nicht als die genaue Entgegnung zu 'Friedrichs' Kriegsverherrlichung. Zum zweiten lassen sich, wenngleich versprengt, die den Bellizismus 'Friedrichs' kennzeichnenden Merkmale auch in den Briefen 'Wilhelms' nachweisen. Das dritte Gegenargument endlich, das allerdings über den 'Briefwechsel' hinausgreift, legt die von Pfizer vorgenommene Zuordnung auch der modernen Wirtschaftsformen zu der durch die gewaltsame Notwendigkeit geprägten Geschichte offen.

Was 'Wilhelm' an den Überlegungen 'Friedrichs' auszusetzen hatte, war der darin sich ausdrückende Hang zum "blinden Vertrauen auf die Wege des Schicksals". Dieser laufe auf eine "völlige Unthätigkeit" hinaus, aus der nie die so dringend gebotene Bildung des Nationalstaates hervorgehen könne.[1091] 'Friedrich' hatte sich nämlich bemüht, seinen Briefpartner davon zu überzeugen, daß die "auf den preußischen Staat gegründeten Hoffnungen" Wahn seien, wobei es gleichzeitig sein Bestreben war, 'Wilhelm' das Unzweckmäßige der solcherart "ersehnten Vereinigung Deutschlands" auseinanderzusetzen. Eine zur Einsicht in das "Nothwendige" auffordernde "Beruhigung" sollte hier den alles beim alten belassenden politischen Quietismus rechtfertigen und 'Wilhelm' "mit dem gegenwärtigen Schicksal Deutschlands und mit der (dieser Nation zugewiesenen) unscheinbaren Rolle ... versöhnen". In diesem Zusammenhang stellte 'Friedrichs' Kriegsverherrli-

KENNERT, Gedankenwelt, S. 39–46.

1091 PFIZER, Briefwechsel$^{1/2}$, 21. Brief, S. 257–270 (Zitate S. 257 f.).

chung nur eine Illustration unter mehreren dar, die zum Beleg der "freiere(n) Anschauung" dienten.[1092]

Indem sich nun 'Wilhelm' im Sinne seiner auf die nationale Einheit abzielenden Initiative gegen den "starre(n) Fatalismus" wandte[1093], kehrte er seine Feder nicht notwendig zugleich gegen den Bellizismus. Gewiß distanzierte er sich von "jener falschen Weisheit ..., die ... für den Jammer der Menschheit keine Thräne" habe. Mit dieser Verwahrung gegen 'Friedrichs' Ausführungen klagte 'Wilhelm' jedoch in der Hauptsache die Ignoranz seines Briefpartners gegenüber wirtschaftlichen und sozialen Nöten an. Aus dem Zusammenhang erhellt, daß sein Einspruch zu einer Schutzrede für Freiheit und Sicherheit des in den gegenwärtigen Friedenszeiten gefährdeten bürgerlichen Erwerbs gehörte. Freilich beeinträchtigen Kriege noch weit erheblicher die wirtschaftliche Tätigkeit. Dies aber war augenscheinlich nicht 'Wilhelms' Thema. Mithin kam hier eine Wendung gegen die Kriegsverherrlichung allenfalls stillschweigend und mittelbar zum Ausdruck.[1094]

Selbst solcher verhaltene Widerspruch scheint jedoch nicht in der Absicht Pfizers gelegen zu haben. Denn auch 'Wilhelm' hatte die bei 'Friedrich' zentralen "Gesetze der Nothwendigkeit", die Auffassung von der Welt als dem "Inbegriff aller Gegensätze", wenn auch erweitert um "das höhere Gesetz der Liebe", übernommen.[1095] Mehr noch: Die im Zeichen von 'Leben' und 'Bewegung' gegen das bürgerliche Vorteilsstreben gewendete Verherrlichung des Kriegerischen, die den Bellizismus 'Friedrichs' kennzeichnete, fand sich ungeachtet der angeführten Inschutznahme gleichermaßen bei 'Wilhelm'. Führte 'Friedrich' etwa Klage darüber, daß "die Deutschen" sich von dem einstigen "kriegerischen Geschlecht ... (zu) eine(r) Nation von Stubensitzern und Ofenhockern" gewandelt hätten,[1096] so

---

1092 Vgl. PFIZER, Briefwechsel[1/2], 20. Brief (Friedrich), S. 217–245 (Zitate S. 218, S. 244, S. 237).

1093 PFIZER, Briefwechsel[1/2], 21. Brief (Wilhelm), S. 257 f.

1094 Vgl. PFIZER, Briefwechsel[1/2], 21. Brief (Wilhelm), S. 261–269 (Zitat S. 263).

1095 Vgl. PFIZER, Briefwechsel[1/2], 21. Brief (Wilhelm), S. 268 f.; vgl. auch ebd., S. 259.

1096 PFIZER, Briefwechsel[1/2], 20. Brief (Friedrich), S. 219.

gab sich 'Wilhelm' kaum weniger betroffen von "der absoluten Nichtigkeit und Spießbürgerlichkeit alles öffentlichen Treibens", um daran anschließend seine Hoffnung auf der "Deutschen ... Lebensmuth und Lebensfrische" mit der bezeichnenden Berufung auf deren Kriegsbegeisterung zu begründen: Man treffe "auch jetzt ... einen Charakterzug des kriegerischen Nordens, jenen den Tod herausfordernden Lebensübermuth, dem es beim Kampfe nicht um Ruhm ..., sondern um die Lust des Kampfes selbst zu thun" sci.[1097] Abermals zeigte sich die gegen das besitzbürgerliche Sicherheitsbedürfnis gerichtete Verherrlichung des Kampfes, wenn 'Wilhelm' die "Ruhe und Sicherheit, welche der Feigheit theuerstes Kleinod" sei, anprangerte und sich die 'Rettung' aus der "allgemeine(n) Erschlaffung und Lähmung ... (von) eine(r) gewaltige(n) Erschütterung, eine(r) durchdringende(n) Lebensbewegung" versprach.[1098] Und auch 'Wilhelm' bezeichnete es als "Gesetz der Welt und Ordnung der Natur ..., daß aus Tod und Verwesung neues Leben" 'hervorgehe'.[1099]

Näherte sich 'Wilhelm' durch solche bellizistischen Denkmuster der Position 'Friedrichs' und entwertete jener somit bereits die eigenen Ansätze zu einer auf den wirtschaftlichen Entwicklungsstand gestützten Friedensutopie, so belehrt die von Pfizer in den 'Gedanken' vorgetragene Argumentation den Leser vollends darüber, daß auch die moderne Wirtschaft in den Augen des württembergischen Liberalen der gewaltsamen Natur verbunden blieb. Zunächst kontrastierte Pfizer dort ähnlich wie im 'Briefwechsel' die scheinbar friedliche Welt des neuzeitlichen 'Homo oeconomicus' mit der gewalttätigen Antike: Mit den "rein sachliche(n) Interessen" der Gegenwart gehe ein "großer, in seinen Folgen gar nicht zu berechnender Fortschritt" einher, zumal "Handel und Gewerbefleiß ...(,) Maschinen und Naturkräfte" die einstigen "Vernichtungskriege" verdrängen sowie der Ausbeutung und damit auch der Haltung von "kriegsgefangenen Sklaven" jeden wirtschaftlichen

1097 PFIZER, Briefwechsel[1/2], 15. Brief (Wilhelm), S. 144.
1098 PFIZER, Briefwechsel[1/2], 13. Brief (Wilhelm), S. 113, S. 108.
1099 PFIZER, Briefwechsel[1/2], 17. Brief (Wilhelm), S. 167.

Nutzen entziehen würden. Indes versicherte Pfizer sogleich, daß dieses "Reich der materiellen Interessen für die heutige Menschheit wohl nur der Ausgangspunkt zu einem höheren Kreislauf" sei.[1100] Denn noch reduziere es ja, "dem Welt- und Sinnenleben zugewendet, ... alles auf Zahl und Maaß". Angesichts solcher "Gebanntheit des Gedankens und des Willens an die Erde" sei es das Signum des durch die 'materiellen Interessen' bewegten gegenwärtigen Zeitalters, "das Nothwendige über das Freie, das Bewußtlose über das Bewußte, das Natürliche über das Geistige und Sittliche zu stellen".[1101]

Anders gewendet, bedeutete die Herrschaft der 'materiellen Interessen' immer noch den Vorrang der 'Natur' vor dem 'Sittlichen'. Gerade aber auf die Umkehrung dieses Verhältnisses kam es laut Pfizer an, wenn denn "das schonungslose Walten des Naturgesetzes" mit dessen 'Härte' und 'Grausamkeit' gebrochen werden sollte. Standen doch "Natur" und "Nothwendigkeit" für jene gewaltsame Welt, "die Millionen ihrer Geschöpfe gleichgültig ... ('vernichte') oder vom Mord und von der Qual der Mitgeschöpfe leben" lasse. Im 'Reich der materiellen Interessen' mochte also zwar die antike Form des Krieges und der Ausbeutung keinen Platz mehr finden. Deswegen aber hatten weder Krieg noch Unterdrückung überhaupt ihr Ende gefunden.[1102] Im Gegenteil: Da in Pfizers Weltsicht "Leben und Bewegung" unter der Herrschaft der "Natur ... nur durch Entzweiung oder Entgegensetzung von Kräften" 'geschaffen und erhalten' wurden,[1103] entsprach es dem nach wie vor bestehenden Übergewicht der 'Notwendigkeit', daß den Lauf der Welt "für jetzt ... das Aus- und Widereinanderstrebende" bestimme.[1104]

Demnach bildeten die Tendenzen der Gegenwart für Pfizer lediglich einen Durchgang auf dem Weg zur Utopie, ohne dabei unvermittelt in diese zu mün-

---

1100 PFIZER, Gedanken, II, S. 129 f.

1101 PFIZER, Gedanken, II, S. 128–132 (Zitate S. 128, S. 132).

1102 PFIZER, Gedanken, II, S. 96–99.

1103 PFIZER, Gedanken, I, S. 425.

1104 PFIZER, Gedanken, II, S. 139; dort wegen Satzanfang: "Für jetzt".

den. Denn 'Gegensätzlichkeit' stellte den eigentlichen, aber zugleich auf die eigene Aufhebung hin angelegten Motor der Geschichte dar: Ein "unabänderliches Gesetz der Weltentwicklung (sei es), daß alle Lebensgegensätze auseinandertreten müss(t)en, wenn Fortschritt bis zur endlichen Vollendung in der höhern Einheit möglich seyn soll(e)".[1105] Nicht die 'Natur' mit ihrer 'Gegensätzlichkeit' und 'Notwendigkeit', die auch noch das 'Reich der materiellen Interessen', die moderne Wirtschaft, durchdrangen, sondern das "in und mit dem Geist ('erwachende') ... höhere Gesetz der Liebe" zeichnete den utopischen Zustand aus. Erst durch diesen "Geist der Liebe ... (würde) die Strenge des Naturgesetzes (ge)mildert ... und das Nothwendige mit Freiheit" 'vollbracht' werden.[1106] Indem nun Pfizer die im 'Briefwechsel' mehr nur angedeutete Macht der Liebe in den 'Gedanken' zum Eckstein eines politischen Entwurfes entwickelte, legte er nicht nur das Illusionäre eines auf die 'materiellen Interessen' gegründeten Friedens offen, sondern er wies zugleich auch den Weg in eine andere Utopie des Friedens, die sich am Ende als eine schwerwiegendere Einrede gegen seinen Bellizismus erweisen mochte.

Ganz in der Tradition des aufgeklärten Denkens ruhte der im Rahmen dieser Utopie Pfizers überhaupt mögliche Friede auf einer innerstaatlichen Grundlage: Um dem 'Geist der Liebe' zum politischen Durchbruch zu verhelfen, müsse in der ferneren Zukunft der "Rechtsstaat ... zum Vernunftstaat" werden.[1107] Denn die zunächst durchaus angestrebte repräsentative "gemischte Verfassung" rühmte Pfizer zwar, weil sie "Volk und Regierung ... durch wechselseitige Machtbegrenzung ... (zu) Vernunft und Recht" zwinge; jene "Naturnothwendigkeit ...(,) jener ursprüngliche Gegensatz, auf welchem alles Leben, alle Bewegung" sich gründeten, erscheine im Rechtsstaat "geregelt und organisirt".[1108] Indem aber so "die natürli-

---

1105 PFIZER, Gedanken, II, S. 38. Zu der bereits im 'Briefwechsel' erkennbaren (siehe oben S. 480 f.) grundlegenden Bedeutung der 'Gegensätze' für Pfizers Geschichtsmodell vgl. KENNERT, Gedankenwelt, S. 54 f.

1106 PFIZER, Gedanken, II, S. 96, S. 99.

1107 PFIZER, Gedanken, II, S. 81.

1108 PFIZER, Gedanken, I, S. 336.

chen Elemente aller Macht ..., Geisteskraft, Reichthum, Ueberlegenheit der Zahl, die an sich keine sittlichen Mächte (seien,) ... zu einem vernünftigen Gebrauche der Gewalt gewissermaßen gezwungen" würden, komme die Politik über die auf lange Sicht trotz mancher Erfolge stets zur Instabilität neigende Stufe des "mehr oder weniger feindseligen Widerstreit(es)" nicht hinaus. "Bestand und Frieden in der Wechselwirkung der lebendigen Kräfte" sei erst dann zu erwarten, "wenn von den Faktoren des Gegensatzes wenigstens der eine sittlich geworden und die Macht der Selbstsucht in den Herrschenden gebrochen" sei. Es gelte eben, aus dem Stand der naturhaften 'Notwendigkeit' allererst noch herauszutreten: Von der gegenwärtig gebotenen verfassungstechnischen Regelung "eines beständigen Kampfes bloßer Naturgewalten", die bei den im Gleichgewicht zu haltenden Kräften immer mit dem "naturgemäß(en)" Drang zur "Vernichtung" des Gegners zu rechnen habe, müsse dereinst der Übergang vollzogen werden zu einem System, in welchem "eine sittliche Macht auch ohne äußere Gegenmacht sich selbst in Schranken" halte. Und diese "einzige Macht des unbegrenzten Fortschritts ohne Selbstzerstörung" könne nur aus der "organische(n) Wiedervereinigung von Staat und Kirche" erwachsen.[1109]

So war es in Pfizers den "Ablauf von Jahrhunderten" einrechnender Vision – ein Realisierungsversuch in näherer Zukunft "wäre Thorheit" –[1110] schließlich der "durch die Macht der Kirche sittlichregierte ... Staat, der Kirchenstaat, Vernunftstaat, die Theokratie des Geistes", der den zunächst inneren Frieden zuverlässig verbürgen sollte, "soweit überhaupt ... die menschlichen Geschicke dem Kampf und Wechsel zu entrücken möglich" sei.[1111] Erst von dem Plateau des mit diesem 'Kirchenstaat' erreichten inneren Friedens aus eröffnete sich für Pfizer der Blick auch "auf eine zukünftige Einheit der gesammten Menschheit". Da im Gegensatz zum "Weltreich ... die Kirche nicht das Nationale, sondern das Allgemeinmenschli-

---

1109 PFIZER, Gedanken, II, S. 81–85.

1110 PFIZER, Gedanken, II, S. 110.

1111 PFIZER, Gedanken, II, S. 81 f., S. 99.

che zur Grundlage" habe, stelle "eine Weltkirche" auch keineswegs die "klare Unnatur" dar, die dem "Universalstaat" innewohne. Unter deutlicher Ablehnung des politischen Zusammenschlusses zu einem zentralistischen "Weltstaat", die unverkennbar das Fortwirken aufgeklärter Theorien verriet, betonte Pfizer, es "könnte wohl auch für den ewigen Frieden ... das Haupt einer allgemeinen Kirche durch friedliche Vermittlung ... größeres wirken, als irgend eine weltliche Gewalt".[1112]

War in dieser Utopie, welche die Entwicklung der Gegensätze voraussetzte, um sie endlich zu überwinden, war also in dieser Utopie die auch in den 'Gedanken' vorgetragene Kriegsverherrlichung aufgehoben? Immerhin hatte Pfizer den Krieg wie die anderen Gegensätze als den Motor des Fortschritts gefeiert. Zur Rechtfertigung des Krieges berief er sich 1842 einmal mehr auf die schon im 'Briefwechsel' angeklungene und im Staatslexikon wiederholte "menschliche Bestimmung ... (zur) Entwicklung aller Kräfte".[1113] Der 'Kirchenstaat' aber gewährleistete doch den weiteren 'Fortschritt ohne Selbstzerstörung'. Warum also sollte nicht auch die kriegerische Bewegkraft der Geschichte in jenem zukünftigen Frieden gleich anderen 'naturgegebenen' Gegensätzen ihr Ziel gefunden haben?

Zur Vorsicht mahnt hier freilich der jeden 'ewigen Frieden' zunichte machende Ewigkeitscharakter, den Pfizer in den 'Gedanken' nicht anders als in den früheren Publikationen dem kriegerischen Antagonismus attestiert hatte: Es herrsche "in der Menschenwelt ein ewiger Streit zwischen zerstörenden und schöpferischen Leidenschaften, ein stetes Ringen zwischen dem guten Geiste und dem bösen, der, weil er physische Gewalt zur Waffe ... ('nehme'), auch nur durch physische Gewalt zu überwinden" sei. Die 'Sittlichkeit' (der 'gute Geist') war in dieser 'ewigen' Auseinandersetzung immer nur Partei, ihr Sieg zudem nie ein vollständiger und sonach auch der "Kampf", unerachtet der 1842 abermals vorgenommenen Gleichsetzung mit der "Natur", ein notwendiges Geschehen in der 'sittlichregierten'

1112 PFIZER, Gedanken, II, S. 138.
1113 PFIZER, Gedanken, I, S. 93.

Welt.[1114] Offen gestand Pfizer dazu ein, was die in den oben recht ausführlich zitierten Wendungen durchschimmernden Vorbehalte schon angedeutet haben mochten: daß nämlich "dem Fortschritt durch die Natur der Dinge gewisse Schranken gesteckt" seien, deren Beseitigung "theils nie, theils nur allmälig" gelingen werde.[1115] Mit einer solchen Utopie, in welcher der 'Kirchenstaat' nie gänzlich über die 'Natur' triumphierte, stimmte durchaus das zur Kriegsverherrlichung Gesagte zusammen, wenn etwa dort die Rede davon war, daß "die meisten (Menschen) ... sich vom Naturgesetz beherrschen" ließen, wenn es demgemäß für unwahrscheinlich galt, daß "je die Herrschaft der Nothwendigkeit ganz dem Gesetz der Liebe und der Freiheit weichen werde", wenn endlich die "Beschaffenheit der menschlichen Natur" es nahelegte, daß stets "ein mächtiger Kampf" eine notwendige Voraussetzung des Fortschritts bilde.[1116]

Mit Händen zu greifen war die Vorstellung von der unbegrenzten Fortdauer des Krieges schließlich an jener Stelle, wo Pfizer auf den Personenkreis zu sprechen kam, der von den Segnungen der Utopie nicht erreicht werden würde. Im Hinblick auf den 'Kirchenstaat' erklärte er, "das christliche Gesetz der Liebe (werde) nie den Druck der Nothwendigkeit ganz überwinden, ... für alle Zukunft (möge es) unvermeidlich seyn, nicht nur daß Einzelne der Erhaltung des Ganzen als gezwungene Opfer fallen, sondern auch, daß ganze Klassen von Staatsangehörigen mehr Mittel als Selbstzweck ... bleiben" würden.[1117] Unabhängig von den später

---

1114 Vgl. PFIZER, Gedanken, I, S. 93 f.

1115 Vgl. PFIZER, Gedanken, II, S. 94 f.

1116 Ob sich je der Krieg verdrängen lasse, "ob je die Herrschaft der Nothwendigkeit ganz dem Gesetz der Liebe und der Freiheit weichen werde", sei, wie PFIZER, Gedanken, I, S. 93 ausführte, "wohl zu bezweifeln. Kein Mensch (sei) ... lautere Vernunft und freie Liebe, die meisten ('ließen') ... sich vom Naturgesetz beherrschen, oder es (sei) ... doch die Natur in ihnen stärker als der Geist". Nach der Gleichsetzung von "Natur" und "Kampf" fuhr er ebd. fort: "Daß ... ein ewiger Friede die Völker in Unkraft und Weichlichkeit auflösen, daß der Schwung der Geister in Trägheit erlahmen, im Kleinlichen und Nichtswürdigen untergehen würde, wenn nicht von Zeit zu Zeit ein mächtiger Kampf alle Sehnen der Thatkraft spannte, alle Fähigkeiten zu den Waffen riefe, (sei) ... nach der Beschaffenheit der menschlichen Natur (zu) erwarten."

1117 PFIZER, Gedanken, II, S. 98.

noch zu vertiefenden innenpolitischen Implikationen dieser Einlassung Pfizers ließ die Anspielung auf "den einzigen Stand ..., dessen Loos ... das Sittengesetz des Christenthums nicht gemildert habe", an Eindeutigkeit nichts vermissen: Der "Zwang ... zu Opfern" betraf, wie Pfizer es an anderer Stelle in den 'Gedanken' formulierte, den "zum Dienst gezwungene(n) Krieger"![1118] Von den Angehörigen dieser Gruppe mußten zuweilen und konnten demnach "Wenige für die große Mehrzahl aufgeopfert werden".[1119] Ebendieses Leiden der Kriegsdienstpflichtigen stellte genau den "für alle Zukunft" nicht zu beseitigenden Mangel einer Utopie dar, in der "Einzelne der Erhaltung des Ganzen als gezwungene Opfer fallen" würden.[1120]

Daß selbst in der Utopie der Kriegsdienst nicht enden werde, bedeutete mehr als das bloße Eingeständnis, daß auch der 'Kirchenstaat' den Krieg nicht werde überwinden können. Da die Verherrlichung des Krieges allein an dessen naturhafte Existenz gebunden war, erschien damit auch der Bellizismus keiner zeitlichen Eingrenzung mehr unterworfen. Die neuerliche Verherrlichung des Krieges in demselben Werk, in welchem Pfizer die Umrisse einer besseren Welt skizziert hatte, ließ das Friedensziel gänzlich in der Vorstellung von einem beständigen 'kämpferischen Fortschreiten' untergehen, weil die Utopie gerade vor einer Aufhebung des Krieges Halt machte. Selbst die 'Weltkirche' sollte ja nur größere Verdienste um den 'ewigen Frieden' für sich in Anspruch nehmen können. Das definitive Gelingen war ihr weder aufgegeben noch vorgezeichnet.

Durchweg also überlagerten bellizistische Strömungen in Pfizers vormärzlichem Schrifttum die dortigen Ansätze zu einer Friedensutopie. Nach dieser Klärung ist jetzt noch der Zusammenhang des politischen Denkens zu beleuchten, in dem Pfizers Bellizismus stand.

1118 PFIZER, Gedanken, I, S. 91 f.
1119 PFIZER, Gedanken, I, S. 94.
1120 PFIZER, Gedanken, II, S. 98.

Fraglos spielte hier wie auch bei Schulz die Orientierung an der Nation und an dem 'nationalen' Staat eine nicht zu übersehende Rolle. Ein wesentlicher Teil von Pfizers politischem Wirken galt ja der Vorbereitung und Errichtung des deutschen Nationalstaates. So verwundert es nicht, daß im 'Briefwechsel' das Ringen "um die Existenz und die Rechte der Nationen" in bezeichnender Weise als "der große Kampf der Gegenwart" ausgewiesen wurde;[1121] daß auch noch zehn Jahre danach gemäß Pfizers Ausführungen erst in dem "Nationalstaat ... der vernünftige Staat" Gestalt gewann.[1122] Ebenso durchzogen wenigstens Ansätze zu chauvinistischer Übertreibung das Werk Pfizers vom 'Briefwechsel' bis hin zu den Veröffentlichungen der Revolutionszeit: Deutschland habe einen Anspruch auf den ersten Rang unter den Nationen Europas und der Welt. Als die eigentlich 'universale' Nation eigne sich die deutsche wie keine andere dazu, den Erdkreis zu missionieren und das Recht unter den Völkern durchzusetzen.[1123] Mit einem solchen Sendungsbewußtsein verbanden sich auch handfeste Herrschaftsansprüche, die über die deutsche Hegemonie in Mitteleuropa hinaus die Teilnahme Deutschlands an der kolonialen Aufteilung der Welt in den Blick nahmen.[1124]

1121 PFIZER, Briefwechsel[1/2], 15. Brief (Wilhelm), S. 134 f.; vgl. dazu auch ebd., 16. Brief (Friedrich), S. 150: "Wie Individualität die Bedingung des Bestehens der Menschheit überhaupt, so Nationalität die Bedingung des Bestehens größerer Menschenvereine, der Staaten".

1122 Vgl. PFIZER, Gedanken, I, S. 287−291 (Zitat S. 288).

1123 Vgl. PFIZER, Briefwechsel[2], 15. Brief (Wilhelm), S. 137, wo Pfizer die Frage stellt, ob "denn nicht die Deutschen eine für die fortschreitende Entwicklung des Menschengeschlechts wichtigere und schwerer zu ersetzende Nation (seien) als die Polen". Vgl. dazu auch PFIZER, Briefwechsel[1/2], 14. Brief (Friedrich), S. 129 f.; 17. Brief (Wilhelm), S. 166; 21. Brief (Wilhelm), S. 249 f.; PFIZER, Gedanken, II, S. 147−153.

1124 Nach PFIZER, Gedanken, II, S. 334−336 sollte eine engste völkerrechtliche Verbindung zwischen dem unter preußischer Führung geeinten Deutschland und der auf eine südöstliche Expansion verwiesenen Habsburger Monarchie die kontinentale Grundlage für eine hegemoniale Stellung legen, wobei an die Integration und Abstimmung von Militärwesen, Außenpolitik und Handel gedacht war. Vgl. dazu auch PFIZER, Ziel, S. 362 und PFIZER, Beiträge, S. 10−12. Darüber hinaus regte Pfizer ein Bündnis mit England an. Hier richtete er sein Augenmerk nicht allein auf die von ihm wahrgenommene russisch-französische Doppelbedrohung: Beiden Mächten hatte er tiefsitzende Eroberungsbestrebungen unterstellt. Rußland spiele die slawische Karte, während Frankreich nicht vom linken Rheinufer lassen wolle. Mehr noch aber gerieten Pfizer bei dem propagierten deutsch-englischen Bündnis weltpolitische Ziele in den Blick. Sollte es doch nicht zuletzt dazu dienen, Deutschland die Teilnahme an der kolonialen Aufteilung der Welt zu ermöglichen. Vgl. PFIZER, Gedanken, II,

Im Rahmen dieses nicht zuletzt machtpolitisch begründeten Strebens nach nationaler Einheit kam dem Krieg nun insofern eine herausragende Bedeutung zu, als Pfizer ihm im Hinblick auf das Werden des deutschen Nationalstaates die Rolle des am Ende notwendigen 'Geburtshelfers' zuwies. Allerdings galt dies nicht durchweg für jeden Krieg. Wenigstens 1832 noch fürchtete Pfizer den 'Prinzipienkrieg' und warnte vor einer damit zusammenhängenden (auslösenden) "voreiligen Schilderhebung". Denn auf deutschem Boden zwischen Frankreich und den konservativen Ostmächten ausgefochten, bedeutete ein solcher Krieg zwangsläufig den blutigen Widerstreit zwischen der nationalen und der konstitutionellen Zielsetzung. Den "brudermörderischen Kampf" zu vermeiden mußte demnach die Maxime eines ebenso national wie liberal denkenden Politikers sein. Auf der anderen Seite aber mochte Pfizer damals schon "den Krieg" durchaus als jenen "befruchtenden Gewitterregen betrachten, ohne den die harte Knospe der Nationalvereinigung nicht aufbrechen" könne. Wenn nur "der nationale Geist gehörig erstarkt" wäre, so ließ Pfizer 1832 'Friedrich' den 'Briefwechsel' resümieren, dann "möchte ein europäischer Krieg vielleicht eher zu wünschen, als zu fürchten seyn".[1125] Zudem schälte sich aus dieser noch recht vorsichtigen Einbeziehung des Krieges in den Plan der Nationalstaatsbildung später ein Kalkül heraus, das weit unbefangener den zwischenstaatlichen Konflikt als eine, wenn nicht sogar als die Vorbedingung des Einigungsprozesses vorstellte.

Anfang der vierziger Jahre notierte Pfizer, daß "die Regierungen entschlossen (zu sein 'schienen') ..., den deutschen Völkern alles zu verweigern, was auf dem Weg der Freiheit sie zu nationaler Einheit führen könnte". Diesen Zustand, in welchem es den Deutschen "versagt" sei, "selbst das lösende Wort zu sprechen", wendete Pfizer in das Erfordernis, daß, "wie so oft, auch jetzt das Ausland, indem es alte Wunden wieder" 'aufreiße', Deutschland "erwecken" 'müsse'. Das politische

---

S. 350–352. Zur Resonanz dieser Konzeption in der Paulskirche vgl. WOLLSTEIN, Das 'Großdeutschland', S. 290–306.

1125 PFIZER, Briefwechsel[2], 22. Brief (Friedrich), S. 278–283; vgl. auch PFIZER, Ziel, S. 363–365.

Wunschbild spiegelte sich in der Erwartung, die nächste "Erschütterung der europäischen Verhältnisse" – etwa eine auf das Ableben Louis Philippes folgende französische, vielleicht dann auch russische Expansion – werde die preußisch-deutsche Einheit unter konstitutionellem Vorzeichen herbeiführen. Die Verwirklichung des erstrebten Nationalstaates setzte also den von Pfizer als Vollendung der Befreiungskriege gedachten europäischen Krieg voraus. Folgt man dem württembergischen Politiker, so konnte es die Möglichkeit einer "Schuld" und mithin die Chance des eigenen politischen Handelns für die zugleich nationale und liberale Bewegung erst nach dem Ausbruch des Krieges geben.

Mit einer derart prominenten Rolle des Krieges war der Boden bereitet, auf dem nationale und bellizistische Motive einander durchdringen konnten. Die von Pfizer bei dieser Gelegenheit gewählten Metaphern brachten das Ineinander auch in geeigneter Weise zum Ausdruck: Die "Nationalvertretung" als "die aufbrechende Blüthe", "die Bundeshauptmannschaft für Preußen (als) eine reife Frucht, welche bei irgend einer künftigen Erschütterung der europäischen Verhältnisse ihm von selbst zufallen müßte", oder die Befreiungskriege als Zeichen zur "Auferstehung" und Beginn "eines frischen, muthigen Lebens" – all diese Bilder bezeugten wie schon zehn Jahre zuvor im 'Briefwechsel' die Vorstellung von dem naturhaften und damit auch notwendig gewaltsamen Werden des 'höheren, nationalen' Lebens.[1126]

Gleichzeitig berührte diese nationale Färbung des Bellizismus aber auch das Revolutionsproblem, in welches wiederum die Frage der politischen Letztbegründung hineinspielte. Denn es hieß die Revolution negieren, wenn Pfizer die den Status quo bewahrende Bundespolitik, die den Weg der inneren Umgestaltung versperre, sogleich mit der Notwendigkeit der in Gestalt eines europäischen Krieges von außen kommenden Initialzündung gleichsetzte. Folgerichtig verwarf Pfizer hier die Möglichkeit der "im Kampf mit den Regierungen" erstrittenen Konstitutionalisierung Deutschlands, den vom 'Volk' getragenen "nationalen

---

1126 Vgl. PFIZER, Gedanken, II, S. 339–341, S. 350–356.

Aufschwung", indem er dies als "kaum zu hoffen" in das Reich der Träume verwies.[1127]

Andererseits aber hatte Pfizer im Staatslexikon seine dortige Kriegsverherrlichung gerade an die stets gefährlicher werdende Möglichkeit revolutionärer Bürgerkriege angeschlossen: Mochten auch die "Kriege der Nationen unter sich ... seltener werden", so scheine doch "im Schooße der einzelnen Staaten ... ein Kriegsgespenst immer drohender aufzusteigen, der Krieg der Stände unter sich, der Krieg der Armen gegen die Reichen". Hieran anknüpfend äußerte Pfizer seine schließlich zur Kriegsverherrlichung überleitende Vermutung, es sei "der Wille der Natur ..., daß der Dämon der Zwietracht in der Menschheit niemals ganz entschlafe".[1128] Während die auf die nationale Einigung bezogene Erwartung die Möglichkeit des revolutionären Weges mithin erst gar nicht in Rechnung zu stellen schien, rückte der Beitrag zum Staatslexikon dagegen das Dasein einer revolutionären Situation in den Vordergrund. Darin lag jedoch nur auf den ersten Blick ein Widerspruch. Denn die oben den 'Gedanken' entnommene Negation der Revolution war mehr die Verneinung einer eigenen revolutionären Politik denn die Leugnung eines revolutionären Potentials überhaupt. Seitdem Pfizer im 'Briefwechsel' seine wachsende "Besorgniß", daß der "verstockte Widerstand gegen die Forderungen der Zeit ... zu einer gewaltsamen Umwälzung treiben werde", durch die Feder 'Friedrichs' bekundet hatte,[1129] zeugte seine Publizistik von der zumindest latenten Gegenwart der Umsturzdrohung. Auch stellte bereits der 'Briefwechsel' einen Zusammenhang her zwischen den im Staatslexikon angegebenen sozialen Wurzeln der Revolution und dem nationalen Ziel: War doch die Verarmung großer Teile der Bevölkerung nach dem Urteil 'Wilhelms' in der Hauptsache jenem Übermaß an öffentlichen Lasten zuzuschreiben, das von dem mit der partikularstaatlichen Sonderung einhergehenden Mehraufwand an Hofhaltung, Heerwesen und Verwal-

---

1127 PFIZER, Gedanken, II, S. 237; vgl. dazu auch ebd., S. 282–284, S. 288 f., S. 297, S. 320–323, S. 331, S. 338.

1128 PFIZER, Art. "Ewiger Friede", StL. V[1], S. 337 f.; ebenso StL. IV[2], S. 563.

1129 PFIZER, Briefwechsel[2], 20. Brief (Friedrich), S. 223.

tung herrühre.[1130] Im weiteren Verlaufe des Vormärz gelangte Pfizer über diese einzige Erklärung hinaus zwar zu ergänzenden Einsichten in die soziale Frage. Desungeachtet aber blieb auch fernerhin jener Zusammenhang zwischen der den Grund zu revolutionärer Überwindung enthaltenden nationalen Zersplitterung und der gerade diese revolutionäre Drohung bannenden Einigung durch Preußen gewahrt. Wie im 'Briefwechsel', so stand auch noch 1846 hinter Pfizers politischer Maxime, daß "Preußen ... als konstitutionelle Macht sich an die Spitze eines konstitutionellen Deutschlands stellen" 'müsse', die mahnende Erinnerung, daß dies der einzige Weg sei, der "ohne gewaltsame Umwälzungen aus den Deutschen wieder eine Nation werden" lasse.[1131] Von Anfang an also bildete das Argument der zu vermeidenden Revolution einen integralen Bestandteil des Konzeptes der preußisch-deutschen Einigung und Konstitutionalisierung, was umgekehrt die fortwährende Existenz einer revolutionären Alternative belegte. Anders formuliert, spiegelte gerade das den Krieg voraussetzende Programm der nationalen Einheit die Gegenwart des drohenden Umsturzes. Allerdings wäre es verfehlt, ohne weitere Prüfung aus der fraglos gegebenen Verschränkung mit dem Konzept einer unter preußischer Führung zu verwirklichenden nationalen Einheit auf die gegen-revolutionäre Ausprägung des Bellizismus zu schließen. Denn zusammen mit antirevolutionären Aussagen durchzog auch ein revolutionärer Zug Pfizers vor-märzliche Publizistik. So scheinbar überzeugend der württembergische Liberale 1832 durch die Briefpartner 'Wilhelm' und 'Friedrich' seine Ablehnung des revolutionären Vorgehens darlegte,[1132] so offen förderte er selbst noch in demsel-

---

1130 Vgl. PFIZER, Briefwechsel$^{1/2}$, 21. Brief (Wilhelm), S. 261—270.

1131 PFIZER, Stimme, S. 101 (Zitat) − 121. Vgl. dazu PFIZER, Briefwechsel^2, 19. Brief (Wilhelm), S. 211: Es "bleibt, ohne einen gewaltsamen Umsturz der bestehenden Verhältnis-se, ... die preußische Regierung ... die einzige, die der Sache Deutschlands sich mit Nach-druck anzunehmen Macht und wahres Interesse hat". Vgl. auch ebd.^{2}, 21. Brief (Wilhelm), S. 253 und PFIZER, Ziel, S. 351.

1132 Vgl. PFIZER, Briefwechsel^2, 18. Brief (Friedrich), S. 181—187, dort besonders S. 183: "Revolutionen sind immer ein Übel und selten ein nothwendiges und unvermeidliches. Alles, was durch Revolutionen erreicht werden soll, steht durch ruhigwirkende, friedliche Mittel sicherer und besser zu erreichen." Ferner ebd.^{2}, 19. Brief (Wilhelm), S. 212: Man "setzt ... seine Hoffnungen lieber auf eine Revolution oder auf sonst ein unvorhergesehenes und unerhörtes Ereigniß, das zwar eintreten kann, auf welches aber seine ganze Rechnung

ben Jahr nach dem Bekanntwerden der 'sechs Artikel' die Entstehung einer revolutionären Situation: Endlich habe — wie Pfizer in einem Nachtrag zu seiner Liberalismusschrift schrieb — die Gemeinsamkeit des repressiven Vorgehens das Hindernis partikularstaatlicher Sonderung beiseite geräumt. Damit erscheine die Hoffnung nicht unbegründet, "daß in ganz Deutschland die Sache der Völker von der Sache der Fürsten rein und klar sich abscheiden und die deutsche Nation ... dasjenige erhalten werde, woran es ihr bisher gefehlt ...: ein gemeinschaftliches, durch keine falsche und treulose Freunde irregeleitetes oder getheiltes Interesse und einen gemeinschaftlichen Feind"![1133] Nicht zu Unrecht nannte Treitschke diese Zeilen ein "in leidenschaftlichem Zorne" geschriebenes "geharnischtes Nachwort", das durchaus als eine "Drohung" zu verstehen sei.[1134]

Auch läßt sich manche spätere Apologie des Kampfes als eine Rechtfertigung des revolutionären Fortschritts verstehen. Zum Beispiel ließ Pfizer 1835 durchblicken, daß die Einführung einer "Nationalverfassung" erst dann gelingen könne, "wenn die angefangene Gährung und Zersetzung bis zur Auflösung gediehen und die Ausstoßung fremdartiger oder unverträglicher Stoffe durch den fortgesetzten Kampf der gesellschaftlichen Elemente erfolgt" sei.[1135] So unverkennbar hier auch die nationale Seite von Pfizers Anliegen durchschimmerte, so gleichermaßen unzweideutig war der zum Fortschritt treibende 'Kampf' an dieser Stelle doch ein innerstaatlicher.

Und was vielleicht als das tragfähigste Argument für eine eher revolutionäre Tönung des Bellizismus angesehen werden mag: Zählte nicht auch Pfizer zu den kompromißloseren Verfechtern des am Ende revolutionären Vernunftrechtes?

---

abzuschließen, Wahnsinn ist, weil Revolutionen aller Berechnung spotten und außerordentliche Ereignisse nur dann zum Besseren führen können, wenn die Richtung und der Wille zum Besseren überwiegend vorhanden sind".

1133 PFIZER, Ziel, S. 365 f.

1134 Vgl. TREITSCHKE, Geschichte, IV, S. 277 f.

1135 PFIZER, Entwicklung, S. 107 f.; vgl. dazu auch ebd., S. 34—40; PFIZER, Antrag in Betreff der staatsrechtlichen Verhältnisse, S. 11; PFIZER, Art. "Liberal, Liberalismus", StL. IX[1], S. 718, S. 729; ebenso StL. VIII[2], S. 527, S. 534; PFIZER, Gedanken, I, S. 161.

Diesen Eindruck mochte man zumindest bei der Lektüre der grundlegenden Abschnitte von Pfizers 'Gedanken' gewinnen.[1136] Denn zunächst einmal ließ Pfizer an der Verbindlichkeit des ahistorischen Vernunftrechtes und der in diesem enthaltenen Vertragstheorie keinen Zweifel. Hierin schien er Rotteck in nichts nachzustehen, wenn nicht gar zu übertreffen. Ein gegen das "Vernunftrecht" verstoßendes "positives Recht ... (sei) nicht verpflichtend".[1137] Obwohl im Hinblick auf "andere Jahrhunderte ... die vernunftrechtliche Staatstheorie blos eine wissenschaftliche Geltung haben" würde, sei sie für die Gegenwart doch "zugleich die einzig praktische, und ihr zufolge ... (könne) der Staat nicht anders als im Wege des Vertrags entstehen".[1138] Denn "mit vernünftigem Bewußtseyn" betrachtet, gebe es "keinen andern vernünftigen Grund eines p o s i t i v e n Rechtsverhältnisses unter freien selbstständigen Individuen als den Vertrag".[1139]
Die ganze emanzipative Stoßkraft aufgeklärten, vertragstheoretischen Denkens wurde spürbar, als Pfizer aus der "vernünftig-sittliche(n) Bestimmung" des Menschen nicht nur "das unveräußerliche Recht" auf "Leben, Ehre und Freiheit" ableitete, sondern auch das dem grundlegenden "Sittengesetz" immanente " G e s e t z   d e r   G l e i c h h e i t " mit der "gleiche(n) Willensgeltung Aller" zu der allein gerechtfertigten "Herrschaft der Stimmenmehrheit" entwickelte.[1140] Dementsprechend stehe die übertragene Gewalt im Staate grundsätzlich unter dem der Mehrheit zustehenden Recht des Widerrufes. Allerdings hatte

---

1136 Vgl. hierzu PFIZER, Gedanken, I, S. 1–317; ferner PFIZER, Art. "Erfahrung", StL. V[1], S. 253–263; ebenso StL. IV[2], S. 480–488; PFIZER, Art. "Fürst", StL. VI[1], S. 194–206; ebenso StL. V[2], S. 282–289; PFIZER, Art. "Liberal, Liberalismus", StL. IX[1], S. 713–730; ebenso StL. VIII[2], S. 523–535; PFIZER, Art. "Urrechte oder unveräußerliche Rechte", StL. XV[1], S. 610–635; ebenso StL. XII[2], S. 689–706.

1137 PFIZER, Gedanken, I, S. 294 f.

1138 PFIZER, Gedanken, I, S. 168 f.

1139 PFIZER, Gedanken, I, S. 179; zur Vertragstheorie Pfizers vgl. im einzelnen die Ausführungen ebd., I, S. 167–183.

1140 PFIZER, Art. "Urrechte oder unveräußerliche Rechte", StL. XV[1], S. 613–628 (Zitate); ebenso StL. XII[2], S. 691–701; vgl. ferner PFIZER, Gedanken, I, S. 1–75, S. 167–224, dort besonders S. 11–20, S. 40, S. 173, S. 206, S. 211.

Pfizer dieses Widerrufungsrecht in der Hauptsache auf die Verneinung des erblichen Herrschaftstitels beschränkt.[1141]

Was er indessen darüber hinaus noch aus der einzig legitimen 'Herrschaft der Stimmenmehrheit' folgerte, hätte ein radikaler Demokrat kaum schärfer formulieren können: Nicht allein, daß Pfizer ganz allgemein ein "Widerstands- und Revolutionsrecht" der 'Mehrheit' für den Fall des obrigkeitlichen Vertragsbruches anerkannte; vielmehr räumte er dieses Recht ausdrücklich auch ein mit Blick auf den willkürlichen Ausschluß unterbürgerlicher Schichten aus dem Kreis der politischen Nation. Dies sei wie Mord und Schändung ein Eingriff in die 'unveräußerlichen Menschenrechte', der zum bewaffneten Widerstand gegen die "Staatsgewalt" berechtige.[1142]

Ginge Pfizers Staatstheorie allein in diesem vernunftrechtlichen System auf, dann ließe sich das politische Denken, in dessen Rahmen die Verherrlichung des Krieges vorgetragen wurde, wohl eher als revolutionär denn als gegenrevolutionär kennzeichnen. Indessen stellte das Vernunftrecht den zwar grundlegenden, aber eben noch der Umsetzung bedürftigen Teil von Pfizers Theorie dar. Und daß dessen revolutionäre Stoßkraft eine Abschwächung erfahren würde, sobald nur die Frage der Anwendung anstand, konnte der Leser nicht nur dem mit dem nationalen Programm verbundenen Konzept der Revolutionsvermeidung entnehmen. Auch gab Pfizer nämlich eine Haltung zu erkennen, die ganz auf der Linie der

---

1141 Vgl. PFIZER, Gedanken, I, S. 242–260 und PFIZER, Art. "Urrechte oder unveräußerliche Rechte", StL. XV[1], S. 632–634; ebenso StL. XII[2], S. 704 f.

1142 Vgl. PFIZER, Gedanken, I, S. 268–287, dort besonders S. 285 f.: Es "ist zum Selbstschutz jede Waffe gegen eine Staatsgewalt erlaubt, die Menschenopfer, Kindermord, Tödtung der Wittwen und der Greise, Prostitution oder Ketzerverfolgung gebietet. Und weil vermöge der Unveräußerlichkeit seiner Menschenrechte jeder Mensch auch auf deren Verwirklichung und Geltendmachung durch die volle (d.h. gleichheitliche) Theilnahme an einem Rechtsverein ein unveräußerliches Recht hat, so ist es eine die Selbstvertheidigung durch jedes Mittel der erlaubten Nothwehr gleichfalls rechtfertigende Verletzung eines unveräußerlichen Menschenrechts, wenn die Gleichheit vor dem Gesetze an gewissen Klassen von Staatsangehörigen oder an ganzen Völkerschaften und Provinzen eines Reiches geradezu verletzt, und durch willkürliche Ausschließungsgesetze und Unfähigkeitserklärungen ein Theil der Bevölkerung zu bloßen Halbbürgern oder Schützlingen herabgesetzt wird. Denn das vernünftige Staatsrecht kennt nur ein volles, kein halbes Staatsbürgerrecht".

Welckerschen Distanz zur Revolution zu liegen schien. Im Staatslexikon veröffentlichte er eine Selbstdarstellung des Liberalismus, nach der dieser durch den "Widerstand der Machthaber ... verführt (worden sei), seine Zuflucht zu den Mitteln der Gewalt zu nehmen". Jener "Unterdrückung der rechtmäßigen Freiheit" müsse die Verantwortung für das zugeschrieben werden, "was den reinen Liberalismus in liberalen Materialismus, Radicalismus und Despotismus ... ('verkehre' und) die Loosung zum Bürgerkrieg und Terrorismus" 'gebe'. 'Verkehrung' und 'Verführung' kennzeichneten sonach das durch die "Mißhandlung des ächten" entstandene Zerrbild "eines unächten oder mißverstandenen Liberalismus". Eine doppelte Abgrenzung — die Pervertierung, an welcher der 'reine', eigentliche Liberalismus noch dazu gänzlich unschuldig sei — zog zwischen den "Auswüchsen des grassesten Radicalismus" und dem "Liberalismus" einen Graben, der nach dem Selbstverständnis Pfizers ausreichende Gewähr dafür bot, daß "jene (Auswüchse) ... dem Werth" des liberalen Systems "keinen Eintrag thun" könnten.[1143]
Die Haltung Pfizers zum Revolutionsproblem erscheint also zumindest als mehrdeutig: Der in der Theorie gegebenen vernunftrechtlichen Radikalität mit dem klar bestimmten Recht auf Revolution standen gegenüber eine deutliche Distanzierung von der revolutionären Gewalt sowie die Maxime der Revolutionsvermeidung. In Anbetracht dieses ungeklärten Verhältnisses zur Revolution bedarf es zur Aufhellung des den Bellizismus umgebenden politischen Zusammenhanges sowohl noch einer Würdigung dessen, was Pfizer mit Blick auf Staat und Gesellschaft als die konkreten Forderungen der Zeit ausgegeben hatte, als auch einer näheren Betrachtung der mit dem 'Kirchenstaat' umrissenen Utopie Pfizers. Denn erst das Wissen um den nach dem Bisherigen sogar wahrscheinlichen Unterschied zwischen der theoretischen Grundlegung und deren näherer wie auch fernerer Umsetzung läßt ermessen, inwieweit der vernunftrechtlich gerechtfertigten Revolution auch eine aktuelle Bedeutung zukam. Gleichzeitig kann der besagte

---

1143 PFIZER, Art. "Liberal, Liberalismus", StL. IX[1], S. 720–722; ebenso StL. VIII[2], S. 528 f.

496

Unterschied die Differenz zu der Rotteckschen Position vernunftrechtlicher Gründlichkeit angeben.

Mit dem Übergang zur praktischen Politik, zu der "Staatskunst", unterwarf Pfizer seine vernunftrechtliche Grundlegung einer sich auf deren Widerpart, auf die "Naturseite" also, berufenden Einschränkung: "Mit der Anerkennung der Rechtskraft der Verträge, der Unveräußerlichkeit der Menschenrechte und ... Volksrechte ... (sei) zwar die Richtschnur für den Bau eines vernunftgemäßen Staats gegeben, aber es ... (sei) damit noch lange kein lebensfähiger Staat gegründet".[1144] Wie Pfizer im Staatslexikon ausführte, 'behaupte' im Menschen neben der Vernunft "auch die sinnliche (,) vernunftlose Natur ... ihr Recht". Deswegen müsse "der praktische Politiker ... den Menschen seiner Doppelnatur gemäß behandeln" und "die Gesetze dieser Natur aus der Erfahrung lernen". Die "Summe aller Erfahrungen in politischen Dingen ... (vermittle) die Geschichte und das Bestehende".

Genau besehen, kündigte sich mit solcher Berufung auf 'Natur' und 'Geschichte' eine zweifache Einschränkung des vernunftrechtlichen Ansatzes an. Die erste hatte die Vorstellung von einem "organischen Entwickelungsgang" zum Inhalt, dessen Nichtbeachtung den "anscheinende(n) Fortschritt ... (in eine) Hemmung" umschlagen lasse.[1145] Durch diese Einschränkung wurde die Einführung des Vernunftrechtes abhängig von der jeweiligen 'Reife' des Volkes: Bei prinzipieller Anerkennung der vernunftrechtlichen Forderung rechtfertigte in Pfizers Augen die entsprechend niedrige "Stufe der Entwickelung" eines Volkes durchaus das "Königthum selbst in der Form des Absolutismus". Und in der Gestalt der "constitutionelle(n) Monarchie" besitze das "Königthum ... auch noch in höheren Entwicke-

---

1144 Vgl. PFIZER, Gedanken, I, S. 318 (Zitat) — 324, passim.
1145 PFIZER, Art. "Erfahrung", StL. V[1], S. 257; ebenso StL. IV[2], S. 483 f.

lungsperioden des Völkerlebens manchen unleugbaren Vorzug vor dem Systeme der Demokratie oder der unbedingten Volkssouveränetät".[1146]

Mit einem derartigen Entwicklungsdenken war Pfizer freilich ebensowenig wie Welcker oder Struve ein Repräsentant der historistischen Weltauffassung. Unerachtet aller entwicklungsbedingten Einschränkungen blieb der Primat des 'ewigen' Vernunftrechtes, das allein auf die Frage nach dem Gesollten die Antwort gebe, unangetastet.[1147] Pfizers Theorie der 'unveräußerlichen Menschen- und Volksrechte' bildete zusammen mit dem Entwicklungsschema, das den "Uebergang des Naturstaats in den Rechtsstaat"[1148] vorsah und im "Vernunftstaat" gipfelte,[1149] eine normative Leitlinie, die bei allem Zugeständnis an ethnisch-kulturelle Grenzen[1150] wenigstens dem Fortschritt des europäischen Kulturkreises eine Richtung und ein in der "ursprüngliche(n) Vernunftidee des Rechts ... vor aller Erfahrung und Geschichte" begründetes Ziel anwies.[1151] Schließlich zeichnete Pfizer mit dem 'Kirchenstaat' recht deutlich die Umrisse einer menschheitlichen Utopie, was mit einer historistischen Weltsicht schwerlich zusammenstimmen konnte.

Genau darin aber, daß selbst Pfizers Vision nicht die Souveränität des Volkes in Gestalt der "Demokratie" als Zielpunkt angab, sondern daß diese Stelle "die Theokratie des Geistes" einnahm, die als sittliche Form des 'Herrentums' die auf die "Ueberlegenheit der Zahl" gestützte "Volksherrschaft" gerade einschränken sollte,[1152] zeigte sich der zweite Einspruch der 'Natur' gegen die gleiche Partizipa-

---

1146 PFIZER, Art. "Fürst", StL. VI[1], S. 200–202; ebenso StL. V[2], S. 285–287; ferner PFIZER, Art. "Erfahrung", StL. V[1], S. 257–259; ebenso StL. IV[2], S. 483–485.

1147 Vgl. PFIZER, Art. "Erfahrung", StL. V[1], S. 255 f., S. 262; ebenso StL. IV[2], S. 482 f., S. 487; PFIZER, Art. "Liberal, Liberalismus", StL. IX[1], S. 714, S. 729 f.; ebenso StL. VIII[2], S. 524, S. 534 f.

1148 PFIZER, Art. "Liberal, Liberalismus", StL. IX[1], S. 729; ebenso StL. VIII[2], S. 534.

1149 Vgl. PFIZER, Gedanken, I, S. 151–161.

1150 Vgl. PFIZER, Gedanken, I, S. 160, S. 178 f.; ebd., II, S. 11, S. 147; PFIZER, Art. "Fürst", StL. VI[1], S. 196; ebenso StL. V[2], S. 283; PFIZER, Art. "Liberal, Liberalismus", StL. IX[1], S. 713 f.; ebenso StL. VIII[2], S. 523 f.

1151 Vgl. PFIZER, Art. "Erfahrung", StL. V[1], S. 256 (Zitat); ebenso StL. IV[2], S. 483; PFIZER, Gedanken, I, S. 300 f.; ebd., II, S. 292, passim.

1152 PFIZER, Gedanken, II, S. 81–85, S. 99.

tion aller, der über die bloß entwicklungsgeschichtlich begründete Relativierung weit hinausging. Denn mit Blick auf das anzustrebende Ideal erfuhr damit das Mehrheitsprinzip in dessen einfachster und zugleich reinster Ausführung eine unwiderrufliche Absage. Diese schloß nicht nur ein, daß "die thatsächliche Selbstherrschaft der Masse" in Pfizers Staatstheorie keine zwingende "Forderung des Vernunftrechts" war.[1153] Mehr noch triumphierte hierin eine Auffassung von der Menschennatur, vor deren Hintergrund in einer überraschenden Wendung des Pfizerschen Systems die Demokratie statt des Vernünftigen und sonach Sittlichen nur das Unsittliche und Unvernünftige hervorbringen konnte.

Wenn überhaupt das politische Denken des württembergischen Liberalen einen Zusammenhang zwischen der 'Demokratie' und der "Möglichkeit vernünftiger Entwicklung" einräumte, dann war dieser auf den "gesellschaftlichen Urzustand" beschränkt, der eben lediglich dem "Anfang" der Staatsentwicklung entspreche.[1154] Denn das "der rein gleichheitlichen oder demokratischen Verfassung" eigentümliche Stehenbleiben bei solchem egalitären Beginn, bei der "uranfängliche(n) Gleichförmigkeit der Lebenszustände", widerstrebe der menschlichen 'Natur'.[1155] Diese sei nämlich durch und durch 'aristokratisch': "Herrschsucht, Gewaltthätigkeit und Unduldsamkeit ... ('bildeten') nicht bloß das Erbtheil der Mächtigen und Hochgeborenen, sie lern(t)en sich gar leicht auch von denen, die mit keinerlei Aussichten auf Herrschaft das Licht der Welt erblickten". Offenkundig sei "der Mensch ... so sehr geborener Aristokrat, daß man die ausschweifendsten Ansprüche auf Herrschaft über andere Völker bei dem auf Gleichheit eifersüchtigsten Volk Europa's ... ('finde'), wie man die leidenschaftlichsten Vertheidiger der Sklaverei in Amerika unter den Demokraten vom reinsten Wasser suchen" 'müsse'.[1156] So düster aber auch die von ihm gezeichnete Naturseite des Men-

1153 PFIZER, Gedanken, I, S. 308; vgl. auch ebd., I, S. 328.
1154 PFIZER, Gedanken, I, S. 322 f.
1155 PFIZER, Gedanken, I, S. 344 f., vgl. auch ebd., II, S. 88.
1156 PFIZER, Gedanken, I, S. 333.

schen ausfiel, so wenig konnte und sollte es im Rahmen von Pfizers politischem Denken darum gehen, den nachgerade 'unausrottbar' "in der menschlichen Natur" verankerten Hang zur "Aristokratie" zu vernichten.[1157]

Weil die aristokratische Neigung des Menschen eine "Naturnothwendigkeit" darstelle, sei es schlichtweg nicht möglich, sie zu beseitigen. Deswegen müsse die "Demokratie", welche den "Gegensatz ... oder (den) Widerstreit entgegengesetzter Kräfte" in egalitärer Absicht "vernichten" wolle, zwangsläufig scheitern. Ihr Erfolg könne "nur die Ruhe eines Grabes" oder den "Stillstand des Lebens selbst" bedeuten.[1158] Darum auch sollte weder das aristokratische Streben eingedämmt noch die daraus resultierende soziale wie politische Differenzierung eingeebnet werden. Wurde doch nach Pfizer der Fortschritt von der oben bereits erwähnten Entfaltung der 'Gegensätze' getragen, die ihrerseits die Spannung "von Kraft und Schwäche, von Armuth und Reichthum, von Mittelmäßigkeit und höherer Begabung" voraussetzte:[1159] 'Alles' "Leben, alle Bewegung, auch im Staat", 'beruhe' auf dem "ursprüngliche(n) Gegensatz", der eben die Folge sei von "der natürlichen und unabänderlichen Ungleichheit der Menschen" und zu dessen Erscheinungsfor-

---

1157 Zum Menschenbild vgl. unter anderem PFIZER, Gedanken, I, S. 366: "... weil überhaupt die Aristokratie in der menschlichen Natur tiefer und unausrottbarer wurzelt als die Monarchie ..."; oder ebd., I, S. 391: Eine "Aristokratie (sei) weder vermeidlich noch entbehrlich"; ferner ebd., I, S. 332–335; PFIZER, Art. "Erfahrung", StL. V[1], S. 258 f.; ebenso StL. IV[2], S. 484 f. und PFIZER, Art. "Fürst", StL. VI[1], S. 202–205; ebenso StL. V[2], S. 287 f., passim.

1158 PFIZER, Gedanken, I, S. 336 f.

1159 Vgl. PFIZER, Gedanken, I, S. 344 f.: "Und was ist ... der Grund der bisher stets so kurzen Lebensdauer und der geringen Lebensfähigkeit der rein gleichheitlichen oder demokratischen Verfassung? Nichts anderes als die naturwidrige Unterdrückung des natürlichen Lebensgegensatzes von Kraft und Schwäche, von Armuth und Reichthum, von Mittelmäßigkeit und höherer Begabung. Sobald einmal die uranfängliche Gleichförmigkeit der Lebenszustände und Verhältnisse verschwunden ist, bei welcher ein Widerstreit der Interessen eigentlich gar nicht stattfindet, gehört der Gegensatz von Demokratie und Aristokratie oder Monarchie, von Volksthum und Herrenthum, von volksmachthebenden und volksmachtdämmenden Elementen, zum Leben des Staats und seine gewaltsame Vernichtung ist der Tod des Staats, mag sie durch schrankenlose Alleinherrschaft oder durch schrankenlose Volksherrschaft erfolgen."

men im Staate der "Gegensatz von Herrschenden und Gehorchenden" wesensnotwendig gehöre.[1160]
Die demnach ebenso natur- wie vernunftwidrige 'buchstäbliche' Ausführung des vernunftrechtlich gebotenen Mehrheitsprinzips[1161] führte für Pfizer nicht zuletzt deswegen in die Katastrophe des politischen 'Todes', weil die Negation der aristokratischen Natur beide Seiten der politischen Herrschaft erfaßte: Zum einen übersehe die Demokratie die natürliche aristokratische Neigung der in ihr Herrschenden. Darüber entstehe entweder die Diktatur des Parlamentes oder es wiederhole sich der in der Französischen Revolution zutage getretene Gang, der bei "einer souveränen Versammlung" begonnen, über "Anarchie und Pöbelherrschaft" geführt und letztlich in dem "Despotismus eines Einzelnen" sein Ziel gefunden habe.[1162] Zum zweiten unterdrücke der demokratische "Gleichheitsdespotismus"[1163] mit der aristokratischen Neigung der Beherrschten eben zugleich die für den Fortschritt notwendige Entfaltung der Gegensätze. Und da die "souveräne Menge" wegen ihrer Übermacht noch unwiderstehlicher sei als selbst der mächtigste Despot, sei sie in ihrem Nivellierungsstreben auch vernichtender. Vor allem diese Sorge um den aus den gesellschaftlichen und politischen Unterschieden hervorgehenden kulturellen Fortschritt bestimmte Pfizer zu dem Urteil, daß "in der unumschränkten Demokratie so viel und oft noch schreienderes Unrecht

---

1160 PFIZER, Gedanken, I, S. 336 f. (Zitate) in Verbindung mit ebd., S. 344 f. (zitiert in der vorstehenden Anmerkung).

1161 PFIZER, Gedanken, I, S. 319.

1162 Vgl. PFIZER, Gedanken, I, S. 452 f.: "Denn bei so schrankenloser Macht der Volksvertretung wird alsdann von zwei Fällen einer eintreten: entweder werden, da die menschliche Natur sich überall gleich bleibt und in einer souveränen Versammlung von Volksvertretern zu Uebergriffen, Eigenmächtigkeit und Mißbrauch nicht weniger geneigt ist, als auf einem absoluten Throne, die Volksvertreter in unumschränkte Volksbeherrscher sich verwandeln; oder sie müssen, wenn dieß fehlschlägt, um sich zu behaupten, den Unverstand, den gemeinsten und schlechtesten Leidenschaften der Masse schmeicheln, Vernunft und Mäßigung den Krieg erklären und durch die Anarchie und Pöbelherrschaft hindurch dem Despotismus eines Einzelnen die Wege bahnen." Zu dem wegen ihres Abgleitens in Anarchie und endlich Despotie unterschwellig immer wieder aufscheinenden Menetekel der Französischen Revolution vgl. auch ebd., I, S. 341, S. 412 f.

1163 PFIZER, Gedanken, I, S. 383.

('geschehe'), als in der unumschränkten Monarchie".[1164] Schließlich lieferten Geschichte wie Gegenwart, angefangen von der antiken Polis, wo "die auf ihre souveraine Freiheit eifersüchtige Masse mit der Strafe des Ostracismus fast jedes ausgezeichnete Verdienst" bedroht habe, bis hin zur nordamerikanischen Demokratie, in welcher "der ärmste weiße Pöbel noch den Farbigen" 'mißhandele und zertrete', den eindringlichsten Beweis von der Unvernunft und Unnatur, die mit einer allzu wörtlichen Realisierung der vernunftrechtlich gebotenen 'Herrschaft der Stimmenmehrheit' zwangsläufig verbunden sei.[1165]

Wenn also nach Pfizer das Vernünftige sich nicht gegen, sondern nur mit der zutiefst aristokratischen Natur des Menschen verwirklichen ließ, dann mußte zuerst jener Widerspruch einer im Zeichen übermächtiger Gleichheit stehenden, dann aber doch wiederum aristokratischen Diktatur gelöst werden, welcher der 'Demokratie' innewohne. Daher sei statt ihrer — so Pfizer zunächst im Hinblick auf die noch keineswegs sittliche Gegenwart — die konstitutionelle Monarchie die angezeigte Staatsform.[1166] Denn "bei gemischter Staatsverfassung", die in dem monarchisch-konstitutionellen "Repräsentativstaate" Gestalt gewann, hielten "Volk und Regierung, Demokratie und Herrenthum, durch wechselseitige Machtbegrenzung sich in Schranken". Mit Hilfe einer in allen Bereichen staatlicher Tätigkeit eingerichteten Gewaltenteilung 'zwinge' jeder den anderen dazu, "einen Haupttheil seiner Stärke in Vernunft und Recht zu suchen". Indem "die gemischte Verfassung" anders als die "Demokratie" der 'aristokratischen' Natur Rechnung trage, gewährleiste sie allererst die "geregelt(e) und organisirt(e)" Entfaltung jenes

---

1164 PFIZER, Gedanken, I, S. 333—335; vgl. auch PFIZER, Art. "Fürst", StL. VI^1, S. 202—204; ebenso StL. V^2, S. 287 f. Zu Pfizers mißtrauischer Distanz zur Demokratie vgl. KENNERT, Gedankenwelt, S. 64.

1165 Vgl. PFIZER, Gedanken, I, S. 333 (zweites Zitat) und PFIZER, Art. "Erfahrung", StL. V^1, S. 258; ebenso StL. IV^2, S. 484 (erstes Zitat); dazu ferner unter einer Vielzahl von Zeugnissen PFIZER, Art. "Fürst", StL. VI^1, S. 202—204; ebenso StL. V^2, S. 287 f.

1166 Wie PFIZER, Gedanken, I, S. 331 f. ausführt, komme es auf "solche Staatseinrichtungen" an, "durch welche alle Kräfte der Menschennatur und ihre sittlichen, wie ihre selbstsüchtigen Triebe, die schlimmen wie die guten Eigenschaften, dem Staatswohl gleichmäßig dienstbar gemacht und für den allgemeinen Zweck gewonnen" würden. Eben darauf ziele "die Idee der konstitutionellen oder der gemischten Staatsform".

"ursprüngliche(n) Gegensatz(es)", welchen "die Demokratie (nur) vernichten" wolle, auf den aber aller Fortschritt zurückgehe.[1167]

Daß Pfizer hier die Parteien des von der konstitutionellen Monarchie zu regelnden Gegensatzes mit 'Herrentum' und 'Demokratie' bezeichnete, erweckt vorderhand freilich den Eindruck, als habe er mit dieser Staatsform ein gewisses politisches Gleichgewicht zwischen den beiden Polen angestrebt, als sollte der 'Demokratie' wenigstens insoweit doch noch ihr Recht widerfahren. Die nähere Bestimmung der in jener 'gemischten Verfassung' wirksamen Kräfte zeitigte indes als Ergebnis die Beseitigung nahezu aller demokratischen Ansätze. Denn wie sich sogleich zeigen wird, führte Pfizers Berufung auf die 'Natur' zu einem konstitutionellen Regelwerk, das mehr der dauernden Affirmation gegebener wie auch entstehender politischer Privilegien gleichkam, denn einer gleichgewichtig zwischen 'Herrentum' und 'Demokratie' vermittelnden Organisation entsprach.

Pfizers Maxime, man müsse "den Gegensatz im Staate so organisiren, daß ... das politische Uebergewicht gesetzlich da fixirt (werde), wo das natürliche sich" 'befinde',[1168] begründete ebenso Vorrechte für den Besitz- und Bildungsbürger, wie sie das Privileg des Geburtsadels legitimierte. So war für Pfizer das 'natürliche', also das gesellschaftlich-wirtschaftliche Übergewicht des "Geldadel(s) ... gerade der politische Grund zu seiner gesetzlichen Bevorzugung".[1169] Als nicht

---

1167 PFIZER, Gedanken, I, S. 336 f.; vgl. auch PFIZER, Art. "Fürst", StL. VI[1], S. 204; ebenso StL. V[2], S. 288: Im "Repräsentativstaate mit gemischter Verfassung ..., wo Königthum und Demokratie durch gegenseitige Machtbegrenzung sich in Schranken halten, benutzt jeder Theil die von dem andern durch Unrecht und Unverstand gegebenen Blößen und zwingt ihn dadurch, einen Haupttheil seiner Stärke in Vernunft und Recht zu suchen". Ferner PFIZER, Gedanken, I, S. 418 f.: "Die rechte Theilung der Gewalt ist überhaupt diejenige, wenn in sämmtlichen Zweigen der Staatsgewalt, dem gesetzgebenden, dem vollziehenden und selbst dem richterlichen, die volksthümlichen und die volksbeschränkenden Elemente so gemischt sind, daß beide gegen einander sich behaupten und sich das Gleichgewicht halten k ö n - n e n , damit zuletzt in jedem Kampf der Sieg mit einer gewissen Nothwendigkeit sich auf die Seite neige, auf welcher sich Vernunft und Recht befinden. Darauf beruht das Wesen der gemischten Verfassung, nicht darauf, daß das Volk sich im Alleinbesitze der gesetzgebenden, die Regierung dagegen sich im Alleinbesitze der ausübenden Gewalt befinde." Zu Pfizers eigentümlichem Gewaltenteilungskonzept vgl. KENNERT, Gedankenwelt, S. 68–71.

1168 PFIZER, Gedanken, I, S. 352.

1169 PFIZER, Gedanken, I, S. 389 f.

weniger, tendenziell sogar als noch besser begründet erschien Pfizer eine 'Aristokratie des Geistes'. Diese sei die "natürliche Quelle alles politischen Uebergewich-
tes und Vorrechts".[1170] Und selbst der alte Geburtsadel weise Vorzüge auf, die
ihn sogar noch vor den beiden anderen Aristokratien auszeichnen könnten.
Unabhängigkeit, Erziehung, Tradition und das Bewußtsein einer Verantwortung
für das Gemeinwesen sprächen für den Geblütsadel, der "die Meinung der
Gebildeten in einem vielleicht übertriebenen Grade gegen sich" habe.[1171] Wegen
dieser Übergewichte und 'natürlichen Vorzüge' war zwar noch keine der drei
Aristokratien nach Pfizer zu einer sittlichen Macht geworden. Vielmehr führe eine
jede von ihnen entsprechend der Schattenseite des aristokratischen Strebens zu
Mißbrauch und Unterdrückung, sobald ihr nur die ungeteilte Vorherrschaft
zufalle.[1172] Mit der konstitutionellen Monarchie sei aber — wie Pfizer versicherte
— der verfassungstechnische Ausweg gefunden aus dem sich abzeichnenden
Dilemma einer ebenso gefahrdrohenden wie andererseits doch lebensnotwendigen
Aristokratie: Zur Stabilisierung der Monarchie, die als bloße "Spitze" der (Ge-
burts-)Aristokratie ohne diese nicht lebensfähig sei,[1173] solle eine auf den "Be-
sitz(...) eines standesherrlichen Hausvermögens" gegründete "erbliche Pairie"
eingerichtet werden. Sodann lasse sich durch ein den Reichtum begünstigendes
"Wahlgesetz" dafür sorgen, daß der "Geldmacht" in der Kammer ein nachhaltiger
Einfluß zufalle. Ebenfalls "in der Volksvertretung", daneben aber auch in "dem
öffentlichen Dienst des Heeres und der Verwaltung" sei der Platz der "Aristokratie des Geistes". In einer solchen Ordnung könne eine jede Aristokratie den

---

1170 PFIZER, Gedanken, I, S. 347; vgl. auch ebd., I, S. 453—458.

1171 PFIZER, Gedanken, I, S. 384 (Zitat) — 386; vgl. auch ebd., I, S. 389—391.

1172 Dies galt nach PFIZER, Gedanken, I, S. 386—388 vom Geblütsadel so gut wie gemäß ebd.,
I, S. 389 von der 'Aristokratie des Geistes', welche, im Alleinbesitz der Herrschaft, sich in
ein bürokratisches, beamtetes "Mandarinenthum (wandele), das in vermeinter Allweisheit den
nichtstudirten Bürger ... auf jedem Schritt und Tritt" 'bevormunde'. Die "ausschließliche
Vorherrschaft des Geldes" gar dürfe — so Pfizer in ebd., I, S. 390 — "mit vollem Rechte ...
für die schlechteste und widerlichste Aristokratie erklärt" werden, bringe sie doch nur einen
"Geist der Habsucht und des Eigennutzes" hervor. Vgl. aber die eher milde Kritik Pfizers am
französischen Juste-milieu, ebd., I, S. 146, S. 391.

1173 Vgl. PFIZER, Gedanken, I, S. 366 f.

beiden anderen die Spitze bieten und zum Wohle des Ganzen wirken.[1174] Demnach erschien jene die konstitutionelle Monarchie auszeichnende 'Mischung', die auf den Weg zur Vernunft zwinge, in der Hauptsache als eine Machtverteilung unter den Eliten. Eine derartige Gleichsetzung der die Aristokratie begünstigenden Institutionen mit den Bedingungen eines vernunftgemäßen Fortschritts ließ die Entscheidung Pfizers für eine langfristige Herrschaft der Eliten und gegen die aus der vernunftrechtlichen Gleichheit unmittelbar folgende Konsequenz mehr demokratischer Verfassungen offenkundig werden.

Gegen diese Beurteilung mag freilich noch daran erinnert werden, daß Pfizer auch die Wandlungsfähigkeit der 'gemischten Verfassung' in Richtung auf ein demokratischeres System hervorgehoben hatte.[1175] Keineswegs war ihm entgan-

---

1174 PFIZER, Gedanken, I, S. 391 f.: "Wenn aber eine Aristokratie weder vermeidlich noch entbehrlich ist, und doch weder Geburt, noch Reichthum, noch Talent, als einzige und ausschließliche Aristokratie wohlthätig wirkt, vielmehr jedes für sich allein Gefahr läuft, auf verderbliche Weise zu entarten, so bleibt ... keine andere Auskunft, als diese drei aristokratischen Elemente zu verbinden und ... jedes durch die andern im Zügel zu halten. In ihrem eigenen Interesse können Erbadel und Erbfürstenthum wohl nichts besseres thun, als da, wo es für eine erbliche Pairie nicht schon zu spät ist, das Recht der Pairschaft oder Standesherrschaft erblich nur denjenigen zuzugestehen, die im Besitze eines standesherrlichen Hausvermögens sind, damit aber auch eine lebenslängliche Pairschaft für ausgezeichnete Verdienste zu verbinden, indem nicht zu zweifeln ist, daß eine solche Pairie ebenso sehr dem Thron zur Stütze dienen, als gegen die Geldherrschaft und Beamtenherrschaft ein heilsames Gegengewicht bilden würde. Der Geldmacht, dem beweglichen und wechselnden Besitze aber kann das Wahlgesetz durch ein größeres Stimmengewicht bei der Wahl der Volksvertreter sein Recht widerfahren lassen, wodurch wiederum gegen die Bureaukratie und den Geburtsadel eine Schranke errichtet wird. Die Aristokratie des Geistes endlich und mit ihr das Gegengewicht gegen Erbadel und Geldadel, hat ihren natürlichen Sitz und Mittelpunkt, zumal für das aufstrebende Talent, für Geist, Intelligenz und Thatkraft ..., neben dem öffentlichen Dienst des Heeres und der Verwaltung, in der V o l k s v e r t r e t u n g." Vgl. auch ebd., I, S. 367 und die ebd., I, S. 452–458 angesichts der drohenden Demokratie betonte Notwendigkeit zur Bildung einer Elite, die den traditionellen Geburtsadel, den Reichtum und die Intelligenz bei tendenziellem Vortritt der letzteren vereinigt.

1175 Vgl. PFIZER, Gedanken, I, S. 397 f.: "Aber die vollkommenste Verfassung ist diejenige, wo durch den freien Willen der Gesammtheit die Fähigsten und Würdigsten das Ruder führen, und der Werth des Repräsentativsystems beruht hauptsächlich darauf, daß mit allgemeiner Zustimmung die Besten herrschen sollen. Nicht minder wichtig ist indessen, daß durch die Ausdehnung des Wahlrechts und der Wählbarkeit, besonders aber durch häufige Wahlerneuerung, die Volksvertretung der unmittelbaren Volksherrschaft ebenso nahe gebracht werden kann, als hinwiederum durch Beschränkung der Wahl- und Wählbarkeitsrechte auf die Reichern und Gebildetern bei vieljähriger oder gar lebenslänglicher Dauer der Wahlvollmacht, der reinen Vorherrschaft des Reichthums und Talents. Durch ... seine leichte Anbequemung an die verschiedensten Bildungszustände ... hat die repräsentative Verfassung in ihren Formen Raum für jede Stufe der politischen Entwicklung und ist eben darum die

gen, wie angreifbar sein auf die 'Aristokratie' zugeschnittenes politisches Modell im Lichte der eigenen vernunftrechtlichen Grundlegung erscheinen mußte. Augenscheinlich glaubte er dessen Legitimität nur durch eine Konstruktion retten zu können, die in ihrem Kern auf einem vorausgesetzten Verzicht seitens der unbemittelten Teile der Bevölkerung oder sogar seitens der Mehrheit auf das Recht gleicher politischer Teilhabe beruhte.[1176] Dabei sah Pfizer auch ein, daß die "in der freiwilligen Verzichtleistung der Ausgeschlossenen" liegende "Hauptrechtfertigung ... jedes nicht dem Grundsatz des allgemeinen Stimmrechts huldigende(n) Wahlsystem(es)" mit der Zeit mehr und mehr entfallen werde: Mochten "nach der Erfahrung ganze Klassen von Staatsbürgern bisher die Theilnahme an den politischen Rechten nicht ('verlangt' haben) ..., so ... (sei) dieß in der Gegenwart doch immer weniger der Fall". Gerade "die Armen und Besitzlosen (würden) bloß darum, weil sie arm ... (seien), nicht ewig auf die politischen Rechte verzichten wollen". Die von Pfizer aus dieser Beobachtung gezogene Konsequenz lief aber eben nicht auf die Forderung nach einer mehr demokratischen Verfassung hinaus, sondern im Gegenteil veranlaßte ihn die Furcht vor einer "regierende(n) Volksver-

---

für politischen Fortschritt der Menschheit wichtigste Erfindung." Diese und ähnliche Überlegungen vor allem bei PFIZER, Entwicklung, S. 322, S. 326–329, S. 336 f. mögen LOOCK, Pfizer, S. 291 und BRANDT, Landständische Repräsentation, S. 268–270 dazu bestimmt haben, bei Pfizers Zukunftsvision demokratische Elemente in den Vordergrund zu rücken. Dabei wird m.E. der zutiefst aristokratische Grundzug von Pfizers Menschenbild zu wenig berücksichtigt.

1176 So sehr auch nach PFIZER, Gedanken, I, S. 233 f. das Interesse des Staates den Ausschluß der Besitzlosen von der politischen Nation gebiete, so wenig rechtfertige doch nach ebd., I, S. 236 die "bloße Zweckmäßigkeit oder der öffentliche Nutzen" die "Ungleichheit vor dem Gesetze". Der gänzliche Ausschluß sei vernunftrechtlich nur dann unbedenklich, wenn "Jene, welche die Ungleichheit ('treffe') ..., selbst damit einverstanden und zufrieden sey(e)n". Vgl. auch ebd., I, S. 407 und PFIZER, Art. "Urrechte oder unveräußerliche Rechte", StL. XV[1], S. 628 f.; ebenso StL. XII[2], S. 701 f. Eine noch weitergehende Forderung findet sich bei PFIZER, Gedanken, I, S. 321 f., wo mit Blick auf die politische Partizipation jede Ungleichbehandlung, also auch die über den bloßen Ausschluß hinausgehende weitere Abstufung durch den Zensus, von der vorgängigen Zustimmung der 'Mehrheit' abhängig gemacht wurde. Diese Einschränkung wird jedoch andernorts durch die vernunftrechtliche Begründung eines solchen Zensus wieder aufgehoben. Siehe unten Anm. 1178.

tretung" dazu, auf eine befestigende "Verbindung" der auf "persönliches Verdienst, so wie Geburt und Reichthum" gegründeten Eliten zu dringen.[1177] Um darüber hinaus selbst jenseits dieser noch durch die 'natürliche Notwendigkeit' geprägten Stufe der Politik für alle kommenden Epochen jene die vernünftige Bestimmung der Menschheit erfüllenden 'aristokratischen' Kulturträger vor der Gefahr abzuschirmen, die ihnen von seiten einer allzu oberflächlichen, sprich: demokratischen Lesart der eigenen vernunftrechtlichen Grundlegung drohe, verlieh Pfizer sogar der vernünftig-sittlichen Utopie antidemokratische Züge: So war die politische Privilegierung des Reichtums schon durch das reine Vernunftrecht mit dem 'formalen', auf die materielle 'Verhältnismäßigkeit' rekurrierenden Gleichheitsbegriff gerechtfertigt, zumal und sofern der Wohlhabende eine höhere Steuerleistung erbringe.[1178] Ebenso standen die beiden anderen Aristokratien, wenn nicht für alle Zukunft, so doch wenigstens für lange Zeit, unter dem Schutz der Vernunft. Denn während die "Aristokratie des Geistes" bereits enge Bezüge aufwies zu der mit dem 'Kirchenstaat' heraufziehenden 'Theokratie des Geistes' und demnach gleich der 'Geldaristokratie' auf Dauer gesichert erschien, sollte die gegenwärtig noch für sehr lebensfähig gehaltene "Aristokratie des erblichen Vorrechts" erst nach Ablauf eines zumindest Jahrhunderte umgreifenden Prozesses von ebenjener 'Theokratie des Geistes' beerbt werden.[1179] Mit einem solchen Bekenntnis zur Elite hatte sich Pfizer bewußt für die entstehende bürgerliche Klassengesellschaft ausgesprochen. Auch hier sollte sich der Betrachter nicht den Blick durch scheinbar gegenteilige Äußerungen Pfizers

---

1177 PFIZER, Gedanken, I, S. 449–458 (Zitate S. 449 f., S. 452 f.).

1178 PFIZER, Gedanken, I, S. 389 f.: "Was endlich den Geldadel anbelangt, so gebührt dem Reichthum allerdings ein Vorzug, weil es gerecht ist, daß derjenige, der an den Staatslasten mehr trägt, wie es der Reiche soll (sic!), auch in Staatssachen verhältnißmäßig mehr gelte oder mitzusprechen habe, und wenn man sagt, der Einfluß des Vermögens mache sich ... von selbst geltend, so liegt hierin gerade der politische Grund zu seiner gesetzlichen Bevorzugung; die Stimme des Reichen muß gesetzlich ausgezeichnet werden, damit er nicht so leicht auf ungesetzlichen Wegen ihr eine höhere Geltung zu verschaffen sucht." Zum Gleichheitsbegriff vgl. ebd., I, S. 54–58, S. 236.

1179 Vgl. PFIZER, Gedanken, II, S. 108, S. 111 f.

verstellen lassen. Ohne Zweifel hatte der württembergische Liberale schon früh seine Stimme für die "armen Arbeiter" oder "das zum Lastthier herabgesunkene Geschlecht der Landbewohner" erhoben. Im 'Briefwechsel' empörte sich 'Wilhelm' über die Gleichgültigkeit, mit der sein Briefpartner 'Friedrich' über die im Zuge des gesellschaftlichen Strukturwandels sich mehrende Verelendung großer Teile der Bevölkerung hinwegging.[1180] Auch später – in der zweiten Auflage des Staatslexikons – schilderte er die soziale Situation in den grellsten Farben: Der Zustand "der allgemeinen Gewerbefreiheit" entspreche "einem beständigen Krieg der Producenten unter sich". Unter der "Herrschaft der großen Industrie" und dem "Uebergewicht der großen Capitale" entstehe "eine solche Ungleichheit des Besitzes", daß immer mehr Menschen die Mittel zum Lebensunterhalt verlören. Die "Nahrungslosigkeit unter ganzen Classen der arbeitenden Bevölkerung ... ('wachse') in ziemlich regelmäßiger Progression".[1181] In partieller Übereinstimmung mit Rottecks Auffassung anerkannte Pfizers Staatstheorie sogar ein "Nothrecht" der Armen, "das Unentbehrliche, das sie durch Arbeit nicht erwerben könn(t)en, sich mit Gewalt (zu)zueignen".[1182]

Bei näherem Hinsehen zeigt sich jedoch, daß Pfizer trotz solcher Kritik weit davon entfernt war, über bloße Palliativmaßnahmen hinaus etwa einer Umkehrung des gesellschaftlichen Differenzierungsprozesses das Wort zu reden. Grundsätzlich hatte er in seiner Staatstheorie an einer strikt formalen Deutung des Gleichheitsbegriffes festgehalten, die nur noch unter dem Vorbehalt des allen einzuräumen-

---

1180 PFIZER, Briefwechsel[1/2], 21. Brief (Wilhelm), S. 261: "... und es genügt nicht, daß durch Vervollkommnung des Ackerbaus einige reiche Grundbesitzer sich noch mehr bereichern, sondern dem das Feld bauenden Landmann muß geholfen werden; es genügt nicht, daß Maschinenbesitzer und Fabrikherren Millionen anhäufen, während ihre armen Arbeiter halb verhungern. ... häufig wird noch immer den Maschinen und Fabriken der dabei arbeitende Mensch aufgeopfert, und noch übler ist ... der Bauernstand daran ...; und auch du stimmst in den allgemeinen Chor mit ein, daß dieser Stand eben nach dem Gesetz der Nothwendigkeit zu behandeln sey und den begünstigtern Ständen zur Unterlage dienen müsse". Ferner ebd., S. 267 f. (zweites Zitat im Text). Vgl. dazu KENNERT, Gedankenwelt, S. 37.

1181 PFIZER, Art. "Autonomie", StL. II[2], S. 19.

1182 PFIZER, Gedanken, I, S. 60, S. 64 (Zitat); vgl. auch PFIZER, Art. "Urrechte oder unveräußerliche Rechte", StL. XV[1], S. 624, S. 616; ebenso StL. XII[2], S. 698, S. 692 f.

den Rechtes auf Leben stand.[1183] Begriffen als "die gleiche Macht oder Fähigkeit des Willens, ... Rechte zu erzeugen, zu erwerben, zu behaupten und auszuüben", bringe die vernunftrechtliche Gleichheit vor dem Hintergrund der menschlichen Natur zwangsläufig die materielle Ungleichheit hervor, "sey es nun (die) des Eigenthums ... oder (die) der Macht und des politischen Einflusses". In Verbindung mit dem "angeborenen Recht auf Freiheit" rechtfertigte der formale Gleichheitsbegriff nach Pfizers Ausführungen ebenso die Abhängigkeit des Lohnempfängers wie die notwendig ungleiche Verteilung des als Kulturträger gefeierten privaten Eigentums. In diesem Zusammenhang wurde der vertragstheoretische Entstehungsgrund des Eigentums gerade deswegen verworfen, weil er Ansätze zu einer über das Lebensrecht hinausgehenden sozialen Bindung geboten hätte.[1184] Gemäß dieser Grundsatzentscheidung für die private Dispositionsfreiheit über den Besitz und die eigene Arbeitskraft waren die Instrumente des Staates, mit denen nach den Vorstellungen Pfizers der sozialen Not gesteuert werden sollte, nur sehr schwach ausgebildet.

Im 'Briefwechsel' war von einer Staatsintervention noch gar keine Rede. Unerachtet seiner Kritik an den sozialen Zuständen bekannte sich selbst 'Wilhelm' dort zu

---

1183 Vgl. PFIZER, Gedanken, I, S. 56: "Die formelle und virtuelle Gleichheit ..., die das Rechtsgesetz verlangt, kann und muß überall festgehalten werden, so weit dadurch den Grundbedingungen menschlichsittlichen Daseyns jedes Einzelnen ... kein Eintrag geschieht".

1184 Vgl. PFIZER, Gedanken, I, S. 53—66 (Zitate S. 55, S. 58); dort besonders S. 54: "Materiell gilt allerdings der Wille des Dieners weniger als der des Herrn, ... jedoch nur deßhalb und dadurch, weil er vermöge der virtuell und formell gleichen Geltung seines Willens selbst es so gewollt hat; formell hat also nie sein Wille weniger gegolten, und nur materiell vermöge der größern Beschränkung seiner äußern Freiheit hat sein Wille eine minder ausgedehnte Geltung ...; allein er hat dadurch nicht aufgehört, an und für sich ein ebenso gültiger und freier Wille zu seyn, als der irgend eines Andern, und deßhalb läuft auch die durch materielle Freiheitsbeschränkungen entstandene Ungleichheit dem Rechtsgesetz der Gleichheit so wenig zuwider, daß dieses vielmehr selbst die mannigfachste materielle Ungleichheit herbeiführt und die Anerkennung der aus der gleichen formellen Gültigkeit jedes Menschenwillens hervorgehenden äußerlichen Ungleichheit fordert." Vgl. auch PFIZER, Art. "Liberal, Liberalismus", StL. IX[1], S. 715; ebenso StL. VIII[2], S. 524: "Daß unter dem gleichen Rechte und der gleichen Freiheit Aller ... nicht die äußerliche Gleichheit von Besitz und Macht gemeint sein könne, indem Rechtsgleichheit himmelweit verschieden ist von materieller Gleichheit des Besitzes, und die bleibende Durchführung der letztern ohne einen die Freiheit des Verkehrs, des Eigenthums und der Verträge vernichtenden Despotismus gar nicht denkbar wäre — dies wird ... allmälig ... eingesehen."

einer liberalisierten Wirtschaft, während er alle Not allein der deutschen Staaten-vielfalt mit deren Übermaß an öffentlichen Lasten zuschrieb.[1185] Ein Jahrzehnt später galt ihm immerhin schon "das Erbrecht (als) die Hauptquelle aller Uebel". Indessen stellte die nach den 'Gedanken' vorgesehene recht moderate Beschnei-dung des Erbrechtes kaum einen tiefen Eingriff in das wirtschaftliche Geschehen dar. Betroffen waren lediglich die Nebenlinien sowie die Ehe- und Kinderlosen. Ein solches Palliativ, durch das der Staat Mittel zur Armenfürsorge gewinnen sollte, genügte jedoch in Pfizers Augen bereits, um einer Aktualisierung des den Armen eingeräumten 'Notrechts' die Rechtfertigung zu versagen.[1186] Erst in einem Beitrag zur zweiten Auflage des Staatslexikons schien Pfizer eine nachhaltigere staatliche Dazwischenkunft gefordert zu haben. Der Staat solle sowohl die Auswanderung fördern als auch durch die Einrichtung von "inländi-sche(n) Armencolonieen" die notleidenden Teile der Bevölkerung "zur Selbststän-digkeit und Freiheit ... erziehen". Dazu müsse eine "progressive Besteuerung des Erwerbs" der "maßlosen Ausdehnung der großen industriellen Unternehmungen Schranken" 'setzen'. Aber auch hier täuscht der zunächst sogar an die Positionen Struves erinnernde erste Eindruck. Vornehmlich die "Autonomie" der Armen sollte durch solche Maßnahmen eingeschränkt werden. Was die Begrenzung der "privatrechtlichen Autonomie" der Besitzenden anlangte, so erschöpften sich die angeregten Eingriffe zum einen in der früher bereits vorgeschlagenen Regelung des Erbganges und zum anderen in der progressiven Erwerbssteuer.[1187] Mochte auch Struve gerade dieses letztere Instrument zu einem tief einschneidenden Mittel der Nivellierung gesteigert haben, vor dem Hintergrund des von Pfizer

---

1185 PFIZER, Briefwechsel[1/2], 21. Brief (Wilhelm), S. 261−270, dort besonders S. 262−264, wo 'Wilhelm' in der Fassung der zweiten Auflage dafür plädiert, gegen eine "erblich(e)" Befestigung der "nothwendige(n) Ungleichheit" für jeden "die Möglichkeit" zu schaffen, "sich durch Verdienst und Tüchtigkeit auf eine höhere Stufe zu erheben", und wo er ferner den "Grund dieses Verderbens" darin sieht, "daß für dreißig Millionen Menschen dreißig Könige zu viel sind".

1186 PFIZER, Gedanken, I, S. 58−66 (Zitat S. 64).

1187 PFIZER, Art. "Autonomie", StL. II[2], S. 20 f.

konzipierten politischen Systems konnte die Wirkung solcher Instrumentarien nur eine sehr begrenzte sein. Schließlich wies Pfizer dem 'Geldadel' eine privilegierte politische Stellung an, obwohl er sehr deutlich gesehen hatte, daß sich die den 'Dritten Stand' sprengende "Kluft" zwischen "dem großen Grundbesitzer und dem kleinen Eigenthümer, dem Großhändler und dem Krämer, dem Fabrikherrn und dem Handwerker oder Fabrikarbeiter" immer weiter öffnete.[1188] Schwerlich war es von den Trägern der politischen Macht zu erwarten, daß sie mit der Einführung etwa einer wirksamen Steuerprogression die Grundlagen ihres eigenen Einflusses unterminierten. Indem Pfizer durchaus in Kenntnis des sich vollziehenden gesellschaftlichen Strukturwandels die politische Begünstigung des Reichtums als die gebotene Anpassung an die allen Egalisierungsversuchen zutiefst widerstrebende menschliche Natur vorstellte, gab er gleichzeitig zu verstehen, daß ihm auch der den 'Dritten Stand' erfassende Desintegrationsprozeß als eine Erscheinungsform jenes natürlichen 'ursprünglichen Gegensatzes' galt, der gegen demokratische Nivellierungsbemühungen abzuschirmen war, sollte ein fernerer Fortschritt überhaupt ermöglicht werden. Diesmal gab 'Friedrich' die Position Pfizers getreuer wieder, als er das schwere Los der Verarmten mit dem Hinweis auf die in "Natur, ... Weltgeschichte und ... Leben" herrschenden Gegensätze begründete.[1189]

Mit dem Argument der 'Natur' hatte sich das Pfizersche System also weit von dem zunächst egalitären vernunftrechtlichen Beginn entfernt, ja sich sogar gegen diesen gekehrt. Pfizers politische Philosophie zielte wesentlich sowohl auf die Förderung der bürgerlichen Elite als auch auf eine weitgehende Sicherung des

---

1188 Vgl. PFIZER, Gedanken, I, S. 401 f. die Erkenntnis, "daß der Unterschied von Reichen und Armen, von Besitzenden und Besitzlosen, mehr und mehr alle sonstigen Standesunterschiede beherrscht, und daß durch diesen immer schroffer werdenden Gegensatz zwischen den Mitgliedern desselben Standes (dem großen Grundbesitzer und dem kleinen Eigenthümer, dem Großhändler und dem Krämer, dem Fabrikherrn und dem Handwerker oder Fabrikarbeiter) jetzt oft eine viel weitere Kluft geöffnet ist, als zwischen gleichbegüterten Genossen ganz verschiedener Stände".

1189 Vgl. PFIZER, Briefwechsel[1/2], 20. Brief (Friedrich), S. 240 in Verbindung mit ebd., S. 237 f. und ebd.[1/2], 18. Brief (Friedrich), S. 190.

alten Adelsprivilegs. Hierin lag der entscheidende Unterschied zu Rottecks politischem Denken. Nicht die von Pfizer vorgesehene monarchische Staatsform trennte die beiden südwestdeutschen Liberalen voneinander, obschon der auch in Rottecks Modell an der Spitze des Staates stehende Fürst — denkt man etwa an das Recht zur Gesetzesinitiative oder an die Kontrolle der bewaffneten Macht — im Verhältnis zu den Ständen nicht die starke Position einnahm, die Pfizer dem Monarchen einräumte.[1190] Wohl aber lief Pfizers Entscheidung für die von Rotteck so nachdrücklich bekämpfte Aristokratie auf eine grundsätzliche Unvereinbarkeit beider Programme hinaus. Wegen ihrer elitären, den alten Adel einbeziehenden Zielsetzung konnte die Pfizersche Politik auch kaum revolutionär genannt werden. Im Gegenteil forderte geradezu die angestrebte aristokratische Gesellschaftsverfassung den Schutz vor dem revolutionären Umsturz. Anschaulich spiegelte sich der mit der Elitebildung einhergehende antirevolutionäre Grundzug in der beziehungsreichen etatistischen Verklärung des Staates, dessen Dasein "auch für den Aermsten noch ein Eigenthum" bedeute.[1191]

1190 Der Krone und ihrer Regierung fiel nach PFIZER, Gedanken, I, S. 410 f., S. 416—421 unter anderem das Recht der Gesetzesinitiative zu, während der Mindestumfang der ständischen Rechte — allerdings unter der Bedingung ungehinderter Publizität — lediglich die Mitwirkung an der Gesetzgebung, vor allem aber das Steuer- und Truppenbewilligungsrecht sowie das Budget-, das Petitionsrecht und damit zumindest mittelbar das Recht der Verwaltungskontrolle umfaßte. Mochte Pfizer hier auch noch als weitere Forderungen "Schwurgerichte (und) Nationalbewaffnung" hinzufügen — vgl. PFIZER, Art. "Liberal, Liberalismus", StL. IX^1, S. 714; ebenso StL. VIII^2, S. 524 —, so blieb desungeachtet dem Monarchen angesichts der zentralen Position der Legislative — vgl. PFIZER, Gedanken, I, S. 228 f., S. 420 f. — eine keineswegs unbedeutende Stellung. Vgl. dazu auch KENNERT, Gedankenwelt, S. 67—71, dessen Unterscheidung zwischen Monarch und Regierung angesichts der durchaus gesehenen alleinigen Abhängigkeit dieser von jenem die Differenzierung vielleicht ein wenig zu weit treibt. Demgegenüber sollten nach ROTTECK, Lehrbuch, II, § 83, S. 242—245 und ROTTECK, Landstände, S. 92 f., S. 95 f. den Ständen unter anderem das Budgetrecht, das Recht der Gesetzesinitiative und stellenweise sogar die Mitsprache bei Truppenbewegungen zukommen. Dies wird von KENNERT, Gedankenwelt, S. 79 f., S. 82 f. nicht hinlänglich gewürdigt, wenn er von einer 'starken' Stellung des Monarchen bei Rotteck spricht.

1191 PFIZER, Gedanken, I, S. 200 f.: "Die Bildung von Gesammtpersonen, wie der Staat, vertausendfacht das Individuum und seine Kräfte, gewährt ihm eine Art von irdischer Unsterblichkeit ... Hier ist auch für den Aermsten noch ein Eigenthum ...; dadurch gewinnt das engste, verborgenste Daseyn Weltbedeutung, denn sobald es sich nur dem Ganzen auf irgend eine Weise nützlich macht, so lebt und wirkt es in dem Ganzen fort, und ... dieses Bewußtseyn der Einheit mit Millionen ... erzeugt in edleren Naturen das, was immer die Menschheit am höchsten ehrt, den Geist der Hingebung für Andere, die Kraft der Selbstverläugnung und den Muth der Selbstaufopferung. Wäre der Staat hingegen nichts als eine

Pfizers Bellizismus entsprach soweit also eher den in der Literatur vorherrschenden Deutungen als dem Rotteckschen Beispiel. Seine kriegsverherrlichenden Gedankengänge waren verwoben mit nationalen Inhalten und antirevolutionären Maximen. Unerachtet der Bedeutung, die 'Natur' und 'Geschichte' im Denken Pfizers erlangt hatten, war die Ablösung von den aus der Aufklärung stammenden normativen Leitlinien allerdings noch keineswegs vollzogen. Gerade in dem gemeinsamen Ausgang von einer vernunftrechtlichen Grundlegung zeigten sich wiederum auffällige Parallelen zwischen den Vorstellungen Pfizers und Rottecks. Und so läßt sich auch hier vermuten, daß die bellizistische Verformung der aufgeklärten Tradition gleich der von Rotteck und ähnlich der von Schulz überlieferten Kriegsverherrlichung letztlich in der Erfahrung des gesellschaftlichen Strukturwandels wurzelte. Mit der abschließenden Klärung dieser Frage kann die Untersuchung an ihren Anfang zurückkehren.

Nicht minder deutlich als die Staatstheorie Rottecks verriet auch diejenige Pfizers den von der politischen Philosophie Kants ausgehenden nachhaltigen, wenn nicht sogar prägenden Einfluß. Darum mußte Pfizer die Kantsche Vorlage freilich nicht bis ins einzelne kopiert haben. So neigte er von dieser abweichend dazu, Freiheit als "Wahlfreiheit" aufzufassen.[1192] Zudem erschien die Rezeption der Philosophie Kants bei Pfizer mehrfach durch jüngere Denkströmungen gebrochen. Hingewiesen sei hier nur auf jene Spuren, welche die Lehre Schleiermachers von dem kulturellen Beruf der Kirche, von der im Christentum sich vollendenden Herrschaft der 'Kultur' über die 'Natur', in Pfizers Werk hinterlassen hatte.[1193] Indes

---

Anstalt zur Verwirklichung des Rechts, wie ließe dann seine Hoheit und Heiligkeit, seine fast überirdische Bedeutung in der Vorstellung der Menschen sich erklären?"

1192 Vgl. PFIZER, Art. "Urrechte oder unveräußerliche Rechte", StL. XV[1], S. 614 f.; ebenso StL. XII[2], S. 691 f.

1193 Vgl. dazu die Beleuchtung der Schriften Pfizers vor dem Hintergrund der geistigen Strömungen seiner Zeit bei KENNERT, Gedankenwelt, S. 118—140, der allerdings ebd., S. 136 namentlich Novalis als Gewährsmann Pfizers hervorhebt; zu Schleiermacher siehe ebd., S. 120—122.

gelangte trotz einiger Unschärfen und Verwerfungen das dualistische Grundmuster
Kants bei Pfizer immer noch zum Vorschein: Davon ausgehend, daß alle Theorie
und Praxis ihren "letzten Grund" in der "Vernunft" hätten,[1194] teilte Pfizer die
Welt in zwei 'Reiche'. Dem 'Reich der Natur', in welchem die "Herrschaft der
Nothwendigkeit" galt, stand gegenüber das 'sittliche Reich' unter "dem Gesetz ...
der Freiheit".[1195] Der ebenso 'natürliche' wie 'sittliche' Mensch unterlag demnach
auch in Pfizers System einer doppelten Gesetzgebung. Als einem "Vernunftwesen"
war ihm die "Realisirung des ... eingeborenen Pflichtgesetzes" aufgegeben. Die
widerspruchsfreie "praktische Vernunft" schrieb ihm das "Sittengesetz" vor, dessen
Erfüllung die "freie Selbstbestimmung", die Verwirklichung der "vernünftig-sittlichen Bestimmung" oder des "Selbstzweck(s)" bedeutete. Dagegen stand der
Mensch von seiner Naturseite her unter dem "Naturgesetz ...., welches blos auf
Befriedigung der angeborenen Triebe gerichtet" sei. Mit Blick auf die Gesellschaft
stellte Pfizer dieses 'Naturgesetz' wesentlich als eine Fremdbestimmung vor.[1196]
Kaum unterschied sich sein durch "Herrschsucht, Gewaltthätigkeit und Unduldsamkeit" gekennzeichnetes Bild einer 'aristokratischen Menschennatur'[1197] von der
"durch Ehrsucht, Herrschsucht oder Habsucht" ausgewiesenen   " u n g e -

---

1194 Vgl. PFIZER, Art. "Erfahrung", StL. V[1], S. 255; ebenso StL. IV[2], S. 482: "Die Vernunft gibt
allen Wissenschaften den letzten Grund, ... durch welchen sie erst wahrhafte Wissenschaften
sind; sie allein lehrt das Unwandelbare und Nothwendige, nicht blos was ist, sondern was
sein   s o l l ,   und ursprünglich ... liegen in ihr die ewigen Gesetze der Einheit und
Nothwendigkeit, als Formen, in welche der sinnlich zugeführte Gehalt unserer Erkenntniß
sich fügen muß, als Bedingungen, unter denen überhaupt Erkenntniß des Wirklichen und
dadurch Fortschritt in der Wissenschaft und Geistesbildung, Fortschritt auch in der äußern
Anordnung des Lebens für uns möglich ist. Soll daher die Menschheit fortschreiten auf der
Bahn der höhern Bildung wie im Werk der sittlichen Veredelung und in menschenwürdigem
Genuß des Daseins, so muß der Geist des freien Denkens, der philosophische Geist, das
herrschende Princip ihrer Bewegung sein." Vgl. auch ebd.[1], S. 262 f.; ebd.[2], S. 487.

1195 Siehe oben S. 482—485 (Zitate bei PFIZER, Gedanken, I, S. 93).

1196 Vgl. PFIZER, Art. "Urrechte oder unveräußerliche Rechte", StL. XV[1], S. 613—615, S. 619 f.;
ebenso StL. XII[2], S. 691 f., S. 695.

1197 PFIZER, Gedanken, I, S. 333.

s e l l i g e (n)   G e s e l l i g k e i t " des bei Kant beschriebenen Menschen[1198].

Mit einer solchen doppelten Weltsicht, die das Handeln des Menschen bestimmt
sah sowohl durch die naturhafte Notwendigkeit als auch durch das mit der
vernunftbegründeten Pflicht gegebene Sittengesetz, wußte sich Pfizer durchaus
dem Denken Kants verpflichtet, was nicht zuletzt an seiner beifälligen Wiedergabe
der Kantschen Friedensutopie deutlich wird, der "etwas Wesentliches beizufügen"
nach dem Urteil des Referenten schwerfallen müsse.[1199] Bei aller hier einzuräu-
menden Verfremdung stellte sich daher für Pfizer das Problem der Vermittlung
zwischen 'Freiheit' und 'Notwendigkeit' oder 'Sittlichkeit' und 'Natur' in zumindest
ähnlicher Weise wie für Kant; nur daß er bei dessen Lösung zu einem gänzlich
anderen Ergebnis kam.

Für alle Zeiten konnte die 'Natur' sowenig vernachlässigt werden wie die praktische Vernunft unbeachtet bleiben. Selbst der über den Rahmen der kantischen
Republik weit hinausgreifende 'Kirchenstaat' der 'Liebe' mußte in Pfizers System
der naturhaften Notwendigkeit Raum geben. Im Ergebnis trat damit aber an die
Stelle des 'ewigen Friedens' der ewige Krieg. Also ließen sich naturbestimmtes
und vernunftgebotenes Handeln nicht zusammen denken.

Daß diese Unvereinbarkeit Pfizer als unaufhebbar erschienen war, lenkt die
Aufmerksamkeit des Betrachters wieder auf das 'Reich der materiellen Interessen'. Mit der bürgerlich-industriellen Wirtschaft identifiziert, entsprachen dessen
Triebkräfte dem im Kantschen Friedensdenken als Vermittlungsebene zum
Frieden vorgestellten besitzbürgerlichen Interesse. Noch in Übereinstimmung mit
jenem ursprünglichen Konzept hatte Pfizer diesem 'Reich der materiellen Interessen' die Überwindung der die alte Zeit kennzeichnenden Kriege auch zugeschrieben. So bildete dessen Herrschaft die bereits erreichte Vorstufe der utopischen
Welt. Jedoch erfolgte der Übergang von jener in diese nicht in der Weise der

---

1198 KANT, Idee, S. 20 f.
1199 Vgl. PFIZER, Art. "Ewiger Friede", StL. V¹, S. 333–337 (Zitat S. 334); ebenso StL. IV²,
     S. 560–563 (Zitat S. 561).

Kontinuität: Durch das 'eigene' "Uebermaaß" getrieben, 'müsse' die von den 'materiellen Interessen' beherrschte Gegenwart dereinst in die bessere Welt der Zukunft "umschlagen" und diese als "ihr Gegentheil" hervorbringen.[1200] Die an dieser schroffen Entgegensetzung erkennbar werdende Unvereinbarkeit des besitzbürgerlichen Interesses mit dem 'Sittengesetz', die mit der von jenem verursachten Entstehung des Proletariates für Pfizer augenfällig geworden war,[1201] wird durch einen Blick auf den 'Kirchenstaat' selbst noch einmal bestätigt.

Der Kontinuitätsbruch war nämlich kein vollständiger. Als die neben dem Kriege einzig noch verbleibende Erscheinungsform der 'grausamen Notwendigkeit' wirkten die 'materiellen Interessen' im 'Kirchenstaat' der Utopie fort. Selbst das "Ziel" der von Pfizer gedachten gesellschaftlichen Entwicklung beschrieb einen Zustand, in dem es "die Proletarier der Neuzeit und die Sklaven des Industrialismus" noch geben werde, welche dann "durch priesterliche Volkstribune eine kräftigere Fürsprache finden müßten, als allgemeines Wahlrecht und geheime Stimmgebung sie jemals ... (dieser) Menschenklasse schaffen" könnten.[1202] An diesem fortdauernden Dasein eines der 'Fürsprache' bedürftigen Proletariates wurde offenkundig, was Pfizer mit dem Eigenschaftswort 'aristokratisch' ja auch sinnfällig umschrieben hatte: Daß sich das Interesse des Besitzbürgers ebensowenig wie das des alten Adels je mit dem 'Gesetz der Liebe' werde in Deckung bringen lassen. Anders gewendet, war Pfizer nicht mehr in der Lage, das zusammen denken zu können, was Kant noch zusammen denken konnte.

Die nunmehr noch ausstehende Verbindung zwischen den beiden auch im 'Kirchenstaat' fortdauernden Notwendigkeiten, also zwischen dem Eingeständnis, daß die soziale "Noth ... immer in der menschlichen Gesellschaft ihre Opfer fordern" werde,[1203] und der verklärenden Einsicht in die Unüberwindlichkeit der Welt des

---

1200 PFIZER, Gedanken, II, S. 131.

1201 Siehe oben S. 507—511.

1202 PFIZER, Gedanken, II, S. 109.

1203 PFIZER, Gedanken, I, S. 64.

Krieges, hatte Pfizer selbst hergestellt: Wohl habe – wie er im Staatslexikon ausführte – die bürgerliche "Civilisation" dem Krieg der Antike die Grundlage entzogen. Auch würden die neuzeitlichen Staatenkriege, die "Kriege der Nationen unter sich ... (,) in dem Maße seltener werden, in welchem die Cultur sich" 'hebe'. Gleichzeitig mit dem Fortschritt der Kultur wachse aber die Gefahr des "Krieg(es) der Armen gegen die Reichen, der Gleichheit gegen das Privilegium".[1204] Mit anderen Worten: Weil das besitzbürgerliche Interesse sich nicht mit Freiheit und Gleichheit vertrage, sei es nicht nur der Überwinder der alten Form des Krieges, sondern zugleich die Ursache einer neuen. Wie oben deutlich wurde, brachte der Versuch, diesen drohenden inneren Krieg abzuwenden, wiederum das Aufleben des unter nationalem Vorzeichen stehenden äußeren Krieges mit sich.

Anders als Rotteck hatte Pfizer zwar das 'Aristokratische' des gebildeten und besitzenden Bürgers durchaus bejaht. Aber wie für den Freiburger Liberalen, so war auch für ihn jene erkennbar werdende bürgerliche 'Aristokratie' der Grund, die Kantsche Utopie des Friedens in den Bellizismus zu verkehren. So stellte sich trotz unterschiedlicher Zielvorstellungen bei Pfizer nicht anders als bei Rotteck der Übergang von der Friedensutopie zur Kriegsverherrlichung letztlich als ein Desintegrationsprozeß ebenjener Friedensutopie selbst dar. Auch bei Schulz lagen die Dinge ähnlich – wenngleich die Ausformung seines auch nur zeitweiligen Bellizismus nicht die deutlichen Bezüge zum kantischen Friedensdenken aufwies und darüber hinaus unter dem Vorzeichen einer eigentümlichen Verbindung von nationalstaatlichen, auf die Industrialisierung abzielenden und emanzipativen Leitvorstellungen stand. Vorbehaltlich dieser Besonderheiten muß die in dieses Kapitel einführende Analyse hier lediglich geringfügig modifiziert werden: Indem sich im Zuge des beginnenden gesellschaftlichen Strukturwandels erwies, daß das

---

1204 PFIZER, Art. "Ewiger Friede", StL. V¹, S. 337; ebenso StL. IV², S. 563. Dieser Hinweis auf die innenpolitischen Motive wird von ROSENTHAL, Friedensgedanke, S. 60 f. übersehen, wenn sie lediglich die "Eigenart der Nationalitäten" als Grund des zum Kriege führenden Gegensatzes vermutet. Dagegen entdeckt SCHUMACHER, Gesellschaftsbegriff, S. 313 gerade an diesem Artikel Pfizers die Anzeichen des die liberale "Gleichheitsidee" bedrohenden "Klassenkampfes".

besitzbürgerliche Interesse statt der 'klassenlosen Bürgergesellschaft' die 'bürgerliche Klassengesellschaft' hervorbrachte, büßte die Freiheit und Gleichheit vorschreibende Friedensutopie Kants ihren Bezug zur Wirklichkeit in den Augen der vormärzlichen Zeitgenossen ein. Was blieb, war ein entsprechend der Wettbewerbsgesellschaft antagonistisch strukturierter Geschichtsverlauf der vorantreibenden 'Gegensätze', der – seiner Zuordnung auf das Friedensziel hin ledig geworden – die Gestalt des Bellizismus annahm, gleichviel ob dieser Bellizismus gedacht war als eine ständige kleinbürgerlich-egalitäre Einrede gegen die entstehende 'bürgerliche Klassengesellschaft' oder umgekehrt als Absicherung der bürgerlichen 'Aristokratie' im Wege der Ablenkung des andauernden innergesellschaftlichen Konfliktes.

4.0 Ergebnis

Mit der soeben gegebenen Vorgangsbeschreibung läßt sich nicht nur das letzte Kapitel abschließend zusammenfassen, sondern es wird damit auch die wesentliche Aussage der gesamten Studie greifbar: In dem ersten Abschnitt der zurückliegenden Untersuchung ist an den sich zunehmend von der politischen Philosophie Kants entfernenden Positionen Rottecks deutlich geworden, daß es einen bis in den Kern der Kantschen Friedensutopie zurückreichenden Weg in den Bellizismus gab, dem kein bei Kant etwa schon vorhandener bellizistischer Boden zugrunde lag und zu dessen Begleiterscheinungen weder ein betonter Nationalismus noch ein historistisch oder hegelianisch unterlegter Etatismus mit ausgeprägt antirevolutionärer Zielrichtung gehörten. Jener Weg nahm seinen Anfang von einer für die Friedensutopie Kants zentralen historischen Bedingung: Unter dem Eindruck einer noch vorwiegend durch kleine Produktionseinheiten geprägten 'bürgerlichen' Gesellschaft, die aus damaliger Sicht die Zukunft auf ihrer Seite zu haben schien, bot sich der Egoismus des Besitzbürgers als geeignetes Mittelstück zum Frieden an, zumal er offensichtlich noch zusammen gedacht werden konnte mit den Rechtsprinzipien 'Freiheit' und 'Gleichheit'. Die weitere Entfaltung dieses Egoismus aber sollte statt der verheißenen 'klassenlosen Bürgergesellschaft' die 'bürgerliche Klassengesellschaft' heraufführen. Infolge der sich abzeichnenden Wendung gegen die idealen Prinzipien 'Freiheit' und 'Gleichheit' seiner Vermittlungsebene zum Frieden beraubt, schlug das der Friedensutopie zugeordnete und auf den Widerstreit der Interessen hin angelegte Fortschrittsmodell um in einen Bellizismus: Hinter dem von Rotteck schließlich proklamierten 'wohltätigen Krieg' stand die Zielvorstellung einer wesentlich egalitären Bürgergesellschaft, die es gegen den 'friedlichen' Wandel hin zur 'bürgerlichen Klassengesellschaft' zu bewahren galt. Bedingt durch die gleichzeitige legitimistische Friedenswahrung erwies sich dieser auf dem Boden einer naturrechtlichen Utopie entstandene Bellizismus als politisch revolutionär und gesellschaftlich rückwärtsgewandt zugleich.

In einem weiteren Abschnitt sollte überprüft werden, ob dem bei Rotteck in Erscheinung getretenen Desintegrationsprozeß ein Modellcharakter für das politische Denken im Umkreis des Staatslexikons zugesprochen werden kann. Die Antwort hierauf muß lauten ja und nein. In einem strengen Sinne wiederholte der bei Rotteck ablaufende Wandel sich bei den anderen Autoren des Staatslexikons nicht. Gewiß kennzeichneten revolutionäre Zielsetzungen auch den Bellizismus von Schulz; hier aber fehlte das sozialkonservative Element. Trotzdem kann in einem weiteren Verstande dem bei Rotteck zutage getretenen Prozeß der Modellcharakter attestiert werden. Denn das Nacheinander bei dem Spätgeborenen der Aufklärung wurde bei seinen durchweg jüngeren Mitstreitern als ein Nebeneinander sichtbar. In ihrer Mehrzahl hatten sie den Strukturwandel wahrgenommen und waren darum genötigt, zwischen der emanzipativen Zielrichtung und dem besitzbürgerlichen Interesse zu wählen. Infolgedessen verlegten sich diese Mitarbeiter des Staatslexikons entweder auf realitätsferne Vermittlungsebenen oder sie beschieden sich mit einer mehr nur eingeschränkten Emanzipation, deren repressive Folgen im außenpolitischen Bereich sich mit der Berufung auf die 'Nation' einstellen sollten. Der Zwang zu dieser Trennung des bei Kant noch Zusammengehörenden unterblieb nur dann, wenn die Zeitgenossen den tatsächlich anhebenden Desintegrationsprozeß des 'Dritten Standes' übersehen hatten. Und nur unter dieser Voraussetzung, die freilich gleichermaßen wirklichkeitsfremd ausfiel wie hinsichtlich des emanzipativen Anliegens im Ergebnis verkürzend wirkte, war es noch möglich, den Fortschritt ohne die notwendig gewaltsame Bewegung zu denken.

Der Nachweis einer hiernach ausschlaggebenden Bedeutung des gesellschaftlichen Strukturwandels für die bürgerliche Haltung zu Krieg und Frieden setzte allerdings voraus, daß alle hier einschlägigen Aussagen aus dem Umkreis des Staatslexikons auch ausgewertet wurden. Nun gibt es neben den angeführten Zeugnissen weitere Ausführungen zu 'Krieg' und 'Frieden', die von bisher noch unerwähnten Verfassern im Staatslexikon veröffentlicht wurden. So ist der württembergische General und Abgeordnete von Theobald, der mit einem gewissen Recht als der für Militärfragen zuständige Fachmann des Staatslexikons gelten kann,[1] bislang gänzlich übergangen worden. Indes kreisten seine Überlegungen doch mehr nur um die 'Kriegskunst', die organisatorische, operative und technische Seite des Krieges. Dabei gerieten ihm zwar politische Themen durchaus in den Blick, wenn er etwa über den Zusammenhang zwischen dem Krieg und dem Staatsschuldenwesen referierte.[2] Aber schon die einführende Annahme, "daß auf 5 Kriegsjahre 20 Friedensjahre, und umgekehrt auf 20 Friedensjahre 5 Kriegsjahre folgen" würden[3], kennzeichnete seinen auch hier gewahrten, eigentlich 'militärischen' Zugang zum Problem. Solch' nüchtern-mathematische "Berechnung"[4] einer statistisch gesicherten Wiederkehr war gleich weit entfernt von der Apologie des Krieges wie von der Utopie des Friedens. Eine ähnliche Distanz beobachteten auch andere Autoren, so sie das Thema Krieg und Frieden streiften. Jedenfalls entbehrten ihre Feststellungen entweder – wie diejenige Friedrich Bülaus, "der Credit (sei) der wahre Erhalter des europäischen Friedens gewesen"[5] – des utopischen Zuges, oder ihre den Krieg aufwertenden Beiträge verzichteten auf die definitive Bestätigung des Krieges als eines eigenen Wertes. Als Beispiel sei hier angeführt die Kritik von Karl Hagen an dem friedfertigen, trägen Quietismus der Habsburger, demgegenüber der kriegerische Aktivismus anderer absoluter Herrscher, wie etwa der Hohenzollern, in ein positives Licht gerückt wurde.[6]

Eine Ausnahme hiervon bildeten vielleicht noch die Aufsätze des in Hamburg wirkenden Historikers und Publizisten Christian Friedrich Wurm[7]. Denn zweifellos

1 Vgl. ZEHNTNER, Staatslexikon, S. 39.

2 Vgl. v. THEOBALD, Art. "Credit-System", StL. IV^1, S. 112–120; ebenso StL. III^2, S. 619–625.

3 v. THEOBALD, Art. "Credit-System", StL. IV^1, S. 112; ebenso StL. III^2, S. 619.

4 v. THEOBALD, Art. "Credit-System", StL. IV^1, S. 112; ebenso StL. III^2, S. 619.

5 BÜLAU, Art. "Credit, öffentlicher", StL. IV^1, S. 105; ebenso StL. III^2, S. 615.

6 Vgl. HAGEN, Art. "Habsburger", StL. VI^2, S. 301–304, S. 313 und HAGEN, Art. "Hohenzollern", StL. VII^2, S. 142–146, S. 155–157.

7 Zu Christian Friedrich Wurm vgl. den von Adolf WOHLWILL verfaßten Abschnitt in: ADB 44 (1898), S. 326–332.

lassen sich bei ihm die Anklänge an eine durch die Technik beglaubigte Friedens-utopie gewahren: Infolge des Fortschritts auf dem Gebiete der Kommunikation und des Verkehrswesens werde dereinst "die Menschheit so verbrüdert werden, daß es dem Ehrgeize und der Herrschsucht selbst schwer sein dürfte, die Genos-sen der einen großen Familie bis zum verzweifelten Entschlusse blutiger Fehde zu verblenden".[8] Allerdings gelangte in diesem ohnehin ziemlich vereinzelten Gedan-kengang das Friedensziel in einer vorsichtig zurückhaltenden Formulierung zum Ausdruck. Von einem bestimmten Bekenntnis kann jedenfalls solange nicht die Rede sein, wie es den Mächtigen bloß 'schwerfallen dürfte', den Krieg herbeizu-führen. Dieser Einwand wäre nun gewiß noch nicht sonderlich beachtenswert, gar eine spitzfindige Haarspalterei, wenn Wurm nicht gleichzeitig Tendenzen in der internationalen Politik seiner Gegenwart ausgemacht hätte, die den technisch vermittelten Frieden zu konterkarieren drohten. Auf die Entwicklung des Völker-rechts eingehend, brandmarkte Wurm die Tendenz, den Kriegszustand mit dem Frieden zu 'vermischen'. Anders als für Kolb lief für ihn dieser Vorgang, den er an dem bewaffneten Vorgehen Frankreichs und Großbritanniens gegen die Niederlande illustrierte, nicht auf die allmähliche Abschaffung des Krieges, sondern im Gegenteil auf die kriegerische Verwilderung und damit Entwertung des Friedens hinaus.[9] Im Lichte dieser Zeitdiagnose verliert die technisch begrün-dete Friedenserwartung derart an Gewicht, daß auf die Einbeziehung Wurms in die Untersuchung verzichtet werden konnte.

So demnach die getroffene Auswahl der Schriftsteller ein mit Blick auf das Staatslexikon vollständiges Bild vermittelt hat, kann das Interesse des Besitzbür-gers als das schlechthin entscheidende Element unter jenen Faktoren gelten, die den Übergang von dem friedensutopischen Denken zur gewaltsamen Politik und zum Bellizismus im Umkreis des südwestdeutschen Frühliberalismus herbeigeführt hatten. Sobald nur die Einsicht in die Unvereinbarkeit eines freigesetzten Besitzin-

---

8   WURM, Art. "Post", StL. XII¹, S. 724; ebenso StL. X², S. 750.

9   WURM, Art. "Selbsthülfe, völkerrechtliche", StL. XIV¹, S. 482–488; ebenso StL. XII², S. 128–132.

dividualismus mit dem ursprünglich universalen Anspruch der Emanzipation gewonnen war, mußte das bürgerliche Friedensdenken zerbrechen. Sowohl die Betrachtung der Bellizismen als auch die Untersuchung der Friedensideen spiegelten diesen einen Vorgang: Zugleich mit der erzwungenen programmatischen Option zugunsten einer Zurücknahme der emanzipativen Zielsetzung und/oder zugunsten kaum mehr tragfähiger Vermittlungsebenen wurde der Weg in die Gewalt beschritten, geschah dies noch unter dem Deckmantel einer Friedensutopie oder bereits in der unverhüllten Gestalt einer zeitlich unbegrenzten Verherrlichung des Krieges. Andere Momente, wie etwa die Art politischer Legitimation oder die Entscheidung für oder gegen die Revolution, traten gegenüber der überragenden Bedeutung der mit dem Strukturwandel sich anbahnenden "Niederlage (des) ... Liberalismus" (Rainer Koch)[10] in den Hintergrund. Dementsprechend stellte sich im Hinblick auf den in Rede stehenden Übergang nicht die Rheinkrise von 1840, sondern die Julirevolution von 1830 mit ihren Folgen als der eigentliche Wendepunkt dar.

Und selbst wenn die Auswahl der Autoren doch noch lückenhaft gewesen sein sollte, ja wenn sich zudem noch herausstellte, daß etwa das politische Denken Wurms sich nicht in das hier entworfene Bild einfügen ließe, dann bliebe die gewählte Quellengrundlage doch immerhin noch breit genug, um der Entfaltung des besitzbürgerlichen Interesses in dem behandelten Prozeß die Rolle der jedenfalls bedeutendsten, wenn freilich auch nicht mehr der schlichtweg bestimmenden Bewegungskraft zuschreiben zu können. Darüber hinaus erschien die Kriegsapologie im Staatslexikon in konservativer wie eben auch in revolutionärer Färbung. Der Bellizismus läßt sich also keineswegs mit jener kruden Deutung erfassen, die im "Konservatismus ... (einen) inneren Wesenszusammenhang von Machtstreben, Elitarismus und Kriegsbejahung" entdeckt und die Vorstellung einer Tradition "des inneren Zusammenhangs von sozialem Fortschritt, historischem

---

10 KOCH, Deutsche Geschichte, S. 102.

Optimismus, Humanismus und Friedensstreben" schroff dagegensetzt.[11] Vor dem Hintergrund der im Zeichen des Fortschritts bekundeten Gewalt- und Kriegsbereitschaft verflüchtigt sich der dem "Liberalismus" nachgesagte "Hauch von Pazifismus"[12] – jedenfalls, was das Umfeld des Staatslexikons anlangt.

---

11 ELM, Krieg und Frieden, S. 290 f., S. 298.
12 IGELMUND, Frankreich, S. 213; vgl. auch ebd., S. 90.

Erläuterungen zur Zitierweise
sowie zum Quellen- und Literaturverzeichnis

Das Schrifttum wurde mit einem Kurztitel zitiert. Der Zitiertitel läßt sich dem Literaturverzeichnis entnehmen. Als besondere Abkürzungen wurden für das 'Staatslexikon' die Buchstabenfolge 'StL.' und für Kants 'Metaphysik der Sitten' das Sigel 'M.d.S.' gewählt. Auf eine Angleichung der in den zitierten Quellen vorgefundenen Orthographie und Zeichensetzung an den gegenwärtigen Gebrauch habe ich verzichtet. Nur in Ausnahmefällen wurden Abweichungen von heutigen Vorschriften mit einem Ausrufezeichen oder einem 'sic' gekennzeichnet.

Die ursprüngliche Schreibweise wurde gleichermaßen im Quellen- und Literaturverzeichnis beibehalten.

Unter den einschlägigen Publikationen, die nach dem im Frühjahr 1989 erfolgten Manuskriptabschluß veröffentlicht wurden, erscheint neben der oben in Kapitel 2.1, Anm. 59 angeführten Arbeit von Rüdiger v. Treskow vor allem eine Quellensammlung beachtenswert: 'Anita und Walter Dietze (Hrsg.), Ewiger Friede? Dokumente einer deutschen Diskussion um 1800, Leipzig, Weimar und München 1989'. Da diese gewiß belangvolle Veröffentlichung nicht mehr berücksichtigt werden konnte, soll auf sie außerhalb des nachstehenden Verzeichnisses an dieser Stelle hingewiesen werden.

Quellen- und Literaturverzeichnis

1. Quellen

a) Staats-Lexikon oder Encyklopädie der Staatswissenschaften. In Verbindung mit vielen der angesehensten Publicisten Deutschlands herausgegeben von Carl von Rotteck und Carl Theodor Welcker. 1. Auflage: Bd. I–XV, Altona 1834–1843; 2. Auflage: Das Staatslexikon. Encyklopädie der sämmtlichen Staatswissenschaften für alle Stände. Bd. I–XII, Altona 1845–1848.

b) Periodica/Zeitungen
– Allgemeine politische Annalen. Neueste Folge, hrsg. von Carl von Rotteck, Bd. I–XI, München, Stuttgart, Tübingen 1830–1832.
– Teutsche Blätter für das Jahr 1814 in 2 Abtheilungen, hrsg. von Karl von Rotteck, Freiburg 1814.
– Der Freisinnige. Freiburger politische Blätter, Freiburg 1832.
– Vaterländische Hefte über innere Angelegenheiten für das Volk, hrsg. von Mitgliedern der zweiten Kammer, Bd. I, Karlsruhe 1843.
– Rundschau, Karlsruhe 1846–1847.
– Der Zeitgeist, Karlsruhe 1832–1834.
– Badische Zeitung/National-Zeitung, Karlsruhe 1841.
– Neue Speyerer Zeitung, Speyer 1840–1841.

c) Protokolle

- Stenographischer Bericht über die Verhandlungen der deutschen constituiren-
den Nationalversammlung zu Frankfurt am Main, hrsg. von Franz Wigard,
Bd. VI f., Leipzig 1849.

- Verhandlungen der Stände-Versammlung des Großherzogthums Baden im
Jahre 1835. Protokolle der zweiten Kammer. Viertes Protokollheft, Karlsruhe
o.J.

- Verhandlungen der Stände-Versammlung des Großherzogthums Baden im
Jahre 1842. Protokolle der zweiten Kammer. Zweites Beilagenheft, Karlsruhe
o.J.

- Verhandlungen der Stände-Versammlung des Großherzogthums Baden im
Jahre 1843/45. Protokolle der zweiten Kammer. Eilftes Protokollheft, Karlsruhe o.J.

- Verhandlungen der Stände-Versammlung des Großherzogthums Baden im
Jahre 1846. Protokolle der zweiten Kammer. Sechstes Protokollheft, Karlsruhe o.J.

- Verhandlungen der Stände-Versammlung des Großherzogthums Baden in den
Jahren 1847 und 1848. Protokolle der zweiten Kammer. Erstes Protokollheft,
Karlsruhe o.J.

- Verhandlungen der Stände-Versammlung des Großherzogthums Baden im
Jahr 1847–48. Protokolle der zweiten Kammer mit deren Beilagen. Sechstes
Beilagenheft, Karlsruhe 1848.

d) Allgemeine gedruckte Quellen

- Gottlieb Christian Abt, Deutsche Zeitung ohne Censur, Mannheim 1846 (anonym erschienen).
- Johann Christoph Freiherr von Aretin, Staatsrecht der constitutionellen Monarchie. Ein Handbuch für Geschäftsmänner, studirende Jünglinge, und gebildete Bürger. Angefangen von Joh. Christ. Freiherrn von Aretin und fortgesetzt von Carl von Rotteck, Bd. II, Leipzig ²1839.
- Jacob Burckhardt, Über das Studium der Geschichte. Der Text der 'Weltgeschichtlichen Betrachtungen' auf Grund der Vorarbeiten von Ernst Ziegler nach den Handschriften hrsg. von Peter Ganz, München 1982.
- Johann Gustav Droysen, Brief an August Kopisch, Frankfurt, 3. Dezember 1848, in: Hans Fenske (Hrsg.), Vormärz und Revolution: 1840–1849, Darmstadt 1976 (= Quellen zum politischen Denken der Deutschen im 19. und 20. Jahrhundert, Bd. IV), S. 370–374.
- Johann Gustav Droysen, Preußen und das System der Großmächte. Politisches Gutachten eines Schleswig-Holsteiners (zunächst anonym erschienen Berlin 1849), in: Felix Gilbert (Hrsg.), Johann Gustav Droysen. Politische Schriften, München und Berlin 1933, S. 212–229.
- Anselm von Feuerbach, Die Weltherrschaft das Grab der Menschheit (1814), in: ders., Kleine Schriften vermischten Inhalts. Erste Abtheilung, Nürnberg 1833, S. 28–72.
- Johann Gottlieb Fichte, Beitrag zur Berichtigung der Urteile des Publikums über die französische Revolution. Erster Teil. Zur Beurteilung ihrer Rechtmäßigkeit. (1793) Beigefügt die Rezension von Friedrich von Gentz (1794), hrsg. von Richard Schottky, Hamburg 1973.
- Johann Gottlieb Fichte, Zum ewigen Frieden – Ein philosophischer Entwurf von Immanuel Kant (1796), in: Zwi Batscha und Richard Saage (Hrsg.), Friedensutopien – Kant, Fichte, Schlegel, Görres, Frankfurt a.M. 1979, S. 83–91.

— Johann Gottlieb Fichte, Die Grundzüge des gegenwärtigen Zeitalters. (Berliner Vorlesungen 1804/05; erschienen 1806), hrsg. und eingeleitet von Alwin Diemer, Hamburg [4]1978.

— Johann Gottlieb Fichte, Der Geschloßne Handelsstaat. Ein philosophischer Entwurf als Anhang zur Rechtslehre und Probe einer künftig zu liefernden Politik (1800), in: Zwi Batscha und Richard Saage (Hrsg.), Johann Gottlieb Fichte. Ausgewählte politische Schriften, Frankfurt a.M. 1977, S. 59–167.

— Friedrich (v.) Gentz, Über den ewigen Frieden (1800), in: Kurt von Raumer, Ewiger Friede. Friedensrufe und Friedenspläne seit der Renaissance, Freiburg und München 1953, S. 461–497.

— Friedrich (v.) Gentz, Ueber de Pradt's Gemälde von Europa nach dem Kongreß von Aachen (1819), in: Gustav Schlesier (Hrsg.), Kleinere Schriften von Friedrich von Gentz, zweiter Theil, Mannheim 1839, S. 88–156.

— Friedrich (v.) Gentz, Nachtrag zu dem Räsonnement des Herrn Professor Kant über das Verhältnis zwischen Theorie und Praxis (1793), in: Dieter Henrich (Hrsg.), Kant – Gentz – Rehberg. Über Theorie und Praxis, Frankfurt a.M. 1967, S. 89–111.

— Joseph Görres, Der allgemeine Frieden, ein Ideal (1798), in: Zwi Batscha und Richard Saage (Hrsg.), Friedensutopien – Kant, Fichte, Schlegel, Görres, Frankfurt a.M. 1979, S. 111–176.

— Thomas Hobbes, Leviathan: or, the Matter, Form, and Power of a Commonwealth, ecclesiastical and civil (1651), hrsg. von Sir William Molesworth, London 1839 (= The English Works of Thomas Hobbes, Bd. III).

— Sylvester Jordan, Andeutungen über die practische Ausführung des Systems der Reformen in den bestehenden Staaten, in: Karl Heinrich Ludwig Pölitz (Hrsg.), Jahrbücher der Geschichte und Staatskunst, Bd. I/1829, Leipzig 1829, S. 447–471.

— J. Steverlys (= Sylvester Jordan), P. Gespräche über Staat und Kirche, hrsg. von Sylvester Jordan, Frankfurt a.M. 1848.

- Sylvester Jordan, Ueber die Grundsätze, von welchen bei der Abfassung der churhessischen Verfassungsurkunde ausgegangen ward, in: Karl Heinrich Ludwig Pölitz (Hrsg.), Jahrbücher der Geschichte und Staatskunst, Bd. I/1832, Leipzig 1832, S. 193–220.

- Sylvester Jordan, Lehrbuch des allgemeinen und deutschen Staatsrechts. Erste Abtheilung, die Grundzüge des allgemeinen Staatsrechts, die geschichtliche und allgemeine Einleitung in das deutsche Staatsrecht und das deutsche Bundesrecht enthaltend, Kassel 1831.

- Sylvester Jordan, Ueber den Nutzen der Geschichtsvereine in Bezug auf Staats- und Rechtswissenschaft (1837), in: Paul Wigand (Hrsg.), Archiv für Geschichte und Alterthumskunde Westphalens, Bd. VII, Lemgo 1838, S. 285–292.

- Sylvester Jordan, Ueber die wahre und falsche Politik, in ihrer Anwendung auf einige wichtige Momente des Staatslebens, in: Karl Heinrich Ludwig Pölitz (Hrsg.), Jahrbücher der Geschichte und Staatskunst, Bd. II/1830, Leipzig 1830, S. 225–237.

- Sylvester Jordan, Selbstvertheidigung Dr. Sylvester Jordan's in der wider ihn geführten Criminaluntersuchung, Theilnahme an Hochverrath betreffend, Mannheim 1844.

- Sylvester Jordan, Ueber das Studium der Geschichte, und den Nutzen, welchen dasselbe für das bürgerliche Leben gewährt (1838), in: Paul Wigand (Hrsg.), Wetzlar'sche Beiträge für Geschichte und Rechtsalterthümer, Bd. I, Wetzlar 1840, S. 273–284.

- Silvester (= Sylvester) Jordan, Versuch über die Frage: "Ist die Eintheilung der Philosophie in die theoretische und praktische gültig, wenn die Philosophie in ihrem tiefsten Grunde aufgefaßt wird?" Eine gekrönte Preisschrift, nebst einer Abhandlung über die Nothwendigkeit der Philosophie, München 1816.

- Sylvester Jordan, Versuche über allgemeines Staatsrecht, in systematischer Ordnung und mit Bezugnahme auf Politik, Marburg 1828.

— Sylvester Jordan, Wanderungen aus meinem Gefängnisse am Ende des Sommers und im Herbste 1839, Frankfurt a.M. 1847.

— Immanuel Kant, Muthmaßlicher Anfang der Menschengeschichte (1786), in: Königlich Preußische Akademie der Wissenschaften (Hrsg.), Kant's Werke, Bd. VIII, Berlin 1912, S. 107–123.

— Immanuel Kant, Zum ewigen Frieden. Ein philosophischer Entwurf (1795/96), in: Königlich Preußische Akademie der Wissenschaften (Hrsg.), Kant's Werke, Bd. VIII, Berlin 1912, S. 341–386.

— Immanuel Kant, Über den Gemeinspruch: Das mag in der Theorie richtig sein, taugt aber nicht für die Praxis (1793), in: Königlich Preußische Akademie der Wissenschaften (Hrsg.), Kant's Werke, Bd. VIII, Berlin 1912, S. 273–313.

— Immanuel Kant, Grundlegung zur Metaphysik der Sitten (1785), in: Königlich Preußische Akademie der Wissenschaften (Hrsg.), Kant's Werke, Bd. IV, Berlin 1911, S. 385–463.

— Immanuel Kant, Idee zu einer allgemeinen Geschichte in weltbürgerlicher Absicht (1784), in: Königlich Preußische Akademie der Wissenschaften (Hrsg.), Kant's Werke, Bd. VIII, Berlin 1912, S. 15–31.

— Immanuel Kant, Kritik der Urtheilskraft (1790), in: Königlich Preußische Akademie der Wissenschaften (Hrsg.), Kant's Werke, Bd. V, Berlin 1913, S. 165–485.

— Immanuel Kant, Die Metaphysik der Sitten (1797), in: Königlich Preußische Akademie der Wissenschaften (Hrsg.), Kant's Werke, Bd. VI, Berlin 1914, S. 203–493.

— Georg Friedrich Kolb, Abriß der Erd-, Völker- und Staatenkunde. Oder Lehrbuch der Erdbeschreibung, Speyer 1829.

— Georg Friedrich Kolb, Bemerkungen über Staatsschulden, in: Karl Weil (Hrsg.), Konstitutionelle Jahrbücher, Bd. II/1845, Stuttgart 1845, S. 97–116.

- Georg Friedrich Kolb, Darstellung der französischen Gesetzgebung von
  1787–1815. Geschichte der französischen Revolution und Napoleons, nach
  der Gesetzgebung und durch die Gesetzgebung der verschiedenen Zeiträume
  beurtheilt. 2 Bde., Speyer 1834–1836.
- Georg Friedrich Kolb, Denkschrift über die Richtung der Pfälzischen Eisen-
  bahn, Speyer 1843 (erschien anonym).
- Georg Friedrich Kolb, Die thatsächlichen Ergebnisse der in Folge der franzö-
  sischen Revolution in der dermaligen Baierischen Pfalz eingeführten Institu-
  tionen, in: Karl Weil (Hrsg.), Konstitutionelle Jahrbücher, Bd. III/1843,
  Stuttgart 1843, S. 227–250.
- Georg Friedrich Kolb, Friedrich II. und Napoleon vergleichend dargestellt,
  Speyer 1828.
- Georg Friedrich Kolb, Geschichte der neuesten Ereignisse in Rheinbaiern,
  Weissenburg 1833 (erschien unter dem Pseudonym D. R. Miller).
- Georg Friedrich Kolb, Kurze Geschichte der vereinigten protestantisch-
  evangelisch-christlichen Kirche der baierischen Pfalz, Speyer 1846, ebd. [2]1847.
- Georg Friedrich Kolb, Geschichte der Menschheit und der Kultur. Supple-
  ment zu allen Werken über Weltgeschichte, 2 Abtheilungen, Pforzheim 1843.
- Georg Friedrich Kolb, Ist die Klage über zunehmende Verarmung und
  Nahrungslosigkeit gegründet; welche Ursachen hat das Uebel, und welche
  Mittel zur Abhülfe bieten sich dar?, Speyer 1836.
- Georg Friedrich Kolb, Der Baierische Landtag von 1845 auf 1846 (2 Artikel),
  in: Karl Weil (Hrsg.), Konstitutionelle Jahrbücher, Bde. I und II/1846, Stutt-
  gart 1846, Bd. I: S. 127–197, Bd. II: S. 149–259.
- Georg Friedrich Kolb, Das Leben Napoleons. Unter kritischer Benützung der
  vorzüglichsten französischen, deutschen und englischen Werke über densel-
  ben, in Kürze – volksthümlich und möglichst wahrheitsgetreu – geschildert,
  Speyer [2]o.J.

- Georg Friedrich Kolb, Lebensgeschichte Napoleon's. Nach den vorzüglichsten gedruckten Werken, so wie aus handschriftlichen Nachrichten dargestellt, 7 Bde., Speyer 1826–1827.
- Georg Friedrich Kolb, Die Nachtheile des stehenden Heerwesens und die Nothwendigkeit der Ausbildung eines Volkswehrsystems, Leipzig 1862.
- Georg Friedrich Kolb, Der Murhard'sche Preßprozeß in Kurhessen. Nach den Mittheilungen eines Freundes mit Bemerkungen veröffentlicht, in: Karl Weil (Hrsg.), Konstitutionelle Jahrbücher, Bd. I/1847, Stuttgart 1847, S. 1–41.
- Georg Friedrich Kolb, Die Rechte der teutschen Völker, den Ansprüchen des teutschen Bundes gegenüber, Speyer [3]1832.
- Georg Friedrich Kolb, Statistisch-topographische Schilderung von Rheinbayern, 2 Bde., Speyer 1831–1833.
- Georg Friedrich Kolb, Kleine Schriften, politischen und geschichtlichen Inhalts, Speyer 1826.
- Georg Friedrich Kolb, Die Steuer-Ueberbürdung der Pfalz gegenüber der Besteuerung der übrigen baierischen Kreise, Mannheim 1846.
- Georg Friedrich Kolb, Die Steuer-Ueberbürdung der Pfalz. Neue Beleuchtung des Gegenstandes, veranlaßt durch die anonym zu München erschienene Schrift: "die vermeintliche Abgaben-Ueberbürdung der Pfalz.", Speyer 1847.
- Georg Friedrich Kolb, Zur preußischen Verfassungsfrage (2 Artikel), in: Karl Weil (Hrsg.), Konstitutionelle Jahrbücher, Bde. I und II/1847, Stuttgart 1847, Bd. I: S. 327–346, Bd. II: S. 220–236.
- Georg Friedrich Kolb, Zur Würdigung der griechischen Frage, in: Karl Weil (Hrsg.), Konstitutionelle Jahrbücher, Bd. II/1844, Stuttgart 1844, S. 49–96.
- Georg Friedrich Kolb, Zur Würdigung der englischen Verfassungsverhältnisse, in: Karl Weil (Hrsg.), Konstitutionelle Jahrbücher, Bd. I/1845, Stuttgart 1845, S. 28–56.
- Georg Friedrich Kolb, Ueber die Zukunft des Repräsentativ-Systems, seinen künftigen Triumph oder seine Vernichtung, in: Karl Weil (Hrsg.), Konstitutionelle Jahrbücher, Bd. I/1844, Stuttgart 1844, S. 1–25.

- Georg Friedrich Kolb, Der Zustand der Presse in Baiern, in: Karl Weil (Hrsg.), Konstitutionelle Jahrbücher, Bd. III/1846, Stuttgart 1846, S. 82–179.
- Friedrich List, Die Ackerverfassung, die Zwergwirtschaft und die Auswanderung (1842), in: Edgar Salin, Artur Sommer und Otto Stühler (Hrsg.), Friedrich List: Aufsätze und Abhandlungen aus den Jahren 1831–1844, Berlin 1928 (= Werke, Bd. V), S. 418–547.
- Friedrich List, Briefe über den ökonomischen Zustand Deutschlands (1819), in: Karl Goeser und Wilhelm von Sonntag (Hrsg.), Friedrich List: Der Kampf um die politische und ökonomische Reform 1815–1825, Teil 2, Berlin 1933 (= Werke, Bd. I/2), S. 570–579.
- Friedrich List, Denkschrift, die Handels- und Gewerbsverhältnisse Deutschlands betreffend (1820), in: Karl Goeser und Wilhelm von Sonntag (Hrsg.), Friedrich List: Der Kampf um die politische und ökonomische Reform 1815–1825, Teil 2, Berlin 1933 (= Werke, Bd. I/2), S. 527–547.
- Friedrich List, Deutschlands Eisenbahnsystem in militärischer Beziehung (1834–1836), in: Erwin von Beckerath und Otto Stühler (Hrsg.), Friedrich List: Schriften zum Verkehrswesen, Teil 1, Berlin 1929 (= Werke, Bd. III/1), S. 260–269.
- Friedrich List, Über ein allgemeines Eisenbahnsystem in Frankreich (1832), in: Alfred von der Leyen, Alfred Genest und Berta Meyer (Hrsg.), Friedrich List: Schriften zum Verkehrswesen, Teil 2, Berlin 1931 (= Werke, Bd. III/2), S. 564–573.
- Friedrich List, Enzyklopädie der Staatswissenschaften (1823), in: Karl Goeser und Wilhelm von Sonntag (Hrsg.), Friedrich List: Der Kampf um die politische und ökonomische Reform 1815–1825, Teil 1, Berlin 1932 (= Werke, Bd. I/1), S. 435–445.
- Friedrich List, Wozu sollte der Ertrag einer gemeinschaftlichen deutschen Douanenlinie verwendet werden? (1820), in: Karl Goeser und Wilhelm von Sonntag (Hrsg.), Friedrich List: Der Kampf um die politische und ökonomische Reform 1815–1825, Teil 2, Berlin 1933 (= Werke, Bd. I/2), S. 590–595.

- Friedrich List, Zur württembergischen Finanzreform. Rede vom 18. Dezember 1820 in der Württembergischen Kammer, in: Karl Goeser und Wilhelm von Sonntag (Hrsg.), Friedrich List: Der Kampf um die politische und ökonomische Reform 1815–1825, Teil 1, Berlin 1932 (= Werke, Bd. I/1), S. 333–337.
- Friedrich List, Gedanken über die württembergische Staatsregierung (1816), in: Karl Goeser und Wilhelm von Sonntag (Hrsg.), Friedrich List: Der Kampf um die politische und ökonomische Reform 1815–1825, Teil 1, Berlin 1932 (= Werke, Bd I/1), S. 87–148.
- Friedrich List, Unsere Gegner (1843), in: Artur Sommer (Hrsg.), Friedrich List: Das nationale System der politischen Ökonomie. Ausgabe letzter Hand vermehrt um einen Anhang, Berlin 1930 (= Werke, Bd. VI), S. 433–440.
- Friedrich List, Die große Gewerbsrevolution (1843), in: Friedrich Lenz und Erwin Wiskemann (Hrsg.), Friedrich List: Die politisch-ökonomische Nationaleinheit der Deutschen. Aufsätze aus dem Zollvereinsblatt und andere Schriften der Spätzeit, Berlin 1931 (= Werke, Bd. VII), S. 360–378.
- Friedrich List, Inwiefern ist der Grundbesitzer und also vorzüglich der großbegüterte Adel bei einem Prohibitivsystem interessiert? (um 1820), in: Karl Goeser und Wilhelm von Sonntag (Hrsg.), Friedrich List: Der Kampf um die politische und ökonomische Reform 1815–1825, Teil 2, Berlin 1933 (= Werke, Bd. I/2), S. 585–589.
- Friedrich List, Handelskonsulent Dr. Gruner und Kammerrat Ploß in Leipzig als Gegner und Ernst Weber in Gera als Verteidiger der deutschen Industrie (1820), in: Karl Goeser und Wilhelm von Sonntag (Hrsg.), Friedrich List: Der Kampf um die politische und ökonomische Reform 1815–1825, Teil 2, Berlin 1933 (= Werke, Bd. I/2), S. 596–623.

– Friedrich List, Kritik des Verfassungsentwurfs der Württembergischen Stände-versammlung mit besonderer Rücksicht auf Herstellung der bürgerlichen Freiheit in den Gemeinden und Oberämtern (1817), in: Karl Goeser und Wilhelm von Sonntag (Hrsg.), Friedrich List: Der Kampf um die politische und ökonomische Reform 1815–1825, Teil 1, Berlin 1932 (= Werke, Bd. I/1), S. 205–283.

– Friedrich List, Outlines of American Political Economy (The American System) (1827), in: William Notz (Hrsg.), Friedrich List: Grundlinien einer politischen Ökonomie und andere Beiträge der amerikanischen Zeit 1825–1832, Berlin 1931 (= Werke, Bd. II), S. 97–156.

– Friedrich List, Die Staatskunde und Staatspraxis Württembergs im Grundriß (1818), in: Karl Goeser und Wilhelm von Sonntag (Hrsg.), Friedrich List: Der Kampf um die politische und ökonomische Reform 1815–1825, Teil 1, Berlin 1932 (= Werke, Bd. I/1), S. 284–307.

– Friedrich List, Das nationale System der politischen Ökonomie. Ausgabe letzter Hand (1844) vermehrt um einen Anhang, hrsg. von Artur Sommer, Berlin 1930 (= Werke, Bd. VI).

– Friedrich List, Wider die unbegrenzte Teilung der Bauerngüter (1816), in: Karl Goeser und Wilhelm von Sonntag (Hrsg.), Friedrich List: Der Kampf um die politische und ökonomische Reform 1815–1825, Teil 2, Berlin 1933 (= Werke, Bd. I/2), S. 580–584.

– Friedrich List, Über die württembergische Verfassung (um 1818), in: Karl Goeser und Wilhelm von Sonntag (Hrsg.), Friedrich List: Der Kampf um die politische und ökonomische Reform, Teil 1, Berlin 1932 (= Werke, Bd. I/1), S. 353–434.

– Friedrich List, Über den Wert und die Bedingungen einer Allianz zwischen Großbritannien und Deutschland ('Allianzdenkschrift', 1846), in: Friedrich Lenz und Erwin Wiskemann (Hrsg.), Friedrich List: Die politisch-ökonomische Nationaleinheit der Deutschen. Aufsätze aus dem Zollvereinsblatt und andere Schriften der Spätzeit, Berlin 1931 (= Werke, Bd. VII), S. 267–296.

- Friedrich List, Über das Wesen und den Wert einer nationalen Gewerbsproduktivkraft (1840), in: Edgar Salin, Artur Sommer und Otto Stühler (Hrsg.), Friedrich List: Aufsätze und Abhandlungen aus den Jahren 1831–1844, Berlin 1928 (= Werke, Bd. V), S. 350–393.
- Karl Mathy, Die Forderung der Statthalterschaft von Schleswig-Holstein an deutsche Regierungen für Verpflegung ihrer Truppen im Jahre 1849, Frankfurt a.M. 1850.
- (Karl Mathy), Aus dem Nachlaß von Karl Mathy. Briefe aus den Jahren 1846–48, hrsg. von Ludwig Mathy, Leipzig 1898.
- Karl Mathy, Badische Zustände zu Anfang des Jahres 1843, in: Karl Weil (Hrsg.), Konstitutionelle Jahrbücher, Bd. I/1843, Stuttgart 1843, S. 63–128.
- Karl Mathy, Badische Zustände. Mit Urkunden und Beilagen, allgemeine deutsche Verhältnisse betreffend, in: Karl Weil (Hrsg.), Konstitutionelle Jahrbücher, Bd. II/1844, Stuttgart 1844, S. 237–308.
- Alexander Müller, Übersichtliche Darstellung der Militär- und Kriegs-Verfassung des deutschen Bundes, aus dem Gesichtspunkte des öffentlichen Rechts, und mit einigen kosmopolitischen Anmerkungen (1832), in: Archiv für die neueste Gesetzgebung aller deutschen Staaten, Bd. IV/1832, Mainz 1832, S. 163–242.
- Friedrich Murhard, Das Recht der Nationen zur Erstrebung zeitgemäßer, ihrem Kulturgrade angemessener Staatsverfassungen, Frankfurt a.M. 1832.
- Paul Achatius Pfizer, Motivirter Antrag, betreffend die Beschlüsse des Bundestags vom 28. Juni 1832, entwickelt in der Kammer der Abgeordneten des Königreichs Württemberg am 13. Februar 1833, Stuttgart 1833.
- Paul Achatius Pfizer, Antrag in Betreff der staatsrechtlichen Verhältnisse Würtembergs zum deutschen Bunde. Entwickelt in der Sitzung der Kammer der Abgeordneten des Königreichs Würtemberg vom 27. Juli 1833, Stuttgart 1833.
- (Paul Achatius Pfizer), Politische Aufsätze und Briefe von Paul Achatius Pfizer, hrsg. von Georg Küntzel, Frankfurt a.M. 1924.

– Paul Achatius Pfizer, Beiträge zur Feststellung der deutschen Reichsgewalt, Frankfurt a.M. 1848.

– Paul Achatius Pfizer, Briefwechsel zweier Deutschen (1831, [2]1832), in: Georg Küntzel (Hrsg.), Paul Achatius Pfizer: Briefwechsel zweier Deutschen. Ziel und Aufgaben des Deutschen Liberalismus, Berlin 1911, S. 11–283.

– Paul Achatius Pfizer, Ueber die Entwicklung des öffentlichen Rechts in Deutschland durch die Verfassung des Bundes, Stuttgart 1835.

– Paul Achatius Pfizer, Gedanken über Recht, Staat und Kirche, 2 Bde., Stuttgart 1842.

– Paul Achatius Pfizer, Gedanken über das Ziel und die Aufgabe des Deutschen Liberalismus (1832), in: Georg Küntzel (Hrsg.), Paul Achatius Pfizer: Briefwechsel zweier Deutschen. Ziel und Aufgaben des Deutschen Liberalismus, Berlin 1911, S. 331–366.

– Paul Achatius Pfizer, Eine Stimme über deutsche Politik, in: Karl Weil (Hrsg.), Konstitutionelle Jahrbücher, Bd. I/1846, Stuttgart 1846, S. 78–126.

– Paul Achatius Pfizer, Über das staatsrechtliche Verhältniß Würtembergs zum deutschen Bunde. Ein Beitrag zur Würdigung der neuesten Bundesbeschlüsse, Straßburg 1832.

– Karl Heinrich Ludwig Pölitz, Die Staatswissenschaften im Lichte unsrer Zeit, zweiter Theil: die Volkswirthschaft, die Staatswirthschaft und Finanzwissenschaft, und die Polizeiwissenschaft, Leipzig 1823.

– Karl von Rotteck (Hrsg.), Archiv für Landständische Angelegenheiten im Großherzogthum Baden, 2 Bde., Karlsruhe 1819–1820.

– Karl von Rotteck (Hrsg.), Historischer Bildersaal, Bd. I, Stuttgart 1828.

– Karl von Rotteck, Allgemeine Geschichte vom Anfang der historischen Kenntniß bis auf unsere Zeiten, 9 Bde., Freiburg Bd. I: [4]1824, Bde. II–VI: [5]1824, Bde. VII–IX: 1824–1826. (Zitiert wird in der Regel nach dieser Ausgabe; Abweichungen werden gekennzeichnet).

– Karl von Rotteck, Allgemeine Geschichte vom Anfang der historischen Kenntniß bis auf unsere Zeiten, 9 Bde., Freiburg [13]1838–1839.

- Karl von Rotteck, Geschichte des Badischen Landtags von 1831 als Lese- und Lehrbuch für's Deutsche Volk, Theil 1, Hildburghausen und New York 1832.

- Karl von Rotteck, Lehrbuch des Vernunftrechts und der Staatswissenschaften, 4 Bde., Stuttgart 1829–1835. (Zitiert wird in der Regel nach dieser Ausgabe; Abweichungen werden gekennzeichnet).

- Karl von Rotteck, Lehrbuch des Vernunftrechts und der Staatswissenschaften, Bde. I, II, Stuttgart ^{2}1840.

- Karl von Rotteck, Sammlung kleinerer Schriften meist historischen und politischen Inhalts, 5 Bde., Stuttgart 1829–1837.

- Karl von Rotteck, Gesammelte und nachgelassene Schriften mit Biographie und Briefwechsel. Geordnet und hrsg. von seinem Sohne Hermann von Rotteck, 5 Bde., Pforzheim 1841–1843.

- Karl von Rotteck, Spanien und Portugal. Geographische, statistische und historische Schilderung der pyrenäischen Halbinsel, Karlsruhe und Leipzig 1839.

- Karl von Rotteck, (Vorschläge zur Milizpflicht), in: Verhandlungen der Stände-Versammlung des Großherzogthums Baden, Protokolle der ersten Kammer, 22. Sitzung 1822, Beylage A, Karlsruhe o.J., S. XXVII–XXXV.

- Karl von Rotteck, Allgemeine Weltgeschichte für alle Stände, von den frühesten Zeiten bis zum Jahre 1831, 4 Bde., Stuttgart 1831–1833.

- Friedrich Schlegel, Versuch über den Begriff des Republikanismus – veranlaßt durch die Kantische Schrift zum ewigen Frieden (1796), in: Zwi Batscha und Richard Saage (Hrsg.), Friedensutopien – Kant, Fichte, Schlegel, Görres, Frankfurt a.M. 1979, S. 93–110.

- Wilhelm Schulz, Almanach für Geschichte des Zeitgeistes, Darmstadt 1830.

- Wilhelm Schulz, Anträge an die Reichsversammlung in Frankfurt zur Abwehr der unserem Vaterlande drohenden Gefahren, Darmstadt 1848.

- Wilhelm Schulz, Die Bewegung der Production. Eine geschichtlich-statistische Abhandlung zur Grundlegung einer neuen Wissenschaft des Staats und der Gesellschaft, Zürich und Winterthur 1843.

- Wilhelm Schulz, Über Nachgelassene Schriften von G. Büchner (1851), in: Walter Grab, Georg Büchner und die Revolution von 1848: Der Büchner-Essay von Wilhelm Schulz aus dem Jahr 1851; Text und Kommentar, Königstein/Ts. 1985, S. 51–82.

- Wilhelm Schulz, Ueber Bürgergarden, Landwehr und noch einiges Andere, was damit in Verbindung steht. Ein Wort zur Beherzigung an Bürger und an Bauern, Hanau 1833.

- Wilhelm Schulz, Der Bund der Deutschen und Franzosen für Gründung eines nationalen Gleichgewichts in Europa, Straßburg 1841.

- Wilhelm Schulz, Denkschrift über die internationale Politik Deutschlands, Darmstadt 1848.

- Wilhelm Schulz, Deutschlands Einheit durch Nationalrepräsentation, Stuttgart 1832.

- Wilhelm Schulz, Einiges vom deutschen Bauernkrieg 1525 (1833), in: Walter Grab, Dr. Wilhelm Schulz aus Darmstadt. Weggefährte von Georg Büchner und Inspirator von Karl Marx, Frankfurt a.M., Olten und Wien 1987, S. 441–444.

- Wilhelm Schulz, Frag- und Antwortbüchlein über allerlei, was im deutschen Vaterland besonders Not tut. Für den deutschen Bürgers- und Bauersmann (1819), neu veröffentlicht von Ludwig Ay, in: Zeitschrift für bayerische Landesgeschichte 35 (1972), S. 762–770.

- Wilhelm Schulz, Die österreichische Frage und das preußisch-deutsche Kaiserthum. Eine in der Paulskirche zu Frankfurt nicht gehaltene Rede; nebst Anhang, Darmstadt 1849.

- Wilhelm Schulz, Irrthümer und Wahrheiten aus den ersten Jahren nach dem letzten Kriege gegen Napoleon und die Franzosen, Darmstadt 1825.

- Wilhelm Schulz, An die deutschen Männer in Dörfern und Städten (Flugblatt, Mai 1848), in: Walter Grab, Dr. Wilhelm Schulz aus Darmstadt. Weggefährte von Georg Büchner und Inspirator von Karl Marx, Frankfurt a.M., Olten und Wien 1987, S. 445–450.

- Wilhelm Schulz (-Bodmer), Militärpolitik. Mit besonderer Beziehung auf die Widerstandskraft der Schweiz und den Kampf eines Milizheers gegen stehende Heere, Leipzig 1855.

- Wilhelm Schulz (-Bodmer), Die Rettung der Gesellschaft aus den Gefahren der Militärherrschaft. Eine Untersuchung auf geschichtlicher und statistischer Grundlage über die finanziellen und volkswirthschaftlichen, die politischen und sozialen Einflüsse des Heerwesens, Leipzig 1859.

- Wilhelm Schulz, Die Veränderungen im Organismus der Arbeit und ihr Einfluß auf die socialen Zustände, in: Deutsche Viertel-Jahrsschrift, Heft 10 (1840), Stuttgart u. Tübingen 1840, S. 20–98.

- Wilhelm Schulz, Was darf das deutsche Volk von seinen Landständen erwarten?, Frankfurt a.M. 1833.

- Wilhelm Schulz, Vorwort des Übersetzers zu: Jean Joseph Ader, Napoleon vor seinen Zeitgenossen, 3 Bde., Darmstadt 1827/28 (erschien anonym mit weiteren Zusätzen und Anmerkungen von Wilhelm Schulz).

- Gustav von Struve (Hrsg.), Actenstücke der Censur des Großherzoglich Badischen Regierungs-Raths von Uria-Sarachaga. Eine Recursschrift an das Publikum, Mannheim und Heidelberg 1845.

- Gustav von Struve, Briefe über Kirche und Staat, Mannheim 1846.

- Gustav von Struve, Politische Briefe, Mannheim 1846.

- Gustav von Struve, Briefwechsel zwischen einem ehemaligen und einem jetzigen Diplomaten, Mannheim 1845.

- Gustav von Struve, Gallerie berühmter Männer des neunzehnten Jahrhunderts, 2 Hefte, Heidelberg 1845–1846.

- Gustav von Struve, Kritische Geschichte des allgemeinen Staatsrechts in ihren Haupt-Trägern dargestellt, Mannheim 1847.

- Gustav von Struve, Grundzüge der Staatswissenschaft, 4 Bde., Bde. I, II: Mannheim 1847, Bde. III, IV: Frankfurt a.M. 1848.

- Gustav von Struve, Handbuch der Phrenologie, Leipzig 1845.

- Gustav von Struve, Ideen zur Begründung einer dem Staatszweck entsprechenden Criminal-Gesetzgebung und Rechtspflege, Karlsruhe 1835.
- Gustav von Struve, Das öffentliche Recht des Deutschen Bundes, 2 Theile, Mannheim 1846.
- Gustav von Struve, Ueber die politischen Strebungen unserer Zeit, in: Karl Weil (Hrsg.), Konstitutionelle Jahrbücher, Bd. III/1843, Stuttgart 1843, S. 95–135.
- Gustav von Struve, Politisches Taschenbuch für das deutsche Volk, Erster Jahrgang, Frankfurt a.M. 1846.
- Gustav von Struve, Ueber Todesstrafen, Behandlung der Strafgefangenen und Zurechnungsfähigkeit mit besonderer Rücksicht auf den Entwurf eines Strafgesetzbuchs für das Großherzogthum Baden. Als Gratisbeilage zum ersten Hefte der Zeitschrift für Phrenologie, Heidelberg 1843.
- Heinrich von Treitschke, Politik. Vorlesungen gehalten an der Universität zu Berlin, Bd. I, Leipzig [3]1913.
- Heinrich Gottlieb Tzschirner, Ueber den Krieg. Ein philosophischer Versuch, Leipzig 1815.
- Carl Theodor Welcker, Begründung der Motion des Abgeordneten Welcker, Aufhebung der Censur oder Einführung vollkommener Preßfreiheit betreffend. Wörtlicher Abdruck aus dem Protokoll der 5ten öffentlichen Sitzung der II. Kammer vom 24. März 1831, Karlsruhe 1831.
- Carl Theodor Welcker, Begründung der Motion des Abgeordneten Welcker auf eine constitutionellere, weniger kostspielige und mehr sichernde Wehrverfassung, Karlsruhe 1831.
- Carl Theodor Welcker, Ueber Bundesverfassung und Bundesreform, über Bildung und Gränzen der Bundesgewalt. Zunächst in Beziehung auf den Schweizerbund und die Schriften von Troxler und Zachariae über denselben, Stuttgart 1834.

– Carl Theodor Welcker, Fragmente gegen das göttliche Recht und für die öffentliche Treue, in: Karl Weil (Hrsg.), Konstitutionelle Jahrbücher, Bd. III/1845, Stuttgart 1845, S. 173–219.

– Carl Theodor Welcker, Deutschlands Freiheit. Eine Rede an die Fürsten und das Volk vor Eröffnung der Wiener Versammlung von einem Deutschen, Gießen 1814 (erschien anonym).

– Carl Theodor Welcker, Die Gefahren des Vaterlandes und die Schutzmittel gegen dieselben. Als Motion in der badischen Kammer der Abgeordneten am 4. November 1833 vorgetragen, Karlsruhe 1833.

– Carl Theodor Welcker, Die letzten Gründe von Recht, Staat und Strafe, philosophisch und nach den Gesetzen der merkwürdigsten Völker rechtshistorisch entwickelt, Gießen 1813.

– Carl Theodor Welcker, Die vollkommene und ganze Preßfreiheit nach ihrer sittlichen, rechtlichen und politischen Nothwendigkeit, nach ihrer Uebereinstimmung mit deutschem Fürstenwort und nach ihrer völligen Zeitgemäßheit dargestellt in ehrerbietigster Petition an die Hohe deutsche Bundesversammlung (Freiburg, 25. November 1830), in: Heinz-Dietrich Fischer und Rainer Schöttle (Hrsg.), Kampf um publizistische Libertät. Schriften und Aktivitäten zu Konzeption, Realisierung und erneuter Einbuße von Pressefreiheit 1830–1833 von Carl Theodor Welcker, Bochum 1981, S. 3–151.

– Carl Theodor Welcker, Das innere und äußere System der praktischen natürlichen und römisch-christlich-germanischen Rechts-, Staats- und Gesetzgebungs-Lehre, Bd. I, Stuttgart 1829 (weitere Bde. nicht erschienen).

– Carl Theodor Welcker, Die Vervollkommnung der organischen Entwicklung des deutschen Bundes zur bestmöglichen Förderung deutscher Nationaleinheit und deutscher staatsbürgerlicher Freiheit. Als Motionsbegründung vorgetragen in der Zweiten Kammer der Badischen Ständeversammlung, Karlsruhe 1831.

2. Darstellungen

- Karl Ackermann, Gustav von Struve mit besonderer Berücksichtigung seiner Bedeutung für die Vorgeschichte der badischen Revolution, Diss. Heidelberg 1914.
- Pentti Airas, Die geschichtlichen Wertungen Krieg und Friede von Friedrich dem Großen bis Engels, Rovaniemi 1978.
- Juergen Albrecht, Friedrich Lists Lehre von den produktiven Kräften und die heutige Diskussion über die Entwicklungspolitik, Diss. Mainz 1972.
- Erich Angermann, Karl Mathy als Sozial- und Wirtschaftspolitiker (1842–1848), in: ZGO 103 (1955), S. 499–622.
- (Anonym), Bülau, Friedrich v., in: ADB 3 (1876), S. 512 f.
- Shlomo Avineri, Das Problem des Krieges im Denken Hegels (1961), in: Iring Fetscher (Hrsg.), Hegel in der Sicht der neueren Forschung, Darmstadt 1973, S. 464–482.
- Karl-Ludwig Ay, Das Frag- und Antwortbüchlein des Darmstädtischen Offiziers Friedrich Wilhelm Schulz, in: Zeitschrift für bayerische Landesgeschichte 35 (1972), S. 728–770.
- Frederick M. Barnard, Zwischen Aufklärung und politischer Romantik. Eine Studie über Herders soziologisch-politisches Denken, Berlin 1964.
- Zwi Batscha, Einleitung, in: Zwi Batscha und Richard Saage (Hrsg.), Johann Gottlieb Fichte: Ausgewählte Politische Schriften, Frankfurt a.M. 1977, S. 8–58.
- Zwi Batscha und Richard Saage, Friedensutopien des ausgehenden 18. Jahrhunderts, in: Walter Grab (Hrsg.), Jahrbuch des Instituts für Deutsche Geschichte 4 (1975), S. 111–145; als Einleitung in nur geringfügig veränderter Form erneut abgedruckt in: Zwi Batscha und Richard Saage (Hrsg.), Friedensutopien – Kant, Fichte, Schlegel, Görres, Frankfurt a.M. 1979, S. 7–36 (zitiert wird nach dem Neudruck).

– Zwi Batscha, Studien zur politischen Theorie des deutschen Frühliberalismus, Frankfurt a.M. 1981.

– Winfried Baumgart, Eisenbahnen und Kriegführung in der Geschichte, in: Technikgeschichte 38 (1971), S. 191–219.

– Winfried Baumgart, Vom europäischen Konzert zum Völkerbund: Friedensschlüsse und Friedenssicherung von Wien bis Versailles, Darmstadt 1974.

– Karl Becker, Karl Mathys Einheits- und Freiheitsgedanken von seiner Jugend bis zur Gründung der deutschen Zeitung, Diss. Tübingen 1920.

– Helmut Berding, Das geschichtliche Problem der Freiheitskriege 1813–1814, in: Karl Otmar Freiherr von Aretin und Gerhard A. Ritter (Hrsg.), Historismus und moderne Geschichtswissenschaft. Europa zwischen Revolution und Restauration 1797–1815, Stuttgart 1987, S. 201–215.

– Volker R. Berghahn, Militarismus. Die Geschichte einer internationalen Debatte, Hamburg, Leamington Spa, New York 1986.

– Geoffrey Best, War and Society in Revolutionary Europe, 1770–1870, Leicester 1982.

– Heinrich Best, Interessenpolitik und nationale Integration 1848/49. Handelspolitische Konflikte im frühindustriellen Deutschland, Göttingen 1980.

– Georg Biedermann und Erhard Lange, Humanismus und Frieden in der klassischen deutschen Philosophie, in: Bolko Schweinitz u.a. (Hrsg.), Philosophie und Frieden. Beiträge zum Friedensgedanken in der deutschen Klassik, Weimar 1985, S. 9–36.

– Günter Birtsch, Die Nation als sittliche Idee. Der Nationalstaatsbegriff in Geschichtsschreibung und politischer Gedankenwelt Johann Gustav Droysens, Köln 1964.

– Ernst-Wolfgang Böckenförde, Die Einheit von nationaler und konstitutioneller politischer Bewegung im deutschen Frühliberalismus, in: Ernst-Wolfgang Böckenförde (Hrsg.), Moderne deutsche Verfassungsgeschichte (1815–1918), Köln 1972, S. 27–39.

- Anton Böhringer, Die Rechtslehre von Karl Theodor Welcker auf Grund seines 'Systems', Diss. Tübingen 1952.
- Hans Boldt, Deutsche Staatslehre im Vormärz, Düsseldorf 1975.
- Werner Boldt, Konstitutionelle Monarchie oder parlamentarische Demokratie. Die Auseinandersetzung um die deutsche Nationalversammlung in der Revolution von 1848, in: HZ 216 (1973), S. 553–622.
- Fritze Borckenhagen, National- und handelspolitische Bestrebungen in Deutschland (1815–1822) und die Anfänge Friedrich Lists, Berlin 1915.
- Manfred Botzenhart, Deutscher Parlamentarismus in der Revolutionszeit: 1848–1850, Düsseldorf 1977.
- Manfred Botzenhart, Baden in der deutschen Revolution 1848/49, in: Alfons Schäfer (Hrsg.), Oberrheinische Studien, Bd. II: Neuere Forschungen zu Grundproblemen der badischen Geschichte im 19. und 20. Jahrhundert, Karlsruhe 1973, S. 61–91.
- Manfred Botzenhart, Reform, Restauration, Krise. Deutschland 1789–1847, Frankfurt a.M. 1985.
- Walter Braeuer, Kolb, in: NDB 12 (1980), S. 441 f.
- Walter Braeuer, List, in: NDB 14 (1985), S. 694–697.
- Erich Brandenburg, Zum älteren deutschen Parteiwesen, in: HZ 119 (1919), S. 63–84.
- Hartwig Brandt, Gesellschaft, Parlament, Regierung in Württemberg 1830–1840, in: Gerhard A. Ritter (Hrsg.), Gesellschaft, Parlament und Regierung. Zur Geschichte des Parlamentarismus in Deutschland, Düsseldorf 1974, S. 101–118.
- Hartwig Brandt, Landständische Repräsentation im deutschen Vormärz. Politisches Denken im Einflußfeld des monarchischen Prinzips, Neuwied und Berlin 1968.

- Hartwig Brandt, Urrechte und Bürgerrechte im politischen System vor 1848, in: Günter Birtsch (Hrsg.), Grund- und Freiheitsrechte im Wandel von Gesellschaft und Geschichte. Beiträge zur Geschichte der Grund- und Freiheitsrechte vom Ausgang des Mittelalters bis zur Revolution von 1848, Göttingen 1981, S. 460–482.

- Reinhard Brandt, Revolution und Fortschritt im Spätwerk Kants, in: Hans Erich Bödeker und Ulrich Herrmann (Hrsg.), Aufklärung als Politisierung – Politisierung der Aufklärung, Hamburg 1987, S. 211–221.

- Carl Brinkmann, Friedrich List, Berlin und München 1949.

- Manfred Brocker, Kants Besitzlehre. Zur Problematik einer transzendental-philosophischen Eigentumslehre, Würzburg 1987.

- Gottfried Brückner, Der Bürger als Bürgersoldat. Ein Beitrag zur Sozialgeschichte des Bürgertums und der bürgerlichen Gesellschaft des 19. Jahrhunderts. Dargestellt an den Bürgermilitärinstitutionen der Königreiche Bayern und Hannover und des Großherzogtums Baden, Diss. Bonn 1968.

- Rudolf Buchner, Der Durchbruch des modernen Nationalismus in Deutschland, in: Festgabe für Harold Steinacker, München 1955, S. 309–333.

- Friedrich Bülow, Friedrich List. Ein Volkswirt kämpft für Deutschlands Einheit, Göttingen, Berlin, Frankfurt a.M. 1959.

- Otto Büsch, Militärsystem und Sozialleben im alten Preußen: 1713–1807; die Anfänge der sozialen Militarisierung der preußisch-deutschen Gesellschaft, Frankfurt a.M., Berlin, Wien [2]1981.

- Manfred Bullik, Staat und Gesellschaft im hessischen Vormärz. Wahlrecht, Wahlen und öffentliche Meinung in Kurhessen 1830–1848, Köln und Wien 1972.

- Peter Burg, Kant und die Französische Revolution, Berlin 1974.

– Peter Burg, Die Verwirklichung von Grund- und Freiheitsrechten in den Preußischen Reformen und Kants Rechtslehre, in: Günter Birtsch (Hrsg.), Grund- und Freiheitsrechte im Wandel von Gesellschaft und Geschichte. Beiträge zur Geschichte der Grund- und Freiheitsrechte vom Ausgang des Mittelalters bis zur Revolution von 1848, Göttingen 1981, S. 287–309.

– Walter Bußmann, Zur Geschichte des deutschen Liberalismus im 19. Jahrhundert, in: HZ 186 (1958), S. 527–557.

– Jörg Calliess, Militär in der Krise. Die bayerische Armee in der Revolution 1848/49, Boppard 1976.

– Innocenzo Cervelli, Deutsche Liberale im Vormärz. Profil einer politischen Elite (1833–1847), in: Wolfgang Schieder (Hrsg.), Liberalismus in der Gesellschaft des deutschen Vormärz, Göttingen 1983, S. 312–340.

– Werner Conze, Vom 'Pöbel' zum 'Proletariat'. Sozialgeschichtliche Voraussetzungen für den Sozialismus in Deutschland (1954), in: Hans-Ulrich Wehler (Hrsg.), Moderne deutsche Sozialgeschichte. Nachdruck der 1976 in der 'Neuen Wissenschaftlichen Bibliothek' erschienenen 5. Auflage, Königstein/Ts., Düsseldorf 1981, S. 111–136.

– Werner Conze, Das Spannungsfeld von Staat und Gesellschaft im Vormärz (1958), in: Werner Conze (Hrsg.), Staat und Gesellschaft im deutschen Vormärz 1815–1848, Stuttgart ³1978, S. 207–269.

– Gordon A. Craig, Die preußisch-deutsche Armee 1640–1945: Staat im Staate, Düsseldorf 1960.

– Ernst-Otto Czempiel, Herrschaftssystem und Friedenswahrung. Systematische, theoretische und theoriegeschichtliche Aspekte ihres Zusammenhangs, in: Johannes Kunisch (Hrsg.), Staatsverfassung und Heeresverfassung in der europäischen Geschichte der frühen Neuzeit, Berlin 1986, S. 17–42.

– Otto Dann, Die Friedensdiskussion der deutschen Gebildeten im Jahrzehnt der französischen Revolution, in: Wolfgang Huber (Hrsg.), Historische Beiträge zur Friedensforschung, Stuttgart und München 1970, S. 95–133.

— Otto Dann, Nationalismus und sozialer Wandel in Deutschland 1806–1850, in: Otto Dann (Hrsg.), Nationalismus und sozialer Wandel, Hamburg 1978, S. 77–128.

— Otto Dann, Vernunftfrieden und nationaler Krieg. Der Umbruch im Friedensverhalten des deutschen Bürgertums zu Beginn des 19. Jahrhunderts, in: Wolfgang Huber und Johannes Schwerdtfeger (Hrsg.), Kirche zwischen Krieg und Frieden. Studien zur Geschichte des deutschen Protestantismus, Stuttgart 1976, S. 169–224.

— Ludwig Dehio, Um den deutschen Militarismus. Bemerkungen zu G. Ritters Buch 'Staatskunst und Staatsräson — das Problem des "Militarismus" in Deutschland' (1955), in: Volker R. Berghahn (Hrsg.), Militarismus, Köln 1975, S. 218–235.

— Karl Demeter, Das deutsche Offizierkorps in Gesellschaft und Staat 1650–1945, Frankfurt a.M. [4]1965.

— Rolf Denker, Kants Theorie des dreifachen Weges zum Weltfrieden — oder: Die Absichten der Natur in der Geschichte, in: Eduard Gerresheim (Hrsg.), Immanuel Kant 1724/1974. Kant als politischer Denker, Bonn 1974, S. 5–16.

— Norbert Deuchert, Vom Hambacher Fest zur badischen Revolution. Politische Presse und Anfänge deutscher Demokratie 1832–1848/49, Stuttgart 1983.

— Karl Dörner, Die badische Heeresverfassung von 1806 bis zur Konvention mit Preußen, Diss. Heidelberg 1937.

— Andreas Dorpalen, Die Revolution von 1848, in: Theodor Schieder (Hrsg.), Revolution und Gesellschaft, Freiburg, Basel und Wien 1973, S. 97–116.

— Emil Dovifat, Abt, in: NDB 1 (1953), S. 26.

— Michael Dreyer, Föderalismus als ordnungspolitisches und normatives Prinzip. Das föderative Denken der Deutschen im 19. Jahrhundert, Frankfurt a.M., Bern und New York 1987.

- Karl Drück, Ausgewählte Fragen zur Entwicklung des Liberalismus der 30er bis 60er Jahre. Dargestellt nach "Rotteck-Welcker: Staatslexikon oder Enzyklopädie der Staatswissenschaften". Erste bis dritte Auflage, Diss. Tübingen 1922.

- Heinz Duchhardt, Friedenswahrung im 18. Jahrhundert, in: HZ 240 (1985), S. 265–282.

- Heinz Duchhardt, Gleichgewicht der Kräfte, Convenance, Europäisches Konzert: Friedenskongresse und Friedensschlüsse vom Zeitalter Ludwigs XIV. bis zum Wiener Kongress, Darmstadt 1976.

- Heinz Duchhardt, Studien zur Friedensvermittlung in der frühen Neuzeit, Wiesbaden 1979.

- Robert E. Eckert, Der Amerikaaufenthalt Friedrich Lists in seiner Bedeutung für das Listsche System, Diss. Erlangen-Nürnberg 1964.

- Horst Ehmke, Karl von Rotteck, der "politische Professor", Karlsruhe 1964.

- Wilhelm Erhard, Die Grundlagen der Staatslehre Carl Theodor Welckers, Diss. Gießen 1910.

- Hugo Eisenhart (?), Schulz, in: ADB 32 (1891), S. 752 f.

- Ludwig Elm, Krieg und Frieden im frühen konservativen Denken – ein diskreditiertes und virulentes Erbe, in: Bolko Schweinitz u.a. (Hrsg.), Philosophie und Frieden. Beiträge zum Friedensgedanken in der deutschen Klassik, Weimar 1985, S. 285–300.

- Ernst Engelberg, Über das Problem des deutschen Militarismus (1956), in: Volker R. Berghahn (Hrsg.), Militarismus, Köln 1975, S. 236–266.

- Klaus Epstein, Die Ursprünge des Konservativismus in Deutschland. Der Ausgangspunkt: Die Herausforderung durch die französische Revolution 1770–1806, Frankfurt a.M. und Berlin 1973.

- Karl Esselborn (Bearbeiter), Wilhelm Schulz. Eines hessischen Demagogen Werdegang, Verurteilung und Flucht aus seiner Babenhäuser Festungshaft, Babenhausen 1934.

- Walter Euchner, Kant als Philosoph des politischen Fortschritts (1974), in: Zwi Batscha (Hrsg.), Materialien zu Kants Rechtsphilosophie, Frankfurt a.M. 1976, S. 390–402.
- Karl Georg Faber, Deutsche Geschichte im 19. Jahrhundert, Teil 2. Restauration und Revolution: von 1815 bis 1851, Wiesbaden 1979 (= Otto Brandt, Arnold Oskar Meyer, Leo Just (Hrsg.), Handbuch der Deutschen Geschichte, Bd. 3/I, 2. Teil).
- Karl Georg Faber, Görres, Weitzel und die Revolution (1819), in: HZ 194 (1962), S. 37–61.
- Karl Georg Faber, Die Rheinlande zwischen Restauration und Revolution. Probleme der rheinischen Geschichte von 1814 bis 1848 im Spiegel der zeitgenössischen Publizistik, Wiesbaden 1966.
- Karl Georg Faber, Strukturprobleme des deutschen Liberalismus im 19. Jahrhundert, in: Der Staat 14 (1975), S. 201–227.
- Monika Hildegard Faßbender-Ilge, Liberalismus – Wissenschaft – Realpolitik. Untersuchung des "Deutschen Staats-Wörterbuchs" von Johann Caspar Bluntschli und Karl Brater als Beitrag zur Liberalismusgeschichte zwischen 48er Revolution und Reichsgründung, Frankfurt a.M. 1981.
- Bernd Faulenbach, Ideologie des deutschen Weges. Die deutsche Geschichte in der Historiographie zwischen Kaiserreich und Nationalsozialismus, München 1980.
- Hans Fenske, Der liberale Südwesten. Freiheitliche und demokratische Traditionen in Baden und Württemberg 1790–1933, Stuttgart 1981.
- Heinrich Fernkorn, Wilhelm Schulz und sein politisches Wirken nach der Revolution von 1830 (1836–1860). Ein Beitrag zur Geschichte des vormärzlichen Liberalismus, Diss. Frankfurt a.M. 1924.
- Iring Fetscher, Immanuel Kant und die französische Revolution (1974), in: Zwi Batscha (Hrsg.), Materialien zu Kants Rechtsphilosophie, Frankfurt a.M. 1976, S. 269–290.

– Iring Fetscher, Modelle der Friedenssicherung. Mit einem Anhang: Marxistisch-leninistische Friedenskonzeptionen, München 1972.

– Iring Fetscher, Rousseaus politische Philosophie. Zur Geschichte des demokratischen Freiheitsbegriffs, Frankfurt a.M. [3]1981.

– Artur Fickert, Montesquieus und Rousseaus Einfluß auf den vormärzlichen Liberalismus Badens, Diss. Leipzig 1914.

– Friedrich (Wilhelm) Fillies, Die Geschichte in der Weltanschauung Karl Theodor Welckers. Ein Beitrag zur Entwicklung der Geschichtswissenschaft und des Liberalismus in Deutschland in der ersten Hälfte des 19. Jahrhunderts, Diss. Münster 1925.

– Fritz Fischer, Der deutsche Protestantismus und die Politik im 19. Jahrhundert, in: HZ 171 (1951), S. 473–518.

– Wolfram Fischer, Ansätze zur Industrialisierung in Baden 1770–1870 (1960), in: Wolfram Fischer, Wirtschaft und Gesellschaft im Zeitalter der Industrialisierung. Aufsätze – Studien – Vorträge, Göttingen 1972, S. 358–391.

– Wolfram Fischer, Planerische Gesichtspunkte bei der Industrialisierung in Baden (1965), in: Wolfram Fischer, Wirtschaft und Gesellschaft im Zeitalter der Industrialisierung. Aufsätze – Studien – Vorträge, Göttingen 1972, S. 75–85.

– Wolfram Fischer, Der Staat und die Anfänge der Industrialisierung in Baden 1800–1850, Bd. I: Die staatliche Gewerbepolitik, Berlin 1962.

– Wolfram Fischer, Staat und Gesellschaft Badens im Vormärz, in: Werner Conze (Hrsg.), Staat und Gesellschaft im deutschen Vormärz 1815–1848, Stuttgart [3]1978, S. 143–171.

– Günter Freudenberg, Kants Lehre vom ewigen Frieden und ihre Bedeutung für die Friedensforschung, in: Georg Picht und Heinz Eduard Tödt (Hrsg.), Studien zur Friedensforschung, Bd. I, Stuttgart 1969, S. 178–208.

– Gustav Freytag, Karl Mathy. Geschichte seines Lebens, Leipzig 1870.

– Bernd Gall, Die individuelle Anerkennungstheorie von Karl Theodor Welcker. Ein Beitrag zum Begriff der Rechtspflicht, Bonn 1972.

- Lothar Gall, Benjamin Constant. Seine politische Ideenwelt und der deutsche Vormärz, Wiesbaden 1963.

- Lothar Gall, Gründung und Entwicklung des Großherzogtums bis 1848, in: Landeszentrale für politische Bildung Baden-Württemberg (Hrsg.), Badische Geschichte vom Großherzogtum bis zur Gegenwart, Stuttgart 1979, S. 11–36.

- Lothar Gall, Liberalismus und 'bürgerliche Gesellschaft'. Zu Charakter und Entwicklung der liberalen Bewegung in Deutschland (1975), in: Lothar Gall (Hrsg.), Liberalismus, Königstein/Ts. [2]1980, S. 162–186.

- Lothar Gall, Der Liberalismus als regierende Partei. Das Großherzogtum Baden zwischen Restauration und Reichsgründung, Wiesbaden 1968.

- Lothar Gall, Liberalismus und auswärtige Politik, in: Klaus Hildebrand und Reiner Pommerin (Hrsg.), Deutsche Frage und europäisches Gleichgewicht. Festschrift für Andreas Hillgruber zum 60. Geburtstag, Köln und Wien 1985, S. 31–46.

- Lothar Gall, Das Problem der parlamentarischen Opposition im deutschen Frühliberalismus, in: Kurt Kluxen und Wolfgang J. Mommsen (Hrsg.), Politische Ideologien und Nationalstaatliche Ordnung. Studien zur Geschichte des 19. und 20. Jahrhunderts. Festschrift für Theodor Schieder, München 1968, S. 153–170.

- Walter Bryce Gallie, Philosophers of peace and war. Kant, Clausewitz, Marx, Engels and Tolstoy, Cambridge 1978.

- Emil Ganter, Karl von Rotteck als Geschichtschreiber (sic), Diss. Freiburg 1908.

- Wilhelm Gauer, Badische Staatsräson und Frühliberalismus um die Juliwende. Regierung, Presse und öffentliche Meinung in Baden 1830–1832. Ein Versuch, in: ZGO 84 (1932), S. 341–406.

- Hans Gehrig, Friedrich List und Deutschlands politisch-ökonomische Einheit, Leipzig 1956.

- Paul Gehring, Friedrich List. Jugend- und Reifejahre 1789–1825, Tübingen 1964.

- Werner Gembruch, Zum Verhältnis von Staat und Heer im Zeitalter der Großen Französischen Revolution, in: Johannes Kunisch (Hrsg.), Staatsverfassung und Heeresverfassung in der europäischen Geschichte der frühen Neuzeit, Berlin 1986, S. 377–395.
- Antje Gerlach, Deutsche Literatur im Schweizer Exil. Die politische Propaganda der Vereine deutscher Flüchtlinge und Handwerksgesellen in der Schweiz von 1833 bis 1845, Frankfurt a.M. 1975.
- Hermann Gerlach, Die politische Tätigkeit Karl von Rottecks in den Jahren 1833–40, Diss. Jena 1919.
- Michael Geyer, Werner Conze und Reinhard Stumpf, Militarismus, in: Otto Brunner, Werner Conze und Reinhart Koselleck (Hrsg.), Geschichtliche Grundbegriffe. Historisches Lexikon zur politisch-sozialen Sprache in Deutschland, Bd. IV, Stuttgart 1978, S. 1–47.
- Otto Glück, Beiträge zur Geschichte des württembergischen Liberalismus von 1833 bis 1848, Diss. Tübingen 1931.
- Peter Goessler, Der Dualismus zwischen Volk und Regierung im Denken der vormärzlichen Liberalen in Baden und Württemberg, Diss. Tübingen 1932.
- Heinz Gollwitzer, Ideologische Blockbildung als Bestandteil internationaler Politik im 19. Jahrhundert, in: HZ 201 (1965), S. 306–333.
- Heinz Gollwitzer, Europabild und Europagedanke. Beiträge zur deutschen Geistesgeschichte des 18. und 19. Jahrhunderts, München 1951.
- Heinz Gollwitzer, Geschichte des weltpolitischen Denkens. Bd. I: Vom Zeitalter der Entdeckungen bis zum Beginn des Imperialismus, Göttingen 1972.
- Heinz Gollwitzer, Der erste Karlistenkrieg und das Problem der internationalen Parteigängerschaft, in: HZ 176 (1953), S. 479–520.

− Walter Grab, Von Mainz nach Hambach. Zur Kontinuität revolutionärer Bewegungen und ihrer Repression 1792–1832, in: Immanuel Geiss und Bernd-Jürgen Wendt (Hrsg.), Deutschland in der Weltpolitik des 19. und 20. Jahrhunderts. Festschrift zum 65. Geburtstag von Fritz Fischer, Düsseldorf 1973, S. 50–63.

− Walter Grab, Ein Mann, der Marx Ideen gab. Wilhelm Schulz, Weggefährte Georg Büchners, Demokrat der Paulskirche. Eine politische Biographie, Düsseldorf 1979.

− Walter Grab, Wilhelm Friedrich Schulz (1797–1860). Ein bürgerlicher Vorkämpfer des sozialen und politischen Fortschritts, in: Otto Büsch und Hans Herzfeld (Hrsg.), Die frühsozialistischen Bünde in der Geschichte der deutschen Arbeiterbewegung. Ein Tagungsbericht, Berlin 1975, S. 98–135.

− Walter Grab, Dr. Wilhelm Schulz aus Darmstadt. Weggefährte von Georg Büchner und Inspirator von Karl Marx, Frankfurt a.M., Olten und Wien 1987.

− Walter Grab, Wilhelm Schulz − Ein bürgerlicher Demokrat und Wegbereiter des sozialen Fortschritts, in: Walter Grab, Georg Büchner und die Revolution von 1848: Der Büchner-Essay von Wilhelm Schulz aus dem Jahre 1851; Text und Kommentar, Königstein/Ts. 1985, S. 9–36.

− Hansjörg Gruber, Die Entwicklung der pfälzischen Wirtschaft 1816–1834 unter besonderer Berücksichtigung der Zollverhältnisse, Diss. Mannheim 1961.

− Heiner Haan, Die Anfänge der Industrialisierung in der Pfalz, in: Dieter Albrecht, Andreas Kraus und Kurt Reindel (Hrsg.), Festschrift für Max Spindler zum 75. Geburtstag, München 1969, S. 633–655.

− Heiner Haan, Die Gesellschaftstheorie Georg Friedrich Kolbs zwischen Utopie und Ideologie, in: Wolfgang Schieder (Hrsg.), Liberalismus in der Gesellschaft des deutschen Vormärz, Göttingen 1983, S. 74–94.

- Heiner Haan, Gründungsgeschichte der Industrie- und Handelskammer für die Pfalz im Spiegel der pfälzischen Wirtschaftsentwicklung (1800–1850), in: Beiträge zur pfälzischen Wirtschaftsgeschichte, Speyer 1968, S. 175–207.
- Jürgen Habermas, Strukturwandel der Öffentlichkeit, Darmstadt und Neuwied ^{13}1982.
- Hans Haferland, Mensch und Gesellschaft im Staatslexikon von Rotteck-Welcker. Ein Beitrag zur Gesellschaftstheorie des Frühliberalismus, Diss. Berlin 1957.
- Hans-Werner Hahn, Zwischen deutscher Handelsfreiheit und Sicherung landständischer Rechte. Der Liberalismus und die Gründung des Deutschen Zollvereins, in: Wolfgang Schieder (Hrsg.), Liberalismus in der Gesellschaft des deutschen Vormärz, Göttingen 1983, S. 239–271.
- Alwin Hanschmidt, Republikanisch-demokratischer Internationalismus im 19. Jahrhundert. Ideen – Formen – Organisierungsversuche, Husum 1977.
- Frank Haverkamp, Staatliche Gewerbeförderung im Großherzogtum Baden. Unter besonderer Berücksichtigung der Entwicklung des gewerblichen Bildungswesens im 19. Jahrhundert, Freiburg 1979.
- W. O. Henderson, Friedrich List. Economist and Visionary 1789–1846, London 1983.
- Dieter Henrich, Über den Sinn vernünftigen Handelns im Staat, in: Dieter Henrich (Hrsg.), Kant – Gentz – Rehberg. Über Theorie und Praxis, Frankfurt a.M. 1967, S. 7–36.
- Hajo Herbell, Die Idee vom Staatsbürger in Uniform und ihre Rolle im Kampf zwischen Demokratie und Militarismus in Deutschland 1780 bis 1960, Diss. Leipzig 1966.
- Ursula Herdt, Die Verfassungstheorie Karl von Rottecks, Diss. Heidelberg 1967.
- Hans Herzfeld, Der Militarismus als Problem der neueren Geschichte (1946), in: Volker R. Berghahn (Hrsg.), Militarismus, Köln 1975, S. 107–114.
- Theodor Heuss, Der Reutlinger Friedrich List, Tübingen 1947.

– Theodor Heuss, Paul Pfizer (1913), in: Theodor Heuss, Schwaben. Farben zu einem Portrait, Tübingen 1967, S. 134–149.

– Gunther Hildebrandt, Programm und Bewegung des süddeutschen Liberalismus nach 1830, in: Jahrbuch für Geschichte 9 (1973), Berlin 1973, S. 7–45.

– Francis Harry Hinsley, Power and the Pursuit of Peace. Theory and practice in the history of relations between states, Cambridge 1963.

– Otto Hintze, Staatsverfassung und Heeresverfassung (1906), in: Volker R. Berghahn (Hrsg.), Militarismus, Köln 1975, S. 61–85.

– Eike Christian Hirsch, Der Frieden kommt nicht durch die Kirche – Thesen zu Kants Friedensschrift, in: Wolfgang Huber (Hrsg.), Historische Beiträge zur Friedensforschung, Stuttgart und München 1970, S. 70–94.

– Gerhard Hirschmann, Leuchs, in: NDB 14 (1985), S. 366 f.

– Ulrich Hochschild, Karl Mathy und die deutsche Frage im Vormärz und 1848/49, in: ZGO 125 (1977), S. 225–273.

– Wolfgang Hock, Liberales Denken im Zeitalter der Paulskirche. Droysen und die Frankfurter Mitte, Münster 1957.

– Otfried Höffe, Immanuel Kant, München 1983.

– Reinhard Höhn, Die Armee als Erziehungsschule der Nation. Das Ende einer Idee, Bad Harzburg 1963.

– Reinhard Höhn, Revolution – Heer – Kriegsbild, Darmstadt 1944.

– Reinhard Höhn, Sozialismus und Heer, Bd. I: Heer und Krieg im Bild des Sozialismus, Bad Homburg, Berlin, Zürich 1959.

– Reinhard Höhn, Verfassungskampf und Heereseid. Der Kampf des Bürgertums um das Heer (1815–1850), Leipzig 1938.

– Kari Hokkanen, Krieg und Frieden in der politischen Tagesliteratur Deutschlands zwischen Baseler und Lunéviller Frieden (1795–1801), Jyväskylä 1975.

– Karl Holl, Pazifismus in Deutschland, Frankfurt a.M. 1988.

– Andreas Hohlfeld, Das Frankfurter Parlament und sein Kampf um das deutsche Heer, Berlin 1932.

– Ulrich Hommes, Utopie, in: Hermann Krings, Michael Baumgartner und Christoph Wild (Hrsg.), Handbuch Philosophischer Grundbegriffe, Studienausgabe, Bd. VI, München 1974, S. 1571–1577.

– Ernst Rudolf Huber, Deutsche Verfassungsgeschichte seit 1789, Bd. I: Reform und Restauration 1789 bis 1830, Stuttgart [2]1967, Bd. II: Der Kampf um Einheit und Freiheit 1830 bis 1850, Stuttgart [3]1988.

– Rudolf Ibbeken, Preußen 1807–1813. Staat und Volk als Idee und in Wirklichkeit (Darstellung und Dokumentation), Köln und Berlin 1970.

– Claudia M. Igelmund, Frankreich und das Staatslexikon von Rotteck und Welcker. Eine Studie zum Frankreichbild des süddeutschen Frühliberalismus, Frankfurt a.M., Bern und New York 1987.

– Georg G. Iggers, The German Conception of History. The national tradition of historical Thought from Herder to the present, Middletown 1968.

– Georg G. Iggers, Heinrich von Treitschke, in: Hans-Ulrich Wehler (Hrsg.), Deutsche Historiker, Bd. II, Göttingen 1971, S. 66–80.

– Emil Imm, Die nationale und freiheitliche Bewegung in Baden während der Jahre 1830–1835, Diss. Heidelberg 1909.

– Wilhelm Janssen, Friede, in: Otto Brunner, Werner Conze, Reinhart Koselleck (Hrsg.), Geschichtliche Grundbegriffe. Historisches Lexikon zur politisch-sozialen Sprache in Deutschland, Bd. II, Stuttgart 1975, S. 543–591.

– Wilhelm Janssen, Krieg, in: Otto Brunner, Werner Conze, Reinhart Koselleck (Hrsg.), Geschichtliche Grundbegriffe. Historisches Lexikon zur politisch-sozialen Sprache in Deutschland, Bd. III, Stuttgart 1982, S. 567–615.

– Wilhelm Janssen, Krieg und Frieden in der Geschichte des europäischen Denkens, in: Wolfgang Huber und Johannes Schwerdtfeger (Hrsg.), Kirche zwischen Krieg und Frieden. Studien zur Geschichte des deutschen Protestantismus, Stuttgart 1976, S. 67–129.

– Hans Jobst, Karl von Rottecks Anschauung vom Staat und ihr Zusammenhang mit der Staatsphilosophie des 18. Jahrhunderts, Diss. Leipzig 1942; in neuer Textgestaltung veröffentlicht als:

- Hans Jobst, Die Staatslehre Karl von Rottecks. Ihr Wesen und ihr Zusammenhang mit der Staatsphilosophie des 18. Jahrhunderts, in: ZGO 103 (1955), S. 468–498.
- Gerhard Kaiser, Pietismus und Patriotismus im literarischen Deutschland. Ein Beitrag zum Problem der Säkularisation, Wiesbaden 1961.
- Werner Kaiser, Sylvester Jordan – seine Staatsauffassung und sein Einfluß auf die kurhessische Verfassungsurkunde vom 5. Januar 1831, Diss. Leipzig 1937.
- Karl H. Kaufhold, Das Gewerbe in Preußen um 1800, Göttingen 1978.
- Christian Kennert, Die Gedankenwelt des Paul Achatius Pfizer. Eine Studie zum Denken des deutschen Frühliberalismus, Berlin 1986.
- Eberhard Kessel, Die Wandlung der Kriegskunst im Zeitalter der französischen Revolution, in: HZ 148 (1933), S. 248–276.
- Peter Klassen, Nationalbewußtsein und Weltfriedensidee in der französischen Revolution, in: Hans Erich Seier (Hrsg.), Die Welt als Geschichte. Zeitschrift für universalgeschichtliche Forschung, Bd. II (1936), Stuttgart 1936, S. 33–67.
- Hermann Klenner, Frieden durch Vertrag ?, in: Bolko Schweinitz u.a. (Hrsg.), Philosophie und Frieden. Beiträge zum Friedensgedanken in der deutschen Klassik, Weimar 1985, S. 231–239.
- Christoph Klessmann, Zur Sozialgeschichte der Reichsverfassungskampagne von 1849, in: HZ 218 (1974), S. 283–337.
- Diethelm Klippel, Der Einfluß der Physiokraten auf die Entwicklung der liberalen politischen Theorie in Deutschland, in: Der Staat 23 (1984), S. 205–226.
- Diethelm Klippel, Politische Freiheit und Freiheitsrechte im deutschen Naturrecht des 18. Jahrhunderts, Paderborn 1976.

- Diethelm Klippel, 'Libertas commerciorum' und 'Vermögens-Gesellschaft'. – Zur Geschichte ökonomischer Freiheitsrechte in Deutschland im 18. Jahrhundert, in: Günter Birtsch (Hrsg.), Grund- und Freiheitsrechte im Wandel von Gesellschaft und Geschichte. Beiträge zur Geschichte der Grund- und Freiheitsrechte vom Ausgang des Mittelalters bis zur Revolution von 1848, Göttingen 1981, S. 313–335.
- Diethelm Klippel, Naturrecht als politische Theorie. Zur politischen Bedeutung des deutschen Naturrechts im 18. und 19. Jahrhundert, in: Hans Erich Bödeker und Ulrich Herrmann (Hrsg.), Aufklärung als Politisierung – Politisierung der Aufklärung, Hamburg 1987, S. 267–293.
- Diethelm Klippel, Politische Theorien im Deutschland des 18. Jahrhunderts, in: Aufklärung, Bd. II (1987), Heft 2, Hamburg 1988, S. 57–88.
- Wolfgang Klötzer, Jordan, in: NDB 10 (1974), S. 603 f.
- Kurt Kluxen, Geschichte und Problematik des Parlamentarismus, Frankfurt a.M. 1983.
- Hanna Kobylinski, Die französische Revolution als Problem für Deutschland 1840–1848, Berlin 1933.
- Franz Xaver Koch, Rotteck und der Constitutionalismus, Diss. Freiburg 1919.
- Rainer Koch, Demokratie und Staat bei Julius Fröbel 1805–1893. Liberales Denken zwischen Naturrecht und Sozialdarwinismus, Wiesbaden 1978.
- Rainer Koch, Deutsche Geschichte 1815–1848. Restauration oder Vormärz?, Stuttgart, Köln, Wien und Mainz 1985.
- Rainer Koch, "Industriesystem" oder "bürgerliche Gesellschaft". Der frühe deutsche Liberalismus und das Laisser-faire-Prinzip, in: GWU 29 (1978), S. 605–628.
- Karl Köhler, Friedrich Wilhelm Schulz (1797–1860). Ein Beitrag zur Geschichte des vormärzlichen Liberalismus in Deutschland, Diss. Frankfurt a.M. 1919.
- Philipp Königs, Das Bild vom Kriege im Frühliberalismus, Diss. Berlin 1943.

— Eberhard Kolb, Polenbild und Polenfreundschaft der deutschen Frühliberalen. Zu Motivation und Funktion außenpolitischer Parteinahme im Vormärz, in: Saeculum 26 (1975), S. 111–127.

— Hermann Kopf, Karl von Rotteck. Zwischen Restauration und Revolution, Freiburg 1980.

— Reinhart Koselleck, Kritik und Krise. Eine Studie zur Pathogenese der bürgerlichen Welt, Frankfurt a.M. [3]1979.

— Reinhart Koselleck, Preußen zwischen Reform und Revolution. Allgemeines Landrecht, Verwaltung und soziale Bewegung von 1791 bis 1848, Stuttgart 1967.

— Reinhart Koselleck, Staat und Gesellschaft in Preußen, 1815–1848 (1970), in: Hans-Ulrich Wehler (Hrsg.), Moderne deutsche Sozialgeschichte, Nachdruck der 1976 in der 'Neuen Wissenschaftlichen Bibliothek' erschienenen 5. Auflage, Königstein/Ts., Düsseldorf 1981, S. 55–84.

— Willy Kraemer, Die politische Wirksamkeit Karl Theodor Welckers in den Jahren 1813–1819, Diss. Freiburg 1909.

— Hans-Georg Kraume, Außenpolitik 1848. Die holländische Provinz Limburg in der deutschen Revolution, Düsseldorf 1979.

— Hans Krause, Die demokratische Partei von 1848 und die soziale Frage. Ein Beitrag zur Geschichte der ersten deutschen Revolution, Frankfurt a.M. 1923.

— Elmar Krautkrämer, Georg Friedrich Kolb. Lebensbild eines deutschen Demokraten des 19. Jahrhunderts, in: Ludwig Merckle (Hrsg.), G. f. Kolb, Lebenserinnerungen eines liberalen Demokraten 1808–1884, Freiburg 1976, S. 9–25.

— Elmar Krautkrämer, Georg Friedrich Kolb (1808–1884). Würdigung seines journalistischen und parlamentarischen Wirkens im Vormärz und in der deutschen Revolution. Ein Beitrag zur pfälzischen Geschichte des 19. Jahrhunderts und zur Geschichte des deutschen Frühliberalismus, Meisenheim/Glan 1959.

–   Elmar Krautkrämer, Georg Friedrich Kolb, in: Karl Baumann (Hrsg.), Pfälzer Lebensbilder, Bd. I, Speyer 1964, S. 241–261.

–   Leonard Krieger, The German Idea of Freedom. History of a Political Tradition, Chicago und London [2]1972.

–   Johannes Kunisch, Von der gezähmten zur entfesselten Bellona. Die Umwertung des Krieges im Zeitalter der Revolutions- und Freiheitskriege, in: Kleist-Jahrbuch 1988/89, Berlin 1988, S. 44–63.

–   Johannes Kunisch, Der kleine Krieg. Studien zum Heerwesen des Absolutismus, Wiesbaden 1973.

–   Johannes Kunisch, Friedensidee und Kriegshandwerk im Zeitalter der Aufklärung, in: Der Staat 27 (1988), S. 547–568.

–   Wilhelm Lang, Paul Pfizer, in: Heinrich von Treitschke und W. Wehrenpfennig (Hrsg.), Preußische Jahrbücher, Bd. XXI (1868), Berlin 1868, S. 171–204.

–   Claudia Langer, Reform nach Prinzipien. Untersuchungen zur politischen Theorie Immanuel Kants, Stuttgart 1986.

–   Dieter Langewiesche, Die Anfänge der deutschen Parteien. Partei, Fraktion und Verein in der Revolution 1848/49, in: Geschichte und Gesellschaft 4 (1978), S. 324–361.

–   Dieter Langewiesche, Einleitung, in: Dieter Langewiesche (Hrsg.), Die deutsche Revolution von 1848/49, Darmstadt 1983, S. 1–18.

–   Dieter Langewiesche, Europa zwischen Restauration und Revolution 1815–1849, München 1985.

–   Dieter Langewiesche, Liberalismus und Demokratie in Württemberg zwischen Revolution und Reichsgründung, Düsseldorf 1974.

–   Dieter Langewiesche, Liberalismus in Deutschland, Frankfurt a.M. 1988.

–   Dieter Langewiesche, Republik, konstitutionelle Monarchie und "Soziale Frage". Grundprobleme der deutschen Revolution von 1848/49 (1980), in: Dieter Langewiesche (Hrsg.), Die deutsche Revolution von 1848/49, Darmstadt 1983, S. 341–361.

– Dieter Langewiesche, Die deutsche Revolution von 1848/49 und die vorrevolutionäre Gesellschaft: Forschungsstand und Forschungsperspektiven, in: Archiv für Sozialgeschichte 21 (1981), S. 458–498.

– Dieter Langewiesche, Die Rolle des Militärs in den europäischen Revolutionen von 1848/49, in: Wolfgang Bachofer und Holger Fischer (Hrsg.), Ungarn – Deutschland. Studien zu Sprache, Kultur, Geographie und Geschichte, München 1983, S. 273–288.

– Friedrich Lenz, Friedrich List und die deutsche Einheit (1789–1846), Stuttgart 1946.

– Friedrich Lenz, Friedrich List und der Liberalismus, in: Schmollers Jahrbuch 48 (1924), S. 405–437.

– Friedrich Lenz, Friedrich List, der Mann und das Werk, München 1936.

– Friedrich Lenz, Friedrich List's Staats- und Gesellschaftslehre. Eine Studie zur politischen Soziologie, Neuwied und Berlin 1967.

– Friedrich Lenz, Friedrich List, die 'Vulgärökonomie' und Karl Marx. Nebst einer unbekannten Denkschrift Lists zur Zollreform, Jena 1930.

– Emanuel (?) Leser, List, in: ADB 18 (1883), S. 761–774.

– Karl Liebknecht, Militarismus (1906), in: Volker R. Berghahn (Hrsg.), Militarismus, Köln 1975, S. 86–98.

– Hubert Locher, Die wirtschaftliche und soziale Lage in Baden am Vorabend der Revolution von 1848, Diss. Freiburg 1950.

– Hans-Dietrich Loock, Paul Achatius Pfizer – Poesie und Praxis, in: Dietrich Kurze (Hrsg.), Aus Theorie und Praxis der Geschichtswissenschaft. Festschrift für Hans Herzfeld zum 80. Geburtstag, Berlin, New York 1972, S. 280–298.

– Alf Lüdtke, Militärstaat und 'Festungspraxis' – Staatliche Verwaltung, Beamtenschaft und Heer in Preußen, 1815–1850, in: Volker R. Berghahn (Hrsg.), Militarismus, Köln 1975, S. 164–185.

– Alf Lüdtke, 'Wehrhafte Nation' und 'innere Wohlfahrt': Zur militärischen Mobilisierbarkeit der bürgerlichen Gesellschaft, in: Militärgeschichtliche Mitteilungen 30 (1981), S. 7–56.

- Friedrich Lütge, Geschichte der deutschen Agrarverfassung vom frühen Mittelalter bis zum 19. Jahrhundert, Stuttgart ²1967.

- Heinrich Lutz, Friedensideen und Friedensprobleme in der frühen Neuzeit, in: Gernot Heiss und Heinrich Lutz (Hrsg.), Friedensbewegungen: Bedingungen und Wirkungen, München 1984, S. 28–54.

- C. B. MacPherson, The political Theory of possessive Individualism. Hobbes to Locke (1962), Oxford, New York 10. Neudruck 1985.

- Ludwig Maenner, Ein Querkopf des vormärzlichen Liberalismus: Wilhelm Schulz (-Bodmer), in: Archiv für hessische Geschichte und Altertumskunde, N. F., 13 (1922), S. 287–321.

- Christoph Freiherr von Maltzahn, Heinrich Leo (1799–1878). Ein politisches Gelehrtenleben zwischen romantischem Konservatismus und Realpolitik, Göttingen 1979.

- Hella Mandt, Tyrannislehre und Widerstandsrecht. Studien zur deutschen politischen Theorie des 19. Jahrhunderts, Darmstadt und Neuwied 1974.

- Bernhard Mann, Die Württemberger und die Deutsche Nationalversammlung 1848/49, Düsseldorf 1975.

- Karl Mannheim, Konservatismus. Ein Beitrag zur Soziologie des Wissens (1925), hrsg. von David Kettler, Volker Meja und Nico Stehr, Frankfurt a.M. 1984.

- Friedrich Meinecke, Die Entstehung des Historismus (1936), hrsg. von Carl Hinrichs, München ⁴1965 (= Werke, Bd. III).

- Friedrich Meinecke, Zur Geschichte des älteren deutschen Parteiwesens, in: HZ 118 (1917), S. 46–62.

- Friedrich Meinecke, Die Idee der Staatsräson in der neueren Geschichte (1924), hrsg. und eingeleitet von Walther Hofer, München ⁴1976 (= Werke, Bd. I).

- Friedrich Meinecke, Das Leben des Generalfeldmarschalls Hermann von Boyen, 2 Bde., Stuttgart 1895–1899.

- Friedrich Meinecke, Weltbürgertum und Nationalstaat (1908), hrsg. und eingeleitet von Hans Herzfeld, München ²1969 (= Werke, Bd. V).
- Manfred Messerschmidt, Militärgeschichte im 19. Jahrhundert (1814–1890), 1. Teil: Die politische Geschichte der preußisch-deutschen Armee, München 1975 (= Militärgeschichtliches Forschungsamt (Hrsg.), Handbuch zur deutschen Militärgeschichte, Bd. 2, I).
- Manfred Messerschmidt, Wolfgang Petter und Edgar Graf von Matuschka, Militärgeschichte im 19. Jahrhundert (1814–1890), 2. Teil: Strukturen und Organisation, München 1976 (= Militärgeschichtliches Forschungsamt (Hrsg.), Handbuch zur deutschen Militärgeschichte, Bd. 2, II).
- Alfred Meusel, List und Marx. Eine vergleichende Betrachtung, Jena 1928.
- Reinhard Mielitz, Das badische Militärwesen und die Frage der Volksbewaffnung von den Jahren des Rheinbundes bis zur 48er Revolution, Diss. Freiburg 1956.
- Robert von Mohl, Die Geschichte und Literatur der Staatswissenschaften. In Monographieen (sic) dargestellt, 3 Bde., Erlangen 1855–1858.
- Wilhelm Mommsen, Größe und Versagen des deutschen Bürgertums. Ein Beitrag zur politischen Bewegung des 19. Jahrhunderts, insbesondere zur Revolution 1848/49, München ²1964.
- Wolfgang J. Mommsen, Der deutsche Liberalismus zwischen "klassenloser Bürgergesellschaft" und "Organisiertem Kapitalismus", in: Geschichte und Gesellschaft 4 (1978), S. 77–90.
- Friedrich Müller, Korporation und Assoziation. Eine Problemgeschichte der Vereinigungsfreiheit im deutschen Vormärz, Berlin 1965.
- Hans Peter Müller, Das Großherzogtum Baden und die deutsche Zolleinigung 1819–1835/36, Frankfurt a.M., Bern, New York 1984.
- Hildegard Müller, Liberale Presse im badischen Vormärz. Die Presse der Kammerliberalen und ihre Zentralfigur Karl Mathy 1840–1848, Heidelberg 1986.
- Leonhard Müller, Badische Landtagsgeschichte, 4 Bde., Berlin 1900–1902.

- Leonhard Müller, Die politische Sturm- und Drangperiode Badens, 2 Bde., Mannheim 1905–1906.
- Heinz Müller-Dietz, Das Leben des Rechtslehrers und Politikers Karl Theodor Welcker, Freiburg 1968.
- Ernst Hermann Joseph Münch, Karl von Rotteck, geschildert nach seinen Schriften und seiner politischen Wirksamkeit, Haag 1831.
- Hans Nabholz, Schulz, Wilhelm Friedrich, in: Hermann Haupt (Hrsg.), Hessische Biographien, Bd. I, Darmstadt 1918, S. 404–414.
- Werner Näf, Das Literarische Comptoir Zürich und Winterthur. Neujahrsblätter der Literarischen Gesellschaft Bern, Neue Folge, Heft 7, Bern 1929.
- Herta Nagl-Docekal, Immanuel Kants Philosophie des Friedens und was die Friedensbewegung der Gegenwart daraus gewinnen könnte, in: Gernot Heiss und Heinrich Lutz (Hrsg.), Friedensbewegungen: Bedingungen und Wirkungen, München 1984, S. 55–74.
- Lewis B. Namier, 1848: The Revolution of the Intellectuals, in: Proceedings of the British Academy 1944, London o.J., S. 161–282.
- Walter Neher, Arnold Ruge als Politiker und politischer Schriftsteller. Ein Beitrag zur deutschen Geschichte des 19. Jahrhunderts, Heidelberg 1933.
- Annemarie Neumeister, Romantische Elemente im Denken der liberalen Führer des Vormärz. Ein Beitrag zur Ideengeschichte der Parteien, Leipzig 1931.
- Michael Neumüller, Liberalismus und Revolution. Das Problem der Revolution in der deutschen liberalen Geschichtsschreibung des 19. Jahrhunderts, Düsseldorf 1973.
- Thomas Nipperdey, Deutsche Geschichte 1800–1866. Bürgerwelt und starker Staat, München [2]1984.
- Thomas Nipperdey, Historismus und Historismuskritik heute (1975), in: Thomas Nipperdey, Gesellschaft, Kultur, Theorie. Gesammelte Aufsätze zur neueren Geschichte, Göttingen 1976, S. 59–73.

- Thomas Nipperdey, Kritik oder Objektivität ? Zur Beurteilung der Revolution von 1848 (1974), in: Dieter Langewiesche (Hrsg.), Die deutsche Revolution von 1848/49, Darmstadt 1983, S. 163–189.

- Emil Obermann, Soldaten, Bürger, Militaristen. Militär und Demokratie in Deutschland, Stuttgart 1958.

- Hans-Peter Olshausen, Friedrich List und der Deutsche Handels- und Gewerbsverein, Jena 1935.

- Eckart Pankoke, Sociale Bewegung – Sociale Frage – Sociale Politik. Grundfragen der deutschen "Socialwissenschaft" im 19. Jahrhundert, Stuttgart 1970.

- Jürgen Peiser, Gustav Struve als Politischer Schriftsteller und Revolutionär, Diss. Frankfurt a.M. 1973.

- Cornelia Popitz, Paul Pfizer und sein "Briefwechsel zweier Deutschen", Diss. Berlin 1951.

- Christoph Prignitz, Vaterlandsliebe und Freiheit. Deutscher Patriotismus von 1750 bis 1850, Wiesbaden 1981.

- Hans Puchta, Die Entstehung politischer Ideologien im 19. Jahrhundert, dargestellt am Beispiel des Staatslexikons von Rotteck-Welcker und des Staats- und Gesellschaftslexikons von Hermann Wagener, Diss. Erlangen-Nürnberg 1972.

- Harald Randak, Friedrich List und die wissenschaftliche Wirtschaftspolitik, Tübingen und Basel 1972.

- Adolf Rapp, Paul Pfizer, in: Hermann Haering und Otto Hohenstatt (Hrsg.), Schwäbische Lebensbilder, Stuttgart 1940, S. 392–410.

- Kurt von Raumer und Manfred Botzenhart, Deutsche Geschichte im 19. Jahrhundert, Teil 1. Deutschland um 1800, Krise und Neugestaltung: Von 1789 bis 1815, Wiesbaden 1980 (= Otto Brandt, Arnold Oskar Meyer, Leo Just (Hrsg.), Handbuch der Deutschen Geschichte, Bd. 3/I, 1. Teil).

- Kurt von Raumer, Ewiger Friede. Friedensrufe und Friedenspläne seit der Renaissance, Freiburg und München 1953.

- Volkmar Regling, Grundzüge der Landkriegführung zur Zeit des Absolutismus und im 19. Jahrhundert, in: Militärgeschichtliches Forschungsamt (Hrsg.), Handbuch zur deutschen Militärgeschichte 1648–1939, Bd. V (Abschnitt IX), München 1979, S. 11–425.

- Anneliese Reinhardt, Volk und Abgeordnetenkammer in Baden zur Zeit des Frühliberalismus (1819–1831), Diss. Göttingen 1952.

- Hans-Bert Reuvers, Friedensidee und Friedenswirklichkeit bei Kant, Fichte und Hegel als Repräsentanten des Anspruchs vorrevolutionärer, revolutionärer und nachrevolutionärer Vernunft, in: Wilhelm R. Beyer (Hrsg.), Hegel-Jahrbuch 1976, Köln 1978, S. 247–256.

- Hans-Bert Reuvers, Philosophie des Friedens gegen friedlose Wirklichkeit. "Gerechter" Krieg und "Ewiger" Friede im Zeitalter der bürgerlichen Revolution, Köln 1983.

- Günter Richter, Revolution und Gegenrevolution in Baden 1849, in: ZGO 119 (1971), S. 387–425.

- Dieter Riesenberger, Geschichte der Friedensbewegung in Deutschland von den Anfängen bis 1933, Göttingen 1985.

- Manfred Riedel, Herrschaft und Gesellschaft. Zum Legitimationsproblem des Politischen in der Philosophie (1974), in: Zwi Batscha (Hrsg.), Materialien zu Kants Rechtsphilosophie, Frankfurt a.M. 1976, S. 125–148.

- Manfred Riedel, Der Staatsbegriff der deutschen Geschichtsschreibung des 19. Jahrhunderts in seinem Verhältnis zur klassisch-politischen Philosophie, in: Der Staat 2 (1963), S. 41–63.

- Christian Ritter, Immanuel Kant, in: Michael Stolleis (Hrsg.), Staatsdenker im 17. und 18. Jahrhundert. Reichspublizistik, Politik, Naturrecht, Frankfurt a.M. [2]1987, S. 332–353.

- Christian Ritter, Politik des Rechts, in: Eduard Gerresheim (Hrsg.), Immanuel Kant 1724/1974. Kant als politischer Denker, Bonn 1974, S. 44–58.

- Gerhard Ritter, Das Problem des Militarismus in Deutschland (1954), in: Volker R. Berghahn (Hrsg.), Militarismus, Köln 1975, S. 196–217.

- Gerhard Ritter, Staatskunst und Kriegshandwerk. Das Problem des 'Militarismus' in Deutschland. Bd. I: Die altpreußische Tradition (1740–1890), München [4]1970, Bd.II: Die Hauptmächte Europas und das Wilhelminische Reich (1890–1914), München [3]1973.
- Joachim Rohlfes, Immanuel Kant: Zum ewigen Frieden (1795), in: GWU 36 (1985), S. 101–118.
- Hans Rosenberg, Politische Denkströmungen im deutschen Vormärz, Göttingen 1972.
- Dorothea Rosenthal, Der Friedensgedanke in Liberalismus und Demokratie (1815–1848). (Ein Beitrag zur Parteigeschichte), Diss. Leipzig 1922.
- Erich Rothacker, Logik und Systematik der Geisteswissenschaften, Bonn 1947.
- Erich Rothacker, Savigny, Grimm, Ranke. Ein Beitrag zur Frage nach dem Zusammenhang der Historischen Schule (1923), in: Erich Rothacker, Mensch und Geschichte. Studien zur Anthropologie und Wissenschaftsgeschichte, Bonn 1950.
- Emmanuel N. Roussakis, Friedrich List, the Zollverein and the uniting of Europe, Bruges 1968.
- Karl Ruckstuhl, Der badische Liberalismus und die Verfassungskämpfe 1841/43, Berlin und Leipzig 1911.
- Reinhard Rürup, Deutschland im 19. Jahrhundert. 1815–1871, Göttingen 1984.
- Jörn Rüsen, Der Historiker als 'Parteimann des Schicksals'. Georg Gottfried Gervinus und das Konzept der objektiven Parteilichkeit im deutschen Historismus, in: Reinhart Koselleck, Wolfgang J. Mommsen und Jörn Rüsen (Hrsg.), Objektivität und Parteilichkeit in der Geschichtswissenschaft, München 1977, S. 77–124.
- Jörn Rüsen, Johann Gustav Droysen, in: Hans-Ulrich Wehler (Hrsg.), Deutsche Historiker, Bd. II, Göttingen 1971, S. 7–23.
- Guido de Ruggiero, Geschichte des Liberalismus in Europa, München 1930.

- Richard Saage, Eigentum, Staat und Gesellschaft bei Immanuel Kant, Stuttgart, Berlin, Köln und Mainz 1973.
- Richard Saage, Besitzindividualistische Perspektiven der politischen Theorie Kants, in: Neue Politische Literatur 17 (1972), S. 168–193.
- Edgar Salin, Friedrich List. Kerneuropa und die Freihandelszone. Zwei Reden zur europäischen Politik, Tübingen 1960.
- Hans Saner, Kants Weg vom Krieg zum Frieden. Widerstreit und Einheit. Wege zu Kants politischem Denken, München 1967.
- Paul Sauer, Das württembergische Heer in der Zeit des Deutschen und des Norddeutschen Bundes, Stuttgart 1958.
- Paul Sauer, Revolution und Volksbewaffnung. Die württembergischen Bürgerwehren im 19. Jahrhundert, vor allem während der Revolution von 1848/49, Ulm 1976.
- Max Scheler, Die Idee des Friedens und der Pazifismus, Berlin 1931.
- Carl Schib, Die staatsrechtlichen Grundlagen der Politik Karl von Rottecks. Ein Beitrag zur Geschichte des Liberalismus, Diss. Basel 1927.
- Theodor Schieder, Die Krise des bürgerlichen Liberalismus. Ein Beitrag zum Verhältnis von politischer und gesellschaftlicher Verfassung (1954), in: Lothar Gall (Hrsg.), Liberalismus, Königstein/Ts. [2]1980, S. 187–207.
- Theodor Schieder, Partikularismus und Nationalbewußtsein im Denken des deutschen Vormärz, in: Werner Conze (Hrsg.), Staat und Gesellschaft im deutschen Vormärz 1815–1848, Stuttgart [3]1978, S. 9–38.
- Theodor Schieder, Das Problem der Revolution im 19. Jahrhundert, in: HZ 170 (1950), S. 233–271.
- Theodor Schieder, Die Theorie der Partei im älteren deutschen Liberalismus, in: Theodor Schieder, Staat und Gesellschaft im Wandel unserer Zeit. Studien zur Geschichte des 19. und 20. Jahrhunderts, München 1958, S. 110–132.

– Wolfgang Schieder, Der rheinpfälzische Liberalismus von 1832 als politische Protestbewegung, in: Helmut Berding u.a. (Hrsg.), Vom Staat des Ancien Régime zum modernen Parteienstaat. Festschrift für Theodor Schieder zum 70. Geburtstag, München und Wien 1978, S. 169–195.

– Herbert Schiller, Abt, Christian, in: Goedekes Grundriß zur Geschichte der deutschen Dichtung, Neue Folge, Bd. I, Berlin 1962, S. 129 f.

– Heinrich Schipperges, Natur, in: Otto Brunner, Werner Conze und Reinhart Koselleck (Hrsg.), Geschichtliche Grundbegriffe. Historisches Lexikon zur politisch-sozialen Sprache in Deutschland, Bd. IV, Stuttgart 1978, S. 215–244.

– Hanna Schissler, Preußische Agrargesellschaft im Wandel. Wirtschaftliche, gesellschaftliche und politische Transformationsprozesse von 1763 bis 1847, Göttingen 1978.

– Hans-Jürgen Schlochauer, Die Idee des ewigen Friedens. Ein Überblick über Entwicklung und Gestaltung des Friedenssicherungsgedankens auf der Grundlage einer Quellenauswahl, Bonn 1953.

– Martin Schmidt, Die Apotheose des Krieges im 18. und frühen 19. Jahrhundert im deutschen Dichten und Denken, in: Wolfgang Huber und Johannes Schwerdtfeger (Hrsg.), Kirche zwischen Krieg und Frieden. Studien zur Geschichte des deutschen Protestantismus, Stuttgart 1976, S. 130–166.

– Siegfried Schmidt, Liberale Parteibewegung und Volksmassen während der bürgerlichen Umwälzung in Deutschland 1789–1871, in: ZfG 26 (1978), S. 400–415.

– Herbert Schmitt, Das vormärzliche Staatsdenken und die Revolution von 1848/49 in Baden, in: Karl Siegfried Bader (Hrsg.), Baden im 19. und 20. Jahrhundert. Verfassungs- und verwaltungsgeschichtliche Studien, Bd. II, Karlsruhe 1950, S. 7–88.

– Franz Schnabel, Deutsche Geschichte im neunzehnten Jahrhundert, 4 Bde., Nachdruck der Ausgabe Freiburg 1929–1937, 1947: München 1987.

– Roman Schnur, Revolution und Weltbürgerkrieg. Studien zur Ouverture nach 1789, Berlin 1983.

- Albert Schoch, Analyse der politischen Gedankenwelt Karl Mathys auf Grund seiner journalistischen und literarischen Wirksamkeit von der Julirevolution bis zum Ende der ersten deutschen Nationalversammlung, Heidelberg 1933.
- Rainer Schöttle, Politische Freiheit für die deutsche Nation, Carl Theodor Welckers politische Theorie: Ein Beitrag zur Geschichte des deutschen Frühliberalismus, Baden-Baden 1985.
- Theodor Schott, Pfizer, in: ADB 25 (1887), S. 668–677.
- Johanna Schultze, Carl Theodor Welckers Versuch einer entwicklungsgeschichtlichen Grundlegung der Geschichtswissenschaft, in: Richard Peters (Hrsg.), Geist und Gesellschaft. Kurt Breysig zu seinem sechzigsten Geburtstage. Bd. I: Geschichtsphilosophie und Soziologie, Breslau 1927, S. 147–174.
- Martin Schumacher, Gesellschafts- und Ständebegriff um 1840. Ein Beitrag zum sozialen Bild des süddeutschen Liberalismus nach dem Rotteck-Welckerschen Staats-Lexikon, Diss. Göttingen 1955.
- Hans Gerd Schumann (Hrsg.), Konservativismus, Köln 1974.
- Gesine Schwan, Der nichtutopische Frieden, in: GWU 36 (1985), S. 1–22, S. 75–100.
- Helmut Sedatis, Liberalismus und Handwerk in Südwestdeutschland. Wirtschafts- und Gesellschaftskonzeptionen des Liberalismus und die Krise des Handwerks im 19. Jahrhundert, Stuttgart 1979.
- Friedrich C. Sell, Die Tragödie des deutschen Liberalismus, Stuttgart 1953.
- Friedrich Seidel, Das Armutsproblem im deutschen Vormärz bei Friedrich List, Köln 1971.
- Hellmut Seier, Zur Frage der militärischen Exekutive in der Konzeption des deutschen Bundes, in: Johannes Kunisch (Hrsg.), Staatsverfassung und Heeresverfassung in der europäischen Geschichte der frühen Neuzeit, Berlin 1986, S. 397–445.
- James J. Sheehan, Der deutsche Liberalismus. Von den Anfängen im 18. Jahrhundert bis zum Ersten Weltkrieg, München 1983.

- James J. Sheehan, Liberalismus und Gesellschaft in Deutschland 1815–1848 (1973), in: Lothar Gall (Hrsg.), Liberalismus, Königstein/Ts. ²1980, S. 208–231.
- Heinz Otto Sieburg, Deutschland und Frankreich in der Geschichtsschreibung des neunzehnten Jahrhunderts, 2 Bde., Wiesbaden 1954–1958.
- Artur Sommer, Friedrich Lists System der politischen Ökonomie, Jena 1927.
- Elisabeth V. Souleyman, The Vision of World Peace in Seventeenth and Eighteenth Century France, New York 1941.
- Rudolf Stadelmann, Soziale Ursachen der Revolution von 1848 (1948), in: Hans-Ulrich Wehler (Hrsg.), Moderne deutsche Sozialgeschichte, Nachdruck der 1976 in der 'Neuen Wissenschaftlichen Bibliothek' erschienenen 5. Auflage, Königstein/Ts. und Düsseldorf 1981, S. 137–155.
- Gottfried Stiehler, Die Ideen von Humanität, Frieden und Freiheit in der klassischen deutschen Philosophie, in: Bolko Schweinitz u.a. (Hrsg.), Philosophie und Frieden. Beiträge zum Friedensgedanken in der deutschen Klassik, Weimar 1985, S. 37–54.
- Michael Stolleis, Staatsraison, Recht und Moral in philosophischen Texten des späten 18. Jahrhunderts, Meisenheim/Glan 1972.
- Werner Stroesslin, Friedrich Lists Lehre von der wirtschaftlichen Entwicklung. Zur Geschichte von Entwicklungstheorie und -politik, Basel und Tübingen 1968.
- Hans-Ulrich Thamer, Emanzipation und Tradition. Zur Ideen- und Sozialgeschichte von Liberalismus und Handwerk in der ersten Hälfte des 19. Jahrhunderts, in: Wolfgang Schieder (Hrsg.), Liberalismus in der Gesellschaft des deutschen Vormärz, Göttingen 1983, S. 55–73.
- Brigitte Theune, Volk und Nation bei Jahn, Rotteck, Welcker und Dahlmann, Berlin 1937.
- Hermann Timm, Wer garantiert den Frieden ? Über Kants Schrift 'Zum ewigen Frieden', in: Georg Picht und Heinz Eduard Tödt (Hrsg.), Studien zur Friedensforschung, Bd. I, Stuttgart 1969, S. 209–239.

– Habibollah Torabi, Das Jahr 1813 im Spiegel bürgerlich-revolutionärer zeitgenössischer Presse. Zur nationalen und sozialen Frage der deutschen Befreiungskriege, Frankfurt a.M., Bern, New York 1984.

– Fritz Trautz, Das Hambacher Fest und der südwestdeutsche Frühliberalismus, in: Heidelberger Jahrbücher, Bd. II, Berlin u.a. 1958, S. 14–52.

– Heinrich von Treitschke, Deutsche Geschichte im neunzehnten Jahrhundert, Nachdruck der Ausgabe von 1912/13, 5 Bde., Düsseldorf und Königstein/Ts. 1981.

– Mathias Tullner, Der Differenzierungsprozeß zwischen Liberalen und Demokraten in Baden am Vorabend der Revolution von 1848, in: Helmut Bleiber und andere (Hrsg.), Bourgeoisie und bürgerliche Umwälzung in Deutschland 1789–1871, Berlin 1977, S. 169–192.

– Mathias Tullner, Gustav von Struve. Streiter für die Republik, in: Helmut Bleiber, Walter Schmidt und Rolf Weber (Hrsg.), Männer der Revolution von 1848, Bd. II, Berlin 1987, S. 245–271.

– Veit Valentin, Die 48er Demokratie und der Völkerbundsgedanke, Berlin 1919.

– Veit Valentin, Geschichte der deutschen Revolution 1848–1849, 2 Bde., Berlin 1930/31.

– Veit Valentin, Das Hambacher Nationalfest, Berlin 1932.

– Fritz Valjavec, Die Entstehung der politischen Strömungen in Deutschland 1770–1815, Nachdruck der Ausgabe München 1951, Düsseldorf und Kronberg/Ts. 1978.

– Rudolf Vierhaus, Liberalismus, in: Otto Brunner, Werner Conze und Reinhart Koselleck (Hrsg.), Geschichtliche Grundbegriffe. Historisches Lexikon zur politisch-sozialen Sprache in Deutschland, Bd. III, Stuttgart 1982, S. 741–785.

– Karl Vorländer, Immanuel Kant. Der Mann und das Werk. Mit einem Beitrag "Kants Opus postumum" von Wolfgang Ritzel. Unter Mitarbeit von Konrad Kopper hrsg. von Rudolf Malter, Hamburg [2]1977.

— Fritz Wagner, Biologismus und Historismus im Deutschland des 19. Jahrhunderts, in: Gunter Mann (Hrsg.), Biologismus im 19. Jahrhundert, Stuttgart 1973, S. 30–42.

— Adalbert Wahl, Beiträge zur deutschen Parteigeschichte im 19. Jahrhundert, in: HZ 104 (1910), S. 537–594.

— Kenneth N. Waltz, Kant, Liberalism and War, in: American Political Science Review 56 (1962), S. 331–340.

— Friedrich von Weech, Mathy, in: ADB 20 (1884), S. 595–600.

— Friedrich von Weech, Rotteck, in: ADB 29 (1889), S. 385–389.

— Friedrich von Weech, Welcker, in: ADB 41 (1896), S. 660–665.

— Hans-Ulrich Wehler, Deutsche Gesellschaftsgeschichte. Bd. I: Vom Feudalismus des Alten Reiches bis zur Defensiven Modernisierung der Reformära 1700–1815, Bd. II: Von der Reformära bis zur industriellen und politischen 'Deutschen Doppelrevolution' 1815–1845/49, München 1987.

— Georg Weippert, Der späte List. Ein Beitrag zur Grundlegung der Wissenschaft von der Politik und zur politischen Ökonomie als Gestaltungslehre der Wirtschaft, Erlangen 1956.

— Antonie Weiss, Die leitenden Ideen des vormärzlichen Liberalismus nach dem Staatslexikon von Rotteck-Welcker, Diss. München 1919.

— Eugen Wendler, Friedrich List. Leben und Wirken in Dokumenten, Reutlingen 1976.

— Peter Wende, Radikalismus im Vormärz. Untersuchungen zur politischen Theorie der frühen deutschen Demokratie, Wiesbaden 1975.

— Paul Wentzcke, Welcker, in: Hermann Haupt (Hrsg.), Hessische Biographien, Bd. I, Darmstadt 1918, S. 233–239.

— Walter Wieber, Die politischen Ideen von Sylvester Jordan, Diss. Tübingen 1913.

— Karl Wild, Karl Theodor Welcker, ein Vorkämpfer des älteren Liberalismus, Heidelberg 1913.

- Theodor Wilhelm, Die englische Verfassung und der vormärzliche deutsche Liberalismus. Eine Darstellung und Kritik des Verfassungsbildes der liberalen Führer, Stuttgart 1928.
- Emilio Willems, Der preußisch-deutsche Militarismus. Ein Kulturkomplex im sozialen Wandel, Köln 1984.
- Karl (?) Wippermann, Jordan, in: ADB 14 (1881), S. 513–520.
- Karl (?) Wippermann, Struve, in: ADB 36 (1893), S. 681–687.
- Rainer Wirtz, Widersetzlichkeiten, Exzesse, Crawalle, Tumulte und Skandale. Soziale Bewegung und gewalthafter sozialer Protest in Baden 1815–1848, Frankfurt a.M., Berlin und Wien 1981.
- Rainer Wohlfeil, Vom Stehenden Heer des Absolutismus zur Allgemeinen Wehrpflicht (1789–1814), Frankfurt a.M. 1964 (= Militärgeschichtliches Forschungsamt (Hrsg.), Handbuch zur deutschen Militärgeschichte 1648–1939, Bd. 1, II).
- Rainer Wohlfeil, Spanien und die deutsche Erhebung 1808–1814, Wiesbaden 1965.
- Adolf Wohlwill, Wurm, in: ADB 44 (1898), S. 326–332.
- Günter Wollstein, Deutsche Geschichte 1848/49. Gescheiterte Revolution in Mitteleuropa, Stuttgart, Berlin, Köln, Mainz 1986.
- Günter Wollstein, Das 'Großdeutschland' der Paulskirche. Nationale Ziele in der bürgerlichen Revolution 1848/49, Düsseldorf 1977.
- Günter Wollstein, Mitteleuropa und Großdeutschland – Visionen der Revolution 1848/49. Nationale Ziele in der deutschen Revolution (1980), in: Dieter Langewiesche (Hrsg.), Die deutsche Revolution von 1848/49, Darmstadt 1983, S. 237–257.
- Hans Zehntner, Das Staatslexikon von Rotteck und Welcker. Eine Studie zur Geschichte des deutschen Frühliberalismus, Jena 1929.
- Karl Zickendraht, Kants Gedanken über Krieg und Frieden, Tübingen 1922.

- Wolfgang Zorn, Gesellschaft und Staat im Bayern des Vormärz, in: Werner Conze (Hrsg.), Staat und Gesellschaft im deutschen Vormärz 1815–1848, Stuttgart ³1978, S. 113–142.

3. Bibliographien

- Jürgen C. Heß, E. van Steensel van der Aa, Bibliographie zum deutschen Liberalismus, Göttingen 1981.

Nomos Universitätsschriften Geschichte

Band 1: Monika Hagenmaier
Predigt und Policey
Der gesellschaftspolitische Diskurs zwischen Kirche und Obrigkeit
in Ulm 1614-1639
1989, 400 S., 68,– DM, ISBN 3-7890-1858-9

Band 2: Bastian Filaretow
Kontinuität und Wandel
Zur Integration der Deutsch-Balten in die Gesellschaft der BRD
1990, 380 S., 68,– DM, ISBN 3-7890-2022-2

Band 3: Manfred Berg
Gustav Stresemann und die Vereinigten Staaten von Amerika
Weltwirtschaftliche Verflechtung und Revisionspolitik 1907 - 1929
1990, 448 S., 78,– DM, ISBN 3-7890-2087-7

Band 4: Frank Nägler
Von der Idee des Friedens zur Apologie des Krieges
Eine Untersuchung geistiger Strömungen im Umkreis des Rotteck-
Welcker'schen Staatslexikons
1990, 577 S., 88,– DM, ISBN 3-7890-2213-6

Band 5: Stefan von Senger und Etterlin
Neu-Deutschland in Nordamerika
Massenauswanderung, nationale Gruppenansiedlungen und liberale
Kolonialbewegung
i. Vb. *1990*, ISBN 3-7890-2221-7

Nomos Verlagsgesellschaft
Postfach 610 • 7570 Baden-Baden

Nomos Universitätsschriften Politik

 Nomos Verlagsgesellschaft
Postfach 610 • 7570 Baden-Baden

Nomos Universitätsschriften
Politik

Band 15: Klaus Weidmann
Die EG-Entwicklungspolitik in Afrika – Hungerhilfe oder Elitenförderung
i. Vb. *1990*, ISBN 3-7890-2171-7

Band 16: Roland Schütz/Regina Konle-Seidl
Arbeitsbeziehungen und Interessenrepräsentation in Spanien
Vom alten zum neuen Korporatismus?
1990, 332 S., 68,– DM, ISBN 3-7890-2188-1

Band 17: Susanne Peters
The Germans and the INF missiles
Getting their way in NATO's strategy of flexible response
i. Vb. *1990*,ISBN 3-7890-2236-5

Nomos Verlagsgesellschaft
Postfach 610 • 7570 Baden-Baden

Nomos Universitätsschriften Wirtschaft

Band 1: Günter H. Pfeiffer
Kompatibilität und Markt
Ansätze zu einer ökonomischen Theorie der Standardisierung
1989, 162 S., 48,– DM, ISBN 3-7890-1857-0

Band 2: Matthias von Bismarck-Osten
Die politische Ökonomie von Protektionsentscheidungen
Das Beispiel des amerikanischen Werkzeugmaschinenmarktes
1989, 228 S., 58,– DM, ISBN 3-7890-1884-8

Band 3: Thomas Klaue
Kosten und Nutzen der industriellen Flexibilität
SHORTFLEX – eine computergestützte Systemanalyse
1990, 184 S., 48,– DM , ISBN 3-7890-2009-5

Band 4: Klaus-Peter Gushurst
Implementierung von Controllingsystemen
Der Einsatz externer Träger unter besonderer Berücksichtigung mittel-
ständischer Unternehmen
1990, 345 S., 68,– DM, ISBN 3-7890-2141-5

Band 5: Matthias Offermanns
Bürokratie und Vertrauen
Die Institution Vertrauen in der Ökonomischen Theorie der Bürokratie
1990, 235 S., 58,– DM, ISBN 3-7890-2179-2

Band 6: Birger P. Priddat
Der ethische Ton der Allokation
Elemente der Aristotelischen Ethik und Politik in der deutschen Nationalökonomie des 19. Jahrhunderts
i.Vb., ISBN 3-7890-2182-2

 Nomos Verlagsgesellschaft
Postfach 610 • 7570 Baden-Baden

Bastian Filaretow

Kontinuität und Wandel

Zur Integration der Deutsch-Balten
in die Gesellschaft der BRD

Seit den fünfziger Jahren, in denen Lemberg und Edding der deutschen Flüchtlingsforschung den Weg ebneten, ist nur eine mühsame
Fortentwicklung zu verzeichnen. Neueste erfolgreiche Versuche auf
diesem Gebiet stellen u.a. die Veröffentlichungen von Griesinger,
Schier und Lüttinger dar.
Vor dem Hintergrund der deutsch-baltischen Geschichte erschließt die
vorliegende Arbeit die nach 1945 in Deutschland einsetzende Integration, deren mittelalterliche Prägung sowohl Chancen als auch Risiken
in sich barg.

1990, 380 S., kart., 68,– DM, ISBN 3-7890-2022-2
(Nomos Universitätsschriften – Geschichte, Bd. 2)

 NOMOS VERLAGSGESELLSCHAFT
Postfach 610 • 7570 Baden-Baden

Manfred Berg

Gustav Stresemann und die Vereinigten Staaten von Amerika

Weltwirtschaftliche Verflechtung und
Revisionspolitik 1907 - 1929

Die Diskussion über Gustav Stresemann, den bedeutendsten Außen-
politiker der Weimarer Repulik, ist lange von der Kontroverse um
den „Europäer" oder „Nationalisten" Stresemann bestimmt gewesen.
Manfred Berg legt nun eine neue Synthese der außenpolitischen Konzeption und Praxis Stresemanns vor. Im Zentrum seines Denkens und
seiner Politik, so die Hauptthese dieser Studie, standen die in gegenseitigen Abhängigkeiten verflochtene Weltwirtschaft und damit
zwangsläufig die seit dem 1. Weltkrieg dominante Wirtschaftsmacht
USA. Anhand umfangreicher deutscher und amerikanischer Quellen
werden die Gemeinsamkeiten, Ziele und Grenzen des Stresemann-
schen Revisionismus wie der amerikanischen Europapolitik in den
20er Jahren systematisch untersucht.

1990, 448 S., kart., 78,– DM, ISBN 3-7890-2087-7
(Nomos Universitätsschriften – Geschichte, Bd. 3)

 NOMOS VERLAGSGESELLSCHAFT
Postfach 610 • 7570 Baden-Baden